文白对照精华版·精选精译

二十四史

《二十四史》编委会·编

第五册 汉书 后汉书

线装书局

汉书卷九十九上

王莽传第六十九上

王莽字巨君,孝元皇后之弟子也。元后父及兄弟皆以元、成世封侯,居位辅政,家凡九侯、五大司马,语在《元后传》。唯莽父曼蚤死,不侯。莽群兄弟皆将军五侯子,乘时侈靡,以舆马声色佚游相高,莽独孤贫,因折节为恭俭。受《礼经》,师事沛郡陈参,勤身博学,被服如儒生。事母及寡嫂,养孤兄子,行甚敕备。又外交英俊,内事诸父,曲有礼意。阳朔中,世父大将军凤病,莽侍疾,亲尝药,乱首垢面,不解衣带连月。凤且死,以托太后及帝,拜为黄门郎,迁射声校尉。

久之,叔父成都侯商上书,愿分户邑以封莽,及长乐少府戴崇、侍中金涉、胡骑校尉箕闳、上谷都尉阳并、中郎陈汤,皆当世名士,咸为莽言,上由是贤莽。永始元年,封莽为新都侯,国南阳新野之都乡,千五百户。迁骑都尉、光禄大夫、侍中。宿卫谨敕,爵位益尊,节操愈谦。散舆马衣裘,振施宾客,家无所余。收赡名士,交结将相、卿、大夫甚众。故在位更推荐之,游者为之谈说,虚誉隆洽,倾其诸父矣。敢为激发之行,处之不惭恧。

莽兄永为诸曹,蚤死,有子光,莽使学博士门下。莽休沐出,振车骑,奉羊酒,劳遗其师,恩施下竟同学。诸生纵观,长老叹息。光年小于莽子宇,莽使同日内妇,宾客满堂。须臾,一人言太夫人苦某痛,当饮某药,比客罢者数起焉。尝私买侍婢,昆弟或颇闻知,莽因曰:"后将军朱子元无子,莽闻此儿种宜子,为买之。"即日以婢奉子元。其匿情求名如此。

是时,太后姊子淳于长以材能为九卿,先进在莽右。莽阴求其罪过,因大司马曲阳侯根白之,长伏诛,莽以获忠直,语在《长传》。根因乞骸骨,荐莽自代,上遂擢为大司马。是岁,绥和元年也,年三十八矣。莽既拔出同列,继四父而辅政,欲令名誉过前人,遂克己不倦,聘诸贤良以为掾史,赏赐邑钱悉以享士,愈为俭约。母病,公卿列侯遣夫人问疾,莽妻迎之,衣不曳地,布蔽膝。见之者以为僮使,问知其夫人,皆惊。

辅政岁余,成帝崩,哀帝即位,尊皇太后为太皇太后。太后诏莽就第,避帝外家。莽上疏乞骸骨,哀帝遣尚书令诏莽曰:"先帝委政于君而弃群臣,朕得奉宗庙,诚嘉与君同心合意。今君移病求退,以著朕之不能奉顺先帝之意,朕甚悲伤焉。已诏尚书待君奏事。"又遣丞相孔光、大司空何武、左将军师丹、卫尉傅喜白太后曰:"皇帝闻太后诏,甚悲。大司马即不起,皇帝即不敢听政。"太后复令莽视事。

时哀帝祖母定陶傅太后、母丁姬在,高昌侯董宏上书言:"《春秋》之义,母以子贵,丁姬宜上尊号。"莽与师丹共劾宏误朝不道,语在《丹传》。后日,未央宫置酒,内者令为傅太后张幄坐于太皇太后坐旁。莽案行,责内者令曰:"定陶太后藩妾,何以得与至尊并!"彻去,更设坐,傅太后闻之,大怒,不肯会,重怨恚莽。莽复乞骸骨,哀帝赐莽黄金五百斤,安车驷马,罢就第。公卿大夫多称之者,上乃加恩宠,置使家,中黄门十日一赐餐。下诏曰:"新都侯莽忧劳国家,执义坚固,朕庶几与为治。太皇太后诏莽就第，朕甚闵焉。其以黄邮聚户三百五十益封〔莽〕，位特进，给事中，朝朔望见礼如三公。车驾乘绿车从。"后二岁，傅太后、丁姬皆称尊号，丞相朱博奏："莽前不广尊尊之义，抑贬尊号，亏损孝道，当伏显戮，幸蒙赦令，不宜有爵土，请免为庶人。"上曰："以莽与太皇太后有属，勿免，遣就国。"

莽杜门自守，其中子获杀奴，莽切责获，令自杀。在国三岁，吏上书冤讼莽者以百数。元寿元年，日食，贤良周护、宋崇等对策深颂莽功德，上于是征莽。

始莽就国，南阳太守以莽贵重，选门下掾宛孔休守新都相。休谒见莽，莽尽礼自纳，休亦闻其名，与相答。后莽疾，休侯之，莽缘恩意，进其玉具宝剑，欲以为好。休不肯受，莽因曰："诚见君面有瘢，美玉可以灭瘢，欲献其珠耳。"即解其珠，休复辞让。莽曰："君嫌其贾邪？"遂椎碎之，自裹以进休，休乃受。及莽征去，欲见休，休称疾不见。

莽还京师岁余，哀帝崩，无子，而傅太后、丁太后皆先薨，太皇太后即日驾之未央宫收取玺绶，遣使者驰召莽。诏尚书，诸发兵符节，百官奏事，中黄门、期门兵皆属莽。莽白："大司马高安侯董贤年少，不合众心，收印绶。"贤即日自杀。太后诏公卿举可大司马者，大司徒孔光、大司空彭宣举莽，前将军何武、后将军公孙禄互相举。太后拜莽为大司马，与议立嗣。安阳侯王舜，莽之从弟，其人修饬，太后所信爱也，莽白以舜为车骑将军，使迎中山王奉成帝后，是为孝平皇帝。帝年九岁，太后临朝称制，委政于莽。莽白赵氏前害皇子，傅氏骄僭，遂废孝成赵皇后、孝哀傅皇后，皆令自杀，语在《外戚传》。

莽以大司徒孔光名儒，相三主，太后所敬，天下信之，于是盛尊事光，引光女婿甄邯为侍中奉车都尉。诸哀帝外戚及大臣居位素所不说者，莽皆傅致其罪，为请奏，令邯持与光。光素畏慎，不敢不上之，莽白太后，辄可其奏。于是前将军何武、后将军公孙禄坐互相举免，丁、傅及董贤亲属皆免官爵，徙远方。红阳侯立，太后亲弟，虽不居位，莽以诸父内敬惮之，畏立从容言太后，令已不得肆意，乃复令光奏立旧恶："前知定陵侯淳于长犯大逆罪，多受其赂，为言误朝；后白以官婢杨寄私子为皇子，众言曰吕氏、少帝复出，纷纷为天下所疑，难以示来世，成襁褓之功。请遣立就国。"太后不听。莽曰："今汉家衰，比世无嗣，太后独代幼主统政，诚可畏惧，力用公正先天下，尚恐不从，今以私恩逆大臣议如此，群下倾邪，乱从此起！宜可且遣就国，安后复征召之。"太后不得已，遣立就国。莽之所以胁持上下，皆此类也。

于是附顺者拔擢，忤恨者诛灭。王舜、王邑为腹心，甄丰、甄邯主击断，平晏领机事，刘歆典文章，孙建为爪牙。丰子寻、歆子棻、涿郡崔发、南阳陈崇皆以材能幸于莽。莽色厉而言方，欲有所为，微见风采，党与承其指意而显奏之，莽稽首涕泣，固推让焉，上以惑太后，下用示信于众庶。

始，风益州令塞处蛮夷献白雉，元始元年正月，莽白太后下诏，以白雉荐宗庙。群臣因奏言太后："委任大司马莽定策定宗庙。故大司马霍光有安宗庙之功，益封三万户，畴其爵邑，比萧相国。莽宜如光故事。"太后问公卿曰："诚以大司马有大功当著之邪？将以骨肉故欲异之也？"于是群臣乃盛陈："莽功德致周成白雉之瑞，千载同符。圣王之法，臣有大功则生有美号，故周公及身在而托号于周。莽有定国安汉家之大功，宜赐号曰安汉公，益户，畴爵邑，上应古制，下准行事，以顺天心。"太后诏尚书具其事。

莽上书言："臣与孔光、王舜、甄丰、甄邯共定策，今愿独条光等功赏，寝置臣莽，勿随辈列。"甄邯白太后下诏曰："'无偏无党，王道荡荡。'属有亲者，义不得阿。君有安宗庙之功，不可以骨肉故蔽隐不扬。君其勿辞。"莽复上书让。太后诏谒者引莽待殿东箱，莽称疾不肯入。太后使尚书令诇诏之曰："君以选故而辞以疾，君任重，不可阙，以时亟起。"莽遂固辞。太后复使长信太仆闳承制召莽，莽固称疾。左右白太后，宜勿夺莽意，但条孔光等，莽乃肯起。太后下诏曰："太傅博山侯光宿卫四世，世为傅相，忠孝仁笃，行义显著，建议定策，益封万户，以光为太师，与四辅之政。车骑将军安阳侯舜积累仁孝，使迎中山王，折冲万里，功德茂著，益封万户，以舜为太保。左将军光禄勋丰宿卫三世，忠信仁笃，使迎中山王，辅导共养，以安宗庙，封丰为广阳侯，食邑五千户，以丰为少傅。皆授四辅之职，畴其爵邑，各赐第一区。侍中奉车都尉邯宿卫勤劳，建议定策，封邯为承阳侯，食邑二千四百户。"四人既受赏，莽尚未起，群臣复上言："莽虽克让，朝所宜章，以时加赏，明重元功，无使百僚元元失望。"太后乃下诏曰："大司马新都侯莽三世为三公，典周公之职，建万世策，功德为忠臣宗，化流海内，远人慕义，越〔裳〕氏重译献白雉。其以召陵、新息二县户二万八千益封莽，复其后嗣，畴其爵邑，封功如萧相国。以莽为太傅，干四辅之事，号曰安汉公。以故萧相国甲第为安汉公第，定著于令，传之无穷。"

于是莽为惶恐，不得已而起受策。策曰："汉危无嗣，而公定之；四辅之职，三公之任，而公干之；群僚众位，而公宰之；功德茂著，宗庙以安，盖白雉之瑞，周成象焉。故赐嘉号曰安汉公，辅翼于帝，期于致平，毋违朕意。"莽受太傅安汉公号，让还益封畴爵邑事，云愿须百姓家给，然后加赏。群公复争，太后诏曰："公自期百姓家给，是以听之。其令公奉、舍人赏赐皆倍故。百姓家给人足，大司徒、大司空以闻。"莽复让不受，而建言宜立诸侯王后及高祖以来功臣子孙，大者封侯，或赐爵关内侯食邑，然后及诸在位，各有第序。上尊宗庙，增加礼乐；下惠士民鳏寡，恩泽之政无所不施。语在《平纪》。

莽既说众庶，又欲专断，知太后厌政，乃风公卿奏言："往者，吏以功次迁至二千石，及州部所举茂材异等吏，率多不称，宜皆见安汉公。又太后不宜亲省小事。"令太后下诏曰："皇帝幼年，朕且统政，比加元服。今众事烦碎，朕春秋高，精气不堪，殆非所以安躬体而育养皇帝者也。故选忠贤，立四辅，群下劝职，永以康宁。孔子曰：'巍巍乎，舜、禹之有天下而不与焉！'自今以来，（非）〔惟〕封爵乃以闻。他事，安汉公、四辅平决。州牧、二千石及茂材吏初除奏事者，辄引入至近署对安汉公，考故官，问新职，以知其称否。"于是莽人人延问，致密恩意，厚加赠送，其不合指，显奏免之，权与人主侔矣。

莽欲以虚名说太后，白言："新承〔前〕孝哀丁、傅奢侈之后，百姓未赡者多，太后宜且衣缯练，颇损膳，以视天下。"莽因上书，愿出钱百万，献田三十顷，付大司农助给贫民。于是公卿皆慕效焉。莽师群臣奏言："陛下春秋尊，久衣重练，减御膳，诚非所以辅精气，育皇帝，安宗庙也。臣莽数叩头省户下，白争未见许。今幸赖陛下德泽，间者风雨时，甘露降，神芝生，蓂荚、朱草、嘉禾、休征同时并至。臣莽等不胜大愿，愿陛下爱精休神，阔略思虑，遵帝王之常服，复太官之法膳，使臣子各得尽欢心，备共养。惟哀省察！"莽又令太后下诏曰："盖闻母后之义,思不出乎门阈。国不蒙佑,皇帝年在襁褓,未任亲政,战战兢兢,惧于宗庙之不安。国家之大纲,微朕孰当统之?是以孔子见南子,周公居摄,盖权时也。勤身极思,忧劳未绥,故国奢则视之以俭,矫枉者过其正,而朕不身帅,将谓天下何!夙夜梦想,五谷丰熟,百姓家给,比皇帝加元服,委政而授焉。今诚未皇于轻靡而备味,庶几与百僚有成,其勖之哉!"每有水旱,莽辄素食,左右以白。太后遣使者诏莽曰:"闻公菜食,忧民深矣。今秋幸熟,公勤于职,以时食肉,爱身为国。"

莽念中国已平,唯四夷未有异,乃遣使者赍黄金、币、帛,重赂匈奴单于,使上书言:"闻中国讥二名,故名囊知牙斯今更名知,慕从圣制。"又遣王昭君女须卜居次入侍。所以诳耀媚事太后,下至旁侧长御,方故万端。

莽既尊重,欲以女配帝为皇后,以固其权,奏言:"皇帝即位三年,长秋宫未建,液廷媵未充。乃者,国家之难,本从亡嗣,配取不正。请考论《五经》,定取礼,正十二女之义,以广继嗣。博采二王后及周公、孔子世列侯在长安者適子女。"事下有司,上众女名,王氏女多在选中者。莽恐其与己女争,即上言:"身亡德,子材下,不宜与众女并采。"太后以为至诚,乃下诏曰:"王氏女,朕之外家,其勿采。"庶民、诸生、郎吏以上守阙上书者日千余人,公卿大夫或诣廷中,或伏省户下,咸言:"明诏圣德巍巍如彼,安汉公盛勋堂堂若此,今当立后,独奈何废公女?天下安所归命!愿得公女为天下母。"莽遣长安以下分部晓止公卿及诸生,而上书者愈甚。太后不得已,听公卿采莽女。莽复自白:"宜博选众女。"公卿争曰:"不宜采诸女以贰正统。"莽白:"愿见女。"太后遣长乐少府、宗正、尚书令纳采见女,还奏言:"公女渐渍德化,有窈窕之容,宜承天序,奉祭祀。"有诏遣大司徒、大司空策告宗庙，杂加卜筮，皆曰："兆遇金水王相，封遇父母得位，所谓'康强'之占，'逢吉'之符也。"信乡侯佟上言："《春秋》，天子将娶于纪，则褒纪子称侯，安汉公国未称古制。事下有司，皆曰："古者天子封后父百里，尊而不臣，以重宗庙，孝之至也。佟言应礼，可许。请以新野田二万五千六百顷益封莽，满百里。"莽谢曰："臣莽子女诚不足以配至尊，复听众议，益封臣莽。伏自惟念，得托肺腑，获爵士，如使子女诚能奉称圣德，臣莽国邑足以共朝贡，不须复加益地之宠。愿归所益。"太后许之。有司奏："故事，聘皇后黄金二万斤，为钱二万万。"莽深辞让，受四千万，而以其三千三百万予十一媵家。群臣复言："今皇后受聘，逾群妾亡几。"有诏，复益二千三百万，合为三千万。莽复以其千万分予九族贫者。

陈崇时为大司徒司直，与张敞孙竦相善。竦者博通士，为崇草奏，称莽功德，崇奏之，曰：

窃见安汉公自初束脩，值世俗隆奢丽之时，蒙两宫厚骨肉之宠，被诸父赫赫之光，财饶势足，亡所恎意，然而折节行仁，克心履礼，拂世矫俗，确然特立；恶衣恶食，陋车驽马，妃匹无二，闺门之内，孝友之德，众莫不闻；清静乐道，温良下士，惠于故旧，笃于师友。孔子曰："未若贫而乐，富而好礼"，公之谓矣。

及为侍中，故定陵侯淳于长有大逆罪，公不敢私，建白诛讨。周公诛管、蔡，季子鸩叔牙，公之谓矣。

是以孝成皇帝命公大司马，委以国统。孝哀即位，高昌侯董宏希指求美，造作二统，公手劾之，以定大纲。建白定陶太后不宜在乘舆幄坐，以明国体。《诗》曰"柔亦不茹，刚亦不吐，〔不侮鳏寡，〕不畏强圉"，公之谓矣。

深执谦退，推诚让位。定陶太后欲立僭号，惮彼面刺幄坐之义，佞惑之雄，朱博之畴，惩此长、宏手劾之事，上下一心，谗贼交乱，诡辟制度，遂成篡号，斥逐仁贤，诛残戚属，而公被胥、原之诉，远去就国，朝政崩坏，纲纪废弛，危亡之祸，不隧如发。《诗》云"人之云亡，邦国殄瘁"，公之谓矣。

当此之时，宫亡储主，董贤据重，加以傅氏有女之援，皆自知得罪天下，结仇中山，则必同忧，断金相翼，借假遗诏，频用赏诛，先除所惮，急引所附，遂诬往冤，更征远属，事势张见，其不难矣！赖公立入，即时退贤，及其党亲。当此之时，公远独见之明，奋亡前之威，盱衡厉色，振扬武怒，乘其未坚，厌其未发，震起机动，敌人摧折，虽有贲、育不及持刺，虽有樗里不及回知，虽有鬼谷不及造次，是故董贤丧其魂魄，遂自绞杀。人不还踵，日不移晷，霍然四除，更为宁朝。非陛下莫引立公，非公莫克此祸。《诗》云"惟师尚父，时惟鹰扬，亮彼武王"，孔子曰"敏则有功"，公之谓矣。

于是公乃白内故泗水相丰、虉令邯，与大司徒光、车骑将军舜建定社稷，奉节东迎，皆以功德受封益土，为国名臣。《书》曰"知人则哲"，公之谓也。

公卿咸叹公德，同盛公勋，皆以周公为比，宜赐号安汉公，益封二县，公皆不受。传曰申包胥不受存楚之报，晏平仲不受辅齐之封，孔子曰"能以礼让为国乎何有"，公之谓也。

将为皇帝定立妃后，有司上名，公女为首，公深辞让，迫不得已然后受诏。父子之亲天性自然，欲其荣贵甚于为身，皇后之尊侔于天子，当时之会千载希有，然而公惟国家之统，揖大福之恩，事事谦退，动而固辞。《书》曰"舜让于德不嗣"，公之谓矣。

自公受策，以至于今，亹亹翼翼，日新其德，增修雅素以命下国，逸俭隆约以矫世俗，割财损家以帅群下，弥躬执乎以逮公卿，教子尊学以隆国化。僮奴衣布，马不秣谷，食饮之用，不过凡庶。《诗》云"温温恭人，如集于木"，孔子曰"食无求饱，居无求安"，公之谓矣。

克身自约，籴食逮给，物物印市，日阕亡储。又上书归孝哀皇帝所益封邑，入钱献田，殚尽旧业，为众倡始。于是小大乡和，承风从化，外则王公列侯，内则帷幄侍御，翕然同时，各竭所有，或入金钱，或献田亩，以振贫穷，收赡不足者。昔令尹子文朝不及夕，鲁公仪子不茹园葵，公之谓矣。

开门延士，下及白屋，娄省朝政，综管众治，亲见牧守以下，考迹雅素，审知白黑。《诗》云"夙夜匪解，以事一人"，《易》曰"终日乾乾，夕惕若厉"，公之谓矣。

比三世为三公，再奉送大行，秉冢宰职，填安国家，四海辐凑，靡不得所。《书》曰："纳于大麓，列风雷雨不迷"，公之谓矣。

此皆上世之所鲜，禹、稷之所难，而公包其终始，一以贯之，可谓备矣！是以三年之间，化行如神，嘉瑞叠累，岂非陛下知人之效，得贤之致哉！故非独君之受命也，臣之生亦不虚矣。是以伯禹锡玄圭，周公受郊祀，盖以达天之使，不敢擅天之功也。揆公德行，为天下纪；观公功勋，为万世基。基成而赏不配，纪立而褒不副，诚非所以厚国家，顺天心也。

高皇帝褒赏元功，相国萧何邑户既倍，又蒙殊礼，奏事不名，入殿不趋，封其亲属十有余人。乐善无厌，班赏亡遴，苟有一策，即必爵之，是故公孙戎位在充郎，选鄡旄头，一明樊哙，封二千户。孝文皇帝褒赏绛侯，益封万户，赐黄金五千斤。孝武皇帝恤录军功，裂三万户以封卫青，青子三人，或在襁褓，皆为通侯。孝宣皇帝显著霍光，增户命畴，封者三人，延及兄孙。夫绛侯即因汉藩之固，杖朱虚之鲠，依诸将之递，据相扶之势，其事虽丑，要不能遂。霍光即席常任之重，乘大胜之威，未尝遭时不行，陷假离朝，朝之执事，亡非同类，割断历久，统政旷世，虽曰有功，所因亦易，然犹有计策不审过征之累。及至青、戎，摽末之功，一言之劳，然犹皆蒙丘山之赏。课功绛、霍，造之与因也；比于青、戎，地之与天也。而公又有宰治之效，乃当上与伯禹、周公等盛齐隆，兼其褒赏，岂特与若云者同日而论哉？然曾不得蒙青等之厚，臣诚惑之！

臣闻功亡原者赏不限，德亡首者褒不检。是故成王之于周公也，度百里之限，越九锡之检，开七百里之宇，兼商、奄之民，赐以附庸殷民六族，大路大旂，封父之繁弱，夏后之璜，祝宗卜史，备物典策，官司彝器，白牡之牲，郊望之礼。王曰："叔父，建尔元子。"子父俱延拜而受之。可谓不检亡原者矣。非特止此，六子皆封。《诗》曰："亡言不雠，亡德不报。"报当知之，不如非报也。近观行事，高祖之约非刘氏不王，然而番君得王长沙，下诏称忠，定著于令，明有大信不拘于制也。春秋晋悼公用魏绛之策，诸夏服从。郑伯献乐，悼公于是以半赐之。绛深辞让，晋侯曰："微子，寡人不能济河。夫赏，国之典，不可废也。子其受之。"魏绛于是有金石之乐，《春秋》善之，取其臣竭忠以辞功，君知臣以遂赏也。今陛下既知公有周公功德，不行成王之褒赏，遂听公之固辞，不顾《春秋》之明义，则民臣何称，万世何述？诚非所以为国也。臣愚以为宜恢公国，令如周公，建立公子，令如伯禽，所赐之品，亦皆如之。诸子之封，皆如六子。即群下较然输忠，黎庶昭然感德。臣诚输忠，民诚感德，则于王事何有？唯陛下深惟祖宗之重，敬畏上天之戒，仪形虞、周之盛，敕尽伯禽之赐，无遴周公之报，令天法有设，后世有祖，天下幸甚！

太后以视群公，群公方议其事，会吕宽事起。

初，莽欲擅权，白太后："前哀帝立，背恩义，自贵外家丁、傅，挠乱国家，几危社稷。今帝以幼年复奉大宗，为成帝后，宜明一统之义，以戒前事，为后代法。"于是遣甄丰奉玺绶，即拜帝母卫姬为中山孝王后，赐帝舅卫宝、宝弟玄爵关内侯，皆留中山，不得至京师。莽子宇，非莽隔绝卫氏，恐帝长大后见怨。宇即私遣人与宝等通书，教令帝母上书求入。语在《卫后传》。莽不听。宇与师吴章及妇兄吕宽议其故，章以为莽不可谏，而好鬼神，可为变怪以惊惧之，章因推类说令归政于卫氏。宇即使宽夜持血酒莽第门，吏发觉之，莽执宇送狱，饮药死。宇妻焉怀子，系狱，须产子已，杀之。莽奏言："宇为吕宽等所诖误，流言惑众，与管、蔡同罪，臣不敢隐，其诛。"甄邯等白太后下诏曰："夫唐尧有丹朱，周文王有管、蔡，此皆上圣亡奈下愚子何，以其性不可移也。公居周公之位，辅成王之主，而行管、蔡之诛，不以亲亲害尊尊，朕甚嘉之。昔周公诛四国之后，大化乃成，至于刑错。公其专意翼国，期于致平。"莽因是诛灭卫氏，穷治吕宽之狱，连引郡国豪桀素非议己者，内及敬武公主、梁王立、红阳侯立、平阿侯仁，使者迫守，皆自杀。死者以百数，海内震焉。大司马护军褒奏言："安汉公遭子宇陷于管、蔡之辜，子受至重，为帝室故不敢顾私。惟宇遭罪，喟然愤发作书八篇，以戒子孙。宜班郡国，令学官以教授。"事下群公，请令天下吏能诵公戒者，以著官簿，比《孝经》。

四年春，郊祀高祖以配天，宗祀孝文皇帝以配上帝。四月丁未，莽女立为皇后，大赦天下。遣大司徒司直陈崇等八人分行天下，览观风俗。

太保舜等奏言："《春秋》列功德之义，太上有立德，其次有立功，其次有立言，唯至德大贤然后能之。其在人臣，则生有大赏，终为宗臣，殷之伊尹，周之周公是也。"及民上书者八千余人，咸曰："伊尹为阿衡，周公为太宰，周公享七子之封，有过上公之赏。宜如陈崇言。"章下有司，有司请"还前所益二县及黄邮聚、新野田，采伊尹、周公称号，加公为宰衡，位上公。掾史秩六百石。三公言事，称'敢言之'。群吏毋得与公同名。出众期门二十人，羽林三十人，前后大车十乘。赐公太夫人号曰功显君，食邑二千户，黄金印赤韨。封公子男二人，安为褒新侯，临为赏都侯。加后聘三千七百万，合为一万万，以明大礼"。太后临前殿，亲封拜。安汉公拜前，二子拜后，如周公故事。莽稽首辞让，出奏封事，愿独受母号，还安、临印韨及号位户邑。事下太师光等，皆曰："赏未足以直功，谦约退让，公之常节，终不可听。"莽求见固让。太后下诏曰："公每见，叩头流涕固辞，今移病，固当听其让，令视事邪？将当遂行其赏，遣归就第也？"光等曰："安、临亲受印韨，策号通天，其义昭昭。黄邮、召陵、新野之田为入尤多，皆止于公，公欲自损以成国化，宜可听许。治平之化当以时成，宰衡之官不可世及。纳征钱，乃以尊皇后，非为公也。功显君户，止身不传。褒新、赏都两国合三千户，甚少矣。忠臣之节，亦宜自屈，而信主上之义。宜遣大司徒、大司空持节承制，诏公亟入视事。诏尚书勿复受公之让奏。"奏可。

莽乃起视事，上书言："臣以元寿二年六月戊午仓卒之夜，以新都侯引入未央宫；庚申拜为大司马，充三公位；元始元年（二）〔正〕月丙辰拜为太傅，赐号安汉公，备四辅官；今年四月甲子复拜为宰衡，位上公。臣莽伏自惟，爵为新都侯，号为安汉公，官为宰衡、太傅、大司马，爵贵、号尊、官重，一身蒙大宠者五，诚非鄙臣所能堪。据元始三年，天下岁已复，官属宜皆置。《穀梁传》曰：'天子之宰，通于四海。'臣愚以为，宰衡官以正百僚平海内为职，而无印信，名实不副。臣莽无兼官之材，今圣朝既过误而用之，臣请御史刻宰衡印章曰'宰衡太傅大司马印'，成，授臣莽，上太傅与大司马之印。"太后诏曰："可。"皱如相国，朕亲临授焉。"莽乃复以所益纳征钱千万，遗与长乐长御奉共养者。太保舜奏言："天下闻公不受千乘之土，辞万金之币，散财施予千万数，莫不乡化。蜀郡男子路建等辍讼惭怍而退，虽文王却虞、芮何以加！宜报告天下。"奏可。宰衡出，从大车前后各十乘，直事尚书郎、侍御史、谒者、中黄门、期门羽林。宰衡常持节，所止，谒者代持之。宰衡掾史秩六百石，三公称"敢言之"。

是岁，莽奏起明堂、辟雍、灵台，为学者筑舍万区，作市、常满仓，制度甚盛。立《乐经》，益博士员，经各五人。征天下通一艺教授十一人以上，及有逸《礼》、古《书》《毛诗》《周官》《尔雅》、天文、图谶、钟律、月令、兵法、《史篇》文字，通知其意者，皆诣公车。网罗天下异能之士，至者前后千数，皆令记说廷中，将令正乖谬，壹异说云。群臣奏言："昔周公奉继体之嗣，据上公之尊，然犹七年制度乃定。夫明堂、辟雍，堕废千载莫能兴，今安汉公起于第家，辅翼陛下，四年于兹，功德烂然。公以八月载生魄庚子奉使，朝用书临赋营筑，越若翊辛丑，诸生、庶民大和会，十万众并集，平作二旬，大功毕成。唐、虞发举，成周造业，诚亡以加。宰衡位宜在诸侯王上，赐以束帛加璧，大国乘车、安车各一，骊马二驷。"诏曰："可。其议九锡之法。"

冬，大风吹长安城东门屋瓦且尽。

五年正月，祫祭明堂，诸侯王二十八人，列侯百二十人，宗室子九百余人，征助祭。礼毕，封孝宣曾孙信第三十六人为列侯，余皆益户赐爵，金、帛之赏各有数。是时，吏民以莽不受新野田而上书者前后四十八万七千五百七十二人，及诸侯、王公、列侯、宗室见者皆叩头言，宜亟加赏于安汉公。于是莽上书曰：

臣以外属，越次备位，未能奉称。伏念圣德纯茂。承天当古，制礼以治民，作乐以移风，四海奔走，百蛮并臻，辞去之日，莫不陨涕，非有款诚，岂可虚致？自诸侯王已下至于吏民，咸知臣莽上与陛下有葭莩之故，又得典职，每归功列德者，辄以臣莽为余言。臣见诸侯面言事于前者，未尝不流汗而惭愧也。虽性愚鄙，至诚自知，德薄位尊，力少任大，夙夜悼栗，常恐污辱圣朝。今天下治平，风俗齐风，百蛮率服，毕陛下圣德所自躬亲，太师光、太保舜等辅政佐治，群卿大夫莫不忠良，故能以五年之间至致此焉。臣莽实无奇策异谋。奉承太后圣诏，宣之于下，不能得什一；受群贤之筹画，而上以闻，不得能什伍。当被无益之辜，所以敢且保首领须史者，诚上休陛下余光，而下依群公之故也。陛下不忍众言，辄下其章于议者。臣莽前欲立奏止，恐其遂不肯止。今大礼已行，助祭者毕辞，不胜至愿，愿诸章下议者皆寝勿上，使臣莽得尽力毕制礼作乐事。事成，以传示天下，与海内平之。即有所间非，则臣莽当被诖上误朝之罪；如无他谴，得全命赐骸骨归家，避贤者路，是臣之私愿也。惟陛下哀怜财幸！

甄邯等白太后，诏曰："可。惟公功德光于天下，是以诸侯、王公、列侯、宗室、诸生、吏民翕然同辞，连守阙庭，故下其章。诸侯、宗室辞去之日，复见前重陈，虽晓喻罢遣，犹不肯去。告以孟夏将行厥赏，莫不欢悦，称万岁而退。今公每见，辄流涕叩头言愿不受赏，赏即加不敢当位。方制作未定，事须公而决，故且听公。制作毕成，群公以闻。究于前议，其九锡礼仪亟奏。"

于是公卿大夫、博士、议郎、列侯张纯等九百二人皆曰："圣帝明王招贤劝能，德盛者位高，功大者赏厚。故宗臣有九命上公之尊，则有九锡登等之宠。今九族亲睦，百姓既章，万国和协，黎民时雍，圣瑞毕溱，太平已洽。帝者之盛莫隆于唐、虞，而陛下任之；忠臣茂功莫著于伊、周，而宰衡配之。所谓异时而兴，如合符者也。谨以《六艺》通义，经文所见，《周官》《礼记》宜于今者，为九命之锡。臣请命锡。"奏可。策曰：

惟元始五年五月庚寅，太皇太后临于前殿，延登，亲诏之曰：公进，虚听朕言。前公宿卫孝成皇帝十有六年，纳策尽忠，白诛故定陵侯淳于长，以弭乱发奸，登大司马，职在内辅。孝哀皇帝即位，骄妾窥欲，奸臣萌动，公手劾高昌侯董宏，改正故定陶共王母之僭坐。自是之后，朝臣论议，靡不据经。以病辞位，归于第家，为贼臣所陷。就国之后，孝哀皇帝觉寤，复还公长安，临病加剧，犹不忘公，复特进位。是夜仓卒，国无储主，奸臣充朝，危殆甚矣。朕惟定国之计莫宜于公，引纳于朝，即日罢退高安侯董贤，转漏之间，忠策辄建，纲纪咸张。绥和、元寿，再遭大行，万事皆举，祸乱不作。辅朕五年，人伦之本正，天地之位定。钦承神祇，经纬四时，复千载之废，矫百世之失，天下和会，大众方辑。《诗》之灵台，《书》之作雒，镐京之制，商邑之度，于今复兴。昭章先帝之元功，明著祖宗之令德，推显严父配天之义，修立郊褅宗祀之礼，以光大孝。是以四海雍雍，万国慕义，蛮夷殊俗，不召自至，渐化端冕，奉珍助祭。寻旧本道，遵术重古，动而有成，事得厥中。至德要道，通于神明，祖考嘉享。光耀显章，天符仍臻，元气大同。麟凤龟龙，众祥之瑞，七百有余。遂制礼作乐，有绥靖宗庙社稷之大勋。普天之下，惟公是赖，官在宰衡，位为上公。今加九命之锡，其以助祭，共文武之职，乃遂及厥祖。於戏，岂不休哉！

于是莽稽首再拜，受绿韨衮冕衣裳，瑒琫瑒珌，句履，鸾路乘马，龙旂九旒，皮弁素积，戎路乘马，彤弓矢，卢弓矢，左建朱钺，右建金戚，甲胄一具，秬鬯二卣，圭瓒二，九命青玉珪二，朱户纳陛。署宗官、祝官、卜官、史官，虎贲三百人，家令丞各一人，宗、祝、卜、史官皆置啬夫，佐官汉公。在中府外第，虎贲为门卫，当出入者傅籍。自四辅、三公有事府第，皆用传。以楚王邸为安汉公第，大缮治，通周卫。祖祢庙及寝皆为朱户纳陛。陈崇又奏："安汉公祠祖祢，出城门，城门校尉宜将骑士从。入有门卫，出有骑士，所以重国也。"奏可。

其秋，莽以皇后有子孙瑞，通子午道。子午道从杜陵直绝南山，径汉中。

风俗使者八人还，言天下风俗齐同，诈为郡国造歌谣，颂功德，凡三万言。莽奏定著令。又奏为市无二贾，官无狱讼，邑无盗贼，野无饥民，道不拾遗，男女异路之制，犯者象刑。刘歆、陈崇等十二人皆以治明堂，宣教化，封为列侯。

莽既致太平，北化匈奴，东致海外，南怀黄支，唯西方未有加。乃遣中郎将平宪等多持金币诱塞外羌，使献地，愿内属。宪等奏言："羌豪良愿等种，人口可万二千人，愿为内臣，献鲜水海、允谷盐池，平地美草皆予汉民，自居险阻处为藩蔽。问良愿降意，对曰：'太皇太后圣明，安汉公至仁，天下太平，五谷成熟，或禾长丈余，或一粟三米，或不种自生，或茧不蚕自成，甘露从天下，醴泉自地出，凤皇来仪，神爵降集。从四岁以来，羌人无所疾苦，故思乐内属。'宜以时处业，置属国领护。"事下莽，莽复奏曰："太后秉统数年，恩泽洋溢，和气四塞，绝域殊俗，靡不慕义。越裳氏重译献白雉，黄支自三万里贡生犀，东夷王度大海奉国珍，匈奴单于顺制作，去二名，今西域良愿等复举地为臣妾，昔唐尧横被四表，亦亡以加之。今谨案已有东海、南海、北海郡，未有西海郡，请受良愿等所献地为西海郡。臣又闻圣王序天文，定地理，因山川民俗以制州界。汉家地广二帝、三王，凡十三州，州名及界多不应经。《尧典》十有二州，后定为九州。汉家廓地辽远，州牧行部，远者三万余里，不可为九。谨以经义正十二州名分界，以应正始。"奏可。又增法五十条，犯者徙之西海。徙者以千万数，民始怨矣。

泉陵侯刘庆上书言："周成王幼少，称孺子，周公居摄。今帝富于春秋，宜令安汉公行天子事，如周公。"群臣皆曰："宜如庆言。"

冬，荧惑入月中。

平帝疾，莽作策，请命于泰畤，戴璧秉圭，愿以身代。藏策金縢，置于前殿，敕诸公勿敢言。十二月，平帝崩，大赦天下。莽征明礼者宗伯凤等与定天下吏六百石以上皆服丧三年。奏尊孝成庙曰统宗，孝平庙曰元宗。时元帝世绝，而宣帝曾孙有见王五人，列侯广戚侯显等四十八人，莽恶其长大，曰："兄弟不得相为后。乃选玄孙中最幼广戚侯子婴，年二岁，托以为卜相最吉。

是月，前辉光谢嚣奏武功长孟通浚井得白石，上圆下方，有丹书著石，文曰："告安汉公莽为皇帝。"符命之起，自此始矣。莽命群公以白太后，太后曰："此诬罔天下，不可施行！"太保舜谓太后："事已如此，无可奈何，沮之力不能止。又莽非敢有它，但欲称摄以重其权，镇服天下耳。"太后听许。舜等即共令太后下诏曰："盖闻天生众民，不能相治，为之立君以统理之。君年幼稚，必有寄托而居摄焉，然后能奉天施而成地化，群生茂育。《书》不云乎？'天工，人其代之。'朕以孝平皇帝幼年，且统国政，几加元服，委政而属之。今短命而崩，呜呼哀哉！已使有司征孝宣皇帝玄孙二十三人，差度宜者，以嗣孝平皇帝之后。玄孙年在襁褓，不得至德君子，孰能安之？安汉公莽辅政三世，比遭际会，安光汉室，遂同殊风，至于制作，与周公异世同符。今前辉光嚣、武功长通上言丹石之符，朕深思厥意，云'为皇帝'者，乃摄行皇帝之事也。夫有法成易，非圣人者亡法。其令安汉公居摄践祚，如周公故事，以武功县为安汉公采地，名曰汉光邑。具礼仪奏。"

于是群臣奏言："太后圣德昭然，深见天意，诏令安汉公居摄。臣闻周成王幼少，周道未成，成王不能共事天地，修文、武之烈。周公权而居摄，则周道成，王室安；不居摄，则恐周队失天命。《书》曰：'我嗣事子孙，大不克共上下，遏失前人光，在家不知命不易。天应棐谌，乃亡坠命。'说曰：周公服天子之冕，南面而朝群臣，发号施令，常称王命。召公贤人，不知圣人之意，故不说也。《礼·明堂记》曰'周公朝诸侯于明堂，天子负斧依南面而立。'谓'周公践天子位，六年朝诸侯，制礼作乐，而天下大服'也。召公不说。时武王崩，缞粗未除。由是言之，周公始摄则居天子之位，非乃六年而践阼也。《书》逸《嘉禾篇》曰：'周公奉鬯立于阼阶，延登，赞曰：假王莅政，勤和天下。'此周公摄政，赞者所称。成王加元服，周公则致政。《书》曰：'朕复子明辟'，周公常称王命，专行不报，故言我复子明君也。臣请安汉公居摄践阼，服天子韨冕，背斧依于户牖之间，南面朝群臣，听政事。车服出入警跸，民臣称臣妾，皆如天子之制。郊祀天地，宗祀明堂，共祀宗庙，享祭群神，赞曰'假皇帝'，民臣谓之'摄皇帝'，自称曰'予'。平决朝事，常以皇帝之诏称'制'、以奉顺皇天之心，辅翼汉室，保安孝平皇帝之幼嗣，遂寄托之义，隆治平之化。其朝见太皇太后、帝皇后，皆复臣节。自施政教于其宫家国采，如诸侯礼仪故事。臣昧死请。"太后诏曰："可。"明年，改元曰"居摄"。

居摄元年正月，莽祀上帝于南郊，迎春于东郊，行大射礼于明堂，养三老五更，成礼而去。置柱下五史，秩如御史，听政事，侍旁记疏言行。

三月己丑，立宣帝玄孙婴为皇太子，号曰孺子。以王舜为太傅左辅，甄丰为太阿右拂，甄邯为太保后承。又置四少，秩皆二千石。

四月，安众侯刘崇与相张绍谋曰："安汉公莽专制朝政，必危刘氏。天下非之者，乃莫敢先举，此宗室耻也。吾帅宗族为先，海内必和。"绍等从者百余人，遂进攻宛，不得入而败。绍者，张竦之从兄也。竦与崇族父刘嘉诣阙自归，莽赦弗罪。竦因为嘉作奏曰：

建平、元寿之间，大统几绝，宗室几弃。赖蒙陛下圣德，扶服振救，遮扞匡卫，国命复延，宗室明目。临明统政，发号施令，动以宗室为始，登用九族为先。并录支亲，建立王侯，南面之孤，计以百数。收复绝属，存亡续废，得比肩首，复为人者，嫔然成行，所以藩汉国，辅汉宗也。建辟雍，立明堂，班天法，流圣化，朝群后，昭文德，宗室诸侯，咸益土地。天下喁喁，引领而叹，颂声洋洋，满耳而入。国家所以服此美，膺此名，飨此福，受此荣者，岂非太皇太后旦昃之思，陛下夕惕之念哉！何谓？乱则统其理，危则致其安，祸则引其福，绝则继其统，幼则代其任，晨夜屑屑，寒暑勤勤，无时休息，孳孳不已者，凡以为天，厚刘氏也。

臣无愚智，民无男女，皆谕至意。而安众侯崇乃独怀悖惑之心，操畔逆之虑，兴兵动众，欲危宗庙，恶不忍闻，罪不容诛，诚臣子之仇，宗室之雠，国家之贼，天下之害也。是故亲属震落而告其罪，民人溃畔而弃其兵，进不跬步，退伏其殃。百岁之母，孩提之子，同时断斩，悬头竿杪，珠珥在耳，首饰犹存，为计若此，岂不悖哉！

臣闻古者畔逆之国，既以诛讨，则猪其宫室以为污池，纳垢浊焉，名曰凶虚，虽生菜茹，而人不食。四墙其社，覆上栈下，示不得通。辨社诸侯，出门见之，著以为戒。方今天下闻崇之反也，咸欲骞衣手剑而叱之。其先至者，则拂其颈，冲其匈，刃其躯，切其肌；后至者，欲拔其门，仆其墙，夷其屋，焚其器，应声涤地，则时成创。而宗室尤甚，言必切齿焉。何则？以其背畔恩义，而不知重德之所在也。宗室所居或远，嘉幸得先闻，不胜愤愤之愿，愿为宗室倡始，父子兄弟负笼荷锸，驰之南阳，猪崇宫室，令如古制。及崇社宜如亳社，以赐诸侯，用永监戒。愿下四辅公卿大夫议,以明好恶,视四方。

于是莽大说。公卿曰:"皆宜如嘉言。"莽白太后下诏曰:"惟嘉父子兄弟,虽与崇有属,不敢阿私,或见萌牙,相率告之,及其祸成,同共雠之,应合古制,忠孝著焉。其以杜衍户千封嘉为师礼侯,嘉子七人皆赐爵关内侯。"后又封竦为淑德侯。长安为之语曰:"欲求封,过张伯松;力战斗,不如巧为奏。"莽又封南阳吏民有功者百余人,污池刘崇室宅。后谋反者,皆污池云。

群臣复白:"刘崇等谋逆者,以莽权轻也。宜尊重以填海内。"五月甲辰,太后诏莽朝见太后称"假皇帝。"

冬十月丙辰朔,日有食之。

十二月,群臣奏请:"益安汉公宫及家吏,置率更令,庙、厩、厨长丞,中庶子,虎贲以下百余人,又置卫士三百人。安汉公庐为摄省,府为摄殿,第为摄宫。"奏可。

莽白太后下诏曰:"故太师光虽前薨,功效已列。太保舜、大司空丰、轻车将军邯、步兵将军建皆为诱进单于筹策,又典灵台、明堂、辟雍、四郊,定制度,开子午道,与宰衡同心说德,合意并力,功德茂著。封舜子匡为同心侯,林为说德侯,光孙寿为合意侯,丰孙匡为并力侯。益邯、建各三千户。"

是岁,西羌庞恬、傅幡等怨莽夺其地作西海郡,反攻西海太守程永,永奔走。莽诛永,遣护羌校尉窦况击之。

二年春,窦况等击破西羌。

五月,更造货:错刀,一直五千;契刀,一直五百;大钱,一直五十,与五铢钱并行。民多盗铸者。禁列侯以下不得挟黄金,输御府受直,然卒不与直。

九月，东郡太守翟义都试，勒车骑，因发奔命，立严乡侯刘信为天子，移檄郡国，言"莽毒杀平帝，摄天子位，欲绝汉室，今共行天罚诛莽"。郡国疑惑，众十余万。莽惶惧不能食，昼夜抱孺子告祷郊庙，放《大诰》作策，遣谏大夫桓谭等班于天下，谕以摄位当反政孺子之意。遣王邑、孙建等八将军击义，分屯诸关，守厄塞。槐里男子赵明、霍鸿等起兵，以和翟义，相与谋曰："诸将精兵悉东，京师空，可攻长安。"众稍多，至且十万人，莽恐，遣将军王奇、王级将兵拒之。以太保甄邯为大将军，受钺高庙，领天下兵，左杖节，右把钺，屯城外。王舜、甄丰昼夜循行殿中。

十二月，王邑等破翟义于圉。司威陈崇使监军上书言："陛下奉天洪范，心合宝龟，膺受元命，豫知成败，咸应兆占，是谓配天。配天之主，虑则移气，言则动物，施则成化。臣崇伏读诏书下日，窃计其时，圣思始发，而反虏仍破；诏文始书，反虏大败；制书始下，反虏毕斩，众将未及齐其锋芒，臣崇未及尽共愚虑，而事已决矣。"莽大说。

三年春，地震。大赦天下。

王邑等还京师，西与王级等合击明、鸿，皆破灭，语在《翟义传》。莽大置酒未央宫白虎殿，劳赐将帅，诏陈崇治校军功，第其高下。莽乃上奏曰："明圣之世，国多贤人，故唐、虞之时，可比屋而封，至功成事就，则加赏焉。至于夏后涂山之会，执玉帛者万国，诸侯执玉，附庸执帛。周武王孟津之上，尚有八百诸侯。周公居摄，郊祀后稷以配天，宗祀文王于明堂以配上帝，是以四海之内各以其职来祭，盖诸侯千八百矣。《礼记·王制》千七百余国，是以孔子著《孝经》曰：'不敢遗小国之臣，而况于公、侯、伯、子、男乎？故得万国之欢心以事其先王。'

此天子之孝也。秦为亡道，残灭诸侯以为郡县，欲擅天下之利，故二世而亡。高皇帝受命除残，考功施赏，建国数百，后稍衰微，其余仅存。太皇太后躬统大纲，广封功德以劝善，兴灭继绝以永世，是以大化流通，旦暮且成。遭羌寇害西海郡，反虏流言东郡，逆贼惑众西土，忠臣孝子莫不奋怒，所征殄灭，尽备厥辜，天下咸宁。今制礼作乐，实考周爵五等，地四等，有明文；殷爵三等，有其说，无其文。孔子曰：'周监于二代，郁郁乎文哉！吾从周。'臣请诸将帅当受爵邑者爵五等，地四等。"奏可。于是封者高为侯、伯，次为子、男，当赐爵关内侯者更名曰附城，凡数百人。击西海者以"羌"为号，槐里以"武"为号，翟义以"虏"为号。

群臣复奏言："太后修功录德，远者千载，近者当世，或以文封，或以武爵，深浅大小，靡不毕举。今摄皇帝背依践祚，宜异于宰国之时，制作虽未毕已，宜进二子爵皆为公。《春秋》'善善及子孙'，'贤者之后，宜有土地'。成王广封周公庶子六人，皆有茅土。及汉家名相大将萧、霍之属，咸及支庶。兄子光，可先封为列侯；诸孙，制度毕已，大司徒、大司空上名，如前诏书。"太后诏曰："进摄皇帝子褒新侯安为新举公，赏都侯临为褒新公，封光为衍功侯。"是时，莽还归新都国，群臣复白以封莽孙宗为新都侯。莽既灭翟义，自谓威德日盛，获天人助，遂谋即真之事矣。

九月，莽母功显君死，意不在哀，令太后诏议其服。少阿、羲和刘歆与博士诸儒七十八人皆曰："居摄之义，所以统立天功，兴崇帝道，成就法度，安辑海内也。昔殷成汤既没，而太子蚤夭，其子太甲幼少不明，伊尹放诸桐宫而居摄，以兴殷道。周武王既没，周道未成，成王幼少，周公屏成王而居摄，以成周道。是以殷有翼翼之化，周有刑错之功。今太皇太后比遭家之不造，委任安汉公宰尹群僚，衡平天下。遭孺子幼少，未能共上下，皇天降瑞，出丹石之符，是以〔太皇〕太后则天明命，诏安汉公居摄践祚，将以成圣汉之业，与唐、虞三代比隆也。摄皇帝遂开秘府，会群儒，制礼作乐，卒定庶官，茂成天功。圣心周悉，卓尔独见，发得周礼，以明因监，则天稽古，而损益焉，犹仲尼之闻《韶》，日月之不可阶，非圣哲之至，孰能若兹！纲幻咸张，成在一匮，此其所以保佑圣汉，安靖元元之效也。今功显君薨，《礼》：'庶子为后，为其母缌。'传曰：'与尊者为体，不敢服其私亲也。摄皇帝以圣德承皇天之命，受太后之诏居摄践祚，奉汉大宗之后，上有天地社稷之重，下有元元万机之忧，不得顾其私亲。故太皇太后建厥元孙，俾侯新都，为哀侯后。明摄皇帝与尊者为体，承宗庙之祭，奉共养太皇太后，不得服其私亲也。《周礼》曰'王为诸侯缌縗'，'弁而加环绖'，同姓则麻，异姓则葛。摄皇帝当为功显君缌縗，弁而加麻环绖，如天子吊诸侯服，以应圣制。'莽遂行焉，凡一吊再会，而令新都侯宗为主，服丧三年云。

司威陈崇奏，衍功侯光私报执金吾窦况，令杀人，况为收系，致其法。莽大怒，切责光。光母曰："女自视孰与长孙、中孙？"遂母子自杀，及况皆死。初，莽以事母、养嫂、抚兄子为名，及后悖虐，复以示公义焉。令光子嘉嗣爵为侯。

莽下书曰："遏密之义，讫于季冬，正月郊祀，八音当奏。王公卿士，乐凡几等？五声八音，条各云何？其与所部儒生各尽精思，悉陈其义。"

是岁，广饶侯刘京，车骑将军千人扈云、太保属臧鸿奏符命。京言齐郡新井，云言巴郡石牛，鸿言扶风雍石，莽皆迎受。

十一月甲子,莽〔上〕奏太后曰:

陛下至圣,遭家不造,遇汉十二世三七之厄,承天威命,诏臣莽居摄,受孺子之托,任天下之寄。臣莽兢兢业业,惧于不称。宗室广饶侯刘京上书言:"七月中,齐郡临淄县昌兴亭长辛当一暮数梦,曰:'吾,天公使也。天公使我告亭长曰:"摄皇帝当为真。即不信我,此亭中当有新井。'亭长晨起视亭中,诚有新井,入地且百尺。"十一月壬子,直建冬至,巴郡石牛,戊午,雍石文,皆到于未央宫之前殿。臣与太保安阳侯舜等视,天风起,尘冥,风止,得铜符帛图于右前,文曰:天告帝符,献者封侯。承天命,用神令。"骑都尉崔发等视说。及前孝哀皇帝建平二年六月甲子下诏书,更为太初元将元年,案其本事,甘忠可、夏贺良谶书臧兰台。臣莽以为元将元年者,大将居摄改元之文也。于今信矣。《尚书·康诰》"王若曰:'孟侯,朕其弟,小子封。'"此周公居摄称王之文也。《春秋》隐公不言即位,摄也。此二经周公、孔子所定,盖为后法。孔子曰:"畏天命,畏大人,畏圣人之言。"臣莽敢不承用!臣请共事神祇宗庙,奏言太皇太后、孝平皇后,皆称假皇帝。其号令天下,天下奏言事,毋言"摄"。以居摄三年为初始元年,漏刻以百二十为度,用应天命。臣莽夙夜养育隆就孺子,令与周之成王比德,宣明太皇太后威德于万方,期于富而教之。孺子加元服,复子明辟,如周公故事。

奏可。众庶知其奉符命,指意群臣博议别奏,以视即真之渐矣。期门郎张充等六人谋共劫莽,立楚王。发觉,诛死。

梓潼人哀章,学问长安,素无行,好为大言。见莽居摄,即作铜匮,为两检,置其一曰"天帝行玺金匮图',其一署曰

"赤帝〔行〕玺某传予黄帝金策书"。某者,高皇帝名也。书言王莽为真天子,皇太后如天命。图书皆书莽大臣八人,又取令名王兴、王盛,章因自窜姓名,凡为十一人,皆署官爵,为辅佐。章闻齐井、石牛事下,即日皆时,衣黄衣,持匮至高庙,以付仆射。仆射以闻。戊辰,莽至高庙拜受金匮神嬗。御王冠,谒太后,还坐未央宫前殿,下书曰:"予以不德,托于皇初祖考黄帝之后,皇始祖考虞帝之苗裔,而太皇太后之末属。皇天上帝隆显大佑,成命统序,符契图文,金匮策书,神明诏告,属予以天下兆民。赤帝汉氏高皇帝之灵,承天命,传国金策之书,予甚祗畏,敢不钦受!以戊辰直定,御王冠,即真天子位,定有天下之号曰'新'。其改正朔,易服色,变牺牲,殊徽帜,异器制。以十二月朔癸酉为建国元年正月之朔,以鸡鸣为时。服色配德上黄,牺牲应正用白,使节之旄幡皆纯黄,其署曰'新使五威节',以承皇天上帝威命也。"

译文:

　　王莽,字巨君,是孝元皇后的侄儿。元后的父亲和兄弟们都在元帝、成帝时期受封侯爵,身居要职,辅佐朝政,全家共有九个列侯、五个大司马,这些事都记载在《元后传》里。只有王莽的父亲王曼早就死了,没有封侯。王莽的堂兄弟们都是将军、列侯的儿子,趁着有钱有势的时候,奢侈浪费,以车马众多、姬妾漂亮、玩乐新奇来互相比个高低。只有王莽一个人贫寒,因此屈己下人,恭敬俭朴。他遵沛郡人陈参为老师,学习了《礼经》,勤劳身心,广泛读书,穿着好像普通书生。他侍奉母亲和守寡的嫂子,抚养无父亲的侄儿,行为很严谨检点。同时又在社会上交结英俊之友,在家族中服侍伯父叔父,都委婉周到,注意礼节。

阳朔年间，他的伯父大将军王凤病了，王莽侍候疾病，亲自尝药，头发散乱，颜面肮脏，不脱衣服睡觉，接连几个月。王凤临死的时候，把他托付给王太后和成帝，被任命为黄门郎，提升为射声校尉。

过了很久，他的叔父成都侯王商上了个报告，表示愿意分出自己的一部分封地去赐封王莽。还有长乐宫少府戴崇、侍中金涉、胡骑校尉箕闳、上谷郡都尉阳并和中郎陈汤，都是当代知名人士，都替王莽说好话，皇上从此认为王莽贤能。永始元年，封王莽为新都侯，侯国建在南阳郡新野县的城郊，有居民一千五百户。后来提升为骑都尉兼光禄大夫加侍中衔，住在宫廷日夜警卫，谨慎小心，官阶职位越尊贵，态度作风越谦恭。他分散车马衣服，施舍接济宾客，家里不留多余的。他接待供养知名人士，交结将军、宰相、卿大夫很多。所以当权的大人物更加推荐他，社会上的知名人士对他宣扬称赞，空名声传遍朝廷和社会各界，超过了他的伯父叔父们。他善于进行虚假的表演，处于那样的场合也不感到惭愧。

王莽的老兄王永任职诸曹，早就死了，有个儿子叫王光，王莽让他到博士门下学习。王莽休假离开朝廷，驾起车马，带着酒肉，去向他的老师慰问赠送礼物，赏赐遍及他的同学们。许多书生围着看热闹，老人们在旁边赞叹。王光的年龄比王莽的儿子王宇小些，王莽让他们同一天娶妻，宾客坐满一堂屋。忽然间，有一个人说老太太发了什么病痛，应当服什么药，等到宾客散去，他坐立不安。有一次他秘密地买了一个女奴，兄弟们中间很多人都有耳闻，王莽便说："后将军朱子元没有儿子，我听说这个孩子的血统能够多生儿子，因此替他买了她。"当天把女奴送给了朱子元。他的隐藏真情追求名誉达到如此地步。

这时候,王太后的外甥淳于长由于有才能担任了九卿,发迹在先,名位在王莽之上。王莽秘密地搜集了他的罪过,通过大司马曲阳侯王根报告了他的情况,淳于长伏法受诛,王莽因而获得了忠直的名声,这些事记载在《淳于长传》里面。王根因而请求退休,推荐王莽接替自己,皇上便提拔他担任大司马。这年是绥和元年,他的年纪是三十八岁了。王莽既已超过同辈而突起,继四个伯父叔父之后辅佐朝政,想要使自己的名誉超过前人,便不知疲倦地克己奉公,聘请许多贤良充当办事人员,皇帝的赏赐和封邑的收入全部都用来款待士人,自己更加俭朴节约。他母亲病了,三公、九卿和列侯派遣夫人来探问病情,王莽的妻子出去迎接她们,衣裙没有拖到地上,系着布围裙。看见她的人以为她是奴婢,一询问知道她是夫人,都大吃一惊。

他辅佐朝政过了一年多,成帝逝世了,哀帝登上皇位,尊称皇太后为太皇太后。王太后命令王莽回家,让权给哀帝的外家。王莽上报告请求退休,哀帝派遣尚书令命令王莽道:"去世的皇帝把政务委托给您而抛开了臣子们,我能够继承皇位,的确盼望跟您同心合意。现在您上报告说有病要求退休,因而显得我不能遵循先帝的意旨,我对此非常悲伤。已经命令尚书等待您上朝奏事。"然后又派遣丞相孔光、大司空何武、左将军师丹、卫尉傅喜报告王太后说:"皇帝听到太后的命令,非常悲伤。大司马如果不出来,皇帝就不敢处理政务。"王太后又命令王莽办理公务。

这时哀帝的祖母定陶国傅太后和母亲丁姬在世,高昌侯董宏上报告说:"《春秋》的原则,母亲靠儿子而尊贵,丁姬应当加上尊贵的称号。"王莽和师丹共同弹劾董宏迷误朝廷,违反原则,这些话记载在《师丹传》里面。后来,未央宫举行宴会,内者令给傅太后设置了篷帐,坐在太皇太后的座位旁边。王莽巡视，责备内者令说："定陶国傅太后是藩王的太后，原先是皇帝的妃子，怎么能跟最高最尊贵的太皇太后并列！"于是撤掉篷帐，改设座位。傅太后听到这件事，大怒，不肯参加宴会，十分怨恨王莽。王莽又请求退休，哀帝赏赐王莽黄金五百斤，坐车一辆和套马四匹，免职回家。三公、九卿和大夫们多有称赞他的，皇上便加以优待和尊敬，在他家里设置侍候的专人，让宫内太监每十天赏赐一次酒席。下诏书说："新都侯莽为国家操心效力，坚定地按规矩办事，我也许可以靠他实现太平。太皇后命令王莽回家，我对此非常怜惜。应当把黄邮聚民户三百五十家加封给王莽，给予特进的荣誉地位，加上给事中的官衔，每逢初一、十五朝会，皇帝接见他的礼仪就像接见三公一样，皇帝出行时他可以乘坐绿车跟随。"过后两年，傅太后和丁姬都称起尊贵的名号来了，丞相朱博报告："王莽从前不肯广泛办理尊敬尊长的事项，压制太后的尊号，伤害了皇上的孝敬之心，应当明正典刑，幸而获得了赦免的命令，不应当拥有爵位和封地，请予免除他的爵位和封地，降为平民。"皇上说："由于王莽与太皇太后有亲属关系，不要免除爵位和封地，打发他回封国去。"

王莽闭门不出，自己安分守法，他的次子王获杀死了奴仆，王莽深切责备王获，叫他自杀。自己留在封国三年，官吏和平民替王莽申辩冤枉的以百计。元寿元年，出现了日食，贤良周护、宋崇等在对答皇帝的策问时深深地歌颂王莽的功德，于是皇上调回王莽。

当初王莽来到封国，南阳郡太守因为王莽地位显赫，选调太守衙门的属官宛县人孔休临时担任新都国相。孔休拜会王莽，王莽用尽礼节主动结交，孔休也听到了他的名声，跟他来往。后来王莽病了，孔休问候他，王莽借报答孔休的情谊，送上自己的用美玉装饰的宝剑，想要建立友好关系。孔休不肯接受，王莽便说："就是看到您脸上疤痕，美玉可以用来消灭疤痕，想奉送这个剑鼻罢了。"就取下那个剑鼻，孔休还是推辞。王莽说："您顾虑它的价值太高贵吗？"于是捶碎了那个剑鼻，自己包着送给孔休，孔休才接受了。等到王莽被调上朝去，想要会见孔休，孔休托词害病没有相见。

王莽回到首都一年多，哀帝去世，没有儿子，而傅太后和丁太后都先后去世了，太皇太后当天坐车前往未央宫收取御玺，派使者飞快去召唤王莽。命令尚书，所有调动军队的印信凭证，各部门官吏汇报工作，宫廷太监和期门亲兵都归王莽节制。王莽报告："大司马高安侯董贤年轻，不符合大家的心愿，也应收缴印信。"董贤当天就自杀了。王太后命令公卿大臣推举适宜担任大司马的人，大司徒孔光和大司空彭宣推举王莽，前将军何武和左将军公孙禄互相推举。王太后任命王莽担任大司马，跟他商量选定皇位继承人。安阳侯王舜是王莽的堂弟，他为人善良谨慎，是王太后所信任宠爱的人，王莽提议让王舜担任车骑将军，打发他去迎接中山王来继承成帝之位，这就是孝平皇帝。平帝年龄是九岁，王太后临朝代掌政权，把政务委托给王莽。王莽提出赵氏从前杀害了皇子，傅氏骄横僭越，于是废黜孝成赵皇后和孝哀傅皇后，令其自杀，此事记载在《外戚传》里面。

王莽因为大司徒孔光是著名的儒者，辅佐过三个皇帝，是王太后所尊敬的人，全国人相信他，于是极力尊敬地对待孔光，引用孔光的女婿甄邯担任奉车都尉加侍中衔。所有哀帝的外戚和向来不喜欢的在职大臣，王莽都罗织他们的罪名，写成奏章，让甄邯拿去交给孔光。孔光一向小心谨慎，不敢不送，王莽再报告王太后，总是批准这些奏章。于是前将军何武和左将军公孙禄因互相推举而被免职，丁家、傅家和董贤的亲属都被撤销官职和爵位，流放到很远的地方。红阳侯王立是王太后的亲弟弟，虽然没有担任官职，王莽由于他是叔父而内心畏惧他，恐怕王立怂恿王太后，使自己不能够为所欲为，便再让孔光报告王立原先的劣迹："从前知道定陵侯淳于长犯了大逆罪，大量接受他赠送的财物，替他说话，迷误了朝廷。后来建议把官婢杨寄的私生子作为皇子，大家都说这是吕后和少帝的故事重演，造成思想混乱，被全国人怀疑。这样难以昭示后代，完成维护幼主的功业。请予打发王立到封国去。"王太后不听从。王莽说："现在汉朝衰落，接连几代没有继承人，太后一个人代替幼主统领政权，的确值得小心谨慎，尽力用公正的态度引导全国人民，还恐怕不顺从；如果像这样由于私人的恩爱而违背大臣的意见，那么群臣百官就会滋长歪风邪气，祸乱将要由此发生了。可以权且打发他到封国去，随后再把他调上来。"王太后不得已，打发王立到封国去。王莽所用来逼上迫下的手段，大都就是这一类。

当时依附他的人被提拔，触犯他的人被消灭。王舜和王邑成为他的心腹，甄丰和甄邯掌管纠察弹劾，平晏管理机要事务，刘歆主管典章制度，孙建成为他的得力助手。还有甄丰的儿子甄寻、刘歆的儿子刘棻和涿郡人崔发、南阳郡人陈崇都由于有才能而得到王莽的宠爱。王莽脸色严厉，说话一本正经，想要有所行动，只须略微示意，党羽就会秉承他的意图明白地报告上去，王莽自己就磕头流涕，坚决推辞，对上用这种手段迷惑王太后，对下显示诚信。

早先王莽曾经暗示益州郡的地方官吏让边界那边的外族进献白毛野鸡，元始元年正月，王莽建议王太后下诏书，拿白毛野鸡进献祖庙。大臣们便报告说："太后委任大司马王莽决策拥立新皇帝，从而安定了国家。以前的大司马霍光有安定国家的功劳，增加封邑三万户，并且规定子孙可以原封不动地继承他的爵位和封邑，与萧相国一样。王莽应当参照霍光的成例受封。"王太后询问三公九卿道："果真由于大司马有大功劳应当突出他吗？还是因为他是我的至亲要让他显得特殊呢？"于是大臣们便极力陈述"王莽的功德赢得了像周成王获得白毛野鸡一样的祥瑞，时隔千年，符命相同。英明的帝王的制度，臣子有了大功劳，那么生前就能获得光荣的称号，所以周公在世时就能用周朝的国号作为他的称号。王莽有安定国家、宗庙的大功，应当赐号安汉公，增加封邑的民户，子孙可以原封不动地继承爵位和封邑，远的适用周公的古制，近的参照霍光的成例，以求顺从天意。"王太后命令尚书把这些事情记录下来。

王莽报告说："我和孔光、王舜、甄丰、甄邯共同决策拥立新皇帝，现在希望只要条陈孔光等人的功劳和应得的赏赐，放下我王莽，不要和他们相提并论。"甄邯建议王太后下诏书说："'不偏私，不袒护，圣王的正道广大公平。'关系有亲戚的，不得有所偏私。您有安定国家的功劳，不可因为是至亲的缘故而隐讳不予褒扬。您应当不要推辞。"王莽又上报告推让。王太后命令传达官引导王莽在正殿东厢房等待，王莽托词害病不肯上殿。王太后让尚书令姚恂命令他道："您因为论功行赏的缘故而拿害病来推辞，您的责任重大，不能缺席，应当及时迅速上朝办事。"王莽还是坚决推辞。王太后再让长信宫太仆王闳捧着制书去召唤王莽，王莽坚决推辞。侍从官吏建议王太后，应当不要迫使王莽改变意志，就只列举孔光等人的功劳和赏赐，王莽才肯出来办事。王太后下诏书说："太傅博山侯孔光侍从保卫四代皇帝，几代都担任太傅、丞相，忠诚孝顺，仁爱笃厚，品行优良，全国闻名，建议决策拥立新皇帝，增加封地一万户，任命孔光担任太师，参与四辅的决策。车骑将军安阳侯王舜一贯仁爱孝顺，派他迎接中山王，周旋辗转，经历了许多艰难曲折，功勋德行卓著，增加封地居民一万户，任命王舜担任太保。左将军光禄勋甄丰侍从保卫三代皇帝，忠实诚信，仁爱笃厚，派他迎接中山王，辅导供养，从而安定了国家，赐封甄丰为广阳侯，赏赐收取租税的地方五千户，任命甄丰担任少傅。都授予四辅的职位，子孙可以原封不动地继承他们的爵位和封邑，每人赏赐公馆一所。加侍中衔奉车都尉甄邯侍从保卫皇帝，辛勤劳累，建议决策拥立新皇帝，赐封甄邯为承阳侯，赏赐收取租税的地方二千四百户。"四人已经受到封赏，王莽还没有上朝办事，大臣们又建议说："王莽虽然克己让人，朝廷还是应当表彰，及时给予赏赐，表明重视首功，不要让百官和百姓失望。"王太后便下诏书说："大司马新都侯王莽经历三代皇帝都担任三公，承担周公一样的职责，制定了使子孙后代长治久安的规划，功勋德行是朝廷大臣中众望所归的首领，崇高的品德、优良的作风流传全国，远方异域的人们也仰慕他的威望，所以越裳氏派出带着厚礼的使节进献白毛野鸡。应当把召陵、新息两县民户二万八千家加封王莽，免除他的后代的差役义务，规定子孙可以原封不动地继承他的爵位和封邑，褒赏他的功勋仿照萧相国的成例。任命王莽担任太傅，主持四辅称号叫作安汉公。把从前萧相国的官邸作为安汉公的官邸，让法令明确规定永远留传下去。"

当时王莽装作诚惶诚恐的样子，不得已才上朝接受策命。策书写道："汉朝危机，皇位没有继承人，而您安定了这个局面。四辅的职责，三公的任务，由您来承担。众多的官吏和职位，由您统率。您的功德卓著，国家靠着您才能安定，看来白毛野鸡的祥瑞，有周公辅佐周成王的景象。因此赏赐您光荣的称号叫作安汉公，辅佐皇帝，希望能够实现太平，不要辜负了我的意愿。"王莽接受了太傅的官位和安汉公的称号，辞谢了增加封地和规定子孙可以原封不动地继承爵位、封邑这两项赏赐，说是希望等到老百姓家都富足了，然后给予这样的赏赐。各大臣又力争，王太后命令道："他提出要等到老百姓家家都富足，因此听从了他的意见。应当让他的俸禄、家臣、赏赐都比原先增加一倍。等到老百姓家家都富足了，大司徒、大司空就把情况报告上来。"王莽又推辞没有接受，而建议应当立起断绝了的诸侯王后代和自从高祖以来的功臣子孙，大功臣的子孙赐封为列侯，有的赐封关内侯爵位，并有收取租税的封邑，然后遍及所有王侯和官吏，各有一定的等级次序。上面尊敬祖宗，增加祭祀时的礼仪和乐队；下面施恩惠给士人、平民一直到鳏夫寡妇，一切恩惠的政策没有不推行的。这些事见《平帝纪》。

王莽已经赢得了大家的好感，又想要专权独断，知道王太后厌弃政事，便暗示公卿大臣报告说："过去一些官吏因积累功绩升迁到二千石级，以及州部所荐举的特级秀才出身的官吏，一般多不称职，应当都来进见安汉公接受考核。再者太后不必亲自过问小事情。"让王太后下诏书说：皇帝尚在幼年，我暂且掌握政权，等到皇帝成年为止。现在许多政务麻烦，我已经年老，精神身体不支，恐怕不利于教育培养皇帝。所以要选用贤臣，设立四辅，让百官都努力尽职，永保国家和我自己的平安。孔子说：'多么崇高哇，虞舜、夏禹治理天下，都是委任贤能以成其功，而不亲自办理众事！''从今以后，只有赐封爵位的大事才报告上来。其他的事情，由安汉公带领四辅讨论决定。州牧、二千石级和秀才出身的官吏新近任命需要报告工作的，就引进到宫殿近署报告安汉公,考查原来的工作,询问新任的职务,借以了解他的称职或不称职。"于是王莽对这些官吏一一接见谈话,详尽周到地表示殷切地关注,丰厚地赠送礼物;如果不合意的,就明白地报请免除他的官职,这样一来,他的权力与国君相等了。

王莽想要用空名声博得王太后的欢心,说是"紧接着以前哀帝时期丁家、傅家奢侈浪费之后,老百姓不得饱暖的很多,太后可以暂时穿着朴素的绸绢,略微减少点山珍海味,以此昭示全国。"王莽接着上报告,愿意出钱一百万,献田三十顷,交给大司农去救济贫民。于是大官僚都闻风响应他的做法。王莽率领大臣们报告说:"您的年事很高,长久穿着粗糙的丝绸,减少山珍海味,的确不是保养身心健康,教养皇帝,安定国家的办法。我王莽多次到官中大臣官署磕头,禀告要求,未蒙允许。现在幸赖您的恩惠,近来风调雨顺,甘露降落,灵芝生长,蓂荚、朱草、嘉禾都出现了,各种吉祥的征兆同时一齐来到。我王莽和大臣们表达不尽最大的愿望,希望您爱惜精力,休养心神,开阔心胸,减少思虑,穿着帝王通常的衣服,恢复太官规定的山珍海味,让臣子们个个得以尽到自己的孝敬之心,完善地安排供养。希望您体谅!"王莽又让王太后下诏书说:"听说皇太后的准则,思想活动不超出宫门。国家得不到上天保佑,皇帝年龄幼小,不能亲自执政,我战战兢兢,唯恐国家不得安宁。国家的最高统治权力,没有我谁适宜执掌它呢?因此孔子进见南子,周公居位摄政,原是根据时势需要。我劳累身体,用尽心思,忧患劳苦,未得安静,所以当社会风气崇尚奢侈的时候,就用俭朴的作风来昭示全国,纠正偏差常须超过应有的限度,如果我不亲自倡导,全国臣民怎么办呢!我朝朝暮暮都在梦想着五谷丰登,老百姓家给人足,等到皇帝加冕以后,把政权交给他。现在的确不容许享用精致的织物和珍美的味道,也许可以和百官一道有所成就,应当勉励呀!"每逢发生了水旱灾害,王莽就只吃蔬菜,不用酒肉,侍从官吏把情况报告上去。王太后派遣使者命令王莽道:"听说您只吃蔬菜,不用酒肉,关怀百姓很深切啊!今年的庄稼收成幸而丰足,您尽职尽责,应当按时吃肉食,爱护身体才能治理好国家。"

王莽想到中国已经安定,只有四方外族还没有什么变化,于是派遣使者携带金钱财物,丰厚地赠送匈奴单于,让他人报告说:"听说中国讥诮双名,我原名囊知牙斯,现在改名知,以表示效法中国的英明制度。"又派遣王昭君的女儿须卜居次来侍奉王太后。王莽用来眩惑和谄媚王太后,直到她旁边的随从宦官,拉拢的手段也是多种多样,千变万化的。

王莽既然显赫,想要把女儿许配平帝做皇后,借以巩固自己的权力,报告道:"皇帝登上皇位三年了,皇后没有聘娶,妃妾没有配齐。从前国家的危难,起因于没有继承人,婚配不正当。应根据《五经》之义,制定婚配礼仪,确定十二女的原则,以求多多生育继承人。广泛选择商王、周王的后代和周公、孔子的后代以及在长安的列侯的正妻所生的女儿。"事情下交主管官吏办理,上报许多女子的名单,王氏家族的女儿有很多在候选名单当中的。王莽恐怕她们跟自己的女儿竞争,就报告道:"自己没有德行,女儿资质低下,不适宜跟许多女子一道被选择。"王太后以为出于最大的诚意,便下诏书说:"王氏家族的女儿是我的娘家人,应当不予选择。"平民、儒生、郎官以上守候在宫门前上报的每天有一千多人,三公、九卿、大夫们有的到朝堂上,有的跪在大臣官署门前,都说:"英明诏令所表现出来的大公无私的精神是那样崇高,可是安汉公的伟大功勋却是这样彰明,现在当着要选立皇后的时候,怎么偏偏不要安汉公的女儿呢?全国人民往哪里寄托自己的命运!我们希望得到安汉公的女儿作为国母。"王莽派遣长史以下的属官分批晓谕劝阻三公、九卿和众儒生,可是上报告的人更加迫切。王太后不得已,只好听凭公卿大臣们去选取王莽的女儿。王莽再又自己申明:"应当广泛地选择众多的女子。"公卿大臣们争辩说:"不应当选择许多的女子以致干扰皇后的正统地位。"王莽表示:"愿意让自己的女儿出来相见。"王太后派遣长乐宫少府、宗正、尚书令去致送彩礼看亲,回来报告道:"安汉公的女儿长期受到道德教育的熏陶,有美好的容貌,适宜于延续帝王的世系,侍奉祭礼的大事。"另外有诏令派遣大司徒、大司空用策书祷告祖宗,采用许多占卜方法来预测吉凶,都说:"兆头遇着金旺盛、水充实,卦义遇着父母都得到正位,这就是所谓自己康强的预兆,子孙大吉的象征。"信乡侯刘佟报告说:"《春秋》记载,天子将要从纪国娶王后,就把纪君的子爵升为侯爵,安汉公的封国没有符合古代的制度。"事情下交主管官吏讨论,都说:"古代天子赐封王后的父亲纵横各一百里的土地,尊敬他不把他当作臣子看待,借以表示重视祖宗血统的延续,这是孝道的最高表现。刘佟的话符合礼制,可以照办。请把新野县的田地二万五千六百顷加封王莽,足够纵横各一百里。"王莽辞谢道:"我王莽的女儿确实不够配最高君主,现在又听从大家的说法,给我王莽增加封地。自己俯伏考虑,能够列为皇亲国戚,获得爵位和封地,假使女儿果真能够配得上皇帝的崇高品德,我王莽侯国封地的租税足够供给朝贡,不须再给予增加封地的恩宠。我愿意归还所增加的封地。"王太后许可了这件事。主管官吏报告:"按照成例,聘皇后的彩礼是黄金二万斤,算钱二万万。"王莽深切地推辞,接受了四千万,而又把其中的三千三百万给了十一户陪嫁女儿的人家。大臣们又说:"现在皇后接受的聘礼,超过那些妃妾没有多少。"有诏令,再增加聘礼二千三百万,合成三千万。王莽又派人把其中的一千万分给了九族中的贫苦人家。

陈崇这时担任大司徒司直,跟张敞的孙子张竦要好。张竦是博学通才之士,替陈崇起草了一个奏章,称颂王莽的功德。

我看到安汉公自从当初踏进政界,正当社会风气崇尚奢华时候,他受到太后和皇帝的恩宠,沾着伯父叔父们尊荣显耀的光彩,金钱多,权势大,没有人能够违反他的意志。然而他却降低身份,实行仁爱,克制私心,遵行礼制,违抗世风,矫正习俗,坚定不移地独立行事。他穿的是粗劣的衣服,吃的是粗劣的饭菜,坐的是简陋的车子,驾的是低劣的马匹,配偶没有两个,在家庭中孝敬尊长,友爱兄弟,大家没有不知道的。他不追求名利,乐意遵守坚贤的道理,温和善良,谦恭地对待士人,对自己富贵以前的老朋友常施恩惠,对老师、朋友非常忠厚。孔子说"比不上贫穷而快乐,富有而爱好礼节",这很适合安汉公。

等到担任了侍中,原定陵侯淳于长犯了大逆罪,安汉公不敢照顾私亲,建议给予惩罚。周公惩罚管叔、蔡叔,季子毒死叔牙,这是安汉公的实践呀。

因此孝成皇帝任命安汉公担任大司马,把国家的命脉委托给他。哀帝登上皇位,高昌侯董宏追求名位,迎合他们的意图,制造两个皇位系统,安汉公亲自弹劾他,从而明确了大是大非。提出定陶国太后不应当在皇太后篷帐里坐,借以申明朝廷的尊卑体制。《诗经》说'软的也不吞,硬的也不吐,不欺负弱小,不害怕强暴',这也符合安汉公的性格。

他深深地抱着谦让的态度,出自内心地要求让出大司马的职位。定陶国太后想要建立超越本分的称号,害怕他当面指责她不应当在皇太后篷帐里坐的原则性,于是奸巧诈伪的朱博之流,有鉴于他们淳于长、董宏遭到他亲自弹劾的往事,他们上下一心,制造流言蜚语,玩弄阴谋诡计,纷至沓来,使用欺诈奸邪的手段,破坏制度,终于搞成了篡窃的称号。他们排斥驱逐仁人贤士,杀戮伤害宗室外戚,因而安汉公遭受跟伍子胥、屈原相类似的诽谤,远离朝廷,回到封国。这时朝廷政治混乱,法制败坏,危亡的灾祸,有如一发千钧。《诗经》说"贤人逃者,诸侯各国都困苦",这是在评论安汉公。

当时,宫中没有皇位继承人,董贤居于高位,掌握大权,加上傅家女儿的支持,他们都自知得罪了全国人,跟中山王结下了仇恨,就一定会考虑共同的忧患,因而同心合力,坚定不移,假使伪托遗诏,接连运用赏罚大权,首先除掉所畏惧的人,迅速引用依附他们的人,于是诬蔑过去的冤仇,再征立皇族中疏远的亲属,事态发展可以窥见,那是不难办到的。幸亏安汉公立刻入朝,即时驱逐董贤和他的党羽。当这个时候,安汉公运用独到的明见,奋发一往无前的威力,张目扬眉,露出严厉的面色,发扬刚强勇猛的气势,趁着他们的阵脚还不稳,阴谋还没有发动,就把他们压倒了。像霹雳响起,像弩机扳动,敌人受到致命的打击,就是有孟贲、夏育也来不及反击,就是有樗里子也来不及预测,就是有鬼谷子也来不及应付,此所以董贤只有丧魂落魄,终于自己吊死了。人们没有一转身,日影没有稍移动,忽然天下廓清,变成了太平世界。不是陛下便没有人能够引用安汉公,不是安汉公便没有人能够战胜这个灾祸。《诗经》说"统帅尚父,这样威武,辅佐武王",孔子说"当机立断才能成功",这是指安汉公。

于是安汉公便建议引进原泗水国相甄丰、邰县令甄邯,和大司徒孔光、车骑将军王舜安定国家,捧着朝廷的使节,前往东方迎接新皇帝,都因为有功劳、有德行而接受封爵,增加封地,成为国家的名臣。《书经》说"能够识别人才就算聪明",这是指安汉公。

公卿大臣都赞叹安汉公的德行,共同称颂安汉公的功勋,都认为他可以与周公媲美,应当赏赐安汉公的称号,加封两县,安汉公都没有接受。古书上说申包胥不接受保全了楚国的报酬,晏平仲不接受辅佐齐君的封赐,孔子说:"能够用礼让原则来治理国家,那还有什么困难呢?"这是指安汉公。

将要给皇帝聘娶后妃,主管官吏送上名单,安汉公的女儿列在首位,而安汉公深切推辞,迫不得已然后接受诏令。父子之间的亲爱是天性生成的,想要儿女获得荣华富贵的用心比为自己还迫切,皇后的尊贵地位相当于天子,当时的机会千载难逢,然而安汉公考虑国家的命脉,辞谢大福的恩宠,事事谦让,往往坚决推辞。《书经》说"虞舜自认为德行不足以继承唐尧的帝位",这是指安汉公。

自从安汉公接受策命一直到现在,勤勤恳恳,恭恭敬敬,德行日日新,检点平常的生活言行去感化各王侯国,遵循俭朴、崇尚节约去矫正社会风气,施舍财物、减少家产去表率百官,约束自己、主持公道去带动大臣,教育儿子重视学习振兴国家的教化。仆役穿布衣,马不吃谷物,吃喝的费用,不超过平民。《诗经》说"温良谦恭的人,立身行事像鸟儿栖息在树上一样,生怕掉下去了",孔子说"吃东西不要追求满足,住房子不要追求安逸",这是指安汉公。

克制身体,约束自己,零星购买粮食,刚够食用,样样东西依靠市场供应，总是当天用完，没有积蓄。又上报告归还孝哀皇帝所增加的封邑，交纳金钱，捐献田库，竭尽原来的产业，给大家带了头。于是上下响应，受到他的影响，紧跟着行动起来，外面有王公列侯，里面有宫禁侍从，一唱百和，各人竭尽所有，有的交纳金钱，有的捐献田亩，用来救济贫穷，收养缺衣少食的人。从前楚国的令尹子文早晨没有准备晚餐，鲁国的公仪子不吃自己园里的葵菜，这是指安汉公的实践。

敞开大门接待士人，直到茅屋寒士，多次实行精兵简政，自己总揽许多行政工作，亲自接见州牧、郡太守以下的官吏，据实考核他们的日常工作，详细查明是非功过。《诗经》说"从早到晚不知疲倦地去服侍皇帝"，《易经》说"整天自强不息，直到晚上还怀着警惕，像恐惧的样子"，这是指安汉公。

接连经历三代皇帝都担任三公，两次安葬大行皇帝，掌管总揽大臣的职务，安定国家，全国百姓倾心向往，没有人没得到适当的安置。《书经》说"把他安排到总理国家大政的职位，经历大变乱而不迷惑"，这是指安汉公。

这些事件都是古代所少有，夏禹、后稷所难能，而安汉公经历了从头到尾的整个历史时期，用一种道理贯穿于事物之中，可以说得上尽善尽美啦！因此三年的时间，教化流行非常顺利，吉祥的征兆接二连三，难道不是陛下能够识别人才的效应，求得贤人的结果吗？所以这不仅表明圣君承受了天命，也表明贤臣生逢其时。因此夏禹赏赐了玄圭，周公享受了郊祀，原来是用这样的办法来表明上天赐降贤臣帮助了圣君，因而圣君不敢贪天之功以为己有。估量安汉公的德行，可以作为全国人的准则；考察安汉公的功勋，开辟了子孙万代的基业。基业完成而赏赐不相当，准则树立而表彰不相称，的确不是用来尊重国家、顺应天意的做法。

高皇帝表彰赏赐首功，相国萧何封邑的民户已经增加了一倍，又受到特殊的礼节待遇，报告工作不要称自己的名字，上殿不要小步快走，赐封他的亲属十多人。乐于与人为善，从不厌倦，颁发赏赐，从不吝惜，只要献了一个良策，就一定赏赐爵位，此所以公孙戎任职诸郎，从旄头郎被铨选，一次证明樊哙有功，封赏二千户。孝文皇帝表彰赏赐绛侯，加封一万户，赏赐黄金五千斤。孝武皇帝优抚军功，分三万户赏赐卫青，卫青的三个儿子，有的还在怀抱里，都被封为通侯。孝宣皇帝突出表彰霍光，增加封户，规定子孙可以原封不动地继承，受封的人有三人，推恩到了侄孙子。绛侯乃是依靠汉朝藩国的巩固，倚仗朱虚侯的刚直，依靠众将领的团结，凭借互相扶持的形势，所以诸吕企图夺权，虽然用心险恶，总是不能成功的。霍光乃是凭借长期执政掌权的有利条件，趁着政治斗争屡获大胜的声威，没有遭遇不利的时机，受到冤枉迫害而离开朝廷，朝廷的负责官吏无不是他的同党，主宰一切经历了很久的时间，掌握政权经过了几代的传递，虽说有功劳，所经历的路程比较平坦，然而还有筹划定策不慎重，错误地迎立昌邑王的麻烦。至于卫青和公孙戎，不过刀枪之功，一言半语之劳，而竟都受到了高爵厚禄的封赏。拿安汉公的功劳跟绛侯、霍光相比较，那是创造时势与利用时机的差别，跟卫青、公孙戎去比较，那是天与地的距离。而且安汉公又有统辖百官管理政务的实效，真应当上与夏禹、周公同样伟大，同样崇高，同时获得像他们一样的表彰赏赐，哪里只是跟像刚才所说的这些人相提并论呢？可是还没有受到像卫青等人一样的厚赏，我真感到迷惑不解！

我听说对空前的功勋赏赐不受限制。对最高的德行表彰不受限制。此所以周成王对待周公，超过了纵横百里的限度，越过了九锡的规格，开拓纵横七百里的疆界，同时统治商国、奄国的人民，把殷朝遗民六族赏赐他作为附属国，赏赐大车和大旗，封父的大弓，夏后的玉璜，给设置太祝、太宗、太卜、太史的官职，赏赐美好的器物和记载典章制度的文书，给设置百官和祭器，准许使用白色的、雄性的牺牲去祭祀他，准许举行郊祀、望祭的盛大典礼。周成王说：叔父，给你的长子封土建国。于是周公父子接连下拜，接受了这些封赏。这可以说得上不限制对空前伟大功勋的表彰赏赐了。不仅止于这些，其他六个儿子都有封国。《诗经》说："没有一句好话不被采纳，没有一项功德不得报偿。"报偿应当跟功德相称，不相称就不能算是报偿。再看近代的事例，高祖订立誓约，不是姓刘的不得封，然而鄀郡却被封为长沙王，并下诏书称他为忠臣，明确规定在法令上，这表明为了向全国人昭示信用可以不受制度的局限。春秋时代晋悼公采用了魏绛的策略，华夏各国都服从他。郑伯进献乐队，于是晋悼公拿一半赏赐魏绛。魏绛深切地推辞，晋悼公说："没有您，我的势力不可能越过黄河，封赏是国家的制度，不可以废弃不用。您应当接受这些乐队。"于是，魏绛有了钟磬之类的乐器，《春秋》褒扬了这件事，肯定作臣子的能够竭尽忠诚而又推辞赏赐，做国君的能够了解臣子从而坚持赏赐。现在您既然了解安汉公建树了像周公一样的功德，可是没有实行像周成王那样的表彰赏赐，竟听从安汉公的坚决推辞，不考虑《春秋》的原则，那么人民和臣下将称说什么，子孙后代将记述什么呢？这的确不是治理国家的办法。我愚蠢地认为应当扩大安汉公的封国，让他像周公一样；封立安汉公的长子，让他像伯禽一样。所赏赐的东西，也都像周公一样。其他儿子的封赏，都像周公的六个儿子一样。那么，臣子们就会明显地受到鼓舞，献出忠诚；老百姓就会明显地受到教育,感激恩德。臣子们果真献出忠诚,老百姓果真感激恩德,那么对于国家大事还有什么不能办好呢?希望您深刻地考虑祖宗的重托,敬谨地畏惧上天的告诫,效法虞舜和周成王的英明措施,完全给予像对伯禽一样的赏赐,不要吝惜像对周公一样的报偿,让圣明制度得以完备,子孙后代有所遵循,全国人都幸运得很!

王太后把奏章交给大臣们看,大臣们正在讨论这件事,恰好吕宽事件发生了。

起初,王莽想要专权,报告王太后:"从前哀帝做了皇帝,背叛恩情和道义,自己尊显他的外戚丁家、傅家,扰乱国家,几乎危及国家的命脉。现在的皇帝尚在幼年,又继承了长房,作为成帝的后代,应当明确一脉相承的正统的原则,以从前的事例为鉴戒,给后代树立规范。"于是派遣甄丰捧着印信,就地赐封平帝的母亲卫姬为中山孝王后,赏赐平帝的舅父卫宝和卫宝的老弟卫玄关内侯的爵位,都留在中山国,不准到首都来。王莽的儿子王宇反对王莽隔离卫家,恐怕平帝长大后会怨恨。王宇便私下派人和卫宝等人通信,告诉平帝的母亲上报告请求到首都来。这些话记载在《卫后传》里面。王莽不答应。王宇跟老师吴章和内兄吕宽商量这件事,吴章认为王莽不可能规劝,然而相信鬼神,可以制造怪异使他害怕,吴章再因利乘便劝说他把政权移交给卫家。王宇便让吕宽于夜晚拿血涂洒王莽的住宅,守门的小吏发觉了这件事,王莽捉拿王宇送到监狱里,服毒药死了。王宇的妻子吕焉正怀孕,被囚禁在监狱里,要等到生下小孩以后才杀掉她。王莽报告道:"王宇被吕宽等人所贻误,散布流言迷惑了许多人,跟管叔、蔡叔一样犯了罪,我不敢隐瞒,应当处死。"甄邯等报告王太后下诏书道:"唐尧有丹朱那样的儿子,周文王有管叔、蔡叔那样的儿子，这些都是最高尚的圣人不好说拿着最愚蠢的儿子不知怎么办，因为他们的本性不可改变。您居于周公的职位，辅佐像周成王一样的幼主，因而实行像周公对待管叔、蔡叔一样的惩罚，不因为爱自己的儿子而妨害尊重朝廷的正统，我很赞许这种做法。从前周公诛灭四国之后，广泛深入的教化才得完成，终至于没有人犯法，刑罚搁置不用。您应当专心专意辅佐国家，希望能够实现太平。"王莽借这个事件诛灭了卫家，彻底追究吕宽案件，牵连地方上一向抨击自己的豪强，朝廷贵族内部牵涉到敬武公主、梁王刘立、红阳侯王立和平阿侯王仁，派遣使者守候，逼迫他们都自杀了。死的人以百计，全国震动。大司马护军名叫褒的报告道："安汉公遭遇儿子王宇犯了像管叔、蔡叔一样的罪行，亲子之爱极为深切，为了维护皇家利益的缘故，不敢顾全自己的私亲。他想到王宇的犯罪，感慨地奋发振作，写了八篇文章，用来告诫子孙。应当把这些文章分发各地，让学官用来教授学生。"事情下达各大臣，他们请求命令全国吏员凡是能够背诵安汉公的告诫文章的，把他们登记在官府档案中，把它们比作《孝经》看待。

四年春季，祭祀天地让高祖配享上天，祭祀祖宗让孝文皇帝配享上帝。四月丁未日，王莽的女儿被立为皇后，宣布全国大赦。派遣大司徒司直陈崇等八人分途巡视全国，考察风俗。

太保王舜等报告道："《春秋》叙列功德的原则，最高的是树立德业，其次是建立功绩，再次是著书立说，只有最伟大的圣人贤人才能做到这些。如果身为臣子，那么在生前会获得最高的赏赐，死后会成为人们宗仰的大臣，殷朝的伊尹、周朝的周公就是这样的人物。"以及平民上报告的有八千多人，都说："伊尹担任阿衡，周公担任太宰，周公享有七个儿子的封爵，获得了超过上公的赏赐。应当照陈崇所说的办。"奏章下到主管官吏,主管官吏请予"归还从前所加封的两县以及黄邮聚和新野县的田亩,采用伊尹和周公的称号,给安汉公加上宰衡的官号,位列上公。办事人员的俸禄是六百石。三公向安汉公报告工作时,自称'冒昧说话'。所有吏员不准和安汉公同名字。外出时随从期门亲兵二十人,羽林骑士三十人,前后大车各十辆。赐封他的老太太称号叫作功显君,赏赐收取租税的地方二千户,佩带黄金印章配上火红纽带。赐封他的儿子二人,王安封褒新侯,王临封赏都侯。增加皇后彩礼三千七百万,合成一万万,用来表明隆重的礼仪。"王太后来到前殿,亲自赐封爵位和称号。安汉公在前面下拜,两个儿子在后面下拜,按照周公的成例。王莽磕头推辞,出宫以后送上密封的奏章,表示只愿意接受母亲的封号,而要退还王安、王临的印章和爵位称号、封邑民户。事情下交太师孔光等,都说:"赏赐不足以抵挡功劳,谦虚辞让是安汉公的一贯作风,到底不可以听从。"王莽请求进见王太后,表示坚决推辞。王太后下诏书说:"安汉公每次进见,叩头流泪坚决推辞,现在上报告说有病,是应当权且听从他的推辞,让他办公呢?还是应当坚持贯彻对他的封赏,打发他退休回家呢?"孔光等人说:"王安、王临亲自接受了印章,赏赐的爵位称号已经通告了上天,这个事实是明白的。黄邮聚、召陵县、新野县的田亩所提供的经济收入更多,都只关系到安汉公本人,他想要自我克制来促成国家的教化,应当可以答应。政治清明、社会安定的风气应当及时实现,宰衡的官位是不能世袭的。增加彩礼钱,是用来尊敬皇后,不是为着安汉公本人。功显君的封邑,止于本身,不予传递。褒新、赏都两国合计三千户,为数是很少的。忠臣的操守也应当自己委屈一下,来伸张主上信赏必罚的原则。可以派遣大司徒、大司空拿着使节，捧着制书，命令他迅速上朝办公。命令尚书不要再接受他的推辞封赏的奏章。"奏章被批准了。

王莽才出来办公，上报告道："我在元寿二年六月戊午日突然发生变故的夜晚，以新都侯的身份被引进未央宫；庚申日受任大司马，凑数三公的职位，元始元年正月内辰日受任太傅，被赐予安汉公的称号，空占四辅的官职；今年四月甲子日又受任宰衡，位列上公。我王莽自己俯伏考虑，爵位是新都侯，称号是安汉公，官职是宰衡、太傅、大司马，爵位显赫，称号崇高，官职重要，一个人承受了五项大的荣誉，的确不是我这鄙陋的人所配承当。查元始三年，全国收成已经恢复正常，职官应当设置齐全。《穀梁传》说：'天子的大臣，权力达到全国。'我愚蠢地认为，宰衡的官位把匡正百官平治全国作为职责，而竟没有印信，名称和实际不相符合。我王莽本没有兼任官职的才能，现在圣明的朝廷既然错误地任用了我，我请求御史刻制宰衡印章叫作'宰衡太傅大司马印。制成以后，授予我王莽，我就缴上太傅和大司马的印章。"王太后命令道："可以。新刻制的印章的纽带仿照相国印章的纽带，我亲自临朝授予它。"于是，王莽又把所增加的彩礼钱一千万，送给长乐宫侍候王太后饮食起居的随从宦官。太保王舜报告道："全国人听到安汉公不接受相当于一个可以出一千辆兵车的国家的封地，推辞黄金万斤的财礼，施舍金钱要用千万来计算，没有人不仰慕德化。蜀郡男子路建等人停止诉讼惭愧地回去了，就是周文王感化虞君、芮君，让他们自动停止争执返回本国，也不能超过安汉公！应当把这些事情报告全国。"奏章被批准了。宰衡外出时，随从大车前后各十辆，有值班办事的尚书郎、侍御史、谒者、中黄门、期门亲兵和羽林骑士。宰衡经常拿着符节，在停留的地方，由传达官代为拿着。宰衡手下办事人员的俸禄是六百石，三公向他报告工作时自称"冒昧说话"。

这一年，王莽提议兴建明堂、辟雍和灵台，给学员建筑宿舍一万间，举办商场、常满仓，典章制度非常兴盛。在太学设立《乐经》课程，增加博士名额，每一经各有五人。征求全国精通一经的教授十一人以上，以及藏有散失的《礼经》、古文《尚书》《毛诗》《周官》《尔雅》、天文、图谶、钟律、月令、兵法、《史籀篇》文字，通晓它们的意义的人，都前往公车衙门。收罗全国具有卓越才能的士人，来到首都的前前后后以千计，都让他们在朝廷上记录自己的解说，打算用它们来订正流传的错误，统一各种分歧的说法。大臣们报告说："从前周公拥戴一脉相承的继位君主，据有上公的高位，然而还要经过七年典章制度才得确立。那明堂、辟雍，废弃已有上千年，没有人能够兴建，现在安汉公出身于一般贵族家庭，辅佐您到现在不过四年，功业德行彰明昭著。他于八月初二（或初三）庚子日接受使命，早晨拿着文书监督民夫经营建筑，第二天辛丑日，众儒生和平民大聚会，十万人齐集，大干二十天，大功告成。唐尧、虞舜举办建设，周公兴筑成周城，硬是无法超过这项工程。宰衡的地位应当在诸侯王之上，把丝绸一束、玉璧一枚、高级乘车、坐车各一辆，黑马两套赏赐他。"王太后命令道："可以。应当讨论赏赐九种器物的方案。"

冬季里，大风吹落长安城东门屋瓦几乎精光。

五年正月间，在明堂合祭远近祖宗，诸侯王二十八人，列侯一百二十人，皇族成员九百多人，应征参加祭礼。典礼完毕，赐封宣帝曾孙刘信等三十六人为列侯，其余的人都增加封邑民户或赏赐爵位，金钱绸绢的赏赐各有等级。这时候，官吏、平民因为王莽不接受新野县的田亩而上报告的前后达四十八万七千五百七十二人，

以及诸侯王、公卿、列侯和皇族被接见的都叩头说,应当赶快给安汉公颁发奖赏。于是王莽上报告说:

我以外家亲属的身份,超越顺序,空占官位,没能称职。俯伏思念您的圣明德行纯朴丰伟,遵循天意,符合古道,制定礼法去治理人民,创作乐教去转移风气,全国人民向往,四方外族来归,离开朝廷的那天,没有人不流泪。如果不是发自内心,难道可以用空话去求得?从诸侯王以下直官吏、平民,都知道我王莽上面跟您有亲戚关系,又担任要职,每次向您歌功颂德的,总是顺便提到我王莽。我看到诸侯当面在您跟前提到这些事的,总免不了汗颜无地,羞愧不已。我虽然生性愚蠢鄙陋,但由衷地认识自己,德行薄而官位高,能力小而责任大,从早到晚戒慎恐惧,经常害怕污辱了圣明的朝廷。现在全国安定平静,风俗整齐划一,四方外族一概归服,都是由于您的圣明德行所亲自领导,太师孔光和太保王舜等人辅佐决策,协助治理,各位卿大夫没有人不是忠臣良吏,所以能够在五年的时间里达到这个地步。我王莽实在没有什么高明的计策和特殊的谋略。秉承太后的英明意旨,向下面传达,还不能体会十分之一;接受许多贤臣的计谋,向上面报告,还不能归纳十分之五。本应当承担办事无能的罪责,其所以能够暂且在短时期内保全生命和官位的道理,的确是上面亏得您大树底下好乘凉,而下面依靠各位大臣的缘故。您忍耐不下众多的议论,总是把那些奏章下交议事的官吏。我王莽以前想要立即报告,请求予以制止,恐怕他们不肯停止。现在大祭礼已经举行,参加祭礼的人们都已经告辞回去,我说不尽最迫切的愿望,希望所有交付的奏章都停止讨论,不要上报,让我王莽得以尽力完成制定礼法、创作乐教的工作。工作完成之后,把它们公布全国,让全国人士来评论它们。如果有遭到指责的地方,那么我王莽应当承担贻误主上、贻误朝廷的罪责;如果没有其他罪过,得以保全性命、给予退休回家,给贤能的人让路,这就是我的个人愿望。希望您支持才好!

甄邯等人报告王太后,下命令道:"可以。只是安汉公的功勋德行,光耀全国,因此诸侯王、公卿、列侯、皇族、诸生、官吏和平民不期而会,异口同声,接连守候在宫门前和广场上,所以交下了他们的奏章。诸侯、皇族告辞回去的那天,再次出现在宫殿前面郑重地陈述意见,虽然明白告知和命令解散,还是不肯离开。后来告诉他们到初夏会要实行这项赏赐,没有人不欢欣鼓舞,高呼'万岁'退去。现在他每次进见,总是流泪叩头说希望不给赏赐,赏赐如果实行就不敢担任现在的职位。当着制礼作乐的工作还没有完成,事事要等待他做出决定,所以姑且听从他的意见。等到制礼作乐任务完成,各大臣把情况上报。对以前的议论加以仔细考虑,把有关赏赐九种器物的礼仪程序迅速报告上来。

于是公卿大夫、博士、议郎、列侯张纯等九百零二人都说:"圣明的帝王招引贤德的人,奖励能干的人。德行盛大的人官位高,功勋伟大的人赏赐多。所以为大家所敬仰的大臣可以获得九级上公的崇高地位,享受九种赏赐的超等荣誉。现在皇族外戚亲爱和睦,王侯公卿辨别分明,四方各国和睦协调,全国人民善良和睦,圣王的祥瑞全部降临,太平景象已经在全国范围内出现。帝王的伟业没有比唐尧、虞舜更突出的,而您承当得了;忠臣的大功没有比伊尹、周公更显著的,而宰衡配合得上。这就是所谓在不同的时代里兴起,而功业德行完全一致的历史奇迹。敬谨根据《六经》的普遍原则,经文所记载,《周官》《礼记》的有关规定还适合于今天情况的，拟定赏赐九种器物的实施方案。我们请求您下命令实行这项赏赐。"奏章被批准了。策书写道：

元始五年五月庚寅日，太皇太后来到前殿，迎接安汉公上殿，亲自命令他道：您上前来，虚心听取我的话。从前您侍从保卫孝成皇帝有十六年，献计献策，竭尽忠诚，提出惩办原定陵侯淳于长，从而揭露了奸邪，消除了祸乱，升任大司马，职责是在朝廷内辅佐皇帝。孝哀皇帝登上皇位，骄横的妃妾企图实现野心，奸邪的臣子妄想制造混乱，您亲自弹劾高昌侯董宏，改正原定陶恭王母亲的超越本分的座位。自从这次事件以后，朝廷大臣议论政事，没有不根据经典的。后来因病辞去大司马职位，回到家里，被奸贼所陷害。去到封国之后，孝哀皇帝觉悟了，又把您调回长安，他临到病情更加严重的时候，还没有忘记您，给您恢复特进的荣衔。这天晚上突然发生变故，国家没有皇位继承人，奸臣充斥朝廷，形势危险得很。我想到安定国家的大计，没有比您更合适，因此把您引进朝廷，当天就罢免并斥退高安侯董贤，顷刻之间，忠诚的政策方针就规划好了，国家的法制都恢复和健全起来了。绥和、元寿年间，两次遭遇国丧，一切事宜都得到妥善处理，祸乱无由发生。辅佐我五年以来，人伦关系的根本得以摆正，天文地理的位置得以确定。恭敬地祭祀天地鬼神，调整一年四季的政治、生产活动，恢复上千年被废弃的事物，矫正上百代的失误，全国和平合作，大众和睦团结。《诗经》歌唱的灵台，《书经》称赞的雒邑，镐京的体制，商邑的规模，到今天又复兴了。显扬先帝的伟大功勋，宣传祖宗的优秀品德，推行宣扬尊敬祖先让他们配享上天的原则，敬谨设立郊祀、禘祀和宗祀的典礼，用这些办法来发扬最大的孝道。因此全国和睦，各国都羡慕我国的好风气，外族风俗大不相同，也不要召唤自动前来，沾染教化，改变服饰，进献贵重物品来参加祭礼。探求古代的典章制度，根据圣贤的基本原则，遵循儒家的学术，尊重古代的传统，工作就能有所成就，办事就能恰到好处。具备了最高的德行，掌握着切要的原则，感动了天地鬼神，赢得了祖宗的欣慰和赞赏。光辉灿烂，上天的符命频繁降临，全国统一和平。麒麟、凤凰、宝龟、蛟龙，许多吉祖的象征，总共出现了七百多次。于是制定礼法，创作乐教，建树了安抚朝廷、平定国家的丰功伟绩。普天之下都把命运寄托在您的身上，官职担任宰衡，位置列于上公。现在给予九级的赏赐，应当用去供奉祭祀，供给文武两种类型的用途，您所获得的荣誉终于光耀您的祖宗。哎哟，难道还不好吗！

当时王莽再次下拜磕头，接受了绿色的围裙和礼帽、礼服，用纯金装饰的佩刀，鼻头突出的靴子，响铃大车和套马，装饰着九束绦子的大龙旗，皮帽子和白色的下衣，军车和套马，红色的弓和箭，黑色的弓和箭，左边竖着红色的钺斧，右边竖着金饰的戚斧，铠甲和头盔一套，香酒两葫芦，玉勺两只，九级青玉圭两枚，规定家里可以安装红漆大门和修建檐内台阶。设置宗官、祝官、卜官、史官、勇士三百人，家令、家丞各一人，宗官、祝官、卜官、史官都设置办事人员，辅佐安汉公。在官署和私邸，由勇士担任门卫，要进出的人必须登记在名册上。从四辅、三公起有事要进入官署和私邸，都要使用通行证。把楚王驻京官邸作为安汉公的住宅，大加修理，打通周围警卫圈。祖宗的祠庙和寝庙都可以安装红漆大门和修建檐内台阶。陈崇又报告："安汉公去祭礼祖宗，出城门，城门校尉应当派骑士跟随。入内有门卫保护,出外有骑士保护,这是为了尊重国家。"奏章被批准了。

这年秋季里,王莽认为王皇后有了生男育女的吉兆,修通子午道。子午道从杜陵县一直穿过终南山,直通汉中郡。

风俗使者八人回来了,说全国风俗整齐划一,欺骗地代替各地编造民歌民谣,颂扬功德,共有三万字。王莽把它们报告上去,明确记载在文献上。又报告说做买卖没有两样价格,官府没有诉讼案件,城市没有盗贼,乡村没有饥民,大路上没有人拾取丢下的财物,实行男女不同走路的制度,对于违反了的人给予象征性的刑罚。刘歆和陈崇等十二人都因为修建明堂、宣扬教化有功,被封为列侯。

王莽既已实现了太平,北边感化了匈奴,东边招来了海外国家,南边怀柔了黄支,只有西边没有施加影响。便派遣中郎将平宪等人多多携带金钱礼物去招引边界以外的羌人,使他们献出土地,愿意归属我国。平宪等人报告道:"羌人首领良愿等部落,人口约一万二千人,愿意成为我国的臣民,献出鲜水海和允谷盐地;平地美草都交给汉朝的人民,自己住到艰险阻塞的地方,作为我国的屏障。我们询问良愿归降的用意,他回答说:'太皇太后圣明,安汉公最仁慈,天下太平,五谷成熟,有的禾苗长到一丈多长,有的一粒谷子包含三粒米,有的不要种植自己生长,有的茧子不要蚕子自己生成,甘露从天上降下,甜泉从地下涌出,凤凰因向往而飞来,神雀飞来栖息。自从四年以来,羌人没有遭遇过艰难困苦,所以希望并喜欢归属汉朝。'应当及时安排他们的生活和生产,设置附属国统辖保护他们。"事情交给王莽处理,王莽回报说:"太后主持总理国政几年,恩惠广泛传播,和气充满天下,极远的地方,不同的风俗,也无不羡慕我国的德义。越裳氏经过辗转翻译进献白毛野鸡,黄支国从三万里外进贡活犀牛，东夷王横渡大海奉送国宝，匈奴单于顺从我国的制度，去掉双名，现在西域的良愿等人又献出土地作我国的奴仆，从前唐尧的声威扩展到四周极远的地方，也无法超过今天的成就。现在查考我国已经有了东海郡、南海郡和北海郡，但是还没有西海郡，请接受良愿等人所献的土地作为西海郡。我又听说圣王序列天文，规划地理，根据山脉河流、民情风俗去划定州界。汉朝的领土比唐、虞二帝和夏、商、周三王还要宽广，共十三州，州名和州界多不符合经书的记载。《尧典》说十二州，后来划定九州。汉朝开拓土地达到了遥远的地方，以致州牧巡视辖区，最远的达到三万多里，因此不可以只分九州。敬谨根据经书的记载订正十二州的名称和分界，以求树立良好的开端。"奏章被批准了。又增订法律五十条，违犯了的就把他们流放到西海郡去。被流放的人以千、万计，人民开始怨恨了。

泉陵侯刘庆上报告说："周成王年龄幼小，称为孺子，由周公居位摄政。当今皇帝年龄还轻，应当让安汉公代行天子的职务，像周公一样。"各大臣都说："应当照刘庆所说的办。"

冬季里，火星运行经过月球背面。

平帝害病，王莽写了策书，到泰畤替平帝请求解除疾病、保全性命，他佩带玉璧，捧着玉圭，愿意用自己的性命去顶替。他把策书收藏在保险柜里，放在前殿，告诫各大臣不准说出去。十二月间，平帝逝世，宣布全国大赦。王莽选调通晓礼仪的专家宗伯凤等人参与决定让全国六百石级以上的官吏都守服三年。上报告建议尊称成帝庙叫作统宗，平帝庙叫作元宗。这时元帝的后代断绝了，而宣帝的曾孙有现在为王的五人，为列侯的广戚侯刘显等四十八人，王莽厌恶他们已经成长，年纪较大，便说："兄弟之间不能互相作为后代。"于是选择玄孙当中的年龄最小的——广戚侯的儿子——

刘婴，年龄两岁，借口他占卜、看相最吉利。

　　这个月，前辉光谢嚣转报武功县长孟通疏浚水井挖得了一块白石头，上头是圆形，下部是四方形，有朱红文字附着在石头上，文字是"通告安汉公王莽做皇帝"。符命的兴起，从此开始了。王莽使各大臣把这件事报告王太后，王太后说："这是诬蔑欺骗全国人，不可以施行！"太保王舜告诉王太后："事态已经发展到了这个地步，不好怎么办，想要制止它什么力量也做不到。而且王莽不是有别的想法，只是想要公开宣告代行皇帝的职权来加强他的权力，好去镇服全国罢了。"王太后应允了。王舜等人就一起让王太后下诏书道："听说上天生下众百姓，不可能互相治理，要设立君主去统治他们。当着君主年龄幼小，一定要有人受委托去居位摄政，然后才能承受天命和完成大地的化育功能，让众百姓繁荣健康。《书经》说过'上天的职能，人们应当去继承发展它。'我在孝平皇帝幼年的时候，暂且掌握国家政权，希望他成年以后，把政权交给他。现在他短命去世，哎哟，可悲呀！已经打发负责官吏召集孝宣皇帝的玄孙二十三人，斟酌选择了合适的，让他继承孝平皇帝。玄孙年龄还很幼小，如果不求得有最高德行的君子，谁能够维护他？安汉公王莽辅佐朝政已经三代，接连受到皇帝的信任，安定了汉朝的政局，光大了汉朝的王业，终于统一了全国的风气，发展到了制礼作乐的大好形势，跟周公时代相隔很远，而功业完全相同。现在前辉光谢嚣和武功县长孟通上报丹书白石的符命，我深深地思索它的意思，说'为皇帝'的含义，就是代行皇帝的职权。有了法制成功就容易，不是圣人那样的人就不能创立法制。应当让安汉公登上皇位，代行职权，仿照周公的成例，把武功县作为安汉公的封地，起名叫汉光邑。列出典礼仪式上报。"

于是大臣们报告说:"太后圣德英明,深深地看到了天意,下诏书让安汉公居位摄政。我们知道周成王年龄幼小,周朝的治国原则还没有确立,周成王不能够恭敬地服侍天地,继承和发扬周文王、周武王的功业。周公根据形势的需要,居位摄政,就能够让周朝的治国原则得以确立,王族得到安全;如果不居位摄政,就恐怕周朝失去了天命。《书经》说:'我们继承事业的子孙,很不能恭敬地服侍上下,断绝了前辈的光辉传统,小辈们不知道受命不容易。上天一定辅助诚信的人,才不会失去天命'。解释的文字说:周公穿着天子的礼服,向着南面接受大臣们朝见,发号施令,常常自称王命。召公是贤人,不了解圣人的意图,所以不高兴。《礼记·明堂记》说:'周公在明堂接见诸侯,像天子一样背靠着斧形图案屏风向南站着。'又说'周公站在天子的地位,经过了六年的时间,接见诸侯,制定礼法,创作乐教,全国人都心悦诚服'。召公不高兴,那时周武王才死,丧服还没有解除。由此推论,周公开始摄政就居于天子的地位,并不是到六年之后才登上王位。《书经》散失了的《嘉禾篇》说:'周公捧着香酒站在东边的台阶上,迎接大臣升阶上殿,赞辞说:"代理国王主持政事,尽力协调全国各方面的关系。"'这是周公摄行政事时,司仪的人所称说的。周成王加冕以后,周公就交还了政权。《书经》说'我把明君的权力归还给您',周公经常称自己的指标为周王的命令,独立地处理政务,不请示汇报,因此才说我把明君的权力归还给您。我们请求安汉公登上皇位,代行职权,穿着天子的礼服,戴着天子的礼帽,背靠着设置在门窗之间的斧形图案屏风,向着南面接受臣子们朝见,处理政事。他进出经过的地方要严加戒备,禁止通行,平民和臣下向他自称为男奴女奴,全都按照天子的礼仪制度办事。在郊外祭祀天地，在明堂隆重地祭祀祖宗，在宗庙恭敬地祭祀祖宗，祭礼各种神祇，赞辞称'假皇帝'，平民和臣下称他为'摄皇帝'，自称为'予'。讨论决定朝廷大事，通常用皇帝的诏书形式，称为'制书'，从而秉承和遵循上天的心意，辅佐汉朝，保安孝平皇帝的幼小继承人，完成委托的义务，振兴治平的教化。若是朝见太皇太后和孝平皇后，都回复臣下的身份。在他的官署、家宅、封国、采邑可以独立地施行政治教化，按照诸侯礼仪的成例办理。我们冒着死罪请求。"王太后命令道："可以。"明年，改年号为居摄。

居摄元年正月间，王莽到南郊祭祀上帝，到东郊迎接春神，在明堂举行大射礼，招待三老、五更，典礼完毕就回去了。设置柱下史五人，俸禄与御史同，王莽上朝处理政事的时候，让他们站在旁边分条记录他的言语行动。

三月己丑日，立起宣帝的玄孙刘婴做皇太子，称号叫作孺子。任命王舜作太傅左辅，甄丰作太阿右弼，甄邯作太保后承。又设置四个副职，俸禄都是二千石。

四月间，安众侯刘崇跟国相张绍商量道："安汉公王莽专断朝廷政事，一定会要危害刘家。全国反对他的人，竟没有人敢首先起事，这是我们皇族的耻辱。我率领同族的人倡首，全国必定响应。"张绍等跟随他的有一百多人，便进攻宛县，没有攻进去就失败了。张绍是张竦的堂兄。张竦和刘崇的远房伯叔刘嘉前往朝廷自首，王莽免了他们没有给加罪。张竦便替刘嘉写奏章道：

建平、元寿年间，皇统几乎断绝，皇族几乎遭到废弃。幸赖您的圣明德行，艰苦援助，维护扶持，国家的命脉得以重新延续，皇族觉得眼光明亮，充满希望。您到朝廷掌握政权，发号施令，总是从皇族开始，首先起用九族。推及旁支亲属，建立王国、侯国，向着南面称王称侯的人，要用百来计算。恢复断绝了后代的封国，让灭亡了的得以保存，让废除了的得以延续，因而得以并肩齐首重新成为人上人的，纷纭众多，成行成列，这些都是为了维护汉朝廷，辅助汉皇室。修建太学，设立庙堂，传布上天的法则，传播圣人的教化，召集全国王侯举行朝会，宣扬礼乐教化治理国家，皇族诸侯都增加了土地。全国百姓仰慕，伸长脖子盼望，歌颂的声音洋洋洒洒，耳朵都装不了。国家之所以能够得到这样的美誉，获得这样的盛名，享受这样的幸福，赢得这样的光荣的缘故，难道不是由于太皇太后朝朝暮暮的操心劳神，您日日夜夜的殚精竭虑吗！为什么这样说呢？遇到混乱就替它整顿法纪，遇到危险就使它得到安全，遇到灾祸就给它引来幸福，遇到绝位就给它延续后代，遇到幼主就替他担负责任，从早到晚忙忙碌碌，从冬到夏勤勤恳恳，无时休息，孜孜不倦的目的，都是为了造福全国人民，加强刘家王朝。

我们臣下无分智愚，老百姓不论男女，都体会了您的深切用心。而安众侯刘崇却偏偏怀着荒谬的思想，抱着叛逆的意图，兴兵动众，想要危害朝廷，他的丑恶言行使人不愿意听，罪恶极大，处死刑还太轻，的确是我们臣子的仇人，皇族的敌人，国家的蟊贼，天下的祸害。此所以亲属震骇，告发他的罪行，人民背叛，扔掉他的兵器，他前进不到几步，便败退下来，遭到了应得的灾祸。百岁的母亲，幼小的儿女，同时被杀，脑袋挂在竹篙尖上，珠玉环坠还吊在耳朵上，金银首饰还插在头顶上，打这样的主意，难道不是荒谬绝伦吗？

我听说古代对于叛逆的国家，在实行讨伐和惩罚之后，就掘毁它的宫室成为池沼，让它藏垢纳污，起名叫作恶人的旧居，就是长出蔬菜，人们也不吃它。在它的土地神社的四周修筑障壁，上面用东西覆盖起来，周围用竹木遮蔽起来，以表示弃绝，不让在此通天地阴阳之气。把对安侯国社的处置方式通报各王侯，让他们各自仿造一个模型，出门看到它，触目惊心，作为鉴戒。当今全国臣民听到刘崇反叛，都想要揭起衣服、手持利剑去声讨他。那些先到达的人，就会砍断他的颈项，戳穿他的胸膛，劈开他的躯体，切割他的肌肉；后到达的人，想要打碎他的门窗，推倒他的墙壁，挖平他的房屋，烧毁他的器具，同声扫荡那块地方，立刻平定创伤。而皇族尤其痛恨，说到他一定咬牙切齿。什么道理呢？认为他背叛恩情和正义，不懂得深恩厚德是从哪里来的。皇族的住地有的隔得较远，我幸而能够首先听到，说不尽满腔的愤怒，愿意给皇族带了头，父子兄弟背着畚箕，扛着铁锹，飞跑到南阳郡去，掘毁刘崇的宫室成为蓄积污水的池沼，让它像古代的制度一样。还有是刘崇的土地神社应当像亡国的亳社一样毁掉，把这个反面教材分发各王侯，用来永远作为鉴戒。希望把我的意见交给四辅公卿大夫讨论，借以表明我的爱憎，昭示全国。

当时王莽非常高兴。公卿大臣都说："应当照刘嘉所说的办。"王莽报告王太后下诏书道："刘嘉父子兄弟，虽然跟刘嘉有亲属关系，可是不敢偏私，有的看到叛乱的萌芽，就接连告发他，等到叛乱形成，都一致仇视他，这符合古礼，忠孝思想鲜明地表现在这里。应当拿杜衍县的一千户赐封刘嘉为帅礼侯，刘嘉的七个儿子都赏赐关内侯的爵位。"后来又赐封张竦为淑德侯。长安人为这件事编成俗语说："要想求得封赏，可以去访问张伯松；尽力进行战斗，比不上巧妙地写个奏章。"王莽又封赏南阳郡有功劳的官吏和平民一百多人，把刘崇的房屋掘毁成为污池。以后凡是谋反的人，都把他们的房屋掘毁成为污池。

大臣们又报告："刘崇等人敢于造反，就是因为王莽的权力还小了。应当提高他的权位去镇服全国。"五月甲辰日，王太后命令王莽在朝见她的时候自称"假皇帝"。

冬季十月丙辰是本月最后一天，出现了日食。

十二月间，大臣们上报告请求："增加安汉公官署和家中的官吏，设置率更令、庙长、庙丞、厩长、厩丞、厨长、厨丞、中庶子和勇士以下一百多人，又设置卫士三百人。把安汉公在皇宫中的值班室称为摄省，官署称为摄殿，住宅称为摄宫。"奏章被批准了。

王莽报告王太后下诏书道："原太师孔光虽然早已逝世，功绩已经序列。太保王舜、大司空甄丰、轻车将军甄邯和步兵将军孙建都为招引单于出了主意，又主持修建天象台、大会堂、太学和四郊祭坛，订立制度，开通子午道，跟宰衡有共同的思想，都重视德行，齐心合力，功德卓著。赐封王舜的儿子王匡为同心侯，王林为悦德侯，孔光的孙子孔寿为合意侯，甄丰的孙子甄匡为并力侯。增加甄邯和孙建的封邑各三千户。"

这一年，西羌庞恬和傅幡等人怨恨王莽夺取他们的土地作为西海郡，反攻西海郡太守程永，程永逃跑。王莽处死了程永，派遣护羌校尉窦况进击西羌。

二年春季里，窦况等人打败了西羌。

五月间，改铸货币：错刀，一枚值五千钱；契刀，一枚值五百钱；大钱，一枚值五十钱，跟五铢钱同时流通。民间有很多私铸货币的。下禁令：从列侯以下不准私藏黄金，送交御府可以得到相当的代价,然而终于没有给代价。

九月间,东郡太守翟义召集考核官吏的会议,统率车马,因而发动勇士,拥立严乡侯刘信做皇帝,传递檄文到各地方,说王莽"毒死平帝,代理天子的职位,想要断绝汉朝,现在我们严肃地执行上天的惩罚,讨伐王莽。"各地方动摇起来了,翟义有军队十多万。王莽惶恐不安,吃不下饭,昼夜抱着孺子到郊祀祭坛和宗庙祷告,模仿《大诰》写了一篇策书,派遣谏大夫桓谭等人传布到全国,把自己代理皇位将来会要把政权归还孺子的意图晓谕全国。派遣王邑、孙建等八将军进击翟义,分别驻扎各处关口,防守险要的地方。槐里县男子赵明、霍鸿等人起兵响应翟义,互相商量道:"各将军率领的精锐军队全部开到东方去了,首都空虚,可以进攻长安。"军队逐渐多起来,发展到将近十万人,王莽恐惧,派遣将军王奇和王级率领军队去抵御他们。任命太保甄邯做大将军,在高帝庙接受钺斧,统率全国的军队,左边执持符节,右边把握钺斧,驻扎在城外。王舜和甄丰昼夜巡视宫殿区域。

十二月间,王邑等人在圉县打败了翟义。司威陈崇被派遣去监督军队,上报告道:"您承受上天的伟大规范,心意符合伟大的先知,承受天命,预先知道成功失败的趋势,就像神机妙算,这就叫作像上天一样高明。像上天一样高明的君主,思考就能改变命运,说话就能影响万物,行动就能造成理想的社会风气。我陈崇俯伏诵读诏书下达日期,私自估计那段时间,英明的思虑刚刚萌发,反贼接连受挫;诏文开始撰写,反贼彻底失败;制书正好下达,反贼全部消灭。各将领还没有来得及一致使出他们的锐气,我陈崇还没有来得及献出自己的愚见,而形势已经最后决定啦。"王莽非常高兴。

三年春季里,发生了地震。宣布全国大赦。

王邑等人回到首都,开到西方跟王级等人会合进击赵明的霍鸿,都被粉碎了,这些话记载在《翟义传》里面。王莽在未央宫白虎殿大规模地举行宴会,慰问和奖励将领们。命令陈崇审核军功。区别他们的高低。王莽便上奏章道:"圣明的时代,国家会涌现出很多的贤人,所以唐尧、虞舜的时代,可以挨家挨户封赏,遇到功业完成、大事办妥,就要对有关人员实行封赏。例如夏禹举行涂山大会,携带礼物参加的有一万国,诸侯拿着瑞玉,附庸拿着束帛。周武王举行孟津大会,还有八百诸侯参加。周公居位摄政,祭祀天地让后稷配享上天,在明堂祭祀祖宗让周文王配享上帝,因此全国范围内个个拿着他们的贡物来参加祭礼,大概有一千八百诸侯。《礼记·王制》记载一千七百多个国家,因此孔子撰写《孝经》说:'不敢遗漏一个小国的臣子,何况对于正式的诸侯——公侯伯子男呢?所以能够得到万国的欢心来祭祀他的先代国王。'这就是帝王的孝道的表现。秦朝实行不道德的政策,毁灭诸侯,建立郡县,想要垄断全国的利益,所以只传递两代就灭亡了。高皇帝承受天命,除灭残贼,考核功绩,施行封赏,建立王国、侯国几百个,后来逐渐衰落,剩下来的不多了。太皇太后亲自掌握最高统治权力,广泛地赐封有功德的人,从而鼓励人们做好事,恢复灭亡了的国家,延续断绝了的后代,从而永保子孙的统治地位,因此广远深入的教化普遍传播,早晚就要完成。遭到羌寇危害西海郡,反贼在东郡散布流言,叛乱头目在西部地区惑乱民众,忠臣孝子没有不奋发愤怒,锋芒所指纷纷灭亡,全都受到了他们应得的惩罚,全国都安宁了。现在制定礼法,创作乐教,具体查考周朝的爵位分五等,封地分四等,有明文记载；殷朝的爵位分三等，有这样的解说，没有这样的经文。孔子说：'周代的制度是借鉴于夏代、殷代的制度而建立起来的，多么丰富美好哇！我愿意遵循周代的制度。'我建议各将领应当获得爵位和封邑的，爵位分五等，封地分四等。"奏章被批准了。于是受到封赏的人高的是侯爵和伯爵，其次是子爵和男爵，应当赏赐关内侯爵位的改名叫作附城，共有几百人。进击西海郡的用"羌"字作为称号，进击槐里县的用"武"字作为称号，进击翟义的用"虏"字作为称号。

大臣们又报告道："太后褒扬有功的人，记录有德的人，远的上推千年，近的就在现代，有的人因为有文德受到封赏，有的人因为有武功获得爵位，关系有深有浅，功德有大有小，没有不包括进来的。现在摄皇帝背靠斧依，登上皇位，应当不同于任职宰衡主持国政的时候，制礼作乐虽然还没有全部完成，应当提高他的两个儿子的爵位都升为公爵。《春秋》主张'奖励贤人推及他的子孙'，'贤人的后代应当享有土地'。周成王广泛地赐封周公的庶子六人，都得到了封地。还有汉朝的名相大将萧何、霍光那些人，都推广到了旁支亲属。对于他的侄儿王光，可以先赐封为列侯；他的许多孙子，等到制礼作乐全部完成，大司徒、大司空送上名单，按照从前的诏书办理。"王太后命令道："提升摄皇帝的儿子褒新侯王安为新举公，赏都侯王临为褒新公，赐封王光为衍功侯。"这时候，王莽交还了新都国，大臣们又建议把新都国赐封王莽的孙子王宗为新都侯。王莽既已消灭了翟义，自己认为声威德行一天天兴盛，得到了天意人心的帮助，于是考虑正式登上皇位的事儿了。

九月间，王莽的母亲功显君死去，他的用意不在于表示哀痛，让王太后命令礼仪部门讨论他的丧服问题。少阿、羲和刘歆和博士、儒生们七十八人都说:"居位摄政的义务,在于统率全国臣民完成上天的使命,发扬光大帝王的基本原则,制定法律制度,安定全国的政局。从前殷成汤去世,而太子早就死了,他的儿子太甲幼稚不懂事,伊尹把他逐放到桐宫而居位摄政,来振兴殷朝的治国原则。周武王去世,周朝的治国原则还没有确立,周成王年龄幼小,周公摆开周成王而居位摄政,来确立周朝的治国原则。因此殷朝实现了整齐严肃的教化,周朝收到了刑罚搁置不用的功效。现在太皇太后接连遭遇皇族处境的不顺利,委任安汉公监督百官,实现全国的公正平均。遇到孺子年龄幼小,还不能恭敬的服侍天地,上天降下祥瑞,出现了丹书白石的符命,因此太皇太后遵循上天的明白意旨,命令安汉公登上皇位,代行职权,将要靠他来完成圣汉的伟大事业,跟唐、虞、夏、商、周媲美。于是,摄皇帝开放秘府,会集许多儒生,制定礼法,创作乐教,终于确定了百官的体制,出色地完成了上天的使命。英明的天才洞察周全,卓越独到的见解,发掘出了周朝的礼制,从而阐明了继承和借鉴的脉络,效法天道,查考古制,对它加以删减或增补,好像仲尼能够赶上去欣赏《韶乐》,好像太阳月亮一样的崇高,不可能用阶梯攀登上去,如果不是最伟大的全知全能,谁能达到这个高度!大纲要目都已经整理出来,大功告成就只差一步工夫了,这就是用来扶助圣汉,安定百姓的功效。现在功显君逝世,《礼经》规定'庶子做了父亲的继承人,为他的生母守缌麻服。'注解说'跟尊贵的父母成为了一个整体,就不敢为生身的庶母守三年或一年的丧服。'摄皇帝靠着圣明的德行,秉承上天的意旨,接受太后的诏令,登上皇位,代行职权,继承汉朝嫡系长房的后代,对上肩负着服侍天地、治理国家的重作,对下要为全国人民的万事万物操心，不容许顾及他的生母。所以太皇太后立起他的长孙，让他作新都侯，作为哀侯的后代。这表明摄皇帝跟尊贵的汉朝皇族成为了一个整体，要恭敬地主持宗庙的祭礼，供养太皇太后，不容许为他的生母守三年的丧服了。《周礼》说'国王为诸侯守缌麻服'，'礼帽上面加上环绕而成的孝带'，对同姓诸侯就用麻带，对异姓诸侯就用葛带。摄皇帝应当为功显君守缌麻服，礼帽上面加上用麻环绕而成的孝带，仿照天子吊唁诸侯的丧服，以符合圣人制度。"王莽便采用上述的办法，整个一吊再会的丧礼过程，让新都侯王宗为主，由他守三年的丧服。

司威陈崇报告，衍功侯王光私下告知执金吾窦况，让窦况替他杀人，窦况替他拘禁了那个人，把那个人处死了。王莽大发怒火，严厉地责备了王光。王光的母亲说："你看自己的身份比长孙、仲孙怎么样？"母子便自杀了，连窦况也都死了。起初，王莽由于服侍母亲，供养嫂子，抚育侄儿求得了名誉，等到后来狂妄凶暴，又这样来显示公正无私。让王光的儿子王嘉继承爵位做了衍功侯。

王莽下文告说："停止娱乐活动的规定，到今年冬季末了终止，明年正月祭礼天地，各种乐器都应当演奏。诸侯公、公卿、士大夫，所采用的音乐应当分几等？五声八音，每一条各是什么？应当跟所属儒生各自尽力精心思考，详细地陈述它们的意义。"

这一年，有广饶侯刘京、车骑将军千人扈云和太保属官臧鸿报告符命。刘京提出齐郡的新井，扈云提出巴郡的石牛，臧鸿提出右扶风雍县的石头，王莽都欢迎接受了。十一月甲子日,王莽上奏章给王太后说:"您是最完美的圣人,遇到皇族处境不顺利,经历汉朝传递十二代、经历二百一十来年的不幸命运,接受上天威严的命令,命令我王莽居位摄政,接受孺子的委托,担任全国人民的寄托。我王莽兢兢业业,生怕不称职。皇族广饶侯刘京上报告说:'七月中,齐郡临淄县昌兴亭长辛当一夜做了几个梦,梦见有人对他说:"我是天老爷的使者。天老爷打发我告诉亭长道:'摄皇帝应当作真皇帝。'如果不相信我,这个公所里会出现一口新井。"亭长早晨起来一看公所里,果然出现了一口新井,深入地下将近一百尺。'十一月壬子日,当建辰交冬至,巴郡的石牛,戊午日,雍县的石文,都到达未央宫的前殿。我和太保安阳侯王舜等人去看时,天空刮起了大风,飞沙走石,天昏地暗,大风停止,在石头前面得到了铜符帛图,上面的文字是:'上天通告皇帝的符命,进献的人可以封侯。承受天命,执行神令。'骑都尉崔发等人能够认识并解说。以及从前孝哀皇帝建平二年六月甲子日下诏书,改为太初元将元年,查考当时的事实,甘忠可和夏贺良的谶书收藏在兰台。我王莽认为元将元年的意思,就是大将居摄改元的天书,到今天事实已经证明了。《尚书·康诰》记载'王顺着说:"强大的诸侯,我的老弟,小子姬封。"'这就是周公居位摄政时被称为王的记录。《春秋》记载鲁隐公不说登上君位,因为他是代理鲁君。这两部经书是周公、孔子所编定,原是作为后代的榜样的。孔子说:'畏惧上天的意旨,畏惧尊长辈,畏惧圣人的教导。'我王莽敢不遵照实行!我请求恭敬地服侍神祇和祖宗,向太皇太后和孝平皇后报告工作,都自称假皇帝。至于向全国臣民发号施令,全国臣民向我报告工作,都不要说是'代理'。把居摄三年改为初始元年,铜壶滴漏的刻度改为一百二十度，以符合上天的意旨。我王莽一定日日夜夜培养教育促使孺子成长，让他能够跟周代的成王媲美，把太皇太后的声威德行传播到九州万国，让他们富足并且教育他们。等到孺子加冕以后，把明君的权力归还给他，仿照周公的成例。"奏章被批准了。群众知道他信奉符命的意图，大臣们广泛议论，分别报告王太后，以显示正式登上皇位的发展趋势。

期门郎张充等六人策划一道劫持王莽，拥立楚王做皇帝。被发觉，处死。

梓潼县人哀章在长安学习，一向品行不好，喜欢说大话。他看见王莽居位摄政，就制造了一只铜箱子，制作了两道封书题签，写明其中的一张叫作"天帝行玺金匮图"，另一张写明叫作"赤帝行玺某传予黄帝策书"。所谓某，就是高皇帝的名字。文书说王莽作真天子，皇太后遵照天意行事。图和书都写明王莽的大臣八人，又起了好名字王兴和王盛，哀章便把自己的姓名也塞在里面，共是十一人，都写明了官职和爵位，作为辅佐。哀章听到齐郡新井和巴郡石牛事件下达了，当天黄昏时候，穿着黄衣，拿着铜箱子到高帝祠庙，把它交给了仆射。仆射把这件事情上报了。戊辰日，王莽到高帝祠庙接受天神命令转让统治权的铜箱子。他戴着王冠，进见王太后，转身坐在未央宫的前殿，下文告说："我德行不好，幸赖是伟大的太初祖考黄帝的后代，是伟大的发派祖考虞帝的子孙，又是太皇太后的亲属。皇天上帝大加显扬，大加保佑，既定的天命，宣告皇统的开端，图文中所表明的上天降下的符命与人事相适应，铜箱子藏着金策书，神明晓谕，把全国千百万人的命运托付我。赤帝汉朝高皇帝的神灵，秉承上天的命令，转让政权的金策书,我非常恭敬畏惧,敢不敬谨接受!于戊辰日,当定辰,我戴着王冠,登上真天子的座位,确定统治天下的国号叫作新朝。应当改定正月朔日,改变车马、服饰的式样和颜色,改变供祭礼用的牲畜的毛色,改变徽章标志,改变器具的式样。把今年十二月日癸酉定为始建国元年正月的朔日,把鸡鸣时作为一天的开始。车马、服饰的颜色配合土德崇尚黄色,祭礼用的牲畜适应正月建丑使用白色的,使者符节的旄头都采用纯黄色的,它的名称叫作'新使五威节',表明我们是秉承皇天上帝的威严命令。"

汉书卷九十九中

王莽传第六十九中

始建国元年正月朔,莽帅公侯卿士奉皇太后玺韨,上太皇太后,顺符命,去汉号焉。

初,莽妻宜春侯王氏女,立为皇后。本生四男:宇、获、安、临。二子前诛死,安颇荒忽,乃以临为皇太子,安为新嘉辟。封宇子六人:千为功隆公,寿为功明公,吉为功成公,宗为功崇以,世为功昭公,利为功著公。大赦天下。

莽乃策命孺子曰:"咨尔婴,昔皇天右乃太祖,历世十二,享国二百一十载,历数在于予躬。《诗》不云乎?'侯服于周,天命靡常。'封尔为定安公,永为新室宾。於戏!敬天之休,往践乃位,毋废予命。"又曰:"其以平原、安德、漯阴、鬲、重丘,凡户万,地方百里,为定安公国。立汉祖宗之庙于其国,与周后并,行其正朔、服色。世世以事其祖宗,永以命德茂功,享历代之祀焉。以孝平皇后为定安太后。"读策毕,莽亲执孺子手,流涕歔欷,曰:"昔周公摄位,终得复子明辟,今予独迫皇天威命,不得如意!"哀叹良久。中傅将孺子下殿,北面而称臣。百僚陪位,莫不感动。

又按金匮,辅臣皆封拜。以太傅、左辅、骠骑将军安阳侯王舜为太师,封安新公;大司徒就德侯平晏为太傅,就新公;少阿、羲和、京兆尹、红休侯刘歆为国师,嘉新公;广汉梓潼哀章为国将,美新公:是为四辅,位上公。太保、后承承阳侯甄邯为大司马,承新公;丕进侯王寻为大司徒,章新公;步兵将军成都侯王邑为大司空,隆新公:是为三公。大阿、右拂;大司空、卫将军广阳侯甄丰为更始将军,广新公;京兆王兴为卫将军,奉新公;轻车将军成武侯孙建为立国将军,成新公;京兆王盛为前将军,崇新公:是为四将。凡十一公。王兴者,故城门令史。王盛者,卖饼。莽按符命求得此姓名十余人,两人容貌应卜相,径从布衣登用,以视神焉。余皆拜为郎。是日,封拜卿大夫、侍中、尚书官凡数百人。诸刘为郡守,皆徙为谏大夫。

改明光宫为定安馆,定安太后居之。以〔故〕大鸿胪府为定安公第,皆置门卫使者监领。敕阿乳母不得与语,常在四壁中,至于长大,不能名六畜。后莽以女孙宇子妻之。

莽策群司曰:"岁星司肃,东岳太师典致时雨,青炜登平,考景以晷。荧惑司心折,南岳太傅典致时奥,赤炜颂平,考声以律。太白司艾,西岳国师典致时阳,白炜象平,考量以铨。辰星司谋,北岳国将典致时寒,玄炜和平,考星以漏。月刑元股左,司马典致武应,考方法矩,主司天文,钦若昊天,敬授民时,力来农事,以丰年谷。日德元厷右,司徒典致文瑞,考圜合规,主司人道,五教是辅,帅民承上,宣美风俗,五品乃训。斗平元心中,司空典致物图,考度以绳,主司地里,平治水土,掌名山川,众殖鸟兽,蕃茂草木。"各策命以其职,如典诰之文。

置大司马司允,大司徒司直,大司空司若,位皆孤卿。更名大司农曰羲和,后更为纳言,大理曰作士,太常曰秩宗,大鸿胪曰典乐,少府曰共工,水衡都尉曰予虞,与三公司卿凡九卿,分属三公。每一卿置大夫三人，一大夫置元士三人，凡二十七大夫，八十一元士，分主中都官诸职。更名光禄勋曰司中，太仆曰太御，卫尉曰太卫，执金吾曰奋武，中尉曰军正，又置大赘官，主乘舆服御物，后又典兵秩，位皆上卿，号曰六监。改郡太守曰大尹，都尉曰太尉，县令长曰宰，御史曰执法，公车司马曰王路四门，长乐宫曰常乐室，未央宫曰寿成室，前殿曰王路堂，长安曰常安。更名秩百石曰庶士，三百石曰下士，四百石曰中士，五百石曰命士，六百石曰元士，千石曰下大夫，比二千石曰中大夫，二千石曰上大夫，中二千石曰卿。车服黻冕，各有差品。又置司恭、司徒、司明、司聪、司中大夫及诵诗工、彻膳宰，以司过。策曰："予闻上圣欲昭厥德，罔不慎修厥身，用绥于远，是用建尔司于五事。毋隐尤，毋将虚，好恶不愆，立于厥中。於戏，勖哉！"令王路设进善之旌，非谤之木，敢谏之鼓。谏大夫四人常坐王路门受言事者。

封王氏齐缞之属为侯，大功为伯，小功为子，缌麻为男，其女皆为任。男以"睦"、女以"隆"为号焉，皆授印韨。令诸侯立太夫人、夫人、世子，亦受印韨。

又曰："天无二日，土无二王，百王不易这道也。汉氏诸侯或称王，至于四夷亦如之，违于古典，缪于一统。其定诸侯王之号皆称公，及四夷僭号称王者皆更为侯。"

又曰："帝王之道，相因而通；盛德之祚，百世享祀。予惟黄帝、帝少昊、帝颛顼、帝喾、帝尧、帝舜、帝夏禹、皋陶、伊尹咸有圣德，假于皇天，功烈巍巍，光施于远。予甚嘉之，营求其后，将祚厥祀。"惟王氏，虞帝之后也，出自帝喾；刘氏，尧之后也，出自颛顼。于是封姚恂为初睦侯，奉黄帝后；梁护为脩远伯，奉少昊后；皇孙功隆公千，奉帝喾后；刘歆为祁烈伯，奉颛顼后；国师刘歆子叠为伊休侯，奉尧后；妫昌为始睦侯，奉虞帝后；山遵为褒谋子，奉皋陶后；伊玄为褒衡子，奉伊尹后。汉后定安公刘婴，位为宾。周后卫公姬党，更封为章平公，亦为宾。殷后宋公孔弘，运转次移，更封为章昭侯，位为恪。夏后辽西姒丰，封为章功侯，亦为恪。四代古宗，宗祀于明堂，以配皇始祖考虞帝。周公后褒鲁子姬就、宣尼公后褒成子孔钧，已前定焉。

莽又曰："予前在摄时，建郊宫，定祧庙，立社稷，神祇报况，或光自上复于下，流为乌，或典气熏烝，昭耀章明，以著黄、虞之烈焉。自黄帝至于济南伯王，（而）〔高〕祖世氏姓有五矣。黄帝二十五子，分赐厥姓十有二氏。虞帝之先，受姓曰姚，其在陶唐曰妫，在周曰陈，在齐曰田，在济南曰王。予伏念皇初祖考黄帝，皇始祖考虞帝，以宗祀于明堂，宜序于祖宗之亲庙。其立祖庙五，亲庙四，后夫人皆配食。郊祀黄帝以配天，黄后以配地。以新都侯东弟为大禖，岁时以祀。家之所尚，种祀天下。姚、妫、陈、田、王氏凡五姓者，皆黄、虞苗裔，予之同族也。《书》不云乎？'惇序九族'。其令天下上此五姓名籍于秩宗，皆以为宗室。世世复，无有所与。其元城王氏，勿令相嫁娶，以别族理亲焉。"封陈崇为统睦侯，奉胡王后；田丰为世睦侯，奉敬王后。

天下牧守皆以前有翟义、赵明等领州郡，怀忠孝，封牧为男，守以附城。又封旧恩戴崇、金涉、箕闳、杨并等子皆为男。

遣骑都尉嚣等分治黄帝园位于上都桥畤，虞帝于零陵九疑，胡王于淮阳陈，敬王于齐临淄，愍王于城阳莒，伯王于济南东平陵，孺王于魏郡元城，使者四时致祠。其庙当作者，以天下初定，且祫祭于明堂太庙。

以汉高庙为文祖庙。莽曰："予之皇始祖考虞帝受嬗于唐，汉氏初祖唐帝,世有传国之象,予复亲受金策于汉高皇帝之灵。惟思褒厚前代,何有忘时?汉氏祖宗有七,以礼立庙于定安国。其园寝庙在京师者,勿罢,祠荐如故。予以秋九月亲入汉氏高、元、成、平之庙。诸刘更属籍京兆大尹,勿解其复,各终厥身,州牧数存问,勿令有侵冤。"

又曰:"予前在大麓,至于摄假,深惟汉氏三七之厄,赤德气尽,思索广求,所以辅刘延期之术,靡所不用,以故作金刀之利,几以济之。然自孔子作《春秋》以为后王法,至于哀之十四而一代毕,协之于今,亦哀之十四也。赤世计尽,终不可强济。皇天明威,黄德当兴,隆显大命,属予以天下。今百姓咸言皇天革汉而立新,废刘而兴王。夫'刘'之为字'卯、金、刀'也,正月刚卯,金刀之利,皆不得行。博谋卿士,佥曰天人同应,昭然著明。其去刚卯莫以为佩,除刀钱勿以为利,承顺天心,快百姓意。"乃更作小钱,径六分,重一铢,文曰"小钱直一",与前"大钱五十"者为二品,并行。欲防民盗铸,乃禁不得挟铜炭。

四月,徐乡侯刘快结党数千人起兵于其国。快兄殷,故汉胶东王,时改为扶崇公。快举兵攻即墨,殷闭城门,自系狱。吏民距快,快败走,至长广死。莽曰:"昔予之祖济南愍王困于燕寇,自齐临淄出保于莒。宗人田单广设奇谋,获杀燕将,复定齐国。今即墨士大夫复同心殄灭反虏,予甚嘉其忠者,怜其无辜。其赦殷等,非快之妻子它亲属当坐者皆勿治。吊问死伤,赐亡者葬钱,人五万。殷知大命,深疾恶快,以故辄伏厥辜。其满殷国户万,地方百里。"又封符命臣十余人。

莽曰:"古者,设庐井八家,一夫一妇田百亩,什一而税,则国给民富而颂声作。此唐、虞之道,三代所遵行也。秦为无道,厚赋税以自供奉,罢民力以极欲,坏圣制,废井田,是以兼并起，贪鄙生，强者规田以千数，弱者曾无立锥之居。又置奴婢之市，与牛马同栏，制于民臣，颛断其命。奸虐之人因缘为利，至略卖人妻子，逆天心，悖人伦，缪于'天地之性人为贵'之义。《书》曰'予则奴戮女'，唯不用命者，然后被此辜矣。汉氏减轻田租，三十而税一，常有更赋，罢癃咸出，而豪民侵陵，分田劫假。厥名三十税一，实什税五也。父子夫妇终年耕芸，所得不足以自存。故富者犬马余菽粟，骄而为邪；贫者不厌糟糠，穷而为奸。俱陷于辜，刑用不错。予前在大麓，始令天下公田口井，时则有嘉禾之祥，遭以虏逆贼且止。今更名天下田曰'王田'，奴婢曰'私属'，皆不得卖买。其男口不盈八，而田过一井者，分余田予九族邻里乡党。故无田，今当受田者，如制度。敢有非井田圣制，无法惑众者，投诸四裔，以御魑魅，如皇始祖考虞帝故事。"

是时，百姓便安汉五铢钱，以莽钱大小两行难知，又数变改不信，皆私以五铢钱市买。讹言大钱当罢，莫肯挟。莽患之。复下书："诸挟五铢钱，言大钱当罢者，比非井田制，投四裔。"于是农商失业，食货俱废，民人至涕泣于市道。及坐卖买田宅、奴婢，铸钱，自诸侯、卿、大夫至于庶民，抵罪者不可胜数。

秋，遣五威将王奇等十二人班《符命》四十二篇于天下。德祥五事，符命二十五，福应十二，凡四十二篇。其德祥言文、宣之世黄龙见于成纪、新都，高祖考王伯墓门梓柱生枝叶之属。符命言井石、金匮之属。福应言雌鸡化为雄之属。其文尔雅依托，皆为作说，大归言莽当代汉有天下云。总有说之曰："帝王受命，必有德祥之符瑞，协成五命，申以福应，然后能立巍巍之功，传于子孙，永享无穷之祚。故新室之兴也，德祥发于汉三七九世之后。肇命于新都，受瑞于黄支，开王于武功，定命于子同，成命于巴宕，申福于十二应，天所以保祐新室者深矣，固矣！武功丹石出于汉氏平帝末年，火德销尽，土德当代，皇天眷然，去汉与新，以丹石始命于皇帝。皇帝谦让，以摄居之，未当天意，故其秋七月，天重以三能文马。皇帝复谦让，未即位，故三以铁契，四以石龟，五以虞符，六以文圭，七以玄印，八以茂陵石书，九以玄龙石，十以神井，十一以大神石，十二以铜符帛图。申命之瑞，寖以显著，至于十二，以昭告新皇帝。皇帝深惟上天之威不可不畏，故去摄号，犹尚称假，改元为初始，欲以承塞天命，克厌上帝之心。然非皇天所以郑重降符命之意，故是日天复决（其）以（勉）〔龟〕书。又侍郎王盱见人衣白布单衣，赤绣方领，冠小冠，立于王路殿前，谓盱曰：'今日天同色，以天下人民属皇帝。'盱怪之，行十余步，人忽不见。至丙寅暮，汉氏高庙有金匮图策：'高帝承天命，以国传新皇帝。'明旦，宗伯忠孝侯刘宏以闻，乃召公卿议，未决，而大神石人谈曰：'趣新皇帝之高庙受命。毋留！'于是新皇帝立登车，之汉氏高庙受命，受命之日，丁卯也。丁，火，汉氏之德也。卯，刘姓所以为字也。明汉刘火德尽，而传于新室也。皇帝谦谦，既备固让，十二符应迫著，命不可辞，惧然祗畏，苇然闵汉氏之终不可济，疊疊（在）左右之不得从意，为之三夜不御寝，三日不御食。延问公侯卿大夫，金曰：'宜奉如上天威命。'于是乃改元定号，海内更始。新室既定，神祇欢喜，申以福应，吉瑞累仍。《诗》曰：'宜民宜人，受禄于天；保右命之，自天申之。'此之谓也。"五威将奉《符命》，赍印绶，王侯以下及吏官名更者，外及匈奴、西域，徼外蛮夷，皆即授新室印绶，因收故汉印绶。赐吏爵人二级，民爵人一级，女子百户羊、酒、蛮夷币、帛各有差。大赦天下。

五威将乘《乾》文车，驾《坤》六马，背负鹥鸟之毛，服饰甚伟。每一将各置左右前后中帅，凡五帅。衣冠车服驾马，各如其方面色数。将持节，称太一之使；帅持幢，称五帝之使。莽〔策〕命曰："普天之下，迄于四表，靡所不至。"其东出者，至玄菟、乐浪、高句骊、夫余；南出者，逾徼外，历益州，贬句町王为侯；西出者，至西域，尽改其王为侯；北出者，至匈奴庭，授单于印，改汉印文，去"玺"曰"章"。单于欲求故印，陈饶椎破之。语在《匈奴传》。单于大怒，而句町、西域后卒以此皆畔。饶还，拜为大将军，封威德子。

冬，雷，桐华。

置五威司命，中城四关将军。司命司上公以下，中城主十二城门。策命统睦侯陈崇曰："咨尔崇。夫不用命者，乱之原也；大奸猾者，贼之本也；铸伪金钱者，妨宝货之道也；骄奢逾制者，凶害之端也；漏泄省中及尚书事者，'机事不密则害成'也；拜爵王庭，谢恩私门者，禄去公室，政从亡矣：凡此六条，国之纲纪。是用建尔作司命，'柔亦不茹，刚亦不吐，不侮鳏寡，不畏强圉'，帝命帅由，统睦于朝。"命说符侯崔发曰："'重门击柝，以待暴客。'女作五威中城将军，中德既成，天下说符。"命明威侯王级曰："绕霤之固，南当荆楚。女作五威前关将军，振武奋卫，明威于前。"命尉睦侯王嘉曰："羊头之厄，北当燕、赵。女作五威后关将军，壶口捾扼，尉睦于后。"命（堂）〔掌〕威侯王奇曰："肴、黾之险，东当郑、卫。女作五威左关将军，函谷批难，掌威于左。"命怀羌子王福曰："汧陇之阻，西当戎狄。女作五威右关将军，成固据，怀羌于右。"

又遣谏大夫五十人分铸钱于郡国。

是岁，长安狂女子碧呼道中曰："高皇帝大怒，趣归我国。不者,九月必杀汝!"莽收捕杀之。治者掌寇大夫陈(成)〔咸〕自免去官。真定刘都等谋举兵,发觉,皆诛。真定、常山大雨雹。

二年二月,赦天下。

五威将帅七十二人还奏事,汉诸侯王为公者,悉上玺绶为民,无违命者。封将为子,帅为男。

初设六管之令。命县官酤酒,卖盐铁器,铸钱,诸采取名山大泽众物者税之。又令市官收贱卖贵,赊贷予民,收息百月三。牺和置酒士,郡一人,乘传督酒利,禁民不得挟弩铠,徙西海。

匈奴单于求故玺,莽不与,遂寇边郡,杀略吏民。

十一月,立国将军建奏:"西域将钦上言,九月辛巳,戊已校尉中陈良、终带共贼杀校尉刁护,劫略吏士,自称废汉大将军,亡入匈奴。又今月癸酉,不知何一男子遮臣建车前,自称'汉氏刘子舆,成帝下妻子也。刘氏当复,趣空宫。'收系男子,即常安姓武字仲。皆逆天违命,大逆无道。请论仲及陈良等亲属当坐者。奏可。汉氏高皇帝比著戒云,罢吏卒,为宾食,诚欲承天心,全子孙也。其宗庙不当在常安城中,及诸刘为诸侯者当与汉俱废。陛下至仁,久未定。前故安众侯刘崇、徐乡侯刘快、陵乡侯刘曾、扶恩侯刘贵等更聚众谋反。今狂狡之虏或妄自称亡汉将军,或称成帝子子舆,至犯夷灭,连未止者,此圣恩不蚤绝其萌牙故也。臣愚以为汉高皇帝为新室宾,享食明堂。成帝,异姓之兄弟;平帝,婿也;皆不宜复入其庙。元帝与皇太后为体,圣恩所隆,礼亦宜之。臣请汉氏诸庙在京师者皆罢。诸刘为诸侯者,以户多少就五等之差;其为吏者皆罢,待除于家。上当天心,称高皇帝神灵,塞狂狡之萌。"莽曰:"可。嘉新公国师以符命为予四辅,明务侯刘龚、率礼侯刘嘉等凡三十二人皆知天命，或献天符，或贡昌言，或捕告反虏，厥功茂焉。诸刘与三十二人同宗共祖者勿罢，赐姓曰王。"唯国师以女配莽子，故不赐姓。改定安太后号曰"黄皇室主"，绝之于汉也。

冬十二月，雷。

更名匈奴单于曰"降奴服于"。莽曰："降奴服于知威侮五行，背畔四条，侵犯西域，延及边垂，为元元害，罪当夷灭。命遣立国将军孙建等凡十二将，十道并出，共行皇天之威，罚于知之身。惟知先祖故呼韩邪单于稽侯狦累世忠孝，保塞守徼，不忍以一知之罪，灭稽侯狦之世。今分匈奴国土人民以为十五，立稽侯狦子孙十五人为单于。遣中郎将蔺苞、戴级驰塞下，召拜当为单于者。诸匈奴人当坐虏知之法者，皆赦除之"。遣五威将军苗䜣、虎贲将军王况出五原，厌难将军陈钦、震狄将军王巡出云中，振武将军王嘉、平狄将军王萌出代郡，相威将军李棽、镇远将军李翁出西河，诛貉将军阳俊、讨秽将军严尤出渔阳，奋武将军王骏、定胡将军王晏出张掖，及偏裨以下百八十人。募天下囚徒、丁男、甲卒三十万人，转众郡委输五大夫衣裘、兵器、粮食，长吏送自负海江淮至北边，使者驰传督趣，以军兴法从事，天下骚动。先至者屯边郡，须皆具乃同时出。

莽以钱币讫不行，复下书曰："民以食为命，以货为资，是以八政以食为首。宝货皆重则小用不给，皆轻则僦载烦费，轻重大小各有差品，则用便而民乐。"于是造宝货五品，语在《食货志》。百姓不从，但行小大钱二品而已。盗铸钱者不可禁，乃重其法，一家铸钱，五家坐之，没入为奴婢。吏民出入，持布钱以副符传，不持者，厨传勿舍，关津苛留。公卿皆持以入宫殿门，欲以重而行之。

是时，争为符命封侯，其不为者相戏曰："独无天帝除书乎?"司命陈崇白莽曰:"此开奸臣作福之路而乱天命,宜绝其原。"莽亦厌之,遂使尚书大夫赵并验治,非五威将率所班,皆下狱。

初,甄丰、刘歆、王舜为莽腹心,倡导在位,褒扬功德;"安汉"、"宰衡"之号及封莽母、两子、兄子,皆丰等所共谋,而丰、舜、歆亦受其赐,并富贵矣,非复欲令莽居摄也。居摄之萌,出于泉陵侯刘庆、前煇光谢嚣、长安令田终术。莽羽翼已成,意欲称摄。丰等承顺其意,莽辄复封舜、歆两子及丰孙。丰等爵位已盛,心意既满,又实畏汉宗室、天下豪桀。而疏远欲进者,并作符命,莽遂据以即真,舜、歆内惧而已。丰素刚强,莽觉其不说,故徙大阿、右拂、大司空丰、托符命文,为更始将军,与卖饼儿王盛同列。丰父子默默。时子寻为侍中京兆大君茂德侯,即作符命,言新室当分陕,立二伯,以丰为右伯,太傅平晏为左伯,如周、召故事。莽即从之,拜丰为右伯。当述职西出,未行,寻复作符命,言故汉氏平帝后黄皇室主为寻之妻。莽以诈立,心疑大臣怨谤,欲震威以惧下,因是发怒曰:"黄皇室主天下母,此何谓也!"收捕寻。寻亡,丰自杀。寻随方士入华山,岁余捕得,辞连国师公歆子侍中东通灵将、五司大夫隆威侯棻,棻弟右曹长水校尉伐虏侯泳,大司空邑弟左关将军〔堂〕〔掌〕威侯奇,及歆门人侍中骑都尉丁隆等,牵引公卿党亲列侯以下,死者数百人。寻手理有"天子"字,莽解其臂入视之,曰:"此一大子也,或曰一六子也。六者,戮也。明寻父子当戮死也。"乃流棻于幽州,放寻于三危,殛隆于羽山,皆驿车载其尸传致云。

莽为人侈口蹙顄,露眼赤精,大声而嘶。长七尺五寸,好厚履高冠,以氂装衣,反膺高视,瞰临左右。是时,有用方技待诏黄门者，或问以莽形貌，待诏曰："莽所谓鸱目虎吻豺狼之声者也，故能食人，亦当为人所食。"问者告之，莽诛灭待诏，而封告者。后常翳云母屏面，非亲近莫得见也。

是岁，以初睦侯姚恂为宁始将军。

三年，莽曰："百官改更，职事分移，律令仪法，未及悉定，且因汉律令仪法以从事。令公卿、大夫、诸侯、二千石举吏民有德行通政事能言语明文学者各一人，诣王路四门。

遣尚书大夫赵并使劳北边，还言五原北假膏壤殖谷，异时常置田官。乃以并为田禾将军，以戍卒屯田北假，以助军粮。

是时，诸将在边，须大众集，吏士放纵，而内郡愁于征发，民弃城郭流亡为盗贼，并州、平州尤甚。莽令七公六卿号皆兼称将军，遣著武将军逯并等填名都，中郎将、绣衣执法各五十五人，分填缘边大郡，督大奸猾擅弄兵者，皆便为奸于外，挠乱州郡，货赂为市，侵渔百姓。莽下书曰："虏知罪当夷灭，故遣猛将分十二部，将同时出，一举而决绝之矣。内置司命军正，外设军监十有二人，诚欲以司不奉命，令军人咸正也。今则不然，各为权势，恐猲良民，妄封人颈，得钱者去。毒蠚并作，农民离散。司监若此，可谓称不？自今以来，敢犯此者，辄捕系，以名闻。"然犹放纵自若。

而蔺苞、戴级到塞下，招诱单于弟咸、咸子登入塞，胁拜咸为孝单于，赐黄金千斤，锦绣甚多，遣去；将登至长安，拜为顺单于，留邸。

太师王舜自莽篡位后病悸，寖剧，死。莽曰："昔齐太公以淑德累世，为周氏太师，盖予之所监也。其以舜子延袭父爵，为安新公，延弟褒新侯匡为太师将军，永为新室辅。"

为太子置师友各四人，秩以大夫。以故大司徒马宫为师疑，故少府宗伯凤为傅丞,博士袁圣为阿辅,京兆尹王嘉为保拂,是为四师;故尚书令唐林为胥附,博士李充为奔走,谏大夫赵襄为先后,中郎将廉丹为御侮,是为四友。又置师友祭酒及侍中、谏议、《六经》祭酒各一人,凡九祭酒,秩上卿。琅邪左咸为讲《春秋》、颍川满昌为讲《诗》、长安国由为讲《易》、平阳唐昌为讲《书》、沛郡陈咸为讲《礼》、崔发为讲《乐》祭酒。遣谒者持安车印绶,即拜楚国龚胜为太子师友祭酒,胜不应征,不食而死。

宁始将军姚恂免,侍中、崇禄侯孔永为宁始将军。

是岁,池阳县有小人景,长尺余,或乘车马,或步行,操持万物,小大各相称,三日止。

濒河郡蝗生。

河决魏郡,泛清河以东数郡。先是,莽恐河决为元城冢墓害。及决东去,元城不忧水,故遂不堤塞。

四年二月,赦天下。

夏,赤气出东南,竟天。

厌难将军陈(歆)〔钦〕言捕虏生口,虏犯边者皆孝单于咸子角所为。莽怒,斩其子登于长安,以视诸蛮夷。

大司马甄邯死,宁始将军孔永为大司马,侍中大赘侯辅为宁始将军。

莽每当出,辄先搜索城中,名曰"横搜"。是月,横搜五日。

莽至明堂,授诸侯茅土。下书曰:"予以不德,袭于圣祖,为万国主。思安黎元,在于建侯,分州正惑,以美风俗。追监前代,爰纲爰纪。惟在《尧典》,十有二州,卫有五服。《诗》国十五,布遍九州。《殷颂》有'奄有九有'之言。《禹贡》之九州无并、幽,《周礼·司马》则无徐、梁。帝王相改,各有云为。或昭其事，或大其本，厥义著明，其务一矣。昔周二后受命，故有东都、西都之居。予之受命，盖亦如之。其以洛阳为新室东都，常安为新室西都。邦畿连体，各有采任。州从《禹贡》为九，爵从周氏有五。诸侯之员千有八百，附城之数亦如之，以俟有功。诸公一同，有众万户，土方百里。侯伯一国，众户五千，土方七十里。子男一则，众户二千有五百，土方五十里。附城大者食邑九成，众户九百，土方三十里。自九以下，降杀以两，至于一成。五差备具，合当一则。今已受茅土者，公十四人、侯九十三人、伯二十一人、子百七十一人、男四百九十七人，凡七百九十六人。附城千五百一十一人。九族之女为任者，八十三人。及汉氏女孙中山承礼君、遵德君、修义君更以为任。十有一公，九卿，十二大夫，二十四元士。定诸国邑采之处，使侍中讲礼大夫孔秉等与州部众郡晓知地理图籍者，共校治于寿成朱鸟堂。予数与群公祭酒上卿亲听视，咸已通矣。夫褒德赏功，所以显仁贤也；九族和睦，所以褒亲亲也。予永惟匪解，思稽前人，将章黜陟，以明好恶，安元元焉。"

以图簿未定，未授国邑，且令受奉都内，月钱数千。诸侯皆困乏，至有庸作者。

中郎区博谏莽曰："井田虽圣王法，其废久矣。周道既衰，而民不从。秦知顺民之心，可以获大利也，故灭庐井而置阡陌，遂王诸夏，讫今海内未厌其敝。今欲违民心，追复千载绝迹，虽尧、舜复起，而无百年之渐，弗能行也。天下初定，万民新附，诚未可施行。"莽知民怨，乃下书曰："诸名食王田，皆得卖之，勿拘以法。犯私买卖庶人者，且一切勿治。"

初，五威将帅出，改句町王以为侯，王邯怨怒不附。莽讽牂柯大尹周歆诈杀邯。邯弟承起兵攻杀歆。先是，莽发高句骊兵,当伐胡,不欲行,郡强迫之,皆亡出塞,因犯法为寇。辽西大尹田谭追击之,为所杀。州郡归咎于高句骊侯驺。严尤奏言:"貉人犯法,不从驺起,正有它心,宜令州郡且尉安之。今猥被以大罪,恐其遂畔,夫余之属必有和者。匈奴未克,夫余、秽貉复起,此大忧也。"莽不尉安,秽貉遂反,诏尤击之。尤诱高句骊侯驺至而斩焉,传首长安。莽大说,下书曰:"乃者,命遣猛将,共行天罚,诛灭虏知,分为十二部,或断其右臂,或斩其左腋,或溃其胸腹,或紬其两胁。今年刑在东方,诛貉之部先纵焉。捕斩虏驺,平定东域,虏知殄灭,在于漏刻。此乃天地群神、社稷、宗庙佑助之福,公卿、大夫、士民同心将率虓虎之力也。予甚嘉之。其更名高句骊为下句骊,布告天下,令咸知焉。"于是貉人愈犯边,东北与西南夷皆乱云。

莽志方盛,以为四夷不足吞灭,专念稽古之事,复下书曰:"伏念予之皇始祖考虞帝,受终文祖,在璇玑玉衡以齐七政,遂类于上帝,禋于六宗,望秩于山川,遍于群神,巡狩五岳,群后四朝,敷奏以言,明试以功。予之受命即真,到于建国五年,已五载矣。阳九之厄既度,百六之会已过。岁在寿星,填在明堂,仓龙癸酉,德在中宫。观晋掌岁,龟策告从,其以此年二月建寅之节东巡狩,具礼仪调度。"群公奏请募吏民人马布帛绵,又请内郡国十二买马,发帛四十五万匹,输常安,前后毋相须。至者过半,莽下书曰:"文母太后体不安,其且止待后。"

是岁,改十一公号,以"新"为"心",后又改"心"为"信"。

五年二月,文母皇太后崩,葬渭陵,与元帝合而沟绝之。立庙于长安,新室世世献祭。元帝配食,坐于床下。莽为太后服丧三年。

大司马孔永乞骸骨，赐安车驷马，以特进就朝位。同风侯逯并为大司马。

是时，长安民闻莽欲都雒阳，不肯缮治室宅，或颇彻之。莽曰："玄龙石文曰'定帝德，国雒阳'。符命著明，敢不钦奉！以始建国八年，岁缠星纪，在雒阳之都。其谨缮修常安之都，勿令坏败。敢有犯者，辄以名闻，请其罪。"

是岁，乌孙大小昆弥遣使贡献。大昆弥者，中国外孙也。其胡妇子为小昆弥，而乌孙归附之。莽见匈奴诸边并侵，意欲得乌孙心，乃遣使者引小昆弥使置大昆弥使上。保成师友祭酒满昌劾奏使者曰："夷狄以中国有礼谊，故诎而服从。大昆弥，君也。今序臣使于君使之上，非所以有夷狄也。奉使大不敬！"莽怒，免昌官。

西域诸国以莽积失恩信，焉耆先畔，杀都护但钦。

十一月，彗星出，二十余日，不见。

是岁，以犯挟铜炭者多，除其法。

明年改元曰"天凤"。

天凤元年正月，赦天下。

莽曰："予以二月建寅之节行巡狩之礼，太官赍糒干肉，内者行张坐卧，所过毋得有所给。予之东巡，必躬载耒，每县则耕，以劝东作。予之南巡，必躬载耨，每县则耨，以劝南伪。予之西巡，必躬载铚，每县则获，以劝西成。予之北巡，必躬载拂，每县则粟，以劝盖藏。毕北巡狩之礼，即于土中居雒阳之都焉。敢有趋讙犯法，辄以军法从事。"群公奏言："皇帝至考，往年文母圣体不豫，躬亲供养，衣冠稀解。因遭弃群臣悲哀，颜色未复，饮食损少。今一岁四巡，道路万里，春秋尊，非糒干肉之所能堪。且无巡狩，须阕大服，以安圣体，臣等尽力养牧兆民，奉称明诏。"莽曰："群公、群牧、群司、诸侯、庶尹愿尽力相帅养牧兆民，欲以称予，緐此敬听，其勖之哉！毋食言焉。更以天凤七年，岁在大梁，仓龙庚辰，行巡狩之礼。厥明年，岁在实沈，仓龙辛巳，即土之中雒阳之都。"乃遣太傅平晏、大司空王邑之雒阳，营相宅兆，图起宗庙、社稷、郊兆云。

三月壬申晦，日有食之。大赦天下。策大司马逯并曰："日食无光，干戈不戢，其上大司马印韨，就侯氏朝位。太傅平晏勿领尚书事，省侍中、诸曹兼官者。以利（苗男）〔男苗〕䜣为大司马。"

莽即真，尤备大臣，抑夺下权，朝臣有言其过失者，辄拔擢。孔仁、赵博、费兴等以敢击大臣，故见信任，择名官而居之。公卿入宫，吏有常数，太傅平晏从吏过例，掖门仆射苛问不逊，戊曹士收系仆射。莽大怒，使执法发车骑数百围太傅府，捕士，即时死。大司空士夜过奉常亭，亭长苛之，告以官名，亭长醉曰："宁有符传邪？"士以马棰击亭长，亭长斩士，亡，郡县逐之。家上书，莽曰："亭长奉公，勿逐。"大司空邑斥士以谢。国将哀章颇不清，莽为选置和叔，敕曰："非但保国将闺门，当保亲属在西州者。"诸公皆轻贱，而章尤甚。

四月，陨霜，杀草木，海濒尤甚。六月，黄雾四塞。七月，大风拔树，飞北阙直城门屋瓦。雨雹，杀牛羊。

莽以《周官》《王制》之文，置卒正、连率、大尹，职如太守；属令、属长，职如都尉。置州牧、部监二十五人，见礼如三公。监位上大夫，各主五郡。公氏作牧，侯氏卒正，伯氏连率，子氏属令，男氏属长，皆世其官。其无爵者为尹。分长安城旁六乡，置帅各一人。分三辅为六尉郡，河东、河内、弘农、河南、颍川、南阳为六队郡，置大夫，职如太守；属正，职如都尉。更名河南大尹曰保忠信卿。益河南属县满三十。置六郊州长各一人，人主五县。及它官名悉改。大郡至分为五。郡县以亭为名者三百六十，以应符命文也。缘边又置竟尉，以男为之。诸侯国闲田，为黜陟增减云。莽下书曰："常安西都曰六乡，众县曰六尉。义阳东都曰六州，众县曰六队。粟米之内曰内郡，其外曰近郡。有障徼者曰边郡。合百二十有五郡。九州之内，县二千二百有三。公作甸（侯）〔服〕，是为惟城；诸在侯服，是为惟宁；在采、任诸侯，是为惟翰；在宾服，是为惟屏；在揆文教，奋武卫，是为惟垣；在九州之外，是为惟藩：各以其方为称，总为万国焉。"其后，岁复变更，一郡至五易名，而还复其故。吏民不能纪，每下诏书，辄系其故名，曰："制诏陈留大尹、太尉：其以益岁以南付新平。新平，故淮阳。以雍丘以东付陈定。陈定，故梁郡。以封丘以东付治亭。治亭，故东郡。以陈留以西付祈隧。祈隧，故荥阳。陈留已无复有郡矣。大尹、太尉，皆诣行在所。"其号令变易，皆此类也。

今天下小学，戊子代甲子为六旬首。冠以戊子为元日，昏以戊寅之旬为忌日。百姓多不从者。

匈奴单于知死，弟咸立为单于，求和亲。莽遣使者厚赂之，诈许还其侍子登，因购求陈良、终带等。单于即执良等付使者，槛车诣长安。莽燔烧良等于城北，令吏民会观之。

缘边大饥，人相食。谏大夫如普行边兵，还言"军士久屯塞苦，边郡无以相赡。今单于新和，宜因是罢兵。"校尉韩威进曰："以新室之威而吞胡虏，无异口中蚤虱。臣愿得勇敢之士五千人，不赍斗粮，饥食虏肉，渴饮其血，可以横行。"莽壮其言，以威为将军。然采普言，征还诸将在边者。免陈钦等十八人，又罢四关填都尉诸屯兵。会匈奴使还，单于知侍子登前诛死,发兵寇边,莽复发军屯。于是边民流入内郡,为人奴婢,乃禁吏民敢挟边民者弃市。

益州蛮夷杀大尹程隆,三边尽反。遣平蛮将军冯茂将兵击之。

宁始将军侯辅免,讲《易》祭酒戴参为宁始将军。

二年二月,置酒王路堂,公卿、大夫皆佐酒。大赦天下。

是时,日中见星。

大司马苗䜣左迁司命,以延德侯陈茂为大司马。

讹言黄龙堕死黄山宫中,百姓奔走往观者以万数。莽恶之,捕系问语所从起,不能得。

单于咸既和亲,求其子登尸,莽欲遣使送致,恐咸怨恨害使者,乃收前言当诛侍子者故将军陈钦,以他罪系狱。钦曰:"是欲以我为说于匈奴也。"遂自杀。莽选儒生能颛对者济南王咸为大使,五威将琅邪伏黯等为帅,使送登尸。敕令掘单于知墓,棘鞭其尸。又令匈奴却塞于漠北,责单于马万匹,牛三万头,羊十万头,及稍所略边民生口在者皆还之。莽好为大言如此。咸到单于庭,陈莽威德,责单于背畔之罪,应敌从横,单于不能诎,遂致命而还之。入塞,咸病死,封其子为伯,伏黯等皆为子。

莽意以为制定则天下自平,故锐思于地理,制礼作乐,讲合《六经》之说。公卿旦入暮出,议论连年不决,不暇省狱讼冤结民之急务。县宰缺者,数年守兼,一切贪残日甚。中郎将、绣衣执法在郡国者,并乘权势,传相举奏。又十一公士分布劝农桑,班时令,案诸章,冠盖相望,交错道路,召会吏民,逮捕证左,郡县赋敛,递相赇赂,白黑纷然,守阙告诉者多。莽自见前颛权以得汉政,故务自揽众事,有司受成苟免。诸宝物名、帑藏、钱谷官,皆宦者领之;吏民上封事书,宦官左右开发,尚书不得知。其畏备臣下如此。又好变改制度,政令烦多,当奉行者,辄质问乃以从事，前后相乘，愦眊不渫。莽常御灯火至明，犹不能胜。尚书因是为奸寝事，上书待报者连年不得去，拘系郡县者逢赦而后出，卫卒不交代三岁矣。谷常贵，边兵二十余万人仰衣食，县官愁苦。五原、代郡尤被其毒，起为盗贼，数千人为辈，转入旁郡。莽遣捕盗将军孔仁将与兵郡县合击，岁余乃定，边郡亦略将尽。

邯郸以北大雨雾，水出，深者数丈，流杀数千人。

立国将军孙建死，司命赵闳为立国将军。宁始将军戴参归故官，南城将军廉丹为宁始将军。

三年二月乙酉，地震，大雨雪，关东尤甚，深者一丈，竹柏或枯。大司空王邑上书言："视事八年，功状不效，司空之职尤独废顿，至乃有地震之变。愿乞骸骨。"莽曰："夫地有动有震，震者有害，动者不害。《春秋》记地震，《易·系》'坤'动，动静辟胁，万物生焉。灾异之变，各有云为。天地动威，以戒予躬，公何辜焉，而乞骸骨，非所以助予者也。使诸吏散骑司禄大卫脩宁男遵谕予意焉。"

五月，莽下吏禄制度，曰："予遭阳九之厄，百六之会，国用不足，民人骚动，自公卿以下，一月之禄十緵布二匹，或帛一匹。予每念之，未尝不戚焉。今厄会已度，府帑虽未能充，略颇稍给，其以六月朔庚寅始，赋吏禄皆如制度。"四辅公、卿、大夫、士，下至舆僚，凡十五等。僚禄一岁六十六斛，稍以差增，上至四辅而为万斛云。莽又曰："普天之下，莫非王土；率土之宾，莫非王臣。盖以天下养焉。《周礼》膳羞百有二十品，今诸侯各食其同、国、则；辟、任、附城食其邑；公、卿、大夫、元士食其采。多少之差，咸有条品。岁丰穰则充其礼，有灾害则有所损，与百姓同忧喜也。其用上计时通计，天下幸无灾害者，太官膳羞备其品矣；即有灾害，以什率多少而损膳焉。东岳太师立国将军保东方三州一部二十五郡；南岳太傅前将军保南方二州一部二十五郡；西岳国师宁始将军保西方一州二部二十五郡；北岳国将卫将军保北方二州一部二十五郡；大司马保纳卿、言卿、仕卿、作卿、京尉、扶尉、兆队、右队、中部左洎前七部；大司徒保乐卿、典卿、宗卿、秩卿、翼尉、光尉、左队、前队、中部、右部，有五郡；大司空保予卿、虞卿、共卿、工卿、师尉、列尉、祈队、后队、中部洎后十郡；及六司，六卿，皆随所属之公保其灾害，亦以十率多少而损其禄。郎、从官、中都官吏食禄都内之委者，以太官膳羞备损而为节。诸侯、辟、任、附城、群吏亦各保其灾害。几上下同心，劝进农业，安元元焉。"莽之制度烦碎如此，课计不可理，吏终不得禄，各因官职为奸，受取赇赂以自共给。

是月戊辰，长平馆西岸崩，邕泾水不流，毁而北行。遣大司空王邑行视，还奏状，群臣上寿，以为《河图》所谓"以土填水"，匈奴灭亡之祥也。乃遣并州牧宋弘、游击都尉任萌等将兵击匈奴，至边止屯。

七月辛酉，霸城门灾，民间所谓青门也。

戊子晦，日有食之。大赦天下，复令公卿、大夫、诸侯、二千石举四行各一人。大司马陈茂以日食免，武建伯严尤为大司马。

十月戊辰，王路朱鸟门鸣，昼夜不绝，崔发等曰："虞帝辟四门，通四聪。门鸣者，明当修先圣之礼，招四方之士也。"于是令群臣皆贺，所举四行从朱鸟门入而对策焉。

平蛮将军冯茂击句町，士卒疾疫，死者什六七，赋敛民财什取五，益州虚耗而不克，征还下狱死。更遣宁始将军廉丹与庸部牧史熊击句町，颇斩首，有胜。莽征丹、熊，丹、熊愿益调度，必克乃还。复大赋敛，就都大尹冯英不肯给，上言"自越巂遂久仇牛、同亭邪豆之属反畔以来，积且十年，郡县距击不已。续用冯茂，苟施一切之政。僰道以南，山险高深，茂多驱众远居，费以亿计，吏士离毒气死者什七。今丹、熊惧于自诡期会，调发诸郡兵、谷，复訾民取其十四，空破梁州，功终不遂。宜罢兵屯田，明设购赏。"莽怒，免英官。后颇觉寤，曰："英亦未可厚非。"复以英为长沙连率。

翟义党王孙庆捕得，莽使太医、尚方与巧屠共刳剥之，量度五藏，以竹筳导其脉，知所终始，云可以治病。

是岁，遣大使五威将王骏、西域都护李崇将戊己校尉出西域，诸国皆郊迎贡献焉。诸国前杀都护但钦，骏欲袭之，命佐帅何封、戊己校尉郭钦别将。焉耆诈降，伏兵击骏等，皆死。钦、封后到，袭击老弱，从车师还入塞。莽拜钦为填外将军，封剽胡子。何封为集胡男。西域自此绝。

译文：

始建国元年正月朔日，王莽率领公侯卿士捧着新制的皇太后御玺，送上太皇太后，遵从符命的意思，去掉了汉朝的名号。

原先，王莽娶了宜春侯王家的女儿，立起她做皇后。本来生了四个儿子：王宇、王获、王安、王临。有两个儿子早些时候被处死了，王安很有点糊里糊涂的样子，便把王临立为皇太子，把王安封为新嘉辟。赐封王宇的儿子六人——王千为功隆公，王寿为功明公，王吉为功成公，王宗为功崇公，王世为功昭公，王利为功著公。宣布全国大赦。

王莽便下策书命令孺子道："唉！你刘婴，从前上天帮助你的始祖，已经传递了十二代，享有国家政权二百一十年，天命的历程轮到了我。《诗经》不是说过吗？'殷朝的后代成为了诸侯，臣服于周朝，可见天命是没有一定的。'赐封你为定安公，永远作新朝的国宾。哎哟！你要感激上天的好意，前去就你的公位，不要违背我的命令。"接着说："应当把平原县、安德县、漯阴县、鬲县、重丘县居民总共一万户，土地纵横各一百里，作为定安公国。在你的封国里建立汉朝祖宗的祠庙，跟周朝的后代同等看待，可以采用自己的历法和车马、服饰的颜色。世世代代服侍你的祖宗，永远依靠崇高的德行和卓著的功绩，享受无穷后代的祭祀。把孝平皇后封为定安太后。"宣读策书完毕，王莽亲自握着孺子的手，流着眼泪叹息，说道："从前周公代理王位，最后能够把明君的权力归还周成王，现在我偏偏迫于上天的威严命令，不能够如自己的意！"悲伤叹息很久。中傅带着孺子下了殿堂，向着北面自称臣子。百官陪在旁边，没有人不受感动。

又按照金匮图书的说明，辅政大臣都举行授任仪式。任命太傅左辅、骠骑将军安阳侯王舜为太师，赐封安新公；大司徒就德侯平晏为太傅，赐封就新公；少阿、羲和、京兆尹红休侯刘歆为国师，赐封嘉新公；广汉郡梓潼县人哀章为国将，赐封美新公——这是四辅，位列上公。太保后承承阳侯甄邯为大司马，赐封承新功；丕进侯王寻为大司徒，赐封章新公；步兵将军成都侯王邑为大司空，赐封隆新公——这是三公。太阿右弼、大司空、卫将军广阳侯甄丰为更始将军，赐封广新公；京兆尹人王兴为卫将军，赐封奉新公；轻车将军成武侯孙建为立国将军，赐封成新公；京兆尹人王盛为前将军，赐封崇新公——这是四将。总共十一公。王兴是原城门令史。王盛是卖饼的。王莽按照符命找到这样的姓名有十多人，这两个人的相貌符合占卜和看相的要求，直接从平民起用，以显示神奇。其他同姓名的人都授任郎官。这一天，授任卿大夫、侍中，尚书官职总共几百人。各刘姓皇族担任郡太守的，都调任谏大夫。

把明光宫改为定安馆，让定安太后住在那里。把原大鸿胪官署作为定安公住宅，都设置门卫、使者监护管理。告诫保育人员和奶妈不准跟他谈话，让他经常待在四壁合围的小屋子里，一直到长安，还不会叫出六畜的名称。后来王莽把孙女——王宇的女儿——嫁给了他。

王莽颁发策书规定百官的职责说："木星要求庄敬，是东方的长官太师，负责实现雨水适时适量，青色的光辉万物生育均平，考究日影和日规。火星要求明智，是南方的长官太傅，负责实现炎热适时适度，红色的光辉发展均平，考究声音和曲调。金星要求安定，是西方的长官国师，负责实现干燥适时适度，白色的光辉成长均平，考究度量和权衡。水星要求精明，是北方的长官国将，负责实现寒冷适时适度，黑色的光辉休养均平，考究星辰和漏刻。月亮象征威刑，好像皇帝的左腿，即大司马，负责实现武功要注意方正，效法矩尺，主管天文，恭敬地顺从伟大的上天，谨慎地传授人民生产的季节，鼓励发展农业生产，使粮食获得丰收。太阳象征德政，好像皇帝的右臂，即大司徒，负责实现文治，要注意融和，合乎圆规，主管人道，辅导五种伦理道德，率领人民服从上级，倡导改良风俗习惯，五种人伦关系才能正常。北斗象征最高标准，好像皇帝的内心，即大司空，负责实现太平景象，要注意事物的规范化、标准化，以准绳作为榜样，主管地理，开垦土地，兴修水利，管理大山丘、大河流，繁殖鸟兽，促使草木长得茂盛。"其他官吏都按照他们的职务做出了规定，像典谟训诰的文章一样。

设置大司马司允，大司徒司直，大司空司若，职位都是孤卿。把大司农改名叫羲和，后来改为纳言，大理改名叫作士，太常改名叫秩宗，大鸿胪改名叫典乐，少府改名叫共工，水衡都尉改名叫予虞，加上三公司卿共九卿，分别归三公管辖。每一个卿下面设置大夫三人，每一人大夫下面设置元士三人，总共二十七大夫，八十一元士，分别主管首都各官府的所有职务。把光禄勋改名叫司中，太仆改名叫太御，卫尉改名叫大卫，执金吾改名叫奋武，中尉改名叫军正，又设置大赘官，主管皇帝的车辆、衣服和用具，后来又掌管军需供应，职位都是上卿，称为六监。把郡太守改名叫大尹，都尉改名叫太尉，县令、县长改名叫宰，御史改名叫执法，公车司马改名叫王路四门，长乐宫改名叫常乐室，未央宫改名叫寿成室，前殿改名叫王路堂，长安改名叫常安。把俸禄百石级改名叫庶士，三百石级改名叫下士，四百石级改名叫中士，五百石级改名叫命士，六百石级改名叫元士，千石级改名叫下大夫，比二千石级改名叫中大夫，二千石级改名叫上大夫，中二千石级改名叫卿。他们使用的车马和礼服、礼帽，各有不同的等级。又设置司恭大夫、司从大夫、司明大夫、司聪大夫、司睿大夫和诵诗工、彻膳宰，去侦察过失。策书说："我听说上圣想要彰明自己的德行，无不谨慎地修养自己的身心，以贯彻到久远，因此设置你们这些官职从五个方面进行监督。不要掩盖错误，不要助长虚荣，才能够做到对于自己爱好的事或者厌恶的事都不会产生差错，站在事理的正中，大公无私。哎哟，勉励呀！"下令在皇宫周围设置建议的旗帜、批评的木牌和登闻鼓。派谏大夫四人经常坐在王路四门接待反映情况的人。

赐封王家丧服为齐一年的亲属为侯爵，丧服为九个月的亲属为伯爵，丧服为五个月的亲属为子爵，丧服为三个月的亲属为男爵，这样的女亲属都为任爵。男的用"隆"字作称号，女的用"睦"字作称号，都授予印信。让诸侯立起太夫人、夫人和世子，也授予印信。

又说道："天上没有两个太阳，地上没有两个国王，这是百代帝王不能改变的原则。汉朝的诸侯有的称王，直到四方外族也仿照这样称呼，违反了古代制度，背离了一统的原则。应当确定诸侯王的名号都称为公，以及四方外族盗窃名号自称为王的都改为侯"。

又说道："帝王的道统，应当继承、发展和贯通；具有崇高德行的世系，应当长久享受祭祀。我想到黄帝、少昊、颛顼、帝喾、唐尧、虞舜、夏禹、皋陶、伊尹都具有圣明的德行，感通上天，功业巍巍，光辉流传久远。我很赞赏他们，寻求他们的后代，打算延续他们的祭祀。"他认为王姓是虞舜的后代，出于帝喾；刘姓是唐尧的后代，出于颛顼。于是赐封姚恂为初睦侯，继承黄帝的后代；梁护为修远伯，继承少昊的后代；皇孙功隆公王千，继承帝喾的后代；刘歆为祁烈伯，继承颛顼的后代；国师刘歆的儿子刘叠为伊休侯，继承唐尧的后代；妫昌为始睦侯，继承虞舜的后代；山遵为褒谋子，继承皋陶的后代；伊玄为褒衡子，继承伊尹的后代。汉朝的后代定安公刘婴，地位是国宾。周朝的后代卫公姬党，改封为章平公，也是国宾。殷朝的后代宋公孔弘，时运转变了，位次移动了，改封为章昭侯，地位是贵客。夏朝的后代辽西郡人姒丰，赐封为章功侯，也是贵客。夏朝、殷朝、周朝、汉朝的始祖，在明堂合祭，让他们跟着伟大的发派祖考虞舜配享。周公后代褒鲁子姬就，孔子的后代褒成子孔钧，从前已经确定了。

王莽又说道："我从前在摄政的时候，建筑郊祀坛址，制定远祖祠庙，设立土谷神社，神明报应，有光华从上面笼罩下面，流下来变成了老鸦，有黄气升腾，照耀鲜明，来显扬黄帝、虞舜的余晖。从黄帝直到济南伯王，祖辈的姓氏有五个。黄帝有二十五个儿子，分赐他们的姓氏十二个。虞舜的先代接受的姓氏是姚，在陶唐时姓妫，在周代姓陈，在齐国姓田，在济南姓王。我俯伏思念伟大的远初祖考黄帝，伟大的发派祖考虞舜，已经在明堂合祭，还应当列入祖宗的亲庙。应当建立五所祖庙，四所亲庙，他们的王后或夫人都配享。祭祀天地时让黄帝跟上天配享，让黄后跟大地配享。把新都侯的东宅作为大庙，每年按时祭祀。民家所尊敬的祖先，也应当世世代代祭祀，朝廷已经给全国做出了榜样。姓姚的、姓妫的、姓陈的、姓田的、姓王的共五姓的人，都是黄帝、虞舜的后代子孙，都是我的同族。《书经》不是说过吗？'按照顺序促使九族都亲爱和睦。'应当命令全国各地把这五姓的名册上报秩宗，都作为皇族。给他们世世代代免除赋税和劳役，不要有所牵涉。其中元城县的王姓，不准跟姚姓、妫姓、陈姓、田姓互相结为婚姻，从而区别宗族，分理亲疏。"赐封陈崇为统睦侯，继承胡王的后代；田丰为世睦侯，继承敬王的后代。

全国的州牧和郡太守都因为从前有翟义和赵明等人的叛乱，却能够据有州郡，心怀忠孝，赐封州牧为男爵，太守为附城。又赐封旧日恩人戴崇、金涉、箕闳和阳并等人的儿子都为男爵。

派遣骑都尉嚣等人分别到上郡桥畤修理黄帝的坟墓，到零陵郡九疑册修理虞舜的坟墓，到淮阳郡陈县修理胡王的坟墓，到齐郡临淄县修理敬王的坟墓，到城阳国莒县修理愍王的坟墓，到济南郡东平陵县修理伯王的坟墓，到魏郡元城县修理孺王的坟墓，派遣使者按四季前往祭祀。他们的祠庙应当修建的，因为全国刚刚平定，暂且在明堂太庙举行合祭。

把汉高帝庙作为文祖庙。王莽说:"我的伟大的发派祖考虞舜从唐尧手里接受了转让的政权,汉朝的远初祖先是唐尧,他们世世代代有转让政权的风格,我又亲自在汉高帝的神灵面前接受了金策书。心想表彰优待前朝,哪有忘记的时候?汉朝的宗祖有七位,应当在定安国按照礼仪建立祠庙。他们在首都的墓地附设的祠庙,不要废除,祭礼照旧。我将要在秋季九月间亲自到汉朝高帝、元帝、成帝、平帝的祠庙祭祀。各刘姓皇族的名籍改归京兆大尹管理,不要取消他们的免除赋税劳役的特权,各止于他们本身,州牧要时常去慰问,不要让他们遭受冤枉和迫害。"

又说道:"我从前在担任要职直到居位摄政的时候,深切地考虑汉朝传到二百一十来年的不幸遭遇,汉朝的命运气数已经到了尽头,想方设法,凡是能够用来辅佐刘家延长政权寿命的办法,没有不采用的。因此制作金刀货币的便利,希望借此有益于它。然而自从孔子撰写《春秋》作为后代帝王的准则,写到鲁哀公十四年一个时代便宣告结束,跟今天来类比,也正是汉哀帝以来的十四年。汉朝的寿命期限已经到了尽头,到底不可能勉强挽救。上天显赫威灵,新朝的命运应当兴起,隆重地显示重大的命令,把国家的统治权委托我。现在百姓都说上天革除汉朝,建立新朝,抛弃刘家,振兴王家。那'刘'字的形状结构就是'卯、金、刀',因此正月刚卯的佩饰和金刀货币的便利,都不准再通行。广泛地征求公卿士大夫的意见,都说天道人事互相感应,是明白的。应当摘掉刚卯不要把它作为佩饰,废止刀钱不要把它看作便利,这样来遵循上天意旨,满足百姓的心愿"。便改铸小钱,直径六分,重量一铢,上面铸有"小钱值一"的字样,加上以前的"大钱五十"的货币为两类,同时流通。想要防止民私自铸造,便下禁令不准私藏铜和炭。

四月间,徐乡侯刘快集结党与几千人在他的封国里起兵。刘快的老兄刘殷,是原汉朝的胶东王,这时已经改为扶崇公。刘快起兵进攻即墨城,刘殷关闭城门,自动投入监狱。城里的官吏和民众抵抗刘快,刘快失败逃跑,退到长广县死了。王莽说:"从前我的祖先济南愍王被燕寇围困,从齐国的都城临淄退到莒邑自保。族人田单想出了很多的好计策,擒杀了燕国的主将,重新安定了齐国。现在即墨城的士大夫又同心协力歼灭反贼,我很赞许那些尽忠的人,怜悯那些无罪的人。应当赦免刘殷等人,除开刘快的妻子儿女以外,其他应当连坐受罚的亲属都不要惩办。吊唁死者,慰问伤者,给死者赏赐丧葬费,每人五万钱。刘殷懂得天命,深刻憎恨刘快,刘快因为这样的缘故就受到应得的惩罚。应当满足刘殷的封国一万户,土地纵横各一百里"。又封赏了进献符命的臣子十多人。

王莽说:"古代八家同作一井田,耕作时同住一个棚子,一夫一妇分田一百亩,按十分之一交租税,就能够国家丰裕,百姓富足,于是歌颂的舆论兴起来了。这是唐、虞时代的政策,夏、商、周三代所遵行的。秦朝实行不道德的政策,增加赋税来供自己享受,竭尽民力来满足自己的无穷欲望、毁坏圣人的制度,废除井田,因此富贵人家并吞贫苦人民的财产的现象出现了,贪婪卑鄙的行为发生了,强者占田要用千来计算,弱者竟没有立椎之地。又设置买卖奴婢的市场,跟牛马同栏,控制平民和奴隶,专横地操纵他们的命运。奸诈残暴之徒凭借这些办法来牟利,甚至强抢强卖人家的妻子儿女,违抗了上天的心意,违反了人与人之间的关系准则,违背了'天地间的生命人类最尊贵'的原则。《书经》说'我就要奴役和侮辱你',只有不遵行命令的人,才会遭受这样的罪殃。汉朝减轻土地税,按三十分之一征税,但是经常有代役税，病残而丧失劳力的都要出，而且恶霸侵犯欺压，利用租佃关系掠夺财物。其名按三十分之一征税，实际上征收了十分之五的税。父子夫妇一年到头在田间劳动，所得的收入不足以维持自己的生存。所以富人的家畜有吃不完的粮食，因骄奢而作邪恶的事；穷人却吃不饱酒渣糠皮，因贫困而作邪恶的事。他们都流于犯罪，刑罚因此不能搁置不用。我从前在担任要职的时候，开始命令把全国的公田按人口规划井田，那时就出现了嘉禾的祥瑞，因为遭到反贼和叛乱头目的干扰而暂时停止。现在把全国的田改名叫'王田'，奴婢叫'私属'，都不准买卖。那些家庭人口男性不满八人，而占有田亩超过一井的，把多余的田亩分给亲属和乡邻。原来没有田，现在应当分得田的，按照规定办。敢有反对井田这种圣人首创的制度，无视法律惑乱民众的，把他们流放到四方极远的地方去，从而杜绝坏家伙，依照伟大的发派祖考虞舜惩罚四凶的成例。"

这时候，百姓习惯于使用汉朝的五铢钱，认为王莽的钱大小两种同时流通难以预料，又多次改变不守信用，都暗地里用五铢钱买卖。谣传说大钱会要废除，没有人肯携带。王莽担心这件事，再下文告："所有私藏五铢钱，说大钱会要废除的，比照反对井田制惩办，流放到四方极远的地方去。"于是农民和商人失业，财政经济陷于瘫痪状态，人民甚至在市场上、大路上伤心流泪。以及由于买卖田宅、奴婢和私自铸钱，从诸侯、卿大夫直到平民，犯罪受罚的数也数不清。

秋季里，派遣五威将王奇等十二人颁布《符命》四十二篇到全国。德祥类五篇，符命类二十五篇，福应类十二篇，总共四十二篇。其中德祥类说汉文帝、汉宣帝的时期在成纪县、新都县有黄龙出现，高祖考伯王墓门的梓木柱子上长出枝叶一类事情。符命类说武功县井石、高帝庙金匮图策一类的事情。福应类说母鸡变成公鸡一类的事情。那些文章接近正式经文，都是依据古义做出解说，大要说王莽应当代替汉朝统治国家。总括说明它们道："帝王承受天命，一定有依靠德行获得祥瑞的征兆，配合成为五命，加上依靠福气而获得的报应，然后才能建立伟大崇高的功业，传给子孙后代，永享无穷的国祚。所以新朝的兴起，德祥发生于汉朝传递九代，经历二百一十年之后。从新都国初始受命，从黄支国接受祥瑞，从武功县开创王业，从子同县决定受命，到巴郡岩渠县完成受命，再加上十二次福应，上天用来保佑新朝的态度，既恳切又坚决！武功县的丹书白石出现于汉朝平帝末年，汉朝的命运快完了，新朝的权力应当取而代之，上天关怀备至，抛弃汉朝，扶助新朝，用丹书白石开始授命给皇帝。皇帝谦虚地推辞，用摄皇帝的名义代居皇位，还不能够符合上天的心意，因此那年秋季七月间，上天又加上三台星和文马。皇帝又谦虚地推辞，没有登上皇位，因此第三次出现了铁契，第四次出现了石龟，第五次出现了虞符，第六次出现了文圭，第七次出现了玄印，第八次出现了茂陵石书，第九次出现了玄龙石，第十次出现了神井，第十一次出现了大神石，第十二次出现了铜符帛图。申明天命的祥瑞，逐渐显著，直到十二次之多，用来明白告示新皇帝。皇帝深深地想到上天的威严不可以不畏惧，所以去掉摄皇帝的称号，还是称假皇帝，改年号初始，想要用这样的办法抵挡天命，能够满足上帝的心意。可是这还不是上帝所以反复恳切地赐降符命的意图，因此这天上天又赐降金策书，决断他的疑虑，劝勉他当皇帝。还有侍郎王盱看见一个人穿着白布单衣，方形衣领上面有火红彩画，戴着小帽子，站在王路殿前面，告诉王盱道：'今天五方天神同心合意，把万民委托皇帝。'王盱感到惊异，走了十多步，那个人忽然不见了。到丙寅日傍晚，汉朝高帝庙出现了金匮图策：'高帝秉承天命，把国家传给新皇帝。'第二天早晨，宗伯忠孝侯刘宏把这件事情上报，便召集公卿大臣商议，还没有做出决定，而大神石像人一样发话道：'赶快叫新皇帝前往高帝庙接受天命，不要耽搁了！'于是新皇帝立即上车，前往汉朝高帝庙接受天命。接受天命的那天，是丁卯日，丁属火，是汉朝命运的象征。卯，是构成'劉'字的一部分。这表明汉朝刘姓的命运已经完了，气运传到了新朝。皇帝谦虚逊让，已经多方坚决推辞，十二次符应催促得明显，天命不能推辞，惊疑敬畏，忐忑不安，怜悯汉朝终于不可挽救，千方百计帮助它都不能如愿。为着这件事，三晚没有睡觉，三天没有吃饭、接见。询问公侯、卿大夫，都说：'应当按照上天的威严命执行。'于是才改年号，定国号，全国更新。新朝一经建立，神明欢喜，重新赐降福应，祥瑞接二连三。《诗经》说：'有功德于人民因而受到人民爱戴的人，就能够从上天承受福气；上天会要保佑他，授予帝王的高位，并申明这个意思。'这就是说的这种情况。五威将恭敬地拿着《符命》，带着印信，给王侯以下和官吏的官名更改了，国外还有匈奴、西域各国和边界以外的外族，都就地授予新朝的印信，并收缴原来汉朝的印信。赏赐官吏每人两级爵位，赏赐民家家长每人一级爵位，赏赐民家主妇羊和酒，按每百户为单位进行分配，赏赐外族财物各有等级。宣布全国大赦。

五威将坐着绘有天文图像的车子，套着六匹母马，背上插着锦鸡的羽毛，服装佩饰很威武。每一将下面各设置左帅、右帅、前帅、后帅和中帅，共五帅。衣帽，车饰和套车的马，各按照他们的方位的颜色和数目。五威将举着使节，称为天帝太一的使者；五帅举着旗帜，分别称为五帝的使者。王莽下策书说："普天之下,直到四周极远的地方,没有不到达的。"那些前往东方的,达到了玄菟郡、乐浪郡、高句骊国和夫余国;前往南方的,越过了边界,经过益州郡,贬降句町王为侯;前往西方的,达到了西域,把那里的王全都改为侯;前往北方的,达到了匈奴王庭,授予单于印信,更改了汉朝印信的文字,去掉了"玺"改叫"章"。单于想要索取原来的印信,陈饶把它打破了,这些话记载在《匈奴传》里面。单于大发怒火,至于句町和西域各国后来终于因为这个缘故都背叛了。陈饶回来,被任命为大将军,赐封威德子。

冬季里,响了雷,桐树开了花。

设置五威司命和中城、四关将军。五威司命纠察弹劾上公以下的官吏,五威中城将军掌管首都的十二座城门。下策书命令统睦侯陈崇道:"唉!你陈崇要知道:不遵行命令,是祸乱的根源;异常的奸诈狡猾,是阴毒的本原;铸造伪金钱,是损害货币的行为;骄横奢侈,超越制度,是邪恶的开端;泄露省中和尚书的机密,'机密要事泄露了就分妨害成功';从朝廷接受了官职爵位,到私家去表示感谢,任官授爵的大权不是由朝廷掌握,政权从此完蛋啦:概括这么六条,都是国家的根本法纪。因此任命你作五威司命,'软的也不吞,硬的也不吐,不欺负弱小,不害怕强暴',皇帝命令你照办,在朝廷统制百官,使他们都能遵纪守法。"命令悦符侯崔发道:"'关闭多层门户,夜晚巡逻警戒,以防备盗贼。'你作五威中城将军,首都的治安警卫任务完成了,对全国的治安保卫工做起着榜样的作用。"命令明威侯王级道:"七盘十二绕的坚固,南面当着荆、楚古国的旧地。你作五威前关将军,发扬勇武,奋力保卫,在前锋显示威严。"命令慰睦侯王嘉道:"羊头山的险要,北面当着燕国、赵国的旧地。你作五威后关将军,凭据壶口关的险要去攻击,在后卫安抚平定。"命令掌威侯王奇道:"崤山、渑池的险要,东面当着郑国、卫国的旧地。你作五威左关将军,扼守函谷关排除危险,在左翼执掌威权。"命令怀羌子王福道:"汧山、陇阪和阻塞,西面当着西戎和北狄。你作五威右关将军,据守成固县,在右翼安抚外族。"

又派遣谏大夫五十人分别到各郡国铸钱。

这一年,长安有个名叫碧的女疯子在大路上呼喊道:"高皇帝大发怒火,赶快把国家归还我。不然的话,到九月间一定杀死你!"王莽把她拘捕起来杀掉了。主管官吏掌寇大夫陈成自动请求撤职,丢了官。真定国刘都等人计划起兵,被发觉了,都被处死。真定国、常山郡大量落了冰雹。

二年二月间,宣布全国大赦。

五威将帅七十二人回来报告工作,汉朝的诸侯王去掉王号改称为公的,全都缴上印信作平民,没有违抗命令的。赐封将为子爵,封帅为男爵。

开始设立六项财政经济管理制度。规定由官府专卖酒,专卖食盐和铁器,铸钱,凡是收取大山大湖各种资源的,向他们征收捐税。又规定由市官收购低价货物,出售高价货物,发放贷款给人民,按月利率百分之三收息。羲和下面设置酒士,每郡一人,乘坐传车去催缴卖酒的利润。下禁令民间不准私藏弩弓和铠甲,违犯了的流放到西海郡去。

匈奴单于索取原来的印信,王莽不给,便侵犯沿边郡县,杀戮、抢劫官吏和平民。

十一月间,立国将军孙建报告:"西域将领但钦上报,九月辛巳日,戊己校尉的秘书陈良和终带一道杀害戊己校尉刁护,胁迫官吏和士兵，自称已被废除的汉朝的大将军，逃到匈奴去了。又本月癸酉日，不知道哪一个男子拦在我孙建的车子前面，自称'汉朝刘子舆，是汉成帝的小老婆的儿子。刘家应当复兴，赶快空出皇宫来！'拘禁那个男子，原来是常安人姓武名仲。都是对抗上天，违背天命，大逆不道。请判处武仲和陈良等人应当连坐受罚的亲属。"奏章被批准了。他接着又报告："汉朝高皇帝近来明白告诫道，应当撤销守卫汉朝宗庙的官吏和士兵，愿意作为新朝宗庙中的宾客分享祭祀。他的确是想要顺从天意，保全子孙。他们的宗庙不应当留在常安城中，以及所有刘姓皇族作诸侯的应当随着汉朝一道被废除，您最仁慈，以致很久没有决定下来。以前原安众侯刘崇、徐乡侯刘快、陵乡侯刘曾和扶恩侯刘贵等人连续聚集军队，图谋反叛。现在一些狂妄狡猾的家伙，有的狂妄地自称已被灭亡的汉朝的将军，有的冒称汉成帝的儿子刘子舆，直到犯下杀身灭族的罪行，接连没有停止，这就是由于您的恩德以致没有及早杜绝他们的萌芽的缘故。我愚蠢地认为汉高帝可以作为新朝的国宾，在明堂享受祭祀。汉成帝是您的姑表兄弟，汉平帝是您的女婿，都不应当再进入他们的祠庙。汉元帝跟皇太后成为夫妇一体，是您的恩情所要尊崇的，根据礼制也适合那样对待。我请求您全部废除设在首都的汉朝各祠庙，所有作诸侯的刘姓皇族，根据封户的多少来套公侯伯子男的等级；那些做官吏的都对予以罢免，在家里等待授予新官职。这样办，对上符合天意，符合汉高帝神灵的心愿，杜绝狂妄狡猾思想的萌芽。"王莽说："可以。嘉新公国师根据符命担任我的四辅，明德侯刘龚、率礼侯刘嘉等三十二人都懂得天命，有的进献天符，有的提出好意见，有的拘捕、告发反贼，他们的功劳巨大。各刘姓皇族跟这三十二人同宗共祖的不罢免，赏赐他们姓王。"只有国师把女儿配给了王莽的儿子,所以不赐姓。更改定安太后的称号叫黄皇室主,表明她跟汉朝断绝了关系。

冬季十二月间,响了雷。

把匈奴单于的名称改叫降奴服于。王莽说:"降奴服于囊知牙斯侮辱国家尊严,背叛四条协议,侵犯西域,蔓延到了我国的边境,给人们造成了危害,所犯的罪行应当杀身灭族。派遣立国将军孙建等共十二位将领,惩罚囊知牙斯本人。想到囊知牙斯的先祖原呼韩邪单于稽侯删几代忠孝,保卫边界险要地方,不忍心因为一个囊知牙斯的罪行,就消灭稽侯删的后代。现在决定把匈奴的国土和人民分为十五国,立起稽侯删的十五个子孙作单于。派遣中郎将蔺苞、戴级飞快前往边界,召集,赐封那些应当作单于的人。所有应当跟叛虏囊知牙斯犯法连坐判罪的匈奴人,都赦免他们。"派遣五威将军苗䜣和虎贲将军王况从五原郡出击,厌难将军陈钦和震狄将军王巡从云中郡出击,振武将军王嘉和平狄将军王萌从代郡出击,相威将军李棽和镇远将军李翁从西河郡出击,诛貉将军阳俊和讨秽将军严尤从渔阳郡出击,奋武将军王骏和定胡将军王晏从张掖郡出击,以及偏将裨将以下军官共一百八十人。召集全国监狱犯人、壮丁和武装士兵三十万人,传令各郡转运军服皮衣、兵器和粮食,县级官吏从沿海长江、淮河流域运送到北部边郡,使者乘坐快车监督催促,按战争状态法令办事,全国骚动。先到达的部队在边郡驻扎,要等全部到齐才同时出击。

王莽因为钱币一直不能流通,再下文告说:"人民把粮食看作性命,把物资和金钱看作生活的需要,因此八项施政方针把粮食摆在首位。货币都是贵重的,那么小用途就不方便,都是轻贱的,那么运输装载就麻烦费事,轻的、重的、大的、小的各有等级，那么使用方便，人民就欢迎。"于是制造货币五种，这些话记载在《食货志》里面。百姓不依从，只通用小钱和大钱两种而已。私自铸钱的无法禁止，便加重那方面的刑法，一家铸钱，邻居五家跟他连坐，没收这些人到官府作奴婢。官吏和人民出外和回来，要携带布钱作为通行证的副证，对于不携带的人，饭店和旅社不让他住宿，关卡和渡口要盘问留难。公卿大臣都要携带它才能进宫殿门，想要用这样的办法提高它的身价从而得以流通。

这时人们争着制作符命以求封侯，那些没有搞过的人互相开玩笑说："你独独没有天帝的任命状吗？"五威司命陈崇报告王莽道："这是打开了奸臣追求利禄的道路，而且混乱了天命，应当断绝这个根源。"王莽也讨厌这种事，便让尚书大夫赵并去检查处理，不是五威将帅所颁布的符命，制作的人都关进监狱。

起初，甄丰、刘歆和王舜是王莽的心腹，首先提议让王莽据有高位大权，赞美表彰他的功德。安汉公和宰衡的称号以及赐封王莽的母亲、两个儿子和侄儿，都是甄丰等人所共同策划的，从而甄丰、王舜和刘歆也得到了他的恩惠，都获得了名利，没有再想要让王莽居位摄政。居位摄政的发端，来自泉陵侯刘庆、前辉光谢嚣和长安令田终术。王莽的羽毛已经丰满，内心想要代掌政权。甄丰等人顺从了他的意图，王莽就再封赏了王舜和刘歆的两个儿子以及甄丰的孙子。甄丰等人爵位已经尊显，欲望已经满足，又实在害怕汉朝皇族和全国的权威人士。而那些统治集团的外围人物想要向上爬的，纷纷制作符命，王莽便依靠这些势力正式登上皇位，王舜和刘歆内心恐惧而已。甄丰一向刚强，王莽察觉他不高兴，所以假借符命文辞，把担任太阿右弼、大司空的甄丰调任更始将军，让他跟卖饼儿王盛站在一样的地位。甄丰父子默不吭声。这时甄丰的儿子甄寻任职侍中京兆大尹，封爵茂德侯，便制作符命，说新朝应当把首都附近地区以陕县为界分开治理，设立两个地区长官，任命甄丰作右伯，太傅平晏作左伯，仿照周公、召公的成例。王莽就照着这样办了，授任甄丰作右伯，当他报告了工作准备到西部地区去，还没有起行，甄寻又制作了一道符命，说原汉朝平帝的皇后黄皇室主是甄寻的妻子。王莽靠骗术登上皇位，心里怀疑大臣怨恨诽谤，正想要显示威严来慑服臣下，因此发怒说："黄皇室主是国母，说是甄寻的妻子，这是什么话！"便下命令拘捕甄寻。甄寻逃跑了，甄丰自杀。甄寻跟着江湖骗子躲进了华山，过了一年多以后捉到了，供词牵涉到国师公刘歆的儿子侍中东通灵将、五司大夫隆威侯刘棻，刘棻的老弟右曹长水校尉伐虏侯刘泳，大司空王邑的老弟左关将军掌威侯王奇，以及刘歆的学生侍中骑都尉丁隆等人，牵连公卿、亲族、列侯以下，死的有几百人。甄寻手上的纹理有"天子"的字样，王莽割下他的胳膊到皇宫里面观察它，说道："这是'一大子'。"有人说："'一六子'。六，就是戮，这表明甄寻父子应当被杀死。"于是把刘棻流放到幽州，把甄寻驱逐到三危，把丁隆杀死在羽山，都是用驿站的传车装着他们的尸体递送去的。

王莽相貌是口腔大，下巴短，眼球凸出，晶体血红，声音粗大沙哑。他身高七尺五寸，喜欢穿厚底鞋子，戴高帽子，用硬毛絮衣，挺胸仰视，远远地向下看左右两边。这时有个凭医术在黄门等候任用的人，有人问他王莽的相貌，那个等候任用的人说："王莽是一个人们所说的眼睛像猫头鹰，嘴巴像老虎，声音像豺狼的人，所以能够吃人，将来也会被别人吃掉。"发问的人告发了这件事，王莽处死了那个等候任用的人，封赏了那个告发的人。他以后经常用云母屏面遮掩自己，不是亲近的人没有人看得见他。

这一年，任命初睦侯姚恂作宁始将军。

三年，王莽说道："百官的名称有更改，职务有变动，法律制度和礼仪规则，没有来得及全部制定，权且沿袭汉朝的法律制度和礼仪规则来办事。着令公卿大夫、诸侯、二千石级官吏推举官吏或平民中具有道德修养、熟悉政策法令、擅长辞令、精通文献典籍的专家各一人，前来王路四门。"

派遣尚书大夫赵并出差慰劳北方边郡驻军，回来说五原郡北假地区是肥沃的土壤，能够繁殖谷物，从前经常设置管理农田的官吏。便任命赵并作田禾将军，发动驻防士兵在北假地区开垦耕种田地，用来帮助军粮。

这时各将领驻扎边境，等待各路大军齐集，军官和士兵胡作非为，而内地各郡正因官府征发人员和物资弄得愁苦不堪，以致人民抛弃家园去流亡作盗贼，并州和平州尤其厉害。王莽命令七公六卿的官号都要兼称将军，派遣著武将军逯并等人镇守著名的城市，派遣中郎将和绣衣执法各五十五人，分别镇守靠边境的大郡，监察擅动干戈举兵作乱的大刁徒，而他们便都在外地干坏事，扰乱州郡，贿赂像做买卖一样公开交易，掠夺百姓的财物。王莽下文告说："匈奴囊知牙斯所犯罪行应当杀身灭族，所以派遣猛将分为十二路大军，将要同时出击，一举把他们消灭干净。朝廷设置司命军正。各路大军设置军监十二，本来想要靠他们来监察不遵行命令的现象，让全体军人都能够行为正当。现在却不是这个样子，每每玩弄权势，恐吓善良的老百姓，胆大妄为，用锁链系着他们的脖子，强迫他们作奴隶，勒索到了金钱的才给取下。灾难一齐发生，以致农民流离失所。司命军正和军监履行职责像这个样子，可以说得上称职吗？自今以后，胆敢再犯这类罪行的，就逮捕监禁，把名字报上来。"然而还是照样胡作非为。

蒲苞和戴级到达边界，引诱单于的老弟咸及咸的儿子登入边境，强迫赐封咸为孝单于，赏赐黄金一千斤，高级绸缎很多，打发回去。把登带到长安，赐封他为顺单于，留在外宾馆舍。

太师王舜自从王莽窃取王位以后害了心悸病，逐渐厉害，死了。王莽说："从前齐太公靠着善良美好的德行流传许多代，作周朝的太师，本来是我所取法的。应当让王舜的儿子王延继承父亲的爵位，为安新公；王延的老弟褒新侯王匡担任太师将军，长久作新朝的辅佐。"

给太子设置师和友各四人，俸禄按照大夫。任命原大司徒马宫作师疑，原少府宗伯凤作傅丞，博士袁圣作阿辅，京兆尹王嘉作保拂，这是四师；原尚书令唐林作胥附，博士李充作奔走，谏大夫赵襄作先后，中郎将廉丹作御侮，这是四友。又调置师友祭酒和侍中祭酒、谏议祭酒以及《六经》祭酒各一人，共九个祭酒，俸禄按照上卿。琅邪郡人左咸作讲《春秋》祭酒，颍川郡人满昌作讲《诗经》祭酒，长安人国由作讲《易经》祭酒，平阳县人唐昌作讲《书经》祭酒，沛郡人陈咸作讲《礼经》祭酒，崔发作讲《乐经》祭酒。派遣传达官携带坐车和印信，就地授任楚国人龚胜做太子师友祭酒，龚胜不肯接受任命，绝食死了。

宁始将军姚恂免职，侍中崇禄侯孔永担任宁始将军。

这一年，池阳县出现小人影子，高一尺多，有的乘坐车马，有的步行，拿着各种样的器物，器物的大小跟人影正好配合得上，三天才停止。

沿黄河各郡发生了蝗虫。

黄河在魏郡境内决口，泛滥清河郡以东几郡。原先，王莽恐怕黄河决口成为元城县他的祖宗坟墓的灾害。等到决口河水向东流去，元城县境不担心水灾，因此就不给筑堤堵水。

四年二月间，宣布全国大赦。

夏季里，有火红云气从东南升起，上齐天际。

压难将军陈钦说捉得俘虏，敌人侵犯边境的事都是孝单于咸的儿子角所干的。王莽发火了，在长安杀死了咸的儿子登，给在长安的各外族人士一个颜色看看。

大司马甄邯死了，宁始将军孔永担任大司马，侍中大赘侯辅担任宁始将军。

王莽每当外出，总要先搜查城里，称为"普遍搜查"。这个月，普遍搜查了五天。

王莽来到明堂，授予诸侯象征封国的茅土。下文告说：

我没有德行，继承了黄帝、虞舜的事业，成为各诸侯国的共主。想到要安定老百姓，在于建立诸侯，分州分国划定疆界，从而改良风俗。取法古代，这是原则，也是方法。根据《尧典》记载，有十二州，帝王直属领地以外分为五等地带。《诗经》记载有十五国，分布九州。《殷颂》有'包括九州'的话。《书经·禹贡》记载的九州中没有并州和幽州，《周礼·司马》的记载却没有徐州和梁州。帝王先后更改，各有各的意义和作用。有的在于显示他的事业，有的在于扩大他的根基，这些意义很明显，他们所致力追求的都是一个目的。从前周文王、周武王先后承受天命，所以有东都、西都的建设。我承受天命，本来也像他们一样。应当把洛阳作为新朝的东都，把常安作为新朝的西都。两个都城和它们的外围地区连成一个整体，包括着一些公卿和任爵的封地。分州依照《禹贡》分为九州，封爵依照周朝的制度分为五等。诗侯的名额定为一千八百，附城的数目也像诸侯一样，以等待有功劳的人来接受这些爵位。各公爵的封地叫作一同，有居民一万户,土地纵横各一百里。侯爵伯爵的封地叫作一国,有居民五千户,土地纵横各七十里。子爵男爵的封地叫作一则,有居民二千五百户,土地纵横各五十里。附城最大的封地九成,有居民九百户,土地纵横各三十里。从九成以下,每降低一等减少两成,最后减少到一成为止。五个不同等级的附城的封地总面积,相当于一个子爵男爵的封地。现在已经接受茅土的,有公爵十四人,侯爵九十三人,伯爵二十一人,子爵一百七十一人,男爵四百九十七人,共七百九十六人。附城一千五百一十一人。九族的女儿受封任爵的,有八十三人。以及汉朝的孙女中山国承礼君、遵德君、修义君改称为任爵。还有十一公,九卿,十二大夫,二十四元士。划定所有封国、食邑、采地的地址,让侍中讲礼大夫孔秉等人和各州部、各郡通晓地理图表和户籍册的官吏,在寿成室朱鸟堂共同核对整理。我多次和各公、祭酒、上卿亲自检查、听取汇报,都已经了解了。表彰德行,赏赐功勋,是用来表明皇帝仁爱、臣下贤能;九族和睦,是用来宣扬亲属要互相亲爱的原则。我永远也不想无所作为,只想效法古人,将要公开赏罚,从而表明爱憎,安定善良的老百姓。

由于地图和户籍还没有规划好,没有授予国土,暂时让他们在首都官署领取俸禄,每月给几千钱。诸侯都生活困难,甚至有受雇替别人做工的。

中郎区博规劝王莽道:"井田制虽然是英明帝王的制度,它被废弃已经很久了。周朝的制度已经衰落,因而人民不依从。秦朝懂得顺从人民的心愿,可以获得巨大的利益,所以废除井田制,开垦闲废土地,便统一了中国,直到今天,全国人民还没有嫌弃这种制度的弊害。现在想要违反人民的心愿,回过头去恢复千百年前的卓越功业,就是唐尧、虞舜再出现,如果没有上百年的酝酿过程,也不可能实行。国家政权刚刚建立,全国人民刚刚归附,的确不可以施行。"王莽知道人民怨恨,便下文告说:"所有私人占有或朝廷赏赐的王田,都准许出卖它,不要用法律去限制。违犯了私自买卖平民的禁令的人,暂时一概不予追究。"

当初五威将帅出巡,把钩町王改为侯,钩町王邯怨恨愤怒,不愿服从。王莽示意牂柯郡大尹周歆采用欺骗手段杀死了邯。邯的老弟承起兵进攻,杀死周歆。原先,王莽调动高句骊的军队,让他们进攻匈奴,他们不想去,郡里强迫他们,都逃出边界,于是冒犯法律,抢劫杀人。辽西郡大尹田谭追击他们,被他们杀死了。州郡长官把罪责归在高句骊侯驺的身上。严尤报告说:"貉人犯法,不是从驺起始的,假使他们有别的用心,应当命令州郡权且安抚他们。现在多加给重大罪名,恐怕他们终于叛乱,夫余那些部族一定会有附和的。匈奴没有打败,夫余和秽貉又起来,这就是大忧患呀。"王莽不加安抚,于是秽貉反叛,命令严尤进击它。严尤引诱高句骊侯驺到来就把他杀了,传递首级到长安。王莽非常高兴,下文告说:"前些日子,派遣猛将恭敬地执行上天的惩罚,去剿灭匈奴囊知牙斯,分为十二路大军,有的砍下了他的右臂,有的斩断了他的左肩,有的毁伤了他的胸腹,有的拔掉了他的两肋。今年刑罚杀戮会要出现在东方,讨伐貉人的部队先走一步啦。擒杀了驺奴辈,平定了东方地区,匈奴囊知牙斯的歼灭,就在眼前。这是天地、众神灵、土谷神、祖宗保佑帮助的福气,公卿大夫、士人、民众同心同德和将领们英勇奋战的力量。我很赞赏这些。应当把高句骊改名为下句骊,布告天下,让大家都知道。"于是貉人更加侵犯边境,东北和西南夷都乱起来。

王莽正在得意,认为四方外族用不着费多大力气就能够加以吞并、消灭，一味想从古代典籍当中寻找政策方针和理论根据，又下文告说："俯伏思念我的伟大的发派祖考虞舜，在文祖庙接受政权的转让，观察天文，考究清楚太阳、月亮和五大行星，便特别祭祀上帝，升烟祭祀天地间的各种自然势力，遥望祭祀大山大河，普遍祭祀各种神灵，巡视五大地区，分区集中会见四方诸侯，让他们口头或书面报告工作，根据事理详细准确地进行考核。我承受天命正式登上皇位，到建国五年，已经五年了。不幸的命运既然脱离，灾难的周期已经过去。木星在寿星宫，土星在明堂座，太岁在癸酉，旺气在北极天区。观卦、晋卦值年，占卜告诉人们应当怎么行动，应当在这年二月建寅的初春时节到东部地区巡视，把礼仪程序安排开列出来。"各大臣报告提议向官府和民间征集人员、马匹、麻布、绸绢和丝绵，又提议"内地十二个郡国购买马匹，征调绸绢四十五万匹，运送到常安，前前后后不要彼此观望等待。"到达的超过了一半，王莽下文告说："文母太后身体不安，应当暂时停止，等待以后再看。"

这一年，更改了十一公的称号，把"新"字改成了"心"字，以后又把"心"字改成"信"字。

五年二月间，文母皇太后逝世，安葬在渭陵，跟元帝合葬一处，中间开了一条沟把它们隔开来。在长安设立祠庙，规定新朝要世世代代上祭。元帝配享，他的神主安放在她的神主的龛架下面。王莽为王太后守了三年丧服。

大司马孔永请求退休，赏赐坐车一辆和套马四匹，按照特进的荣誉官衔参加朝会。同风侯逯并担任大司马。

这时候，长安人民听到了王莽想要建都洛阳，不愿意修理房屋，有的人部分地撤掉了一些房屋。王莽说："玄龙石的文辞说'安定皇帝的命运，国都建在洛阳'。符命明明白白，敢不敬谨遵行！到始建国八年，木星居于星纪宫，奠定雒阳都城。应当很好地修理常安都城，不要让它毁败了。敢有违犯的，就把名字报上来，查办他的罪行。"

这一年，乌孙国的大昆弥和小昆弥派遣使者来进贡。大昆弥是中国的外孙。前代昆弥的匈奴妻子的儿子做了小昆弥，可是乌孙人归附他。王莽看到匈奴和许多边境外族同时入侵，心里想要博得乌孙人的欢心，便派使者带领小昆弥的使者坐在大昆弥的使者的上位。保成师友祭酒满昌上奏章弹劾使者道："外族因为中国讲究礼仪，所以委屈服从。大昆弥是国君，现在安排臣子的使者坐在国君的使者的上位，这不是统治外族的办法。被派遣担任招待的使者大不敬！"王莽发火了，罢免了满昌的官职。

西域各国由于王莽长期失去了好感和信用，焉耆国首先背叛，杀死了西域都护但钦。

十一月间，彗星出现，经过二十多天，不见了。

这一年，由于违犯私藏铜炭禁令的人太多，废除了那项法令。

明年改年号叫天凤。

天凤元年正月间，宣布全国大赦。

王莽说："我将要在二月建寅的初春时节进行巡视活动，太官携带干粮干肉，内者在途中陈设床席被帐，所经过的地方不要有什么供给。我往东方巡视，一定亲自携带犁铧，每到一县就要参加耕作，从而倡导春耕。我往南方巡视，一定亲自携带锄头，每到一县就要参加锄草，从而鼓励中耕。我往西方巡视，一定亲自携带镰刀，每到一县就要参加收割，从而鼓盛秋收。我往北方巡视，一定亲自携带连枷，每到一县就要参加打场，从而鼓励储藏。结束北方的巡视活动之后，就在全国的中心奠定洛阳都城。敢有奔跑吵闹触犯法纪的，就按照军法处理。"各大臣报告道：

"皇帝最孝顺,前年文母圣体不安适,您亲自侍候,衣服都很少脱下。因为遭遇文母逝世的悲痛,容颜没有恢复,饮食减少。现在要一年巡视四方,路程上万里,年岁这样高,不是干粮干肉所能适应得了。暂时不要去巡视,等待国丧期满,从而保养圣体。我们尽力抚育管教全国百姓,实现您的英明指示。"王莽说:"各公、各州牧、各主管大臣、诸侯、各郡大尹愿意尽力互相督促抚育管教好全国百姓,力图符合我的心愿,因此采纳你们的意见,应当勉励呀!不要忘记了自己的诺言。改到天凤七年,木星在大梁宫,太岁在庚辰,进行巡视活动。再明年,木星在实沉宫,太岁在辛巳,前往全国的中心洛阳都城。"便派太傅平晏和大司空王邑前往洛阳,选择地基,打算兴建皇家祠庙、土谷神社和祭祀天地的坛址。

三月的最后一天,出现了日食。宣布全国大赦。下策书给大司马逯并说:"日食出现,全被吞没,战争没有停止,你应当缴上大司马的印信,按照侯爵的身份参加朝会。太傅平晏不要兼管尚书事务,取消兼任的侍中诸曹。"任命利苗男苗䜣做大司马。

王莽正式登上皇位以后,特别防备大臣,限制、削弱大臣的权力,臣下有指责大臣的错误的,总是受到提拔。孔仁、赵博和费兴等人因为敢于抨击大臣,所以获得信任,选择好官职让他们担任。公卿大臣进入宫殿,随从官吏有定额,有一次,太傅平晏携带官吏超过了规定,披门仆射加以盘问,态度不好,太傅府的戊曹办事人员拘捕了仆射。王莽大发怒火,让执法调动战车几百辆包围太傅府,逮捕了那个办事人员,立刻处死。又有一次,大司空的办事人员夜里经过奉常亭,亭长责问他,他把自己的官职告诉亭长,亭长喝醉了,说道:"是不是有证明呢?"那个办事人员用马鞭子打了亭长,亭长砍伤了办事人员,逃跑了,郡里县里要追捕他。他家里上报告申诉,王莽说:"亭长奉行公事,不要追捕了。"大司空王邑斥通了那个办事人员来请罪。国将哀章行为很不端正,王莽给他选择设置了和叔,告诫道:"不仅要在公府里帮助国将本人,还应当帮助他的在西州的亲属。"各大臣都被瞧不起,而哀章尤其厉害。

四月间,降了霜,冻死了草木,沿海尤其厉害。六月间,黄沙满天。七月间,大风吹倒了树木,刮走了北阙直城门屋上的瓦。落了冰雹,打死了牛羊。

王莽按照《周官》和《王制》的经文,设置卒正、连帅、大尹,职务像太守一样;设置属令、属长,职务像都尉一样。设置州牧,皇帝接见他们的礼仪像接见三公一样。设置部监二十五人,职位是上大夫,每人管辖五郡。公爵作州牧,侯爵作卒正,伯爵作连帅,子爵作属令,男爵作属长,这些官职都实行世袭制。那些没有爵位的称为大尹。把长安郊区划分六乡,每乡设置乡帅一人。把三辅地区划分为六尉郡,把河东郡、河内郡、弘农郡、河南郡、颍川郡、南阳郡作为六队郡,都设置大夫,职务像太守一样;设置属正,职务像都尉一样。把河南郡大尹改名叫保忠信卿。增加河南郡属县满三十县。设置六郊州长各一人,每人管辖五县。以及其他官名全部改定。大郡甚至划分为五郡。郡和县用"亭"字作为名称的有三百六十个,用来符合符命的文辞。边境地区又设置境尉,用男爵去担任这个职务。各诸侯国之间的剩余田地,留作赏赐有功或惩罚有罪时机动使用。王莽下文告说:"常安西都近郊区分为六乡,外围各县分属六尉。义阳东都远郊区分为六州,外围各县分属六队。离东都、西都四五百里以内的地方叫作内郡,以外的地方叫作近郡,有边界要塞的地方叫作边郡:合计一百二十五郡。九州的范围里,有二千二百零三县。公爵做国甸报,这是城堡;所有在侯服的诸侯,这是依靠;在采服、任服的诸侯,这是支柱;在宾服的诸侯,这是屏障;在揆文教、奋武卫地带的诸侯,这是墙垣;在九州以外的外族,这是藩篱:各按自己所在的区域定称号,总起来就是全世界。"这以后,每年都有变动,一郡甚至改了五次名称,终于回复原来的名称。官吏和人民不能够记录这么多,每次下诏书,总要附记原来的名称,比如说:"命令陈留郡大尹、太尉:着令把益岁县以南的地区划归新平郡——新平郡就是原来的淮阳郡;把雍丘县以东的地区划归陈定郡——陈定郡就是原来的梁郡;把封丘县以东的地区划归治亭郡——治亭郡就是原来的东郡;把陈留县以西的地区划归祈隧——祈隧就是原来的荥阳郡。陈留郡已经不再存在了。大尹和太尉都到皇帝跟前来。"他的政令变化,都是这一类样子。

命令全国的小学,用戊子日代替甲子日作为每六十天的开始。举行冠礼把戊子日作为吉利的日子,举行婚礼把从戊寅开始的十天作为不吉利的日子。百姓很多不依从的。

匈奴单于囊知牙斯死了,他的老弟咸做了单于,要求跟中国和好。王莽派遣使者多多赠送财物给他,欺骗地答应送还他的来中国侍奉皇帝的儿子登,出代价要求引渡陈良和终带等人。单于便逮住陈良等人交给了使者,用囚车送到长安。王莽在长安城北烧死陈良等人,让官吏和人民集合去看行刑。

沿边境地区发生了严重的饥荒,人吃人。谏大夫如普巡视边境驻军,回来说:"士兵长期驻扎边界,生活很苦,边郡没有东西供应。现在单于刚跟我们和好,应当趁此机会退兵。"校尉韩威建议道:"凭新朝的威力去吃掉匈奴,正好像吃掉口里的跳蚤虱子一样。我愿意求得勇敢的士兵五千人,不要携带一斗粮食，饿了就吃敌人的肉，渴了就喝他们的血，可以匈奴境内横冲直撞。"王莽认为他的话很豪壮，任命韩威作将军。然而采纳如普的意见，调回驻扎在边境的各将领。免去陈钦等十八人的将军职务，又撤销前、后、左、右四关将军镇守都城和六尉的各部驻军。当匈奴使者回去，单于知道来中国侍奉皇帝的儿子登前些时候已被处死，便出兵侵犯边境，王莽又调集军队去驻守。于是边境人民流亡到内郡，做人家的奴隶，便下禁令：官吏和平民敢有私藏边境流亡人民的处死刑。

益州郡部族杀死了大尹程隆，边境许多部族全都反叛。派遣平蛮将军冯茂率领军队攻打他们。

宁始将军侯辅免职，讲《易》祭酒戴参担任宁始将军。

二年二月间，在王路堂举行宴会，公卿大夫都参加宴会。宣布全国大赦。

这时候，中午时分出现了星光。

大司马苗䜣降职担任司命，任命延德侯陈茂做大司马。

谣传有黄龙摔死在黄山宫中，老百姓飞跑前往看热闹的以万计。王莽讨厌这件事，拘捕了一些人讯问谣言从哪个传起，没有能够找到。

单于咸既已跟中国和好，索取他的儿子登的尸体，王莽想要派遣使者送去，恐怕咸怨恨伤害使者，便逮捕从前提议要处死咸派来的侍子的原将军陈钦，用别的罪名把他送进监狱。陈钦说："这是想要拿我当替罪羊向匈奴解释呀。"便自杀了。王莽挑选擅长交涉对答的儒生济南郡人王咸作特使，五威将琅邪郡人伏黯等作武官，让他们送还登的尸体。命令匈奴方面掘毁单于囊和牙斯的坟墓，用刺条抽打他的尸体。又命令匈奴把边界撤退到大戈壁以北，向单于索取一万匹马、三万头牛和十万只羊，以及把他们随便抢去现在还活着的边民俘虏都交回来。王莽喜欢说大话像这个样子。王咸到了单于的王庭,陈述王莽的声威德行,谴责单于背叛的罪行,随机应变,对答如流,单于不能够压倒他,于是传达完命令就回来了。进入边界,王咸病死,赐封他的儿子为伯爵,伏黯等人都为子爵。

王莽心中认为制度一经确定,那么天下自然太平,所以精心思考于地理,制定礼法,创作乐教,讲求符合《六经》的理论。公卿大臣早晨上朝,傍晚出朝,议论连年,不能够做出决断,没有工夫处理诉讼官司纠缠不清这些人民迫切需要解决的问题。县长缺人的,时常好几年由别人代理,一切贪赃枉法的现象,一天比一天更厉害。派驻各郡国的中郎将和绣衣执法,纷纷利用权势,到处牵连检举上报。还有十一公的办事人员分布各地,督促农耕和蚕桑,颁行每季度、每月份的中心工作,检查各种规章制度的执行情况,车水马龙络绎不绝,在大路上来来往往,召集官吏和平民,逮捕见证人,郡里县里搜刮财物,层层贿赂,是非混淆,清浊不分,守在朝廷申诉冤苦的很多。王莽看到自己从前专权从而取得了汉朝的政权,所以务必自己包揽一切,负责官吏接受既定的政令,奉行故事,只图能够免除罪责。各机要部门、国库和钱粮官,都由宦官管理;官吏和平民上密封报告,由宦官在他身边开拆,尚书不得而知。他的提防臣下像这个样子。又喜欢改变制度,政令繁多,本来应当由下面接受执行的,总要反复请示以后才按照指示去办理,以致前面的事情没有处理,后面的事情又赶上来了,昏乱糊涂,没完没了。王莽时常傍着灯火直到天明,还没有办完。尚书借此机会舞弊,阻塞下情,上报告等待回答的几年不能够离开,被关押在郡县监狱里的要遇到大赦才得出去,首都卫戍士兵不更换达三年之久。谷物常常很贵,边防部队二十多万人等着要吃要穿，官府也大伤脑筋。五原郡和代郡尤其遭殃，人民铤而走险进行抢劫，几千人成群结队，转到邻近各郡。王莽派遣捕盗将军孔仁率领军队会同地方部队联合进击，经过一年多才平定，边郡人民流亡，差不多走光了。

邯郸城以北地区降了大雨大雾，地下水涌出，水深的地方有几丈深，冲走淹死几千人。

立国将军孙建死了，司命赵闳担任立国将军。宁始将军戴参回任原职，南城将军廉丹担任宁始将军。

三年二月乙酉日，发生了地震，落大雪，关东地区尤其厉害，雪深的地方有丈把深，竹子、柏树有的枯死了。大司空王邑上报告说："到职八年，工作没有成绩，司空的职务尤其近于瘫痪，乃至发生地震的变故。我愿意请求退休。"王莽说："地有小动有大震，大震有害，小动无害。《春秋》记载了地震，《易·系辞上》说到了地动，动的时候就张开，静的时候就合拢，万物由此发生。灾害和怪异现象的发生，各有不同的意义和作用。天地表示威严，用来警诫我自己，您有什么过错呢，而要请求退休，这就不是用来帮助我的态度了。派诸吏散骑司禄大卫修宁男遵转告我的意思。"

五月间，王莽下达官吏俸禄制度，说道："我遭遇不幸的命运，灾难的周期，国家财政开支不足，人民骚动，从公卿以下，一个月的俸禄只有八十缕麻线布二匹或绸绢一匹。我每一想到这件事，没有不忧愁的。现在困难时期已经过去，国库储备虽然还不充足，但略微比较宽裕，应当从六月朔日庚寅开始，按照制度发给官吏俸禄。"从四辅、公、卿、大夫、士，下至众多的幕僚，共分十五等。幕僚的俸禄一年是六十六斛，逐步按等级增加，上至四辅是一万斛。王莽又说："'普天之下，没有地方不是国王的土地；全国范围内，没有人不是国王的臣下。'原本是拿天下的财物来供养你们。《周礼》规定进献皇帝的美好食物有一百二十种，现在诸侯各取给予他们的同、国、则；辟爵、任爵、附城各取给予他们的封邑；公、卿、大夫、元士各取给予他们的采地。多少不同的等级，都有一定的条例。年成丰收就尽量按礼制备足，遇到灾害就有所减少，跟老百姓同甘共苦。应当采用年终决算时的统计数目作为根据，全国幸而没有灾害，太官进献的美好食物备齐它们的种类；如果遇到灾害，按照百分比的多少来减少进献的食物。东岳太师和立国将军跟东方三州五部二十五郡挂起钩来；南岳太傅和前将军跟南方二州五部二十五郡挂起钩来；西岳国师和宁始将军跟西方二州五部二十五郡挂起钩来；北岳国将和卫将军跟北方二州五部二十五郡挂起钩来；大司马和纳卿、言卿、士卿、作卿跟京尉、扶尉、兆队、右队——中部和左部到前部共十郡挂起钩来；大司徒和乐卿、典卿、宗卿、秩卿跟翼尉、光尉、左队、前队——中部和右部共五郡挂起钩来；大司空和予卿、虞卿、共卿、工卿跟师尉、列尉、祈队、后队——中部到后部共十郡挂起钩来；以及六司和六卿，都随着他们所隶属的大臣跟有关地区的灾害挂起钩来，也按照百分比的多少来减少俸禄。从首都仓库的储积粮里面领取俸禄的郎官、侍从官和首都官吏，根据太官进献的美好食物的齐备或减少作为尺度。诸侯、辟爵、任爵、附城和各种办事人员也各跟有关地区的灾害挂起钩来。希望君臣上下同心同德，鼓励、促进农业生产，安抚善良的老百姓。"王莽的制度烦碎得像这个样子，核算全国的会计报表不好办，官吏到底领不到俸禄，各自利用自己的职权干坏事，靠收受贿赂来供给自己的需要。

这个月戊辰日，长平馆西岸坍塌，把泾河水流阻塞不通，冲决向北流去。派遣大司空王邑去巡视，回来报告了现场情况，大臣们向王莽祝贺，认为这就是《河图》所说的"用土去镇服水"，是匈奴灭亡的好兆头。于是派遣并州牧宋弘和游击都尉任萌等人统率军队进击匈奴，到达边境驻扎下来。

七月辛酉日，霸城门发生了火灾，这里就是民间所说的青门。

本月最后一天，出现了日食。宣布全国大赦。又命令公卿大夫、诸侯、二千石级官吏推举德行、政事、言语、文学四科专家各一人。大司马陈茂因为出现了日食被免职，武建伯严尤担任大司马。

十月戊辰日，王路朱鸟门发出叫声，白天晚上都没有停止，崔发等人说道："虞帝打开四座门，让自己能够远听四方。朱鸟门叫，表明新朝应当修明古代圣王的礼制，招引四方的贤士。"于是让大臣们都来祝贺，所推举的四科专家从朱鸟门进入宫殿回答皇帝的策问。

平蛮将军冯茂攻打句町，士兵害了瘟疫，死亡的有十分之六七，征收人民财物，十分之中拿走五分，弄得益州郡民穷财尽，而战争没有取得胜利，王莽把他调回来关进监狱，死在狱中。再派宁始将军廉丹和庸部牧史熊攻打钩町，杀死了一些敌人，取得了一定的胜利。王莽调廉丹和史熊，廉丹和史熊希望增加军队和物资，一定彻底打败敌人才回来。又大肆搜刮，就都郡大尹冯英不肯给，上报告说："自从越巂郡遂久县的仇牛和同亭郡的邪豆这些部族反叛以来，前后差不多十年了，郡县地方军民进行抗击没有停止过。接着任用冯茂，勉强推行不顾后果的政策。僰道县以南地区，山势险峻深邃，冯茂尽量把人民赶到远地居住，用费要用亿来计算，军官士兵遭受毒气死亡的达到十分之七。现在廉丹和史熊对于自己保证的规定期限（不能完成任务）

感到害怕，调用各郡的士兵和粮食，又搜索人民财物，拿走了他们的十分之四，弄得梁州地区民穷财尽，战功到底不能够完成。应当停止战斗，派军队统守并开垦耕种田地，明令规定设置封赏，奖励那些抗击有功的军民。"王莽发火了，免掉了冯英的官职。后来有所觉悟，说道："冯英也不便深加责怪。"又任命冯英作长沙郡连帅。

翟义的党羽王孙庆捉到了，王莽让太医、药剂师和高明屠手一道解剖他，测量五脏，用小竹枝贯通他的脉管，弄清它的来龙去脉，说明可以用来治疗疾病。

这一年，派遣特使五威将王骏和西域都护李崇率领戊己校尉出使西域，各国都到郊外迎接并进献财物。各国以前杀死了西域都护但钦，王骏想要袭击他们，命令副帅何封和戊己校尉郭钦率领部队单独行动。焉耆国谎称投降，埋伏军队袭击王骏等人，都死了。郭钦和何封到最后一些，袭击了他们的老弱残余，取道车师国回转进入边界。王莽授任郭钦作镇外将军，赐封剿胡子，赐封何封为集胡男。西域各国从此断绝了关系。

汉书卷九十九下

王莽传第六十九下

四年五月，莽曰："保成师友祭酒唐林、故谏议祭酒琅邪纪逡，孝弟忠恕，敬上爱下，博通旧闻，德行醇备，至于黄发，靡有愆失。其封林为建德侯，逡为封德侯，位皆特进，见礼如三公。赐弟一区，钱三百万，授几杖焉。"

六月，更授诸侯茅土于明堂，曰："予制作地理，建封五等，考之经艺，合之传记，通于义理，论之思之，至于再三，自始建国之元以来九年于兹，乃今定矣。予亲设文石之平，陈菁茅四色之土，钦告于岱宗泰社后土、先祖先妣，以班授之。各就厥国，养牧民人，用成功业。其在缘边，若江南，非诏所召，遣侍于帝城者，纳言掌货大夫且调都内故钱，予其禄，公岁八十万，侯、伯四十万，子、男二十万。"然复不能尽得。莽好空言，慕古法，多封爵人，性实遴啬，托以地理未定，故且先赋茅土，用慰喜封者。

是岁，复明六管之令。每一管下，为设科条防禁，犯者罪至死，吏民抵罪者浸众。又一切调上公以下诸有奴婢者，率一口出钱三千六百，天下愈愁，盗贼起。纳言冯常以六管谏，莽大怒，免常官。置执法左右刺奸。选用能吏侯霸等分督六尉、六队，如汉刺史,与三公士郡一人从事。

临淮瓜田仪等为盗贼,依阻会稽长州,琅邪女子吕母亦起。初,吕母子为县吏,为宰所冤杀。母散家财,以酤酒买兵弩,阴厚贫穷少年,得百余人,遂攻海曲县,杀其宰以祭子墓。引兵入海,其众浸多,后皆万数。莽遣使者即赦盗贼,还言:"盗贼解,辄复合。问其故,皆曰愁法禁烦苛,不得举手。力作所得,不足以给贡税。闭门自守,又坐邻伍铸钱挟铜,奸吏因以愁民。民穷,悉起为盗贼。"莽大怒,免之。其或顺指,言"民骄黠当诛"。及言"时运适然,且灭不久",莽说,辄迁之。

是岁八月,莽亲之南郊,铸作威斗。威斗者,以五石铜为之,若北斗,长二尺五寸,欲以厌胜众兵。既成,令司命负之,莽出在前,入在御旁。铸斗日,大寒,百官人马有冻死者。

五年正月朔,北军南门灾。

以大司马司允费兴为荆州牧,见,问到部方略,兴对曰:"荆、扬之民率依阻山泽,以渔采为业。间者,国张六管,税山泽,妨夺民之利,连年久旱,百姓饥穷,故为盗贼。兴到部,欲令明晓告盗贼归田里,假贷犁牛种食,阔其租赋,几可以解释安集。"莽怒,免兴官。

天下吏以不得奉禄,并为奸利,郡尹县宰家累千金。莽下诏曰:"详考始建国二年胡虏猾夏以来,诸军吏及缘边吏大夫以上为奸利增产致富者,收其家所有财产五分之四,以助边急。"公府士驰传天下,考覆贪饕,开吏告其将,奴婢告其主,几以禁奸,奸愈甚。

皇孙功崇公宗坐自画容貌,被服天子衣冠,刻印三:一曰"维祉冠存己夏处南山臧薄冰",二曰"肃圣宝继",三曰"德封昌图"。又宗舅吕宽家前徙合浦,私与宗通,发觉按验,宗自杀。莽曰："宗属为皇孙,爵为上公,知宽等叛逆族类,而与交通;刻铜印三,文意甚害,不知厌足,窥欲非望。《春秋》之义,'君亲毋将,将而诛焉。'迷惑失道,自取此辜,乌呼哀哉!宗本名会宗,以制作去二名,今复名会宗。贬厥爵,改厥号,赐谥为功崇缪伯,以诸伯之礼葬于故同谷城郡。"宗姊妨为卫将军王兴夫人,祝诅姑,杀婢以绝口。事发觉,莽使中常侍䚲恽责问妨,并以责兴,皆自杀。事连及司命孔仁妻,亦自杀。仁见莽免冠谢,莽使尚书劾仁:"乘'乾'车,驾'神'马,左苍龙,右白虎,前朱雀,后玄武,右杖威节,左负威斗,号曰赤星,非以骄仁,乃以尊新室之威命也。仁擅免天文冠,大不敬。"有诏勿劾,更易新冠。其好怪如此。

以真道侯王涉为卫将军。涉者,曲阳侯根子也。根,成帝世为大司马,荐莽自代,莽恩之,以为曲阳非令称,乃追谥根曰直道让公,涉嗣其爵。

是岁,赤眉力子都、樊崇等以饥馑相聚,起于琅邪,转钞掠,众皆万数。遣使者发郡国兵击之,不能克。

六年春,莽见盗贼多,乃令太史推三万六千岁历纪,六岁一改元,布天下。下书曰:"《紫阁图》曰'太一、黄帝皆仙上天,张乐昆仑虔山之上。后世圣主得瑞者,当张乐秦终南山之上。'予之不敏,奉行未明,乃今谕矣。复以宁始将军为更始将军,以顺符命。《易》不云乎?'日新之谓盛德,生生之谓易。'予其飨哉!"欲以讠虇耀百姓,销解盗贼。众皆笑之。

初献《新乐》于明堂、太庙。群臣始冠麟韦之弁。或闻其乐声,曰:"清厉而哀,非兴国之声也。"

是时,关东饥旱数年,力子都等党众寖多,更始将军廉丹击益州不能克,征还。更遣复位后大司马护军郭兴、庸部牧李晔击蛮夷若豆等，太傅牺叔士孙喜清洁江湖之益贼。而匈奴寇边甚。莽乃大募天下丁男及死罪囚、吏民奴，名曰"猪突豨勇"，以为锐卒。一切税天下吏民，訾三十取一，缣帛皆输长安。令公卿以下至郡县黄绶皆保养军马，多少各以秩为差。又博募有奇技术可以攻匈奴者，将待以不次之位。言便宜者以万数：或言能度水不用舟楫，连马接骑，济百万师；或言不持斗粮，服食药物，三军不饥；或言能飞，一日千里，可窥匈奴。莽辄试之，取大鸟翮为两翼，头与身皆著毛，通引环纽，飞数百步堕。莽知其不可用，苟欲获其名，皆拜为理军，赐以车马，待发。

初，匈奴右骨都侯须卜当，其妻王昭君女也，尝内附。莽遣昭君兄子和亲侯王歙诱呼当至塞下，胁将诣长安，强立以为须卜善于后安公。始欲诱迎当，大司马严尤谏曰："当在匈奴右部，兵不侵边，单于动静，辄语中国，此方面之大助也。于今迎当置长安槁街，一胡人耳，不如在匈奴有益。"莽不听。即得当，欲遣尤与廉丹击匈奴，皆赐姓徵氏，号二徵将军，当诛单于舆而立当代之。出车城西横厩，未发。尤素有智略，非莽攻伐四夷，数谏不从，著古名将乐毅、白起不用之意及言边事凡三篇，奏以风谏莽。及当出廷议，尤固言匈奴可且以为后，先忧山东盗贼。莽大怒，乃策尤曰："视事四年，蛮夷猾夏不能遏绝，寇贼奸宄不能殄灭，不畏天威，不用诏命，儿佷自臧，持必不移，怀执异心，非沮军议。未忍致于理，其上大司马武建伯印韨，归故郡。"以降符伯董忠为大司马。

翼平连率田况奏郡县訾民不实，莽复三十税一。以况忠言忧国，进爵为伯，赐钱二百万。众庶皆詈之。青、徐民多弃乡里流亡，老弱死道路，壮者入贼中。

凤夜连率韩博上言："有奇士，长丈，大十围，来至臣府，曰欲奋击胡虏。自谓巨毋霸，出于蓬莱东南，五城西北昭如海濒，韬车不能载，三马不能胜。即日以大车四马，建虎旗，载霸诣阙。霸卧则枕鼓，以铁箸食，此皇天所以辅新室也。愿陛下作大甲高车，贲、育之衣，遣大将一人与虎贲百人迎之于道。京师门户不容者，开高大之，以视百蛮，镇安天下。"博意欲以风莽。莽闻恶之，留霸在所新丰，更其姓曰巨母氏，谓因文母太后而霸王符也。征博下狱，以非所宜言，弃市。

明年改元曰："地皇"，从三万六千岁历号也。

地皇元年正月乙未，赦天下。下书曰："方出军行师，敢有趋讙犯法者，辄论斩，毋须时，尽岁止。"于是春夏斩人都市，百姓震惧，道路以目。

二月壬申，日正黑。莽恶之，下书曰："乃者日中见昧，阴薄阳，黑气为变，百姓莫不惊怪。兆域大将军王匡遣吏考问上变事者，欲蔽上之明，是以適见于天，以正于理，塞大异焉。"

莽见四方盗贼多，复欲厌之，又下书曰："予之皇初祖考黄帝定天下，将兵为上将军，建华盖，立斗献，内设大将，外置大司马五人，大将军二十五人，偏将军百二十五人，裨将军千二百五十人，校尉万二千五百人，司马三万七千五百人，候十一万二千五百人，当百（一）〔二〕十二万五千人，士吏四十五万人，士千三百五十万人，应协于《易》'孤矢之利，以威天下'。予受符命之文，稽前人，将条备焉。"于是置前后左右中大司马之位，赐诸州牧号为大将军，郡卒正、连帅、大尹为偏将军，属令长裨将军，县宰为校尉。乘传使者经历郡国，日且十辈，仓无见谷以给，传车马不能足，赋取道中车马，取办于民。

七月，大风毁王路堂。复下书曰："乃壬午餔时，有列风雷雨发屋折木之变，予甚弁焉，予甚栗焉，予甚恐焉。伏念一旬，迷乃解矣。昔符命文立安为新迁王，临国雒阳，为统义阳王。是时予在摄假，谦不敢当，而以为公。其后金匮文至，议者皆曰：'临国雒阳为统，谓据土中为新室统也，宜为皇太子。'自此后，临久病，虽瘳不平，朝见挈茵舆行。见王路堂者，张于西厢及后阁更衣中，又以皇后被疾，临且去本就舍，妃妾在东永巷。壬午，列风毁王路西厢及后阁更衣中室。昭宁堂池东南榆树大十围，东僵，击东阁，阁即东永巷之西垣也。皆破折瓦坏，发屋拔木，予甚惊焉。又候官奏月犯心前星，厥有占，予甚忧之。优念《紫阁图》文，太一、黄帝皆得瑞以仙，后世褒主当登终南山。所谓新迁王者，乃太一新迁之后也。统义阳王乃用五统以礼义登阳上迁之后也。临有兄而称太子，名不正。宣尼公曰：'名不正，则言不顺，至于刑罚不中，民无错手足。'惟即位以来，阴阳未和，风雨不时，数遇枯旱蝗螟为灾，谷稼鲜耗，百姓苦饥，蛮夷猾夏，寇贼奸宄，人民正营，无所错手足。深惟厥咎，在名不正焉。其立安为新迁王，临为统义阳王，几以保全二子，子孙千亿，外攘四夷，内安中国焉。"

是月，杜陵便殿乘舆虎文衣废臧在室匮中者出，自树立外堂上，良久乃委地。吏卒见者以闻，莽恶之，下书曰："宝黄厮亦，其令郎从官皆衣绛。

望气为数者多言有土功象，莽又见四方盗贼多，欲视为自安能建万世之基者，乃下书曰："予受命遭阳九之厄，百六之会，府帑空虚，百姓匮乏，宗庙未修，且祫祭于明堂太庙，夙夜永念，非敢宁息。深惟吉昌莫良于今年，予乃卜波水之北，郎池之南，惟玉食。予又卜金水之南，明堂之西，亦惟玉食。予将新筑焉。"于是遂营长安城南，提封百顷。九月甲申，莽立载行视，亲举筑三下。司徒王寻、大司空王邑持节，及侍中常侍执法杜林等数十人将作。崔发、张邯说莽曰："德盛者文缛，宜崇其制度，宣视海内，且令万世之后无以复加也。"莽乃博征天下工匠诸图画，以望法度算，乃吏民以义入钱、谷助作者，骆驿道路。坏彻城西苑中建章、承光、包阳、（大）〔犬〕台、储元宫及平乐、当路、阳禄馆，凡十余所，取其材瓦，以起九庙。是月，大雨六十余日。令民入米六百斛为郎，其郎吏增秩赐爵至附城。九庙：一曰黄帝太初祖庙，二曰帝虞始祖昭庙，三曰陈胡王统祖穆庙，四曰齐敬王世祖昭庙，五曰济北愍王王祖穆庙，凡五庙不堕云；六曰济南伯王尊祢昭庙，七曰元城孺王尊祢穆庙，八曰阳平顷王戚祢昭庙，九曰新都显王戚祢穆庙。殿皆重屋。太初祖庙东西南北各四十丈，高十七丈，余庙半之。为铜薄栌，饰以金银琱文，穷极百工之巧。带高增下，功费数百巨万，卒徒死者万数。

巨鹿男子马适求等谋举燕、赵兵以诛莽，大司空士王丹发觉以闻。莽遣三公大夫逮治党与，连及郡国豪杰数千人，皆诛死。封丹为辅国侯。

自莽为不顺时令，百姓怨恨，莽犹安之，又下书曰："惟设此壹切之法以来，常安六乡巨邑之都，枹鼓稀鸣，盗贼衰少，百姓安土，岁以有年，此乃立权之力也。今胡虏未灭诛，蛮僰未绝焚，江湖海泽麻沸，盗贼未尽破殄，又兴奉宗庙社稷之大作，民众动摇。今复壹切行此令，尽二年止之，以全元元，救愚奸。"

是岁，罢大小钱，更行货布，长二寸五分，广一寸，真货钱二十五。货钱径一寸，重五铢，枚直一。两品并行。敢盗铸钱及偏行布货，伍人知不发举，皆没入为官奴婢。

太傅平晏死，以予虞唐尊为太傅。尊曰："国虚民贫，咎在奢泰。"乃身短衣小袖，乘（牡）〔牝〕马柴车，藉槁，瓦器，又以历遗公卿。出见男女不异路者，尊自下车，以象刑赭幡污染其衣。莽闻而说之，下诏申敕公卿思与厥齐。封尊为平化侯。

是时，南郡张霸、江夏羊牧、王匡等起云杜绿林，号曰："下江兵"，众皆万余人。武功中水乡民三舍垫为池。

二年正月，以州牧位三公，刺举怠解，更置牧监副，秩元士，冠法冠，行事如汉刺史。

是月，莽侯妻死，谥曰："孝睦皇后"，葬渭陵长寿园西，令永侍文母，名陵曰"亿年"。初莽妻以莽数杀其子，涕泣失明，莽令太子临居中养焉。莽妻旁侍者原碧，莽幸之。后临亦通焉，恐事泄，谋共杀莽。临妻愔，国师公女，能为星，语临宫中且有白衣会。临喜，以为所谋且成。后贬为统义阳王，出在外第，愈忧恐。会莽妻病困，临予书曰："上于子孙至严，前长孙、中孙年俱三十而死。今臣临复适三十，诚恐一旦不保中室，则不知死命所在！"莽妻疾，见其书，大怒，疑临有恶意，不令得会丧。既葬，收原碧等考问，具服奸、谋杀状。莽欲秘之，使杀案事使者司命从事，埋狱中，家不知所在。赐临药，临不肯饮，自刺死。使侍中票骑将军同说侯林赐魂衣玺绂，策书曰："符命文立临为统义阳王，此言新室即位三万六千岁后，为临之后者乃当龙阳而起。前过听议者，以临为太子，有烈风之变，辄顺符命，立为统义阳王。在此之前，自此之后，不作信顺，弗蒙厥佑，夭年陨命，呜呼哀哉！迹行赐谥，谥曰：'缪王'。"又诏国师公："临本不知星，事从愔起。"愔亦自杀。

是月，新迁王安病死。初，莽为侯就国时，幸侍者增秩、怀能、开明。怀能生男兴，增秩生男匡、女晔，开明生女捷，皆留新都国，以其不明故也。及安疾甚，莽自病无子，为安作奏，使上言："兴等母虽微贱，属犹皇子，不可以弃。"章视群公，皆曰：

"安友于兄弟，宜及春夏加封爵。"于是以王车遣使者迎兴等，封兴为功修公，匡为功建公，晔为睦脩任，捷为睦逮任。孙公明公寿病死，旬月四丧焉。莽坏汉孝武、孝昭庙，分葬子孙其中。

魏成大尹李焉与卜者王况谋，况谓焉曰："新室即位以来，民田奴婢不得卖买，数改钱货，征发烦数，军旅骚动，四夷并侵，百姓怨恨，盗贼并起，汉家当复兴。君姓李，李者徵，徵，火也，当为汉辅。"因为焉作谶书言："文帝发忿，居地下趣军，北告匈奴，南告越人。江中刘信，执敌报怨，复续古先，四年当发军。江湖有盗，自称樊王，姓为刘氏，万人成行，不受赦令，欲动秦、雒阳。十一年当相攻，太白扬光，岁星入东井，其号当行。"又言莽大臣吉凶，各有日期。会合十余万言。焉令吏写其书，吏亡告之。莽遣使者即捕焉，狱治皆死。

三辅盗贼麻起，乃置捕盗都尉官，令执法谒者追击长安中，建鸣鼓攻贼幡，而使者随其后。遣太师牺仲景尚、更始将军护军王党将兵击青、徐，国师和仲曹放助郭兴击句町。转天下谷、币诣西河、五原、朔方、渔阳，每一郡以百万数，欲以击匈奴。

秋，陨霜杀菽，关东大饥，蝗。

民犯铸钱，伍人相坐，没入为官奴婢。其男子槛车，儿女子步，以铁锁琅当其颈，传诣钟官，以十万数。到者易其夫妇，愁苦死者什六七。孙喜、景尚、曹放等击贼不能克，军师放纵，百姓重困。

莽以王况谶言刑楚当兴，李氏为辅，欲厌之。乃拜侍中掌牧大夫李棽为大将军、扬州牧，赐名圣，使将兵奋击。

上谷储夏自请愿说瓜田仪，莽以为中郎，使出仪。仪文降，未出而死。莽求其尸葬之，为起（家）〔冢〕、祠室，谥曰"瓜宁殇男"，几以招来其余，然无肯降者。

闰月丙辰，大赦天下，天下大服、民私服在诏书前亦释除。

郎阳成脩献符命，言继立民母，又曰："黄帝以百二十女致神仙。"莽于是遣中散大夫、谒者各四十五人分行天下，博采乡里所高有淑女者上名。

莽梦长乐宫铜人五枚起立，莽恶之，念铜人铭有"皇帝初兼天下"之文，即使尚方工镌灭所梦铜人膺文。又感汉高庙神灵，遣虎贲武士入高庙，拔剑四面提击，斧坏户牖，桃汤赭鞭鞭洒屋壁，令轻车校尉居其中，又令中军北垒居高寝。

或言黄帝时建华盖以登仙，莽乃造华盖九重，高八丈一尺，金瑵羽葆，载以秘机四轮车，驾六马，力士三百人黄衣帻，车上人击鼓，挽者皆呼"登仙"。莽出，令在前。成官窃言："此似軘车，非仙物也。"

是岁，南郡秦丰众且万人。平原女子迟昭平能说（经博）〔博经〕以八投，亦聚数千人在河阻中。莽召问群臣禽贼方略，皆曰："此天囚行尸，命在漏刻。"故左将军公孙禄征来与议，禄曰："太史令宗宣典星历，候气变。以凶为吉，乱天文，误朝廷。太傅平化侯饰虚伪以偷名位，'贼夫人之子'。国师嘉信公颠倒《五经》，毁师法，令学士疑惑。明学男张邯、地理侯孙阳造井田，使民弃土业。牺和鲁匡设六管，以穷工商。说符侯崔发阿谀取容，令下情不上通。宜诛此数子以慰天下！"又言："匈奴不可攻，当与和亲。臣恐新室忧不在匈奴，而在封域之中也。"莽怒，使虎贲扶禄出。然颇采其言，左迁鲁匡为五原卒正，以百姓怨非故。六管非匡所独造，莽厌众意而出之。

初，四方皆以饥寒穷愁起为盗贼，稍稍群聚，常思岁熟得归乡里。众虽万数，亶称巨人、从事、三老、祭酒，不敢略有城邑，转掠求食，日阕而已。诸长吏牧守皆自乱斗中兵而死，贼非敢欲杀之也，而莽终不谕其故。是岁，大司马士按章豫州，为贼所获，贼送付县。士还，上书具言状。莽大怒，下狱以为诬罔。因下书责七公曰："夫吏者，理也。宣德明恩，以牧养民，仁之道也。抑强督奸，捕诛盗贼，义之节也。今则不然。盗发不辄得，至成群党，遮略乘传宰士。士得脱者，又妄自言：我责数贼：'何故为是？'贼曰：'以贫穷故耳。'贼护出我。今俗人议者率多若此。惟贫困饥寒，犯法为非，大者群盗，小者偷穴，不过二科，今乃结谋连党以千百数，是逆乱之大者，岂饥寒之谓邪？七公其严敕卿大夫、卒正、连率、庶尹，谨牧养善民，急捕殄盗贼。有不同心并力，疾恶黜贼，而妄曰饥寒所为，辄捕系，请其罪。"于是群下愈恐，莫敢言贼情者，亦不得擅发兵，贼由是遂不制。

唯翼平连率田况素果敢，发民年十八以上四万余人，授以库兵，与刻石为约。赤糜闻之，不敢入界。况自劾奏，莽让况："未赐虎符而擅发兵，此弄兵也。厥罪乏兴。以况自诡必禽灭贼，故且勿治。"后况自请出界击贼，所向皆破。莽以玺书令况领青、徐二州牧事。况上言："盗贼始发，其原甚微，非部吏、伍人所能禽也。咎在长吏不为意，县欺其郡，郡欺朝廷，实百言十，实千言百。朝廷忽略，不辄督责，遂至延曼连州，乃遣将率，多发使者，传相监趣。郡县力事上官，应寒诘对，共酒食，具资用，以救断斩，不给复忧盗贼治官事。将率又不能躬率吏士，战则为贼所破，吏气浸伤，徒费百姓。前幸蒙赦令，贼欲解散，或反遮击，恐入山谷转相告语，故郡县降贼，皆更惊骇，恐见诈灭，因饥馑易动，旬日之间更十余万人，此盗贼所以多之故也。今雒阳以东，米石二千。窃见诏书，欲遣太师、更始将军，二人爪牙重臣，多从人众，道上空竭，少则亡以威视远方。宜急选牧、尹以下，明其赏罚。收合离乡、小国无城郭者，徙其老弱置大城中，积藏谷食，并力固守。贼来攻城，则不能下，所过无食，势不得群聚。如此，招之必降，击之则灭。今空复多出将率，郡县苦之，反甚于贼。宜尽征还乘传诸使者，以休息郡县。委任臣况以二州盗贼，必平定之。"莽畏恶况，阴为发代，遣使者赐况玺书。使者至，见况，因令代监其兵。况随使者西，到，拜为师尉大夫。况去，齐地遂败。

三年正月，九庙盖构成，纳神主。莽谒见，大驾乘六马，以五采毛为龙文衣，著角，长三尺。华盖车，元戎十乘有前。因赐治庙者司徒、大司空钱各千万，侍中、中常侍以下皆封。封都匠仇延为邯淡里附城。

二月，霸桥灾，数千人以水沃救，不灭。莽恶之，下书曰："夫三皇象春，五帝象夏，三王象秋，五伯象冬。皇王，德运也；伯者，继空续乏以成历数，故其道驳。惟常安御道多以所近为名。乃二月癸巳之夜，甲午之辰，火烧霸桥，从东方西行，至甲午夕，桥尽火灭。大司空行视考问，或云寒民舍居桥下，疑以火自燎，为此灾也。其明旦即乙未，立春之日也。予以神明圣祖黄、虞遗统受命，至于地皇四年为十五年。正以三年终冬绝灭霸驳之桥，欲以兴成新室统壹长存之道也。又戒此桥空东方之道。今东方岁荒民饥，道路不通，东岳太师亟科条，开东方诸仓，赈贷穷乏，以施仁道。其更名霸馆为长存馆，霸桥为长存桥。"

是月，赤眉杀太师牺仲景尚。关东人相食。

四月，遣太师王匡、更始将军廉丹东，祖都门外，天大雨，沾衣止。长老叹曰："是为泣军！"莽曰："惟阳九之厄，与害气会，究于去年。枯旱霜蝗，饥馑荐臻，百姓困乏，流离道路，于春尤甚，予甚悼之。今使东岳太师特进褒新侯开东方诸仓，赈贷穷乏。太师公所不过道，分遣大夫谒者并开诸仓，以全元元。太师公因与廉丹大使五威司命位右大司马更始将军平均侯之兖州，填抚所掌，及青、徐故不轨盗贼未尽解散，后复屯聚者，皆清洁之，期于安兆黎矣。"太师、更始合将锐士十余万人，所过放纵。东方为之语曰："宁逢赤眉，不逢太师！太师尚可，更始杀我！"卒如田况之言。

莽又多遣大夫谒者分教民煮草木为酪，酪不可食，重为烦费。莽下书曰："惟民困乏，虽溥开诸仓以赈赡之，犹恐未足。其且开天下山泽之防，诸能采取山泽之物而顺月令者，其恣听之，勿令出税。至地皇三十年如故，是王光上戊之六年也。如令豪吏猾民辜而攉之，小民弗蒙，非予意也。《易》不云乎？'损上益下，民说无疆。'《书》云：'言之不从，是谓不艾。'咨乎群公，可不忧哉！"

是时，下江兵盛，新市朱鲔、平林陈牧等皆复聚众，攻击乡聚。莽遣司命大将军孔仁部豫州，纳言大将军严尤、秩宗大将军陈茂击荆州，各从吏士百余人，乘船从渭入河，至华阴乃出乘传，到部募士。尤谓茂曰："遣将不与兵符，必先请而后动，是犹绁韩卢而责之获也。"

夏，蝗从东方来，蜚蔽天，至长安，入未央宫，缘殿阁。莽发吏民设购赏捕击。

莽以天下谷贵，欲厌之，为大仓，置卫交戟，名曰"政始掖门"。

流民入关者数十万人，乃置养赡官禀食之。使者监领，与小吏共盗其禀，饥死者十七八。先是，莽使中黄门王业领长安市买，贱取于民，民甚患之。业以省费为功，赐爵附城。莽闻城中饥馑，以问业，业曰："皆流民也。"乃市所卖粱飰肉羹，持入视莽，曰："居民食咸如此。"莽信之。

冬，无盐索卢恢等举兵反城。廉丹、王匡攻拔之，斩首万余级。莽遣中郎将奉玺书劳丹、匡，进爵为公，封吏士有功者十余人。

赤眉别校董宪等众数万人在梁郡，王匡欲进击之，廉丹以为新拔城罢劳，当且休士养威。匡不听，引兵独进，丹随之。合战成昌，兵败，匡走。丹使吏持其印韨符节付匡曰："小儿可走，吾不可！"遂止，战死。校尉汝云、王隆等二十余人别斗，闻之，皆曰："廉公已死，吾谁为生？"驰奔贼，皆战死。莽伤之，下书曰："惟公多拥选士精兵，众郡骏马仓谷帑藏皆得自调，忽于诏策，离其威节，骑马呵噪，为狂刃所害，乌呼哀哉！赐谥曰'果公'。

国将哀章谓莽曰："皇祖考黄帝之时，中黄直为将，破杀蚩尤。今臣居中黄直之位，愿平山东。"莽遣章驰东，与太师匡并力。又遣大将军阳浚守敖仓，司徒王寻将十余万屯雒阳填南宫，大司马董忠养士习射中军北垒，大司空王邑兼三公之职。司徒寻初发长安，宿霸昌厩，亡其黄钺。寻士房扬素狂直，乃哭曰："此经所谓'丧其齐斧'者也！"自劾去。莽击杀扬。

四方盗贼往往数万人攻城邑，杀二千石以下。太师王匡等战数不利。莽知天下溃畔，事穷计迫，乃议遣风俗大夫司国宪等分行天下，除井田奴婢山泽六管之禁，即位以来诏令不便于民者皆收还之。待见未发，会世祖与兄齐武王伯升、宛人李通等帅舂陵子弟数千人，招致新市平林朱鲔、陈牧等合攻拔棘阳。是时，严尤、陈茂破下江兵，成丹、王常等数千人别走，入南阳界。

十一月，有星孛于张、东南行，五日不见。莽数召问太史令宗宣，诸术数家皆缪对，言天文安善，群贼且灭。莽差以自安。

四年正月，汉兵得下江王常等以为助兵，击前队大夫甄阜、属正梁丘赐，皆斩之，杀其众数万人。初，京师闻青、徐贼众数十万人,讫无文号旌旗表识,咸怪异之。好事者窃言:"此岂如古三皇无文书号谥邪?"莽亦心怪,以问群臣,群臣莫对。唯严尤曰:"此不足怪也。自黄帝、汤、武行师,必待部曲旌旗号令,今此无有者,直饥寒群盗,犬羊相聚,不知为之耳。"莽大说,群臣尽服。及后汉兵刘伯升起,皆称将军,攻城略地,既杀甄阜,移书称说。莽闻之忧惧。

汉兵乘胜遂围宛城。初,世祖族兄圣公先在平林兵中。三月辛巳朔,平林、新市、下江兵将王常、朱鲔等共立圣公为帝,改年为更始元年,拜置百官。莽闻之愈恐。欲外视自安,乃染其须发,进所征天下淑女杜陵史氏女为皇后,聘黄金三万斤,车马、奴婢、杂帛、珍宝以巨万计。莽亲迎于前殿两阶间,成同牢之礼于上西堂。备和嫔、美御、和人三,位视公;嫔人九,视卿;美人二十七,视大夫;御人八十一,视元士:凡百二十人,皆佩印韨,执弓韣。封皇后父谌为和平侯,拜为宁始将军,谌子二人皆侍中。是日,大风发屋折木。群臣上寿曰:"乃庚子雨水洒道,辛丑清靓无尘,其夕谷风迅疾,从东北来。辛丑。《巽》之宫日也。《巽》为风为顺,后谊明,母道得,温和慈惠之化也。《易》曰:'受兹介福,于其王母。'《礼》曰:'承天之庆,万福无疆。'诸欲依废汉火刘,皆沃灌雪除,殄灭无余杂矣。百谷丰茂,庶草蕃殖,元元欢喜,兆民赖福,天下幸甚!"莽日与方士涿郡昭尹等于后宫考验方术,纵淫乐焉。大赦天下,然犹曰:"故汉氏春陵侯群子刘伯升与其族人婚姻党与,妄流言惑众,悖畔天命,及手害更始将军廉丹、前队大夫甄阜、属止梁丘赐,及北狄胡虏逆舆洎南僰虏若豆、孟迁,不用此书。有能捕得此人者,皆封为上公,食邑万户,赐宝货五千万。"

又诏:"太师王匡、国将哀章、司命孔仁、兖州牧寿良、卒正王闳、扬州牧李圣亟进所部州郡兵凡三十万众,迫措青、徐盗贼。纳言将军严尤、秩宗将军陈茂、车骑将军王巡、左队大夫王吴亟进所部州郡兵凡十万众,迫措前队丑虏。明告以生活丹青之信,复迷惑不解散,皆并力合击,殄灭之矣!大司空隆新公,宗室戚属,前以虎牙将军东指则反虏破坏,西击则逆贼靡碎,此乃新室威宝之臣也。如黠贼不解散,将遣大司空将百万之师征伐剿绝之矣!"遣七公干士隗嚣等七十二人分下赦令晓谕云。嚣等既出,因逃亡矣。

四月,世祖与王常等别攻颍州,下昆阳、郾、定陵。莽闻之愈恐。遣大司空王邑驰傅至雒阳,与司徒王寻发众郡兵百万,号曰"虎牙五威兵",平定山东。得馘封爵,政决于邑,除用征诸明兵法六十三家术者,各持图书,受器械,备军吏。倾府库以遣邑,多赍珍宝、猛兽,欲视饶富,用怖山东。邑至雒阳,州郡各选精兵,牧守自将,定会者四十二万人,余在道不绝,车甲士马之盛,自古出师未尝有也。

六月,邑与司徒寻发雒阳,欲至宛,道出颍川,过昆阳。昆阳时已降汉,汉兵守之。严尤、陈茂与二公会,二公纵兵围昆阳。严尤曰:"称尊号者在宛下,宜亟进。彼破,诸城自定矣。"邑曰:"百万之师,所过当灭,今屠此城,喋血而进,前歌后舞,顾不快邪!"遂围城数十重。城中请降,不许。严尤又曰:"'归师勿遏,围城为之阙',可如兵法,使得逸出,以怖宛下。"邑又不听。会世祖悉发郾、定陵兵数千人来救昆阳,寻、邑易之,自将万余人行陈,敕诸营皆按部毋得动,独迎,与汉兵战,不利。大军不敢擅相救,汉兵乘胜杀寻。昆阳中兵出并战,邑走,军乱。(天)〔大〕风飞瓦,雨如注水,大众崩坏号呼,虎豹股栗,士卒奔走,各还归其郡。邑独与所将长安勇敢数千人还雒阳。关中闻之震恐,盗贼并起。

又闻汉兵言,莽鸩杀孝平帝。莽乃会公卿以下于王路堂,开所为平帝请命金縢之策,泣以视群臣。命明学男张邯称说其德及符命事,因曰:"《易》言'伏戎于莽,升其高陵,三岁不兴。''莽',皇帝之名,'升'谓刘伯升。'高陵'谓高陵侯子翟义也。言刘升、翟义为伏戎之兵于新皇帝世,犹殄灭不兴也。"群臣皆称万岁。又令东方槛车传送数人,言"刘伯升等皆行大戮"。民知其诈也。

先是,卫将军王涉素养道士西门君惠。君惠好天文谶记,为涉言:"星孛扫宫室,刘氏当复兴,国师公姓名是也。"涉信其言,以语大司马董忠,数俱至国师殿中庐道语星宿,国师不应。后涉特往,对歆涕泣言:"诚欲与公共安宗族,奈何不信涉也!"歆因为言天文人事,东方必成。涉曰:"新都哀侯小被病,功显君素耆酒,疑帝本非我家子也。董公主中军精兵,涉领宫卫,伊休侯主殿中,如同心合谋,共劫持帝,东降南阳天子,可以全宗族;不者,俱夷灭矣!"伊休侯者,歆长子也,为侍中五官中郎将,莽素爱之。歆怨莽杀其三子,又畏大祸至,遂与涉、忠谋,欲发。歆曰:"当待太白星出,乃可。"忠以司中大赘起武侯孙伋亦主兵,复与伋谋。伋归家,颜色变,不能食。妻怪问之,语其状。妻以告弟云阳陈邯,邯欲告之。七月,伋与邯俱告,莽遣使者分召忠等。时忠方进兵都肄,护军王咸谓忠谋久不发,恐漏泄,不如遂斩使者,勒兵入。忠不听,遂与歆、涉会省户下。莽令薳恽责问,皆服。中黄门各拔刃将忠等送庐,忠拔剑欲自刎,侍中王望传言大司马反,黄门持剑共格杀之。省中相惊传,勒兵至郎署,皆拔刃张弩。更始将军史谌行诸署,告郎吏曰:"大司马有狂病,发,已诛。"皆令弛兵,莽欲以厌凶,使虎贲以斩马剑挫忠，盛以竹器，传曰"反虏出"。下书赦大司马官属吏士为忠所诖误，谋反未发觉者。收忠宗族，以醇醯毒药、尺白刃丛棘并一坎而埋之。刘歆、王涉皆自杀。莽以二人骨肉旧臣，恶其内溃，故隐其诛。伊休侯叠又以素谨，歆讫不告，但免侍中中郎将，更为中散大夫。后日殿中钩盾土山仙人掌旁有白头公青衣，郎吏见者私谓之国师公。衍功侯喜素善卦，莽使筮之，曰："忧兵火。"莽曰："小儿安得此左道？是乃予之皇祖叔父子侨欲来迎我也。"

莽军师外破，大臣内畔，左右亡所信，不能复远念郡国，欲呼邑与计议。崔发曰："邑素小心，今失大众而征，恐其执节引决，宜有以大慰其意。"于是莽遣发驰传谕邑："我年老毋适子，欲传邑以天下。敕亡得谢，见勿复道。"邑到，以为大司马。大长秋张邯为大司徒，崔发为大司空，司中寿容苗䜣为国师，同说侯林为卫将军。莽忧懑不能食，亶饮酒，啖鳆鱼。读军书倦，因冯几寐，不复就枕矣。性好时日小数，及事迫急，亶为厌胜。遣使坏渭陵、延陵园门罘罳，曰："毋使民复思也。"又以墨洿色其周垣。号将至曰"岁宿"，申水为"助将军"，右庚"刻木校尉"，前丙"耀金都尉"，又曰："执大斧，伐枯木；流大水，灭发火。"如此属不可胜记。

秋，太白星流入太微，烛地如月光。

成纪隗崔兄弟共劫大尹李育，以兄子隗嚣为大将军，攻杀雍州牧陈庆、安定卒正王旬，并其众，移书郡县，数莽罪恶万于桀、纣。

是月，析人邓晔、于匡起兵南乡百余人。时析宰将兵数千屯鄡亭，备武关。晔、匡谓宰曰："刘帝已立，君何不知命也！"宰请降，尽得其众。晔自称辅汉左将军，匡右将军，拔析、丹水,攻武关,都尉朱萌降。进攻右队大夫宋纲,杀之,西拔湖。莽愈忧,不知所出。崔发言:"《周礼》及《春秋左氏》,国有大灾,则哭以厌之。故《易》称'先号咷而后笑'。宜呼嗟告天以求救。"莽自知败,乃率群臣至南郊,陈其符命本末,仰天曰:"皇天既命授臣莽,何不殄灭众贼?即令臣莽非是,愿下雷霆诛臣莽!"因搏心大哭,气尽,伏而叩头。又作告天策,自陈功劳,千余言。诸生小民会旦夕哭,为设飧粥,甚悲哀及能诵策文者除以为郎,至五千余人。萑恽将领之。

莽拜将军九人,皆以虎为号,号曰"九虎"将北军精兵数万人东,内其妻子宫中以为质。时省中黄金万斤者为一匮,尚有六十匮,黄门、钩盾、臧府、中尚方处处各有数匮。长乐御府、中御府及都内、平准帑藏钱、帛、珠玉财物甚众,莽愈爱之,赐九虎士人四千钱。众重怨,无斗意。九虎至华阴回溪,距隘,北从河南至山。于匡持数千弩,乘堆挑战。邓晔将二万余人从闅乡南出枣街、作姑,破其一部,北出九虎后击之。六虎败走。史熊、王况诣阙归死,莽使使责死者安在,皆自杀;其四虎亡。三虎郭钦、陈翚、成重收散卒,保京师仓。

邓晔开武关迎汉,丞相司直李松将二千余人至湖,与晔等共攻京师仓,未下。晔以弘农掾王宪为校尉,将数百人北度渭,入左冯翊界,降城略地。李松遣偏将军韩臣等径西至新丰,与莽波水将军战,波水走。韩臣等追奔,遂至长门宫。王宪北至频阳,所过迎降。大姓栎阳申砀、下邽王大皆率众随宪,属县麊严春、茂陵董喜、蓝田王孟、槐里汝臣、盩厔王扶、阳陵严本、杜陵屠门少之属,众皆数千人,假号称汉将。

时李松、邓晔以为,京师小小仓尚未可下,何况长安城!当须更始帝大兵到。即引军至华阴,治攻具。而长安旁兵四会城下，闻天水隗氏兵方到，皆争欲先入城，贪立大功卤掠之利。

莽遣使者分赦城中诸狱囚徒，皆授兵，杀豨饮其血，与誓曰："有不为新室者，社鬼记之！"更始将军史谌将度渭桥，皆散走。谌空还。众兵发掘莽妻子父祖冢，烧其棺椁及九庙、明堂、辟雍，火照城中。或谓莽曰："城门卒，东方人，不可信。"莽更发越骑士为卫，门置六百人，各一校尉。

十月戊申朔，兵从宣平城门入，民间所谓都门也。张邯行城门，逢兵见杀。王邑、王林、王巡、蹖恽等分将兵距击北阙下。汉兵贪莽封力战者七百余人。会日暮，官府邸第尽奔亡。二日己酉，城中少年朱弟、张鱼等恐见卤掠，趋欢并和，烧作室门，斧敬法闼，呼曰："反虏王莽，何不出降？"火及掖廷承明，黄皇室主所居也。莽避火宣室前殿，火辄随之。宫人妇女啼呼曰："当奈何！"时莽绀袀服，带玺韨，持虞帝匕首。天文郎桉栻于前，日时加某，莽旋席随斗柄而坐，曰："天生德于予，汉兵其如予何！"莽时不食，少气困矣。

三日庚戌，晨旦明，群臣扶掖莽，自前殿南下椒除，西出白虎门，和新公王揖奉车待门外，莽就车，之渐台，欲阻池水，犹抱持符命、威斗，公、卿、大夫、侍中、黄门郎从官尚千余人随之。王邑昼夜战，罢极，士死伤略尽，驰入宫，间关至渐台，见其子侍中睦解衣冠欲逃，邑叱之令还，父子共守莽。军人入殿中，呼曰："反虏王莽安在？"有美人出房曰"在渐台。"众兵追之，围数百重。台上亦弓弩与相射，稍稍落去。矢尽，无以复射，短兵接。王邑父子、蹖恽、王巡战死，莽入室。下铺时，众兵上台，王揖、赵博、苗欣、唐尊、王盛、中常侍王参等皆死台上。商人杜吴杀莽，取其绶。校尉东海公宾就，故大行治礼，见吴问："绶主所在？"曰："室中西北陬间。"就识，斩莽首。

军人分裂莽身，支节肌骨脔分，争相杀者数十人。公宾就持莽首诣王宪。宪自称汉大将军，城中兵数十万皆属焉，舍东宫，妻莽后宫，乘其车服。

六日癸丑，李松、邓晔入长安，将军赵萌、申屠建亦至，以王宪得玺绶不辄上、多挟宫女、建天子鼓旗，收斩之。传莽首诣更始，县宛市，百姓共提击之，或切食其舌。

莽扬州牧李圣、司命孔仁兵败山东，圣格死，仁将其众降，已而叹曰："吾闻食人食者死其事。"拔剑自刺死。及曹部监杜普、陈定大尹沈意、九江连率贾萌皆守郡不降，为汉兵所诛。赏都大尹王钦及郭钦守京师仓，闻莽死，乃降，更始义之，皆封为侯。太师王匡、国将哀章降雒阳，传诣宛，斩之。严尤、陈茂败昆阳下，走至沛郡谯，自称汉将，召会吏民。尤为称说王莽篡位天时所亡、圣汉复兴状，茂伏而涕泣。闻故汉钟武侯刘圣聚众汝南称尊号，尤、茂降之。以尤为大司马，茂为丞相。十余日败，尤、茂并死。郡县皆举城降，天下悉归汉。

初，申屠建尝事崔发为《诗》，建至，发降之。后复称说，建令丞相刘赐斩发以徇。史谌、王延、王林、王吴、赵闳亦降，复见杀。初，诸假号兵人人望封侯。申屠建既斩王宪，又扬言三辅黠共杀其主，吏民惶恐，属县屯聚，建等不能下，驰白更始。

二年二月，更始到长安，下诏大赦，非王莽子，他皆除其罪，故王氏宗族得全。三辅悉平，更始都长安，居长乐宫。府藏完具，独未央宫烧攻莽三日，死则案堵复故。更始至，岁余政教不行。明年夏，赤眉樊崇等众数十万人入关，立刘盆子，称尊号，攻更始，更始降之。赤眉遂烧长安宫室市里，害更始。民饥饿相食，死者数十万，长安为虚，城中无人行。宗庙园陵皆发掘，唯霸陵、杜陵完。六月，世祖即位，然后宗庙社稷复立，天下艾安。

赞曰：王莽始起外戚，折节力行，以要名誉，宗族称孝，师友归仁。及其居位辅政，成、哀之际，勤劳国家，直道而行，动见称述。岂所谓"在家必闻，在国必闻"，"色取仁而行违"者邪？莽既不仁而有佞邪之材，又乘四父历世之权，遭汉中微，国统三绝，而太后寿考为之宗主，故得肆其奸慝，以成篡盗之祸。推是言之，亦天时，非人力之致矣。及其窃位南面，处非所据，颠覆之势险于桀、纣，而莽晏然自以黄、虞复出也。乃始恣睢，奋其威诈，滔天虐民，穷凶极恶，流毒诸夏，乱延蛮貉，犹未足逞其欲焉。是以四海之内，嚣然丧其乐生之心，中外愤怨，远近俱发，城池不守，支体分裂，遂令天下城邑为虚，丘垅发掘，害遍生民，辜及朽骨，自书传所载乱臣贼子无道之人，考其祸败，未有如莽之甚者也。昔秦燔《诗》《书》以立私议，莽诵《六艺》以文奸言，同归殊途，俱用灭亡，皆炕龙绝气，非命之运，紫色蛙声，余分闰位，圣王之驱除云尔！

译文：

四年五月间，王莽说："保成师友祭酒唐林和原谏议祭酒琅邪郡人纪逡，孝顺父母，恭敬兄长，对事忠诚，待人仁爱，尊敬上级，爱护下级，广泛地通晓古代知识，德行纯厚完美，直到老年，没有过失。应当赐封唐林为建德侯，纪逡为封德侯，都给予特进的荣誉地位，接见他们的礼仪像接见三公一样。赏赐大宅子一所、钱三百万，授予凭几和拐杖。"

六月间，重新在明堂把象征封国的茅土授予诸侯，说道：

"我规划土地制度,封建五等诸侯,根据经典的正文,符合经典的解说,贯通经义的事理,再三思考,再三讨论,自从始建国元年以来到现在快九年了,今天才正式定下来啦。我亲自设立文石台阶,陈列菁茅和四色泥土,敬谨祷告于泰山、国家宗社、大地之神和先代的祖父祖母,来班布给它。各归各的封国,抚育管教人民,以建立功业。那些在边境地区或江南一带的诸侯,虽然不是诏令所召唤而被派遣到京城来侍奉皇帝的,纳言掌货大夫权且调拨首都库存金钱发放他们的俸禄,公爵每年八十万钱,侯爵、伯爵每年四十万钱,子爵、男爵每年二十万年钱。"然而还是不能完全得到。王莽喜欢说空话,羡慕古代的制度,多给人赐封爵位,性格实在吝啬,拿土地规划没有确定作为托词,所以权且先授予象征封国的茅土,用来安慰喜欢封爵的人。

这一年,重申六项财政经济管理制度。每一项管理制度下达,总要为它设置法令条规来加以防范,违犯的人最重的罪甚至处死,官吏和平民犯罪受罚的更加多了。又对上公以下凡属蓄养了奴婢的一律计算征税,都是每一个奴婢出三千六百钱,天下人更加怨恨,盗贼兴起。纳言冯常就六管制度的问题进行了规劝,王莽大发怒火,免去了冯常的官职。设置执法左刺奸和执法右刺奸,选用能干的官吏侯霸等人分别督察六尉和六队,职权像汉朝的刺史一样,随带三公办事人员每郡一人处理有关事项。

临淮郡瓜田仪等人作盗贼。盘踞会稽郡城长州苑,琅邪郡妇女吕母也起事。起初,吕母的儿子作县吏,被县长冤枉杀死。吕母拿出家中财产,用来买酒肉、买武器,秘密地优待贫穷小伙子,得到了一百多人,便进攻海曲县,杀死了县长去祭她儿子的坟墓。然后带着兵到海上活动,她的队伍逐渐多起来,后来共有上万人。王莽派遣使者就地赦免盗贼,回来说:"盗贼解散了,时常又会合拢来。询问他们的缘由，都说苦于禁令烦琐苛细，不能行动。努力耕作的收入，不够用来缴纳赋税。关着门安分守己，又会受到邻居私自铸钱和私藏原铜的连累，奸吏借以勒索人民。人民走投无路，只好都起来做盗贼。"王莽大发怒火，免掉他们的官职。其中有的人顺着他的意图，说"乱民放纵狡猾，应当惩办"，还说"时运合该如此，不久就会消灭的"，王莽就高兴，总是提拔他们。

这年八月间，王莽亲自去到南郊，铸造威斗。威斗是用铜掺进五色石子铸成的，形状像北斗，长二尺五寸，想要用来厌胜各部农民军。威斗铸成了，让司命扛着它，王莽外出它就走在前头，王莽进宫它就放在旁边。铸造威斗的那天，天气特别冷，百官人马有冻死的。

五年正月初一，北军营垒的南门发生了火灾。

任命大司马司允费兴作荆州牧，王莽接见他，询问他到达任所以后的计划方案，费兴回答说："荆州、扬州的人民大都依靠山林湖沼，靠捕鱼、砍柴作为职业。前一段时间，国家推行六管制度，征收山林湖沼税，损害、剥夺了人民的利益，加上连年久旱，百姓饥饿穷困，所以流为盗贼。我到达任所以后，想要下令明白晓谕盗贼返回家园，贷放农具、耕牛、种子、粮食，减免他们的赋税，希望可以解散、安抚他们。"王莽发火了，免掉了费兴的官职。

全国的官吏因为得不到俸禄，纷纷去牟取非法利益，郡大尹、县宰家产积累上千斤黄金。王莽下诏书说："彻查始建国二年匈奴扰乱中国以来，所有军官和边境官吏大夫以上牟取非法利益增加产业发了财的，没收他们家中所有财产的五分之四，用来帮助边防的急需。"各公府办事人员乘坐快车跑遍全国，仔细审查贪污案件，动员军官告发他们的将领，奴婢告发他们的主人，希望用这样的办法来禁止奸邪，可是奸邪却越加厉害。

皇孙功崇公王宗由于给自己画了一幅相，穿着天子的衣服，戴着天子的冠冕，刻了三枚印章：第一枚是"维祉冠，存己夏，处南山，臧薄冰"，第二枚是"肃圣宝继"，第三枚是"德封昌图"，因而犯了罪。又王宗的舅父吕宽家以前被流放到合浦郡，暗地里跟王宗联系，被发觉后，并经审查核实，王宗自杀了。王莽说："王宗亲属关系是皇孙，爵位是上公，知道吕宽等人是叛逆分子，而竟跟他们来往；刻制铜印三枚，印文的意思很鬼祟，不知满足，觊觎非分的希望。《春秋》的原则是'对国君和父母不得存恶念，有恶念就要惩罚他。'迷惑得背离了正道，自己犯了这样的罪行，哎哟，可悲呀！王宗本来名叫王会宗，因为制度规定要取消双名，现在恢复原名王会宗。贬低他的爵位，改变他的名号，赐予谥号叫功崇谬伯，按照伯爵的礼仪安葬在他原来的封国谷城郡。"王宗的姐姐王妨是卫国将军王兴的夫人，祈祷鬼神给她婆母降灾祸，为了灭口杀死婢女。事情被发觉了，王莽让中常侍䜣恽责问王妨，并且拿这件事责备王兴，都自杀了。事情牵连到司命孔仁的妻子，也自杀了。孔仁见到王莽便摘下帽子请罪，王莽让尚书弹劾孔仁："坐着绘有天文图像的车子，套着母马，左边是青龙标志，右边是白虎标志，前头是朱雀标志，后头是乌龟标志，右手拿着五威节，左肩扛着威斗，称号叫作赤星，这些都不是用来让孔仁为所欲为，而是用来尊崇新朝的威严命令。孔仁擅自摘下天文冠，这是犯了不敬皇帝的罪行。"王莽又下诏书指示不要弹劾他，更换一顶新帽子就行了。他喜欢做出离奇古怪的表演就像这个样子。

任命直道侯王涉作卫将军。王涉是曲阳侯王根的儿子。王根在成帝时期担任大司马，曾经推荐王莽接替自己的职务，王莽因此感激他，认为曲阳不是一个美好的名称，才追谥王根为直道让公，让王涉继承了他的爵位。

这一年，赤眉军力子都和樊崇等人由于饥荒而聚集拢来，在琅邪郡起事，到处抢劫，部队共有万人。王莽派遣使者调动郡国地方部队攻打他们，不能取胜。

六年春季里，王莽看到盗贼很多，便让太史推算出三万六千年的历法大纲，每六年改一次年号，布告全国。下文告说："《紫阁图》说：'太一和黄帝都成为神仙上天了，在昆仑山的虞山上演奏仙乐。后代获得了祥瑞的英明帝王，应当在秦地终南山上演奏仙乐。'我不聪明，没有自觉地遵行，到现在才懂得了。再把宁始将军称为更始将军，顺从符命的意思。《易经》不是说过吗？'日日更新就算是优秀的品德，在运动变化的过程中不断有新事物产生就叫作"易"。'我会要享受这种幸福的！"想要用这样的办法来眩惑百姓，消除盗贼。大家都讪笑这些做法。

初次向明堂太庙进献《新乐》。大臣们开始戴鹿皮帽子。有人听到那音乐的曲调，说道："凄凉严肃而且低沉，不是振兴国家的音乐。"

这时候，关东地区接连几年遭到干旱饥荒，力子都等帮伙逐渐增多。更始将军廉丹攻打益州郡部族没能取胜，调回来了。再派位后大司马护军郭兴和庸部牧李晔去攻打部族首领若豆等，派太傅羲叔士孙喜去平定各地的盗贼。同时匈奴侵犯边境很厉害。王莽便大规模召集全国的壮丁以及死刑罪犯和官吏、平民的家奴，起名叫野猪突击队，把他们作为精锐的士兵。毫无例外地向全国的官吏和人民征税，估量财产抽取三十分之一，绸绢都运送到长安。命令公卿以下直到郡县佩带黄色印纽的官吏都要保养军马,马匹的多少根据各人的俸禄规定等级。又广泛召集有奇巧技术可以用来攻打匈奴的专门人才,打算拿超级提升的职位来任用他们。建议对国家有利的事情的人以万计:有的说能够不用舟船渡过江河,人马连接,可以渡过上百万的军队;有的说不要携带一斗粮食,只要服食药物,军队可以不饥饿;有的说能够飞行,一天飞行一千里,可以去侦察匈奴。王莽就让他试试,那个人拿大鸟的羽毛做成两扇翅膀,头上和身上都附上羽毛,遍身用环形纽带缠绕,飞行几百步就掉下来了。王莽知道他们不能起作用,硬要博得珍惜人才的名声,都任命做参谋,拿车马赏赐他们,等待出发。

当初,匈奴右骨都侯须卜当,他的妻子是王昭君的女儿,曾经归附中国。王莽派遣王昭君的侄儿和亲侯王歙引诱须卜当到边界,胁迫他来到长安,强迫立他为须卜善于后安公。开头王莽想要引诱须卜当,大司马严尤规劝道:"须卜当在匈奴右部,他的军队没有侵犯过边境,总是把单于的消息告诉中国,这是一个方面的巨大帮助。现在迎接须卜当安置到长安槁街,不过一个匈奴人而已,不如让他留在匈奴有帮助。"王莽没有听从。已经把须卜当弄来了,想要派遣严尤和廉丹攻打匈奴,都给赐姓徵氏,称为二徵将军,要杀死单于舆而立起须卜当去代替他。出兵长安城西马栏,没有起行。严尤向来具有智谋和才干,反对王莽攻打四方外族,屡次规劝,王莽都没有听从,于是撰述古代名将乐毅和白起不被信任的历史教训以及陈述边疆防务事宜的文章共三篇,上报去委婉曲折地批评王莽。等到出席朝廷公开讨论,严尤坚决说明匈奴还可以权且放在后面,首先要忧虑山东地区的盗贼。王莽大发怒火,便下策书给严尤说:"就职四年了,外族扰乱中国不能够镇压下去,盗贼奸邪不能够消灭,不畏惧上天的威严,不服从皇帝的命令，相貌狠毒，还自以为善良，固执成见，不可改变，怀抱贰心，破坏军事计划。我不忍心交给司法处理，应当缴上大司马武建伯的印信，回到原籍去。"任命降符伯董忠做大司马。

翼平郡连帅田况报告郡里县里估量人民财产不实在，王莽又按三十分之一征收一次税。认为田况说话忠诚，关心国家，把他的爵位提升为伯爵，赏赐钱二百万。广大民众都咒骂他。青州和徐州的人民都很多抛弃家园流亡，老的弱的死在路上，强壮的加入了盗贼的队伍。

凤夜郡连帅韩博上报告说："有个奇士，身高一丈，体大十围，来到我的公府，说想要奋力去攻打匈奴。自己说名叫巨毋霸，生长在蓬莱东南、五城西北的昭如海边，轻便车装不下，三匹马拖不起。立刻用大车套四马，坚立虎旗，装载巨毋霸前来京城。巨毋霸睡觉就枕在鼓上，用铁筷子吃饭，这是上天降下来辅佐新朝的。希望您制造一辆大甲高车，一套孟贲、夏育穿的衣服，派遣大将一人和勇士一百人到路上来迎接他。首都门户不能够容纳他的，把它们开高些、开大些，把他给各外族看看，可以震慑、安定天下。"韩博的意思想要用来讥讽王莽。王莽听到了，恼恨韩博，让巨毋霸留在他所达到的新丰县，更改他的姓叫巨母氏，意思是说多亏文母太后降生这个人，这是使自己成为霸王的符命。把韩博关进监狱，认为那些话不是他所应当说的，处死刑。

明年改年号叫作地皇，是依照三万六千年历法大纲上的年号。

地皇元年正月乙未日，宣布全国大赦。下文告说："正当出兵行军的时候，敢有奔跑吵闹触犯法律的，就判处杀头，不要等到行刑季节，这道命令实行到年底为止。"于是春季夏季都在都市里杀人，百姓恐怖，路上相见，只有以目标意，不敢交谈。

二月壬申日，太阳当顶时天色黑暗。王莽讨厌这种现象，下文告说："前些时候日中出现昏暗，阴气侵犯阳气，黑气形成灾异，百姓没有谁不惊怪。北城大将军王匡派遣属员去追究上报非常事故的人，想要遮蔽皇帝的耳目，因此从上天发出了谴责，应当让他受到法律制裁，来补救这样的大灾异。"

王莽看到四方盗贼很多，再想要厌胜他们，又下文告说："我的伟大的太初祖考黄帝平定天下，自己统率军队担任上将军，竖起华丽的车盖，立起北斗形的礼器，大本营设置大将，野战军设置大司马五人、大将军二十五人、偏将军一百二十五人、裨将军一千二百五十人、校尉一万二千五百人、司马三万七千五百人、军候十一万二千五百人、百长二十二万五千人、士官四十五万人、战士一千三百五十万人，符合于《易经》所说的'弓箭锐利，用来威慑天下'。我接受符命的文辞，取法古人，打算逐步设置起来。"于是设置前大司马、后大司马、左大司马、右大司马、中大司马的职位，授予各州牧军衔为大将军，各郡卒正、连帅、大尹军衔为偏将军，属令、属长军衔为裨将军，各县长军衔为校尉。乘坐传车的使者经过各郡国，每天将近十来批，仓库里没有现存的粮食供给，驾传车的马匹不能够满足，就征用路上的车马，取给于民间。

七月间，大风损毁了王路堂。又下文告道：前向壬午日申时，发生了暴风大雷雨发掘房屋、摧折树木的变故，我对此非常惊疑，我对此非常战栗，我对此非常恐惧。俯伏考虑上十天，迷惑才解除了。从前符命文辞说要立王安为新仙王，让王临在洛阳建国。作统义阳王，这时我在代行皇帝职权，谦辞不敢接受，让他们接受了公爵。那以后金匮文辞来到了，舆论界都说：'王临在洛阳建国作统义阳王，是说他据有全国的中心作新朝的继承者，应当做皇太子。'从此以后，王临久病，后来虽然痊愈，但没有完全康复，朝见时需要坐在毯子上面，由别人举着毯子放在车厢里推着行进。在王路堂朝见时，要在西厢房和后阁更衣室中陈设帷帐休息，又因为皇后害病，王临暂时离开原来的住处来到这里安顿，他的妃妾住在东永巷。壬午日，暴风损毁王路西厢房和后阁更衣室中。昭宁堂池东南有一棵大十围的榆树，向东边倒下，撞击东阁，东阁就是东永巷的西边围墙。这些地方都破碎折断，屋瓦毁坏，发掘房屋，拔出树木，我对此非常惊骇。又天文官报告说月球侵犯心宿前星，这有预光，我很担心这件事。俯伏考虑《紫阁图》文辞，太一和黄帝都获得祥瑞而成仙，后代伟大的君主会要登上终南山。所谓新仙王，就是太一新仙的后继者。统义阳王就是推行五伦凭借礼仪登上皇位从而上升仙境的后继者。王临有老兄而称为太子，名分不正大。宣尼公说：'名分不正大，讲起话来就不顺当、不合理，以致执行刑罚不正确、不恰当，老百姓就不知道怎么办才好。'想到我登上皇位以来，阴阳没有调和，风雨不适时，屡次遭到大旱和蝗虫螟虫造成灾害，粮食缺少，百姓被饥荒害苦了，外族扰乱中国，盗贼奸邪捣乱，以致人民惶恐不安，不知道怎么办。深深地思考这些罪责，在于名分不正大。应当立起王安作新仙王，王临作统义阳王，希望用这个措施来保全我的两个儿子，子孙发达，对外排除四方外族，对内安定中国。"

这个月，杜陵寝庙便殿中已经废置不用，收藏在内室箱子里的皇帝用物虎文衣跑出来，到外堂上自动竖立，很久才萎缩落地。看见了的官吏和士兵把这件事上报，王莽讨厌这件事，下文告说："珍视黄色，贱视火红色，应当让郎官、侍从官都穿着大红色的衣服。"

专门观察云气的人很多都说出现了大兴土木的征象，王莽又看到各地盗贼很多，想要显示自己是一个心胸坦荡能够建立子孙万代的基业的人物，便下文告说："我承受天命以来，遭遇不幸的命运，灾难的周期，国库空虚，百姓贫穷，祖宗祠庙没有修建，权且在明堂太庙举行合祭，我日日夜夜都在惦念着，不敢淡忘。深深想到吉祥昌盛没有比今年更好的了，我才选择波水的北边；郎池的南边，是好地址。我又选择金水的南边，明堂的西边，也是好地址。我打算在这里亲自动土奠基。"于是就在长安城南进行营建，基地面积总共一百顷。九月甲申日，王莽站在车上巡视，亲自举起棒槌筑了三下。大司徒王寻和大司空王邑拿着符节，还有侍中常侍执法杜林等几十个监督指挥建造。崔发和张邯劝说王莽说："德行崇高的人必然礼仪丰富，应当让这项工程的结构规模显得堂皇富丽，让全国人民都知道，而且要让千秋万代之后都无法超过。"王莽便广泛征求全国工匠的许多设计图样，运用勾股定理来测量计算，以及官吏和平民由于慷慨好义捐献钱粮来帮助建设的，在大路上络绎不绝。撤毁长安城西上林苑中的建章宫、承光宫、包阳宫、犬台宫、储元宫和平乐馆、当路馆、阳禄馆，共十多所，拿它们的木材砖瓦来修建九所祠庙。从这个月起，下了六十多天的大雨。让平民缴纳米粮六百斛可以作郎官，原来是郎官的可以增加俸禄和赏赐爵位到附城为止。九所祠庙是：第一是黄帝太初祖庙，第二是虞帝始祖昭庙，第三是陈胡王统祖穆庙，第四是齐敬王世祖昭庙，第五是济北愍王王祖穆庙，共五所祖庙永远不准废除；第六是济南伯王尊祢昭庙，第七是元城孺王尊祢穆庙，第八是阳平顷王祢祢昭庙，第九是新都显王戚祢穆庙。殿堂都是层叠的房屋。太初祷庙东西南北四方各长四十丈，高十七丈，其余的祠庙相当于它一半。用铜皮包裹斗栱，用镶金镶银的花纹作为装饰，用尽了各种工艺美术的技巧。把高地作为基础，把旁边低下的地方增筑起来，工程费用无法计算，折磨死的奴隶和民夫上万人。

巨鹿郡男子马适求等人计划发动燕地、赵地的军队来讨伐王莽，大司空的办事人员王丹发觉了，把它上报。王莽派遣三公大夫去逮捕追究他的党羽，牵连到各郡国权威人士几千人，都被处死。赐封王丹为辅国侯。

自从王莽措施不合时令，百姓怨恨，王莽还是安于这种状况，又下文告说："想到制定这样的权宜法令以来，常安是六乡大县的中心城市，报警的鼓声响得稀少了，盗贼减弱了、减少了，百姓安居乡土，年成因此获得了丰收，这就是采取权宜措施的效力。现在匈奴没有灭亡，西南夷没有灭绝，四方各地像一窠乱麻，盗贼没有完全消灭，又在兴办恭敬祖宗和神祇的大建设，民众动摇。现在还有必要实行这项法令，到二年底终止它，用来保全善良的老百姓，挽救愚蠢邪恶的人。"

这一年，废止大钱和小钱，改用货布。货布长二寸五分，宽一寸，值货钱二十五枚。货钱直径长一寸，重五铢，每枚是一个单位。两种货币同时流通。敢有私自铸钱和只用布货的，邻居知情不揭发检举的，都没收为官府的奴婢。

太傅平晏死了，任命予虞唐尊作太傅。唐尊说："国家空虚，人民贫困，灾祸的根源在于奢侈过度。"于是身穿小袖短衣，乘坐母马驾的简陋的车子，睡坐时用干草作衬垫，用瓦器作餐具，又用瓦器盛着食物赠送公卿大官。外出时看到不分开走路的男女，唐尊自己下车，采用象征性的刑罚，拿红土抹布弄脏他们的衣服。王莽听到了，赞赏他的做法，下诏书明白告诫公卿大臣考虑向他看齐。赐封唐尊为平化侯。

这时候，南郡人张霸和江夏郡人羊牧、王匡等在云杜县绿林山起事，号叫下江兵，部队共有一万多人。武功县中水乡居民三家房屋陷下去成为了池沼。

二年正月间，把州牧提高到三公的地位，调查揭发松松垮垮的官吏，另外设置州牧、部监的副职，俸禄是元士级，戴着法冠，像汉朝的刺史一样执行任务。

这个月，王莽的妻子死了，赐给谥号叫孝睦皇后，安葬在渭陵长寿园西边，让她永远侍奉文母，给她的地方墓起名叫亿年。当初王莽的妻子由于王莽几次杀死了她的儿子，哭瞎了眼睛，王莽让太子王临住在宫照顾她。王莽妻子身边的侍者原碧，王莽奸淫了她。后来王临也跟她通奸，恐怕事情泄露，两个人计划一同杀死王莽。王临的妻子刘愔，是国师公的女儿，会观察星象，告诉王临宫中将会有白衣会。王临高兴了，以为自己所计划的事将会成功。后来被贬降作统义阳王，被打发到外面的宅子里居住，更加忧虑恐惧。当王莽的妻子病得厉害的时候，王临给她一封信说："皇上对于子孙极为严厉，以前长孙和仲孙都是三十岁的年纪就死了。现在我王临又刚好三十岁，只恐怕一旦皇后有什么不幸，我就不知道会死在哪里！"王莽来探望妻子的病情，看见了那封信，大发怒火，怀疑王临有恶意，不让他参加丧礼。已经安葬了，逮捕原碧等人审问，完全承认了通奸、谋杀等情况。王莽想要掩盖这件事，派人杀死办案人员司命从事，把他埋在监狱里，家里不知道他到哪里去了。赐给王临毒药，王临不肯喝，自己刺死了。打发侍中骠骑将军同悦侯王林赐给鬼衣和印信，下策书说："符命文辞说要立王临作统义阳王，这是说新朝开国三万六千年之后，作为王临的后代的人才会像潜龙飞腾一样兴起。我以前错误地听从舆论界的意见，把王临作为太子，后来发生了暴风的灾异,就顺从符命,立他作统义阳王。在此以前,从此以后,他不表示服从,以致不能享受自己的福气,青年短命而死,哎哟,可悲啊!考查所作所为的事迹赐予谥号,赐给他谥号叫谬王。"又命令国师公说:"王临本来不懂得星象,事情是从刘愔发端的。"刘愔也自杀了。

这个月,新迁王王安病死了。当初,王莽为列侯去到封国的时候,宠爱侍者增秩、怀能和开明。怀能生下了儿子王兴,增秩生下了儿子王匡和女儿王晔,开明生下了女儿王捷,都留在新都国,因为他们的身份不明的缘故。等到王安病得厉害了,王莽自己担心没有儿子,替王安写了一道奏章,让他上奏道:"王兴等人的母亲虽然出身微贱,亲属关系仍然是皇子,不可以抛弃。"王莽把奏章交给各大臣传阅,都说:"王安友爱兄弟,应当趁着春夏两季加给封爵。"于是派遣使者用王车前去迎接王兴等人,赐封王兴为功修公,王匡为功建公,王晔为睦修任,王捷为睦逯任。王莽的孙子功明公王寿病死了,一个月里死了四个人。王莽毁坏汉武帝和汉昭帝的祠庙,把子孙分别埋葬在里面。

魏成郡大尹李焉跟占卦的王况商量,王况对李焉说:"新朝开国以来,田地和奴婢不准买卖,几次改变货币,频繁地征调民间的人力和物资,军队骚扰,四方外族纷纷入侵,百姓怨恨,盗贼纷纷起事,汉朝会要复兴。您姓李,李和徵读音相近,徵声属火的,应当成为汉朝的辅佐。"于是替李焉写作谶书,说道:"文帝发怒了,在阴间督促军队,北方通告匈奴,南方通告越人。江中的刘信,结成仇敌,报复冤仇,要恢复和继承祖宗的事业,四年会要出兵。江湖上有大盗,自称为樊王,姓是刘姓,千万人成群结队,不接受赦免的命令,要动摇长安和洛阳。十一年会要进攻,太白星发出光辉,岁星进入井宿,他的号令应当推行。"又说明王莽的大臣们的吉凶祸害,各有日期。汇编成为十多万字。李焉让属员抄写那本书,属员逃走告发了他。王莽派遣使者就地逮捕李焉,交付司法官吏进行审判,都被处死。

三辅地区盗贼纷纷起事,便设置捕盗都尉的官职,让执法和谒者在长安城郊追击盗贼,建立鸣鼓攻贼的警报旗帜,使者跟随在他们的后面进行监督。派遣太师羲仲景尚和更始将军护军王党率领军队攻打青州和徐州,国师和仲曹放协助郭兴攻打句町。转运全国的钱粮前往西河郡、五原郡、朔方郡和渔阳郡,每一郡以百万计,想要用去攻打匈奴。

秋季里,降了霜,冻死了豆类,关东地区饥荒严重,发生了蝗虫。

平民违犯铸钱的禁令,邻居连坐,被没收为官府的奴婢。其中男子坐囚车,儿童和妇女步行,用铁锁链束缚他们的脖子,辗转前往铸钱的官府,以十万计。到达后改变他们的夫妻关系,愁苦而死的十个中间有六七个。士孙喜、景尚和曹放等人攻打盗贼没有能够取胜,军队胡作非为,百姓更加困苦。

王莽因为王况的谶书说荆、楚地区会要兴起,李姓成为辅佐,想要厌胜它,于是授任侍中掌牧大夫李棽做大将军、扬州牧,赐名叫李圣,让他统率军队奋勇进击。

上谷郡人储夏自动请求愿意去劝说瓜田仪投降,王莽任命他作中郎,让他去叫瓜田仪出来投降。瓜田仪上文书表示投降,还没有出来就死了。王莽要了他的尸体安葬了它,给他修起高大的坟墓和祠庙,赐给谥号叫瓜宁殇男,希望用这样的办法招来其余的人,可是没有肯投降的。

闰月丙辰日,宣布全国大赦,全民的国丧和在诏书下达前的民间私人丧服也都解除。

郎官阳成修进献符命，说应当再立皇后，又说："黄帝靠着一百二十个女子成为了神仙。"于是，王莽派遣中散大夫和谒者各四十五人分途巡视全国，广泛选取有被邻里推崇的美好女子的送上名册来。

王莽梦见长乐宫铜人有五个起立，他厌恶这件事，想到铜人刻着"皇帝刚刚统一全国"的字样，就打发尚方工人凿掉所梦见的铜人胸前的文字。又感应汉高帝庙的神灵，派遣虎贲武士进入汉高帝庙，抽出剑来四面掷击，用斧子砍坏门窗，用桃木汤挥洒墙壁，用土红色鞭子抽打墙壁，让轻车校尉住在那里，又让北军中垒校尉住在汉高帝的寝庙里。

有人说黄帝由于建造了华丽的车盖而成为神仙，王莽便制造九层的华丽车盖，高八丈一尺，用黄帝装饰车盖的骨架，用羽毛装饰车盖，用内部装置机械的四轮大车装载，套着六匹马，由裹着黄头巾、穿着黄衣服的力士三百人护卫，车上的人敲着鼓，拉车的人都呼喊"登仙"的口号。王莽外出时，让它走在前头。官吏们私下里说："这象灵柩车，不是神仙的用物。"

这一年，南郡人秦丰的部队将近一万人。平原郡女子迟昭平能够解说《博经》，用八枚博具投掷取胜，也在黄河的险要地区聚集了几千人。王莽召集大臣们询问捉拿盗贼的计划方案，都说："这些触犯了天条的罪犯，行走的死尸，活不多久了。"原左将军公孙禄应邀来参加会议，他说："太史令宗宣掌管天文历法，推测气运的转移变化，把凶险的征象当作吉利的征象，淆乱天文，贻误朝廷。太傅平化侯用虚伪的言行装饰自己来窃取名誉地位，'害了人家的子弟'。国师嘉信公颠倒《五经》，毁坏了老师的家法，造成学术界的思想混乱。明学男张邯和地理侯孙阳搞井田制，使得民众丧失土地产业。羲和鲁匡设立六官制度，弄得工商业者走投无路。悦符侯崔发吹牛拍马来讨好，使得下情不能上达。应当处死这几位先生来安慰全国人！"又说："匈奴不可以去攻打，应当跟它和好。我恐怕新朝的忧患不在匈奴，而在国家内部。"王莽发火了，让虎贲武士搀扶公孙禄走了。然而稍微采纳了他的某些意见，把鲁匡降职去作五原郡卒正，因为老百姓怨恨抨击的缘故。六管制度并不是鲁匡一个人搞起来的，王莽为了满足大家愿望就把他抛弃了。

起初，各地人民都由于饥寒贫苦才铤而走险去作盗贼，逐渐聚集成为大伙，时常盼望着年成丰收了能够返回家园。部队虽然以万计，为首的只称巨人、从事、三老、祭酒，不敢攻占城市，到处抢劫弄饭吃，每天吃完就算了。各县长官和州牧、郡太守都是自己乱碰乱撞被武器杀伤而死的，盗贼并不是存心想要杀死他们，可是王莽一直不懂得这个道理。这一年，有个大司马的办事人员到豫州办案，被盗贼俘虏了，盗贼把他送交县里。这个办事人员回来，上报告备细说明情况。王莽大发怒火，认为这是诬蔑欺骗，把他送进了监狱。于是下文告责备四辅三公道："吏的意思就是管理、治理人民。宣扬德政，彰明恩泽，去管教抚育人民，这是善良政治的原则。压制强梁，督察奸邪，逮捕处死盗贼，这是正义行为的标准。现在就不是这个样子。盗贼发生了，不能够逮捕法办，直到结成大帮大伙，拦劫乘坐传车的朝廷官吏。官吏脱了身的，又妄自说'我列举罪状谴责盗贼"为什么缘故于这种事"，盗贼说"就因为贫穷的缘故罢了"。盗贼还护送我出来。'现在一些糊涂人谈论的通常多是这样。想想看，由于贫困饥寒，犯法为非作歹，大的人伙人去抢劫，小的一个人去偷窃，不过这样两种方式，现在竟然有计划有组织以千百计，这是叛乱的罪魁祸首，难道是饥寒可以解释得了的吗？七公应当严肃告诫卿大夫、卒正、连帅和各大尹，认真管教抚养善良人民，迅速捉拿歼灭盗贼。如有不同心合力，憎恨邪恶行为，谴责盗贼，而胡说他们是由于饥寒所迫才这样干的，就逮捕监禁，查办他们的罪行。"于是官吏们更加惶恐，没有谁敢说盗贼的真实情况的，又不准擅自调动军队，盗贼因此终于无法制服。

只有翼平郡连帅田况一向果断勇敢，他发动年龄在十八岁以上的民众四万多人，发给他们库存的武器，把军事法令刻在石上向他们宣布。赤眉军听到了，不敢进入郡界。田况自动弹劾检举自己，王莽责备田况："没有发给虎符而擅自调集军队，这是擅动干戈犯上作乱，这种罪名应当跟贻误军机同样处理。因为你自己保证一定捉拿消灭盗贼，所以姑且不予处分。"后来田况自动请求越过郡界攻打盗贼，他的军队所指向的盗贼都被打败了。王莽用加盖了御玺的诏书命令田况代理青州和徐州两州牧的职务。田况上报告说："盗贼刚发生，他们的基础很薄弱，但不是基层治安官吏和邻里后备兵所能捉拿得了的。责任在于县级主要官吏不在意，县里欺骗郡里，郡里欺骗朝廷，实际上有一百人，只说十人，实际上有一千人，只说一百人。朝廷忽略，不立即进行督察，给予责罚，终于发展到蔓延几州，才派遣将帅，多派出使者，辗转督促。郡里县里尽力服侍上级长官，应付责问检查，供给酒饭，准备物资和费用，来解救自己的死罪，没有工夫再去考虑盗贼和办理公事。将帅又不能亲自率领军官和士兵去冲锋陷阵，一交战就被盗贼打败，士气逐渐削弱，徒然耗费了老百姓。前次幸而得到了赦免的命令，盗贼想要解散，有人反而加以截击，他们惶恐地退入山谷，辗转传告，原先各郡县已经的投降的盗贼，都更加惊骇，恐怕被欺骗以至被消灭，因为饥荒时期人心容易动摇，十来天的时间又是十多万人，这就是盗贼所以众多的缘故。现在洛阳以东地区，米价每石值两千钱。我看到诏书，说想要派遣太师将军和更始将军前来，他们两人是权威的大臣，一定会要多带人员，而沿途民穷财尽，无法供给，如果随从人员太少，就无法用来威震远方。应当迅速选择州牧、大尹以下官吏，明确规定对他们的赏罚，让他们收集没有城堡的分散的乡聚和小封国，把它们的老弱居民迁移安顿到大城里，储积粮食，合力坚守。盗贼来攻城，就不能攻下，所经过的地方没有粮食，凭这样的发展趋势，他们就不可能大规模聚集。像这样，招抚他们就一定会投降，攻打他们就一定会被消灭。如果徒然再多派出将帅，地方官民害怕他们，反而比害怕盗贼还厉害。应当全部调回乘坐传车的许多使者，让地方官民得到休养生息。您如果把平定两州盗贼的任务委托我田况，我一定平定他们。"王莽畏忌、厌恶田况，悄悄地给他派出了接替的人，派遣使者赐给田况盖了御玺的诏书。使者到达，会见了田况，便让接替的人监管他的部队。田况随同使者西行，到了长安，授任他作师尉大夫。田况走了以后，齐地的局势终于不可收拾了。

三年正月间，九所祠庙建筑竣工，安放了神主。王莽去拜见，车队按照最高规格组成，他的乘车套着六匹马，套马披着用五彩羽毛织成龙形图案的套子，头上装着义角，有三尺长。华盖车和十辆大型战车走在前头。于是赏赐主持建庙工程的大司徒和大司空各一千万钱，侍中和中常侍以下人员都有封赏。赐封建庙大工匠仇延为邯淡里附城。

二月间，霸桥发生了火灾。几千人用水浇泼，泼不熄。王莽讨厌这件事，下文告说："三皇像春天，五帝像夏天，三王像秋天，五霸像冬天。从三皇、五帝到三王，都是靠德行来决定国家统治权力的转移；五霸的出现，是由于这个时期没有权威的帝王来统治，只好由他们来填补时代的空缺，因而获得了天运，所以他们的治国原则是杂乱的。想起常安的大街多数根据所邻近的地方起名。前向二月癸巳日的深夜，到甲午日的早晨，火烧霸桥，从东端烧到西端，直到甲午日的傍晚，桥烧光了火才熄灭。大司空巡视审问，有人说贫民在桥下留宿，可能是他们烤火取暖，造成了这场灾害。第二天就是乙未日，是立春的日子。我凭着神明圣祖黄帝、虞帝的后代子孙的身份承受天命，到地皇四年是十五年。刚好在三年冬季的尽头彻底毁灭，反映了杂乱的霸道的霸桥，想要用来完成新朝统一长存的治国原则。又用毁灭这座桥来警告我们，要开拓东方的道路。现在东方年岁灾荒，人民饥饿，道路不通，东岳太师迅速制定法令条规，开放东方各处粮仓，救济贫苦人民，实行仁慈的原则。应当把霸馆改名为长存馆，把霸桥改名为长存桥。"

这个月，赤眉军杀死了太师羲仲景尚。关东地区人吃人。

四月间，派遣太师王匡和更始将军廉丹东征，到首都城门外送行，天下大雨，淋湿了衣服才停止。老年人叹息说："这是为军队哭泣！"王莽说："想起不幸的命运，跟灾害之气相会合，到去年终止了。大旱灾、霜灾、蝗灾不断发生，饥荒接连来到，百姓生活困难，到处流浪，在今年春天尤其厉害，我非常悲伤。现在派东岳太师特进褒新侯开放东方各处粮仓，救济贫苦人民。太师公所不经过的地方，分派大夫和谒者同时开放各处粮仓，以保全善良的老百姓。太师公随后同大使五威司命、位右大司马、更始将军平均侯廉丹前往兖州，镇抚所属官吏和人民，还有青州和徐州原来无法无天的盗贼没有完全解散或者后来再又聚集起来的，都把他们消灭干净，以求安定亿万人民。"太师和更始将军一起统率精锐士兵十多万人，所经过的地方放任士兵，不加约束。东部地区人民为他们编成俗语说:"宁肯遇着赤眉军,不要遇着太师兵!太师兵抢劫还是小事,更始兵屠杀我们!"终于像田况所说的一样。

王莽又派遣很多大夫和谒者分途告诉人民把草木熬成胶,胶不能吃,倒还增加人力物力的浪费。王莽下文告说:"想到人民生活困难,虽然普遍开放各处粮仓去救济他们,还恐怕不够。应当权且开放全国山林湖沼的禁令,凡属能够采取山林湖沼的产物而又符合季节时令规律的,应当听任他们,不要让他们缴纳捐税。到地皇三十年恢复原来的状态,那是王光上戊的六年了。如果让强梁的官吏和狡猾的豪民垄断了那些利益,普通人民得不到好处,那就不是我的用意了。《易经》不是说过吗?'削减贵族的利益,增加平民的利益,人民无比高兴。'《书经》说:'说了不能够做到,这就叫作不治安。'唉!大臣们呀,能不担心吗!"

这时下江兵发展顺利,新市人朱鲔和平林人陈牧等都又集合部队,攻打乡村小集镇。王莽派遣司命大将军孔仁巡察豫州,派遣纳言大将军严尤和秩宗大将军陈茂攻打荆州,各随带军官和士兵一百多人,坐船从渭河进入黄河,到华阴县才上岸乘坐传车,到辖区召集士兵。严尤对陈茂说:"派出将领不发给兵符,遇事一定要先请示然后才能行动,这就好像牵着猎犬而要求它去捉住野兽一样呢。"

夏季里,蝗虫从东方飞来,飞行时遮蔽了天空,飞到长安,飞进了未央宫,附着殿堂楼阁。王莽设置奖励发动官吏和平民去捕捉扑打。

王莽因为全国粮价昂贵,想要厌胜它,给大仓设置卫兵,相对持戟交叉着守卫仓门,称为"朝政从旁边小门开始"。

进入函谷关的流民有几十万人,于是设置赡养官吏发粮食给他们吃。使者监督领导,跟小官吏一起盗窃了那些粮食,流民饿死的十人中间有七八人。有此以前,王莽让中黄门王业管理长安贸易,压低价格向人民收购物资,人民非常厌恨他。王业由于节省收购费用立了功,赏赐了附城的爵位。王莽听到城里发生了饥荒,向王业探问情况。王业说:"都是些流民。"于是买些市场上的精米饭和肉汁,拿进去给王莽看,说道:"居民的食物都像这个样子。"王莽信了他的话。

冬季里,无盐县索卢恢等人占据县城起兵造反。廉丹和王匡攻下了县城,砍下脑袋一万多枚。王莽派遣中郎将捧着加盖了御玺的诏书去慰劳廉丹和王匡,晋升为公爵,赐封有功的军官和士兵十多人。

赤眉军别部校尉董宪等人的部队几万人在梁郡活动,王匡想要进攻他们,廉丹认为新近攻下县城士兵疲劳了,应当暂时让士兵休整一下恢复战斗力。王匡不听从,单独带领军队前进,廉丹只好跟着他。在成昌地方进行会战,军队吃了败仗,王匡逃走了。廉丹打发军官拿着自己的印信和符节交给王匡,说道:"小家伙可以逃走,我不行!"便停下来,战斗而死。校尉汝云和王隆等二十多人在另外的地方进行战斗,听到这个消息,都说:"廉将军已经死了,我还为了谁活着?"飞马冲向贼军,都战斗而死。王莽伤痛他,下文告说:"想起您拥有很多经过挑选的精锐士兵,各郡的好马、仓储粮食、库存金钱都准许你自己调用,可是忽略了诏书里所指标的战略战术,离开了自己的权威标志,骑着马大喊大叫,被乱刀所杀害,哎哟,可悲呀!赐给谥号叫作果公。"

国将哀章对王莽说:"伟大的祖考黄帝的时候,中黄直做大将，打败并杀死了蚩尤。现在我居于中黄直的职位，愿意去平定山东地区。"王莽派遣哀章赶往东方，跟太师王匡合作。又派遣大将军阳浚去防守敖仓；大司徒王寻统率十多万人驻扎洛阳，坐镇南宫；大司马董忠在北军中垒营地训练士兵练习武艺；大司空王邑兼理三公的职务。大司徒王寻刚从长安出发，在霸昌厩过夜，失掉了他的黄金钺斧。王寻的办事官员房扬一向放纵直率，便哭着说："这就是经书上所说'失掉了锐利的斧子'的意思哩！"他自我弹劾离职了。王莽把房扬打死了。

各处盗贼每每几万人进攻城邑，杀死二千石级以下的官吏。太师王匡等人交战多次不顺利。王莽知道全国民心分离背叛，事势已经到了尽头，再也无计可施了，于是商量着派遣风俗大夫司国宪等人分途巡视全国，废除有关井田制度、不准买卖奴婢和征收山林湖沼税等六管制度的禁令，登上皇帝以来所不便于民的诏令都收回去。使者们正在等待接见还没有出发，恰好世祖（指刘秀）和老兄齐武王刘伯升、宛县人李通等率领舂陵国子弟兵几千人，招来新市兵朱鲔和平林兵陈牧等部联合攻下棘阳县。这时候，严尤和陈茂打败了下江兵，成丹和王常等几千人单独逃走，进入南阳郡境内。

十一月间，在张宿天区有一颗星光芒四出扫射，向东南运行，经过五天不见。王莽几次召见、询问太史令宗宣，许多术数家都虚伪地回答，说天文现象平安良好，各股盗贼行将灭亡。王莽勉强用这些话来安慰自己。

四年正月间，汉军得到下江兵王常等部作为友军，进攻前队大夫甄阜和属正梁丘赐，把他们都杀了，歼灭了他们的部队的几万人。起初，首都听到青州和徐州盗贼部队几十万人，一直没有文告、官号、旗帜、徽章，都对他们感到惊奇。喜欢多事的人私下里说:"这些人莫不像古代的三皇不要文书、称号吧?"王莽也暗中感到奇怪,询问大臣们,大臣们没有人回答。只有严尤说:"这不足为奇。自从黄帝、商汤和周武王行军用兵,都一定要有建制、旗帜和号令,现在这些人没有这些制度,只不过是一群群饥寒盗贼,像牲畜成群结伙一样,不懂得采用这些办法罢了。"王莽非常高兴,大臣们尽都佩服。等到后来汉军刘伯升起事,都自称将军,攻打城市,占领地盘,杀死甄阜之后,发布文告,宣传自己的主张,声讨王莽的罪恶。王莽听到了,才担心和害怕起来。

汉军乘胜包围了宛城。起初,世祖(指刘秀)的远房老兄刘圣公先参加了平林兵。三月初一,平林兵、新市兵和下江兵的将领王常和朱鲔等人共同拥立刘圣公做皇帝,改年号为更始元年,任命了各种官吏。王莽听到这个消息,更加惶恐。他想要对外面表示自己的心情是安定的,于是染黑了自己的头发和胡子,召进所征选的全国的美好女子,立起杜陵县史家的女儿做皇后,送彩礼黄金三万斤,车马、奴婢、各种绸绢和珍珠宝玉等贵重物品以亿万计。王莽亲自在前殿两边台阶之间迎接,在上西堂举行新婚夫妇聚餐的仪式。设置和嫔、美御、和人共三人,爵位比照三公;嫔人九人,爵位比照九卿;美人二十七人,爵位比照大夫;御人八十一人,爵位比照元士:共一百二十人,都佩带印信,拿着弓袋。赐封史皇后的父亲史谌为和平侯,授任为宁始将军,史谌的两个儿子都作侍中。这一天,刮起了大风,发掘房屋,折断树木。大臣们祝贺说:"昨庚子日雨水洗涤了道路,辛丑日清洁宁静,了无纤尘,那天晚上东风强劲,从东北方向吹来。辛丑日是《巽卦》主帝的日子。《巽卦》象征风,它的含义是卑顺,作皇后的原则明确了,做母亲的规范具备了,这就是温和慈惠的造化功能。《易经》说：'赐予这样的洪福，给国王的母亲。'《礼经》说：'承受上天赐予的幸福，这种幸福是无限量、无止境的。'凡是想要依靠已经被推翻的汉朝、象火德称王的刘家的势力，都被泼洒冲刷，消灭得彻底干净了。庄稼丰茂，作物繁殖，人民欢喜，全民托福，全国上下都幸运得很！"王莽每天跟江湖骗子涿郡人昭君等在后宫考究房中术，放肆荒淫享乐。宣布全国大赦，可是还要说："原汉朝舂陵侯的堂房侄儿刘伯升和他的族家、亲戚、党与，狂妄地制造流言，迷惑群众，背叛天命，还有亲手杀害更始将军廉丹和前队大夫甄阜、属正梁丘赐的人，还有北狄匈奴的叛乱头目舆和南僰若豆、孟迁，不适用这个文告。有能够捉到这些人的，都赐封为上公，封邑一万户，赏赐现金五千万钱。"

又下诏书说："太师王匡、国将哀章、司命孔仁、兖州牧寿良、卒正王闳和扬州牧李圣迅速推进所属各州郡的部队共三十万人之多，围剿追捕青州和徐州的盗贼。纳言将军严尤、秩宗将军陈茂、车骑将军王巡和左队大夫王吴迅速推进所属各州郡的部队共十万人之多，围剿追捕前队丑类。把投降就有活路的公开保证向他们明确宣布，如果再执迷不悟，不自行解散，那就都协力围剿，歼灭他们啦！大司空隆信公是皇族亲属，从前以虎牙将军的身份指向东方反贼就溃败，向西进攻叛乱头目就被粉碎，他是新朝有着崇高的权威和非凡的才能的大臣。如果狡猾的盗贼还不解散，就会派遣大司空统率百万大军征伐剿灭他们啦！"于是派遣七公干士隗嚣等七十二人分途下达赦免命令晓谕各地。隗嚣等人一出京城，便逃跑了。

四月间，世祖（指刘秀）和王常等人另外进攻颍川郡，攻下了昆阳县、郾县和定陵县。王莽听到这个消息更加惶恐，派遣大司空王邑坐快车前往洛阳，和大司徒王寻调动各郡部队上百万人，称为"虎牙五威兵"，平定山东地区、有权自行赐封爵位，军政大计由王邑决定，任用选调来的许多通晓六十三家兵法和战略战术的专家，每人携带图书，领用武器，候补军官。把所有仓库里的军需物资全都拿出来交给王邑，多带贵重物品和猛兽，想要显示朝廷的富足，用来震慑山东地区。王邑到达洛阳，各州郡分别选派了精锐的军队，由州牧和郡太守亲自率领，按照规定期限会合的有四十二万人，其余在路上的还是络绎不绝，人马和武器装备的威武齐全，自古以来出兵都没有过。

六月间，王邑和大司徒王寻从洛阳出发，想要到宛县去，取道颍川郡，经过昆阳县。昆阳城这时已经投降汉军，汉军守卫着它。严尤和陈茂跟两位统帅会合了，两位统帅指挥大军包围了昆阳城。严尤说："自称皇帝的人在宛城，应当迅速前进。那里攻下来了，其他城邑自然平定了。"王邑说："百万大军，所经过的地方的敌人都应当加以消灭，现在攻下这个县城，把里面的人杀光，踏着敌人的血泊前进，前头的部队唱着胜利歌，后头的部队跳着胜利舞，难道不痛快吗！"便包围昆阳城几十层。城里的守军请求投降，没有允许。严尤又说："'退回去的军队不要拦截，包围城邑要给里面的人留下一个缺口'，可以按照兵法办，让他们有可能逃出去，借以震慑宛城方面。"王邑又不听从。恰好世祖全部调动郾县和定陵县的军队几千人来援救昆阳城，王寻和王邑轻视他们，自己带领一万多人巡视阵地，告诫各军营都要约束部下不准擅自行动，自己单独迎击，跟汉军交战，不顺利。大军不敢擅自来援救，汉军乘胜杀死了王寻。昆阳城里的守军冲出来两面夹攻，王邑逃走，军队大乱。大风刮走了屋瓦，大雨像泼水，大军崩溃，大喊大叫，老虎豹子也吓得战慄起来，士兵奔逃，各自回到了自己的郡县。王邑单独和他所率领的长安勇士几千人回到了洛阳。关中地区听到这个消息,震动恐惧,盗贼纷纷起事。

又听到汉军说,王莽毒死了汉平帝。王莽便集合公卿以下官吏到王路堂,打开他所作的替平帝请求解除疾病、保全性命而后来收藏在保险柜里的策书,流着泪把它给大臣们看。吩咐明学男张邯称道他的德行和有关符命的事情,临了说:"《易经》说:'把军队埋伏在茂密的草丛中,登上高大的土山瞭望,不敢前进,直到三年都不能兴起。''莽'是皇帝的名字。'升'是说的刘伯升。'高陵'是说的高陵侯的儿子翟义。说刘伯升和翟义在新皇帝的时代建立地下武装的军队,还是会被消灭不能成功。"大臣们都喊"万岁"。又命令东方用囚车传送几个人,说"这就是刘伯升等人,都会被处死"。人民知道那是假的。

早先,卫将军王涉一向供养着江湖骗子西君惠。西门君惠爱好天文谶纬,对王涉说:"有一颗星光芒四射,扫射皇宫,刘家会要复兴,国师公的姓名就是。"王涉相信了他的话,把它告诉了大司马董忠,多次一同到国师在殿中的值班室谈论星宿,国师没有回答。后来王涉特此前往,对刘歆流着泪说:"的确是想要跟您共同保护我们两个家族的安全,为什么不相信我呢!"于是,刘歆给他谈论天文人事,东方集团必定成功。王涉说:"新都哀侯从小害病,功显君一向好酒,怀疑皇帝本来就不是我们王家的儿子。董公主管中军精兵,我率领宫廷警卫部队,伊休侯主管殿中警卫官员,如果我们几个同心合谋,一起劫持皇帝,向东方投降现在驻在南阳郡的天子,就可以保全我们的家族;不然的话,都会要杀身灭族啦!"伊休侯是刘歆的长子,担任侍中五官中郎将,王莽一向爱他。刘歆怨恨王莽杀死了他的三个儿女,又畏惧大祸临头,便跟王涉和董忠谋划,想要行动。刘歆说:"应当等待太白星出现,才可以行动。"董忠因为司中、大赘起武侯孙伋商量。孙伋回到家里,脸色变了,吃不下饭。他的妻子感到奇怪,便问他,他把那些情况告诉了她。他的妻子把这些情况告诉了她的老弟云阳县人陈邯,陈邯想要告发他们。七月间,孙伋和陈邯一同去告发了,王莽派遣使者分别召唤董忠等人。这时董忠正在讲习武事进行大练兵,护军王咸说董忠谋划已经很久而不行动,恐怕走漏了风声,不如就杀掉使者,率领军队进去。董忠不听从,便跟刘歆和王涉在宫中大臣官署会合。王莽让甄恽责问他们,都承认了。宫内太监们个个抽出刀来把董忠等人送到他们的值班室去,董忠抽出剑来想要抹脖子,侍中王望传告说大司马造反,太监们拿着剑一同杀死了他。大臣官署一片惊慌,互相传告,正在集中训练的士兵纷纷涌到郎官衙门,都是刀出鞘、箭上弓。宁始将军史谌巡视各郎官衙门,告诉郎官们说:"大司马神经错乱,妄图造反,刚刚发动,已被处死。"命令他们都放下武器。王莽想要拿董忠来厌胜灾祸,让虎贲勇士用斩马剑剁碎董忠,用竹器盛着,传告说"反贼出来了"下文告赦免大司马下属官吏和军官士兵被董忠所蒙蔽,参与造反还没有被发觉的。逮捕董忠的家族,用浓醋、毒药和小刀子、刺条子合成一穴埋葬了他们。刘歆和王涉都自杀了。王莽因为这两个人是至亲和老部下,嫌厌人家说他的内部崩溃了,所以不公开宣布对他们的惩罚。伊休侯刘叠又因为一向谨慎,刘歆一直没有把他们的计划告诉他,只免掉了侍中中郎将,改任中散大夫。后来殿中假山仙人掌旁边出现了穿着青衣的白发老头,看见了的郎官私下里说那是国师公。衍功侯王喜一向会占卦,王莽让他用蓍草占了一卦,说:"担心兵灾火灾。"王莽说:"小孩子怎么学会了这些邪门旁道?这是我的伟大祖先叔父王子侨要来接我了。"

王莽的军队在外面吃了败仗,大臣们在内部进行颠覆,身边没有人可资信任了,不能够再考虑远方的郡国,想要叫王邑回来跟他商量。崔发说:"王邑一向小心,现在损失了大军再去调回,恐怕他操持忠义而自杀,应当用什么办法好好安慰一下他的心情。"于是王莽派遣崔发坐快车去晓谕王邑道:"我年老了,没有正妻生的儿子,想要把国家政权传给你。命令你不要检讨罪责,相见时不要再说到那些事情。"王邑到达,任命他做大司马。大长秋张邯担任大司徒,崔发担任大司空,司中寿容苗䜣担任国师,同悦侯王林担任卫将军。王莽忧闷得吃不下饭了,只喝酒,吃鲍鱼。阅读军书到疲倦了,便靠着几案打盹儿,不再上床睡觉了。素性喜欢搞趋吉避凶的小名堂,临到事态紧急,还一味在企图厌胜敌人。派遣使者去拆毁渭陵和延陵墓门的屏网,说道:"不要让人民再想起汉朝了。"又用墨汁涂黑它们的围墙。称将军为"岁宿申水为助将军",还有什么"右庚刻木校尉"、"前丙耀金都尉"。又说:"拿着大斧,砍伐枯木;流出大水,淹没残火。"像这一类把戏,多得无法记尽。

秋季里,太白星流到了太微垣,照耀地面像月光一样。

成纪县人隗崔兄弟一道劫持大尹李育,拥立他们的侄儿隗嚣做大将军,进攻并杀死了雍州牧陈庆和安定郡卒正王旬,合并了他们的军队,传递文告到各郡县,列举王莽的罪恶比夏桀、商纣还要多一万倍。

这个月,析县人邓晔和于匡在南乡起兵,有一百多人。这时析县县长率领军队几千人驻在鄡亭,防守武关。邓晔和于匡对县长说:"刘家皇帝已经登位,您怎么不知道天命呢!"县长请求投降,全部接收了他的军队。邓晔自称辅汉左将军,于匡自称辅汉右将军,攻下了析县和丹水县,进攻武关,都尉朱萌投降。进攻右队大夫宋纲，杀死了他，西进攻下了湖县。王莽更加忧虑，不知道对策从哪里来。崔发说："《周礼》和《春秋左氏传》说，国家有了大灾难，就哭起来去厌胜它。所以《易经》说'首先放声大哭，后来才笑'。我们可以长吁短叹祷告上天祈求救助。"王莽自己知道失败了，便率领大批臣子到南郊，陈述他承受符命的首尾经过，仰天说道："上天既然降命把国家政权交给我王莽，为什么不消灭那些盗贼？假使我王莽不对，希望您降下霹雳打死我王莽！"于是捶胸大哭，哭不出声来了，伏着叩头。又写了一篇告天的策书，陈述自己的功劳，有一千多字。众儒生和老百姓每天早晚会集起来哭，给他们准备了稀饭，哭得非常悲哀和能够背诵策文的，任命他们作郎官，达到五千多人。由崔恽率领他们。

王莽授任将军九人，都用"虎"作为将军的名号，称为"九虎"，率领首都警卫部队的精锐士兵几万人向东方开去，把他们的妻子儿子收容到皇宫里作为抵押。这时宫中储存一万斤一箱的黄金还有六十箱，黄门、钩盾、藏府、中尚方每处各有几箱。长乐宫御府、中御府和都内、平准库存钱币、绸绢、珍珠、宝玉等各种财物很多，王莽更加吝惜它们，赏赐九虎部队的士兵每人四千钱。士兵非常怨恨，没有战斗意志。九虎将军达到华阴县回溪，扼守险要，北起黄河，南到崤山。于匡带领几千弓箭手，登上凤陵堆挑战。邓晔率领两万多人从阌乡县向南进到枣街和作姑一线，打败了其中的一部，向北绕到九虎防线的后面攻打他们。六虎败走——史熊和王况回到朝廷接受死刑处死，王莽让使者责问他们死的人在哪里，都自杀了；其他四虎逃跑了。还有三虎郭钦、陈翚和成重收集散兵，保卫京师仓。

邓晔打开武关迎接汉军，丞相司直李松率领两千多人到湖县，跟邓晔等人一道攻打京师仓,没能够攻下来,邓晔派弘农郡吏员王宪作校尉,带领几百人向北渡过渭河,进入左冯翊境内,攻下城邑,占领地盘。李松派遣偏将军韩臣等人径直西进,达到新丰县,跟王莽的波水将军交战,波水将军败逃。韩臣等人追赶逃跑的败兵,直到长门宫。王宪向北到达了频阳县,所经过的地方官吏都来迎接投降。世家大族栎阳县人申砀和下邽县人王大都率领部队跟随王宪。三辅属县郃县人严春、茂陵县人董喜、蓝田县人王孟、槐里县人汝臣、盩厔县人王扶、阳陵县人严本和杜陵县人屠门少这班人,部队都有几千人,自立名号称为汉朝的将军。

这时李松和邓晔认为首都小小的仓储地还没有能够攻下来,更何况长安城,只有等待更始帝的大军来到才好进攻。就带着军队到了华阴县,制造攻城器械。而长安附近的部队四百会合城下,听到天水郡隗家的部队正要到来,都争着想要先进城,贪图建立大功和抢劫财物的利益。

王莽派遣使者分途赦免城里各个监狱的犯人,都发给武器,杀猪喝它的血,跟他们立誓说:"如有不为新朝效力的人,社鬼记住他!"宁始将军史谌率领着他们,渡过渭桥,都四散逃跑了,史谌一个人回来。各部士兵挖掘王莽的妻子、儿子、父亲、祖父的坟墓,焚烧他们的棺材以及九庙、明堂和辟雍,火光照耀到城里。有人对王莽说:"城门守兵是东部地区的人,不可以信任。"王莽改调越人骑兵担任守卫,每座城门设置六百人,各有一个校尉。

十月最后一天,攻城部队从宣平城门进入,这就是民间所说的都门。张邯巡视城门,遇着士兵被杀了。王邑、王林、王巡和䚟恽等人分别带兵在北阙下抗击。汉军士兵贪图更始帝所规定的捉到或杀死王莽的封赏,因而奋勇作战的有七百多人。恰好天黑了，官吏和贵族尽都逃跑了。二日己酉，城里青年朱弟和张鱼等人恐怕遭抢劫，成群结队，奔跑喧哗，焚烧尚方工场门，砍开敬法殿的小门，喊道："反贼王莽，怎么不出来投降？"火攻到了后宫的官署，这里是黄皇室主居住的地方。王莽避火到了宣室和前殿，火总是跟着他。宫人妇女哭叫着说："应当怎么办！"这时王莽穿着全套天青色的衣服，佩带着御玺，拿着虞帝匕首。天文郎在前面按着栻，随时拨动指针，王莽转动坐席随着斗柄所指的方向坐着，说道："上天把治理国家的圣德和使命赋予了我，汉军能把我怎么样！"王莽这时没有吃饭，精神有些困乏了。

三日庚戌，早晨天亮了，大批臣子搀扶着王莽，从前殿向南走下宫中大道，向西走出白虎门，和新公王揖安排车子在门外等待。王莽登上车，前往渐台，想要依靠池水作为防御，还是抱着符命和威斗，公卿大夫、侍中、黄门郎等随从官吏还有一千多人跟着他。王邑白天黑夜都在战斗，疲倦极了，士兵死伤快完了，他飞马进入宫中，经过辗转周折来到渐台，看见他的儿子侍中王睦脱下衣帽想要逃走，王邑喝住了让他转回，父子俩共同守卫着王莽。军人进入殿中，喊道："反贼王莽在哪里？"有个美人走出房来说："他在渐台。"大批士兵追上去，包围了几百层。台上也用弓箭跟包围的士兵对射，包围的士兵略微后退。台上的箭射尽了，没有箭再发射了，短兵相接。王邑父子、䜌恽、王巡战斗而死，王莽躲进内室。申时过后，大批士兵上了台，王揖、赵博、苗䜣、唐尊、王盛和中常侍王参等人都死在台上。商人杜吴杀死了王莽，取下了他的系印纽带。校尉东海郡人公宾就，是原大行主治礼郎，看见杜吴就问这条纽带的主人在哪里。杜吴回答说："在室内西北角的屋子里。"公宾一看认得出，就割下了王莽的脑袋。军人们分裂了王莽的身躯，四肢关节、肌肉、骨骼被切割成许多块，争着去砍杀的有几十人。公宾就拿着王莽的脑袋前往王宪那里。王宪自称为汉朝的大将军，城里的军队几十万人都归属了他，住在长乐宫，把王莽的妃嫔都作为妻妾，使用王莽的车马、衣服和器物。

六日癸丑，李松和邓晔进入长安，将军赵萌和申屠建也来到，因为王宪缴获了御玺没有上交，私藏了很多宫女，使用了天子的仪仗，把他捉来杀掉了。传送王莽的脑袋前往更始帝那里，挂在宛城的街道上，百姓都去掷击它，有人切下他的舌头来吃了。

王莽的扬州牧李圣和司命孔仁在山东地区打了败仗，李圣格斗而死，孔仁率领他的部队投降了，随后又叹息说："我听说过，享受了人家的俸禄，就要为他的事业效死命。"便抽出剑来戳死了自己。还有曹部监杜普、陈定郡大尹沈意和九江郡连帅贾萌都守卫郡城不肯投降，被汉军所杀。赏都尉大尹王钦和郭钦守卫京师仓，听到王莽已经死了，才投降，更始帝认为他们守节义，都赐封为侯爵。太师王匡和国将哀章在洛阳投降，传送到宛城，杀掉了他们。严尤和陈茂在昆阳城下被打败以后，逃到沛郡谯县，自称是汉军将领，召集当地官吏和平民开会。严尤向他们宣讲王莽窃取皇位、天意让他灭亡和英明的汉朝复兴的情形，陈茂伏着哭泣。听到原汉朝钟武侯刘圣聚集军队在汝南郡自称皇帝，严尤和陈茂投降了他。刘圣把严尤任为大司，陈茂任为宰相。他们搞了十多天失败了，严尤和陈茂都死了。各郡县都全城投降，全国尽都回到了汉朝的怀抱。

早先，申屠建曾经追随崔发研究《诗经》，申屠建来到长安，崔发投降了他。后来又宣扬王莽取代汉朝的事，申屠建让丞相刘赐杀掉崔发示众。史谌、王延、王林、王吴和赵闳也投降了，再被杀掉。起初，各处自立名号的部队人人指望封侯。申建既已杀掉了王宪,又扬言三辅地区的民众狡猾,一起杀死了自己的君主。因此三辅地区的官吏和平民都惶恐起来,所属各县拥兵割据,申屠建等人没能够攻下,派人飞马报告更始帝。

更始二年二月间,更始帝来到长安,下诏书宣布大赦,只要不是王莽的子女,其他的人都赦免他们的罪责,所以王家族人得以保全。三辅地区全部平定,更始帝定都长安,住在长乐宫。府库完好,只有未央宫火攻王莽三天,王莽一死就安定下来恢复了原状。更始帝到以后,经过一年多的时间,政令教化不能够推行到全国。第二年夏季里,赤眉军樊崇等部几十万人进入函谷关,拥立刘盆子,称为皇帝,进攻更始帝,更始帝投降了他们。赤眉军便焚烧长安的宫室和街道,杀害了更始帝。人民饥饿到人吃人,死的人有几十万,长安城成为废墟,城里没有人行走。汉朝祖宗的祠庙坟墓都被发掘,只有杜陵和霸陵还完好。六月间,世祖登上皇位,然后国家政权得以重新建立,全国太平。

赞说:王莽开头以皇亲国戚起家,屈己下人,勉力而行,从而博取名誉,赢得了家族称赞他具有孝友的品行,老师、朋友推许他具有仁厚的品德。等到他登上高位,辅佐朝政,在成帝、哀帝的时期,为国家辛勤工作,本着正直的原则行事,一举一动常常被人们称道。难道他就是孔子所说的"在家族中一定有名声,在朝廷上也一定有名声","表面上好像赞成宽仁厚道,行动中却违背它"的人吗?王莽本来没有仁厚的品德,却有着花言巧语、虚伪奸诈的才能,又利用四个伯父、叔父经历了元帝、成帝两代所掌握的权力,遇到汉朝中途衰落,皇位三次没有继承人,而王太后寿命很长得以长期作为他的保护人,因此得以施逞他的奸诈邪恶的手段,从而造成篡夺皇位、窃取政权的灾祸。根据这些事实推论起来,这也是天时,不是人力做得到的。等到他窃取了皇帝的地位,居于不该他所应当占据的地位,败亡的趋势比夏桀、商纣的时候还要来得快,而王莽却若无其事地认为自己就是黄帝、虞舜再世。于是开始放纵暴戾,放肆施逞他的威势权术,欺忤上天,残害人民,穷凶极恶,流毒全国,灾祸蔓延四方外族,还不足以满足他的欲望。因此全国人民忧愁地丧失了他们乐生的心意,朝廷和地方都怨愤,远处和近处一齐发动起来,京城守不住,躯体被分裂,终于使得全国的城市成为废墟,坟墓遭到发掘,害尽了活人,殃及死尸,自从有文字记载的乱臣贼子这类没有道义的人,查考他们所造成的灾祸和所遭到的失败,都没有像王莽这样厉害的。从前秦朝焚毁《诗经》《书经》等典籍从而确立自己一家的主张,王莽引用《六经》来装饰谬论,他们的目的完全一样,手段截然不同,都由此而导致灭亡,他们都是没有德行而窃据君位,都不是天命的命运,只是一些杂色淫声,多余的闰月,被圣王扫荡的对象罢了。

- 史记
- 汉书
- **后汉书**
- 三国志
- 晋书
- 宋书
- 南齐书
- 梁书
- 陈书
- 魏书
- 北齐书
- 周书
- 隋书
- 南史
- 北史
- 旧唐书
- 新唐书
- 旧五代史
- 新五代史
- 宋史
- 辽史
- 金史
- 元史
- 明史

后汉书

帝　纪

后汉书卷一上

光武帝纪第一上

世祖光武皇帝讳秀，字文叔，南阳蔡阳人，高祖九世之孙也，出自景帝生长沙定王发。发生舂陵节侯买，买生郁林太守外，外生巨鹿都尉回，回生南顿令钦，钦生光武。光武年九岁而孤，养于叔父良。身长七尺三寸，美须眉，大口，隆准，日角。性勤于稼穑，而兄伯升好侠养士，常非笑光武事田业，比之高祖兄仲。王莽天凤中，乃之长安，受《尚书》，略通大义。

莽末，天下连岁灾蝗，寇盗锋起。地皇三年，南阳荒饥，诸家宾客多为小盗。光武避吏新野，因卖谷于宛。宛人李通等以图谶说光武云："刘氏复起，李氏为辅。"光武初不敢当，然独念兄伯升素结轻客，必举大事，且王莽败亡已兆，天下方乱，遂与定谋，于是乃市兵弩。十月，与李通从弟轶等起于宛，时年二十八。

十一月，有星孛于张。光武遂将宾客还舂陵。时伯升已会众起兵。初，诸家子弟恐惧，皆亡逃自匿，曰"伯升杀我"。及见光武绛衣大冠，皆惊曰"谨厚者亦复为之"，乃稍自安。伯升于是招新市、平林兵，与其帅王凤、陈牧西击长聚。光武初骑牛，杀新野尉乃得马。进屠唐子乡，又杀湖阳尉。军中分财物不均，众恚恨，欲反攻诸刘。光武敛宗人所得物，悉以与之，众乃悦。进拔棘阳，与王莽前队大夫甄阜、属正梁丘赐战于小长安，汉军大败，还保棘阳。

更始元年正月甲子朔，汉军复与甄阜、梁丘赐战于沘水西，大破之，斩阜、赐。伯升又破王莽纳言将军严尤、秩宗将军陈茂于淯阳，进围宛城。

二月辛巳，立刘圣公为天子，以伯升为大司徒，光武为太常偏将军。

三月，光武别与诸将徇昆阳、定陵、郾，皆下之。多得牛、马、财物，谷数十万斛，转以馈宛下。莽闻阜、赐死，汉帝立，大惧，遣大司徒王寻、大司空王邑将兵百万，其甲士四十二万人，五月，到颍川，复与严尤、陈茂合。初，光武为舂陵侯家讼逋租于尤，尤见而奇之。及是时，城中出降尤者言光武不取财物，但会兵计策。尤笑曰："是美须眉者邪？何为乃如是！"

初，王莽征天下能为兵法者六十三家数百人，并以为军吏；选练武卫，招募猛士，旌旗辎重，千里不绝。时有长人巨无霸，长一丈，大十围，以为垒尉；又驱诸猛兽虎豹犀象之属，以助威武。自秦、汉出师之盛，未尝有也。光武将数千兵，徼之于阳关。诸将见寻、邑兵盛，反走，驰入昆阳，皆惶怖，忧念妻孥，欲散归诸城。光武议曰："今兵谷既少，而外寇强大，并力御之，功庶可立；如欲分散，势无俱全。且宛城未拔，不能相救，昆阳即破，一日之间，诸部亦灭矣。今不同心胆共举功名，反欲守妻子财物邪？"诸将怒曰："刘将军何敢如是！"光武笑而起。会候骑还，言大兵且至城北，军陈数百里，不见其后。诸将遽相谓曰："更请刘将军计之。"光武复为图画成败。诸将忧迫，皆曰："诺"。时城中唯有八九千人，光武乃使成国上公王凤、廷尉大将军王常留守，夜自与骠骑大将军宗佻、五威将军李轶等十三骑，出城南门，于外收兵。时莽军到城下者且十万，光武几不得出。既至郾、定陵，悉发诸营兵，而诸将贪惜财货，欲分留守之。光武曰："今若破敌，珍珤万倍，大功可成；如为所败，首领无余，何财物之有！"众乃从。

严尤说王邑曰："昆阳城小而坚，今假号者在宛，亟进大兵，彼必奔走；宛败，昆阳自服。"邑曰："吾昔以虎牙将军围翟义，坐不生得，以见责让。今将百万之众，遇城而不能下，何谓邪？"遂围之数十重，列营百数，云车十余丈，瞰临城中，旗帜蔽野，埃尘连天，钲鼓之声闻数百里。或为地道，冲輣橦城。积弩乱发，矢下如雨，城中负户而汲。王凤等乞降，不许。寻、邑自以为功在漏刻，意气甚逸。夜有流星坠营中，昼有云如坏山，当营而陨，不及地尺而散，吏士皆厌伏。

六月己卯，光武遂与营部俱进，自将步骑千余，前去大军四五里而陈。寻、邑亦遣兵数千合战。光武奔之，斩首数十级。诸部喜曰："刘将军平生见小敌怯，今见大敌勇，甚可怪也，且复居前。请助将军！"光武复进，寻、邑兵却，诸部共乘之，斩首数百千级。连胜，遂前。时，伯升拔宛已三日，而光武尚未知，乃伪使持书报城中，云"宛下兵到"，而阳堕其书。寻、邑得之，不憙。诸将既经累捷，胆气益壮，无不一当百。光武乃与敢死者三千人，从城西水上冲其中坚，寻、邑陈乱，乘锐崩之，遂杀王寻。城中亦鼓噪而出，中外合势，震呼动天地，莽兵大溃，走者相腾践，奔殪百余里间。会大雷风，屋瓦皆飞，雨下如注，滍川盛溢，虎豹皆股战，士卒争赴，溺死者以万数，水为不流。王邑、严尤、陈茂轻骑乘死人度水逃去。尽获其军实辎重，车甲珍宝，不可胜算，举之连月不尽，或燔烧其余。

光武因复徇下颍阳。会伯升为更始所害,光武自父城驰诣宛谢。司徒官属迎吊光武,光武难交私语,深引过而已。未尝自伐昆阳之功,又不敢为伯升服丧,饮食言笑如平常。更始以是惭,拜光武为破虏大将军,封武信侯。

九月庚戌,三辅豪杰共诛王莽,传首诣宛。

更始将北都洛阳,以光武行司隶校尉,使前整修宫府。于是置僚属,作文移,从事司察,一如旧章。时三辅吏士东迎更始,见诸将过,皆冠帻,而服妇人衣,诸于绣镼,莫不笑之,或有畏而走者。及见司隶僚属,皆欢喜不自胜。老吏或垂涕曰:"不图今日复见汉官威仪!"由是识者皆属心焉。

及更始至洛阳,乃遣光武以破虏将军行大司马事。十月,持节北度河,镇慰州郡。所到部县,辄见二千石、长吏、三老、官属,下至佐史,考察黜陟,如州牧行部事。辄平遣囚徒,除王莽苛政,复汉官名。吏人喜悦,争持牛、酒迎劳。

进至邯郸,故赵缪王子林说光武曰:"赤眉今在河东,但决水灌之,百万之众可使为鱼。"光武不答,去之真定。林于是乃诈以卜者王郎为成帝子子舆,十二月,立郎为天子,都邯郸,遂遣使者降下郡国。

二年正月,光武以王郎新盛,乃北徇蓟。王郎移檄购光武十万户,而故广阳王子刘接起兵蓟中以应郎,城内扰乱,转相惊恐,言邯郸使者方到,二千石以下皆出迎。于是光武趣驾南辕,晨夜不敢入城邑,舍食道傍。至饶阳,官属皆乏食。光武乃自称邯郸使者,入传舍。传吏方进食,从者饥,争夺之。传吏疑其伪,乃椎鼓数十通,绐言邯郸将军至,官属皆失色。光武升车欲驰;既而惧不免,徐还坐,曰:"请邯郸将军入。"久乃驾去。传中人遥语门者闭之。门长曰:"天下讵可知,而闭长者乎?"

遂得南出。晨夜兼行，蒙犯霜雪，天时寒，面皆破裂。至呼沱河，无船，适遇冰合，得过，未毕数车而陷。进至下博城西，遑惑不知所之。有白衣老父在道旁，指曰："努力！信都郡为长安守，去此八十里。"光武即驰赴之，信都太守任光开门出迎。世祖因发旁县，得四千人，先击堂阳、贳县，皆降之。王莽和（戎）〔成〕卒正邳彤亦举郡降。又昌城人刘植，宋子人耿纯，各率宗亲子弟，据其县邑，以奉光武。于是北降下曲阳，众稍合，乐附者至有数万人。

复北击中山，拔卢奴。所过发奔命兵，移檄边部，共击邯郸，郡县还复响应。南击新市、真定、元氏、防子，皆下之，因入赵界。

时，王郎大将李育屯柏人，汉兵不知而进，前部偏将朱浮、邓禹为育所破，亡失辎重。光武在后闻之，收浮、禹散卒，与育战于郛门，大破之，尽得其所获。育还保城，攻之不下，于是引兵拔广阿。会上谷太守耿况、渔阳太守彭宠各遣其将吴汉、寇恂等将突骑来助击王郎，更始亦遣尚书仆射谢躬讨郎，光武因大飨士卒，遂东围巨鹿。王郎守将王饶坚守，月余不下。郎遣将倪宏、刘奉率数万人救巨鹿，光武逆战于南䜌，斩首数千级。四月，进围邯郸，连战破之。五月甲辰，拔其城，诛王郎。收文书，得吏人与郎交关谤毁者数千章。光武不省，会诸将军烧之，曰："令反侧子自安。"

更始遣侍御史持节立光武为萧王，悉令罢兵诣行在所。光武辞以河北未平，不就征。自是始贰于更始。

是时，长安政乱，四方背叛。梁王刘永擅命睢阳，公孙述称王巴蜀，李宪自立为淮南王，秦丰自号楚黎王，张步起琅邪，董宪起东海，延岑起汉中，田戎起夷陵，并置将帅，侵略郡县。又别号诸贼铜马、大肜、高湖、重连、铁胫、大抢、尤来、上江、青犊、五校、檀乡、五幡、五楼、富平、获索等，各领部曲，众合数百万人，所在寇掠。

光武将击之，先遣吴汉北发十郡兵。幽州牧苗曾不从，汉遂斩曾而发其众。秋，光武击铜马于鄡，吴汉将突骑来会清阳。贼数挑战，光武坚营自守；有出卤掠者，辄击取之，绝其粮道。积月余日，贼食尽，夜遁去，追至馆陶，大破之。受降未尽，而高湖、重连从东南来，与铜马余众合，光武复与大战于蒲阳，悉破降之，封其渠帅为列侯。降者犹不自安，光武知其意，敕令各归营勒兵，乃自乘轻骑按行部陈。降者更相语曰："萧王推赤心置人腹中，安得不投死乎！"由是皆服。悉将降人分配诸将，众遂数十万，故关西号光武为"铜马帝"。赤眉别帅与大肜、青犊十余万众在射犬，光武进击，大破之，众皆散走。使吴汉、岑彭袭杀谢躬于邺。

青犊、赤眉贼入函谷关，攻更始。光武乃遣邓禹率六裨将引兵而西，以乘更始、赤眉之乱。时，更始使大司马朱鲔、舞阴王李轶等屯洛阳，光武亦令冯异守孟津以拒之。

建武元年春正月，平陵人方望立前孺子刘婴为天子，更始遣丞相李松击斩之。

光武北击尤来、大抢、五幡于元氏，追至右北平，连破之。又战于顺水北，乘胜轻进，反为所败。贼追急，短兵接，光武自投高岸，遇突骑王丰，下马授光武，光武抚其肩而上，顾笑谓耿弇曰："几为虏嗤。"弇频射却贼，得免。

士卒死者数千人，散兵归保范阳。军中不见光武，或云已殁，诸将不知所为。吴汉曰："卿曹努力！王兄子在南阳，何忧无主？"众恐惧，数日乃定。贼虽战胜，而素慑大威，客主不相知，夜遂引去。大军复进至安次，与战，破之，斩首三千余级。贼入渔阳，乃遣吴汉率耿弇、陈俊、马武等十二将军追战于潞东，及平谷，大破灭之。

朱鲔遣讨难将军苏茂攻温，冯异、寇恂与战，大破之，斩其将贾彊。

于是诸将议上尊号。马武先进曰："天下无主。如有圣人承敝而起，虽仲尼为相，孙子为将，犹恐无能有益。反水不收，后悔无及。大王虽执谦退，奈宗庙社稷何！宜且还蓟即尊位，乃议征伐。今此谁贼而驰骛击之乎？"光武惊曰："何将军出是言？可斩也！"武曰："诸将尽然。"光武使出晓之，乃引军还至蓟。

夏四月，公孙述自称天子。光武从蓟还，过范阳，命收葬吏士。至中山，诸将复上奏曰："汉遭王莽，宗庙废绝，豪杰愤怒，兆人涂炭。王与伯升首举义兵，更始因其资以据帝位，而不能奉承大统，败乱纲纪，盗贼日多，群生危蹙。大王初征昆阳，王莽自溃；后拔邯郸，北州弭定；参分天下而有其二，跨州据土，带甲百万。言武力则莫之敢抗，论文德则无所与辞。臣闻帝王不可以久旷，天命不可以谦拒，惟大王以社稷为计，万姓为心。"光武又不听。

行到南平棘，诸将复固请之。光武曰："寇贼未平，四面受敌，何遽欲正号位乎？诸将且出。"耿纯进曰："天下士大夫捐亲戚，弃土壤，从大王于矢石之间者，其计固望其攀龙鳞，附凤翼，以成其所志耳。今功业即定，天人亦应，而大王留时逆众，不正号位，纯恐士大夫望绝计穷，则有去归之思，无为久自苦也。大众一散，难可复合。时不可留，众不可逆。"纯言甚诚切，光武深感，曰："吾将思之。"

行至鄗，光武先在长安时同舍生彊华自关中奉《赤伏符》，曰:"刘秀发兵捕不道,四夷云集龙斗野,四七之际火为主。"群臣因复奏曰:"受命之符,人应为大,万里合信,不议同情,周之白鱼,曷足比焉?今上无天子,海内淆乱,符瑞之应,昭然著闻,宜答天神,以塞群望。"光武于是命有司设坛场于鄗南千秋亭五成陌。

六月己未,即皇帝位。燔燎告天,禋于六宗,望于群神。其祝文曰:"皇天上帝,后土神祇,眷顾降命,属秀黎元,为人父母,秀不敢当。群下百辟,不谋同辞,咸曰:'王莽篡位,秀发愤兴兵,破王寻、王邑于昆阳,诛王郎、铜马于河北,平定天下,海内蒙恩。上当天地之心,下为元元所归。'谶记曰:'刘秀发兵捕不道,卯金修德为天子。'秀犹固辞,至于再,至于三。群下佥曰:'皇天大命,不可稽留。'敢不敬承。"于是建元为建武,大赦天下,改鄗为高邑。

是月,赤眉立刘盆子为天子。

甲子,前将军邓禹击更始定国公王匡于安邑,大破之,斩其将刘均。

秋七月辛未,拜前将军邓禹为大司徒。丁丑,以野王令王梁为大司空。壬午,以大将军吴汉为大司马,偏将军景丹为骠骑大将军,大将军耿弇为建威大将军,偏将军盖延为虎牙大将军,偏将军朱祐为建义大将军,中坚将军杜茂为大将军。

时,宗室刘茂自号"厌新将军",率众降,封为中山王。

己亥,幸怀。遣耿弇率强弩将军陈俊军五社津,备荥阳以东。使吴汉率朱祐及廷尉岑彭、执金吾贾复、扬化将军坚镡等十一将军围朱鲔于洛阳。

八月壬子,祭社稷。癸丑,祠高祖、太宗、世宗于怀宫。进幸河阳。更始廪丘王田立降。

九月,赤眉入长安,更始奔高陵。辛未,诏曰:"更始破败,弃城逃走,妻子裸袒,流冗道路。朕甚愍之。今封更始为淮阳王。吏人敢有贼害者,罪同大逆。"

甲申,以前(高)密令卓茂为太傅。

辛卯,朱鲔举城降。

冬十月癸丑,车驾入洛阳,幸南宫却非殿,遂定都焉。

遣岑彭击荆州群贼。

十一月甲午,幸怀。

刘永自称天子。

十二月丙戌,至自怀。

赤眉杀更始,而隗嚣据陇右,卢芳起安定。破虏大将军叔寿击五校贼于曲梁,战殁。

二年春正月甲子朔,日有食之。大司马吴汉率九将军击檀乡贼于邺东,大破降之。庚辰,封功臣皆为列侯,大国四县,余各有差。下诏曰:"人情得足,苦于放纵,快须臾之欲,忘慎罚之义。惟诸将业远功大,诚欲传于无穷,宜如临深渊,如履薄冰,战战栗栗,日慎一日。其显效未酬,名籍未立者,大鸿胪趣上,朕将差而录之。"博士丁恭议曰:"古帝王封诸侯不过百里,故利以建侯,取法于雷,强干弱枝,所以为治也。今封诸侯四县,不合法制。"帝曰:"古之亡国,皆以无道,未尝闻功臣地多而灭亡者。"乃遣谒者即授印绶,策曰:"在上不骄,高而不危;制节谨度,满而不溢。敬之戒之。传尔子孙,长为汉藩。"

壬午,更始复汉将军邓晔、辅汉将军于匡降,皆复爵位。

壬子,起高庙,建社稷于洛阳,立郊兆于城南,始正火德,色尚赤。

是月,赤眉焚西京宫室,发掘园陵,寇掠关中。大司徒邓禹入长安，遣府掾奉十一帝神主，纳于高庙。

真定王杨、临邑侯让谋反，遣前将军耿纯诛之。

二月己酉，幸修武。

大司空王梁免。壬子，以太中大夫宋弘为大司空。

遣骠骑大将军景丹率征虏将军祭遵等二将军击弘农贼，破之，因遣祭遵围蛮中贼张满。

渔阳太守彭宠反，攻幽州牧朱浮于蓟。

延岑自称武安王于汉中。

辛卯，至自修武。

三月乙未，大赦天下，诏曰："顷狱多冤人，用刑深刻，朕甚愍之。孔子云：'刑罚不中，则民无所措手足。'其与中二千石、诸大夫、博士、议郎议省刑法。"

遣执金吾贾复率二将军击更始郾王尹遵，破降之。

骁骑将军刘植击密贼，战殁。

遣虎牙大将军盖延率四将军伐刘永。夏四月，围永于睢阳。更始将苏茂杀淮阳太守潘蹇而附刘永。

甲午，封叔父良为广阳王，兄子章为太原王，章弟兴为鲁王，舂陵侯嫡子祉为城阳王。

五月庚辰，封更始元氏王歙为泗水王，故真定王杨子得为真定王，周后姬常为周承休公。

癸未，诏曰："民有嫁妻卖子欲归父母者，恣听之。敢拘执，论如律。"

六月戊戌，立贵人郭氏为皇后，子彊为皇太子，大赦天下。增郎、谒者、从官秩各一等。丙午，封宗子刘终为淄川王。

秋八月，帝自将征五校。丙辰，幸内黄，大破五校于羛阳，降之。

遣游击将军邓隆救朱浮,与彭宠战于潞,隆军败绩。

盖延拔睢阳,刘永奔谯。

破虏将军邓奉据淯阳反。

九月壬戌,至自内黄。

骠骑大将军景丹薨。

延岑大破赤眉于杜陵。

关中饥,民相食。

冬十一月,以廷尉岑彭为征南大将军,率八将军讨邓奉于堵乡。

铜马、青犊、尤来余贼共立孙登为天子于上郡。登将乐玄杀登,以其众五万余人降。

遣偏将军冯异代邓禹伐赤眉。

使太中大夫伏隆持节安辑青、徐二州,招张步降之。

十二月戊午,诏曰:"惟宗室列侯为王莽所废,先灵无所依归,朕甚愍之。其并复故国。若侯身已殁,属所上其子孙见名尚书,封拜。"

是岁,盖延等大破刘永于沛西。初,王莽末,天下旱蝗,黄金一斤易粟一斛;至是野谷旅生,麻尗尤盛,野蚕成茧,被于山阜,人收其利焉。

三年春正月甲子,以偏将军冯异为征西大将军,杜茂为骠骑大将军。大司徒邓禹及冯异与赤眉战于回溪,禹、异败绩。

征虏将军祭遵破蛮中,斩张满。

辛巳,立皇考南顿君已上四庙。

壬午,大赦天下。

闰月乙巳,大司徒邓禹免。

冯异与赤眉战于崤底,大破之,余众南向宜阳,帝自将征之。己亥,幸宜阳。甲辰,亲勒六军,大陈戎马,大司马吴汉精卒当前，中军次之，骁骑、武卫分陈左右。赤眉望见震怖，遣使乞降。丙午，赤眉君臣面缚，奉高皇帝玺绶，诏以属城门校尉。戊申，至自宜阳。己酉，诏曰："群盗纵横，贼害元元，盆子窃尊号，乱惑天下。朕奋兵讨击，应时崩解，十余万众束手降服，先帝玺绶归之王府。斯皆祖宗之灵，士人之力，朕曷足以享斯哉！其择吉日祠高庙，赐天下长子当为父后者爵，人一级。"

二月己未，祠高庙，受传国玺。

刘永立董宪为海西王，张步为齐王。步杀光禄大夫伏隆而反。

幸怀。遣吴汉率二将军击青犊于轵西，大破降之。

三月壬寅，以大司徒司直伏湛为大司徒。

彭宠陷蓟城，宠自立为燕王。

帝自将征邓奉，幸堵阳。夏四月，大破邓奉于小长安，斩之。

冯异与延岑战于上林，破之。

吴汉率七将军与刘永将苏茂战于广乐，大破之。虎牙大将军盖延围刘永于睢阳。

五月己酉，车驾还宫。

乙卯晦，日有食之。

六月壬戌，大赦天下。

耿弇与延岑战于穰，大破之。

秋七月，征南大将军岑彭率三将军伐秦丰，战于黎丘，大破之，获其将蔡宏。

庚辰，诏曰："吏不满六百石，下至墨绶长、相，有罪先请。男子八十以上，十岁以下，及妇人从坐者，自非不道、诏所名捕，皆不得系。当验问者即就验。女徒雇山归家。"

盖延拔睢阳，获刘永，而苏茂、周建立永子纡为梁王。

冬十月壬申，幸春陵，祠园庙，因置酒旧宅，大会故人父老。十一月乙未,至自舂陵。

涿郡太守张丰反。

是岁,李宪自称天子。西州大将军隗嚣奉奏。建义大将军朱祐率祭遵与延岑战于东阳,斩其将张成。

四年春正月甲申,大赦天下。

二月壬子,幸怀。壬申,至自怀。

遣右将军邓禹率二将军与延岑战于武当,破之。

夏四月丁巳,幸邺。己巳,进幸临平。

遣大司马吴汉击五校贼于箕山,大破之。

五月,进幸元氏。辛巳,进幸卢奴。

遣征虏将军祭遵率四将军讨张丰于涿郡,斩丰。

六月辛亥,车驾还宫。

七月丁亥,幸谯。遣捕虏将军马武、偏将军王霸围刘纡于垂惠。

董宪将贲休以兰陵城降,宪围之。虎牙大将军盖延率平狄将军庞萌救贲休,不克,兰陵为宪所陷。

秋八月戊午,进幸寿春。

太中大夫徐恽擅杀临淮太守刘度,恽坐诛。

遣扬武将军马成率三将军伐李宪。九月,围宪于舒。

冬十月甲寅,车驾还宫。

太傅卓茂薨。

十一月丙申,幸宛。遣建义大将军朱祐率二将军围秦丰于黎丘。十二月丙寅,进幸黎丘。

是岁,征西大将军冯异与公孙述将程焉战于陈仓,破之。

五年春正月癸巳,车驾还宫。

二月丙午,大赦天下。

捕虏将军马武、偏将军王霸拔垂惠。

乙丑，幸魏郡。

壬申，封殷后孔安为殷绍嘉公。

彭宠为其苍头所杀，渔阳平。

大司马吴汉率建威大将军耿弇击富平、获索贼于平原，大破降之。夏遣耿弇率二将军讨张步。

三月癸未，徙广阳王良为赵王，始就国。

平狄将军庞萌反，杀楚郡太守孙萌而东附董宪。

遣征南大将军岑彭率二将军伐田戎于津乡，大破之。

夏四月，旱，蝗。

河西大将军窦融始遣使贡献。

五月丙子，诏曰："久旱伤麦，秋种未下，朕甚忧之。将残吏未胜，狱多冤结，元元愁恨，感动天气乎？其令中都官、三辅、郡、国出系囚，罪非犯殊死一切勿案，见徒免为庶人。务进柔良，退贪酷，各正厥事焉。"

六月，建义大将军朱祐拔黎丘，获秦丰；而庞萌、苏茂围桃城。帝时幸蒙，因自将征之。先理兵任城，乃进救桃城，大破萌等。

秋七月丁丑，幸沛，祠高原庙。诏修复西京园陵。进幸湖陵，征董宪。又幸蕃，遂攻董宪于昌虑，大破之。

八月己酉，进幸郯，留吴汉攻刘纡、董宪等，车驾转徇彭城、下邳。吴汉拔郯，获刘纡；汉进围董宪、庞萌于朐。

冬十月，还，幸鲁，使大司空祠孔子。

耿弇等与张步战于临淄，大破之。帝幸临淄，进幸剧。张步斩苏茂以降，齐地平。

初起太学。车驾还宫，幸太学，赐博士弟子各有差。

十一月壬寅，大司徒伏湛免，尚书令侯霸为大司徒。

十二月，卢芳自称天子于九原。

西州大将军隗嚣遣子恂入侍。

交阯牧邓让率七郡太守遣使奉贡。

诏复济阳二年徭役。

是岁，野谷渐少，田亩益广焉。

译文：

东汉世祖光武皇帝名秀，表字文叔，南阳郡蔡阳县人，是汉高祖刘邦的第九世孙子，出自汉景帝这一支。景帝生长沙定王刘发，刘发生春陵侯刘买，刘买生郁林太守刘外，刘外生巨鹿都尉刘回，刘回生南顿令刘钦，刘钦生下了光武帝。光武帝九岁时死了父亲，被叔父刘良收养。已经成年的光武帝，身高七尺三寸，须眉秀密，英俊伟岸，嘴阔鼻高，额角饱满如日，生就一副气宇轩昂的帝王之相。光武帝生性勤于耕作，但哥哥伯升却喜好仗义行侠，蓄养门客，因而常讥笑他务农于乡，没有出息，并把他与高祖刘邦的哥哥刘喜相提并论。在王莽天凤年间，光武帝前往京城长安，从师经师，研习《尚书》，此后，便逐渐懂得一些经典的宏旨要义。

王莽末年，天下连岁遭灾，飞蝗肆虐，群盗蜂起。地皇三年，南阳县连续几年欠收，发生了严重的饥荒，不少贵族家的门客也外出打劫。光武帝因伯升门客劫人，为逃避官府的拘捕，躲到了新野县，就从新野到宛县卖谷子。宛县人李通等用当时流行的图谶鼓动光武帝造反，说："刘氏势必复兴，李氏将为辅佐。"光武帝开始不敢贸然行事，但想到伯升素来交游甚广，喜结豪侠，若联络他们，一定能成就大事。而且现今天下动荡，烽烟四起，王莽政权败亡的征兆已经显露，便与伯升谋划拥众起兵，随后开始购置兵器。十月，光武帝与李通族弟李轶等在宛县起兵,当时年龄才二十八岁。

十一月,彗星掠过楚地上空的张宿,光武帝率众门客回到舂陵。这时,伯升已经聚众起兵。起初,参加起事的各家子弟深感恐惧,都纷纷逃走,藏匿起来,说"伯升拉我们起兵,反叛朝廷,简直是要我们的小命",后看到身着将军服饰,神采飞扬、威风凛凛的光武帝时,都不胜惊诧地说:"像这样忠厚老实、办事谨慎的人也都聚众造反啦。"恐惧的心理稍稍得到了安慰。伯升就地征招了新市兵和平林兵,同他们的首领王凤、陈牧一道,率军西攻长聚。起兵之初,光武帝只能骑牛,直到杀死新野县尉后,才得到马。光武帝兄弟率部向前推进,屠唐子乡,杀湖阳县尉。初战告捷。但军中因分配财物不公,众将士怨愤难平,以致打算倒戈,攻打军中的刘氏家族。光武帝赶忙收回刘氏族人所得财物,全部分给了众将士,大家才遂心如意。部队进取棘阳后,又与王莽的前队大夫甄阜,属正梁丘赐战于小长安,汉军大败,只得退守棘阳。

更始元年正月初一日,汉军在沘水西岸与甄阜、梁丘赐再战,这次大败敌军,斩杀了甄阜、梁丘赐。伯升也在淯阳县再败王莽纳言将军严尤和秩宗将军陈茂,进而包围了宛城。

二月辛巳日,众人拥立刘玄为天子,刘玄任命伯升为大司徒,光武帝为太常偏将军。

三月,光武帝另与其他将领连续攻下了昆阳、定陵和郾县,缴获了大量的牛马财物和数十万斛谷子,然后把这些牛马、谷物运往宛城下,接济包围宛城的伯升。王莽得知甄阜、梁丘赐战死,汉帝新立,大为惊惧,忙派大司徒王寻、大司空王邑率兵百万,其中披甲的精兵四十二万人,在五月间到达颍川,与严尤、陈茂会合。当初,光武帝曾替他的叔父舂陵侯刘敞到严尤的官府去控告拖欠田租的佃户,当时严尤见到光武帝,就认为他是一个与众不同的人。到这时,从城中逃出投降严尤的人,叙说光武帝不贪财滥取,只专心调度军队,策划战守。严尤颇为不解地笑道:"就是那个颔眉秀密的人吗?怎么竟是这样一个人呢!"

当初,王莽曾广召天下精通兵法的六十三家共数百人,都起用为军官;又选练禁卫军,招募民间猛士,军营旌旗和辎重车辆,延绵千里,举目难尽。当时有个名叫巨无霸的巨人,身高一丈,腰粗十围,被任用为垒尉。王莽还驱使各种猛兽,如老虎、豹子、犀牛、大象之类,一同作战,以助军势,以壮军威。从秦汉以来,从未见过像这样壮阔隆盛的军队阵容。

当王莽的援军赶来时,光武帝率数千士兵,前往阳关拦截。众将领一见王寻、王邑大军如流,阵容强盛,就掉头狂奔,逃回了昆阳城中,被眼前的阵势吓得惶恐不安,束手无措,不由得担心起自己的妻子儿女,都想躲回到原来各自驻守的城里。光武帝分析了敌我双方形势,指出:"眼下我军粮草匮乏,兵力不足,而城外强敌压境,如果我们同心协力,抗御敌军,或许还能打败强敌,建立功业;倘若分散兵力,各自回城,势必被敌人各个击破,唇亡难免齿寒啊!且宛城尚未攻克,那里的部队也无法增援我们,昆阳城一旦陷落,一日之内,其余各城守军也将会被逐个击破,覆巢之下,完卵岂存?在这危急的关头,你们不同心同德,奋力抗敌,一道建立功名,难道想守着妻子财物并与他们同归于尽吗?"众将领勃然大怒:"刘将军你怎么敢这样来教训我们呢!"光武笑而不答,站了起来。正在这时,外出打探敌情的骑兵返回城中,报告说:"王莽大军已迫进城北,队伍长达数百里,不见首尾。"众将领听后,面面相觑,慌忙说:"还是请刘将军来策划一下眼前的战事吧。"光武帝重新为众将领谋划攻守的战略战术，众将领因眼前形势急迫，忧愁不知所措，只得连连称"是"。当时昆阳城中不过八九千战士，光武帝派成国上公王凤、廷尉大将军王常留守城中，自己便与骠骑大将军宗佻、五威大将军李铁等十三骑，乘着夜色，闯出县城南门，到城外召集兵马。抵达城下的王莽军将近十万人，光武帝等人险些冲不出去。到达郾县和定陵县后，光武帝欲调集各营全部兵马，但各营将领却舍不得自己的财物，想要分兵留守。光武帝正色训诫他们："这一仗若能打败敌军，不但能获得万倍的珍宝，而且还能成就功名大业；如果被敌人击败，连脑袋都保不住，哪里还能保有那点财物呢！"众将领这才服从了调遣。

在王莽军中，严尤劝说王邑："昆阳县城虽小，但依仗坚甲利兵，却有磐石之固，而假冒的天子，现在在宛城，如我们急速挥兵进击，他们必然溃逃；宛城陷落，昆阳城自然输诚降顺。"王邑则不以为然地说："当年我以虎牙将军率兵围攻翟义，因未能生擒翟义而获罪，受到责备。如今我统帅百万大军，路经敌城而不能袭取攻拔，将如何向天下交代呢？"于是，王邑便把昆阳城围了数十重，安营扎寨数以百计，楼车高达十余丈，居高临下，时刻监视城中动静。军寨旌旗漫山遍野，兵马扬起的尘土蔽日遮天，攻城的钲鼓声响彻方圆数百里。王邑的军队还向城下挖掘地道，又用撞城的战车破城。攻城时，弓弩齐发，箭矢如雨，城中军民只得背负着门板外出取水。昆阳守将王凤等人乞求投降，遭到了拒绝。王寻、王邑自以为大功即将告成，踌躇满志，意气扬扬。不料夜间，一颗流星坠落在营中。白天，又有一团浓云犹如山崩一般对着军营陨落下来，又在离地面不到一尺的地方骤然消散，军营中的军士们都被吓得伏在地上。

六月己卯日，光武帝与各营兵马一齐向昆阳城推进，他亲率步骑千余人,在离王莽大军前方四五里处列阵迎敌。王寻、王邑也派兵数千出战。光武帝一马当先,冲向敌阵,斩敌数十计。各部将领见后,兴奋地说:"刘将军向来见了小股敌人就胆怯心悸,如今大敌当前,却如此骁勇,一反常态,充当先锋,真不可思议。让我们也来帮帮他吧!"光武帝继续向前冲去,王寻、王邑军向后退却,各部兵马乘胜追杀敌军,斩首ango百上千。汉军战无不胜,继续向前推进。当时伯升攻下宛城已有三天,但光武帝尚不知晓,他假派一人,冒充宛城来的使者,到城中送信,信中说"攻打宛城的兵马前来增援了",然后故意把信遗落在路上。王寻、王邑得到了这封信,满心不悦。汉军各部将领连战连捷后,胆气更壮,无不以一当百。光武帝和三千敢死队一道,在昆阳城西,从水上猛攻敌军的帅营。王寻、王邑军战阵大乱,汉军乘胜追杀,击溃敌军,杀死王寻。昆阳城守军也击鼓呐喊,从城中杀出,内外两军合为一势,喊杀声动地震天,王莽军大败,逃命的士兵互相践踏,百余里地内,全是遁逃和跌倒的士兵。适逢天变,狂风骤起,炸雷震天,屋顶的瓦片也都被狂风席卷而去。大雨倾盆而下,滍川洪水暴涨,那些助战的虎豹也都吓得四肢战栗,败兵争相赴水逃命,被洪水溺死的数以万计,以致河水为之不流。王邑、严尤、陈茂等人,单身匹马,踏着淹死士兵的尸体,渡河逃去。汉军缴获了敌军的全部军需辎重,战车、盔甲、珍宝之类,无以数计,连月搬运都没搬完,有的部队干脆把剩下的战利品给烧掉了。

昆阳战胜,光武帝乘势攻占了颍阳。正在这时,伯升却因战功卓著而遭疑忌,被更始杀害。光武帝心不自安,快马从父城赶到宛县,向更始谢罪。伯升司徒官府的属官们纷纷前来向光武帝表示慰问,但光武帝为避免猜嫌,不轻易与他们私下恳谈,只是引咎责己而已,既不曾夸耀昆阳解围破敌的功劳,又不敢为伯升服丧,反而饮食谈笑,一如往常。更始因此而感到惭愧不安,便任命光武帝为破虏大将军,并封他为武信侯。

九月庚戌日,三辅地区的英雄豪杰们一同诛杀王莽,将王莽的首级送往苑城。

王莽被诛,更始准备北上,定都洛阳,便任光武帝为代理司隶校尉,让他先期赶住洛阳,修整宫殿官府。于是,光武帝设置属官,签发公文,所属从事史督促文书,察举非法等,一如西汉时的规定章程。当时,三辅地区的官吏士人东迎更始进入洛阳,看见更始部将经过时,都随意裹着头巾,穿着妇女的衣服,外边还套着绣花背心,人们无不掩口嗤笑,有的人甚至认为这是一种不祥的征兆而感到害怕,由京城逃往他乡。当人们看到光武帝司隶校尉官属衣冠整肃的队伍,秩序井然的通过时,都禁不住自己的高兴,一些老年官吏流着热泪说:"没想到今日还能看到汉朝官家的威严仪容。"此后,有识之士都把希望寄托在光武帝身上。

更始到达洛阳后,便命光武帝以破虏将军身份代理大司马事务。十月,光武帝持符节北渡黄河,镇抚和慰问各州郡。光武帝所到之处,总是会见郡县的各级官员,从郡守、县令、丞尉、乡官以至县的下级属吏,认真考察他们的政绩,以决定贬斥和升用,就像刺史巡视自己所属州郡时一样。光武帝每到一地,还平反冤狱,遣散牢中关押的无辜囚徒,废除王莽苛政,恢复西汉时的官职名号。官吏和百姓们都满怀喜悦,争先恐后以酒肉迎接和慰劳光武帝。

光武帝到达邯郸,已故赵缪王的儿子刘林劝说光武帝:"赤眉军现在黄河以东地区,只要决开大堤,用黄河水淹灌,百万大军就要变成鱼虾。"光武帝对刘林的游说不予理睬,离开邯郸,去往真定。于是刘林便让从事占卜的王郎假冒成帝的儿子子舆。十二月，拥立王郎为天子，建都于邯郸，并派出使者前往各郡国，让他们都投降归顺王郎。

更始二年正月，光武帝因王郎刚刚起兵，势力强盛，便向北攻占蓟县。王郎发出布告，悬赏十万户捉拿光武帝。已故广阳王的儿子刘接也在蓟县境内起兵，响应王郎。蓟县城内扰攘混乱，笼罩着惊慌恐惧的气氛，纷纷传言邯郸城王郎派来的使者就要来到，城中二千石以下的官吏都要出城迎接。于是光武帝急忙离开蓟县，驾车南行。一路无论白天黑夜，都不敢进入沿途的城邑中，只能食宿道旁。到达饶阳县时，光帝武手下的官员们都缺乏吃的，光武帝便自称是邯郸城王郎派来的使者，进到旅馆中。当时馆舍中的官吏正进餐，跟随光武帝进到馆舍中的官员们饥不可耐，一拥而上，争相夺食。馆舍中的官吏见状，顿生疑心，便击鼓数十遍，谎称邯郸将军将到，光武帝的属下大惊失色。光武帝赶忙上车，想驰马离去，但又一想，若来者真是邯郸将军，就是跑，也徒劳无益，倒不如见机行事，看看再说。光武帝又不慌不忙地回到旅馆中坐下，说："请邯郸将军入见。"就这样僵持了一段时间后，才离开馆舍。馆舍中的人急忙从远处呼叫守门人关门，堵住光武帝等。守门的官吏说："天下是谁的尚难预料，怎能随便不让贵人出门呢？"这样，光武帝一行才得以出门南去。他们日夜兼程，踏霜冒雪，当时天气寒冷，大家的脸都被冻裂。来到滹沱河边，河里无船，正巧遇上河水封冻，光武帝等才能够通过，但还差几车就全部通过时，封冰就塌陷了。当众人来到下博县城西时，都感到惶惑迷惘，竟不知要到哪里去。正在这时，一位白衣老人出现在路旁，指点他们说："大家努力吧，信都郡还站在更始方面，那儿离此地还有八十里。"光武帝等人赶忙策马向信都郡奔去。信都郡太守任光开门出迎。

光武帝到达信都郡后,向邻近县份征调兵马,聚集了四千人,首先攻打堂阳县和贳县,迫使这两县投降,王莽和成都也在卒正邳彤率领下投降了光武帝。昌城县人刘植和宋子县人耿纯,也率领自家的宗族子弟,占领各自所在的县城,以拥戴光武帝。光武帝又北降下曲阳,这时部队的兵马渐增,乐于追随光武帝的多达数万人。

光武帝又率兵北攻中山国,占据了国都卢奴县城。光武帝每到一处,都征发奔命兵,又向附近各郡县发布文告,号召合兵,共同攻打王郎,各郡县纷纷响应。大军兵锋南指,相继攻占了新市、真定、元氏、防子等县,又乘势进入到当年赵国的界地。

王郎大将李育驻扎在柏人县,汉军不知敌情,贸然进军。前军副将朱浮、邓禹与李育军不期而遇,仓卒间,汉军前锋被敌军打败,军中辎重,丧失殆尽。光武帝在后军听说前军战事不利,收集了朱浮、邓禹手下残部,率军与李育在柏人外城城门大战,大败敌军,朱浮、邓禹所丧失的全部辎重,又重新回到汉军手中。李育退守柏人,光武帝攻城不下,便率军攻拔了广阿。正在这时,上谷郡太守耿况、渔阳郡太守彭宠分别派其部将吴汉、寇恂率精锐的骑兵前来助战,更始也派尚书仆射谢躬率兵讨伐王郎,光武帝得知此情,大宴士卒,然后率军东围巨鹿。巨鹿城王郎守将王饶奋力坚守,汉军攻打月余,不能取胜。王郎派大将倪宏、刘奉率兵万余赶来增援巨鹿。光武帝率军在南䜌迎击援军,斩敌数千。四月,汉军进围邯郸,连战连胜。五月甲辰日,光武帝攻克邯郸城,诛杀王郎。汉军入城后,缴获了王郎的文书。其中发现了汉军官员私通王郎、毁谤光武帝的文书信件数千件。光武帝对此不屑一顾,集合众将领,当众付之一炬,说:"让那些三心二意的人自求安宁罢。"

更始派侍御史持符节立光武帝为萧王，并下令各部人马都停战收兵，前往更始所在地。光武帝借口河北之地尚未平定，拒绝接受更始召他回京的命令。从此，光武帝便开始对更始暗怀二心。

当时长安的更始政权腐败，混乱不堪，众叛亲离。梁王刘永在睢阳专权擅命，公孙述在巴蜀称王，李宪自立为淮南王，秦丰自称楚黎王，各地起兵的还有琅邪郡的张步，东海郡的董宪，汉中郡的延岑，夷陵县的田戎，他们各自都设将置帅，攻掠附近郡县。还有一些自立名号的盗贼，如铜马、大彤、高湖、重连、铁胫、大枪、尤来、上江、青犊、五校、檀乡、五幡、五楼、富平、获索等等，各率所属人马，总共达数百万人，也纷纷劫掠所在郡县。

光武帝决意扫荡各地盗贼。首先派吴汉北发幽州十郡兵马，幽州牧苗曾拒不从命，吴汉便斩杀苗曾，调发其所属人马。秋天，光武帝在鄡县攻打铜马，吴汉率精锐的骑兵前来会合，驻扎在清阳县。铜马军屡次列阵挑战，光武帝厚筑营垒，坚守不出；铜马兵一有外出劫掠，光武帝就派人袭击捕获他们，断绝了铜马军的粮食来源。一个多月后，铜马军粮尽，被迫乘夜逃遁，光武帝率军追击到馆陶县，大败铜马军。光武帝收降铜马败军尚未结束，高湖、重连军从东南方向赶来，与铜马军残部会合，光武帝又与他们在蒲阳山大战，将各军尽行击败收降，并将各军首领封为列侯。尽管如此，投降的各部首领们仍然感到疑惧不安，光武帝深知其意，便下令让他们回到各自营中，统率原有的人马，而自己则单人匹马，巡查行伍，部署阵地。投降的各部将领们相互叙说："萧王待人以诚，推心置腹，我们怎能不以死报效呢！"各部降兵降将，从此都心悦诚服，真情归附光武帝。光武帝将全部降众分往各营，充实军伍，于是大军人马达数十万之多，因此关西一带，都将光武帝称为"铜马帝"。赤眉军别路将领所部人马与大肜、青犊军共十余万人驻扎在射犬，光武帝率兵进击，大破赤眉、大肜、青犊各军，各军兵马四下逃散。光武帝派吴权、岑彭袭击邺城，攻杀谢躬。

青犊、赤眉二军进入函谷关，进攻更始。光武帝便派遣邓禹率六副将公开脱离更始，引兵向西，乘更始与赤眉互相攻战之机，争夺地盘。更始派大司马朱鲔、舞阴王李铁等屯驻洛阳，以防光武帝军，光武帝也命冯异扎营孟津，坚守拒敌。

建武元年春天正月，平陵人方望立前孺子刘婴为天子，更始派丞相李松进击并斩杀刘婴。

光武帝率兵北进，在元氏县攻打尤来、大抢、五幡各军，追至北平县，连破各军。在顺水北岸，两军再战，光武帝取胜后，轻率进兵，贸然追击，结果反被敌军击败。尤来、大抢、五幡各军穷追不舍，两军激战，短兵相接。鏖战中，光武帝从一高坡上跳下，正巧遇上骑兵王丰，王丰下马，把自己的坐骑让给光武帝。光武帝按着王丰的肩头，翻身上马，回头对耿弇笑道："差点就被这帮家伙所耻笑。"耿弇不断张弓发箭，打退敌军，光武帝等才得以幸免。

这一仗，汉军阵亡数千人，混战中被打散的士兵只得退保范阳县城。这时，军中发现少了光武帝，有的人说光武帝已经战死，各部将领不知所措。吴汉对大家说："诸位振作起来，不必惊慌。即使萧王阵亡，但萧王兄长的儿子尚在南阳，我们哪用担心没有雄主呢？"尽管如此，军中惶惧不宁的情绪，几天后才稍微平静下来。敌军虽然偶然取胜，但一贯畏惧光武帝的威势，又加上两军彼此互昧虚实，只得借着夜幕的掩护，领兵退去。光武帝回到军中，又率大军追击敌人，在安次与敌军相遇，交战破敌，斩首三千余级。敌军退入渔阳郡地，光武帝命吴汉率耿弇、陈俊、马武等十三将军乘胜追击，在潞县东再战，追至平谷，全歼敌军。

更始洛阳守将朱鲔派讨难将军苏茂攻打汉军守地温县，温县守将冯异、寇恂出阵接战，大败敌军，斩苏茂部将贾强。

连战连捷，光武帝威势日盛。众将领便议请光武帝使用天子的名号。马武首先向光武帝进言道："现在天下无主。如有德才兼备、出类拔萃的人乘这混乱之际，起来夺取天下，即使以孔子为相，孙武为将，来匡扶政局，恐怕还无济于事。因此您应早即帝位，以定军心。若坐失良机，犹如覆水难收，必将后悔莫及。大王您固持谦恭逊让，虽可独善其身，但置国家利益于何处呢！您还是应暂返蓟城，即天子尊位，然后再商议征伐攻战之事。不然天下无主，就无法区分谁是盗贼，我们又跑去攻打谁呢？"光武帝听后大吃一惊，慌忙说："将军您怎么讲出这样的话呢？这可是要杀头的啊！"马武若无其事地答道："众将领们也都是这个主张。"光武帝让马武出去，向众将领解释目前不能称帝的道理，然后率军回到蓟城。

夏天，四月，公孙述自称天子。光武帝从蓟县返回，路过苑阳，下令掩埋所见阵亡将士的尸体。行至中山，众将领就即帝位事，再次向光武帝进言："汉朝不幸，遭王莽之乱，祭祀废绝，正统不继，四方英豪切齿愤盈，怒不可遏，宇内生灵涂炭，万民倒悬。大王您与伯升首倡义举，起兵反莽兴汉，但更始却凭借您的力量，窃据帝位。他不但不能奉行天子的职责，反而废乱纲常，败坏法纪，使天下盗贼日渐增多，百姓生计艰难窘迫。大王您首战昆阳，歼敌十万，王莽政权随之寿终正寝；其后攻占邯郸,扫荡王郎,北方各州盗贼平定;而今天下三分,您占有其二,大军百万。若论实力,无人能与您抗衡;讲到仁德爱民,那也是当之无愧,无可推辞。臣下我听说帝王的尊位不能长期空置,上天的旨意也不可过分谦恭拒让。请大王您从国家利益来考虑这个问题,满足天下人的共同心愿。"光武帝仍然没有接受臣下的建议。

大军抵达平棘,众将领再次恳请光武帝即帝位。光武帝说:"现在天下盗贼尚未平定,我们仍处于四面受敌的境地,为什么一定要急急忙忙地正名号、即帝位呢?你们还是暂时回去吧。"耿纯上前一步说道:"天下士大夫们之所以抛弃家室,离乡背井,跟随大王您出生入死,其初衷不过是希望能够攀附贤能英明的君主,来实现他们的宏大志向。眼下帝王的功业成就在即,天意人心遥相应合,而大王您却一味拖延时机,违逆众心,不正名号即帝位。耿纯我担心这样下去,士大夫们就会感到前途渺茫,功名无望,因而产生离去的念头,不愿长此以往地苦熬下去。众人一散,则难以重新聚合。时机不可延误,众心不能违逆啊!"耿纯言辞恳切,情真意诚,光武帝深为感动,说:"我一定认真考虑这个问题。"

大军来到鄗县,光武帝当年在长安的同学强华携《赤伏符》来见光武帝。《赤伏符》中说:"刘秀仗义起兵,捕捉罪首王莽。四方豪杰并起,群雄争夺天下;二百二十八年,属火德者为主。"群臣依此再次向光武帝上言:"大王您受命于上天的吉兆,以强华所献《赤伏符》最为重要,万里之外,符信相应,彼此愿望,不谋而合,就是当年武王伐纣,白鱼跃舟,又怎能与此同日而语呢?现在上无天子,天下离乱。《赤伏符》所言,显而易见,且众人尽知。大王您应顺应天意,满足众望。"于是光武帝便下令让有关官员在鄗县城南的千秋亭五成陌设立坛场。

六月己未日，光武帝即皇帝位。举行隆重的祭天仪式，随后又祭祀水、火、雷、风、山、泽六神，祭祀山川众神。祭文这样说："皇天上帝，天地之神，垂爱关顾，降下命令，把老百姓托付给刘秀，让刘秀为民父母，刘秀实不敢当。群臣诸侯，没有事先谋议却众口一词，都说：'王莽篡位，刘秀发愤起兵，打破王寻、王邑于昆阳，诛杀王郎、铜马于河北，平定天下，海内蒙受其恩。上合天地之心意，下被百姓所归心。'谶文说：'刘秀发兵捕不道，卯金（即刘）修德为天子。'刘秀仍然坚决推辞，一而再，再而三。群臣一致说：'老天的大命，不可迟疑不决'。刘秀不敢不敬承天命。"于是建立年号，称为"建武"，大赦天下，又将鄗县县城改称为高邑。

就在光武帝登基即位的这个月，赤眉军拥立刘盆为天子。

甲子日，前将军邓禹进攻更始的定国公王匡于安邑，把他打得大败，杀死他的部将刘均。

秋天，七月，辛未日，光武帝任命前将军邓禹为大司徒。丁丑日，命野王令王梁为大司空。壬午日，以大将军吴汉为大司马，偏将军景丹为骠骑大将军，大将军耿弇为建威大将军，偏将军盖延为虎牙大将军，偏将军朱祐为建议大将军，中坚将军杜茂为大将军。

当时汉家的宗室刘茂自称"厌新将军"，也率众前来投降，被封为中山王。

己亥日，光武帝到达怀县。派耿弇率领强弩将军陈俊驻扎于五社津，防备荥阳以东的敌人。派吴汉率领朱祐和廷尉岑彭、执金吾贾复、扬化将军坚镡等十一位将军，围攻朱鲔于洛阳。

八月壬子日，祭祀土谷之神。癸丑日，在怀县宫中祭祀高祖、太宗、世宗。光武帝前往河阳。更始的廪丘王田立投降。

九月，赤眉军攻入长安城，更始逃往高陵。辛未日，光武帝颁布诏令："更始破败，弃城遁逃，妻儿衣不蔽体，流离失所。我对此极为忧怜。现封更始为淮阳王。无论官吏百姓，如有敢伤害更始的，一律按大逆治罪。"

甲申日，以曾任密县县令的卓茂为太傅。

辛卯日，朱鲔以洛阳城投降。

冬天，十月，光武帝乘车进入洛阳，随即幸临南宫却非殿，于是定都洛阳。

派岑彭去攻打荆州的群贼。

十一月甲午日，光武帝到达怀县。

刘永自称天子。

十二月丙戌日，光武帝从怀县回到洛阳。

赤眉军杀死了更始帝，而隗嚣占据了陇右，卢芳起兵于安定。破房大将军叔寿在典梁攻打五校贼，战死。

二年春天，正月初一日，发生日食。大司马吴汉率九位将军在邺县东部进攻檀乡军，大败檀乡军，并收降其残部。庚辰日，光武帝将众功臣都封为列侯，侯国最大的达四县，其余也视功劳大小各有等级，并为此下诏列侯："人之常情，若有所得，便心满意足，随后肆意放纵，只贪图眼前的快意，而忘掉了仁德爱民，慎用刑罚的道理。众将领功劳卓著，事业久远，又确想把这无穷的功业传之于后世，就应像古代圣人那样，为政处世，谨慎戒惧，如临深渊，如履薄冰。那些功劳显著而没有得到酬答，名字没有载入功劳簿的人，由大鸿胪从速报来，我将分别录功行赏，予以任用。"博士丁恭对封侯一事提出异议说："古代帝王封建诸侯，食邑不超过百里之地，所以封侯建国，都取法于《周易》震卦的'震惊百里'。加强天子的神威，削弱诸侯的权势，这才是为政治国之道。现封建诸侯，食邑达四县之广，这不符合为政治国的法式规则。"光武帝反驳道："古代亡国，都是因为君主治国无道，从未听说因封赐功臣食邑太多而致亡国的。"便派谒者将印玺随即分送列侯，并对他们发布文告："位在上而不骄，居高处而无险。有所节制，谨守法度，满而不溢，敬戒骄横。功业传于子孙，永为汉朝藩篱。"

壬午日，更始的复汉将军邓晔、辅汉将军于匡投降，都恢复了他们的爵位。

壬子日，盖高庙，建社稷坛于洛阳，并于城南建立郊祀之坛，至此始明确东汉为火德，以赤为正色。

这个月，赤眉军焚烧了西京长安的宫殿，发掘了帝王的陵墓，寇掠关中地区。大司徒邓禹西入长安，派手下人员把从高祖至平帝十一个皇帝的神主，接到洛阳的高庙中。

真定王刘杨、临邑侯刘让谋反，派前将军耿纯去消灭了他们。

二月己酉日，光武帝到了修武县。

大司空王梁被免职。壬子日，以太中大夫宋弘为大司空。

派骠骑大将军景丹率领征虏将军祭遵等二将军攻打在弘农的盗贼，打败了他们，因而派祭遵去围攻蛮中的盗贼张满。

渔阳太守彭宠反叛，进攻幽州牧朱鲔于蓟县。

延岑在汉中自称武安王。

辛卯日，光武帝从修武回到洛阳。

三月乙未日，大赦天下，诏书说："近来治狱断案，多有冤枉，施用刑罚，严峻苛刻，我对此深感哀怜。孔子说：'刑罚不适当，则百姓手足无措，无所适从。'应与中二千石官吏、诸大夫、博士、议郎等商议省减刑律。"

派执金吾贾复率领二将军攻打更始的郾王尹遵，攻破并降服了他们。

骁骑将军刘植攻打密县的盗贼，战斗中死亡。

派虎牙大将军盖延率领四将军讨伐刘永。夏季四月，围攻刘永于睢阳。更始的将领苏茂杀了淮阳太守潘蹇而依附于刘永。

甲午日，封叔父刘良为广阳王，哥哥的儿子刘章为太原王，刘章的弟弟刘兴为鲁王，舂陵侯的嫡子刘祉为城阳王。

五月庚辰日，封更始的元氏刘歆为泗水王，已故真定王刘杨的儿子刘得为真定王，周朝的后裔姬常为周承休公。

癸未日，下诏书说："民间有嫁妻卖子想归到生身父母那里的，都应允许。如有人敢抓住他们不放的，按法律条文治罪。"

六月戊戌日，立贵人郭氏为皇后，儿子刘强为太子，大赦天下。增加郎官、谒者、从官的秩禄各一等。丙午日，封宗族子弟刘终为淄川王。

秋季八月，光武帝亲自率军征讨五校。丙辰日，到达内黄县，大破五校于羛阳，降服了他们。

派游击将军邓隆去救援朱浮，与彭宠战于潞城，邓隆军失败。

盖延拔除了睢阳，刘永逃奔谯县。

破虏将军邓奉占据淯阳反叛。

九月壬戌日，光武帝从内黄回到洛阳。

骠骑将军景丹去世。

延岑大破赤眉军于杜陵县。

关中地区闹饥荒，人民相食。

冬季十一月，以廷尉岑彭为征南大将军，率领八将军讨伐邓奉于堵乡。

铜马、青犊、尤来的残部共立孙登为天子于上郡。孙登的将领乐玄杀了孙登，带领他的部众五万多人投降。

派偏将军冯异代替邓禹讨伐赤眉军。

派太中大夫伏隆为使者拿着节杖去安抚青徐二州，招纳张步并降服了他。

十二月戊午日，下诏书说："汉家宗室列侯被王莽所废除的，祖先神灵无所依旧，我很怜悯。现命令他们都恢复旧有封国。如果诸侯本人已死亡，诸侯所属郡县把他们子孙的名字上报于尚书，加以封拜。"

这一年，盖延等在沛西大败刘永。当初，在王莽末年，天下旱蝗成灾、黄金一斤，仅能换得粟米一斛。到这时，田野稻谷不播自生，随处可见，大麻豆类尤其繁盛，野蚕结茧，覆盖了山野丘陵，人们尽情享受大自然带来的厚利。

三年春天正月甲子日，以偏将军冯异为征西大将军，杜茂为骠骑大将军。大司徒邓禹及冯异与赤眉军战于回溪，邓禹、冯异失败。

征虏将军祭遵攻破蛮中，斩杀张满。

辛巳日，立光武帝的父亲南顿君以上四代祖先的宗庙。

壬午日，大赦天下。

闰月乙巳日，大司徒邓禹免职。

冯异与赤眉军战于崤底，把赤眉军打得大败，残部向南逃往宜阳，光武帝亲自率军征讨他们。己亥日，光武帝到达宜阳。甲辰日，亲自部勒六军，大摆战马阵势，大司马吴汉率精锐士卒在阵前，中军在其后，骁骑和武卫分阵左右翼。赤眉军看见这个阵势非常震惊害怕，派使者来求降。丙午日，赤眉军的君臣反绑双手于后背，捧着汉高祖的传国玺前来投降。光武帝命令把他们交付城门校尉。戊申日，光武帝从宜阳回到洛阳，己酉日，下诏书说：“群盗纵横，残害百姓，刘盆子盗窃尊号，惑乱天下。我起兵讨伐，使他们即时崩溃瓦解，十余万众束手降服，先皇帝的传国玺印，回到了王府。这都是祖宗的神灵，士人的努力，我哪里敢当此荣耀！现在选择良辰吉日祭祀高宗，赐给天下的长子当为父亲继承人者爵位，每人一级。”

二月己未日，祭祀高庙，接受传国玺。

刘永立董宪为海西王，张步为齐王。张步杀了光禄大夫伏隆而反叛。

光武帝到怀县。派吴汉率二将军攻打青犊军于轵县之西，大破并使他们投降。

三月壬寅日，以大司徒司直伏湛为大司徒。

彭宠攻陷蓟城，并自立为燕王。

光武帝亲自率军征讨邓奉，来到堵阳。夏季四月，大破邓奉于小长安，斩杀了他。

冯异与延岑交战于上林苑，攻破了他。

吴汉率领七将军与刘永的部将苏茂交战于广乐，大破他。虎牙大将军盖延围攻刘永于睢阳。

五月己酉日，光武帝回到宫中。

乙卯日是本月的最后一天，发生了日食。

六月壬戌日，大赦天下。

耿弇与延岑交战于穰县，大破他。

秋天七月，征南大将军岑彭率三将军讨伐秦丰，交战于黎丘，大破他，俘虏了他的部将蔡宏。

庚辰日，光武帝下诏：“从年俸不满六百石的官吏，下至铜绶墨印的县长、国相等地方官员，若其犯罪，必须先请示朝廷，不能由上级长官自行裁处。年龄在八十岁以上、十岁以下的男子，以及因牵连而获罪的妇女，若不是犯下不道的恶罪，或不是诏书所指名逮捕的人，都不得随意拘禁，在押犯人中有应审验查明其罪行的，就必须马上审验查明。女子犯徒罪雇请人入山伐木的，本人则可以回家。"

盖延拔除了睢阳，俘虏了刘永，可是苏茂、周建却立刘永的儿子刘纡为梁王。

冬季十月壬申日，光武帝到舂陵，祭祀了先帝基地所在的宗庙，因而在故居设置酒宴，大会亲朋故旧父老乡亲。十一月乙未日，从舂陵回到了洛阳。

涿郡太守张丰反叛。

这年，李宪自称天子。西州大将军隗嚣向朝廷进献奏章。建议大将军朱祐率祭遵与延岑交战于东阳，斩杀其部将张成。

四年春季正月甲申日，大赦天下。

二月壬子日，光武帝到怀县。壬申日，从怀县到洛阳。

派右将军邓禹率领二将军与延岑交战于武当县，打破了他。

夏季四月丁巳日，光武帝到邺城。己巳日，到达临平县。

派大司马吴汉攻打五校贼于箕山，大破他们。

五月，光武帝到达元氏。辛巳日，到达卢奴。

派征虏将军祭遵率领四将军讨伐张丰于涿郡，斩杀了张丰。

六月辛亥日，光武帝回到宫中。

七月丁亥日，光武帝到谯县。派捕虏将军马武、偏将军王霸围攻刘纡垂惠。

董宪的部将贲休以兰陵城投降，董宪包围了兰陵。虎牙大将军盖延率领平狄将军庞萌援救贲休，不成功，兰陵被董宪攻陷。

秋季八月戊午日，光武帝到达寿春。

太中大夫徐恽擅自杀了临淮太守刘度，徐恽获罪被处斩。

派扬武将军马成率领三将军讨伐李宪。九月,包围李宪于舒县。

冬季十月甲寅日,光武帝回到宫中。

太傅卓茂去世。

十一月丙申日,光武帝到宛县。派建义大将军朱祐率领二将军围攻秦丰于黎丘。十二月丙寅日,光武帝到达黎丘。

这一年,征西大将军冯异与公孙述的部将程焉交战于陈仓,打破了他。

五年春季正月癸巳日,光武帝回到宫中。

二月丙午日,大赦天下。

捕虏将军马武、偏将军王霸攻拔垂惠。

乙丑日,光武帝到达魏郡。

壬申日,封殷商后裔孔安为殷绍嘉公。

彭宠被他的奴仆所杀,渔阳被平定。

大司马吴汉率领建威大将军耿弇攻打富平、获索贼人于平原郡,大破并降服了他们。又派耿弇率领二将军讨伐张步。

三月癸未日,改封广阳王刘良为赵王,并开始到封国去。

平狄将军庞萌反叛,杀死楚郡太守孙萌而向东依附于董宪。

派征南大将军岑彭率领二将军讨伐田戎于津乡,大破了他。

夏季四月,天旱,有蝗灾。

河西大将军窦融开始向朝廷遣使并贡献物品。

五月丙子日,光武帝颁布诏令:"天下久旱,危害庄稼,去年的秋麦,至今仍未能收获,我对此深感忧虑。难道这是因为酷吏不能尽职,滥治冤狱,使百姓愁苦怨恨,而感动上苍所至吗?现令中都官、三辅长官及各郡国长官,释放在押的囚犯,若非斩首之罪,均停止审验,正在服徒刑的犯人,免罪为平民。各级官员务求进用和善循良,斥退酷吏贪官,务必恪尽职守,为国家尽忠尽责。"

六月，建义大将军朱祐攻拔黎丘，俘虏了秦丰；而庞萌、苏茂却包围了桃城。光武帝当时正在蒙县，因而亲自统军讨伐他。先在任城整理军队，然后才进救桃城，大破庞萌等人。

秋季七月丁丑日，光武帝到沛县，祭祀再建的高庙。下令修复西京长安的皇帝陵墓。光武帝到达湖陵，征讨董宪。又到了蕃县，于是进攻董宪于昌虑县，大破了他。

八月己酉日，光武帝到达郯县，留下吴汉进攻刘纡、董宪等，光武帝转而巡行彭城，下邳。吴汉攻拔郯县，俘虏了刘纡；吴汉进一步包围董宪、庞萌于朐县。

冬季十月，光武帝往回走，路过鲁县，派大司空去祭祀孔子。

耿弇等人与张步交战于临淄，大破了他。光武帝到达临淄，又到了剧县。张步斩杀了苏茂前来投降，齐国地面被平定。

开始建造太学。光武帝回到宫中，光临太学，赐给博士弟子多少不等的东西。

十一月壬寅日，太司徒优湛免职，尚书令侯霸任命为大司徒。

十二月，卢芳自称天子于九原县。

西州大将军隗嚣派儿子隗恂到朝廷作侍子。

交阯牧邓让率领交州所属七郡的太守所派的使者到朝廷进贡。

下诏免除济阳县二年的徭役。

这一年，野生的谷物逐渐稀少，垦种的田亩更加广大。

后汉书卷一下

光武帝纪第一下

六年春正月丙辰,改舂陵乡为章陵县。世世复徭役,比丰、沛,无有所豫。

辛酉,诏曰:"往岁水、旱、蝗虫为灾,谷价腾跃,人用困乏。朕惟百姓无以自赡,恻然愍之。其命郡国有谷者,给禀高年、鳏、寡、孤、独及笃癃、无家属贫不能自存者,如《律》。二千石勉加循抚,无令失职。"

扬武将军马成等拔舒,获李宪。

二月,大司马吴汉拔朐,获董宪、庞萌,山东悉平。诸将还京师,置酒赏赐。

三月,公孙述遣将任满寇南郡。

夏四月丙子,幸长安,始谒高庙,遂有事十一陵。

遣虎牙大将军盖延等七将军从陇道伐公孙述。

五月己未,至自长安。

隗嚣反,盖延等因与嚣战于陇坻,诸将败绩。

辛丑,诏曰:"惟天水、陇西、安定、北地吏人为隗嚣所诖误者,又三辅遭难赤眉,有犯法不道者,自殊死以下,皆赦除之。"

六月辛卯,诏曰:"夫张官置吏,所以为人也。今百姓遭难，户口耗少，而县官吏职所置尚繁，其令司隶、州牧各实所部，省减吏员。县国不足置长吏可并合者，上大司徒、大司空二府。"于是条奏并省四百余县，吏职减损，十置其一。

代郡太守刘兴击卢芳将贾览于高柳，战殁。

初，乐浪人王调据郡不服。秋，遣乐浪太守王遵击之，郡吏杀调降。

遣前将军李通率二将军，与公孙述将战于西城，破之。

夏，蝗。

秋九月庚子，赦乐浪谋反大逆殊死已下。

丙寅晦，日有食之。

冬十月丁丑，诏曰："吾德薄不明，寇贼为害，强弱相陵，元元失所。《诗》云：'日月告凶，不用其行。'永念厥咎，内疚于心。其敕公卿举贤良、方正各一人；百僚并上封事，无有隐讳；有司修职，务遵法度。"

十一月丁卯，诏王莽时吏人没入为奴婢不应旧法者，皆免为庶人。

十二月壬辰，大司空宋弘免。

癸巳，诏曰："顷者师旅未解，用度不足，故行什一之税。今军士屯田，粮储差积。其令郡国收见田租三十税一，如旧制。"

隗嚣遣将行巡寇扶风，征西大将军冯异拒破之。

是岁，初罢郡国都尉官。始遣列侯就国。匈奴遣使来献，使中郎将报命。

七年春正月丙申，诏中都官、三辅、郡、国出系囚，非犯殊死，皆一切勿案其罪。见徒免为庶（民）〔人〕。耐罪亡命，吏以文除之。

又诏曰："世以厚葬为德，薄终为鄙，至于富者奢僭，贫者单财,法令不能禁,礼义不能止,仓卒乃知其咎。其布告天下,令知忠臣、孝子、慈兄、悌弟薄葬送终之义。"

二月辛巳,罢护漕都尉官。

三月丁酉,诏曰:"今国有众军,并多精勇,宜且罢轻车、骑士、材官、楼船士及军假吏,令还复民伍。"

公孙述立隗嚣为朔宁王。

癸亥晦,日有食之,避正殿,寝兵,不听事五日。诏曰:"吾德薄致灾,谪见日月,战栗恐惧,夫何言哉!今方念愆,庶消厥咎。其令有司各修职任,奉遵法度,惠兹元元。百僚各上封事,无有所讳。其上书者,不得言圣。"

夏四月壬午,诏曰:"比阴阳错谬,日月薄食。百姓有过,在予一人,大赦天下。公、卿、司隶、州牧举贤良、方正各一人,遣诣公车,朕将览试焉。"

五月戊戌,前将军李通为大司空。

甲寅,诏吏人遭饥乱及为青、徐贼所略为奴婢下妻,欲去留者,恣听之。敢拘制不还,以卖人法从事。

是夏,连雨水。

汉忠将军王常为横野大将军。

八月丁亥,封前河间王邵为河间王。

隗嚣寇安定,征西大将军冯异、征虏将军祭遵击却之。

冬,卢芳所置朔方太守田飒、云中太守乔扈各举郡降。

是岁,省长水、射声二校尉官。

八年春正月,中郎将来歙袭略阳,杀隗嚣守将而据其城。

夏四月,司隶校尉傅抗下狱死。

隗嚣攻来歙,不能下。闰月,帝自征嚣,河西(太守)〔大将军〕窦融率五郡太守与车驾会高平。陇右溃,隗嚣奔西城,遗大司马吴汉、征南大将军岑彭围之；进幸上邽，不降，命虎牙大将军盖延、建威大将军耿弇攻之。

颍川盗贼寇没属县，河东守守兵亦叛，京师骚动。

秋，大水。

八月，帝自上邽晨夜东驰。九月乙卯，车驾还宫。

庚申，帝自征颍川盗贼，皆降。

安丘侯张步叛归琅邪，琅邪太守陈俊讨获之。

戊寅，至自颍川。

冬十月丙午，幸怀。十一月乙丑，至自怀。

公孙述遣兵救隗嚣，吴汉、盖延等还军长安。天水、陇西复反归嚣。

十二月，高句丽王遣使奉贡。

是岁大水。

九年春正月，隗嚣病死，其将王元、周宗复立嚣子纯为王。

徙雁门吏人于太原。

三月辛亥，初置青巾左校尉官。

公孙述遣将田戎、任满据荆门。

夏六月丙戌，幸缑氏，登轘辕。

遣大司马吴汉率四将军击卢芳将贾览于高柳，战不利。

秋八月，遣中郎将来歙监征西大将军冯异等五将军讨隗纯于天水。

骠骑大将军杜茂与贾览战于繁畤，茂军败绩。

是岁，省关都尉，复置护羌校尉官。

十年春正月，大司马吴汉率捕虏将军王霸等五将军击贾览于高柳，匈奴遣骑救览，诸将与战，却之。

修理长安高庙。

夏，征西大将军冯异破公孙述将赵匡于天水，斩之。征西大将军冯异薨。

秋八月己亥，幸长安，祠高庙，遂有事十一陵。

戊戌，进幸汧。隗嚣将高峻降。

冬十月，中郎将来歙等大破隗纯于落门，其将王元奔蜀，纯与周宗降，陇右平。

先零羌寇金城、陇西，来歙率诸将击羌于五溪，大破之。

庚寅，车驾还宫。

是岁，省定襄郡，徙其民于西河。泗水王歙薨。淄川王终薨。

十一年春二月己卯，诏曰："天地之性人为贵。其杀奴婢，不得减罪。"

〔三月〕己酉，幸南阳；还，幸章陵，祠园陵。

城阳王祉薨。

庚午，车驾还宫。

闰月，征南大将军岑彭率三将军与公孙述将田戎、任满战于荆门，大破之，获任满。威虏将军冯骏围田戎于江州，岑彭遂率舟师伐公孙述，平巴郡。

夏四月丁卯，省大司徒司直官。

先零羌寇临洮。

六月，中郎将来歙率扬武将军马成破公孙述将王元、环安于下辩。安遣间人刺杀中郎将来歙。帝自将征公孙述。秋七月，次长安。八月，岑彭破公孙述将侯丹于黄石。辅威将军臧宫与公孙述将延岑战于沈水，大破之。王元降。至自长安。

癸亥，诏曰："敢灸灼奴婢，论如律，免所灸灼者为庶（民）〔人〕。"

冬十月壬午，诏除奴婢射伤人弃市律。

公孙述遣间人刺杀征南大将军岑彭。

马成平武都，因陇西太守马援击破先零羌，徙致天水、陇西、扶风。

十二月，大司马吴汉率舟师伐公孙述。

是岁，省朔方牧，并并州。初断州牧自还奏事。

十二年春正月，大司马吴汉与公孙述将史兴战于武阳，斩之。

三月癸酉，诏陇、蜀民被略为奴婢自讼者，及狱官未报，一切免为庶（民）〔人〕。

夏，甘露降南行唐。六月，黄龙见东阿。

秋七月，威虏将军冯骏拔江州，获田戎。九月，吴汉大破公孙述将谢丰于广都，斩之。辅威将军臧宫拔涪城，斩公孙恢。

大司空李通罢。

冬十一月戊寅，吴汉、臧宫与公孙述战于成都，大破之。述被创，夜死。辛巳，吴汉屠成都，夷述宗族及延岑等。

十二月辛卯，扬武将军马成行大司空事。

是岁，九真徼外蛮夷张游率种人内属，封为归汉里君。省金城郡属陇西。参狼羌寇武都，陇西太守马援讨降之。诏边吏力不足战则守，追虏料敌不拘以逗留法。横野大将军王常薨。遣骠骑大将军杜茂将众郡施刑屯北边，筑亭候，修烽燧。

十三年春正月庚申，大司徒侯霸薨。

戊子，诏曰："往年已敕郡国，异味不得有所献御，今犹未止，非徒有豫养导择之劳，至乃烦扰道上，疲费过所。其令太官勿复受。明敕下以远方口实所以荐宗庙，自如旧制。"

二月，遣捕虏将军马武屯滹沱河以备匈奴。卢芳自五原亡入匈奴。

丙辰，诏曰："长沙王兴、真定王得、河间王邵、中山王茂，皆袭爵为王，不应经义。其以兴为临湘侯，得为真定侯，邵为乐成侯，茂为单父侯。"其宗室及绝国封侯者凡一百三十七人。丁巳，降赵王良为赵公，太原王章为齐公，鲁王兴为鲁公。庚午，以殷绍嘉公孔安为宋公，周承休公姬（常）〔武〕为卫公。省并西京十三国：广平属巨鹿，真定属常山，河间属信都，城阳属琅邪，泗水属广陵，淄川属高密，胶东属北海，六安属庐江，广阳属上谷。

三月辛未，沛郡太守韩歆为大司徒。丙子，行大司空马成罢。

夏四月，大司马吴汉自蜀还京师，于是大飨将士，班劳策勋。功臣增邑更封，凡三百六十五人。其外戚恩泽封者四十五人。罢左右将军官。建威大将军耿弇罢。

益州传送公孙述瞽师、郊庙乐器、葆车、舆辇，于是法物始备。时，兵革既息，天下少事，文书调役，务从简寡，至乃十存一焉。甲寅，冀州牧窦融为大司空。

五月，匈奴寇河东。

秋七月，广汉徼外白马羌豪率种人内属。

九月，日南徼外蛮夷献白雉、白兔。

冬十二月甲寅，诏益州民自八年以来被略为奴婢者，皆一切免为庶（民）〔人〕；或依托为人下妻，欲去者，恣听之；敢拘留者，比青、徐二州以略人法从事。

复置金城郡。

十四年春正月，起南宫前殿。

匈奴遣使奉献，使中郎将报命。

夏四月辛巳，封孔子后志为褒成侯。

越巂人任贵自称太守，遣使奉计。

秋九月，平城人贾丹杀卢芳将尹由来降。

是岁,会稽大疫。莎车国、鄯善国遣使奉献。

十二月癸卯,诏益、凉二州奴婢,自八年以来自讼在所官,一切免为庶(民)〔人〕,卖者无还直。

十五年春正月辛丑,大司徒韩歆免,自杀。

丁未,有星孛于昴。

汝南太守欧阳歙为大司徒。建义大将军朱祐罢。

丁未,有星孛于营室。

二月,徙雁门、代郡、上谷三郡民,置常〔山〕关、居庸关以东。

初,巴蜀既平,大司马吴汉上书请封皇子,不许,重奏连岁。三月,乃诏群臣议。大司空融、固始侯通、胶东侯复、高密侯禹、太常登等奏议曰:"古者封建诸侯,以藩屏京师。周封八百,同姓诸姬并为建国,夹辅王室,尊事天子,享国永长,为后世法。故《诗》云:'大启尔宇,为周室辅。'高祖圣德,光有天下,亦务亲亲,封立兄弟诸子,不违旧章。陛下德横天地,兴复宗统,褒德赏勋,亲睦九族,功臣宗室,咸蒙封爵,多受广地,或连属县。今皇子赖天,能胜衣趋拜,陛下恭谦克让,抑而未议,群臣百姓,莫不失望。宜因盛夏吉时,定号位,以广藩辅,明亲亲,尊宗庙,重社稷,应古合旧,厌塞众心。臣请大司空上舆地图,太常择吉日,具礼仪。"制曰:"可。"

夏四月戊申,以太牢告祠宗庙。丁巳,使大司空融告庙,封皇子辅为右翊公,英为楚公,阳为东海公,康为济南公,苍为东平公,延为淮阳公,荆为山阳公,衡为临淮公,焉为左翊公,京为琅邪公。癸丑,追谥兄伯升为齐武公,兄仲为鲁哀公。

六月庚午,复置屯骑、长水、射声三校尉官;改青巾左校尉为越骑校尉。

诏下州郡检核垦田顷亩及户口年纪，又考实二千石长吏阿枉不平者。

冬十一月甲戌，大司徒欧阳歙下狱死。十二月庚午，关内侯戴涉为大司徒。

卢芳自匈奴入居高柳。

是岁，骠骑大将军杜茂免。虎牙大将军盖延薨。

十六年春二月，交阯女子徵侧反，略有城邑。

三月辛丑晦，日有蚀之。

秋九月，河南尹张伋及诸郡守十余人，坐度田不实，皆下狱死。

郡国大姓及兵长、群盗处处并起，攻劫在所，害杀长吏。郡县追讨，到则解散，去复屯结。青、徐、幽、冀四州尤甚。冬十月，遣使者下郡国，听群盗自相纠摘，五人共斩一人者，除其罪。吏虽逗留回避故纵者，皆勿问，听以禽讨为效。其牧守令长坐界内盗贼而不收捕者，又以畏懦捐城委守者，皆不以为负，但取获贼多少为殿最，唯蔽匿者乃罪之。于是更相追捕，贼并解散。徙其魁帅于它郡，赋田受禀，使安生业。自是牛马放牧，邑门不闭。

卢芳遣使乞降，十二月甲辰，封芳为代王。

初，王莽乱后，货币杂用布、帛、金、粟。是岁，始行五铢钱。

十七年春正月，赵公良薨。

二月乙（亥）〔未〕晦，日有食之。

夏四月乙卯，南巡狩，皇太子及右翊公辅、楚公英、东海公阳、济南公康、东平公苍从，幸颍川，进幸叶、章陵。五月乙卯，车驾还宫。

六月癸巳，临淮公衡薨。

秋七月，妖巫李广等群起据皖城，遣虎贲中郎将马援、骠骑将军段志讨之。九月，破皖城，斩李广等。

冬十月辛巳，废皇后郭氏为中山太后，立贵人阴氏为皇后。进右翊公辅为中山王，食常山郡。其余九国公，皆即旧封进爵为王。

甲申，幸章陵。修园庙，祠旧宅，观田庐，置酒作乐，赏赐。时，宗室诸母因酣悦，相与语曰："文叔少时谨信，与人不款曲，唯直柔耳。今乃能如此！"帝闻之，大笑曰："吾理天下，亦欲以柔道行之。"乃悉为舂陵宗室起祠堂。有五凤凰见于颍川之郏县。十二月，至自章陵。

是岁，莎车国遣使贡献。

十八年春二月，蜀郡守将史歆叛，遣大司马吴汉率二将军讨之，围成都。

甲寅，西巡狩，幸长安。三月壬午，祠高庙，遂有事十一陵。历冯翊界，进幸蒲坂，祠后土。夏四月（甲戌）〔癸酉〕，车驾还宫。

（癸酉）〔甲戌〕，诏曰："今边郡盗谷五十斛，罪至于死，开残吏妄杀之路，其蠲除此法，同之内郡。"

遣伏波将军马援率楼船将军段志等击交阯贼徵侧等。

（戊）〔甲〕申，幸河内。戊子，至自河内。

五月，旱。

卢芳复亡入匈奴。

秋七月，吴汉拔成都，斩史歆等。壬戌，赦益州所部殊死已下。

冬十月庚辰，幸宜城。还，祠章陵。十二月乙丑，车驾还宫。

是岁，罢州牧，置刺史。

十九年春正月庚子，追尊孝宣皇帝曰中宗。始祠昭帝、元帝于太庙，成帝、哀帝、平帝于长安，舂陵节侯以下四世于章陵。

妖巫单臣、傅镇等反，据原武，遣太中大夫臧宫围之。夏四月，拔原武，斩臣、镇等。

伏波将军马援破交阯，斩徵侧等。因击破九真贼都阳等，降之。

闰月戊申，进赵、齐、鲁三国公爵为王。

六月戊申，诏曰："《春秋》之义，立子以贵。东海王阳，皇后之子，宜承大统。皇太子彊，崇执谦退，愿备藩国。父子之情，重久违之。其以彊为东海王，立阳为皇太子，改名庄。"

秋九月，南巡狩。壬申，幸南阳，进幸汝南南顿县舍，置酒会，赐吏人，复南顿田租岁。父老前叩头言："皇考居此日久，陛下识知寺舍，每来辄加厚恩，愿赐复十年。"帝曰："天下重器，常恐不任，日复一日，安敢远期十岁乎？"吏人又言："陛下实惜之，何言谦也？"帝大笑，复增一岁。进幸淮阳、梁、沛。

西南夷寇益州郡，遣武威将军刘尚讨之。越巂太守任贵谋叛，十二月，刘尚袭贵，诛之。

是岁，复置函谷关都尉。修西京宫室。

二十年春二月戊子，车驾还宫。

夏四月庚辰，大司徒戴涉下狱死。大司空窦融免。

五月辛亥，大司马吴汉薨。

匈奴寇上党、天水，遂至扶风。

六月庚寅，广汉太守蔡茂为大司徒，太仆朱浮为大司空。壬辰，左中郎将刘隆为骠骑将军，行大司马事。

乙未，徙中山王辅为沛王。

秋，东夷韩国人率众诣乐浪内附。

冬十月，东巡狩。甲午，幸鲁，进幸东海、楚、沛国。

十二月，匈奴寇天水。

壬寅，车驾还宫。

是岁，省五原郡，徙其吏人置河东。复济阳县徭役六岁。

二十一年春正月，武威将军刘尚破益州夷，平之。

夏四月，安定属国胡叛，屯聚青山，遣将兵长史陈䜣讨平之。

秋，鲜卑寇辽东，辽东太守祭肜大破之。

冬十月，遣伏波将军马援出塞击乌桓，不克。

匈奴寇上谷、中山。

其冬，鄯善王、车师王等十六国皆遣子入侍奉献，愿请都护。帝以中国初定，未遑外事，乃还其侍子，厚加赏赐。

二十二年春闰月丙戌，幸长安，祠高庙，遂有事十一陵。二月己巳，至自长安。

夏五月乙未晦，日有食之。

秋七月，司隶校尉苏邺下狱死。

九月戊辰，地震裂。制诏曰："日者地震，南阳尤甚。夫地者，任物至重，静而不动者也。而今震裂，咎在君上。鬼神不顺无德，灾殃将及吏人，朕甚惧焉。其令南阳勿输今年田租刍稿。遣谒者案行，其死罪系囚在戊辰以前，减死罪一等；徒皆弛解钳，衣丝絮。赐郡中居人压死者棺钱，人三千。其口赋逋税而庐宅尤破坏者，勿收责。吏人死亡，或在坏垣毁屋之下，而家羸弱不能收拾者，其以见钱谷取佣，为寻求之。"

冬十月壬子，大司空朱浮免。癸丑，光禄勋杜林为大司空。

是岁，齐王章薨。青州蝗。匈奴薁鞬日逐王比遣使诣渔阳请和亲，使中郎将李茂报命。乌桓击破匈奴，匈奴北徙，幕南地空。诏罢诸边郡亭候吏卒。

二十三年春正月，南郡蛮叛，遣武威将军刘尚讨破之，徙其种人于江夏。

夏五月丁卯，大司徒蔡茂薨。

秋八月丙戌，大司空杜林薨。

九月辛未，陈留太守玉况为大司徒。

冬十月丙申，太仆张纯为大司空。

高句丽率种人诣乐浪内属。

十二月，武陵蛮叛，寇掠郡县，遣刘尚讨之，战于沅水，尚军败殁。

是岁，匈奴薁鞬日逐王比率部曲遣使诣西河内附。

二十四年春正月乙亥，大赦天下。

匈奴薁鞬日逐王比遣使款五原塞，求扞御北虏。

秋七月，武陵蛮寇临沅，遣谒者李嵩、中山太守马成讨蛮，不克，于是伏波将军马援率四将军讨之。

诏有司申明旧制阿附蕃王法。

冬十月，匈奴薁鞬日逐王比自立为南单于，于是分为南、北匈奴。

二十五年春正月，辽东徼外貊人寇右北平、渔阳、上谷、太原，辽东太守祭肜招降之。乌桓大人来朝。

南单于遣使诣阙贡献，奉蕃称臣；又遣其左贤王击破北匈奴，却地千余里。三月，南单于遣子入侍。

戊申晦，日有食之。

伏波将军马援等破武陵蛮于临沅。冬十月，叛蛮悉降。

夫余王遣使奉献。

是岁，乌桓大人率众内属，诣阙朝贡。

二十六年〔春〕正月，诏有司增百官奉。其千石已上，减于西京旧制；六百石已下，增于旧秩。

初作寿陵。将作大匠窦融上言："园陵广袤，无虑所用。"帝曰："古者帝王之葬，皆陶人瓦器，木车茅马，使后世之人不知其处。太宗识终始之义,景帝能述遵孝道,遭天下反覆,而霸陵独完受其福,岂不美哉!令所制地不过二三顷,无为山陵,陂池栽令流水而已。"

遣中郎将段郴授南单于玺绶,令入居云中,始置使匈奴中郎将,将兵卫护之。南单于遣子入侍,奉奏诣阙。于是云中、五原、朔方、北地、定襄、雁门、上谷、代八郡民归于本土。遣谒者分将施刑补理城郭。发遣边民在中国者,布还诸县,皆赐以装钱,转输给食。

二十七年夏四月戊午,大司徒玉况薨。

五月丁丑,诏曰:"昔契作司徒,禹作司空,皆无'大'名,其令二府去'大'。"又改大司马为太尉。骠骑大将军行大司马刘隆即日罢,以太仆赵熹为太尉,大司农冯勤为司徒。

益州郡徼外蛮夷率种人内属。

北匈奴遣使诣武威乞和亲。

冬,鲁王兴、齐王石始就国。

二十八年春正月己巳,徙鲁王兴为北海王,以鲁国益东海。赐东海王彊虎贲、旄头、钟虡之乐。

夏六月丁卯,沛太后郭氏薨,因诏郡县捕王侯宾客,坐死者数千人。

秋八月戊寅,东海王彊、沛王辅、楚王英、济南王康、淮阳王延始就国。

冬十月癸酉,诏死罪系囚皆一切募下蚕室,其女子宫。

北匈奴遣使贡献,乞和亲。

二十九年春二月丁巳朔,日有食之。遣使者举冤狱,出系囚。

庚申,赐天下男子爵,人二级;鳏、寡、孤、独、笃癃、贫不能自存者粟,人五斛。

夏四月乙丑，诏令天下系囚自殊死已下及徒各减本罪一等，其余赎罪输作各有差。

三十年春正月，鲜卑大人内属，朝贺。

二月，东巡狩。甲子，幸鲁，进幸济南。闰月癸丑，车驾还宫。

有星孛于紫宫。

夏四月戊子，徙左翊王焉为中山王。

五月，大水。

赐天下男子爵，人二级；鳏、寡、孤、独、笃癃、贫不能自存者粟，人五斛。

癸酉晦，日有食之。

是夏，蝗。

秋九月甲辰，诏令死罪系囚皆一切募下蚕室，其女子宫。

是岁，陈留雨谷，形如稗实。北匈奴遣使奉献。

中元元年春正月，东海王彊、沛王辅、楚王英、济南王康、淮阳王延、赵王盱皆来朝。

丁卯，东巡狩。二月己卯，幸鲁，进幸太山。北海王兴、齐王石朝于东岳。辛卯，柴望岱宗，登封太山；甲午，禅于梁父。

三月戊辰，司空张纯薨。

夏四月癸酉，车驾还宫。己卯，大赦天下。复嬴、博、梁父、奉高，勿出今年田租刍稿。改年为中元。

行幸长安。戊子，祀长陵。五月乙丑，至自长安。

六月辛卯，太仆冯鲂为司空。

乙未，司徒冯勤薨。

是夏，京师醴泉涌出，饮之者固疾皆愈，惟眇、蹇者不瘳。又有赤草生于水崖。郡国频上甘露。群臣奏言："地祇灵应而朱草萌生。孝宣帝每有嘉瑞，辄以改元、神爵、五凤、甘露、黄龙，列为年纪，盖以感致神祇，表彰德信。是以化致升平，称为中兴。今天下清宁，灵物仍降。陛下情存损挹，推而不居，岂可使祥符显庆，没而无闻？宜令太史撰集，以传来世。"帝不纳。常自谦无德，每郡国所上，辄抑而不当，故史官罕得记焉。

秋，郡国三蝗。

冬十月辛未，司隶校尉东莱李䜣为司徒。

甲申，使司空告祠高庙曰："高皇帝与群臣约，非刘氏不王。吕太后贼害三赵，专王吕氏，赖社稷之灵，禄、产伏诛，天命几坠，危朝更安。吕太后不宜配食高庙，同祧至尊。薄太后母德慈仁，孝文皇帝贤明临国，子孙赖福，延祚至今。其上薄太后尊号曰高皇后，配食地祇。迁吕太后庙主于园，四时上祭。"

十一月甲子晦，日有食之。

是岁，初起明堂、灵台、辟雍，及北郊兆域。宣布图谶于天下。复济阳、南顿是年徭役。参狼羌寇武都，败郡兵，陇西太守刘盱遣军救之，及武都郡兵讨叛羌，皆破之。

二年春正月辛未，初立北郊，祀后土。

东夷倭奴国王遣使奉献。

二月戊戌，帝崩于南宫前殿，年六十二。遗诏曰："朕无益百姓，皆如孝文皇帝制度，务从约省。刺史、二千石长吏皆无离城郭，无遣吏及因邮奏。"

初，帝在兵间久，厌武事，且知天下疲耗，思乐息肩。自陇、蜀平后，非儆急，未尝复言军旅。皇太子尝问攻战之事，帝曰："昔卫灵公问陈，孔子不对，此非尔所及。"

每旦视朝，日仄乃罢。数引公卿、郎、将讲论经理，夜分乃寐。皇太子见帝勤劳不怠，承间谏曰："陛下有禹、汤之明，而失黄、老养性之福，愿颐爱精神，优游自宁。"帝曰："我自乐此，不为疲也。"虽身济大业，兢兢如不及，故能明慎政体，总揽权纲，量时度力，举无过事。退功臣而进文吏，戢弓矢而散马牛，虽道未方古，斯亦止戈之武焉。

论曰：皇考南顿君初为济阳令，以建平元年十二月甲子夜生光武于县舍，有赤光照室中。钦异焉，使卜者王长占之。长辟左右曰："此兆吉不可言。"是岁县界有嘉禾生，一茎九穗，因名光武曰秀。明年，方士有夏贺良者，上言哀帝，云汉家历运中衰，当再受命。于是改号为太初元年，称"陈圣刘太平皇帝"，以厌胜之。及王莽篡位，忌恶刘氏，以钱文有金刀，故改为货泉。或以货泉字文为"白水真人"。后望气者苏伯阿为王莽使至南阳，遥望见舂陵郭，唶曰："气佳哉！郁郁葱葱然。"及始起兵还舂陵，远望舍南，火光赫然属天，有顷不见。初，道士西门君惠、李守等亦云刘秀当为天子。其王者受命，信有符乎？不然，何以能乘时龙而御天哉！

赞曰：炎正中微，大盗移国。九县飙回，三精雾塞。人厌淫诈，神思反德。光武诞命，灵贶自甄。沈几先物，深略纬文。寻、邑百万，貔虎为群。长毂雷野，高锋彗云。英威既振，新都自焚。虔刘庸、代，纷坛梁、赵。三河未澄，四关重扰。神旌乃顾，递行天讨。金汤失险，车书共道。灵庆既启，人谋咸赞。明明庙谟，赳赳雄断。于赫有命，系隆我汉。

译文：
　　建武六年春季正月丙辰日，改舂陵乡为章陵县。世世代代免除徭役，与汉高祖的故乡丰、沛一样，没有任何负担。

辛酉日，颁发诏书说："往年水旱蝗虫，交加为害，灾及万民，谷价飞涨，衣食匮乏。每当我想到百姓难于养家糊口，无以自存时，悲痛和忧伤便油然而生，对其困苦的处境深表哀怜。现责令各郡国中尚有存粮的人，都必须按《汉律》的规定，向那些老年人、鳏夫、寡妇、孤儿、老年无子以及残疾病重、无家可归无人赡养而难以自己养活自己的人提供粮食。各县令县长应勤勉政务，安抚百姓，不要妄失职守。"

扬武将军马成等人攻拔舒县，俘虏了李宪。

二月，大司马吴汉攻拔朐县，俘虏了董宪、庞萌，山东地区全部平定。众将军回到京师，设酒宴庆祝加以赏赐。

三月，公孙述派部将任满进犯南郡。

夏季四月丙子日，光武帝到长安，第一次参拜高庙，于是祭祀西汉十一个皇帝的陵墓。

派虎牙大将军盖延等七将军从陇道进军，讨伐公孙述。

五月己未日，光武帝从长安回到洛阳。

隗嚣反叛，盖延等人因此与隗嚣交战于陇坻，盖延等人失败。

辛丑日，下诏说："天水、陇西、安定、北地四郡的官吏人民，凡被隗嚣所惑而误入歧途的，以及三辅地区遭赤眉之难时，有犯法妄死无辜的，自斩首之刑以下的罪犯，全部赦免。"

六月辛卯日，又下诏说："大凡设置官吏，都是为了天下民众，现今百姓遭难，户数损耗，人口减少，但州县郡国所设官吏职位却不胜其繁，现命司隶长官及各州州牧，核实自己所辖郡县，减省官吏员额。将那些地方狭小不足以另设长官而可以合并的县国，具名开列，上报大司徒、大司空二府。"于是各地条列呈报朝廷可合并减省的达四百余县，官吏职位减少了十分之九。

代郡太守刘兴攻打卢芳的部将贾览于高柳县，战斗中阵亡。

早先，乐浪郡人王调占据该郡不服从东汉朝廷。这年秋天，派乐浪太守王遵去攻打他，郡吏杀了王调前来投降。

派前将军李通率领二将军，与公孙述的部将战于西城县，攻破了他。

夏天，发生了蝗灾。

秋季九月庚子日，赦免乐浪郡谋反大逆和斩首以下的罪犯。

本月的最后一天是丙寅日，发生了日食。

冬天，十月丁丑日，下诏说："我的德行晦薄，以致贼寇为害，强弱相欺，天下百姓，流离失所。《诗》中有言：'日月运行失常，互相干犯，以把凶兆告示于人间。'我常想到我的过失，于心深感内疚。现命公卿大夫举荐贤良、方正各一人，百官都可上书奏事，不必有所隐饰忌讳。各级官员行使职权，务必严格遵守法度。"

十一月丁卯日，诏命凡在王莽时不合汉朝法律没官为奴婢的人，一律免去奴婢身份，恢复为平民。

十二月壬辰日，免去大司空宋弘的职位。

癸巳日，光武帝在颁布的诏书中说："过去因战争未结束，军队未解散，国家用度不足，所以实行十一之税。现军队士兵屯田，粮食储备已略有盈余。现今各郡国按当年景帝三十税一的旧制，征收田租。"

隗嚣派部将行巡进犯扶风，征西大将军冯异前往抵抗并打破了他。

这年，开始罢除各郡国的都尉官。开始让爵位最高一级的列侯到各自的封国去。匈奴派使者来贡献，朝廷派中郎将去回报。

七年春季正月丙申日，诏命中都官、三辅长官及各郡国长官，释放所拘押的囚犯，凡非犯下死罪的，都停止验问追究其罪行。正在服徒刑的囚犯，免罪为平民。对那些判处二到四年徒刑的人和逃亡在外者，官府要以文薄记录他们的姓名，并免除他们的罪罚，以免他们逃亡不归，失去名籍。

随后又下诏说："世人都以厚葬故人为忠孝美德，以俭约送终为粗鄙无礼，以至于富家争相攀比，奢侈豪华，僭越名分；贫者从附世风，钱财耗尽。这种厚葬的奢靡风气，法规律令不能禁戒，礼教道义无法抑止，直到战乱中坟墓被盗掘，先人不但不能享受丰厚的随葬，反而死无安身之地，这才知道厚葬者的罪过。现布告天下，使人们都知道作为忠臣、孝子、慈兄、悌弟，为故人俭约送终，才符合忠孝君父，劝诫后人的这个道理。"

二月辛巳日，罢除护漕都尉官。

三月丁酉日，诏命："现国家拥有众多的军队，其中不乏精壮勇武的猛士，过去为战争设置的轻车、骑士、材官、楼船士及下级军官，都应解散，让他们解甲复员，回乡归田。"

公孙述立隗嚣为朔宁王。

本月的最后一天是癸亥日，发生了日食，光武帝从正殿避开，停止军事活动，五天不听臣下奏事。下诏书说："因为我的德薄而招致天灾，天的谴责表现于日月之灾，战战竞竞诚惶诚恐，还有什么可说的呢！现在正思考我的过失，以便消除这种灾祸。现命令各有关部门负责人各自好生尽力自己的职责，奉行遵守法度，给百姓以恩惠。百官各自写出奏章上报，不要有所隐瞒。凡上书的人，不得在书中称我为'圣'。"

夏季四月壬午日，下诏书说："近来阴阳差错，日月相互掩食。百姓有过失的话，是我一个人的责任，因此大赦天下。公、卿、司隶、州牧可以举荐'贤良''方正'各一人，送到公车门，我将亲自接见并考试他们。"

五月戊戌日，任命前将军李通为大司空。

甲寅日，下诏书命令官吏人民凡有遭受饥荒战乱以及被青州、徐州盗贼所掠，而被别人做奴婢或妾的，想留下或离开，完全听他们自愿。如敢捆缚阻拦不还人的，以贩卖人口的法令治罪。

这个夏季，接连有雨水。

任命汉忠将军王常为横野大将军。

八月丁亥日，封前河间王刘邵为河间王。

隗嚣进犯安定郡，征西大将军冯异、征虏将军祭遵反击并赶跑了他们。

冬天，卢芳所设置的朔方太守田飒、云中太守乔扈各自举本郡来投降。

这一年里，裁掉了长水、射声二校尉官。

八年春季正月，中郎将来歙袭击略阳，杀死了隗嚣的守将而占据了该城。

夏季四月，司隶校尉傅抗被关进监狱而死去。

隗嚣进攻来歙，攻不下。闰月，光武帝亲自征伐隗嚣，河西大将军窦融率领五个郡的太守与光武帝会师于高平。陇右的敌人溃败，隗嚣逃往西城，派大司马吴汉、征南大将军岑彭围攻他；光武帝到达上邽，隗嚣仍不投降，于是命令虎牙大将军盖延、建威大将军耿弇进攻他。

颍川郡的盗贼侵占了本郡所属各县，河东郡的守兵也反叛，首都骚动不安。

秋季，发大水。

八月，光武帝自上邽昼夜兼程向东奔驰。九月乙卯日，光武帝回到宫中。

庚申日，光武帝亲自征讨颍川郡的盗贼，全部投降。

安丘侯张步叛变回到琅邪郡，郡太守陈俊讨伐并俘虏了他。

戊寅日，光武帝从颍川回到洛阳。

冬季十月丙午日，光武帝到怀县。十一月乙丑日，从怀县回到洛阳。

公孙述派兵救隗嚣，吴汉、盖延等人还军长安。天水、陇西二郡又反叛投归隗嚣。

十二月，高句丽王派使者前来进贡。

这年发生大水。

九年春季正月，隗嚣病死，他的部将王元、周宗又立隗嚣的儿子隗纯为王。

迁徙雁门郡的官吏人民到太原。

三月辛亥日，首次设置青巾左校尉官。

公孙述派将领田戎、任满占据了荆门。

夏季六月丙午日，光武帝到达缑氏县，登轘辕山。

派大司马吴汉率领四将军攻打卢芳的部将贾览于高柳，战事不利。

秋季八月，派中郎将来歙监督征西大将军冯异等五将军讨伐隗纯于天水。

骠骑大将军杜茂与贾览交战于繁畤，杜茂军失败。

这年，裁撤关都尉，又设置护羌校尉官。

十年春季正月，大司马吴汉率领捕虏将军王霸等五将军攻打贾览于高柳，匈奴派骑兵救援贾览，各位将领与他们交战，赶跑了他们。

修理长安的高庙。

夏季，征西大将军冯异攻破公孙述的部将赵匡于天水，斩杀了他。征西大将军冯异去世。

秋季八月己亥日,光武帝到达长安,祭祀高庙,于是祭祀西汉十一个皇帝的陵墓。

戊戌日,光武帝到达汧县。隗嚣部将高峻投降。

冬季十月,中郎将来歙等人大破隗纯于落门,隗纯部将王元逃往蜀地,隗纯与周宗投降,陇右被平定。

先零羌进犯金城、陇西二郡,来歙率领众将攻打羌人于五谿,大破他们。

庚寅日,光武帝回到宫中。

这年,裁省了定襄郡,将那里的人民迁移到西河郡。泗水王刘歙去世。淄川王刘终去世。

十一年春季二月己卯日,下诏书说:"天地之性以人最为贵重。如果有杀害奴婢的,不得减轻罪等。"

三月己酉日,光武帝到达南阳;回程时,经过章陵,祭祀了陵墓。

城阳王刘祉去世。

庚午日,光武帝回到宫中。

闰月,征南大将军岑彭率领三将军与公孙述的部将田戎、任满交战于荆门,大破他们,俘虏了任满。虏威将军冯骏围攻田戎于江州县,于是岑彭率领水军讨伐公孙述,平定了巴郡。

夏季四月丁卯日,裁撤了大司徒司直官。

先零羌进犯临洮县。

六月,中郎将来歙率领扬武将军马成攻破公孙述部将王元、环安于下辩县。环安派间谍刺杀中郎将来歙。光武帝亲自率军征讨公孙述。秋季七月,部队停留于长安。八月,岑彭攻破公孙述部将侯丹于黄石。辅威将军臧宫与公孙述部将延岑交战于沈水,大破他。王元投降。光武帝从长安回到洛阳。

癸亥日，下诏书说："如有敢烧灼奴婢的，按律条定罪，免除被烧灼人的奴隶身份而成为平民。

冬季十月壬午，下令废除奴婢射伤人即处以死刑的法律条文。

公孙述派间谍刺杀征南将军岑彭。

马成平定了成都，依靠陇西太守马援击破了先零羌，把他们迁徙到天水、陇西、扶风。

十二月，大司马吴汉率领水军讨伐公孙述。

这年，裁撤朔方的州牧，与并州合并。首次停止州牧每年年终亲自入朝上报的惯例。

十二年春季正月，大司马吴汉与公孙述部将史兴交战于武阳县，斩杀了他。

三月癸酉日，下令陇、蜀地区的人民有被掠为奴婢而提出诉讼的，以及典狱官吏没有上报的奴婢，一律免除奴隶身份而成为平民。

夏季，甘露降落于南行唐县。六月，黄龙出现于东河。

秋季七月，威虏将军冯骏攻拔江州，俘虏了田戎。九月，吴汉大破公孙述部将谢丰于广都，斩杀了他。辅威将军臧宫攻拔涪城，斩杀了公孙恢。

大司空李通被免职。

冬季十一月戊寅日，吴汉、臧宫与公孙述交战于成都，大破了他。公孙述受了伤，当晚就死去了。辛巳日，吴汉屠杀成都全城的军民，消灭了公孙述的宗族和延岑等人。

十二月辛卯日，扬武将军马成代行大司空的职务。

这一年，九真郡边境之外的蛮夷首领张游率领部族人众接受汉朝统治，封张游为归汉里君。裁撤金城郡，划归陇西郡。参狼羌进犯武都，陇西太守马援讨伐并降伏了他们。下令边境地区的官吏如力量不足与来犯之敌交战，可以采取守势，追赶进犯之敌，或近或远，要根据敌人力量强弱决定进退，不以军法约束，只以取胜为务。横野大将军王常去世。派骠骑大将军杜茂率领各郡，解除了枷锁囚服的罪犯屯戍北部边境，建筑观察敌情的哨所，修筑报警的烽火台。

十三年春季正月庚申日，大司徒侯霸去世。

戊子日，光武帝下诏说："往年已传令各州县郡国，奇异的山珍美味一律不得奉献进贡，但时至今日，进献之风仍不能禁绝，这不但有预先喂养、调教采择的劳苦，至于沿途递送，烦扰所过之地，更是疲惫不堪，靡费过度。从今以后，太官对这类进贡一概不得再行收受。现明令敕戒，将进贡的这类物品，用于宗庙祭祀，一如旧制。"

二月，派捕虏将军马武驻扎滹沱河以防备匈奴。卢芳从五原逃亡入匈奴。

丙辰日，下诏书说："长沙王刘兴、真定王刘得、河间王刘邵、中山王刘茂，他们是关系疏远的宗族，都承继爵位为王，不合于经典的意义。现在以刘兴为临湘侯，刘得为真定侯，刘邵为乐成侯，刘茂为单父侯。"刘氏宗室和国统断绝而被封侯的，共有一百三十七人。丁巳日，降赵王刘良为赵公，太原王刘章为齐公，鲁王刘兴为鲁公。庚午日，以殷绍嘉公孔安为宋公，周承休公姬武为卫公。省减合并西汉所封的十三国：广平属巨鹿，真定属常山，河间属信都，城阳属琅邪，泗水属广陵，淄川属高密，胶东属北海，六安属庐江，广阳属上谷。

三月辛未日，沛郡太守韩歆为大司徒。丙子日，代行大司空马成免职。

夏季四月，大司马吴汉从蜀地回都城，于是大摆酒宴犒享将士，普遍受到慰劳，以策书记载了有功人员的功绩。功臣增加食邑或改封的，共三百六十五人。皇帝的母族、妻族和受皇帝恩宠而受封者四十五人。废除左右将军官。建威大将军耿弇被罢免。

益州将俘获的公孙述的瞎眼乐师、祭祀用的礼器乐器、用羽毛作盖伞的事、帝王乘坐的各种车辆，于是各种仪仗得以完备。当时战事已经停止，天下安定，官府下发的公文，调发劳役，都力求简单少量，以致仅及过去的十分之一。

甲寅日，任命冀州牧窦融为大司空。

五月，匈奴进犯河东。

秋季七月，广汉境外的白马羌的酋长率领本部族人众要求接受汉朝的统治。

九月，日南郡边境之外的蛮夷来朝廷贡献白色的野鸡和白兔。

冬季十二月甲寅日，下令益州地区人民从建武八年公孙述统治以来，被掠为奴婢的，一律免除其奴婢身份而为平民；或者依靠于别人而做妾，想离开的，都按其本人的意愿办；如有胆拘留他们不放的，比照青、徐二州的做法，按照掠卖人口的法令治罪。

恢复设置金城郡。

十四年春季正月，建起南宫的前殿。

匈奴派使者来贡献，派中郎将刘襄去匈奴回报。

夏季四月辛巳日，封孔子的后代孔志为褒成侯。

越巂郡人任贵自称郡太守，派人到朝廷上报账簿名册。

秋季九月，平城人贾丹杀了卢芳的部将尹由前来投降。

这一年，会稽郡发生大的瘟疫。莎车国、鄯善国派使者来贡献。

十二月癸卯日，下令益、凉二州的奴婢，自从建武八年以来自己到所在官府诉讼的，一律免除奴婢身份而为平民，卖身的人不用归还卖身价钱。

十五年春季正月辛丑日，大司徒韩歆被免职，自杀。

丁未日，有慧星出现于昂宿星区。

汝南太守欧阳歙任命为大司徒。建义大将军朱祐被免职。

丁未日，有慧星出现于营室星区。

二月，迁徙雁门、代郡、上谷三郡民，安置于常山关、居庸关以东。

早先，平定巴蜀以后，大司马吴汉上书请求封皇子，光武帝不允许，吴汉连年上奏。三月，这才下令让群臣讨论此事。大司空窦融、固始侯李通、胶东侯贾复、高密侯邓禹、太常侯登等人上奏说："古代封建诸侯，是为了作保卫首都的屏障。周朝封了八百个诸侯，与周王同姓姬的都有了封国，让他们扶助王室，尊奉周天子，享受长久的国运，可以作为后世的法式。因此《诗经》上说：'大大地开启你的居处地，以作为周王室的辅佐'。汉高祖以圣明之德，得到了天下，也注重宗亲关系，封立他的兄弟和子侄，没有违背古老的章程。您的圣德横披天下，恢复了刘氏的宗统，奖励有德之人和有功之臣，亲近和睦九族之人。功臣和刘氏宗室，都受到封爵，得到了广大的封地，有的还连着几个县。现在皇子承蒙上天保佑已经长大，能够穿着成人衣服并奔走行礼。可是您谦逊退让，压下此事而不许议论，群臣百姓，没有不失望的。应当乘此盛夏的吉利时间，决定称号爵位，使皇家的屏障更加广大，以表明对亲族的亲爱，尊崇祖宗之庙，加重国家权力的统治，使其符合古代传统制度，以满足众人的愿望。我们请求让大司空呈上地图，太常负责选择良辰吉日，准备好一切礼仪。"光武帝批准说："可以"。

夏季四月戊申日，用牛、羊、猪三牲祭告祖宗之庙。丁巳日，派大司空窦融向祖先之庙报告此事，封皇子刘辅为右翊公，刘英为楚公,刘阳为东海公,刘苍为济南公,刘康为东平公,刘延为淮阳公,刘荆为山阳公,刘衡为临淮公,刘焉为左翊公,刘京为琅邪公。癸丑日,给光武帝的哥哥刘伯升追加谥号为齐武公,刘仲为鲁哀公。

六月庚午日,又设置屯骑、长水、射声三个校尉官;改青巾左校尉为越骑校尉。

下诏书命令各州郡检查核实垦田的亩数,以及户口年令,又审查二千石长官办事徇私不公的。

冬季十一月甲戌日,大司徒欧阳歙被投入监狱而死去。十二月庚午日,任命关内侯戴涉为大司徒。

卢芳从匈奴进入高柳居住。

这一年,骠骑大将军杜茂被免职。虎牙大将军盖延去世。

十六年春季,二月,交趾女子征侧起兵反汉,攻占了附近的城邑。

三月辛丑日是本月的最后一天,发生了日食。

秋季九月,河南尹张伋和各郡太守共十余人,因丈量核实田亩事不实而犯罪,都被投进监狱并死去。

各地郡国豪门大姓及驻军官吏为非作歹,群盗蜂起,攻劫所在郡县,残杀长官,为害吏民。郡县发兵追讨,大军所到,盗贼四下逃散;大军一去,群盗重新屯聚。此等祸害,尤以青、徐、幽、冀四州为甚。冬天,十月,朝廷派遣使者,分赴各地,督察清剿。首先让盗贼内部互相举报告发,明令五人共斩一人,则五人免罪。地方官吏虽曾胆怯畏敌,按兵不动,或遇敌规避,苟且偷生,甚至内外串通,托故纵敌的,都不予究问,而是让他们尽力讨贼,以观后效。那些州牧、郡守、县令、县长,对境内盗贼视而不见,搜捕不力,和那些畏敌如虎、擅离职守、闻风胆丧、弃城溃逃而应论罪的,也都不追究他们的责任,而仅以擒获盗贼的多寡,作为今后考核处置的标准和原则。只是对那些私通盗贼、隐匿不报者,依法治罪。各地官吏争相追捕,以弥其咎。法网之下,群盗分崩离析。于是将贼首迁往他乡,配给田地口粮,让他们安居田业。从此以后,天下太平,牛马放牧,无需看管,路不拾遗,夜不户闭。

卢芳派使者来请求投降。十二月甲辰日,封卢芳为代王。

早先,王莽之乱以后,货币以布、帛、金、小米杂用。这一年,才开始恢复使用五铢钱。

十七年春季正月,赵公刘良去世。

二月乙未日是本月最后一天,发生了日食。

夏季四月乙卯日,光武帝往南逃行,皇太子以及百翊公刘辅、楚公刘英、东海公刘阳、济南公刘康、东平公刘苍跟随着,到了颍川,又到了叶县和章陵。五月乙卯日,光武帝回到宫中。

六月癸巳日,临淮公刘衡去世。

秋季七月,妖巫李广等人聚众占据了皖城,派虎贲中郎将马援、骠骑将军段志去讨伐他们。九月,攻破皖城,斩杀李广等人。

冬季十月辛巳日,废除皇后郭氏,降为中山王太后,改立阴贵人为皇后。提升右翊公刘辅为中山王,以常山郡的租税供他食用。其余九个皇子封为公的,都按原先所封而晋爵为王。

甲申日,光武帝到章陵。修整祖宗墓地所在的宗庙,祭祀故居,参观田舍村落,设酒宴作乐,赏赐财物。当时宗室的老太太们乘着酒兴高兴地相互谈论说:"文叔小的时候很老成,不与人殷勤应酬,只是正直柔和罢了。没想到现在竟能做到这样子!"光武帝听了,哈哈大笑说:"吾治理天下,也还想用柔道来治理。"于是给舂陵的刘氏宗室全部盖起了祠堂。有五只凤凰出现于颍川郡的颎县。十二月,光武帝从章陵回到洛阳。

这一年,莎车国曾派使者来进贡。

十八年春季二月,蜀郡的守将史歆反叛,派大司马吴汉率领二将军去讨伐他,包围了成都。

甲寅日,往西边巡行,到了长安。三月壬午日,祭祀高庙,于是祭祀了西汉十一个皇帝的陵墓。经过冯翊地界,到达蒲坂,祭祀后土祠。夏季四月癸酉日,光武帝回到了宫中。

甲戌日,下诏书说:"现在边远郡规定每偷盗谷物五十斛,要处于死罪,这个规定开了残酷官吏妄杀人命的路子,现下令废除这条法令,与内地郡县量刑相同。"

派伏波将军马援率领楼船将军段志等人攻打交阯郡的叛贼征侧等。

甲申日,光武帝到河内。戊子日,从河内回到洛阳。

五月,天大旱。

卢芳再度逃亡到匈奴。

秋季七月,吴汉攻下成都,斩杀史歆等人。壬戌日,赦免益州境内死刑以下的罪犯。

冬季十月庚辰日,光武帝到达宜城。往回走时,又祭祀了章陵。十二月乙丑日,光武帝回到了宫中。

这一年,废除州牧,改称为刺史。

十九年春季正月庚子日,追尊孝宣皇帝的庙号为中宗。开始祭祀昭帝、元帝于太庙,成帝、哀帝、平帝于长安,春陵节侯以下四世于章陵。

妖巫单臣、傅镇等人反叛,占据原武县,派太中大夫臧宫等人包围他。夏季四月,攻下了原武,斩杀单臣、傅镇等人。

伏波将军马援打破交阯郡,斩杀征侧等人。乘势击破九真郡贼人都阳等,降伏了他们。

闰月戊申日,赵、齐、鲁三个封国的爵位由公升格为王。

六月戊申日,下诏书说:"按照《春秋》的经义,立太子或世子要根据其身份的高贵。东海王刘阳,是皇后的儿子,应该继承皇位。皇太子刘强,坚持谦虚退让,愿意作为屏藩的诸位。由于父子之情的关系,很长时间我没有答允。现在以刘强为东海王,立刘阳为皇太子,改名为刘庄。"

秋季九月,往南巡行。壬申日,光武帝到达南阳,到达汝南郡南顿县,在县府衙门设置酒宴,赏赐官吏人民,免除南顿县一年田租。当地父老叩头请求说:"皇帝的父亲曾在这里长久居位,您曾跟随在此住过,因此认识这里的官府房舍,每次您来到这里都给予我们深厚的恩惠,希望能给予免除十年的租税。"光武帝说:"天下是个重器,常常恐怕不堪胜任,过一天是一天,哪敢过远约到十年呢?"官员们又说:"您不过是舍不得罢了,怎么讲这样谦虚的话呢?"光武帝大笑,又答应增免一年的赋税。光武帝前往淮阳、梁、沛等地。

西南夷进犯益州郡,派武威将军刘尚去讨伐他。越嶲太守任贵图谋叛乱,十二月,刘尚袭击任贵,斩杀了他。

这一年,恢复设置函谷关都尉。修理西京长安的宫殿房舍。

二十年春季二月戊子日,光武帝回到宫中。

夏季四月庚辰日,大司徒戴涉被投入监狱而死去。大司空窦融被免职。

五月辛亥日,大司马吴汉去世。

匈奴进犯上党、天水,到达扶风。

六月庚寅日,广汉太守蔡茂为大司徒,太仆朱浮为大司空。壬辰日,左中郎将刘隆任骠骑大将军,代理大司马的职务。

乙未日，迁徙中山王刘辅为沛王。

秋季，东夷的韩国人率领百姓到乐浪郡，请求接受东汉的统治。

冬季十月，光武帝往东边巡行。甲午日，到了鲁，又前往东海、楚、沛国等地。

十二月，匈奴进犯天水。

壬寅日，光武帝回到宫中。

这一年，裁撤了五原郡，将那里的官员人民迁徙安置于河东郡。免除济阳县六年的徭役。

二十一年春季正月，武威将军刘尚攻破益州夷，平定了他们。

夏季四月，安定属国的胡人反叛，集结于青山，派将兵长史陈䜣去讨伐并平定了他们。

秋季，鲜卑进犯辽东，辽东太守祭肜大破他们。

冬季十月，派伏波将军马援出塞进攻乌桓，没有取得胜利。

匈奴进犯上谷、中山。

这年冬天，鄯善王、车师王等十六国都派遣王子入朝侍奉并进贡，请求派都护去那里。光武帝认为中原地区刚安定不久，顾不上对外事务，于是把这些来入侍的王子都送回去了，给了他们丰厚的赏赐。

二十二年春季闰月丙辰日，光武帝到长安，祭祀高庙，于是祭祀西汉十一个皇帝的陵墓。二月己巳日，从长安回到洛阳。

夏季五月的最后一天是乙未日，发生了日食。

秋季七月，司隶校尉苏邺被关进监狱死去。

九月戊辰日，地震，土陷地裂。光武帝赶忙下诏罪己说："日前发生地震，南阳郡受害尤深。苍茫大地，承物载重，平静安稳，判不可动。而今猝然震裂，应归咎于我。鬼神不依顺无德的君主，并将灾祸殃及他的子民，我对此深感畏惧，诚惶诚恐。

现令南阳郡不再缴纳今年的田租干草。今派谒者巡行灾区各地，凡在戊辰日地震前犯下死罪的在押囚犯，减去死罪一等，正在徒刑的囚犯，解除所佩带的铁钳枷锁，并可穿戴丝织服装。凡郡城中居民被压死的，每人赐棺材钱三千，妥为安葬。居室庐舍遭到严重破坏的，原拖欠的口赋田租不再征收。官府吏员死于地震，或被压在残垣坏屋之下，而又家道贫寒疲惫衰弱不能重振家业，维持生计的，在雇佣时，一律以现钱谷米作为报酬支付，为他们安排谋生之路。"

冬季十月壬子日，大司空朱浮被免职。癸丑日，任命光禄勋杜林为大司空。

这一年，齐王刘章去世。青州闹蝗灾。匈奴奠鞬日逐王比派使者到渔阳请求与汉朝通婚。朝廷派中郎将李茂前往匈奴回报。乌桓打败了匈奴，匈奴往北迁徙，沙漠之南空虚无人。下诏书罢除沿边郡县设置的瞭望哨、烽火台和守边士兵。

二十三年春季正月，南郡的蛮族反叛，派武威将军刘尚去讨伐并攻破了他们，将其部族人众迁徙到江夏郡。

夏季五月丁卯日，大司徒蔡茂去世。

秋季八月丙戌日，大司空杜林去世。

九月辛未日，陈留太守被任命为大司徒。

冬季十月丙申日，太仆张纯被任命为大司空。

高句丽率领本族人众到乐浪郡，接受汉朝的统治。

十二月武陵的蛮族反叛，进犯掠夺各郡县，派刘尚去讨伐他们，交战于沅水，刘尚兵败战死。

这一年，匈奴奠鞬日逐王比派率领部众并派使者到西河，依附于汉朝。

二十四年，春季正月乙亥日，大赦天下。

匈奴奠鞬日逐王比派使者到五原塞，请求承担抵抗北匈奴的任务。

秋季七月，武陵的蛮族进犯临沅县，派谒者李嵩、中山太守马成讨伐他们，没有取胜，于是伏波将军马援率领四将军去讨伐他们。

下令有关部门重新申明：按照旧制，凡阿谀奉承投靠王侯的人，处以苛重的刑法。

冬季十月，匈奴奠鞬日逐王比自立为南单于，从此匈奴分裂为南、北匈奴。

二十五年春季正月，辽东边境之外的貊貉国人进犯右北平、渔阳、上谷、太原，辽东太守祭肜招降了他们。乌桓的首领前来朝贡。

匈奴南单于派使者来朝廷进贡，愿为汉朝的藩属和臣子；又派他的左贤王击破了北匈奴，开拓土地一千多里。三月，南单于派儿子到朝廷作侍子。

月末戊申日，发生了日食。

伏波将军马援等在临沅县攻破了武陵蛮。冬季十月，叛乱的蛮族全部投降。

夫余王派使者来朝廷进贡。

这一年，乌桓首领率族众接受汉朝统治，并到朝廷来进贡。

二十六年春季正月，下令有关主管部门增加百官的俸禄。千石以上级别的官员，俸禄比西汉旧制有所减少；六百石以下级别的官员，比过去的俸禄有所增加。

光武帝开始修建自己的陵墓。将作大匠窦融就修建陵园事上言光武帝，认为修建陵园应按祖制，但求土地广袤，暂不考虑派作何用。光武帝说："古代帝王下葬，用的都是陶人瓦器、木车茅马,务求俭约,欲其速朽,以使后人不知其安葬之处。太宗皇帝深知俭约送终之义,景皇帝亦能遵行孝道,故而虽经天下动乱,诸帝陵墓皆遭发掘,而霸陵独存,完好无损,永享薄葬之福,如此岂不美哉!现修建寿陵,其规制地广不超过二三顷,也不必隆土为陵,所建陂池,但能水流往复即可。"

派中郎将段郴前往匈奴授给南单于印玺绶带,让他进入云中郡居住,开始设置使匈奴中郎将,率领军队护卫南单于。南单于派儿子到朝廷作侍子,带着奏章入朝。于是云中、五原、朔方、北地、定襄、雁门、上谷、代郡等八郡的人民都回到本土去住。派谒者率领解除枷锁的罪犯修补城墙。调发边疆民众在中原地区暂住的,回去分布于各县居住,都赐给了路费钱财,运送粮食供应他们。

二十七年夏季四月戊午日,大司徒玉况去世。

五月丁丑日,下诏书说:"过去契曾任过司徒,禹曾任过司空,但他们的官号前面都没有加'大'的名称,现在命令这两个府都去掉'大'字。"又把大司马改为太尉。骠骑大将军代理大司马刘隆就在当天免职,任命太仆赵熹为太尉,大司空冯勤为司徒。

益州郡边境之外的蛮夷率领部族人众接受汉朝的统治。

北匈派使者到武威,请求与汉朝通婚和好。

冬季,鲁王刘兴、齐王刘石开始到封国去。

二十八年春季正月己巳日,迁徙鲁王刘兴为北海王,以他原来所有的鲁国增加给东海王。赐给东海王刘强卫士、仪仗中警卫先驱的骑兵和用木架悬着的钟磬等乐器。

夏季六月丁卯日,沛太后郭氏去世,因而下诏各郡县逮捕王侯的宾客,犯罪处死者达数千人。

秋季八月戊寅日,东海王刘强、沛王刘辅、楚王刘英、济南王刘康、淮阳王刘延开始到各自的封国去。

冬季十月癸酉日，下令犯死罪的在押的囚犯，通通打入宫刑之狱，女犯人则禁闭起来。

北匈奴派使者前来进贡，并请求通婚和好。

二十九年春季二月，丁巳日是本月的第一天，发生了日食。派遣使者去检查冤案，放出在押囚犯。

庚申日，赐给天下的男人爵位，每人二级；鳏夫、寡妇、孤儿、无依无靠者、有严重疾病的人、贫穷不能生存的，都赐给粟米，每人五斛。

夏季四月乙丑日，下令天下所有在押囚犯，从死罪以下以及判徒刑的，各减去原有罪状一等，其余用钱赎罪和送官府劳作等，各有等差。

三十年春季正月，鲜卑族的首领接受汉朝统治，到朝廷朝贺。

二月，光武帝到东京巡行。甲子日，到达鲁，又到了济南。闰月癸丑日，光武帝回到宫中。

有慧星出现于紫宫星区。

夏季四月戊子日，迁徙左翊王刘焉为中山王。

五月，发生水灾。

赐天下的男人以爵位，每人二级；鳏夫、寡妇、孤儿、无依无靠者、严重疾病的、贫穷而活不下去的人，都赐给粟米，每人五斛。

癸酉日是本月最后一天，发生了日食。

这个夏季，发生了蝗灾。

秋季九月甲辰日，下令凡犯死罪的在押囚犯，通通打入宫刑之狱，女犯人则禁闭起来。

这一年，陈留郡从天降下了谷子，其形状类似稗子。北匈奴派使者来进贡。

中元元年春季正月,东海王刘强、沛王刘辅、楚王刘英、济南王刘康、淮阳王刘延、赵王刘盱都到首都来朝贺。

丁卯日,光武帝巡行东方。二月己卯日,到达鲁,又前往泰山。北海王刘兴、齐王刘石到东岳泰山朝见光武帝。辛卯日,在泰山烧柴祭天,望祭山川,登上山顶筑坛祭天;甲午日,在泰山下面的梁父山辟场祭地。

三月戊辰日,司空张纯去世。

夏季四月癸酉日,光武帝回到宫中。己卯日,大赦天下。免除嬴县、博县、梁父县、奉高县的赋税,即不用出今年的田租和草料。改年号为中元。

光武帝到长安。戊子日,祭祀长陵。五月乙丑日,从长安回到洛阳。

六月辛卯日,任命太仆冯鲂为司空。

乙未日,司徒冯勤去世。

这年,国富民康,天下太平。夏天,京城中甘美的泉水喷涌而出,凡饮用泉水的人,原有陈疾旧病都霍然痊愈康复,唯有单眼失明与腿脚跛拐的疗效不佳。又有赤草生长在水边。各郡国也频繁地将甘露送往京城。为此,群臣上奏光武帝道:"地神有灵,感应皇上恩德而至朱草萌生。当年孝宣皇帝时,每逢祥瑞降生,都据以更改年号,神爵、五凤、甘露、黄龙,都被用来纪年,欲以此将感激的心情送致神灵,以表彰其懿德和诚信。因此而天下大化,以致升平,被后世誉为中兴。今天下安宁,海晏河清,灵应之物,频频降临。陛下您性情恭顺,退让谦逊,有功不居,但又怎能让祥瑞显庆之物不得昭著于世而湮没无闻?宜命太史令往各地搜罗采撷,编撰成集,以传后世。"光武帝对此未予采纳。而是一如既往，自谦无德。每当各郡国嘉瑞萌生，奏往宫中，光武帝都从不声张，认为这并不是自己浅薄的德行所能承当，所以这类事情，在史官那里难得找到什么记载。

秋季，各郡国三次闹蝗灾。

冬季十月辛未日，任命司隶校尉东莱人李䜣为司徒。

甲申日，命司空告祭高庙说："当年高皇帝与群臣有约在先，若非刘氏，一律不得封王。但吕太后残害高祖的三个儿子，专封吕氏家人为王。仰仗大汉王朝的神灵，吕禄、吕产获罪伏诛。汉朝天命，几致失坠，将倾朝纲，转危为安。据此，吕太后庙主不宜继续留在高庙，与高皇帝同享祭祀。薄太后仁爱慈善，母德懿范，孝文皇帝圣明贤达，体国经野，平治天下，子孙后代永享福祉，直至今日。应为薄太后上尊号为高皇后，并与地神一道同享祭祀。将吕太后庙主迁往后妃墓地，四季祭祀。"

十一月甲子日是本月的最后一天，发生了日食。

这一年，开始建造皇帝宣政的明堂、观察天象的灵台、大学，以及划定北郊祭坛的界限。宣布符命占验之书于天下。免除济阳、南顿今年的徭役。参狼羌进犯武都郡，打败了武都郡的军队，陇西太守刘旴派军队去援救他，联合武都郡的部队一起讨伐叛乱的羌人，把他们都打败了。

二年春季正月辛未日，开始建立北郊祭坛。祭祀后土神。

东夷的倭奴国王派使者来进贡。

二月戊戌日，光武帝在南宫前殿去世，享年六十二岁。光武帝留下遗诏："我一生平凡无德，没为天下百姓做什么事情。我死后下葬，一如当年孝文皇帝规制，务从俭约节省。各州郡刺史、二千石长官，都应恪守其职，既无需进京奔丧，也不必派员或通过驿站奉奏致哀。"

当初，高皇帝长年奔劳于行军作战，对战争早已厌烦，而且深知天下百姓疲于战事，资财耗尽，无不希望卸去重负，休养生息。自从陇、蜀之地平定后，若非关系国家安危的紧急大事，从不再谈论兵戈锋镝之事。皇太子曾向光武帝讨教征伐攻战之事，光武帝答道："从前卫灵公向孔子讨教军事，孔子不予回答，与此相同，这是因为战争并不是你力所能及之事。"

光武帝每天日出便上朝听政，日落后才退朝罢事。还经常与朝廷公卿，郎官和将领们讨论研习经典礼仪，至半夜才上床歇息。皇太子见光武帝勤勉政务，从不懈怠，便趁机会进言劝谏道："陛下您有夏禹商汤那样的贤明，但却缺乏黄老清静无为、修身养性之道。愿陛下您珍爱龙体，颐养精神，优游安闲，自得其乐。"光武帝答道："我自乐于此，并不感觉困倦疲劳。"光武帝虽成就了汉朝中兴的大业，仍兢兢业业，谨慎小心，唯恐有所差池，所以为政三十余年，能明察政治得失，审慎设置官吏，总揽朝纲，统一调度，估量天下时势，揣度自身力量，凡所兴为，皆无过错。谢退功臣，进用文官，收藏弓矢，遣散战马，其弭兵治国，理民为政之道，虽与古代圣哲不尽相合，但也算是古人所称颂的止戈之武罢。

史家论曰：光武帝先父南顿君初任济阳县令时，于建平元年（公元前5年）十二月甲子日深夜在县衙中生下光武帝，当时有红光环耀室中。刘钦感到十分怪异，便让占卜先生王长占上一卦。王长占毕，斥退左右闲杂人等，对刘钦说："此儿降生，红光映照，乃大吉之兆，不可妄言。"这一年，济阳县地界有嘉禾萌生，一株茎上，竟生九穗，便为光武帝起名叫'秀'。第二年，有一叫夏贺良的方士上言哀帝，说汉朝气数已衰，应再受命于天。于是改年号叫"太初元将"。自称"陈圣刘太平皇帝",想以此厌胜汉朝气数已衰这一不吉之兆。后来王莽篡汉,忌讳并憎恶刘氏,因为钱上文字有"金",钱形有"刀",便改称钱为货泉,或将"货泉"二字写为"白水真人"。后善于观天望气的苏伯阿为王莽出使南阳,遥遥望见舂陵乡上空的云气,感叹道:"此气上升,郁郁葱葱,甚佳!"到光武帝起兵反莽,率军回到舂陵,又有人望见光武帝居舍南方的上空,火光赫然冲天,不久又消失不见。当初道士西门君惠、李守等也曾说刘秀当为天子。唯道统治天下的必受命于天,果然有这种祥瑞的征兆吗?不然为什么光武帝又能登基御极,乘龙行天呢!

史家赞曰:汉朝中衰,王莽篡位。九州纷乱,日月星三光昏暗。人们厌恶邪恶欺诈,神明思念圣德回来。光武帝大受天命,佳气神光已经彰明。他有先见之明,深通经天讳地之术。王寻、王邑率领百万之众,如虎如貔气势汹汹。兵车声震原野,刀枪锋刃扫云。光武帝振起英勇威武,新都侯王莽终于灭亡。公孙述称帝于庸、蜀,卢芳占据代郡,刘永、王郎作乱于梁赵。河南、河北、河东尚未归附,长安先后遭更始、刘盆子的扰乱。光武帝指挥神兵,代表上天对这些叛乱依次实行讨伐。他们的金城汤池都无所用,终于打败他们统一了天下。符瑞图谶已给了启示,群臣相助劝即帝位。多么英明的神机妙算,多么威武的指挥决断。啊!天命集中于他一身,得以维系兴隆我汉家天下。

后汉书卷四

孝和孝殇帝纪第四

殇帝纪

孝殇皇帝讳隆,和帝少子也。元兴元年十二月辛未夜,即皇帝位,时诞育百余日。尊皇后曰皇太后,太后临朝。

北匈奴遣使称臣,诣敦煌奉献。

延平元年春正月辛卯,太尉张禹为太傅。司徒徐防为太尉,参录尚书事,百官总己以听。封皇兄胜为平原王。癸卯,当禄勋梁鲔为司徒。

三月甲申,葬孝和皇帝于慎陵,尊庙曰穆宗。

丙戌,清河王庆、济北王寿、河间王开、常山王章始就国。

夏四月庚申,诏罢祀官不在祀典者。

鲜卑寇渔阳,渔阳太守张显追击,战没。丙寅,以虎贲中郎将邓骘为车骑将军。

司空陈宠薨。

五月辛卯,皇太后诏曰:"皇帝幼冲,承统鸿业,朕且权佐助听政,兢兢寅畏,不知所济。深惟至治之本,道化在前,刑罚在后。将稽中和,广施庆惠,与吏民更始。其大赦天下。自建武以来诸犯禁锢，诏书虽解，有司持重，多不奉行，其皆复为平民。"

壬辰，河东垣山崩。

六月丁未，太常尹勤为司空。

郡国三十七雨水。己未，诏曰："自夏以来，阴雨过节，暖气不效，将有厥咎。寤寐忧惶，未知所由。昔夏后恶衣服，菲饮食，孔子曰'吾无间然'。今新遭大忧，且岁节未和，彻膳损服，庶有补焉。其减太官、导官、尚方、内署诸服御珍膳靡丽难成之物。"

丁卯，诏司徒、大司农、长乐少府曰："朕以无德，佐助统政，夙夜经营，惧失厥衷。思惟治道，由近及远，先内后外。自建武之初以至于今，八十余年，宫人岁增，房御弥广。又宗室坐事没入者，犹托名公族，甚可愍焉。今悉免遣，及掖庭宫人，皆为庶民，以抒幽隔郁滞之情。诸官府、郡国、王侯家奴婢姓刘及疲癃羸老，皆上其名，务令实悉。"

秋七月庚寅，敕司隶校尉、部刺史曰："夫天降灾戾，应政而至。间者郡国或有水灾，妨害秋稼。朝廷惟咎，忧惶悼惧。而郡国欲获丰穰虚饰之誉，遂覆蔽灾害，多张垦田，不揣流亡，竞增户口，掩匿盗贼，令奸恶无惩，署用非次，选举乖宜，贪苟惨毒，延及平民。刺史垂头塞耳，阿私下比，'不畏于天，不愧于人'。假贷之恩，不可数恃，自今以后，将纠其罚。二千石长吏其各实核所伤害，为除田租、刍稿。"

八月辛亥，帝崩。癸丑，殡于崇德前殿。年二岁。

赞曰：孝和沈烈，率由前则。王赫自中，赐命强慝。抑没祥符，登显时德。殇世何早，平原弗克。

译文：

孝殇皇帝叫刘隆，是和帝的幼子。元兴元年十二月辛未夜，即皇帝位，当时刚诞生百余天。尊皇后为皇太后，太后临朝听政。

北匈奴遣使称臣，到敦煌进献贡物。

延平元年春正月辛卯，太尉张禹出任太傅。司徒徐防出任太尉，参录尚书事，百官各领其事听命于徐防。封皇兄刘胜为平原王。癸卯，光禄勋梁鲔出任司徒。

三月甲申，安葬孝和皇帝于慎陵，尊其庙号为穆宗。

丙戌，清河王刘庆、济北王刘寿、河间王刘开、常山王刘章开始归其国。

夏四月庚申，诏令罢免不在祭祀典制规定中的祀官。

鲜卑寇略渔阳，渔阳太守张显追击，战死。

丙寅，以虎贲中郎将邓骘为车骑将军。

司空陈宠去世。

五月辛卯，皇太后下诏说："皇帝年幼，承统帝业，我权且佐助他处理朝政，兢兢敬畏，不知如何才能成功。深思至治之本，先崇奉道化。再施之刑罚。我将追求中和之政，广施福惠，与官吏百姓重新开始。大赦天下。自建武年间以来被处以禁锢之罪的，虽有诏书解除其罚，但有关部门持重，多不执行，现在一律免罪复为平民。"

壬辰，河东垣县发生山崩。

六月丁未，太常尹勋出任司空。

三十七个郡国降大雨水。己未，下诏说："自从夏天以来，阴雨过多，暖气不应时令，恐怕要有灾祸。日夜忧愁惶恐，不知其所由来。从前夏禹穿粗劣衣服，服用朴俭的饮食，孔子说：'我对他没有不同的意见。'现在新遭大丧，而且节气不和，撤减膳食减少服饰，或许有所补益。削减太官、导官、尚方、内署各种服饰御珍味靡丽难成之物。"

丁卯，诏令司徒、大司农、长乐少府说："我以无德之人，佐助执政，终日经营，害怕失其中和。思想治道，由近及远，先内后外。自建武初年至现在，已经八十余年，宫女年年增加，房御更广，又宗室囚犯罪没为官奴者，仍托名于公族，很让人怜悯。现在尽皆免罪放还，以及后宫中的宫女，都免为平民，以舒其幽隔郁滞之情。又各官府、郡国、王侯家奴婢有姓刘的及疲弱羸老的，都上报其名，务须尽实全部上报。"

秋七月庚寅，申告司录校尉、部刺史说："天降灾祸，是对应政事而来。近来郡国有的发生水灾，危害庄稼。朝廷思考过失，忧恐震动。但郡国却想获得丰收的虚名，于是掩避灾害，夸大垦田数目虚报，不估测流亡人口，竞相增报户口，隐藏盗贼之事，使得奸恶之人不受惩罚，任用官职不按次序，选举背实，贪苛惨毒，祸及于百姓。刺史低头塞耳佯作不知，徇私与下边勾结，'不畏惧于上天，不惭愧于人，'宽宥之恩，不是屡屡可以凭恃的，从今以后，将纠举处罚。太守县令吏各据实核查受灾情况，免除受灾者田租、刍稿。"

八月辛亥，殇帝去世。癸丑，停放灵柩于崇德前殿，年二岁。

史家赞曰：孝和皇帝沉稳刚烈，大致遵从前代法则，帝王之怒自中而发，赐命于强暴窦宪。抑按祥瑞不予张扬，进显时德。殇帝即位那么早，是因为平原王不能承负帝位。

后汉书卷五

孝安帝纪第五

恭宗孝安皇帝讳祜,肃宗孙也。父清河孝王庆,母左姬。帝自在邸第,数有神光照室,又有赤蛇盘于床笫之间。年十岁,好学《史书》,和帝称之,数见禁中。

延平元年,庆始就国,邓太后特诏留帝清河邸。

八月,殇帝崩,太后与兄车骑将军邓骘定策禁中。其夜,使骘持节,以王青盖车迎帝,斋于殿中。皇太后御崇德殿,百官皆吉服,群臣陪位,引拜帝为长安侯。皇太后诏曰:"先帝圣德淑茂,早弃天下。朕奉皇帝,夙夜瞻仰日月,冀望成就。岂意卒然颠沛,天年不遂,悲痛断心。朕惟平原王素被痼疾,念宗庙之重,思继嗣之统,唯长安侯祜质性忠孝,小心翼翼,能通《诗》《论》,笃学乐古,仁惠爱下。年已十三,有成人之志。亲德系后,莫宜于祜。《礼》'昆弟之子犹己子';《春秋》之义,为人后者为之子,不以父命辞王父命。其以祜为孝和皇帝嗣,奉承祖宗,案礼仪奏。"又作策命曰:"惟延平元年秋八月癸丑,皇太后曰:咨长安侯祜:孝和皇帝懿德巍巍,光于四海;大行皇帝不永天年。朕惟侯孝章帝世嫡皇孙,谦恭慈顺,在孺而勤,宜奉郊庙,承统大业。今以侯嗣孝和皇帝后。其审君汉国,允执其中。'一人有庆，万民赖之。'皇帝其勉之哉！"读策毕，太尉奉上玺绶，即皇帝位，年十三。太后犹临朝。

九月庚子，谒高庙。辛丑，谒光武庙。

六州大水。己未，遣谒者分行虚实，举灾害，赈乏绝。

丙寅，葬孝殇皇帝于庚陵。

乙亥，陨石于陈留。

西域诸国叛，攻都护任尚，遣副校尉梁慬救尚，击破之。

冬十月，四州大水，雨雹。诏以宿麦不下，赈赐贫人。

十二月甲子，清河王薨，使司空持节吊祭，车骑将军邓骘护丧事。

乙酉，罢鱼龙曼延百戏。

永初元年春正月癸酉朔，大赦天下。

蜀郡徼外羌内属。

戊寅，分犍为南部为属国都尉。

禀司隶、兖、豫、徐、冀、并州贫民。

二月丙午，以广成游猎地及被灾郡国公田假与贫民。

丁卯，分清河国封帝弟常保为广川王。

庚午，司徒梁鲔薨。

三月癸酉，日有食之。诏公卿内外众官、郡国守、相，举贤良方正、有道术之士，明政术、达古今、能直言极谏者，各一人。

己卯，永昌徼外僬侥种夷贡献内属。

甲申，葬清河孝王，赠龙旗、虎贲。

丁丑，诏封北海王睦孙寿光侯普为北海王。九真徼外夜郎蛮夷举土内属。

六月戊申，爵皇太后母阴氏为新野君。

丁巳，河东地陷。

壬戌，罢西域都护。

先零种羌叛，断陇道，大为寇掠，遣车骑将军邓骘、征西校尉任尚讨之。丁卯，赦除诸羌相连结谋叛逆者罪。

秋九月庚午，诏三公明申旧令，禁奢侈，无作浮巧之物，殚财厚葬。

是日，太尉徐防免。辛未，司空尹勤免。

癸酉，调扬州五郡租米，赡给东郡、济阴、陈留、梁国、下邳、山阳。

丁丑，诏曰："自今长吏被考竟未报，自非父母丧，无故辄去职者，剧县十岁、平县五岁以上，乃得次用。"

壬午，诏太仆、少府减黄门鼓吹，以补羽林士；厩马非乘舆常所御者，皆减半食；诸所造作，非供宗庙园陵之用，皆且止。

丙戌，诏死罪以下及亡命赎，各有差。

庚寅，太傅张禹为太尉，太常周章为司空。

冬十月，倭国遣使奉献。

辛酉，新城山泉水大出。

十一月丁亥，司空周章密谋废立，策免，自杀。

戊子，敕司隶校尉、冀、并二州刺史："民讹言相惊，弃捐旧居，老弱相携，穷困道路。其各敕所部长吏，躬亲晓喻。若欲归本郡，在所为封长檄；不欲，勿强。"

十二月乙卯，颍川太守张敏为司空。

是岁，郡国十八地震；四十一雨水，或山水暴至；二十八大风，雨雹。

二年春正月，禀河南、下邳、东莱、河内贫民。

车骑（大）将军邓骘为种羌所败于冀西。

二月乙丑，遣光禄大夫樊准、吕仓分行冀、兖二州，禀贷流民。

夏四月甲寅，汉阳城中火，烧杀三千五百七十人。

五月，旱。丙寅，皇太后幸洛阳寺及若庐狱，录囚徒，赐河南尹、廷尉、卿及官属以下各有差，即日降雨。

六月，京师及郡国四十大水，大风，雨雹。

秋七月戊辰，诏曰："昔在帝王，承天理民，莫不据璇机玉衡，以齐七政。朕以不德，遵奉大业，而阴阳差越，变异并见，万民饥流，羌貊叛戾。夙夜克己，忧心京京。间令公卿郡国举贤良方正，远求博选，开不讳之路，冀得至谋，以鉴不逮，而所对皆循尚浮言，无卓尔异闻。其百僚及郡国吏人，有道术明习灾异阴阳之度璇机之数者，各使指变以闻。二千石长吏明以诏书，博衍幽隐，朕将亲览，待以不次，冀获嘉谋，以承天诫。"

闰月辛丑，广川王常保薨，无子，国除。

癸未，蜀郡徼外羌举土内属。

九月庚子，诏王（主）〔国〕官属墨绶下至郎、谒者，其经明任博士，居乡里有廉清孝顺之称，才任理人者，国相岁移名，与计偕上尚书，公府通调，令得外补。

冬十月庚寅，禀济阴、山阳、玄菟贫民。

十一月辛酉，拜邓骘为大将军，征还京师，留任尚屯陇右。先零羌滇零称天子于北地，遂寇三辅，东犯赵、魏，南入益州，杀汉中太守董炳。

十二月辛卯，禀东郡、巨鹿、广阳、安定、定襄、沛国贫民。

广汉塞外参狼羌降，分广汉北部为属国都尉。

是岁，郡国十二地震。

三年春正月庚子，皇帝加元服。大赦天下。赐王、主、贵人、公、卿以下金帛各有差；男子为父后，及三老、考悌、力田爵，人二级，流民欲占者人一级。

遣骑都尉任仁讨先零羌，不利，羌遂破没临洮。

高句骊遣使贡献。

三月，京师大饥，民相食。壬辰，公卿诣阙谢。诏曰："朕以幼冲，奉承鸿业，不能宣流风化，而感逆阴阳，至令百姓饥荒，更相啖食。永怀悼叹，若坠渊水。咎在朕躬，非群司之责，而过自贬引，重朝廷之不德。其务思变复，以助不逮。"癸巳，诏以鸿池假与贫民。

壬寅，司徒鲁恭免。夏四月丙寅，大鸿胪九江夏勤为司徒。

三公以国用不足，奏令吏人入钱谷，得为关内侯、虎贲羽林郎、五大夫、官府吏、缇骑、营士各有差。

己巳，诏上林、广成苑可垦辟者，赋与贫民。

甲申，清河王虎威薨。五月丙申，封乐安王宠子延平为清河王。

丁酉，沛王正薨。

癸丑，京师大风。

六月，乌桓寇代郡、上谷、涿郡。

秋七月，海贼张伯路等寇略缘海九郡，遣侍御史庞雄督州、郡兵讨破之。

庚子，诏长吏案行在所，皆令种宿麦蔬食，务尽地力，其贫者给种饷。

九月，雁门乌桓及鲜卑叛，败五原郡兵于高渠谷。

冬十月，南单于叛，围中郎将耿种于美稷。十一月，遣行车骑将军何熙讨之。

十二月辛酉，郡国九地震。乙亥，有星孛于天苑。

是岁，京师及郡国四十一雨水雹。并、凉二州大饥，人相食。

四年春正月元日，会，彻乐，不陈充庭车。

辛卯，诏以三辅比遭寇乱，人庶流冗，除三年逋租、过更、口算、刍稿；禀上郡贫民各有差。

海贼张伯路复与勃海、平原剧贼刘文河、周文光等攻厌次，杀县令，遣御史中丞王宗督青州刺史法雄讨破之。

度辽将军梁慬、辽东太守耿夔讨破南单于於属国故城。

丙午，诏减百官及州、郡、县奉各有差。

二月丁巳，禀九江贫民。

南匈奴寇常山。

乙丑，初置长安、雍二营都尉官。

乙亥，诏自建初以来，诸袄言它过坐徙边者，各归本郡；其没入官为奴婢者，免为庶人。

诏谒者刘珍及《五经》博士，校定东观《五经》、诸子、传记、百家艺术，整齐脱误，是正文字。

三月，南单于降。

先零羌寇褒中，汉中太守郑勤战殁。徙金城郡都襄武。

戊子，杜陵园火。癸巳，郡国九地震。夏四月，六州蝗。丁丑，大赦天下。秋七月乙酉，三郡大水。

己卯，骑都尉任仁下狱死。

九月甲申，益州郡地震。

冬十月甲戌，新野君阴氏薨，使司空持节护丧事。

大将军邓骘罢。

五年春正月庚辰朔，日有食之。丙戌，郡国十地震。

己丑，太尉张禹免。甲申，光禄勋李脩为太尉。

二月丁卯，诏省减郡国贡献太官口食。

先零羌寇河东，遂至河内。

三月，诏陇西徙襄武，安定徙美阳，北地徙池阳，上郡徙衙。

夫余夷犯塞，杀伤吏人。

闰月丁酉,赦凉州河西四郡。

戊戌,诏曰:

朕以不德,奉郊庙,承大业,不能兴和降善,为人祈福。灾异蜂起,寇贼纵横,夷狄猾夏,戎事不息,百姓匮乏,疲于征发。重以蝗虫滋生,害及成麦,秋稼方收,甚可悼也。朕以不明,统理失中,亦未获忠良以毗阙政。传曰:"颠而不扶,危而不持,则将焉用彼相矣。"公卿大夫将何以匡救,济斯艰厄,承天诫哉?盖为政之本,莫若得人,褒贤显善,圣制所先。"济济多士,文王以宁"。思得忠良正直之臣,以辅不逮。其令三公、特进、侯、中二千石、二千石、郡守、诸侯相举贤良方正、有道术、达于政化、能直言极谏之士各一人,及至孝与众卓异者,并遣诣公车,朕将亲览焉。

六月甲辰,乐成王巡薨。

秋七月己巳,诏三公、特进、九卿、校尉,举列将子孙明晓战陈任将帅者。

九月,汉阳人杜琦、王信叛,与先零诸种羌攻陷上邽城。十二月,汉阳太守赵博遣客刺杀杜琦。

是岁,九州蝗,郡国八雨水。

六年春正月庚申,诏越巂置长利、高望、始昌三苑,又令益州郡置万岁苑,犍为置汉平苑。

三月,十州蝗。

夏四月乙丑,司空张敏罢。

五月,旱。

丙寅,诏令中二千石下至黄绶,一切复秩还赎,赐爵各有差。

戊辰，皇太后幸雒阳寺，录囚徒，理冤狱。

六月壬辰，豫章、员谿、原山崩。

辛巳，大赦天下。

遣侍御史唐喜讨汉阳贼王信，破斩之。

冬十一月辛丑，护乌桓校尉吴祉下狱死。

是岁，先零羌滇零死，子零昌复袭伪号。

七年春正月庚戌，皇太后率大臣命妇谒宗庙。

二月丙午，郡国十八地震。

夏四月乙未，平原王胜薨。

丙申晦，日有食之。五月庚子，京师大雩。

秋，护羌校尉侯霸、骑都尉马贤破先零羌。

八月丙寅，京师大风，蝗虫飞过洛阳。诏赐民爵。郡国被蝗伤稼十五以上，勿收今年田租；不满者，以实除之。

九月，调零陵、桂阳、豫章、会稽租米，赈给南阳、广陵、下邳、彭城、山阳、庐江、九江饥民；又调滨水县谷输敖仓。

元初元年春正月甲子，改元元初。赐民爵，人二级，孝悌、力田人三级，爵过公乘，得移与子若同产、同产子，民脱无名数及流民欲占者人一级；鳏、寡、孤、独、笃癃〔贫〕不能自存者谷，人三斛；贞妇帛，人一匹。

二月己卯，日南地坼。三月癸酉，日有食之。

夏四月丁酉，大赦天下。

京师及郡国五旱、蝗。

诏三公、特进、列侯、中二千石、二千石、郡守举敦厚质直者，各一人。

五月，先零羌寇雍城。

六月丁巳，河东地陷。

秋七月,蜀郡夷寇蚕陵,杀县令。

九月乙丑,太尉李脩罢。

先零羌寇武都、汉中,绝陇道。

辛未,大司农山阳司马苞为太尉。

冬十月戊子朔,日有食之。

先零羌败凉州刺史皮阳于狄道。乙卯,诏除三辅三岁田租、更赋、口算。

十一月。是岁,郡国十五地震。

二年春正月,诏禀三辅及并、凉六郡流冗贫人。

蜀郡青衣道夷奉献内属。

修理西门豹所分漳水为支渠,以溉民田。

二月戊戌,遣中谒者收葬京师客死无家属及棺椁朽败者,皆为设祭;其有家属,尤贫无以葬者,赐钱人五千。

辛酉,诏三辅、河内、河东、上党、赵国、太原各修理旧渠,通利水道,以溉公私田畴。

三月癸亥,京师大风。

先零羌寇益州,遣中郎将尹就讨之。

夏四月丙午,立贵人阎氏为皇后。

五月,京师旱,河南及郡国十九蝗。甲戌,诏曰:"朝廷不明,庶事失中,灾异不息,忧心悼惧。被蝗以来,七年于兹,而州、郡隐匿,裁言顷亩。今群飞蔽天,为害广远,所言所见,宁相副邪?三司之职,内外是监,即不奏闻,又无举正。天灾至重,欺罔罪大。今方盛夏,且复假贷,以观厥后。其务消救灾眚,安辑黎元。"

六月丙戌,太尉司马苞薨。

洛阳新城地裂。

秋七月辛巳，太仆太山马英为太尉。

八月，辽东鲜卑围无虑县。九月，又攻夫犁营，杀县令。

壬午晦，日有食之。

冬十月，遣中郎将任尚屯三辅。

诏郡国中都官系囚减死一等，勿笞，诣冯翊、扶风屯，妻子自随，占著所在；女子勿输。亡命死罪以下赎，各有差。其吏人聚为盗贼，有悔过者，除其罪。

乙未，右扶风仲光、安定太守杜恢、京兆虎牙都尉耿溥与先零羌战于丁奚城，光等大败，并没。左冯翊司马钧下狱，自杀。

十一月庚申，郡国十地震。

十二月，武陵澧中蛮叛，州、郡击破之。

己酉，司徒夏勤罢。庚戌，司空刘恺为司徒，光禄勋袁敞为司空。

三年春正月甲戌，修理太原旧沟渠，溉灌官私田。

东平陆上言木连理。

苍梧、郁林、合浦蛮夷反叛，二月，遣侍御史任逴督州、郡兵讨之。

郡国十地震。三月辛亥，日有食之。

丙辰，赦苍梧、郁林、合浦、南海吏人为贼所迫者。

夏四月，京师旱。

五月，武陵蛮复叛，州、郡讨破之。

癸酉，度辽将军邓遵率南匈奴击先零羌于灵州，破之。

越巂徼外夷举种内属。

六月，中郎将任尚遣兵击破先零羌于丁奚城。

秋七月，武陵蛮复叛，州、郡讨平之。

缑氏地坼。

九月辛巳，赵王宏薨。

冬十一月，苍梧、郁林、合浦蛮夷降。

丙戌，初听大臣、二千石、刺史行三年丧。

癸卯，郡国九地震。

十二月丁巳，任尚遣兵击破先零羌于北地。

四年春二月乙巳朔，日有食之。乙卯，大赦天下。壬戌，武库灾。

夏四月戊申，司空袁敞薨。

己巳，鲜卑寇辽西，辽西郡兵与乌桓击破之。

五月丁丑，太常李郃为司空。

六月戊辰，三郡雨雹。

秋七月辛丑，陈王钧薨。

京师及郡国十雨水。诏曰："今年秋稼茂好，垂可收获，而连雨未霁，惧必淹伤。夕惕惟忧，思念厥咎。夫霖雨者，人怨之所致。其武吏以威暴下，文吏妄行苛刻，乡吏因公生奸，为百姓所患苦者，有司显明其罚。又《月令》'仲秋养衰老，授几杖，行糜粥'。方今案比之时，郡、县多不奉行。虽有糜粥，糠秕相半，长吏怠事，莫有躬亲，甚违诏书养老之意。其务崇仁恕，赈护寡独，称朕意焉。"

九月，护羌校尉任尚使客刺杀叛羌零昌。

冬十一月己卯，彭城王恭薨。

十二月，越巂夷寇遂久，杀县令。

甲子，任尚及骑都尉马贤与先零羌战于富平上河，大破之。虔人羌率众降，陇右平。

是岁，郡国十三地震。

五年春正月，越巂夷叛。

二月壬戌，中山王宪薨。

三月，京师及郡国五旱，诏禀遭旱贫人。

夏六月，高句骊与秽貊寇玄菟。

秋七月，越巂蛮夷及旄牛豪叛，杀长吏。

丙子，诏曰："旧令制度，各有科品，欲令百姓务崇节约。遭永初之际，人离荒厄，朝廷躬自菲薄，去绝奢饰，食不兼味，衣无二采。比年虽获丰穰，尚乏储积，而小人无虑，不图久长，嫁聚送终，纷华靡丽，至有走卒奴婢被绮縠，著珠玑。京师尚若斯，何以示四远？设张法禁，恳恻分明，而有司惰任，讫不奉行。秋节既立，鸷鸟将用，且复重申，以观后效。"

八月丙申朔，日有食之。

鲜卑寇代郡，杀长吏。冬十月，鲜卑寇上谷。

十二月丁巳，中郎将任尚有罪，弃市。

是岁，郡国十四地震。

六年春二月乙巳，京师及郡国四十二地震，或坼裂，水泉涌出。

壬子，诏三府选掾属高第，能惠利牧养者各五人，光禄勋与中郎将选孝廉郎宽博有谋、清白行高者五十人，出补令、长、丞、尉。

乙卯，诏曰："夫政，先京师，后诸夏。《月令》仲春'养幼小，存诸孤'，季春'赐贫穷，赈乏绝，省妇使，表贞女'，所以顺阳气，崇生长也。其赐人尤贫困、孤弱、单独谷，人三斛；贞妇有节义十斛，甄表门闾，旌显厥行。"

三月庚辰，始立六宗，祀于洛城西北。

夏四月，会稽大疫，遣光禄大夫将太医循行疾病，赐棺木，除田租、田赋。

沛国、勃海大风，雨雹。五月，京师旱。

六月丁丑，乐成王宾薨。丙戌，平原王得薨。

秋七月，鲜卑寇马城，度辽将军邓遵率南单于击破之。

九月癸巳，陈王竦薨。

十二月戊午朔，日有食之，既。郡国八地震。

是岁，永昌、益州蜀郡夷叛，与越巂夷杀长吏，燔城邑，益州刺史张乔讨破降之。

永宁元年春正月甲辰，任城王安薨。三月丁酉，济北王寿薨。

车师后王叛，杀部司马。

沈氐羌寇张掖。

夏四月丙寅，立皇子保为皇太子，改元永宁，大赦天下。赐王、主、三公、列侯下至郎吏、从官金、帛；又赐民爵及布、粟各有差。

己巳，绍封陈王羨子崇为陈王，济北王子苌为乐成王，河间王子翼为平原王。

壬午，琅邪王寿薨。

六月，沈氐种羌叛，寇张掖，护羌校尉马贤讨沈氐羌，破之。

秋七月乙酉朔，日有食之。

冬十月己巳，司空李郃免。癸酉，卫尉庐江陈褒为司空。

自三月至是月，京师及郡国三十三大风，雨水。

十二月，永昌徼外掸国遣使贡献。

戊辰，司徒刘恺罢。

辽西鲜卑降。

癸酉，太常杨震为司徒。

是岁，郡国二十三地震。夫余王遣子诣阙贡献。烧当羌叛。

建光元年春正月，幽州刺史冯焕率二郡太守讨高句骊、秽貊，不克。

二月癸亥，大赦天下。赐诸园贵人、王、主、公、卿以下钱、布各有差。以公、卿、校尉、尚书子弟一人为郎、舍人。

三月癸巳，皇太后邓氏崩。丙午，葬和熹皇后。

丁未，乐安王宠薨。

戊申，追尊皇考清河孝王曰孝德皇，皇妣左氏曰孝德皇后，祖妣宋贵人曰敬隐皇后。

夏四月，秽貊复与鲜卑寇辽东，辽东太守蔡讽追击，战殁。

丙辰，以广川并清河国。

丁巳，尊孝德皇元妃耿氏为甘陵大贵人。

甲子，乐成王苌有罪，废为临湖侯。

己巳，令公、卿、特进、侯、中二千石、二千石、郡国守相，举有道之士各一人。赐鳏、寡、孤、独、贫不能自存者谷，人三斛。

甲戌，辽东属国都尉庞奋，承伪玺书杀玄菟太守姚光。

五月庚辰，特进邓骘及度辽将军邓遵，并以谮自杀。

丙申，贬平原王翼为都乡侯。

秋七月己卯，改元建光，大赦天下。

壬寅，太尉马英薨。

八月，护羌校尉马贤讨烧当羌于金城，不利。甲子，前司徒刘恺为太尉。

鲜卑寇居庸关，九月，云中太守成严击之，战殁。鲜卑围乌桓校尉于马城，度辽将军耿夔救之。戊子，幸卫尉冯石府。

是秋，京师及郡国二十九雨水。

冬十一月己丑，郡国三十五地震，或坼裂。诏三公以下，各上封事陈得失。遣光禄大夫案行，赐死者钱，人二千。除今年田租。其被灾甚者，勿收口赋。

鲜卑寇玄菟。

庚子，复断大臣二千石以上服三年丧。癸卯，诏三公、特进、侯、卿、校尉，举武猛堪将帅者各五人。丙午，诏京师及郡国被水雨伤稼者，随顷亩减田租。甲子，初置渔阳营兵。

冬十二月，高句骊、马韩、秽貊围玄菟城，夫余王遣子与州、郡并力讨破之。

延光元年春二月，夫余王遣子将兵救玄菟，击高句骊、马韩、秽貊，破之，遂遣使贡献。

三月丙午，改元延光。大赦天下。还徙者，复户邑属籍。赐民爵及三老、孝悌、力田，人二级；加赐鳏、寡、孤、独、笃癃、贫不能自存者粟，人三斛；贞妇帛，人二匹。

夏四月癸未，京师郡国二十一雨雹。癸巳，司空陈褒免。

五月庚戌，宗正彭城刘授为司空。己巳，改乐成国为安平，封河间王开子得为安平王。

六月，郡国蝗。

秋七月癸卯，京师及郡国十三地震。

高句骊降。虔人羌叛，攻谷罗城，度辽将军耿夔讨破之。

八月戊子，阳陵园寝火。辛卯，九真言黄龙见无功。己亥，诏三公、中二千石，举刺史、二千石、令、长、相，视事一岁以上至十岁，清白爱利、能赖身率下、防奸理烦、有益于人者，无拘官簿。刺史举所部，郡国太守、相举墨绶，隐亲悉心，勿取浮华。

九月甲戌，郡国二十七地震。

冬十月，鲜卑寇雁门、定襄。

十一月，鲜卑寇太原。

烧光羌豪降。

十二月，九真徼外蛮夷贡献内属。

是岁,京师及郡国二十七雨水,大风,杀人。诏赐压、溺死者年七岁以上钱,人二千;其坏败庐舍、失亡谷食,粟,人三斛;又田被淹伤者,一切勿收田租;若一家皆被灾害而弱小存者,郡、县为收敛之。虔人羌反,攻谷罗城,度辽将军耿夔讨破之。

二年春正月,旄牛夷叛,寇灵关,杀县令。益州刺史蜀郡西部都尉讨之。诏选三署郎及吏人能通《古文尚书》《毛诗》《穀梁春秋》各一人。丙辰,河东、颍川大风。

夏六月壬午,郡国十一大风。九真言嘉禾生。丙申,北海王普薨。

秋七月,丹阳山崩。

八月庚午,初令三署郎通达经术任牧民者,视事三岁以上,皆得察举。

九月,郡国五雨水。

冬十月辛未,太尉刘恺罢。甲戌,司徒杨震为太尉,光禄勋东莱刘熹为司徒。

十一月甲辰,校猎上林苑。

鲜卑败南匈奴于曼柏。

是岁,分蜀郡西部为属国都尉。京师及郡国三地震。

三年春二月丙子,东巡狩。丁丑,告陈留太守,祠南顿君、光武皇帝于济阳,复济阳今年田租、刍稿。庚寅,遣使者祠唐尧于成阳。

戊子,济南上言,凤皇集台县丞霍收舍树上。赐台长帛五十匹,丞二十匹,尉半之,吏卒人三匹。凤皇所过亭部,无出今年田租。赐男子爵,人二级。辛卯,幸太山,柴告岱宗。齐王无忌、北海王(普)〔翼〕、乐安王延来朝。壬辰,宗祀五帝于汶上明堂。癸巳,告祀二祖、六宗,劳赐郡、县,作乐。

三月甲午,陈王崇薨。戊戌,祀孔子及七十二弟子于阙里,自鲁相、令、丞、尉及孔氏亲属、妇女、诸生悉会,赐褒成侯以下帛各有差。还,幸东平,至东郡,历魏郡、河内。壬戌,车驾还京师,幸太学。是日,太尉杨震免。

夏四月乙丑,车驾入宫,假于祖祢。壬戌,沛国言甘露降丰县。戊辰,光禄勋冯石为太尉。

五月,南匈奴左日逐王叛,使匈奴中郎将马翼讨破之。

日南徼外蛮夷内属。

六月,鲜卑寇玄菟。

庚午,阆中山崩。辛未,扶风言白鹿见雍。

辛巳,遣侍御史分行青、冀二州灾害,督录盗贼。

秋七月丁酉,初复右校（令）、左校〔令〕丞官。

日南徼外蛮豪帅诣阙贡献。

冯翊言甘露降频阳、衙。颍川上言木连理。白鹿、麒麟见阳翟。

鲜卑寇高柳。

梁王坚薨。

八月辛巳,大鸿胪耿宝为大将军。

戊子,颍川上言麒麟一、白虎二见阳翟。

九月丁酉,废皇太子保为济阴王。

乙巳,诏郡国中都官死罪系囚减罪一等,（诏）〔诣〕敦煌、陇西及度辽营；其右趾以下及亡命者赎,各有差。

辛亥,济南上言黄龙见历城。庚申晦,日有食之。

冬十月,行幸长安。壬午,新丰上言凤皇集西界亭。丁亥,会三辅守、令、掾史于长安,作乐。闰月乙未,祠高庙,遂有事十一陵,历观上林、昆明池。遣使者祠太上皇于万年,以中牢祠萧何、曹参、霍光。十一月乙丑,至自长安。

十二月乙未，琅邪言黄龙见诸县。

是岁，京师及（诸）郡国二十三地震；三十六雨水，疾风，雨雹。

四年春正月壬午，东郡言黄龙二、麒麟一见濮阳。

二月乙亥，下邳王衍薨。

甲辰，南巡狩。

三月戊午朔，日有食之。

庚申，幸宛，帝不豫。辛酉，令大将军耿宝行太尉事。祠章陵园庙，告长沙、零陵太守，祠定王、节侯、郁林府君。乙丑，自宛还。丁卯，幸叶，帝崩于乘舆，年三十二。秘不敢宣，所在上食问起居如故。庚午，还宫。辛未夕，乃发丧。尊皇后为皇太后。太后临朝，以后兄大鸿胪阎显为车骑将军，定策禁中，立章帝孙济北惠王寿子北乡侯懿。

夏四月丁酉，太尉冯石为太傅，司徒刘熹为太尉，参录尚书事；前司空李郃为司徒。

辛卯，大将军耿宝、中常侍樊丰、侍中谢恽、周广、乳母野王君王圣，坐相阿党，丰、恽、广下狱死，宝自杀，圣徙雁门。

己酉，葬孝安皇帝于恭陵。庙曰恭宗。

六月乙巳，大赦天下。诏先帝巡狩所幸，皆半入今年田租。

秋七月，西域长史班勇击车师后王，斩之。

丙午，东海王肃薨。

冬十月丙午，越巂山崩。

辛亥，少帝薨。

是冬，京师大疫。

论曰：孝安虽称尊享御，而权归邓氏，至乃损彻膳服，克念政道。然令自房帷，威不逮远，始失根统，归成陵敝。遂复计金授官，移民逃寇，推咎台衡，以答天眚。既云哲妇，亦"惟家之索"矣。

赞曰：安德不升，秕我王度。降夺储嫡，开萌邪蠹。冯石承欢，杨公逢怒。彼日而微，遂祲天路。

译文：

恭宗孝安帝叫刘祜，是肃宗刘炟的孙子。父亲是清河孝王刘庆，母亲是左姬。安帝在住所时，多次有神光照室，又有赤蛇盘在他的床间。年方十岁，就好学《史书》，和帝很喜欢他，多次在宫里召见他。

延平元年，刘庆初次到自己的封国去，邓太后特地下诏命安帝留在清河邸。

八月，殇帝去世，邓太后与其兄车骑将军邓骘在宫中决定了承继大策。当夜，邓太后使邓骘持节，以王所乘青盖车迎安帝入宫，沐浴清洁以俟继位大典。皇太后御临崇德殿，百官都身着吉服上朝，拜安帝为长安侯。皇太后下诏书说："先帝圣德淑茂，但过早地抛弃天下而去世。我奉皇帝如日夜瞻仰日月，冀望其成就。岂料皇帝猝然而逝，使我悲痛断心肠。平原王素有痼疾，我念宗庙之重，思虑继嗣大统，以为长安侯刘祜质性忠孝，小心敬慎，能通晓《诗经》《论语》，笃学乐古，仁惠而爱惜下人。年十三岁，有成人的志向。有德行而最适宜继承大统者，莫过于刘祜。《礼记》说："昆弟之子犹己子"；《春秋》之义，为人后者为之子，不以父命辞王父命。其以刘祜为孝和皇帝后嗣，奉承祖宗，案礼仪奏。"又作策命：延平元年秋八月癸丑，皇太后说："长安侯刘祜：孝和皇帝巍巍美德光耀四海；大行皇帝不永天年。我以你是孝章皇帝嫡皇孙,谦恭慈顺,虽年幼但很勤勉,适宜奉承郊庙,继承大业。今以你为孝和皇帝后嗣,为汉国皇帝,允执其中。'一人有庆,万民赖之'请皇帝勉力为之!"读完策命,太尉奉上皇帝玺绶,刘祜即皇帝位,时年十三。邓太后仍然临朝听政。

九月庚子,安帝拜谒高祖庙。辛丑,拜谒光武帝庙。

有六州发生水灾。己未,派遣谒者分几路调查灾情,赈济粮衣乏绝的人。

丙寅,葬孝殇皇帝于康陵。

乙亥,陈留有陨石落下。

西域诸国反叛,进攻都护任尚,派副校尉梁慬救援任尚,击败了反叛诸国。

冬十月,有四州发生了水灾、雹灾。安帝下诏书,因冬麦收成极差,下令赈赐贫苦之人。

十二月甲子,清河王逝世,使司空持节吊祭,车骑将军邓骘主持丧事。

乙酉,罢止鱼龙曼延百戏。

永初元年春正月癸酉朔,大赦天下。

蜀郡境外羌人降附汉廷。

戊寅,分犍为郡南部为属国都尉。

禀贷司隶校尉部、兖、豫、徐、冀、并州贫民。

二月丙午,将广成皇家游猎地和遭受灾害的郡国的公田借与贫民耕种。

丁卯,划分清河国领地封安帝弟刘常保为广川王。

庚午,司徒梁鲔去世。

三月癸酉,出现日食。安帝下诏,命公卿内外众官、郡国守相，荐举贤良方正，有道术之士、明政术、通达古今，能直言极谏者各一人。

己卯，永昌境外僬侥种夷人献贡品归附。

甲申，安葬清河孝王刘庆，赠赐龙旗、虎贲。

丁丑，下诏封北海王刘睦之孙寿光侯刘普为北海王。九真境外夜郎蛮夷人降附汉廷。

六月戊申，爵封皇太后母阴氏为新野君。

丁巳，河东地陷。

壬戌，撤销西域都护建制。

先零种羌人反叛，切断陇道交通，大肆寇掠，派车骑将军邓骘、征西校尉任尚征讨羌人。丁卯，赦免诸羌相联结谋叛逆者罪。

秋九月庚午，诏令三公明申旧令，禁止奢侈，不许作浮巧之物及殚财厚葬。

此日，罢免太尉徐防。辛未，罢免司空尹勤。

癸酉，调扬州五郡租米，赡给东郡、济阴、陈留、梁国、下邳、山阳等地。

丁丑，下诏说："从今以后县令长被考案没有判决者，除了父母去世以外无故离职的，政务繁重的县分十年以上，平常的县分五年以上，才能顺序录用。"

壬午，诏令太仆、少府减少黄门鼓吹人数，以补羽林士；厩马非皇帝日常所乘御者，皆减半食；诸所造作，不是宗庙园陵的工程，一切暂停。

丙戌，诏令死罪以下囚犯及逃亡罪徒可以用钱赎罪，数量各不等。

庚寅，任命太傅张禹为太尉，太常周章为司空。

冬十月，倭国派遣使者奉献贡物。

辛酉，新城山泉水大出。

十一月丁亥，司空周章密谋废立皇帝，事败露，被罢免，自杀身亡。

戊子，敕令司隶校尉、冀、并二州刺史：因百姓讹言相传，相互惊扰，以致抛弃故居，老弱相携，穷困于道路。命令所辖官吏，要亲自解释安抚，流民如愿意回本部的，当地要发以长檄为证明；不愿者不得勉强。

十二月乙卯，任命颍川太守张敏为司空。

此年，十八个郡国遭受地震灾害；四十一个郡国遭受暴雨或山洪灾害；二十八个郡国遭受风灾、雹灾。

二年春正月，禀贷河南、下邳、东莱、河内贫民百姓。

车骑将军邓骘在冀西为羌人击败。

二月乙丑，派光禄大夫樊準、吕仓分头巡行冀兖二州，禀贷流民。

夏四月甲寅，汉阳城里发生火灾，烧死二千五百七十人。

五月，大旱。丙寅，皇太后到洛阳官署和若卢狱，审录囚徒，赏赐河南尹、廷尉、卿及官属以下数量各不等，当日天降雨。

六月，京师及四十个郡国遭受水灾、风灾、雹灾。

秋七月，下诏书说："过去的帝王，承天命治理百姓，莫不根据璇机玉衡等天文之器，协调七政。我以不德，遵奉大业，但阴阳差越，变故灾异一起出现，百姓饥饿流亡，羌貊边民叛涣。我日夜忧虑不安。也曾多次命令公卿郡国荐举贤良方正，远求博选，广开直言之路，这样做就是希望能得到好的建议，以知道我的不足之处，但所得到的皆是不切实际的浮言，没有高明的见解。希望百官及郡国官吏百姓，有道术明习灾异阴阳，知晓天文者，将灾异告知。二千石长吏要晓明诏书之意，广泛荐引幽隐高明之士,我将亲自接见,待以高位,盼望能获得高策,以承受上天的垂诫。"

闰月辛丑,广川王刘常保去世,没有子嗣,国除。

癸未,蜀郡境外羌人归降。

九月庚子,下诏书令王国官属墨绶以下至郎、谒者,其经明任博士,在乡里有清廉教顺名声,其才能可以治理百姓者,国相每年报其姓名,和上计簿使同至尚书台,由三公府通选,令得外放补官。

冬十月庚寅,禀贷济阴、山阳、玄菟的贫民。

十一月辛酉,拜邓骘为大将军,征还京师,留任尚屯兵陇右。先零羌首领滇零在北地称天子,寇掠三辅地区,向东侵犯赵、魏,南入益州,杀汉中太守董炳。

十二月辛卯,禀贷东郡、巨鹿、广阳、安定、定襄、沛国贫民。

广汉塞外参狼羌人归降,分广汉北部为属国都尉。

此年,十二个郡国地震。

三年春正月庚子,安帝加冠冕。大赦天下。赐王、公、贵、人、公、卿以下金帛数量各不等。男子做父亲者,及三老、孝悌、力田爵,每人二级,流民欲占籍者每人一级。

派骑都尉任仁征讨先零羌,为先零羌所败,先零羌逐攻破了临洮。

高句骊派遣使节奉献贡物。

三月,京师发生大饥荒,以致人相食。壬辰,公卿大臣至宫内诣内安帝谢罪。安帝下诏书说:"我以幼年,承继大业,不能宣流风化,而感逆阴阳的变化,以致令百姓遭受饥荒,人相食。这是我永远悲伤的事,如同坠入深渊一样。罪咎是在我身上,不是你们的责任,我应该自己贬损引咎。希望你们一定要思考复兴事,以补充我的不足。

壬寅,罢免司徒鲁恭。夏四月丙寅,任命大鸿胪九江人夏勤为司徒。

三公以国用不足为由,奏请可令吏民用钱谷买关内侯、虎贲羽林郎、五大夫、官府吏、缇骑、营士等爵官,价格不等。

己巳,下诏书,将上林苑、广成苑可垦辟的土地,赋与贫民。

甲申,清河王刘虎威去世。五月丙申,封乐安王刘宠之子刘延平为清河王。

丁酉,沛王刘正去世。

癸丑,京师遭受风灾。

六月,乌桓寇掠代郡、上谷、涿郡等地。

秋七月,海贼张伯路等寇掠沿海九郡,派侍御史庞雄率领郡兵征讨,击败了张伯路等。

庚子,安帝下诏书令官吏的公署,都得种冬麦蔬菜等,务尽地力,贫者可发给种饷。

九月,雁门乌桓及鲜卑反叛,在高渠谷击败了五原郡兵。

冬十月,南匈奴单于反叛,在美稷包围了中郎将耿种。十一月,派遣车骑将军何熙率军征讨。

十二月辛酉,九个郡国地震。乙亥,有慧星入于天苑星。

此年,京师和四十一个郡国遭受涝灾雹灾。并、凉二州出现大饥荒,人相食。

四年春正月元日,朝会上撤乐,不再陈列充庭车。

辛卯,安帝下诏书以三辅地区屡遭寇乱,百姓流散,免除三年拖欠之租、过更、口算、刍稿;禀贷上郡贫民数量各不等。

海贼张伯路又伙同勃海、平原贼刘文河、周文光等进攻厌次,杀死了县令,朝廷派遣御史中丞王宗督青州刺史法雄率军击败张伯路等。

度辽将军梁慬，辽东太守耿夔在属国故城击败了南单于军丙午，安帝下诏书令减百官及州郡县官吏秩俸数量各不等。

二月丁巳，禀贷九江贫民。

南匈奴寇掠常山。

乙丑，初次设置京兆虎牙都尉、扶风都尉官。

乙亥，安帝下诏书令自建初以来，因各种祆言罪被判罪徙边的人，各归本郡；其被没入官成为官奴婢的人，赦免为庶人。

安帝下诏书令谒者刘珍及五经博士，校定东观五经、诸子、传记、百家艺术、整齐脱误，纠正文字。

三月，南匈奴单于投降。

先零羌人掠劫褒中，汉中太守郑勤战死。于是，徙金城郡治于襄武。

戊子，杜陵园发生火灾。癸巳，九个郡国发生地震。夏四月，六个州发生蝗灾。丁丑，发布大赦令。秋七月乙酉，三个郡发生水灾。

己卯，骑都尉任仁因事下狱死。

九月甲申，益州郡地震。

冬十月甲戌，新野君阴氏去世，使司空持节主持料理丧事。

大将军邓骘罢免。

五年春正月庚辰朔，日食。丙戌，十个郡国地震。

己丑，太尉张禹被免职。甲申，任命光禄勋李脩为太尉。

二月丁卯，安帝下诏书令减省各地贡献太官的口食。

先零羌人寇掠河东，一直侵入河内。

三月，安帝下诏书令陇西郡治所迁至襄武，安定郡治所迁至美阳，北地郡治所迁至池阳，上郡治所迁至衙县。

夫余夷人侵犯边塞，杀掠边塞官吏百姓。

闰月丁酉，在凉州河西四郡实行大赦。

戊戌，安帝下诏书说：

我以不德，奉承大业，没能带来祥和良善，为百姓祈福。现灾异蜂起，寇贼纵横，夷狄扰乱华夏，战事不息，百姓乏困，疲倦不堪。再加上出现蝗灾，危害庄稼，真可悲呀。这是因为我不英明，统理不当，但也是没有获得忠良之士的辅佐。《论语》上说："颠而不扶，危而不持，则将焉用彼相矣。"（瞎子遇到危险，不去扶持；将要摔倒了不去搀扶，那又何必用助手呢？）公卿大夫将用什么来匡救艰厄呢？为政之本，最重要的是得到人才，褒贤者扬良善，是圣贤首先要做的事。《诗经》上说："济济多士，文王以宁。"我多希望能得到忠良正直之臣，来辅佐我，补充我的不足啊。我命令三公、特进、侯、中二千石、二千石、郡守、诸侯相荐举贤良方正，有道术、达于政化、能直言极谏之士各一人，和至孝与众不同的人。送他们到公车令处，我将亲自接见他们。

六月甲辰，乐成王刘巡去世。

秋七月己巳，安帝下诏令三公、特进、九卿、校尉，荐举列将子孙明晓战阵任将帅者。

九月，汉阳人杜琦、王信反叛，和先零诸种羌一起攻陷了上邽城。十二月，汉阳太守赵博派刺客刺杀了杜琦。

此年，九个州蝗灾，八个郡国涝灾。

六年春正月庚申，安帝下诏令越嶲置长利、高望、始昌三苑，又命令益州郡置万岁苑，犍为置汉平苑。

三月，十个州发生蝗灾。

夏四月乙丑，司空张敏罢免。

五月，大旱。

丙寅，安帝下诏令中二千石以下至黄绶官吏恢复俸秩，并赐爵数量各不等。

戊辰，皇太后到洛阳宫署，审录囚徒，理冤狱。

六月壬辰，豫章、员谿、原山发生山崩。

辛巳，大赦天下。

派遣侍御史唐喜征讨汉阳贼王信，击败了王信军，并杀死了王信。

冬十一月辛丑，护乌桓校尉吴祉入狱死。

此年，先零羌人首领滇零去世，其子零昌继其伪号。

七年春正月庚戌，皇太后率领大臣命妇拜谒宗庙。

二月丙午，十八个郡国地震。

夏四月乙未，平原王刘胜去世。

丙申晦，日食。五月庚子，京师举行大祭祀求雨。

秋，护羌校尉侯霸、骑都尉马贤大败先零羌人。

八月丙寅，京师大风，蝗虫飞过洛阳。安帝诏令赐民爵位。郡国的庄稼有十分之五被蝗虫伤害，免收今年田租；不满者，以实除之。

九月，调零陵、桂阳、丹阳、豫章、会稽租米，赈济给南阳、广陵、下邳、彭城、山阳、庐江、九江饥民；又调滨水县谷运到敖仓。

元初元年春正月甲子，改元元初。赐民爵位，每人二级，孝悌、力田每人三级，爵位达到公乘者，得移给其子，或同母兄弟、同母兄弟之子，百姓脱名数和流民欲占籍者每人一级；鳏、寡、孤、独、患重病、贫困不能生存者，每人谷三斛，赐贞妇帛，每人一匹。

二月己卯，日南地裂。三月癸酉，日食。

夏四月丁酉，大赦天下。

京师和五个郡国发生旱灾、蝗灾。

安帝下诏令三公、特进、列侯、中二千石、二千石、郡守荐举敦厚质直者各一人。

五月，先零羌人寇掠雍城。

六月丁巳，河东地陷。

秋七月，蜀郡夷人寇掠蚕陵，杀死了县令。

九月乙丑，太尉李脩被罢免。

先零羌寇掠武都、汉中，切断陇道。

辛未，任命大司农山阳人司马苞为太尉。

冬十月戊子朔，日食。

先零羌在狄道击败了凉州刺史皮阳。

乙卯，安帝下诏令免除三辅地区三年田租、更赋、口算。

十一月。此年，十五个郡国地震。

二年春正月，安帝下诏令禀贷三辅及并、凉六郡流散的贫民。

蜀郡青衣道夷人奉献贡品归附。

修理西门豹所分漳水为支渠，以灌溉民田。

二月戊戌，派遣中谒者收葬无人认领的死者及棺椁朽败者，为这些死者设祭；有家属的死者，但家贫无力埋葬者，每人赐五千钱。

辛酉，安帝下诏令三辅、河内、河东、上党、赵国、太原各修理旧水渠，通到水道，以灌溉公私田地。

三月癸亥，京师遭受风灾。

先零羌人寇掠益州，派遣中郎将尹就征讨。

夏四月丙午，立贵人阎氏为皇后。

五月，京师大旱，河南及十九个郡国发生蝗灾。甲戌，安帝下诏书说："因我不够圣明，理事失当，以致灾异不息，我忧心悼惧。遭受蝗灾已经七年了，而州郡的官吏隐匿实情，只言顷亩之灾。现在蝗虫群飞蔽天，为害广远，你们所说的与事实，怎么如此不相符呢？三司的职能，应是监督内外，你们既不将实情奏闻于我，又不提出正确建议。天灾到了如此严重地步，你们欺罔之罪是如此之大。现在正是盛夏，且宽容你们，以观后效。望你们务必消救灾难，安抚百姓。"

六月丙戌，太尉司马苞去世。

洛阳新城地裂。

秋七月辛巳，任命太仆太山人马英为太尉。

八月，辽东鲜卑人包围无虑县。九月，又进攻夫犁营，杀死县令。

壬午晦，日食。

冬十月，派遣中郎将任尚驻屯三辅地区。

安帝下诏书令郡国中都官系囚减死一等，免笞刑，往冯翊、扶风屯守，妻子自随，占著所在；女子可不输作。死罪以下可以用钱赎罪，数量各不等。其吏民为盗贼的，有悔过者，免其罪。

乙未，右扶风仲光、安定太守杜恢、京兆虎牙都尉耿溥与先零羌人在丁奚城交战，仲光军大败，都战死了。左冯翊司马钧入狱，自杀而死。

十一月庚申，十个郡国地震。

十二月，武陵澧中蛮人反叛，州郡派兵击败平息了反叛。

己酉，司徒夏勤被罢免。庚戌，任命刘恺为司徒，光禄勋袁敞为司空。

三年春正月甲戌，修理太原旧沟渠，灌溉官私田地。

东平陆县上奏说发现连理树。

苍梧、郁林、合浦蛮夷人反叛，二月派遣侍御史任逴督率州郡兵征讨。

十个郡国地震。三月辛亥，日食。

丙辰，赦免苍梧、郁林、合浦、南海吏民为贼胁迫而反叛者。

夏四月，京师大旱。

五月，武陵蛮人又反叛，州郡官吏率军平息了反叛。

癸酉，度辽将军邓遵率领南匈奴军在灵州大败先零羌人。

越巂境外夷人全部落归降。

六月，中郎将任尚派兵在丁奚城击败了先零羌人。

秋七月，武陵蛮人再次反叛，州郡官吏率军平息了反叛。

缑氏地裂。

九月辛巳，赵王刘宏去世。

冬十一月，苍梧、郁林、合浦蛮夷投降。

丙戌，开始允许大臣、二千石、刺史行三年丧制。

癸卯，九个郡国地震。

十二月丁巳，任尚派遣军队在北地击败先零羌人。

四年春二月乙巳朔，日食。乙卯，大赦天下。壬戌，武库发生火灾。

夏四月戊申，司空袁敞去世。

己巳，鲜卑寇掠辽西，辽西郡兵与乌桓一起大败鲜卑军。

五月丁丑，任命太常李郃为司空。

六月戊辰，三个郡发生雹灾。

秋七月辛丑，陈王刘钧去世。

京师及十个郡国淫雨不绝。安帝下诏书说："今年秋庄稼非常茂盛,眼看就要丰收了,但却连天阴雨,恐怕要淹涝损伤庄稼,我心里十分忧虑。淫雨不绝,是因为百姓怨苦所致。那些当武官的以淫威凌暴下属,文官行苛政,乡吏仗势欺压百姓的。有司要明察坚决惩罚不贷。《月令》上说:"仲秋时节要赡养衰弱的老人,给他们手杖,施给他们糜粥。"现在正是案验户口之时,郡县却多不核实户口,赡养衰老之人。虽有粥,却是一半糠秕,长吏们怠慢行事,没有亲自去执行的。严重地违背我的诏书养老之意。望你们务必要崇尚仁恕之道,赈济爱护鳏寡之人,这符合我的心意。

九月,护羌校尉任尚派刺客刺杀了反叛羌人首领零昌。

冬十一月己卯,彭城王刘恭去世。

十二月,越巂夷人寇掠遂久,杀死了县令。

甲子,任尚和骑都尉马贤在富平上河与先零羌人交战,击溃了先零羌。虔人羌率众投降,陇右平定。

此年,十三个郡国地震。

五年春正月,越巂夷人反叛。

二月壬戌,中山王刘宪去世。

三月,京师和五个郡国大旱,安帝下诏令禀贷遭受旱灾的贫民。

夏六月,高句骊和秽貊侵略玄菟。

秋七月,越巂蛮夷人及旄牛人首领反叛,杀死了地方官吏。

丙子,安帝下诏书说:"旧令制度,各有科品,是要百姓务必崇尚节约。永初年间,百姓遭受灾难,人离荒散,朝廷也菲食薄衣,去绝奢饰,食不兼味,衣无二采。近年虽获丰收,但储积尚不足,而那些目光短浅的人,却大肆奢侈,婚丧之仪,纷华靡丽,大讲排场,以致走卒奴婢也穿着华丽的纱绸衣服,带着名贵的首饰。京师尚且如此,又怎么给四方做榜样呢?禁止奢侈,崇尚节约的法令，非常清楚，而有司怠惰失职，至今不遵行法令。现秋季已到，正是追究罪愆的季节，我再一次重申法令，告诫你们，以观后效。"

八月丙申朔，日食。

鲜卑侵略代郡，杀地方官吏。冬十月，鲜卑寇掠上谷。

十二月丁巳，中郎将任尚有罪，被杀弃市。

此年，十四个郡国地震。

六年春二月乙巳，京师和四十二个郡国地震，有的地裂，地下泉水涌出。

壬子，安帝下诏令三公府选掾属品第高，难惠利牧养者各五人，光禄勋与中郎将选孝廉宽博有谋，清白行高者五十人，外放补地方令、长、丞、尉等官。

乙卯，安帝下诏书说："政事，首先从京师执行，然后推行至四方。《月令·仲春》说：'养幼小，存诸孤'，季春'赐贫穷，赈乏绝，省妇使，表贞女'，这样才是顺应阳气，崇尚生长之意。赐非常贫困、孤弱、单独者，每人谷三斛；贞妇有节义者十斛谷，明表门闾，旌彰其德行。"

三月庚辰，立六宗，在洛阳西北祭祀。

夏四月，会稽发生瘟疫，派遣光禄大夫率领太医巡行医疗，赐死者棺木，免除田租、口赋。

沛国、勃海发生风灾、雹灾。五月，京师大旱。

六月丁丑，乐成王刘宾去世。丙戌，平原王刘得去世。

秋七月，鲜卑寇掠马城，度辽将军邓遵率南匈奴单于击败鲜卑。

九月癸巳，陈王刘竦去世。

十二月戊午朔，日全食。八个郡国地震。

此年，永昌、益州郡夷人反叛，与越嶲夷人杀地方长吏，烧城邑，益州刺史张乔击溃诸夷，诸夷投降。

永宁元年春正月甲辰，任城王刘安去世。三月丁酉，济北王刘寿去世。

车师后王反叛，杀死部司马。

沈氏羌人寇掠张掖。

夏四月丙寅，立皇子保为皇太子，改元永宁，大赦天下。赏赐王、主、三公、列侯以下至郎吏、从官金帛；又赐百姓爵位、布粟数量不等。

己巳，绍封陈王刘羡之子刘崇为陈王，济北王之子刘苌为乐成王，河间王之子刘翼为平原王。

壬午，琅琊王刘寿去世。

六月，沈氏种羌反叛，寇掠张掖，护羌校尉马贤率军击溃沈氏羌。

秋七月乙酉朔，日食。

冬十月己巳，司空李郃罢免。癸酉，任命卫尉庐江人陈褒为司空。

自三月至此月（十月），京师及三十三个郡国大风、涝灾。

十二月，永昌境外掸国派遣使者献贡品。

戊辰，司徒刘恺罢免。

辽西鲜卑投降。

癸酉，任命太常杨震为司徒。

此年，二十三个郡国地震。夫余王派其儿子至洛阳献贡品。烧当羌反叛。

建光元年春正月，幽州刺史冯焕率领二郡太守征讨高句骊、秽貊，无所获。

二月癸亥，大赦天下。赏赐诸园贵人、王、主、公、卿以下钱布不等。以公、卿、校尉、尚书子弟一人为郎、舍人。

三月癸巳，皇太后邓氏去世。丙午，安葬和熹皇后。

丁未，乐安王刘宠去世。

戊申，追尊安帝生父清河孝王为孝德皇，安帝生母左氏为孝德皇后，祖母宋贵人为敬隐皇后。

夏四月，秽貊又与鲜卑寇掠辽东，辽东太守蔡讽追击，战死。

丙辰，以广川并入清河国。

丁巳，尊孝德皇元妃耿氏为甘陵大贵人。

甲子，乐成王刘苌有罪，被废为临湖侯。

己巳，安帝诏令公、卿、特进、侯、中二千石、郡国守相，荐举有道之士各一人。赏赐鳏、寡、孤、独、贫困无法生存的人，每人三斛谷。

甲戌，辽东属国东尉庞奋，用假玺书杀玄菟太守姚光。

五月庚辰，特进邓骘和度辽将军邓遵，遭诬告，一起自杀身亡。

丙申，贬平原王刘翼为都乡侯。

秋七月己卯，改元建光，大赦天下。

壬寅，太尉马英去世。

八月，护羌都尉马贤在金城与烧当羌交战，战败。

甲子，任命前司徒刘恺为太尉。

鲜卑寇掠居庸关，九月，云中太守成严进攻鲜卑，战死。鲜卑在马城包围了乌桓校尉，度辽将军耿夔救援乌桓校尉。

戊子，安帝亲至卫尉冯石家看望。

此年秋，京师及二十九个郡国涝灾。

冬十一月己丑，三十五个郡国地震或地裂。安帝下诏令三公以下，各上奏书陈述为政得失。派光禄大夫巡视灾区，赐死难者每人二千钱。免除灾区今年田租。灾情特别严重的地区不收口赋。

鲜卑寇掠玄菟。

庚子，再次不准二千石以上官吏服三年丧。

癸卯，安帝下诏令三公、特进、侯、卿、校尉，荐举武猛能胜任将帅之职者各五人。

丙午，安帝下诏令京师及郡国遭受涝灾而损毁庄稼者，根据顷亩数量减收田租。

甲子，初次设置渔阳营兵。

冬十二月，高句骊、马韩、秽貊包围玄菟城，夫余王派其子和州郡兵合力击溃了高句骊等。

延光元年春二月，夫余王派其子率兵救援玄菟，击溃了高句骊、马韩、秽貊等军，遂后派遣使者贡献礼品。

三月丙午，改元延光。大赦天下。赦还流放边地的罪犯，恢复其户邑属籍。赐民爵及三老、孝悌、力田、每人二级；加赐鳏、寡、孤独、重病、贫困不能生存者，每人三斛粟；赐贞妇帛，每人二匹。

夏四月癸未，京师和二十一个郡国雹灾。

癸巳，司空陈褒被罢免。

五月庚戌，任命宗正彭城人刘授为司空。

己巳，改乐成国为安平，封河间王刘开之子刘得为安平王。

六月，郡国发生蝗灾。秋七月癸卯，京师和十三个郡国地震。

高句骊投降。

虔人羌人反叛，攻打谷罗城，度辽将军耿夔征讨平息了虔人羌的反叛。

八月戊子，阳陵园寝发生火灾。辛卯，九真上言说黄龙在无功出现。

己亥，安帝下诏令三公、中二千石，荐举刺史、二千石、令、长、相,任职一年至十年,能清白利民,身体力行,防奸佞,善理纷烦之政,有益于百姓的官吏,不必拘泥于资历、品秩。刺史荐举自己部属,郡国太守相荐举墨绶官吏,务必要尽心荐举,不要取浮华之人。

九月甲戌,二十七个郡国地震。

冬十月,鲜卑寇掠雁门、定襄。十一月,鲜卑寇掠太原。

烧当羌首领投降。

十二月,九真境外蛮夷贡献归附。

此年,京师及二十七个郡国水灾,风灾,造成人员死亡。安帝下诏赐因灾害被压死、淹死年纪在七岁以上者,每人二千钱;被冲毁房屋、粮食者,每人赐粟三斛,灾区田地被冲毁者,一律免收田租,若一家皆死亡仅存弱小者,由郡县收养。虔人羌攻穀罗城,度辽将军耿夔击溃了虔人羌。

二年春正月,旄牛夷人反叛,寇掠灵关,杀死县令。益州刺史蜀郡西部都尉征讨旄牛夷人。

安帝下诏令选三署郎及吏民能通《古文尚书》《毛诗》《穀梁春秋》者各一人。

丙辰,河东、颍川风灾。夏六月壬午,十一个郡国风灾。九真奏言嘉禾生。

丙申,北海王刘普去世。

秋七月,丹阳山崩。

八月庚午,首次令三署郎通达经术能胜任地方长吏者,视事三年以上,皆得察举。

九月,五个郡国涝灾。

冬十月辛未,太尉刘恺罢免。甲戌,任命司徒杨震为太尉,光禄勋东莱人刘熹为司徒。

十一月甲辰，安帝在上林苑围猎。

鲜卑在曼柏击败了南匈奴。

此年，分蜀郡西部为属国都尉。京师和三个郡国地震。

三年春二月丙子，安帝出洛阳东巡行。丁丑，委托陈留太守，在济阳祭祀南顿君、光武帝，免除济阳今年田租、刍稿。庚寅，派遣使者在成阳祭祀唐尧。

戊子，济南上奏说：有凤凰聚集在台县丞霍收家树上。安帝赐台县长帛五十匹，丞二十匹，尉十匹，吏卒每人三匹。凤凰所飞过的地方，免收今年田租。赐男子爵，每人二级。辛卯，安帝到达太山，柴告太山。齐王无忌、北海王、乐安王延来朝。壬辰，在汶上明堂宗祀五帝。癸巳，告祀二祖、六宗，慰劳赏赐当地官吏，作乐。

三月甲午，陈王刘崇去世。戊戌，在阙里祭祀孔子及七十二弟子，安帝接见了鲁相、令、丞、尉及孔氏亲属、妇女、诸生等，赐褒成侯以下帛。回来经东平至东郡，经过魏郡、河内。壬戌，回到京师，到太学。当日，太尉杨震罢免。

夏四月乙丑，安帝入官，到祖庙。壬戌，沛国上奏说甘露降于丰县。戊辰，任命光禄勋冯石为太尉。

五月，南匈奴左日逐王反叛，使匈奴中郎将马翼平息了反叛。

日南境外蛮夷归附。

六月，鲜卑寇掠玄菟。

庚午，闻中山崩。辛未，扶风上奏说在雍出现白鹿。

辛巳，派遣侍御史分头巡视青冀二州的灾害，督录盗贼。

秋七月丁酉，开始恢复右校、左校丞官。

日南境外蛮豪帅至京师奉献贡物。

冯翊上奏说频阳、衙天降甘露。颍川上奏说发现连理树。白鹿、麒麟在阳翟出现。

鲜卑寇掠高柳。

梁王刘坚去世。

八月辛巳，任命大鸿胪耿宝为大将军。

戊子，颍川上奏说一只麒麟、二只白虎在阳翟出现。

九月丁酉，废黜皇太子刘保为济阴王。

乙巳，安帝下诏令郡国中都官死罪系囚减罪一等，前往敦煌、陇西及度辽营戍边；犯斩右趾罪以下及逃亡的罪犯可用钱赎罪，数量各不等。

辛亥，济南上奏说黄龙出现于历城。庚申晦，日食。

冬十月，安帝到长安。壬午，新丰上奏说凤凰聚集于西集亭。安帝在长安会见三辅守、令、掾史，作乐。闰月乙未，祭祀高祖庙，遂后祭祀了十一陵，观览了上林苑和昆明池。派遣使者到万年祭祀太上皇，以中牢之礼祭萧何、曹参、霍光。十一月乙丑，从长安回到京师。

十二月乙未，琅邪上奏说诸县出现黄龙。

此年，京师及二十三个郡国地震；三十六个郡国发生涝灾、风灾、雹灾。

四年春正月壬午，东郡上奏说濮阳出现二条黄龙、一只麒麟。

二月乙亥，下邳王刘衍去世。

甲辰，安帝南下巡行。

三月戊午朔，日食。

庚申，安帝到达了宛，心情很不好。辛酉，命令大将军耿宝行太尉事。祭祀章陵园庙，委托长沙、零陵太守，祭祀定王、节侯、郁林府君。乙丑，从宛回返京师。丁卯，到达叶，安帝在路途中去世，终年三十二岁。左右不敢宣布安帝死讯，所到之处依然保持安帝健在的样子。庚午，回到宫中。辛未晚上，才宣布安帝去世。尊皇后为皇太后。太后临朝听政，以太后兄大鸿胪阎显为车骑将军，在宫中决定承继大策，立章帝的孙子济北惠王之子北乡侯刘懿为皇帝。

夏四月丁酉，以太尉冯石为太傅，任命司徒刘熹为太尉，参录尚书事；任命前司空李郃为司徒。

辛卯，大将军耿宝、中常侍樊丰、侍中谢恽、周广、乳母野王君王圣，犯相阿附结党罪，樊丰、谢恽、周广入狱死，耿宝自杀，王圣被徙居雁门。

己酉，安葬孝安皇帝于恭陵。庙号为恭宗。

六月乙巳，大赦天下，诏令先帝巡行所到之处，今年田租减半。

秋七月，西域长史班勇进攻车师后王，杀死了车师后王。

丙午，东海王刘肃去世。

冬十月丙午，越巂山崩。

辛亥，少帝去世。

此年冬天，京师发生大瘟疫。

史家论曰：孝安皇帝虽然位居至尊，但权力却归邓氏；虽然自己节衣缩食，克己为政，但政令出自房帷，威不至远，致使汉家失去根统，走向衰落。后来又计金卖官，百姓为了逃避羌寇而迁移他乡，安帝又把这些过咎推诿给台衡，以答上天的垂诫。所谓智慧的妇人掌握政权，也就是《尚书》上说的只能使"国家失散"了。

史家赞曰：安帝的才德不够，以致破坏了汉家王度。降夺了嫡子的王储之位，使邪蠹之人萌发。冯石这样的人得到欢宠，杨震这样的人遭到排斥。君道不明，遂使政化暗乱。

后汉书卷六

孝顺孝冲孝质帝纪第六

顺帝纪

孝顺皇帝讳保,安帝之子也。母李氏,为阎皇后所害。永宁元年,立为皇太子。延光三年,安帝乳母王圣、大长秋江京、中常侍樊丰谮太子乳母王男、厨监邴吉,杀之,太子数为叹息。王圣等惧有后祸,遂与丰、京共构陷太子,太子坐废为济阴王。明年三月,安帝崩,北乡侯立,济阴王以废黜,不得上殿亲临梓宫,悲号不食,内外群僚莫不哀之。及北乡侯薨,车骑将军阎显及江京,与中常侍刘安、陈达等白太后,秘不发表,而更征立诸国王子,乃闭宫门,屯兵自守。

十一月丁巳,京师及郡国十六地震。是夜,中黄门孙程等十九人共斩江京、刘安、陈达等,迎济阴王于德阳殿西钟下,即皇帝位,年十一。近臣尚书以下,从辇到南宫,登云台,召百官。尚书令刘光等奏言:"孝安皇帝圣德明茂,早弃天下。陛下正统,当奉宗庙,而奸臣交构,遂令陛下龙潜蕃国,群僚远近莫不失望。天命有常,北乡不永。汉德盛明,福祚孔章。近臣建策,左右扶翼,内外同心,稽合神明。陛下践祚,奉遵鸿绪,为郊庙主,承续祖宗无穷之烈,上当天心,下猒民望。而即位仓卒,典章多缺,请条案礼仪,分别具奏。"制曰:"可。"乃召公卿百僚,使虎贲、羽林士屯南、北宫诸门。阎显兄弟闻帝立,率兵入北宫,尚书(郎)〔郭〕镇与交锋刃,遂斩显弟卫尉景。戊午,遣使者入省,夺得玺绶,乃幸嘉德殿,遣侍御史持节收阎显及其弟城门校尉耀、执金吾晏,并下狱诛。己未,开门,罢屯兵。壬戌,诏司隶校尉:"惟阎显、江京近亲当伏辜诛,其余务崇宽贷。"壬申,谒高庙。癸酉,谒光武庙。

乙亥,诏益州刺史罢子午道,通褒斜路。

己卯,葬少帝以诸王礼。司空刘授免。赐公卿以下钱、谷各有差。十二月甲申,以少府河南陶敦为司空。

(其)令郡国守、相视事未满岁者,一切得举孝廉吏。

癸卯,尚书奏请下有司,收还延光三年九月丁酉以皇太子为济阴王诏书。奏可。

京师大疫。

辛亥,诏公卿、郡守、国相,举贤良方正、能直言极谏之士各一人。尚书令以下从辇幸南宫者,皆增秩赐布各有差。

永建元年春正月甲寅,诏曰:"先帝圣德,享祚未永,早弃鸿烈。奸慝缘间,人庶怨讟,上干和气,疫疠为灾。朕奉承大业,未能宁济。盖至理之本,稽弘德惠,荡涤宿恶,与人更始。其大赦天下。赐男子爵,人二级,为父后、三老、孝悌、力田〔人〕三级,流民欲自占者一级;鳏、寡、孤、独、笃癃、贫不能自存者粟,人五斛;贞妇帛,人三匹。坐法当徙,勿徙;亡徒当传,勿传。宗室以罪绝,皆复属籍。其与阎显、江京等交通者,悉勿考。勉修厥职,以康我民。"

辛未,皇太后阎氏崩。

辛巳，太傅冯石、太尉刘熹、司徒李郃免。

二月甲申，葬安思皇后。

丙戌，太常桓焉为太傅；大鸿胪朱宠为太尉，参录尚书事；长乐少府九江朱伥为司徒。赐百官随辇宿卫及拜除者布各有差。

陇西钟羌叛，护羌校尉马贤讨破之。

夏五月丁丑，诏幽、并、凉州刺史，使各实二千石以下至黄绶，年老劣弱不任军事者，上名。严敕障塞，缮设屯备，立秋之后，简习戎马。

六月己亥，封济南王错子显为济南王。

秋七月庚午，卫尉来历为车骑将军。

八月，鲜卑寇代郡，代郡太守李超战殁。

九月辛亥，初令三公、尚书入奏事。

冬十月辛巳，诏减死罪以下徙边；其亡命赎，各有差。

丁亥，司空陶敦免。

鲜卑犯边。庚寅，遣黎阳营兵出屯中山北界。告幽州刺史，其令缘边郡增置步兵，列屯塞下。调五营弩师，郡举五人，令教习战射。

壬寅，廷尉张皓为司空。

甲辰，诏以疫疠水潦，令人半输今年田租；伤害什四以上，勿收责；不满者，以实除之。

十二月辛巳，赐王、主、贵人、公卿以下布各有差。

二年春正月戊申，乐安王鸿来朝。

丁卯，常山王章薨。

二月，鲜卑寇辽东、玄菟。

甲辰，诏禀贷荆、豫、兖、冀四州流冗贫人，所在安业之；疾病致医药。

护乌桓校尉耿晔率南单于击鲜卑,破之。

三月,旱,遣使者录囚徒。

疏勒国遣使奉献。

夏六月乙酉,追尊谥皇妣李氏为恭愍皇后,葬于恭北陵。

西域长史班勇、敦煌太守张朗讨焉耆、尉犁、危须三国,破之;并遣子贡献。

秋七月甲戌朔,日有食之。

壬午,太尉朱宠、司徒朱伥罢。庚子,太常刘光为太尉,录尚书事;光禄勋许敬为司徒。

辛丑,下邳王成薨。

三年春正月丙子,京师地震,汉阳地陷裂。甲午,诏实核伤害者,赐年七岁以上钱,人二千;一家被害,郡县为收敛。乙未,诏勿收汉阳今年田租、口赋。

夏四月癸卯,遣光禄大夫案行汉阳及河内、魏郡、陈留、东郡,禀贷贫人。

六月,旱。遣使者录囚徒,理轻系。

甲寅,济南王显薨。

秋七月丁酉,茂陵园寝灾,帝缟素避正殿。辛亥,使太常王龚持节告祠茂陵。

九月,鲜卑寇渔阳。

冬十二月己亥,太傅桓焉免。

是岁,车骑将军来历罢。

四年春正月丙寅,诏曰:"朕托王公之上,涉道日寡,政失厥中,阴阳气隔,寇盗肆暴,庶狱弥繁,忧悴永叹,疢如疾首。《诗》云:'君子如祉,乱庶遄已。'三朝之会,朔旦立春,嘉与海内洗心自新。其赦天下。从甲寅赦令已来复秩属籍,三年正月已来还赎。其阎显、江京等知识婚姻禁锢，一原除之。务崇宽和，敬顺时令，遵典去苛，以称朕意。"

丙子，帝加元服。赐王、主、贵人、公卿以下金、帛各有差。赐男子爵及流民欲占者人一级。为父后、三老、孝悌、力田人二级；鳏、寡、孤、独、笃癃、〔贫〕不能自存帛，〔人〕一匹。

二月戊戌，诏以民入山凿石，发泄藏气，敕有司检察所当禁绝，如建武、永平故事。

夏五月壬辰，诏曰："海内颇有灾异，朝廷修政，太官减膳，珍玩不御。而桂阳太守文砻，不惟竭忠，宣畅本朝，而远献大珠，以求幸媚，今封以还之。"

五州雨水。秋八月庚子，遣使实核死亡，收敛禀赐。

丁巳，太尉刘光、司空张皓免。

九月，复安定、北地、上郡归旧土。

癸酉，大鸿胪庞参为太尉，录尚书事。太常王龚为司空。

冬十一月庚辰，司徒许敬免。

鲜卑寇朔方。

十二月乙卯，宗正刘崎为司徒。

是岁，分会稽为吴郡。拘弥国遣使贡献。

五年春正月，疏勒王遣侍子，及大宛、莎车王皆奉使贡献。

夏四月，京师旱。辛巳，诏郡国贫人被灾者，勿收责今年过更。京师及郡国十二蝗。

冬十月丙辰，诏郡国中都官死罪系囚皆减罪一等，诣北地、上郡、安定戍。

乙亥，定远侯班始坐杀其妻阴城公主，腰斩，同产皆弃市。

六年春二月庚午，河间王开薨。

三月辛亥，复伊吾屯田，复置伊吾司马一人。

秋九月辛巳，缮起太学。

护乌桓校尉耿晔遣兵击鲜卑，破之。

丁酉，于窴王遣侍子贡献。

冬十一月辛亥，诏曰："连年灾潦，冀部尤甚。比蠲除实伤，赡恤穷匮，而百姓犹有弃业，流亡不绝。疑郡县用心怠惰，恩泽不宣。《易》美'损上益下'，《书》称'安民则惠'。其令冀部勿收今年田租、刍稿。"

十二月，日南徼外叶调国、掸国遣使贡献。

壬申，客星出牵牛。

于窴王遣侍子诣阙贡献。

阳嘉元年春正月乙巳，立皇后梁氏。赐爵，人二级，三老、孝悌、力田三级，爵过公乘，得移与子若同产、同产子，民无名数及流民欲占著者人一级；鳏、寡、孤、独、笃癃、贫不能自存者粟，人五斛。

二月，海贼曾旌等寇会稽，杀句章、鄞、贸三县长，攻会稽东部都尉。诏缘海县各屯兵戍。

丁巳，皇后谒高庙、光武庙，诏禀甘陵贫人，大小口各有差。

京师旱。庚申，敕郡国二千石各祷名山岳渎，遣大夫、谒者诣嵩高、首阳山，并祠河、洛，请雨。戊辰，雩。

以冀部比年水潦，民食不赡，诏案行禀贷，劝农功，赈乏绝。

甲戌，诏曰："政失厥和，阴阳隔并，冬鲜宿雪，春无澍雨。分祷祈请，靡神不祟。深恐在所慢违'如在'之义，今遣侍中王辅等，持节分诣岱山、东海、荥阳、河、洛，尽心祈焉。"

三月，杨州六郡妖贼章河等寇四十九县，杀伤长吏。

庚寅，帝临辟雍飨射，大赦天下，改元阳嘉。诏宗室绝属籍者，一切复籍；禀冀州尤贫民，勿收今年更、租、口赋。

夏五月戊寅，阜陵王恢薨。

秋七月，史官始作候风地动铜仪。

丙辰，以太学新成，试明经下第者补弟子，增甲、乙科员各十人。除郡国耆儒九十人补郎、舍人。

九月，诏郡国中都官系囚皆减死一等，亡命者赎，各有差。

鲜卑寇辽东。

冬十一月甲申，望都、蒲阴狼杀女子九十七人，诏赐狼所杀者钱，人三千。

辛卯，初令郡国举孝廉，限年四十以上，诸生通章句，文吏能笺奏，乃得应选；其有茂才异行，若颜渊、子奇，不拘年齿。

十二月丁未，东平王敞薨。

庚戌，复置玄菟郡屯田六（郡）〔部〕。

闰月丁亥，令诸以诏除为郎，年四十以上课试如孝廉科者，得参廉选，岁举一人。

戊子，客星出天苑。

辛卯，诏曰："间者以来，吏政不勤，故灭咎屡臻，盗贼多有。退省所由，皆以选举不实，官非其人，是以天心未得，人情多怨。《书》歌股肱，《诗》刺三事。今刺史、二千石之选，归任三司。其简序先后，精核高下，岁月之次，文武之宜，务存厥衷。"

庚子，恭陵百丈庑灾。

是岁，起西苑，修饰宫殿。

二年春二月甲申，诏以吴郡、会稽饥荒，贷人种粮。

三月，使匈奴中郎将王稠率左骨都侯等击鲜卑，破之。

辛酉，除京师耆儒年六十以上四十八人补郎、舍人及诸王国郎。

夏四月，复置陇西南部都尉官。

己亥，京师地震。五月庚子，诏曰："朕以不德，统奉鸿业，无以奉顺乾坤，协序阴阳，灾眚屡见，咎征仍臻。地动之异，发自京师，矜矜祗畏，不知所裁。群公卿士将何以匡辅不逮，奉答戒异？异不空设，必有所应，其各悉心直言厥咎，靡有所讳。"

戊午，司空王龚免。六月辛未，太常鲁国孔扶为司空。

疏勒国献师子、封牛。

丁丑，洛阳地陷。是月，旱。

秋七月己未，太尉庞参免。八月己巳，大鸿胪沛国施延为太尉。

鲜卑寇代郡。

冬十月庚午，行礼辟雍，奏应钟，始复黄钟，作乐器随月律。

三年春二月己丑，诏以久旱，京师诸狱无轻重皆且勿考竟，须得澍雨。

三月庚戌，益州盗贼劫质令长，杀列侯。

夏四月丙寅，车师后部司马率后部王加特奴等掩击匈奴，大破之，获其季母。

五月戊戌，制诏曰："昔我太宗，丕显之德，假于上下，俭以恤民，政致康乂。朕秉事不明，政失厥道，天地谴怒，大变仍见。春夏连旱，寇贼弥繁，元元被害，朕甚愍之。嘉与海内洗心更始。其大赦天下，自殊死以下谋反大逆诸犯不当得赦者，皆赦除之。赐民年八十以上米，〔人〕一斛，肉二十斤，酒五斗；九十以上加赐帛，人二匹，絮三斤。"

秋七月庚戌，钟羌寇陇西、汉阳。冬十月，护羌校尉马续击破之。

十一月壬寅，司徒刘崎、司空孔扶免。乙巳，大司农南郡黄尚为司徒，光禄勋河东王卓为司空。

丙午，武都塞上屯羌及外羌攻破屯官，驱略人畜。

四年春二月丙子，初听中官得以养子为后，世袭封爵。

自去冬旱，至于是月。

谒者马贤击钟羌，大破之。

夏四月甲子，太尉施延免。戊寅，执金吾梁商为大将军，前太尉庞参为太尉。

六月己未，梁王匡薨。秋七月己亥，济北王登薨。

闰月丁亥朔，日有食之。

冬十月，乌桓寇云中。十一月，围度辽将军耿晔于兰池，发诸郡兵救之，乌桓退走。

十二月甲寅，京师地震。

永和元年春正月，夫余王来朝。

乙卯，诏曰："朕秉政不明，灾眚屡臻。典籍所忌，震食为重。今日变方远，地摇京师，咎征不虚，必有所应。群公百僚其各上封事，指陈得失，靡有所讳。"

己巳，宗祀明堂，登灵台，改元永和，大赦天下。

秋七月，偃师蝗。

冬十月丁亥，承福殿火，帝避御云台。

十一月丙子，太尉庞参罢。

十二月，象林蛮夷叛。

乙巳，以前司空王龚为太尉。

二年春正月，武陵蛮叛，围充县，又寇夷道。

二月，广汉属国都尉击破白马羌。

武陵太守李进击叛蛮，破之。

三月辛亥，北海王翼薨。

乙卯，司空王卓薨。丁丑，光禄勋冯翊郭虔为司空。

夏四月丙申，京师地震。

五月，日南叛蛮攻郡府。

秋七月，九真、交阯二郡兵反。

八月庚子，荧惑犯南斗。

江夏盗贼杀邾长。

冬十月甲申，行幸长安，所过鳏、寡、孤、独、贫不能自存者赐粟，人五斛。庚子，幸未央宫，会三辅郡守、都尉及官属，劳赐作乐。十一月丙午，祠高庙。丁未，遂有事十一陵。丁卯，京师地震。十二月乙亥，至自长安。

三年春二月乙亥，京师及金城、陇西地震，二郡山岸崩，地陷。戊子，太白犯荧惑。

夏四月，九江贼蔡伯流寇郡界，及广陵，杀江都长。戊戌，遣光禄大夫案行金城、陇西，赐压死者年七岁以上钱，人二千；一家皆被害，为收敛之。除今年田租，尤甚者勿收口赋。

闰月，蔡伯流等率众诣徐州刺史应志降。

己酉，京师地震。

五月，吴郡丞羊珍反，攻郡府，太守王衡破斩之。

六月辛丑，琅邪王遵薨。

九真太守祝良、交阯刺史张乔慰诱日南叛蛮，降之，岭外平。

秋七月丙戌，济北王多薨。

八月己未，司徒黄尚免。九月己酉，光禄勋长沙刘寿为司徒。

丙戌，令大将军、三公各举故刺史、二千石及见令、长、郎、谒者、四府掾属刚毅武猛有谋谟任将帅者各二人，特进、卿、校尉各一人。

冬十月，烧当羌寇金城，护羌校尉马贤击破之，羌遂相招而叛。

十二月戊戌朔，日有食之。

四年春正月庚辰，中常侍张逵、蘧政、杨定等有罪诛，连及弘农太守张凤、安平相杨皓，下狱死。

三月乙亥，京师地震。

夏四月癸卯，护羌校尉马贤讨烧当羌，大破之。

戊午，大赦天下。赐民爵及粟、帛各有差。

五月戊辰，封故济北惠王寿子子安为济北王。

秋八月，太原郡旱，民庶流冗。癸丑，遣光禄大夫案行禀贷，除更赋。

冬十月戊午，校猎上林苑，历函谷关而还。十一月丙寅，幸广成苑。

五年春二月戊申，京师地震。

夏四月庚子，中山王弘薨。

南匈奴左部句龙大人吾斯、车纽等叛，围美稷。

五月，度辽将军马续讨吾斯、车纽，破之，使匈奴中郎将陈龟迫杀南单于。

己丑晦，日有食之。

且冻羌寇三辅，杀令长。

丁丑，令死罪以下及亡命赎，各有差。

九月，令扶风、汉阳筑陇道坞三百所，置屯兵。

辛未，太尉王龚罢。

且冻羌寇武都，烧陇关。

壬午，太常桓焉为太尉。

丁亥，徙西河郡居离石，上郡居夏阳，朔方居五原。

句龙吾斯等东引乌桓，西收羌胡，寇上郡，立车纽为单于。冬十一月辛巳，遣使匈奴中郎将张耽击破之，车纽降。

六年春正月丙子，征西将军马贤与且冻羌战于射姑山，贤军败没，安定太守郭璜下狱死。

诏贷王、侯国租一岁。

闰月，恐唐羌寇陇西，遂及三辅。

二月丁巳，有星孛于营室。

三月，武（都）〔威〕太守赵冲讨巩唐羌，破之。

庚子，司空郭虔免。

（丁）〔乙〕巳，河间王政薨。

丙午，太仆赵戒为司空。

夏五月庚子，齐王无忌薨。

使匈奴中郎将张耽大破乌桓、羌胡于天山。

恐唐羌寇北地。

秋七月甲午，诏假民有赀者户钱一千。

八月丙辰，大将军梁商薨；壬戌，河南尹梁冀为大将军。

九月，诸种羌寇武威。

辛亥晦，日有食之。

冬十月癸丑，徙安定居扶风，北地居冯翊。

十一月庚子，以执金吾张乔行车骑将军事，将兵屯三辅。

汉安元年春正月癸巳，宗祀明堂，大赦天下，改元汉安。

二月丙辰，诏大将军、公、卿举贤良方正、能探赜索隐者各一人。

秋七月，始置承华厩。

八月，南匈奴左部大人句龙吾斯与薁鞬台耆等反叛。

丁卯，遣侍中杜乔，光禄大夫周举，守光禄大夫郭遵、冯羡、栾巴、张纲、周栩、刘班等八人分行州、郡，班宣风化，举实臧否。

九月庚寅，广陵盗贼张婴等寇郡县。

冬十月辛未，太尉桓焉、司徒刘寿免。甲戌，行车骑将军张乔罢。十一月壬午，司隶校尉赵峻为太尉，大司农胡广为司徒。

癸卯，诏大将军、三公选武猛试用有效验任为将校者各一人。

是岁，广陵贼张婴等诣太守张纲降。

二年春二月丙辰，鄯善国遣使贡献。

夏四月庚戌，护羌校尉赵冲与汉阳太守张贡击烧（当）〔何〕羌于参䜌，破之。

六月乙丑，荧惑犯镇星。

丙寅，立南匈奴守义王兜楼储为南单于。

冬十月辛丑，令郡国中都官系囚殊死以下出缣赎，各有差；其不能入赎者，遣诣临羌县居作二岁。

甲辰，减百官奉。丙午，禁沽酒，又贷王、侯国租一岁。

闰月，赵冲击烧当羌于（河）〔阿〕阳，破之。

十一月，使匈奴中郎将马寔遣人刺杀句龙吾斯。

十二月，杨、徐盗贼攻烧城寺，杀略吏民。

是岁，凉州地百八十震。

建康元年春正月辛丑，诏曰："陇西、汉阳、张掖、北地、武威、武都，自去年九月已来，地百八十震，山谷坼裂，坏败城寺，杀害民庶。夷狄叛逆，赋役重数，内外怨旷，惟咎叹息。其遣光禄大夫案行，宣畅恩泽，惠此下民，勿为烦扰。"

三月庚子，沛王广薨。

领护羌校尉卫琚追讨叛羌，破之。

南郡、江夏盗贼寇掠城邑，州郡讨平之。

夏四月，使匈奴中郎将马寔击南匈奴左部，破之，于是胡羌、乌桓悉诣寔降。

辛巳，立皇子炳为皇太子，改年建康，大赦天下。赐人爵各有差。

秋七月丙午,清河王延平薨。

八月,杨、徐盗贼范容、周生等寇掠城邑,遣御史中丞冯赦督州郡兵讨之。

庚午,帝崩于玉堂前殿,时年三十。遗诏无起寝庙,敛以故服,珠玉玩好皆不得下。

论曰:古之人君,离幽放而反国祚者有矣,莫不矫鉴前违,审识情伪,无忘在外之忧,故能中兴其业。观夫顺朝之政,殆不然乎?何其效僻之多与?

译文:

孝顺皇帝叫刘保,是安帝的儿子。他的母亲李氏,被阎皇后害死。永宁元年,立为皇太子。延光三年,安帝乳母王圣、大长秋江京、中常侍樊丰诬陷太子乳母王男、厨监邴吉,王男、邴吉被杀,太子几次为此叹息。王圣等人怕有后患,便与樊丰、江京一起捏造罪名诬陷太子,太子因而获罪被废为济阴王。第二年三月,安帝去世,北乡侯刘懿即帝位。济阴王因为曾被废黜,不能上殿亲临安帝灵柩,悲切号哭不进饮食,内外群僚百官没有不悲伤的。及至北乡侯死,车骑将军阎显及江京,与中常侍刘安、陈达等禀告阎太后,秘不发丧,而重新征立诸国王子,于是关闭宫门,屯兵自守。

十一月丁巳,京师及十六个郡国地震。当夜,中黄门孙程等十九人,一起动手斩杀江京、刘安、陈达等人,迎接济阴王于德阳殿西钟之下,即皇帝位,年十一岁。近臣尚书以下,跟从车辇到南宫,登上云台,召集百官。尚书令刘光等上奏说:"孝安皇帝圣德明茂,早早抛弃天下。陛下皇室正统,应当尊奉宗庙,但奸臣勾结诬陷,遂使陛下龙潜于藩国,群僚远近没有不失望的。天命有它的规律,北乡侯不能永年,汉德盛明,福祚无比深厚,近臣建策,左右百官扶助,内外同心,迎合神明。陛下即位,遵奉祖先基业,为祭祀宗庙之主,承继祖宗无穷帝业,上应天心,下从民望。然而即位仓促,典章制度多有缺亏,请分条考察礼仪,分别报告上具。"顺帝下制命说:"可以。"于是召集公卿百官,命虎贲、羽林武士屯据南、北宫诸门。阎显兄弟闻知顺帝即位,率兵攻入北宫,尚书郭镇与之白刃相交,遂斩杀阎显之弟卫尉阎景。戊午,派遣使者入省,夺得天子玺绶,顺帝便临幸嘉德殿,派遣侍御史持节逮捕阎显及其弟城门校尉阎耀、执金吾阎晏,都入狱处死。己未,开宫门,罢撤屯兵。壬戌,诏令司隶校尉:"唯独阎显、江京近亲应当服罪诛杀,其余务必尽力宽大赦免。"壬申,祭拜高帝庙。癸酉,祭拜光武帝庙。

乙亥,诏令益州刺史废弃子午道,开通褒斜路。

己卯,以诸王礼安葬少帝。司空刘授免官。赐公卿以下百官钱谷数量各不等。十二月甲申,任命少府河南人陶敦为司空。

诏令郡国郡守国相任官未满一年者,一律可以荐举孝廉吏。

癸卯,尚书奏请顺帝诏下有官吏,收还延光三年九月丁酉以皇太子为济阴王的诏书。奏疏被批准。

京师流行大瘟疫。

辛亥,诏令公卿、郡守、国相荐举贤良方正,能直言强谏之士各一人。尚书令以下跟从顺帝车辇至南宫的,皆增加俸禄赐布数量各不等。

永建元年春正月甲寅,诏令说:"先帝圣德,享帝祚未能长久,过早抛弃鸿大事业。奸邪乘机作祟,百姓怨望,上犯和合之气,瘟疫为灾。我奉承大业,没有能够安宁济助天下。至治之本,在于考察扩大德惠,荡涤旧恶,与人重新开始。大赦天下。赐男子爵位,每人二级,已作父亲的、三老、孝悌、力田等每人三级,流亡百姓想要自首归入户籍的每人一级;赐鳏夫、寡妇、孤儿、孤老、重病疲弱、贫穷不能自存者粟,每人五斛;赐贞节妇人帛,每人三匹。犯罪应当徙往边地的,不要迁徙;逃亡之人应当传捕的,不要传捕。宗室因罪除籍的,皆回复属籍。与阎显、江京相勾结的,一律不再追问。勉力守职,以康惠我百姓。"

辛未,皇太后阎氏去世。

辛巳,太付冯石、太尉刘熹、司徒李郃免职。

二月甲申,安葬安思皇后。

丙戌,太常桓焉出任太付;太鸿胪朱宠出任太尉,参录尚书事;长乐少府九江人朱伥出任司徒。赏赐百官随从车辇宿卫及新任职者布数量各不等。

陇西钟羌反叛,护羌校尉马贤进讨击败叛羌。

夏五月丁丑,诏令幽、并、凉三州刺史,使其各查实二千石太守以下至黄绶县丞、尉各级官吏,有年老劣弱不能胜任军事者,报上姓名。严令告诫边境堡垒,修缮设置屯卫兵备之事,立秋之后,检阅操练军队。

六月己亥,封济南王刘错之子刘显为济南王。

秋七月庚午,卫尉来历出任车骑将军。

八月,鲜卑寇略代郡,代郡太守李超战死。

九月辛亥,开始令三公、尚书入宫奏事。

冬十月辛巳,诏令减死罪以下犯人罪徙往边地;逃亡者交纳财物赎罪,数量各不等。

丁亥,司徒陶敦免官。

鲜卑侵扰边境。庚寅，派遣黎阳营兵出屯子中山郡北界。诏告幽州刺史，令缘边诸郡增置屯兵，分别驻屯塞下。调五校尉营弩帅，令每郡推举五人，使其教习攻战射守之术。

壬寅，延尉张皓出任司空。

甲辰，诏令以瘟疫水灾，百姓交纳当年田租的一半；受害在十分之四以上者，免收当年田租；不足的，以实际数目相减交纳。

十二月辛巳，赏赐王、主、贵人、公卿以下布数量各不等。

永建二年春正月戊申，乐安王刘鸿来朝。

丁卯，常山王刘章去世。

二月，鲜卑寇略辽东、玄菟。

甲辰，诏令赈济贷与荆、豫、兖、冀四州流亡穷人粮谷，所到之处给其安置；疾病者给予医药。

护乌桓校尉耿晔率南单于进攻鲜卑，将其击败。

三月，天旱不雨，派遣使者审录囚徒。

疏勒国派使者来进献物品。

夏六月乙酉，追尊谥皇母李氏为恭愍皇后，安葬于恭北陵。

西域长史班勇、敦煌太守张朗攻讨焉耆、尉犁、危须三国，皆将其击败，三国都遣子贡献物品。

秋七月甲戌初一，日食。

壬午，太尉朱宠、司徒朱伥免官。庚子，太常刘光出任太尉，录尚书事；光禄勋许敬出任司徒。

辛丑，下邳王刘成去世。

永建三年春正月丙子，京师发生地震，汉阳郡土地陷裂。甲午，诏令核实受地震伤害者，赏赐年龄七岁以上者钱，每人二千；一家皆遇害者，郡县为其收殓安葬。乙未，诏令免收汉阳当年田租、口赋。

夏四月癸卯，派遣光禄大夫巡察汉阳及河内、魏郡、陈留、东郡，赈济贷与穷人粮谷。

六月，天旱不雨。遣使者审录囚徒，申理轻罪犯人。

甲寅，济南王刘显去世。

秋七月丁酉，茂陵园寝火灾，顺帝身着缟素避离正殿。辛亥，命太常王龚持节告祭茂陵。

九月，鲜卑寇略渔阳。

冬十二月己亥，太付桓焉免官。

这一年，车骑将军来历罢官。

永建四年春正月，诏令说："我被王公辅托于上位，涉道日浅，执政失正，阴阳二气隔绝，强寇盗贼肆意行暴，各种刑狱繁杂横生，忧伤长叹，痛心疾首。《诗经》说：'君子如能得到福禄，灾乱就差不多可以很快停止了。'元旦之会，初一立春之时，我真诚的与海内人等洗心自新。赦免天下人罪。从甲寅赦令以来的恢复官品俸禄回属宗籍，三年五月以来的退还用于赎罪的财物。阎显、江京等知交婚姻亲戚禁锢者，一律赦免解除禁锢。务须力行宽和之政，敬顺时令，遵奉先典去除苛敝，以合我的心意。"

丙子，顺帝加冠冕。赏赐王、公、贵人、公卿以下金帛数各不等。赏赐男子爵位及流亡百姓意欲登记入户籍者每人一级，已作父亲的、学悌、力田等每人二级；赐给鳏夫、寡妇、孤儿、孤老、病重疲弱、贫穷不能自存者帛，每人一匹。

二月戊戌，诏令使百姓入山凿石，以发泄藏气，命有关官吏检察所应当禁绝的事情，如同建武、永平年间旧例。

夏五月壬辰，下诏说："海内颇有灾异之事，朝廷修明政治，太官削减膳食，不用珍玩之物。然而桂阳太守文砻，不思竭尽忠心，发扬兴盛本朝，却从远方进献大珠，以求讨好而得宠幸,现在封存大珠退还给他。"

五州大雨水。秋八月庚子,派遣使者核实死亡人数,收殓抚恤。

丁巳,太尉刘光、司空张皓免官。

九月,使安定、北地、上郡三郡重新回归旧治。

癸酉,大鸿胪庞参出任太尉,录尚书事。太常王龚出任司空。

冬十一月庚辰,司徒许敬免官。

鲜卑寇略朔方。

十二月乙卯,宗正刘崎出任司徒。

这一年,分会稽郡部分地为吴郡。拘弥国派遣使者来进献贡品。

永建五年春正月,疏勒王遣侍子来京师,以及大宛、莎车王皆派遣使者来进献贡品。

夏四月,京师干旱。辛巳,诏令郡国穷人受灾者,免收当年过更钱。京师及十二个郡国发生蝗灾。

冬十月丙辰,诏令郡国中都官死罪在押囚犯皆减罪一等,至北地、上郡、安定等地戍守。

乙亥,定远侯班始因杀其妻阴城公主罪,处以腰斩之刑,他的同母兄弟皆连座弃市死。

永建六年春二月庚午,河间王刘开去世。

三月辛亥,恢复伊吾屯田,重新设置伊吾司马一人。

秋九月辛巳,修建太学。

护乌桓校尉耿晔派遣兵将进击鲜卑,将其击败。

丁酉,于阗王遣侍子进献贡品。

冬十一月辛亥,下诏说:"连年灾涝,冀州尤为严重。近来免除百姓受灾害伤害者租赋,赈济抚恤穷匮之人,但百姓仍有抛弃家业的,流亡者不绝。怀疑郡县官吏怠慢懒惰,未能使朝廷恩泽宣示于民。《周易》称美'损上益下',《尚书》称赞'安民则惠。'令冀州不要征收今年田租、刍稿。"

十二月，日南郡境外叶调国，掸国派遣使者来进献贡品。

壬申，客星出于牵牛星侧。

于阗王遣侍子至京师进献贡品。

阳嘉元年春正月乙巳，立皇后梁氏。赐百姓爵，每人二级，三老、孝悌、力田等人三级，爵位在公乘之上的，可以将爵位移让给儿子或同母兄弟、同母兄弟之子，百姓没有户籍及流民想要登记入籍者每人一级；赐鳏夫、寡妇、孤儿、孤老、重病疲弱、贫穷不能自存者粟，每人五斛。

二月，海贼曾旌等寇略会稽，杀句章、鄞、鄮三县县长，攻击会稽东部都尉。诏令缘海县各屯兵戍守。

丁巳，梁皇后祭拜高帝庙、光武帝庙，诏令赈济甘陵穷人粮食，按人口大小数各不等。

京师干旱。庚申，命令郡国二千石守相各祀祷名山大河，派遣大夫、谒者至嵩高山、首阳山，并祭祀黄河、洛水，祈请雨水。戊辰，祭祀求雨。

因为冀州连年水涝，百姓粮食不足，诏令有关官吏巡察赈济贷与百姓粮食，鼓励农事，赈济乏绝百姓。

甲戌，下诏说："我执政失正，阴阳之气不调，冬天少有积雪，春天没有时雨。分别祭祀祈祷，无神不祈。很怕各处怠慢违反祭祀神明'如在'之义，现在遣侍中王辅等人，持节分至岱山、东海、荥阳、黄河、洛水，尽心祈祷。"

三月，扬州六郡妖贼章河等寇略四十九县，杀伤县令长。

庚寅，顺帝临幸辟雍行飨射之礼，大赦天下，改年号为阳嘉。诏令宗室失去宗籍者，一律恢复宗籍；赈济冀州尤为贫困的百姓，不要征收当年的更赋、田租、口赋。

夏五月戊寅，阜陵王刘恢去世。

秋七月，史官开始制作候风地动铜仪。

丙辰，以太学新建落成，考试明经下第者补为弟子，增设甲、乙科员各十人。任命郡国年老博学的儒者九十人补郎、舍人。

九月，诏令郡国中都官在押囚犯皆减死一等，逃亡者交纳财物赎罪，数各不等。

鲜卑寇略河东。

冬十一月甲申，望都、蒲阴二县狼害死女子九十七人，诏令赐予被狼害者钱，每人三千。

辛卯，开始命郡国荐举孝廉，限年龄在四十岁以上，是儒生的须通晓章句，为文吏的要能作表章奏疏，才可以应选；如果有奇才异行，如同颜渊、子奇的，可以不拘年龄。

十二月丁未，东平王刘敞去世。

庚戌，重新设置玄菟郡屯田六部。

闰月丁亥，命令诸因诏令任令为郎，年龄在四十以上课试如同孝廉科目者，可以参加孝廉选举，每人推举一人。

戊子，客星出于天苑。

辛卯，下诏说："最近以来，吏政不勤，所以灾祸屡至，盗贼四起。退而自省其原因，都是因为选举不实，官非其人的缘故，因此未得天心，人情多有怨望。《尚书》歌颂股肱良臣，《诗经》责备三事大夫。现在刺史、太守的选举，归任于三公。选拔要排序先后，精核人才之高下，年月的次序，文武之得当，务须处心公平。"

庚子，恭陵百丈廊屋火灾。

这一年，修建西苑，修饰宫殿。

阳嘉二年春二月甲申，诏令因吴郡、会稽发生饥荒，贷与百姓种子粮。

三月，使匈奴中郎将王稠率左骨都侯等进攻鲜卑，击破其军。

辛酉，任命京师年老博学的儒者年纪六十以上者四十八人补为郎、舍人及诸王国郎。

夏四月，重新设置陇西南部都尉一职。

己亥，京师发生地震。五月庚子，下诏说："我以不德之人，统奉帝业，不能奉顺乾坤，协调阴阳，灾异屡屡出现，过罪的征兆接连而至。地震的灾异，发生在京师，只是矜矜恐惧，不知如何裁断。郡公卿士将用什么来匡正辅助我所顾及不到的地方，来应对上天警诫的灾异？灾异不会凭空而设，一定会有所对应，百官各尽心直言朝政过失，不要有所忌讳。"

戊午，司空王龚免官。六月辛未，太常鲁国人孔扶出任司空。

疏勒国进献狮子、峰牛。

丁丑，洛阳土地下陷。当月，天旱。

秋七月己未，太尉庞参免官。八月己巳，大鸿胪沛国人施延出任太尉。

鲜卑寇略代郡。

冬十月庚午，顺帝至辟雍行礼，奏应钟，开始恢复黄钟，随月律作乐器。

阳嘉三年二月己丑，诏令由于久旱不雨，京师诸狱囚犯无论罪行轻重皆暂不要考打处死，等待得到时雨。

三月庚戌，益州盗贼劫掠县令长以为人质，杀列侯。

夏四月丙寅，车师后部司马率后部王加特奴等袭击匈奴，大败其军，俘获匈奴北单于的叔母。

五月戊戌，诏令说："从前我太宗文皇帝，大明之德，凭借上下之力，节俭以体恤百姓，政治得到安定治理。我统事不明，执政失正，天地谴责愤怒，大变灾异屡次出现。春夏接连干旱，强寇盗贼四起，百姓遭受祸害，我甚为怜悯。我真诚的与海内人等洗心革面重新开始。大赦天下，自斩首以下谋反大逆诸罪犯不应被赦者，皆赦免其罪。赏赐百姓年八十岁以上者每人米一斛，肉二十斤、酒五斗；九十以上者每人加赐帛二匹，絮三斤。"

秋七月庚戌，钟羌寇略陇西、汉阳。冬十月，护羌校尉马续进攻击败羌人。

十一月壬寅，司徒刘崎、司空孔扶免官。乙巳，大司农南郡人黄尚出任司徒，光禄勋河东人王卓出任司空。

丙午，武都塞上屯戍羌人及外羌攻破屯官，驱迫掳掠人畜。

阳嘉四年春二月丙子，开始准许宦官以养子为后嗣，世袭封爵。

自去年冬天干旱，至于此月。

谒者马贤进击钟羌，大败其军。

夏四月甲子，太尉施延免官。戊寅，执金吾梁商出任大将军，前太尉庞参出任太尉。

六月己未，梁王刘匡去世。秋七月己亥，济北王刘登去世。

闰月丁亥初一，日食。

冬十月，乌桓寇略云中。十一月，乌桓围度辽将军耿晔于兰地，朝廷发诸郡兵救援，乌桓退走。

十二月甲寅，京师发生地震。

永和元年春正月，夫余王来京师朝见。

乙卯，下诏曰："我执政不明，灾异屡至。典籍所忌讳的，以地震日食为最严重。现在日食的变异正深，地震又摇动京师，过失的征兆不会凭空出现，一定有所应对。群公百官各上奏章言事，指摘陈述朝政的得失，不要有所忌讳。"

己巳，祭祀祖先于明堂，登灵台，改年号为永和，大赦天下。

秋七月,偃师蝗灾。

冬十月丁亥,承福殿火灾,顺帝避居云台。

十一月丙子,太尉庞参免官。

十二月,象林蛮夷反叛。

乙巳,任命前司空王龚为太尉。

永和二年春正月,武陵蛮反叛,围攻充县,又寇略夷道。

二月,广汉属国都尉击败白马羌。

武陵太守李进进攻反叛蛮人,击败其军。

三月辛亥,北海王刘翼去世。

乙卯,司空王卓去世。丁丑,光禄勋冯翊人郭虔出任司空。

夏四月丙申,京师发生地震。

五月,日南反叛蛮人进攻郡府。

秋七月,九真、交阯二郡军士反叛。

八月,火星侵占南斗六星之位。

江夏盗贼攻杀邾县县长。

冬十月甲申,顺帝行幸长安,所过之处赐鳏夫、寡妇、孤儿、孤老、贫穷不能自存者粟,每人五斛。庚子,临幸未央宫,接见三辅郡守、都尉及其官属,慰劳赏赐饮宴作乐。十一月丙午,祭祀高帝庙。丁未,祭祀十一陵。丁卯,京师发生地震。十二月乙亥,自长安返回。

永和三年春二月乙亥,京师及金城、陇西发生地震,二郡山崖崩塌,土地下陷。戊子,太白星侵占火星之位。

夏四月,九江盗贼蔡伯流寇略郡界,危害及于广陵,杀江都县县长。

戊戌,派遣光禄大夫巡察金城、陇西,赏赐地震中被压死年龄七岁以上者钱,每人二千;一家皆死于灾害,官家为其收殓安葬。免除受灾地区百姓田租，受灾尤为严重者不收当年口赋。

闰月，蔡伯流等率众至徐州刺史应志那里投降。

己酉，京师发生地震。

五月，吴郡郡丞羊珍反叛，攻郡府，太守王衡击破羊珍将其斩杀。

六月辛丑，琅邪王刘遵去世。

九真太守祝良、交阯刺史张乔抚慰招诱日南叛蛮，蛮人投降，岭外平定。

秋七月丙戌，济北王刘多去世。

八月己未，司徒黄尚免官。九月己酉，光禄勋长沙人刘寿出任司徒。

丙戌，令大将军、三公举荐故刺史、太守及现任县令长、郎、谒者、四府掾属中刚毅武猛有谋略能任将帅者各二人，特进、卿、校尉各一人。

冬十月，烧当羌寇略金城，护羌校尉马贤进军击破羌人，于是羌人互相招引投降。

十二月戊戌初一，日食。

永和四年春正月庚辰，中常侍张逵、蘧政、杨定等有罪被杀，其案牵连及于弘农太守张凤、安平相杨皓，都下狱死。

三月乙亥，京师发生地震。

夏四月癸卯，护羌校尉马贤进讨烧当羌，大破之。

戊午，大赦天下。赏赐百姓爵位及粟帛数量各不等。

五月戊辰，封故济北惠王刘寿之子刘安为济北王。

秋八月，太原郡干旱，百姓流亡。癸丑，派遣光禄大夫巡察赈济贷与灾民粮食，免除当年更赋。

冬十月戊午，顺帝校猎于上林苑，经历函谷关而还。十一月丙寅，临幸广成苑。

永和五年春二月戊申，京师发生地震。

夏四月庚子，中山王刘弘去世。

南匈奴左部句龙大人吾斯、车纽等反叛，围攻羌稷县。

五月，度辽将军马续进行讨吾斯、车纽，击败他们。使匈奴中郎将陈龟迫杀南单于。

己丑月末，日食。

且冻羌寇略三辅，攻杀县令长。

丁丑，令死罪以下囚犯及逃亡者交纳财物赎罪，数量各不等。

九月，令扶风、汉阳二郡修筑陇道坞堡三百所，设置屯兵。

辛未，太尉王龚免官。

且冻羌寇略武都，焚烧陇关。

壬午，太常桓焉出任太尉。

丁亥，迁徙西河郡治于离石县，上郡郡治于夏阳县，朔方郡治于五原县。

句龙吾斯等东招乌桓，西收羌胡，寇略上郡，立车纽为匈奴单于。冬十一月辛巳，派遣使中郎将张耽进攻击破其军，车纽投降。

永和六年春正月丙子，征西将军马贤与且冻羌战于射姑山，马贤军败战死，安定太守郭璜下狱死。

诏令贷借王、侯国租一年。

闰月，巩唐羌寇略陇西，遂又寇略三辅。

二月丁巳，有慧星现于室宿。

三月，武威太守赵冲进讨巩唐羌，击破羌人。

庚子，司空郭虔免官。

乙巳，河间王刘政去世。

丙午，太仆赵戒出任司空。

夏五月庚子，齐王刘无忌去世。

使匈奴中郎将张耽大破乌桓、羌胡于天山。

巩唐羌寇略北地郡。

秋七月甲午，诏令贷借百姓有资财者钱，每户一千。

八月丙辰，大将军梁商死。壬戌，河南尹梁冀出任大将军。

九月，诸种羌寇略武威。

辛亥月末，日食。

冬十月癸丑，迁徙安定郡治于扶风，北地郡治于冯翊。

十一月庚子，以执金吾张乔代理车骑将军事，率兵驻屯三辅。

汉安元年春正月癸巳，祭祀祖宗于明堂，大赦天下，改年号为汉安。

二月丙辰，诏令大将军、公、卿举荐贤良方正、能探深索隐者各一人。

秋七月，开始设置承华厩。

八月，南匈奴左部大人句龙吾斯与薁鞬台耆等反叛。

丁卯，派遣侍中杜乔、光禄大夫周举、守光禄大夫郭遵、冯羡、栾巴、张纲、周栩、刘班等八人分头巡行州郡，班宣风化，分别善恶据实举奏。

九月庚寅，广陵盗贼张婴等寇略郡县。

冬十月辛未，太尉桓焉、司徒刘寿免官。甲戌，行车骑将军张乔免官。十一月壬午，司隶校尉赵峻出任太尉，大司农胡广出任司徒。

癸卯，诏令大将军、三公选举武猛试用有效验勘任为将校者各一人。

这一年，广陵盗贼张婴等去广陵太守张纲处投降。

汉安二年二月丙辰，鄯善国派遣使者进献贡品。

夏四月庚戌，护羌校尉赵冲与汉阳太守张贡进攻烧何羌于参㝎县，击败羌人。

六月乙丑，火星侵占土星之位。

丙寅，立南匈奴守义王兜楼储为南单于。

冬十月辛丑，令郡国中都官在押囚犯斩首罪以下交纳缣赎罪，数量各不等；不能交纳缣赎罪的，发遣至临羌县劳作二年。

甲辰，削减百官俸禄。丙午，禁止卖酒，又贷借王、侯国租一年。

闰月，赵冲进击烧当羌于阿阳，击破他们。

十一月，使匈奴中郎将马寔派人刺杀句龙吾斯。

十二月，扬、徐二州盗贼攻烧城邑官署，杀略官民百姓。

这一年，凉州发生一百八十次大小地震。

建康元年春正月辛丑，下诏说："陇西、汉阳、张掖、北地、武威、武都等地，自去年九月以来，地震一百八十次，山谷开裂，毁坏城邑官署，杀害百姓。夷狄叛逆，赋役沉重数发，内外怨恨别离，想到过失令人叹息。派遣光禄大夫巡察，宣示传扬朝廷恩泽，恩惠这百姓，不要作烦扰之事。"

三月庚子，沛王刘广去世。

领护羌校尉卫琚追讨叛羌，破其军。

南郡、江夏盗贼寇掠城邑，州郡出兵将其平定。

夏四月，使匈奴中郎将马寔进击南匈奴左部，破之，于是胡羌、乌桓皆去马寔处投降。

辛巳，立皇子刘炳为皇太子，改年号为建康，大赦天下。赏赐百姓爵位，级数各不同。

秋七月丙午，清河王刘延平去世。

八月，扬、徐二州盗贼范容、周生等寇略城邑，派遣御史中丞冯赦监督州郡兵将其平定。

庚午，顺帝于玉堂前殿去世，时年三十岁。遗诏命令不要修建寝殿，入殓时穿以旧时衣服，不许用珠玉珍玩等陪葬。

史家论曰：古时候的人君，遭幽禁流放而又返国为君者是有过的，他们没有不改正前失，谨慎识别事之真伪，不忘在外时的忧患的，所以能中兴其帝业。观察顺帝朝的政治，恐怕不是这样做的吧？他沿循前世之敝而不能改正的地方为什么那样多呢？

列传

后汉书卷十三

隗嚣公孙述列传第三

公孙述列传

公孙述字子阳,扶风茂陵人也。哀帝时,以父任为郎。后父仁为河南都尉,而述补清水长。仁以述年少,遣门下掾随之官。月余,掾辞归,白仁曰:"述非待教者也。"后太守以其能,使兼摄五县,政事修理,奸盗不发,郡中谓有鬼神。王莽天凤中,为导江卒正,居临邛,复有能名。

及更始立,豪杰各起其县以应汉,南阳人宗成自称:"虎牙将军",入略汉中;又商人王岑亦起兵于雒县,自称"定汉将军",杀王莽庸部牧以应成,众合数万人。述闻之,遣使迎成等。成等至成都,虏掠暴横。述意恶之,召县中豪桀谓曰:"天下同苦新室,思刘氏久矣,故闻汉将军到,驰迎道路。今百姓无辜而妇子系获,室屋烧燔,此寇贼,非义兵也。吾欲保郡自守,以待真主。诸卿欲并力者即留,不欲者便去。"豪桀皆叩头曰:"愿效死。"述于是使人诈称汉使者自东方来,假述辅汉将军、蜀郡太守兼益州牧印绶。乃选精兵千余人,西击成等。比至成都,众数千人,遂攻成,大破之。成将垣副杀成,以其众降。

二年秋，更始遣柱功侯李宝、益州刺史张忠，将兵万余人徇蜀、汉。述恃其地险众附，有自立志，乃使其弟恢于绵竹击宝、忠，大破走之。由是威震益部。

功曹李熊说述曰："方今四海波荡，匹夫横议。将军割据千里，地什汤、武，若奋威德以投天隙，霸王之业成矣。宜改名号，以镇百姓。"述曰："吾亦虑之，公言起我意。"于是自立为蜀王，都成都。

蜀地肥饶，兵力精强，远方士庶多往归之，邛、笮君长皆来贡献。李熊复说述曰："今山东饥馑，人庶相食；兵所屠灭，城邑丘墟。蜀地沃野千里，土壤膏腴，果实所生，无谷而饱。女工之业，覆衣天下。名材竹干，器械之饶，不可胜用，又有鱼、盐、铜、银之利，浮水转漕之便。北据汉中，杜褒、斜之险；东守巴郡，拒扞关之口；地方数千里，战士不下百万。见利则出兵而略地，无利则坚守而力农。东下汉水以窥秦地，南顺江流以震荆、杨。所谓用天因地，成功之资。今君王之声，闻于天下，而名号未定，志士孤疑，宜即大位，使远人有所依归。"述曰："帝王有命，吾何足以当之？"熊曰："天命无常，百姓与能。能者当之，王何疑焉！"述梦有人语之曰："八厶子系，十二为期。"觉，谓其妻曰："虽贵而祚短，若何？"妻对曰："朝闻道，夕死尚可，况十二乎！"会有龙出其府殿中，夜有光耀，述以为符瑞，因刻其掌，文曰"公孙帝"。建武元年四月，遂自立为天子，号成家。色尚白。建元曰龙兴元年。以李熊为大司徒，以其弟光为大司马，恢为大司空。改益州为司隶校尉，蜀郡为成都尹。

越嶲任贵亦杀王莽大尹而据郡降。述遂使将军侯丹开白水关，北守南郑；将军任满从阆中下江州，东据扞关。于是尽有益州之地。

自更始败后,光武方事山东,未遑西伐。关中豪杰吕鲔等往往拥众以万数,莫知所属,多往归述,皆拜为将军。遂大作营垒,陈车骑,肆习战射,会聚兵甲数十万人,积粮汉中,筑宫南郑。又造十层赤楼帛兰船。多刻天下牧守印章,备置公卿百官。使将军李育、程乌将数万众出陈仓,与吕鲔徇三辅。三年,征西将军冯异击鲔、育于陈仓,大败之,鲔、育奔汉中。五年,延岑、田戎为汉兵所败,皆亡入蜀。

岑字叔牙,南阳人。始起据汉中,又拥兵关西,(关西)所在破散,走至南阳,略有数县。戎,汝南人。初起兵夷陵,转寇郡县,众数万人。岑、戎并与秦丰合,丰俱以女妻之。及丰败,故二人皆降于述。述以岑为大司马,封汝宁王,戎翼江王。六年,述遣戎与将军任满出江关,下临沮、夷陵间,招其故众,因欲取荆州诸郡,竟不能克。

是时,述废铜钱,置铁官钱,百姓货币不行。蜀中童谣言曰:"黄牛白腹,五铢当复。"好事者窃言王莽称"黄,述自号"白",五铢钱,汉货也,言天下当并还刘氏。述亦好为符命鬼神瑞应之事,妄引谶记。以为孔子作《春秋》,为赤制而断十二公,明汉至平帝十二代,历数尽也,一姓不得再受命。又引《录运法》曰:"废昌帝,立公孙。"《括地象》曰:"帝轩辕受命,公孙氏握。"《援神契》曰:"西太守,乙卯金。"谓西方太守而乙绝卯金也。五德之运,黄承赤而白继黄,金据西方为白德,而代王氏,得其正序。又自言手文有奇,及得龙兴之瑞。数移书中国,冀以感动众心。帝患之,乃与述书曰:"图谶言'公孙',即宣帝也。代汉者当涂高,君岂高之身邪?乃复以掌文为瑞,王莽何足效乎!君非吾贼臣乱子，仓卒时人皆欲为君事耳，何足数也。君日月已逝，妻子弱小，当早为定计，可以无忧。天下神器，不可力争，宜留三思。"署曰"公孙皇帝"。述不答。

明年，隗嚣称臣于述。述骑都尉平陵人荆邯见东方将平，兵且西向，说述曰：

兵者，帝王之大器，古今所不能废也。昔秦失其守，豪桀并起，汉祖无前人之迹，立锥之地，起于行阵之中，躬自奋击，兵破身困者数矣。然军败复合，创愈复战。何则？前死而成功，逾于却就于灭亡也。隗嚣遭遇运会，割有雍州，兵强士附，威加山东。遇更始政乱，复失天下，众庶引领，四方瓦解。嚣不及此时推危乘胜，以争天命，而退欲为西伯之事，尊师章句，宾友处士，偃武息戈，卑辞事汉，喟然自以文王复出也。令汉帝释关陇之忧，专精东伐，四分天下而有其三；使西州豪桀咸居心于山东，发间使，招携贰，则五分而有其四；若举兵天水，必至沮溃，天水既定，则九分而有其八。陛下以梁州之地，内奉万乘，外给三军，百姓愁困，不堪上命，将有王氏自溃之变。臣之愚计，以为宜及天下之望未绝，豪桀尚可招诱，急以此时发国内精兵，令田戎据江陵，临江南之会，倚巫山之固，筑垒坚守，传檄吴、楚，长沙以南必随风而靡。令延岑出汉中，定三辅，天水、陇西拱手自服。如此，海内震摇，冀有大利。

述以问群臣。博士吴柱曰："昔武王伐殷，先观兵孟津，八百诸侯不期同辞，然犹还师以待天命。未闻无左右之助，而欲出师千里之外，以广封疆者也。邯曰："今东帝无尺土之柄，驱乌合之众，跨马陷敌，所向辄平。不亟乘时与之分功，而坐谈武王之说，是效隗嚣欲为西伯也。"述然邯言，欲悉发北军屯士及山东客兵，使延岑、田戎分出两道，与汉中诸将合兵并势。蜀人及其弟光以为不宜空国千里之外，决成败于一举，固争之，述乃止。延岑、田戎亦数请兵立功，终疑不听。

述性苛细，察于小事。敢诛杀而不见大体，好改易郡县官名。然少为郎，习汉家制度，出入法驾，鸾旗旄骑，陈置陛戟，然后辇出房闼。又立其两子为王，食犍为、广汉各数县。群臣多谏，以为成败未可知，戎士暴露，而遽王皇子，示无大志，伤战士心。述不听。唯公孙氏得任事，由此大臣皆怨。

八年，帝使诸将攻隗嚣，述遣李育将万余人救嚣。嚣败，并没其军，蜀地闻之恐动。述惧，欲安众心。成都郭外有秦时旧仓，述改名白帝仓，自王莽以来常空。述即诈使人言白帝仓出谷如山陵，百姓空市里往观之。述乃大会群臣，问曰："白帝仓竟出谷乎？"皆对言"无"。述曰："讹言不可信，道隗王破者复如此矣。"俄而嚣将王元降，述以为将军。明年，使元与领军环安拒河池，又遣田戎及大司徒任满、南郡太守程汎将兵下江关，破〔威〕虏将军冯骏等，拔巫及夷陵、夷道，因据荆门。

十一年，征南大将军岑彭攻之，满等大败，述将王政斩满首降于彭。田戎走保江州。城邑皆开门降。彭遂长驱至武阳。帝乃与述书，陈言祸福，以明丹青之信。述省书叹息，以示所亲太常常少、光禄勋张隆。隆、少皆劝降。述曰："废兴命也。岂有降天子哉！"左右莫敢复言。

中郎将来歙急攻王元、环安，安使刺客杀歙；述复令刺杀岑彭。十二年，述弟恢及子婿史兴并为大司马吴汉、辅威将军臧宫所破，战死。自是将帅恐惧，日夜离叛，述虽诛灭其家，犹不能禁。帝必欲降之，乃下诏喻述曰："往年诏书比下，开示恩信，勿以来歙、岑彭受害自疑。今以时自诣，则家族完全；若迷惑不喻，委肉虎口，痛哉奈何！将帅疲倦，吏士思归，不乐久相屯守，诏书手记，不可数得，朕不食言。"述终无降意。

九月，吴汉又破斩其大司徒谢丰、执金吾袁吉，汉兵遂守成都。述谓延岑曰："事当奈何！"岑曰："男儿当死中求生，可坐穷乎！财物易聚耳，不宜有爱。"述乃悉散金帛，募敢死士五千余人，以配岑于市桥，伪建旗帜，鸣鼓挑战，而潜遣奇兵出吴汉军后，袭击破汉。汉堕水，缘马尾得出。

十一月，臧宫军至咸门。述视占书，云"虏死城下"，大喜，谓汉等当之。乃自将数万人攻汉，使延岑拒宫。大战，岑三合三胜。自旦及日中，军士不得食，并疲，汉因令壮士突之，述兵大乱，被刺洞胸，堕马。左右舆入城。述以兵属延岑，其夜死。明旦，岑降吴汉。乃夷述妻子，尽灭公孙氏，并族延岑。遂放兵大掠，焚述宫室。帝闻之怒，以谴汉。又让汉副将刘尚曰："城降三日，吏人从服，孩儿老母，口以万数，一旦放兵纵火，闻之可为酸鼻！尚宗室子孙，尝更吏职，何忍行此？仰视天，俯视地，观放麑啜羹，二者孰仁？良失斩将吊人之义也！"

初，常少、张隆劝述降，不从，并以忧死。帝下诏追赠少为太常，隆为光禄勋，以礼改葬之。其忠节志义之士，并蒙旌显。程乌、李育以有才干，皆擢用之。于是西土咸悦，莫不归心焉。

论曰：昔赵佗自王番禺，公孙亦窃帝蜀汉，推其无他功能，而至于后亡者，将以地边处远，非王化之所先乎？述虽为汉吏，无所冯资，徒以文俗自意，遂能集其志计。道未足而意有余，不能因隙立功，以会时变，方乃坐饰边幅，以高深自安，昔吴起所以惭魏侯也。及其谢臣属,审废兴之命,与夫泥首衔玉者异日谈也。

赞曰:公孙习吏,隗王得士。汉命已还,二隅方跱。天数有违,江山难恃。

译文:

公孙述,字子阳,是扶风茂陵人。哀帝的时候,公孙述因为父亲担保而升为郎。后来,他父亲公孙仁任河南都尉,公孙述就任了清水县县长。他父亲因为公孙述太年轻,就派自己门下的属官跟随他去任职。一个多月后,那位属官辞职回来,告诉公孙仁说:"公孙述不是需要教导的人。"后来,太守认为公孙述有才能,让他兼管五县。这五县在他治理下,政务有条不紊,没有作奸、偷盗的事件发生,下面的老百姓都称他有鬼神之助,能明察秋毫。王莽天凤年间,公孙述任道江卒正(即太守),居住在临邛,享有才能出众的声誉。

到更始帝即位的时候,各地的豪杰英雄纷纷从本县起兵来响应汉军。南阳人宗成自称为"虎牙将军",攻占了汉中;还有,商县人王岑也在洛县发动军队,自称为"定汉将军",杀掉王莽的庸部牧来响应宗成,聚集军队有几万人。公孙述听说后,派使者迎接宗成他们。宗成等来到成都,抢夺掠取,横行霸道。公孙述心里讨厌他们,召集县中的豪杰说:"天下人民都深受王莽的苦害,想念刘姓汉朝已经很久了,所以我听说汉朝的将军要来,就派人飞驰而去迎接于路上。现在,老百姓无罪,而他们的妇女、孩子被捉去,房屋被焚烧,这是强盗,不是正义的军队。我想要保护和守卫好本郡,来等待真正的天子。各位如果想出力协助的就留下来,否则就离去。"豪杰们都叩头说:"愿意以死相报。"于是，公孙述派人假传有汉的使者从东方到来，授予公孙述为辅汉将军、蜀郡太守兼益州牧的官爵。于是，公孙述选拔精兵一千多人，向西攻打宗成等人。等军队到达成都时，已聚集达几千人，于是攻打宗成，大败他们。宗成的部将垣副杀了他，率领他的部下投降。建武二年秋天，更始帝派柱功侯李宝、益州刺史张忠，率领军队一万多人来攻打蜀、汉。公孙述倚仗自己地势险要，人民归附，有自己立为皇帝的想法，于是派他的弟弟公孙恢在绵竹攻击李宝、张忠，把他们打得大败而逃。从此，公孙述威震益部。

功曹李熊劝公孙述说："现在国内风云变幻，老百姓肆意议论。将军您割据千里这么大的地方，超过汤武十倍，如果奋发自己的威力和德行，来乘天时的间隙，那么帝王的事业就可成功了。您应该更改名号，来镇服百姓。"公孙述说："我也想过此事，你的话又引起我这种考虑。"于是自称为蜀王，建都在成都。

蜀地的土质肥沃，军队精锐强盛，远处的知识分子、平民都来归附，邛、筰地方的首领，也来向公孙述进贡。李熊又劝说公孙述："现在山东一带闹饥荒，人吃人；军队所攻占屠杀的地方，城池、乡村都变为废墟。蜀国的土地肥沃广阔，土壤膏腴，盛产水果，没有谷物也能吃饱。妇女织布的行业也很发达，所制的衣服遍布全国。名贵的木材、竹箭，丰富的器具、兵械，真是用之不尽。还有非常有利的鱼、盐、铜、银产地，以及水路运输的方便。北边占据着汉中，把持着褒、斜的险要；东边守卫着巴郡，扼制着扞关的出入口；方圆好几千里，军队超过百万人。看见有利可图，就出兵来攻占土地，如果无利可图，就固守本地而勤力务农。往东边顺汉水而下，可以窥探秦的土地，往南边顺长江而下，可以让荆、杨震惊。这真是所谓的天时地利，是取得事业成功的资本。现在您的声望，闻名于天下，可是还未确立名号，使得有志之士犹豫不定。您应该马上登基为天子，让远方的人民有归附的地方。"公孙述说："当皇帝是有天命的，我怎么能做呢？"李熊说："上天的意志没有一成不变的，老百姓依附有才能的人。有才能的人能做皇帝，您还犹豫什么呢！"公孙述梦见有人对他说："八厶子系（公孙述），可以做十二年皇帝。"醒来后，对他的妻子说："虽然显贵，但当皇帝时间太短了，怎么办？"他妻子回答说："早上听到'道'，晚上就死去都可以，何况有十二年呢！"适逢有龙出现在他的宫殿中，在夜晚发出光彩，公孙述认为是上天的征兆，于是在他的手掌刻上"公孙帝"。建武元年四月，公孙述就立自己为天子，国号成家，以白色为尊贵。制定年号叫龙兴元年。封李熊为大司徒，封他弟弟公孙光为大司马，公孙恢为大司空。改名益州的守官为司隶校尉，蜀郡的守官为成都尹。

越巂人任贵也杀掉了王莽的大尹，率领全郡来投降。于是，公孙述派将军侯丹打开白水关，向北占据着南郑；派将军任满从阆中出发到江州，向东占据着扞关。这样，益州的土地全部被公孙述占有。

更始帝失败后，光武帝全力攻打山东，没有时间讨伐西边。关中的豪杰吕鲔等人常常聚集军队几万人，不知道归附哪一方，就大多投奔了公孙述。公孙述全部封他们为将军。于是，公孙述大筑军营堡垒，操练车马，练习作战、射击，召集军队几十万人，在汉中囤积粮食，在南郑建造行宫。此外，还制造了一艘十层红楼，用帛布装饰栏杆的大船。大量地刻雕国内各州郡太守的印章，设置了大小公卿百官。派将军李育、程乌率领几万军队从陈仓出发，和吕鲔一起攻打三辅。建武三年，征西将军冯异在陈仓攻打吕鲔、李育,大败他们。吕鲔、李育逃回汉中。建武五年,延岑、田戎被汉军打败,都逃入蜀国。

延岑,字叔牙,是南阳人。开始起兵时,占据了汉中,后又占领关西。在关西战败后,延岑到了南阳,攻占了几个县。田戎是汝南人。在夷陵开始发起军队,转战于郡县,有军队几万人。延岑、田戎一同与秦丰联合,秦丰把女儿嫁给他们。到秦丰失败后,他们两人都投降了公孙述。公孙述封延岑为大司马、汝宁王,封田戎为翼江王。建武六年,公孙述派田戎和将军任满从江关出发,到临沮、夷陵一带,召集田戎的旧部,乘势想攻占荆州等地,最后没有成功。

这时,公孙述废除了原来的铜钱,重新设置铁官铸新钱币,老百姓的钱币无法通行。蜀国中有童谣说:"黄牛有白色的肚子,五铢钱应该恢复。"有喜欢附会的人暗地里说,王莽自称"黄",公孙述自称"白",五铢钱是汉朝的钱币,那么天下会回到刘姓的手里。公孙述也爱好占卜算卦的事情,因而胡乱引用谶纬图记。他认为,孔子编纂《春秋》,确立"赤制"而以十二位鲁国国君为断限,汉代也是"赤制"所以从汉高祖到汉平帝一共为十二代君主,汉朝的气数也尽了,同姓是不能再次秉承天命而为皇帝的。他引用《录运法》中的话:"废免昌帝,推立公孙。"《括地象》说:"轩辕授予天命,让公孙氏执持。"《援神契》说:"西太守,轧卯金。"说的是西方太守能摧毁卯金(刘)。五德运行的规律是,黄色继承红色,而白色继承黄色,金在西方是属于五德中的白德,所以替代王莽的黄德,是符合规律的。公孙述还自称他的手掌中有奇异的文字,以及得到新王朝要兴起的征兆。他几次写信给汉朝,希望能感动民心。光武帝十分担忧,就回信给他说:"图谶中所说的'公孙',是宣帝。代替汉朝的人是当涂高,你难道是当涂高吗?而你却又拿手掌中的文字作为征兆,像王莽那样,有什么值得仿效呢!你不是我的叛臣,那时人们在仓促间侍奉你为天子,我不责怪你。你的岁数已大了,你的老婆衰弱,孩子幼小,应该及早考虑好,以后就不用担心了。天子的位置,不是用勇力能争到的,望你好好考虑考虑。"信中署名称"公孙皇帝"。公孙述没有答复。

第二年,隗嚣向公孙述称臣。公孙述的骑都尉,平陵人荆邯看到汉军很快要平定东方,军队马上会向西进攻,于是劝说公孙述:

军队,是帝王的重要支柱,过去和现在都不能偏废。从前,秦王朝防守上的衰败,豪杰英雄一齐起来反抗,汉高祖没有前辈的伟业可继承,没有立锥之地,而兴起于作战之中,身先士卒,英勇作战,几次兵败被困围。但是,他的军队失败后又重新聚集,自己受伤了,伤好又参加战斗。为什么呢?向前拚死而争取成功,胜过于退后而被消灭。隗嚣得到形势的便利,占有雍州,兵势强盛,知识分子归附,威名传播山东一带。后来遇上更始帝的政治败乱,他的权势削减,军队失去首领,四处逃散。隗嚣不在这个时候乘机出击,来争夺皇位,却退下来想仿效西伯的事业,尊敬地拜那些守章句的学者为老师,与隐居的学者交朋接友,偃旗息鼓,不动干戈,谦卑地侍奉汉朝,感叹自己像周文王那样。使到光武帝能够解除了关陇的忧患,集中精力向东征伐,占有了全国的四分之三的地方;使到西州的豪杰都归心于山东,派出来歙、马援等伺隙行事的使者,招纳了王遵、郑兴等离心的人来归附,那么汉光武帝已占有全国的五分之四了;如果在天水发兵出击,必然也会失败,而天水被平定后,那光武帝就占有全国的九分之八了。您仅仅凭借梁州的土地,里面要供养您,外面要供给三军,老百姓穷困愁苦,忍受不了您的统治,恐怕会像王莽那样有内乱的祸害。我有个愚蠢的想法,认为应该趁国内人对您还没失望,豪杰英雄还可以招纳的时候,迅速发动国内的精兵,让田戎占守江陵,面临江南的要冲,倚仗巫山的险固,构筑堡垒来坚守,向吴、楚发布檄文,长沙以南的地方一定会马上归附。派延岑从汉中出发,平定三辅,天水、陇西就会自然顺服了。这样的话,国内震惊,可能会有很大利益。"公孙述征求大臣们的意见,博士吴柱说:"从前,周武王讨伐殷商,先在孟津检阅军队,这时,有八百名诸侯不约而同地来到这里,但他还是班师回去等待上天的命令。我从来没听说过在没有人左右援助的情况下,而想出兵到千里之外的地方,来开拓疆域的事情。"荆邯说:"现在光武帝在没有统治狭小地区的权柄的情况下,率领乌合之众,冲锋陷阵,所向披靡。不马上乘机和他争占土地,却坐着空谈周武王如何如何,这是想仿效隗嚣做西伯啊。

公孙述认为荆邯的话正确,想全部发动北军的驻军和山东的外籍兵,派延岑、田戎率领分两路出发,和汉中的将领会合,一同防守。蜀国的人民和公孙述的弟弟公孙光都认为不应该倾巢而出,到千里之外去,成败在此一举的决战,坚决加以劝阻,公孙述才罢休。延岑、田戎也几次请求出兵作战,公孙述始终犹豫不决。

公孙述性情苛刻,请求事情的细枝末节。敢于诛杀异端,但不敢在大的体制上变革,喜欢改动郡县的官名。但是,年少的时候任过郎官,熟悉汉朝的礼仪制度,出入都坐皇帝专用的车子,旗上挂着铃,马匹用牦牛尾装饰,摆设好持戟的近臣、武士,然后才乘车从宫殿出来。公孙述又立他的两个儿子为王,以犍为、广汉几个县的租税分别作为他们的俸禄。大臣们多次进谏，认为在国家成败还不可知的情况下，战士们还在外面打仗，而急促封皇子为王，这是没有宏大志向的表现，会刺伤战士的心情。公孙述不听从。国内只有公孙氏家族掌有实权，因而大臣们都有怨恨。

建武八年，光武帝派将领攻打隗嚣，公孙述派李育率领一万多人救援隗嚣。隗嚣失败，全军覆没，蜀国上下听到这个消息，都震惊恐慌。公孙述也害怕，想安抚民心。成都城外有座秦朝留下来的旧粮仓，公孙述把它改名为白帝仓，从王莽那时起就一直空着。公孙述就暗中让人传言白帝仓中谷堆如山，老百姓万民空巷去看。于是，公孙述召集起大臣们，问他们说："白帝仓真是有谷了吗？"都回答说："没有。"公孙述说："谣言不可以轻信，说隗嚣失败一事，同样是谣言。"不久，隗嚣的将领王元来投降，公孙述封他为将军。第二年，公孙述派王元和领军环安在河池防守，又派田戎和大司徒任满、南郡太守程汎带领军队到江关，击败威虏将军冯骏等人，占领了巫和夷陵、夷道，于是守据着荆门。

建武十一年，征南大将军岑彭进攻任满他们，任满等人大败。公孙述的部将王政斩了任满的脑袋，向岑彭投降。田戎回守江州。沿途的城池都开门向岑彭投降，于是岑彭长驱直入，攻到了武阳。光武帝写信给公孙述，向他阐明祸福关系，表明自己作为皇帝是讲信用的。公孙述读信后叹息不已，又把它拿给所亲近的太常常少、光禄勋张隆看。张隆、常少都劝他投降，公孙述说："失败、兴起是靠天命的。怎么有让天子投降的呢！"左右的大臣不再敢劝说。

中郎将来歙加紧攻打王元、环安，环安派刺客杀掉了来歙；公孙述又派人刺杀了岑彭。建武十二年，公孙述弟弟公孙恢和女婿史兴都被大司马吴汉、辅威将军臧宫打败，两人战死。从这以后，将帅们恐惧惊慌，日夜想离去背叛，公孙述虽然诛杀了一些人全家，但仍不能禁止。光武帝一定要招降他，于是发下诏书告诉公孙述说："往年常常颁下诏书给你，表明了我的恩德和信用，请不要因为来歙、岑彭遇害而自己猜疑不定。现在你及时来投降，家族可以得到完全保护。如果还执迷不悟，以肉投虎口，真是太可惜了！将领疲惫，士卒想家，不想长期驻扎守卫。这样的诏书，不可能一再颁下。我不会食言。"公孙述始终没有投降的意思。

九月，吴汉又打败并斩杀了他的大司徒谢丰、执金吾袁吉，于是汉军占领了成都。公孙述对延岑说："事情应该怎么办？"延岑说："男子汉应当从死中求生存，怎么能坐而待毙呢！财物这些东西是容易积聚的，不应该过多珍惜。"于是，公孙述发散了全部金银布帛，招募到敢死队五千多人，让延岑率领把守于市桥，树起假装的旗帜，击鼓佯攻，而派遣奇兵偷袭到吴汉部队的背后，打败了吴汉。吴汉掉落水中，抓着马尾巴得以逃生。

十一月，臧宫的军队攻到咸门。公孙述看到算命的书上说："贼虏死于城下。"十分高兴，认为吴汉等人会应验这句话。于是，他亲自率领几万人攻打吴汉，让延岑抗击臧宫。双方展开大战，延岑三战三胜。从早上一直战到中午，公孙述的军队无法吃饭，都很疲惫。于是，吴汉命令强壮的军士冲击他们，公孙述的军队大乱，自己胸膛也被刺伤，掉落马下，左右的人用车把他救入城。公孙述把军队交给延岑，当天晚上就死了。第二天早上，延岑投降了吴汉。于是，诛杀了公孙述的老婆、孩子，铲平了公孙氏家族，连延岑家族也灭尽。吴汉放任士兵抢劫，焚毁公孙述的宫殿。光武帝知道后，大怒，批评了吴汉，还责怪吴汉的副将刘尚说："城市已投降三天，官吏、平民都顺服，小儿老妇，有好几万人，一旦让士兵随意放火抢劫，听到的人都感到心痛！你是宗室后代，曾当过官吏，怎么能忍心这样做呢？上看有天，下看有地，你看秦西巴"放麑"和乐羊子"啜羹"哪个更仁义呢？你们实在不懂斩杀敌将而要怜悯人民的道理。"

以前，常少、张隆劝说公孙述投降，公孙述不听，他们两人都忧愁而死。光武帝颁下诏书追封常少为太常，张隆为光禄勋，据礼制改葬他们。那些效忠守节的人，都受到表彰。程乌、李育因为有才干，都被提升任用。于是，西方的人民都高兴，没有不归顺的。

史家论曰：从前，赵佗在番禺自立为王，公孙述也在蜀汉私登帝位，推想他们并没有什么能耐，却能坚持到最后才被消灭，大概是因为地处边远，不是君王的德化首先达到的吧？公孙述虽然曾当过汉官，但没有什么资本，只有喜欢平庸而安于习俗，才得以实现他的计谋愿望。对道的修养还未充分，却作非分之想；不会乘势建功立业，来随机应变，而却热衷于称王称霸，以自矜持，安适于蜀地的高峻深远。过去吴起就是以此使魏武侯羞惭的。至于他屡次拒绝大臣的劝说，认为废败、兴起是出于天命，这种不识时务、不知进退的做法，和那些满脸涂着泥、口含玉璧来投降的人相比，真是不可同日而语。

史家赞曰：公孙述熟习吏事，隗嚣得到人才。汉家的天命已回来，公孙述、隗嚣两角正在对峙。天命气数是会失去的，江山之险是难以依靠的。

后汉书卷十四

宗室四王三侯列传第四

齐武王刘縯列传

齐武王縯字伯升,光武之长兄也。性刚毅,慷慨有大节。自王莽篡汉,常愤愤,怀复社稷之虑,不事家人居业,倾身破产,交结天下雄俊。

莽末,盗贼群起,南方尤甚。伯升召诸豪杰计议曰:"王莽暴虐,百姓分崩。今枯旱连年,兵革并起。此亦天亡之时,复高祖之业,定万世之秋也。"众皆然之。于是分遣亲客,使邓晨起新野,光武与李通、李轶起于宛。伯升自发舂陵子弟,合七八千人,部署宾客,自称柱天都部。使宗室刘嘉往诱新市、平林兵王匡、陈牧等,合军而进,屠长聚及唐子乡,杀湖阳尉,进拔棘阳,因欲攻宛。至小长安,与王莽前队大夫甄阜、属正梁丘赐战。时天密雾,汉军大败,姊元弟仲皆遇害,宗从死者数十人。伯升复收会兵众,还保棘阳。

阜、赐乘胜,留辎重于蓝乡,引精兵十万南渡黄淳水,临(沘)〔沘〕水,阻两川间为营,绝后桥,示无还心。新市、平林见汉兵数败,阜、赐军大至,各欲解去,伯升甚患之。会下江兵五千余人至宜秋，乃往为说合从之势，下江从之。语在《王常传》。伯升于是大飨军士，设盟约。休卒三日，分为六部，潜师夜起，袭取蓝乡，尽获其辎重。明旦，汉军自西南攻甄阜，下江兵自东南攻梁丘赐。至食时，赐陈溃，阜军望见散走，汉兵急追之，却迫黄淳水，斩首溺死者二万余人，遂斩阜、赐。

王莽纳言将军严尤、秩宗将军陈茂闻阜、赐军败，引欲据宛。伯升乃陈兵誓众，焚积聚，破釜甑，鼓行而前，与尤、茂遇育阳下，战，大破之，斩首三千余级。尤、茂弃军走，伯升遂进围宛，自号柱天大将军。王莽素闻其名，大震惧，购伯升邑五万户，黄金十万斤，位上公。使长安中官署及天下乡亭皆画伯升像于墊，且起射之。

自阜、赐死后，百姓日有降者，众至十余万。诸将会议立刘氏以从人望，豪杰咸归于伯升，而新市、平林将帅乐放纵，惮怕升威明而贪圣公懦弱，先共定策立之，然后使骑召伯升，示其议。伯升曰："诸将军幸欲尊立宗室，其德甚厚，然愚鄙之见，窃有未同。今赤眉起青、徐，众数十万，闻南阳立宗室，恐赤眉复有所立，如此，必将内争。今王莽未灭，而宗室相攻，是疑天下而自损权，非所以破莽也。且首兵唱号，鲜有能遂，陈胜、项籍，即其事也。春陵去宛三百里耳，未足为功。遽自尊立，为天下准的，使后人得承吾敝，非计之善者也。今且称王以号令。若赤眉所立者贤，相率而往从之；若无所立，破莽降赤眉，然后举尊号，亦未晚也。愿各详思之。"诸将多曰"善"。将军张卬拔剑击地曰："疑事无功。今日之议，不得有二。"众皆从之。

圣公既即位，拜伯升为大司徒，封汉信侯。由是豪杰失望，多不服。平林后部攻新野，不能下。新野宰登城言曰："得司徒刘公一信，愿先下。"及伯升军至，即开城门降。五月，伯升拔宛。六月，光武破王寻、王邑。自是兄弟威名益甚。

更始君臣不自安，遂共谋诛伯升，乃大会诸将，以成其计。更始取伯升宝剑视之，绣衣御史申屠建随献玉玦，更始竟不能发。及罢会，伯升舅樊宏谓伯升曰："昔鸿门之会，范增举玦以示项羽。今建此意，得无不善乎？"伯升笑而不应。初，李轶谄事更始贵将，光武深疑之，常以戒伯升曰："此人不可复信。"又不受。

伯升部将宗人刘稷，数陷陈溃围，勇冠三军。时将兵击鲁阳，闻更始立，怒曰："本起兵图大事者，伯升兄弟也，今更始何为者邪？"更始君臣闻而心忌之，以稷为抗威将军，稷不肯拜。更始乃与诸将陈兵数千人，先收稷，将诛之，伯升固争。李轶、朱鲔因劝更始并执伯升，即日害之。

有二子。建武二年，立长子章为太原王，兴为鲁王。十一年，徙章为齐王。十五年，追谥伯升为齐武王。

章少孤，光武感伯升功业不就，抚育恩爱甚笃，以其少贵，欲令亲吏事，故使试守平阴令，迁梁郡太守。立二十一年薨，谥曰哀王。子炀王石嗣。建武二十七年，石始就国。三十年，封石弟张为下博侯。永平十四年，封石二子为乡侯。石立二十四年薨，子晃嗣。

下博侯张以善论议，十六年，与奉车都尉窦固等并出击匈奴，后进者多害其能，数被谮诉。建初中卒，肃宗下诏褒扬之，复封张子它人奉其祀。

晃及弟利侯刚与母太姬宗更相诬告。章和元年，有司奏请免晃、刚爵，为庶人，徙丹阳。帝不忍，下诏曰："朕闻人君正屏，有所不听。宗尊为小君，宫卫周备，出有辎軿之饰，入有牖户之固，殆不至如谮者之言。晃、刚愆乎至行，浊乎大伦，《甫刑》三千，莫大不孝。朕不忍置之于理，其贬晃爵为芜湖侯，削刚户三千。於戏！小子不勖大道，控于法理，以堕宗绪。其遣谒者收晃及太姬玺绶。"晃立十七年而降爵。晃卒，子无忌嗣。

帝以伯升首创大业，而后嗣罪废，心常慜之。时北海亦绝无后。及崩，遗诏令复二国。永元二年，乃复封无忌为齐王，是为惠王。立五十二年薨，子顷王喜嗣。立五年薨，子承嗣。建安十一年，国除。

论曰：大丈夫之鼓动拔起，其志致盖远矣。若夫齐武王之破家厚士，岂游侠下客之为哉！其虑将存乎配天之绝业，而痛明堂之不祀也。及其发举大谋，在仓卒扰攘之中，使信先成于敌人，赦岑彭以显义，若此足以见其度矣。志高虑远，祸发所忽。呜呼！古人以蜂虿为戒，盖畏此也。《诗》云："敬之敬之，命不易哉！"

译文：

齐武王刘縯，字伯升，是光武帝刘秀的长兄。性刚毅，慷慨有大节。自从王莽篡改汉统以后，他常愤愤不平，心里藏着光复汉朝的志向，平时也不经营家业，而是毁家纾难，倾心交结天下雄俊之士。

王莽末年，国内盗贼四起，南方闹得更厉害。伯升便召集众豪杰谋划起义，他说："王莽暴虐无度，人心已去，现在又干旱连年，战乱并起，这也是天亡王莽的时候了，恢复高祖大业，争取万世太平，就在今日！"众人一致同意，于是伯升分别派遣亲属和宾客去联络各方队伍，传令邓晨起兵于新野，光武帝与李通、李轶起兵于宛县，伯升则自己发动舂陵子弟，共七八千人，部署队伍，自称柱天都部。又派同族刘嘉赴新市、平林兵营中，策动王匡、陈牧等人。于是合军而进，消灭了长聚与唐子乡的全部敌人，杀了湖阳尉，夺取了棘阳县，接着又准备攻打宛县。队伍进至小长安，与王莽的前队大夫甄阜、属正梁丘赐发生激战。当时满天大雾，汉军大败。伯升的姐姐刘元、弟弟刘仲以及堂叔伯、堂兄弟数十人、都在战斗中阵亡了。于是，伯升收集队伍，退过棘阳。

甄阜、梁丘赐乘胜追击，把辎重留在蓝乡，率领十万精兵，南渡黄淳河，进军沘水，在两河之间扎营，并断绝后桥，以示决战。新市、平林兵见汉军屡次失败，甄阜，梁丘赐又大兵压境，便想各自逃命。伯升很担忧，值逢有一支五千多人的下江兵来到宜秋县，伯升便赶到那里，论说合兵聚势，共同抵抗王莽军的情势，下江兵欣然从之。语在《王常传》。接着，伯升大飨军士，订立盟约。又给士卒放假三天，然后将队伍分为六支，连夜潜袭蓝乡，把敌人的辎重全部缴获。第二天早上，汉军自西南方面进攻甄阜，下江兵从东南方向进攻梁丘赐。到吃早饭的时候，梁丘赐的阵线被攻溃，甄阜的队伍看见后，也急忙逃命，于是汉军乘胜急追，把敌人一直赶逼到黄淳水，敌军被斩首和溺死的达二万余，甄阜、梁丘赐被杀。

王莽的纳言将军严尤、秩宗将军陈茂得知甄阜等人兵败，准备带兵进驻宛县。伯升便列阵誓师，烧毁平日积聚的财物，打烂釜甄之类的炊具，一路击鼓向前，与严尤、陈茂的部队在育阳开仗，经过激战，大获全胜，杀敌三千余，严、陈二人弃军逃走。于是，伯升乘胜围攻宛县，自号柱天大将军。王莽早就听说伯升的威名，此时非常惊慌，便下令全国，凡取伯升首级者，食邑五万户，赏黄金十万斤，位列上公。又命令长安各官署及全国各乡亭皆于府舍门外图画伯升的画像，让人们每天早起用箭去射，企图用迷信方法诅咒制胜。

自从甄阜、梁丘赐被汉军歼灭后，每天都有老百姓来归附伯升，队伍扩大到十几万。众将领开会议论，都想拥立刘氏，以顺应民望，各路豪杰都归心伯升。可是新市、平林军中的将帅乐于放纵，他们害怕伯升威严的军纪，而贪图利用刘玄的懦弱可欺，便事先定计策立刘玄，然后才派人骑马去召伯升，把他们的主张告诉了他。伯升说："感谢诸位将军有心尊立我刘氏宗室，你们的心意是很好的，但愚鄙之见，窃有不同。现在赤眉起兵于青州、徐州之间，队伍数十万，如果他们听说我们在南阳拥立刘氏，我担心赤眉也会拥立一位刘氏宗室称帝；果真这样，两家必然发生内争。可现在王莽未灭，一旦刘氏宗室内讧，则必使天下疑惑失望，而致自损威权。这有害于灭莽兴汉的根本利益。而且由首先起义的人作领袖，很少有能够成事的，陈胜、项籍就是例证。舂陵离宛县三百多里，也不能在夺取宛城的战斗中立功，一下子便尊立为皇帝，便会成为天下的靶子，容易被人家钻空子，这并不是什么上策。我建议，现在只是称王，以统率队伍，如果赤眉所立者贤明，我们可以去归附人家；如果我们没有立帝，我们在打败王莽，降服赤眉以后，再立尊号也不晚。希望各位仔细考虑。"众将官大多称"善"，只有将军张卬拔剑击地，大声说："议事犹豫不决，必不能成功。今日之议，不得有二。"众人只得服从。

刘玄即位以后，任命伯升为大司徒，封汉信侯。于是豪杰失望，多不服。平林军后部攻打新野，久攻不下。新野县宰登城说道："如果能得到司徒刘公一信，我愿意首先把新野城交出来。"等到伯升的队伍一到，县宰便开门出降。五月，伯升又攻占宛县。六月,光武帝击败王寻、王邑。伯升兄弟的威名,从此越来越大。

更始君臣见势不妙,惶惶不安,便阴谋杀害伯升,于是大会诸将,以实现他们的计谋。宴会上,更始帝拿过伯升的宝剑,假装欣赏。绣衣御史申屠建一旁着急,便给更始献呈玉玦,示意赶快下手,但更始终究还是不敢下手。宴会之后,伯升的舅父樊宏说:"从前在鸿门宴上,范增举玉玦暗示项羽杀刘邦,申屠建今天的用意,恐怕不是好的。"伯升却一笑置之。在此之前,光武帝见李轶阿谀奉事更始贵将朱鲔等,心里很怀疑,便经常对伯升说:"此人不可再相信。"伯升也没有接受。

伯升有位同族部将,叫刘稷,屡次冲锋陷阵,勇冠三军,当时正带兵攻打鲁阳,听说刘玄做了更始皇帝,心中大怒,说道:"当初起兵图大事的,本来是伯升兄弟二人,现在更始凭什么做皇帝呢?"更始君臣得知此言,心中非常忌恨,只好任命刘稷为抗威将军,可他却偏不肯接受。更始帝便与其他将领率兵数千,把刘稷抓了起来,并准备杀他。伯升极力反对,李轶、朱鲔进而鼓动更始把伯升也抓了起来,当天就把他杀害了。

伯升有二子。建武二年,光武帝封其长子刘章为太原王,次子刘兴为鲁王。十一年,改封刘章为齐王。十五年,追谥伯升为齐武王。

刘章从小失去父母,光武帝感慨刘縯的功业没有成就,对他的抚养和恩爱都非常深厚,因为他从小就尊贵,便想让他做一点官吏的事务,故此让他试做平阴县令,后来升迁为梁郡太守。他立王以后二十一年就死去,追赠谥号为哀王。刘章的儿子炀王刘石做了继承人。建武二十七年,刘石才到封国就位。建武三十年,封刘石的弟弟刘张为下博侯。永平十四年,封刘石的两个儿子为乡侯。刘石立王以后二十四年死去,他的儿子刘晃做了继承人。

下博侯刘张很善于言谈议论,永平十六年,他与奉车都尉窦固等人一起出击匈奴,那些后进的人大多害怕他的才能超过自己,因此经常遭到他们的诋毁中伤。建初年间死去,章帝下诏书表扬他,又封他的儿子刘它人负责给他祭祀。

刘晃和他的弟弟利侯刘刚与母亲太姬宗相互诬告。章和元年,有关部门上奏请求免去刘晃、刘刚的爵位,降为平民,并迁徙到丹阳去。章帝不忍心,下诏书说:"我听说人君住地设立屏风,是为了与臣下隔开而有不听。太姬宗尊贵为诸侯之妻,官中守卫完备,出门坐的车子都是有遮蔽的,家中有牢固的门户,恐怕不至于像诬告者所说的那样。刘晃、刘刚诬蔑非常人所及的德行,污浊了人伦,《甫刑》三千条中,没有比不孝的罪行更大的了。我不忍心将他们按法律处置,现在贬刘晃的爵位为芜湖侯,削减刘刚的封户三千。啊!小子们不以大道自勉,牵涉到了法理,毁坏了自己的宗族。现在派谒者去收回刘晃和太姬宗的印章。"刘晃立了十七年而被降爵。刘晃死后,他的儿子刘无忌继承。

章帝认为刘縯首创大业,可是他的子孙因为犯罪而被废黜,心中很怜悯。当时北海王也死后没有后代。章帝临死前,遗留下诏书让恢复这两个封国。永元二年,再次封刘无忌为齐王,他就是惠王。他被立以后五十二年去世,他的儿子顷王刘喜继承。刘喜被立以后五年去世,儿子刘承继承。建安十一年,封国被废除。

史家论曰:大丈夫鼓动人民起来干大事的时候,他们的志向往往是很高远的。像齐武王刘縯那样破家财以厚待士人,岂止是一些游侠折节下士的作为呢？其考虑的将是恢复以远祖配天，以父配上帝于明堂的王者之业，将以存其绝业，复其祭祀。到他发举大谋的时候，在匆忙纷扰的争战之中，使敌人先佩服他的诚信，岑彭投降后他给予赦免，显示了他的正义，这些都足以看到他的大度了。他的志向高深远大，但忽略了杀身之祸。唉，古人以蝎子之类的毒虫为戒，就是怕的这个呢。《诗经》上说："警诫呀警诫呀，天命不会变易的啊！"

后汉书卷十五

李王邓来列传第五

邓晨列传

邓晨字伟卿,南阳新野人也。世吏二千石。父宏,豫章都尉。晨初娶光武姊元。王莽末,光武尝与兄伯升及晨俱之宛,与穰人蔡少公等宴语。少公颇学图谶,言刘秀当为天子。或曰:"是国师公刘秀乎?"光武戏曰:"何用知非仆邪?"坐者皆大笑,晨心独喜。及光武与家属避吏新野,舍晨庐,甚相亲爱。晨因谓光武曰:"王莽悖暴,盛夏斩人,此天亡之时也。往时会宛,独当应邪?"光武笑不答。

及汉兵起,晨将宾客会棘阳。汉兵败小长安,诸将多亡家属,光武单马遁走。遇女弟伯姬,与共骑而奔。前行复见元,趣令上马。元以手挥曰:"行矣,不能相救,无为两没也。"会追兵至,元及三女皆遇害。汉兵退保棘阳,而新野宰乃污晨宅,焚其冢墓。宗族皆恚怒,曰:"家自富足,何故随妇家人入汤镬中?"最终无恨色。

更始立,以晨为偏将军。与光武略地颍川,俱夜出昆阳城,击破王寻、王邑。又别徇阳翟以东,至京、密,皆下之。更始北都洛阳，以晨为常山太守。会王郎反，光武自蓟走信都，晨亦间行会于巨鹿下，自请从击邯郸。光武曰："伟卿以一身从我，不如以一郡为我北道主人。"乃遣晨归郡。光武追铜马、高胡群贼于冀州，晨发积射士千人，又遣委输给军不绝。光武即位，封晨房子侯。帝又感悼姊没于乱兵，追封谥元为新野节义长公主，立庙于县西。封晨长子汎为吴房侯，以奉公主之祀。

建武三年，征晨还京师，数宴见，说故旧平生为欢。晨从容谓帝曰："仆竟（辩）〔办〕之。"帝大笑。从幸章陵，拜光禄大夫，使持节监执金吾贾复等击平邵陵、新息贼。四年，从幸寿春，留镇九江。

晨好乐郡职，由是复拜为中山太守，吏民称之，常为冀州高第。十三年，更封南䜌侯。入奉朝请，复为汝南太守。十八年，行幸章陵，征晨行廷尉事。从至新野，置酒酣宴，赏赐数百（十）〔千〕万，复遣归郡。晨兴鸿郤陂数千顷田，汝土以殷，鱼稻之饶，流衍它郡。明年，定封西华侯，复征奉朝请。二十五年卒，诏遣中谒者备公主官属礼仪，招迎新野主魂，与晨合葬于北芒。乘舆与中宫亲临丧送葬。谥曰惠侯。

小子棠嗣，后徙封武当。棠卒，子固嗣。固卒，子国嗣。国卒，子福嗣，永建元年卒，无子，国除。

译文：

邓晨字伟卿，是南阳新野人。家中几代都为二千石官。其父邓宏，为豫章都尉。邓晨早先娶光武帝姐姐刘元为妻。王莽末年，光武帝曾与哥哥刘伯升及邓晨一起到宛城，与穰人蔡少公等饮宴谈话。蔡少公很懂图谶之术，说刘秀当为天子。有人问："是那个国师公刘秀吗？"光武帝开玩笑说："怎么知道那个刘秀不是我呢？"在座者全大笑，邓晨心中独自高兴。光武帝与家属在新野避吏役时，住在邓晨家，二人关系甚是亲密。邓晨便对光武帝说："王莽凶悖暴虐，于盛夏之时斩人，天要灭亡他了。当初宛城相会时蔡少公之语恐怕要应验了吧？"光武帝听了笑而不答。

后来汉兵兴起，邓晨率领宾客在棘阳与之相会。汉军在小长安失败，诸将家属大多散失，光武帝单身匹马逃走，遇见妹妹伯姬，便与之共骑而奔。往前走又遇见姐姐刘元，便催促她赶上马一起逃走。刘元挥着手说："你们走吧，这样不能救我，不要都丢掉性命。"在追兵到来时，刘元和三个女儿全都遇害。汉兵退到棘阳，新野守宰便弄脏邓晨住宅，焚毁其家坟墓。宗族的人都很愤怒，说："你家中本来很富足，为什么要跟随媳妇家人去冒危险？"但邓晨始终无后悔之意。

更始皇帝立，以邓晨为偏将军。邓晨与光武帝一起征略颍川，夜出昆阳城，击破王寻、王邑。又另外领军征略阳翟以东地方，至于京县、密县，全都攻占之，更始皇帝向北以洛阳为都，以邓晨为常山太守。在王郎反时，光武帝从蓟跑到信都，邓晨也从小路至巨鹿与之相会，自动请求随从光武帝击邯郸。光武帝说："伟卿以一人随我，不如拥有北面一郡来接济我。"便派邓晨回归郡中。光武帝于冀州追击铜马、高胡等贼，邓晨派出发积射士千人相助，又派人不断地送物资接济光武帝军队，光武帝即位后，封邓晨为房子侯。光武帝又感悼姐姐死于乱兵，追封刘元谥号为新野节义长公主，并于县西立庙。又封邓晨长子邓泛为吴房侯，来供奉公主的祭祀。

建武三年，征邓晨回京师，光武帝数次宴请他，与其畅叙故旧平生。邓晨对光武帝说："我当初说陛下应刘秀当为天子之谶,现在终于实现了。"光武帝听了大笑。邓晨随光武帝至章陵,被拜为光禄大夫,使持节监督执金吾贾复等击平邵陵、新息等处敌人。建武四年,又随从光武帝至寿春,留镇于九江。

邓晨喜任郡职,以其为乐事,因此又被拜为中山太守,受到吏民的称赞。其所在的中山郡,考课常来冀州第一。建武十三年,改封邓晨为南䜌侯。人为奉朝请,又为汝南太守。建武十八年,光武帝行至章陵,征邓晨代理廷尉事。邓晨随光武帝至新野,光武帝设酒与之宴饮,赏赐其数百千万,又派遣他回归汝南郡。邓晨在郡兴建鸿郤陂数千顷,汝南土地因之殷富,丰饶的鱼稻等物流传到其他郡。第二年,邓晨被定封为西华侯,又征为奉朝请。建武二十五年,邓晨死。光武帝诏派中谒者用公主官属礼仪,招迎新野主之魂,与邓晨合葬于北芒。光武帝与皇后亲自临丧送葬。加邓晨谥号为惠侯。

其小儿子邓棠继承之,后改封武当。邓棠死,其子邓固继承。邓固死,其子邓国继承。邓国死,其子邓福继承。永建元年邓福死,无子,国被废除。

后汉书卷十七

冯岑贾列传第七

冯异列传

冯异字公孙,颍川父城人也。好读书,通《左氏春秋》《孙子兵法》。

汉兵起,异以郡掾监五县,与父城长苗萌共城守,为王莽拒汉。光武略地颍川,攻父城不下,屯兵巾车乡。异间出行属县,为汉兵所执。时异从兄孝及同郡丁綝、吕晏,并从光武,因共荐异,得召见。异曰:"异一夫之用,不足为强弱。有老母在城中,愿归据五城,以效功报德。"光武曰:"善。"异归,谓苗萌曰:"今诸将皆壮士屈起,多暴横,独有刘将军所到不虏掠。观其言语举止,非庸人也,可以归身。"苗萌曰:"死生同命,敬从子计。"光武南还宛,更始诸将攻父城者前后十余辈,异坚守不下;及光武为司隶校尉,道经父城,异等即开门奉牛酒迎。光武署异为主簿,苗萌为从事。异因荐邑子铫期、叔寿、段建、左隆等,光武皆以为掾史,从至洛阳。

更始数欲遣光武徇河北,诸将皆以为不可。是时左丞相曹竟子诩为尚书,父子用事,异劝光武厚结纳之。及度河北,诩有力焉。

自伯升之败，光武不敢显其悲戚，每独居，辄不御酒肉，枕席有涕泣处。异独叩头宽譬哀情。光武止之曰："卿勿妄言。"异复因间进说曰："天下同苦王氏，思汉久矣。今更始诸将从横暴虐，所至虏掠，百姓失望，无所依戴。今公专命方面，施行恩德。夫有桀纣之乱，乃见汤武之功；人久饥渴，乃为充饱。宜急分遣官属，徇行郡县，理冤结，布惠泽。"光武纳之。至邯郸，遣异与铫期乘传抚循属县，录囚徒，存鳏寡，亡命自诣者除其罪，阴条二千石长吏同心及不附者上之。

及王郎起，光武自蓟东南驰，晨夜草舍，至饶阳无蒌亭。时天寒烈，众皆饥疲，异上豆粥。明旦，光武谓诸将曰："昨得公孙豆粥，饥寒俱解。"及至南宫，遇大风雨，光武引车入道傍空舍，异抱薪，邓禹热火，光武对灶燎衣。异复进麦饭菟肩。因复度虖沱河至信都，使异别收河间兵。还，拜偏将军。从破王郎，封应侯。

异为人谦退不伐，行与诸将相逢，辄引车避道。进止皆有表识，军中号为整齐。每所止舍，诸将并坐论功，异常独屏树下，军中号曰"大树将军"。及破邯郸，乃更部分诸将，各有配隶。军士皆言愿属大树将军，光武以此多之。别击破铁胫于北平，又降匈奴于林阚顿王，因从平河北。

时更始遣舞阴王李轶、廪丘王田立、大司马朱鲔、白虎公陈侨将兵号三十万，与河南太守武勃共守洛阳。光武将北徇燕、赵，以魏郡、河内独不逢兵，而城邑完，仓廪实，乃拜寇恂为河内太守，异为孟津将军，统二郡军河上，与恂合执，以拒朱鲔等。

异乃遗李轶书曰："愚闻明镜所以照形，往事所以知今。昔微子去殷而入周，项伯畔楚而归汉。周勃迎代王而黜少帝，霍光尊孝宣而废昌邑。彼皆畏天知命，睹存亡之符，见废兴之事，故能成功于一时，垂业于万世也。苟令长安尚可扶助，延期岁月，疏不间亲，远不逾近，季文岂能居一隅哉？今长安坏乱，赤眉临郊，王侯构难。大臣乖离，纲纪已绝，四方分崩，异姓并起，是故萧王跋涉霜雪，经营河北。方今英俊云集，百姓风靡，虽邠岐慕周，不足以喻。季文诚能觉悟成败，亟定大计，论功古人，转祸为福，在此时矣。如猛将长驱，严兵围城，虽有悔恨，亦无及已。"

初，轶与光武首结谋约，加相亲爱，及更始立，反共陷伯升。虽知长安已危，欲降又不自安。乃报异书曰："轶本与萧王首谋造汉，结死生之约，同荣枯之计。今轶守洛阳，将军镇孟津，俱据机轴，千载一会，思成断金。唯深达萧王，愿进愚策，以佐国安人。"轶自通书之后，不复与异争锋，故异因此得北攻天井关，拔上党两城，又南下河南成皋已东十三县，及诸屯集，皆平之，降者十余万。武勃将万余人攻诸畔者，异引军度河，与勃战于士乡下，大破斩勃，获首五千余级，轶又闭门不救。异见其信效，具以奏闻。光武故宣露轶书，令朱鲔知之。鲔怒，遂使人刺杀轶。由是城中乖离，多有降者。鲔乃遣讨难将军苏茂将数万人攻温，鲔自将数万人攻平阴以缀异。异遣校尉护军（将军）将兵，与寇恂合击茂，破之。异因度河击鲔，鲔走；异追至洛阳，环城一匝而归。

移檄上状，诸将皆入贺，并劝光武即帝位。光武乃召异诣鄗，问四方动静。异曰："三王反畔，更始败亡，天下无主，宗庙之忧，在于大王。宜从众议，上为社稷，下为百姓。"光武曰："我昨夜梦乘赤龙上天，觉悟，心中动悸"异因下席再拜贺曰："此天命发于精神。心中动悸，大王重慎之性也。"异遂与诸将军议上尊号。

建武二年春，定封异阳夏侯。引击阳翟贼严终、赵根，破之。诏异归家上冢,使太中大夫赍牛、酒,令二百里内太守、都尉已下及宗族会焉。

时赤眉、延岑暴乱三辅,郡县大姓各拥兵众,大司徒邓禹不能定,乃遣异代禹讨之。车驾送至河南,赐以乘舆七尺具剑。敕异曰:"三辅遭王莽、更始之乱,重以赤眉、延岑之酷,元元涂炭,无所依诉。今之征伐,非必略地屠城,要在平定安集之耳。诸将非不健斗,然好虏掠。卿本能御吏士,念自修敕,无为郡县所苦。"异顿首受命,引而西,所至皆布威信。弘农群盗称将军者十余辈,皆率众降异。

异与赤眉遇于华阴,相拒六十余日,战数十合,降其将刘始、王宣等五千余人。三年春,遣使者即拜异为征西大将军。会邓禹率车骑将军邓弘等引归,与异相遇,禹、弘要异共攻赤眉。异曰:"异与贼相拒且数十日,虽屡获雄将,余众尚多,可稍以恩信倾诱,难卒用兵破也。上今使诸将屯黾池要其东,而异击其西,一举取之,此万成计也。"禹、弘不从。弘遂大战移日,赤眉阳败,弃辎重走。车皆载土,以豆覆其上,兵士饥,争取之。赤眉引还击弘,弘军溃乱。异与禹合兵救之,赤眉小却。异以士卒饥倦,可且休,禹不听,复战,大为所败,死伤者三千余人。禹得脱归宜阳。异弃马步走上回谿阪,与麾下数人归营。复坚壁,收其散卒,招集诸营保数万人,与贼约期会战。使壮士变服与赤眉同,伏于道侧。旦日,赤眉使万人攻异前部,异裁出兵以救之。贼见势弱,遂悉众攻异,异乃纵兵大战。日昃,贼气衰,伏兵卒起,衣服相乱,赤眉不复识别,众遂惊溃。追击,大破于崤底,降男女八万人。余众尚十余万,东走宜阳降。玺书劳异曰:"赤眉破平,士吏劳苦,始虽垂翅回谿,终能奋翼黾池,可谓失之东隅,收之桑榆。方论功赏,以答大勋。"

时赤眉虽降，众寇犹盛：延岑据蓝田，王歆据下邽，芳丹据新丰，蒋震据霸陵，张邯据长安，公孙守据长陵，杨周据谷口，吕鲔据陈仓，角闳据汧，骆（盖）延据盩厔，任良据鄠，汝章据槐里，各称将军，拥兵多者万余，少者数千人，转相攻击。异且战且行，屯军上林苑中。延岑既破赤眉，自称武安王，拜置牧守，欲据关中，引张邯、任良共攻异。异击破之，斩首千余级，诸营保守附岑者皆来降归异。岑走攻析，异遣复汉将军邓晔、辅汉将军于匡要击岑，大破之，降其将苏臣等八千余人。岑遂自武关走南阳。时百姓饥饿，人相食，黄金一斤易豆五升。道路断隔，委输不至，军士悉以果实为粮。诏拜南阳赵匡为右扶风，将兵助异，并送缣谷，军中皆称万岁。异兵食渐盛，乃稍诛击豪杰不从令者，褒赏降附有功劳者，悉遣其渠帅诣京师，散其众归本业。威行关中，惟吕鲔、张邯、蒋震遣使降蜀，其余悉平。

明年，公孙述遣将程焉，将数万人就吕鲔出屯陈仓。异与赵匡迎击，大破之，焉退走汉川。异追战于箕谷，复破之，还击破吕鲔，营保降者甚众。其后蜀复数遣将间出，异辄摧挫之。怀来百姓，申理枉结，出入三岁，上林成都。

异自以久在外，不自安，上书思慕阙廷，愿亲帷幄，帝不许。后人有章言异专制关中，斩长安令，威权至重，百姓归心，号为"咸阳王"。帝使以章示异。异惶惧，上书谢曰："臣本诸生，遭遇受命之会，充备行伍，过蒙恩私，位大将，爵通侯，受任方面，以立微功，皆自国家谋虑，愚臣无所能及。臣伏自思惟：以诏敕战攻，每辄如意；时以私心断决，未尝不有悔。国家独见之明，久而益远，乃知'性与天道，不可得而闻也'。当兵革始起，扰攘之时，豪杰竞逐，迷惑千数。臣以遭遇，托身圣明，在倾危混淆之中，尚不敢过差，而况天下平定,上尊下卑,而臣爵位所蒙,巍巍不测乎?诚冀以谨敕,遂自终始。见所示臣章,战栗怖惧。伏念明主知臣愚性,固敢因缘自陈。"诏报曰:"将军之于国家,义为君臣,恩犹父子。何嫌何疑,而有惧意?"

六年春,异朝京师。引见,帝谓公卿曰:"是我起兵时主簿也。为吾披荆棘,定关中。"既罢,使中黄门赐以珍宝、衣服、钱、帛。诏曰:"仓卒无蒌亭豆粥,滹沱河麦饭,厚意久不报。"异稽首谢曰:"臣闻管仲谓桓公曰:'愿君无忘射钩,臣无忘槛车。'齐国赖之。臣今亦愿国家无忘河北之难,小臣不敢忘巾车之恩。"后数引讌见,定议图蜀,留十余日,令异妻子随异还西。

夏,遣诸将上陇,为隗嚣所败,乃诏异军栒邑。未及至,隗嚣乘胜使其将王元、行巡将二万余人下陇,因分遣巡取栒邑。异即驰兵,欲先据之。诸将皆曰:"虏兵盛而新乘胜,不可与争,宜止军便地,徐思方略。"异曰:"虏兵临境,忸(怵)〔怵〕小利,遂欲深入。若得栒邑,三辅动摇,是吾忧也。夫'攻者不足,守者有余'。今先据城,以逸待劳,非所以争也。"潜往闭城,偃旗鼓。行巡不足,驰赴之。异乘其不意。卒击鼓建旗而出。巡军惊乱奔走,追击数十里,大破之。祭遵亦破王元于汧。于是北地诸豪长耿定等,悉畔隗嚣降。异上书言状,不敢自伐。诸将或欲分其功,帝患之。乃下玺书曰:"制诏大司马,虎牙、建威、汉(中)〔忠〕、捕虏、武威将军:虏兵猥下,三辅惊恐。栒邑危亡,在于旦夕。北地营保,按兵观望。今偏城获全,虏兵挫折,使耿定之属,复念君臣之义。征西功若丘山,犹自以为不足。孟之反奔而殿,亦何异哉?今遣太中大夫赐征西吏士死伤者医药、棺敛,大司马已下亲吊死问疾,以崇谦让。"于是使异进军义渠,并领北地太守事。

青山胡率万余人降异。异又击卢芳将贾览、匈奴奥鞬日逐王,破之。上郡、安定皆降,异复领安定太守事。

九年春,祭遵卒,诏异守征虏将军,并将其营。及隗嚣死,其将王元、周宗等复立嚣子纯,犹总兵据冀,公孙述遣将赵匡等救之,帝复令异行天水太守事。攻匡等且一年,皆斩之。诸将共攻冀,不能拔,欲且还休兵,异固持不动,常为众军锋。

明年夏,与诸将攻落门,未拔,病发,薨于军,谥曰节侯。

长子彰嗣。明年,帝思异功,复封彰弟䜣为析乡侯。十三年,更封彰东缗侯,食三县。永平中,徙封平乡侯。彰卒,子普嗣,有罪,国除。

永初六年,安帝下诏曰:"夫仁不遗亲,义不忘劳,兴灭继绝,善善及子孙,古之典也。昔我光武受命中兴,恢弘圣绪,横被四表,昭假上下,光耀万世,祉祚流衍,垂于罔极。予末小子,夙夜永思,追惟勋烈,披图案籍,建武元功二十八将,佐命虎臣,谶记有征。盖萧、曹绍封,传继于今;况此未远,而或至乏祀,朕其愍之。其条二十八将无嗣绝世,若犯罪夺国,其子孙应当统后者,分别署状上。将及景风,章叙旧德,显兹遗功焉。"于是绍封普子晨为平乡侯。明年,二十八将绝国者,皆绍封焉。

译文:

冯异字公孙,颍川郡父城县人。爱好读书,通晓《左氏春秋》与《孙子兵法》。

汉兵起事时,冯异以郡掾的身份督察五个县,和父城县县长苗萌共同守城,替王莽抵御汉兵。刘秀攻打颍川各地,攻打父城没有攻下,驻兵在巾车乡。冯异乘隙出城,巡视由他督察的县城,被汉兵捉住。当时冯异的堂兄冯孝与同郡人丁綝、吕晏,都跟随着刘秀,因此一直推荐冯异,冯异得到刘秀的召见。冯异说:"以冯异一个人的能力,不足以影响您势力的强弱,我有老母在城中,我愿意回去据守五个县城,用来报效您的恩德。"刘秀说:"好"。冯异回到父城城中,对苗萌说:"现在的各路将领都是由壮士而崛起的,大多凶狠残暴,唯独刘秀将军所到之处不行掳掠,观察他的语言行为,不是平庸的人,我们可以归附他。"苗萌说:"我和您生死在一起,我听您的安排。"刘秀南归宛城,更始派出攻打父城的将领前后十多批,冯异坚守,没被攻下。当刘秀为司隶校尉时,路过父城,冯异等人便开了城门,捧着牛肉、美酒迎接他。刘秀任命冯异为主簿,苗萌为从事。冯异又趁机推荐同乡人铫期、叔寿、段建、左隆等人,刘秀都将他们做了自己的属官,让他们随从到洛阳。

更始多次要派遣刘秀攻取河北,将领们都认为不可。此时更始的左丞相曹竟的儿子曹诩为尚书,父子都在位,冯异劝说刘秀好好地同他们结交。后来刘秀渡过黄河到达河北,曹诩在中间起了很大的作用。

刘縯被更始杀了之后,刘秀不敢表现出他的悲痛来,每当他一个人的时候,便不用酒肉,枕席上留有泪迹。冯异私下向刘秀叩头,劝慰他排解哀愁。刘秀制止他说:"您不要乱说。"冯异又乘机会对刘秀说:"天下的百姓都被王莽害得很苦,思念恢复汉室很久了。现在更始的将领横冲直撞,残害百姓,所到之处抓人抢劫,百姓对他们失去了信任,而没有可以依靠、拥戴的人。现在您在一个地区专权指挥,推行恩德。有夏桀商纣的暴虐,方显现出商汤和周武王的功业。饥饿已久的人,容易使其饱足,应当尽快分派官员，到郡县视察，排解百姓的冤情，布施恩泽。"刘秀采纳了冯异的意见。到邯郸，刘秀派遣冯异和铫期乘传车抚慰所属各县，讯视记录囚徒的罪状，慰问鳏夫寡妇，犯罪逃亡而能自己回来投案的赦免他的罪过，又秘密地分别记录享受二千石俸禄的官员能与刘秀同心和不愿归附的名单呈送给刘秀。

等到王郎起兵的时候，刘秀从蓟县东部往南奔走，夜间露宿野外，到饶阳县无萎亭，正值天寒地冻，士卒都疲乏饥饿，冯异给刘秀送来用豆子煮的粥。第二天一早，刘秀对将领们说："昨日得到冯异送来的豆粥，饥饿和寒冷一起解除了。"当到南宫县时，遇上大风大雨，刘秀将车赶入道傍的空房屋里，冯异抱来柴草，邓禹烧起火来，刘秀对着灶烘干衣服。冯异又献上麦米饭和兔腿肉。接着又渡过滹沱河到达信都，光武派冯异另行收拢河间地区的军队。回来以后，冯异被封为偏将军，跟从光武打败了王郎，封为应侯。

冯异为人谦让，不喜自夸，在路上与别的将领相逢便拉着车让开道路，一进一退都有一定的规矩，军中称他是整齐的表率。每次部队停止下来，将领他们坐在一起评论各人的功劳，冯异则独自一人躲到大树底下，军中称他为"大树将军"。到攻下邯郸以后，光武调换了部分将领，将领们各有分配给他们的部属，军士们都说愿意跟从大树将军，光武因此十分称赞冯异。冯异别领一支部队在北平县打败了铁胫，又收降了匈奴的于林闟顿王，接着跟从光武平定河北。

这时更始派遣舞阴王李轶、廪丘王田立、大司马朱鲔、白虎公陈侨领兵号称三十万，与河南太守武勃一起守卫洛阳城。光武将要往北攻取燕、赵地区，因为魏郡、河内郡没有遭受战争，城市完整，仓廪充实，便任命寇恂为河内太守，冯异为孟津将军，统辖两郡的军队驻守在黄河边上，与寇恂联合，抵御朱鲔等人。

冯异于是写信给李轶说："不才听说明镜是用来观照形象的，过去的事件是用来认识今天的。古时候微子离开纣王去投奔武王，项伯背叛了西楚霸王而归顺刘汉，周勃废黜少帝而拥立代王，霍光尊崇宣帝而废黜昌邑，他们都是畏惧天命，看到了存亡的征兆，见到了废兴的趋势，所以能成功于一时，而使他们的功业流传万代。假如更始还可以扶助，还可以延长岁月，关系疏远的人不干预关系亲密的人，不越过亲近的人，您怎么可能被抛在一边呢？现在长安一片混乱，赤眉军已到了城郊，王侯发难，大臣离叛，法纪已经中断，四方分崩离析，不是刘姓的队伍纷纷起事，所以萧王跋涉霜雪之中，苦心经营河北。现在他身边英雄云集，百姓望风归顺，就是邠人、岐人追慕古公亶父那样的情形，也不是以比喻如今百姓归顺萧王的盛况。如今季文您真能够认清成败的大势，应当赶紧立定大计，那么，您的功劳可以与微子、项伯这些古人相比，转祸为福便在这个时候了。不然，勇猛的大将长驱而来，重兵围困了城池，那时候，您就是有所悔恨也来不及了。"当初，李轶与光武最先订下盟约，相互亲爱，到了更始即位，李轶却与更始共同谋害刘縯。他虽然也明白更始朝廷的危急，想投降刘秀，心中又不踏实。于是给冯异回信说："我本来同萧王首先谋划中兴汉室，订立共生死的盟约，同成败的计略。现在我据守洛阳，您镇守孟津，都占据着要害地方。这是千载难逢的机会，愿结同心。希望您详细向萧王转达，我愿意献出愚见，以辅佐国家，安定百姓。"李轶自与冯异通信以后，不再同他交锋，因此冯异能够往北攻占了天井关，攻克了上党郡的两座城池，然后又往南攻占了河南成皋以东的十三个县，许多营寨土堡，也都平定，投降的有十余万人。武勃率领一万多人攻打那些投降冯异的人,冯异领军渡过黄河,在土乡同武勃交战,大破勃军,将他斩了,杀了五千多人,李轶又闭起城门不出来救援。冯异看见了李轶的诚心表现,便将与李轶通信的经过奏知光武。光武有意地将李轶的信泄露出去,让朱鲔知道。朱鲔大怨,便派人刺杀了李轶。从此,洛阳城中人心离散,好些人出城投降。朱鲔又派讨难将军苏茂率数万人进攻温县,朱鲔亲自率领几万人进攻平阴以牵制冯异。冯异派校尉护军领兵与寇恂联军抵抗苏茂,将他打败。冯异乘势渡过黄河攻打朱鲔,朱鲔败走,冯异追到洛阳,绕城一周而归。

冯异将军情通报各处,并报告刘秀,将领们都向刘秀祝贺,并劝他即皇帝位。于是,刘秀将冯异召到鄗县,向他询问各地的形势。冯异说:"三王反叛,更始衰败,天下没有君主,汉家宗庙的存亡,就决定于您了。应当听从将的建议,上为了国家,下为了百姓。"刘秀说:"我昨夜做了一个梦,梦里我乘坐一条赤龙上天,醒来,心里很是害怕。冯异离开座位行再拜之礼,祝贺说:"这是上天的意志作用于您的精神,心中害怕是您品性慎重的反映。"冯异便同将领们一起议定给刘秀奉上皇帝的尊号。

建武二年春,光武帝正式封冯异为阳夏侯。冯异领兵攻打阳翟的盗贼严终、赵根,将他们打败了。光武帝让冯异回家扫墓,让太中大夫送牛酒,命令方圆二百里内的太守、都尉以下官员以及冯异同族的人与冯异一起会祭。

这时赤眉、延岑在三辅地区暴乱,各郡县的大姓各自拥有军队,大司徒邓禹无法平定,光武便派冯异接替邓禹讨伐他们。光武亲自送行到黄河南岸,送给冯异一柄皇帝使用的用宝玉装饰的七尺剑。告诉冯异说:"三辅地区遭受王莽、更始的骚乱,又加上赤眉、延岑的破坏,百姓涂炭,没处依靠,没处诉说。您这次到那去讨伐，不是一定要夺取土地、攻占城池，重要的是要平定这个地方、安定百姓罢了。将领们不是不耐征战，只是喜欢抢人劫财。您本来善于管理官吏士卒，希望更加约束，不要给郡县制造痛苦。"冯异叩头接受命令，引兵向西，所到之处都布施威信。弘农郡中自封将军的盗贼十余伙，都率领部队向冯异投降。冯异同赤眉军在华阴遭遇，相持了六十多天，交战几十次，降服了赤眉的降领刘始、王宣等五千多人。

建武三年春，光武帝派遣使者到冯异军中封他为征西大将军。恰好邓禹率领车骑将军邓弘等人带兵东归，与冯异相遇，邓禹、邓弘邀请冯异共同攻打赤眉军。冯异说："我和赤眉相持数十日，虽然多次俘虏了他们的猛将，但他们剩下的兵众还多，可慢慢用恩德信义诱导归顺，难以用一下子武力打败他们。皇上现在派将领驻军黾池拦阻它东归的道路，而我则从西面攻打他们，一举将他们消灭，这是必定可以成功的计划。"邓禹、邓弘不听。邓弘便与赤眉大战了一整天，赤眉军假装失败，丢弃军需车辆逃跑。这些车装的是泥土，用豆子盖在上面，邓弘的兵士饥饿，争抢豆子。赤眉军回兵攻打邓弘，邓弘军溃败混乱。冯异与邓禹合兵救援，赤眉军略为后退。冯异认为士兵已饥饿疲倦，可暂时休战，邓禹又不听，再战，被赤眉军打得大败，死伤三千多人。邓禹逃脱回到宣阳。冯异弃马徒步逃跑回到回溪阪，与几个部下回归营中。再次加固壁垒，收集失散的士卒，召集各个营垒的队伍，共数万人，与赤眉军约定交战日期。让壮勇的兵士穿上同赤眉军一样的衣服，埋伏路傍。第二天赤眉军用一万人功击冯异军的前锋，冯异派出一小部兵力救援，赤眉军冯异兵力薄弱，便集中全部兵力攻击冯异，于是冯异出兵大战，太阳偏西了，赤眉军士气低落，埋伏的兵士骤然跃出，两方衣着相混，赤眉军再也分不清敌我，兵士惊慌败退。冯异军乘势追击，在崤山大败赤眉军，降服男女八万人。还有十余万人向东逃到宜阳向光武投降了。光武写信慰劳冯异说："赤眉打败了，将军辛苦了。开始虽然在回溪受到挫折，而终于能够在黾池赢得胜利，这正是所谓失之东隅，收之桑榆。我将要论功行赏，以报答你们的大功。"

这时赤眉虽然投降了，但盗贼还很多：延岑占据蓝田，王歆占据下邽，芬丹占据新丰，蒋震占据霸陵，张邯占据长安，公孙守占据长陵，杨周占据谷口，吕鲔占据陈仓，角闳占据汧县，骆延占据蓥至，任良占据鄠县，汝章占据槐里，各自称为将军，多的有兵卒一万余人，少的也有几千，互相辗转攻击。冯异边战边走，驻军上林苑中。延岑打败赤眉军以后，便自称武安王，任命州郡长官，想要占据关中，邀来张邯、任良共同进攻冯异。冯异打败了他们，杀了一千多人，那些保守营垒依附延岑的也来向冯异投降。延岑逃跑去攻打析县，冯异派复汉将军邓晔、辅汉将军于匡阻击延岑，将他打得大败，收降了延岑的将领苏臣等八千余人。延岑便从武关向南阳逃走。当时，百姓饥饿，人吃人，一斤黄金只换得五升豆子。道路不通，转运的粮食不到，兵士都用野果子做粮食。光武下诏委任南阳赵匡为右扶手，领兵协助冯异，并送去丝帛粮食，将士们都高呼万岁。冯异军粮渐渐多了，便慢慢对不肯归顺的割据势力发起进攻，对前来归附有功的部队给予奖赏，将他们的首领全部遣送到京城，将他们的兵众遣散，让他们回归农桑本业。于是，冯异的威名传遍关中。只有吕鲔、张邯、蒋震派出使者向蜀地的公孙述投降，其余的割据势力全部平定了。

第二年，公孙述派将领程焉率领几万人加入吕鲔军中，进驻陈仓。冯异与赵匡率军迎击，把他们打得大败，程焉撤兵逃往汉川。冯异领兵追击，在箕谷一战，再一次将程焉打败，又回师打败吕鲔，许多营垒向冯异投降。这以后，公孙述又多次派将领乘隙出击，冯异便将他们击败。冯异招抚百姓，有冤屈的得到昭雪，来往三年，上林苑竟成为城市。

冯异自认为长时间领兵在外，心中不安，给光武帝写信说他思念朝廷，希望在皇帝身边供职，光武帝不允许，后来有人上书说冯异在关中专权，杀了长安县令，权势极重，百姓归附，称他为"咸阳王"。光武派人将这份上书送给冯异看。冯异惶恐，上书谢罪说："臣本一介儒生，臣与皇上的相逢是在陛下受命之时，让我在队伍中充职，常蒙受您过多的恩宠，使我位居大将，享受通侯的爵位，接受主持一个方面的重任，以建立小小的功劳，这都出于朝廷的谋略，不是我所能办到的。我私下思想：每次皇上命令攻战，都能如意成功，有时凭我私下决定，没有不遭祸的。皇上独到的高明见识，时间过得越久，越见其深远，因此才认识到子贡说的'人性与天道的言论，我们听不到'的道理。当兵戈初起，天下纷乱的时候，豪杰竞起，相互角逐，使我产生许多迷惑。臣在此时遇上皇上，托身于您，在危难混乱之中，尚且不敢有过失，何况现在天下平定，上尊下卑，臣为爵位所限所知甚浅，而皇上英明高大无极呢？我诚心地希望慎重认真地执行您的诏令，始终如一。看到皇上给我转来的奏章，我恐惧战栗。因为心中想到圣明的君主您知道我性质愚笨，所以敢以乘此机会向您说明我的心迹。"光武诏书回答冯异说："将军您和我的关系，是义为君臣，恩如父子，您有什么嫌疑，而有恐惧呢？"

建武六年春，冯异回到洛阳拜见光武，接见时，光武对公卿大夫说："冯异是我起兵时的主簿。他替我披荆斩棘，平定关中。"接见以后,又派中黄门赠送冯异珍宝、衣服、金钱和丝帛。下诏说:"乱离中无蒌亭的豆粥、滹沱河的饭麦,涂驾的情意,久久未能报答。"冯异叩首谢恩说:"臣下我听管仲对桓公说:'愿国君不要忘记我射中您的带钩,臣不忘您用槛车载我回来。'齐国正是靠了桓公、管仲的相互信任而成就了霸业。臣下我现在也希望皇上不忘在河北的困顿,小臣自然不敢忘却陛下在巾车分对我的恩德。"后来,光武又多次宴请冯异,商议平蜀的策略。冯异在京城住了十多天,光武让冯异的妻子儿女跟随冯异返回关中。

这年夏季,光武派出将领进军陇山,被隗嚣打败,于是光武诏令冯异驻军栒邑。冯异还没有到达,隗嚣便乘胜派他的将领王元、行巡率领两万余人开出陇山,分派行巡攻取栒邑。冯异闻讯立即飞速进兵,想先占据栒邑。将领们都说:"敌人强盛又乘胜而来,不可和它争锋,应当在方便的地方停止下来,慢慢地思考作战的方法。"冯异说:"敌兵临境,习惯于谋求小利,因此想要深入。要是敌人占领了栒县,三辅地区都要随着动摇,这是我所担心的。孙子兵法道:进攻的一方总感到力量不足,防守的一方回旋的余地要多一些。现在,我们先占栒邑县城,以逸待劳,敌人就不能同我们争胜了。"于是秘密地赶到了栒县,关闭城门,偃旗息鼓。行巡不知冯异军已经入城,迅速奔赴栒邑。冯异乘行巡没有思想准备,突然擂响战鼓、高举旗帜冲出城来。行巡的军队惊乱奔逃,冯异追杀数十里,大败行巡。祭遵也在汧县打败了王元。于是北地郡的豪强首领耿定等人,一起叛变隗嚣向冯异投降。冯异向光武上书报告情况,不敢自夸功绩。将领中有的人想分取冯异的功劳,光武为此患愁,于是下诏书说:"制诏大司马、虎牙、建威、汉忠、捕虏、武威将军:敌兵骤然驰下陇山，三辅惊恐，栒邑失陷在旦夕之间。北地营堡却不出兵援助，坐观成败。现在，偏远的栒邑城保全了，敌人受到了挫折，因此使得耿定之辈，再想到了君臣的道义。征西大将军的功绩如同高山，但是他还自以为不足。这和孟之反掩护失败的军队撤退而不夸耀功劳，有什么分别呢？现在派太中大夫给征西战争中死伤的官员、兵士送去医药、棺木，大司马以下的官员要亲自吊唁战死的官兵，慰问受伤人员，以发扬谦让精神。"于是命令冯异向义渠进军，并兼顾北地郡太守的职务。

青山的胡人率领一万余人归降冯异。冯异又攻打卢芳的部将贾览、匈奴奥鞬日逐王，打败了他们。上郡、安定郡都归降了，冯异又兼管安定郡太守职事。

建武九年春，祭遵去世，光武帝诏令冯异兼任征虏将军，并统领祭遵的营垒。到隗嚣死去，他的部将王元、周宗等又拥立隗嚣的儿子隗纯，仍然领兵占据冀县，公孙述派将领赵匡等人去救助他，光武帝又命令冯异摄行天水郡太守职事。冯异攻打赵匡等人将近一年，把他们都杀了。各路将领共同围攻冀地，攻打不下，准备暂时撤退休整军队，冯异却坚持不动，常常作为各路军队的先锋。

第二年夏，冯异同将领们一起进攻落门，没有攻下，他生病了，死在军中，谥号节侯。

长子冯彰继承了冯异的爵位。建武十一年（公元35年），光武帝思念冯异的功绩，又封冯彰的弟弟冯䜣为析乡侯。建武十三年，又封冯彰为东缗侯，食邑是三个县。永平年间，改封为平乡侯。冯彰死后，他的儿子冯普继承，后来犯了罪，封国被废除。

永初六年，安帝下诏书说："仁者不遗忘所亲的人，义者不遗忘有功劳的人，复兴已灭的国家，继续已断绝的世系，善待善人要及于他的子孙,这都是古代经典所强调的。过去我们的光武帝受天命而中兴汉家,弘扬神圣的传统,覆盖四面八方,光明至于天地,光耀千秋万代,国家的福禄流传衍生,至于无穷无尽。我作为渺小的后代,日夜思考,怀念先代的功勋业绩,披阅图籍记载,建武年间建立首功的二十八将,佐助天命的武臣,在图谶上都是有征兆的。和帝时续封了萧何、曹参的后代,使他们传继到现在;何况这些二十八将离现在不远,而有的人已无后代加以祭祀,我非常悲伤。你们要把二十八将没有后继人的一一列出上报,如果是犯了罪而被夺去封国的,他们的子孙应当继承的,分别把情况写清报上来。将在夏至后暖和的风吹起时,加以封拜,表彰排列他们的旧德,显扬他们过去的功劳。"于是续封冯普的儿子冯晨为平乡侯。明年,二十八将中封国无人继承的,都加以续封。

后汉书卷十八

吴盖陈臧列传第八

吴汉列传

吴汉字子颜,南阳宛人也。家贫,给事县为亭长。王莽末,以宾客犯法,乃亡命至渔阳,资用乏,以贩马自业,往来燕、蓟间,所至皆交结豪杰。更始立,使使者韩鸿徇河北。或谓鸿曰:"吴子颜,奇士也,可与计事。"鸿召见汉,其悦之,遂承制拜为安乐令。

会王郎起,北州扰惑。汉素闻光武长者,独欲归心。乃说太守彭宠曰:"渔阳、上谷突骑,天下所闻也。君何不合二郡精锐,附刘公击邯郸,此一时之功也。"宠以为然,而官属皆欲附王郎,宠不能夺。汉乃辞出,止外亭,念所以谲众,未知所出。望见道中有一人似儒生者,汉使人召之,为具食,问以所闻。生因言刘公所过,为郡县所归;邯郸举尊号者,实非刘氏。汉大喜,即诈为光武书,移檄渔阳,使生赍以诣宠,令具以所闻说之,汉复随后入。宠甚然之。于是遣汉将兵与上谷诸将并军而南,所至击斩王郎将帅。及光武于广阿,拜汉为偏将军。既拔邯郸,赐号建策侯。

汉为人质厚少文，造次不能以辞自达。邓禹及诸将多知之。数相荐举，及得召见，遂见亲信，常居门下。

光武将发幽州兵，夜召邓禹，问可使行者。禹曰："间数与吴汉言，其人勇鸷有智谋，诸将鲜能及者。"即拜汉大将军，持节北发十郡突骑。更始幽州牧苗曾闻之，阴勒兵，敕诸郡不肯应调。汉乃将二十骑先驰至无终。曾以汉无备，出迎于路，汉即摅兵骑，收曾斩之，而夺其军。北州震骇，城邑莫不望风弭从。遂悉发其兵，引而南，与光武会清阳。诸将望见汉还，士马甚盛，皆曰："是宁肯分兵与人邪？"及汉至莫府，上兵簿，诸将人人多请之。光武曰："属者恐不与人，今所请又何多也？"诸将皆惭。

初，更始遣尚书令谢躬率六将军攻王郎，不能下。会光武至，共定邯郸，而躬裨将虏掠不相承禀，光武深忌之。虽俱在邯郸，遂分城而处，然每有以慰安之。躬勤于职事，光武常称曰"谢尚书真吏也"，故不自疑。躬既而率其兵数万，还屯于邺。时光武南击青犊，谓躬曰："我追贼于射犬，必破之。尤来在山阳者，势必当惊走。若以君威力，击此散虏，必成禽也。"躬曰："善。"及青犊破，而尤来果北走隆虑山，躬乃留大将军刘庆、魏郡太守陈康守邺，自率诸将军击之。穷寇死战，其锋不可当，躬遂大败，死者数千人。光武因躬在外，乃使汉与岑彭袭其城。汉先令辩士说陈康曰："盖闻上智不处危以侥幸，中智能因危以为功，下愚安于危以自亡。危亡之至，在人所由，不可不察。今京师败乱，四方云扰，公所闻也。萧王兵强士附，河北归命，公所见也。谢躬内背萧王，外失众心，公所知也。公今据孤危之城，待灭亡之祸，义无所立，节无所成。不若开门内军，转祸为祸，免下愚之败，收中智之功，此计之至者也。"康然之。

于是康收刘庆及躬妻子，开门内汉等。及躬从隆虑归邺，不知康已反之，乃与数百骑轻入城。汉伏兵收之，手击杀躬，其众悉降。躬字子张，南阳人。初，其妻知光武不平之，常戒躬曰："君与刘公积不相能，而信其虚谈，不为人备，终受制矣。"躬不纳，故及于难。

光武北击群贼，汉常将突骑五千为军锋，数先登陷陈。及河北平，汉与诸将奉图书，上尊号。光武即位，拜为大司马，更封舞阳侯。

建武二年春，汉率大司空王梁，建义大将军朱祐，大将军杜茂，执金吾贾复，扬化将军坚镡，偏将军王霸，骑都尉刘隆、马武、阴识，共击檀乡贼于邺东漳水上，大破之。降者十余万人。帝使使者玺书定封汉为广平侯，食广平、斥漳、曲周、广年，凡四县。复率诸将击邺西山贼黎伯卿等，及河内脩武，悉破诸屯聚。车驾亲幸抚劳。复遣汉进兵南阳，击宛、涅阳、郦、穰、新野诸城，皆下之。引兵南，与秦丰战黄邮水上，破之。又与偏将军冯异击昌城五楼贼张文等，又攻铜马、五幡于新安，皆破之。

明年春，率建威大将军耿弇、虎牙大将军盖延，击青犊于轵西，大破降之。又率骠骑大将军杜茂、强弩将军陈俊等，围苏茂于广乐。刘永将周建别招聚收集得十余万人，救广乐。汉将轻骑迎与之战，不利，堕马伤膝，还营，建等遂连兵入城。诸将谓汉曰："大敌在前而公伤卧，众心惧矣。"汉乃勃然裹创而起，椎牛飨士，令军中曰："贼众虽多，皆劫掠群盗，'胜不相让，败不相救'，非有仗节死义者也。今日封侯之秋，诸君勉之！"于是军士激怒，人倍其气。旦日，建、茂出兵围汉。汉选四部精兵黄头吴河等，及乌桓突骑三千余人，齐鼓而进。建军大溃，反还奔城。汉长驱追击，争门并入，大破之，茂、建突走。汉留杜茂、陈俊等守广乐，自将兵助盖延围刘永于睢阳。永既死，二城皆降。

明年，又率陈俊及前将军王梁，击破五校贼于临平，追至东郡箕山，大破之。北击清河长直及平原五里贼，皆平之。时鬲县五姓共逐守长，据城而反。诸将争欲攻之，汉不听，曰："使鬲反者，皆守长罪也。敢轻冒进兵者斩。"乃移檄告郡，使收守长，而使人谢城中。五姓大喜，即相率归降。诸将乃服，曰："不战而下城，非众所及也。"

冬，汉率建威大将军耿弇、汉（中）〔忠〕将军王常等，击富平、获索二贼于平原。明年春，贼率五万余人夜攻汉营，军中惊乱，汉坚卧不动，有顷乃定。即夜发精兵出营突击，大破其众。因追讨余党，遂至无盐，进击勃海，皆平之。又从征董宪，围朐城。明年春，拔朐，斩宪。事已见《刘永传》。东方悉定，振旅还京师。

会隗嚣畔，夏，复遣汉西屯长安。八年，从车驾上陇，遂围隗嚣于西城。帝敕汉曰："诸郡甲卒但坐费粮食，若有逃亡，则沮败众心，宜悉罢之。"汉等贪并力攻嚣，遂不能遣，粮食日少，吏士疲役，逃亡者多，及公孙述救至，汉遂退败。

十一年春，率征南大将军岑彭等伐公孙述。及彭破荆门，长驱入江关，汉留夷陵，装露桡船，将南阳兵及弛刑募士三万人溯江而上。会岑彭为刺客所杀，汉并将其军。十二年春，与公孙述将魏党、公孙永战于鱼涪津，大破之，遂围武阳。述遣子壻史兴将五千人救之。汉迎击兴，尽殄其众，因入犍为界。诸县皆城守。汉乃进军攻广都，拔之。遣轻骑烧成都市桥，武阳以东诸小城皆降。

帝戒汉曰："成都十余万众，不可轻也。但坚据广都，待其来攻，勿与争锋。若不敢来，公转营迫之，须其力疲，乃可击也。"

汉乘利，遂自将步骑二万余人进逼成都，去城十余里，阻江北为营，作浮桥，使副将武威将军刘尚将万余人屯于江南，相去二十余里。帝闻大惊，让汉曰："比敕公千条万端，何意临事勃乱！既轻敌深入，又与尚别营，事有缓急，不复相及。贼若出兵缀公，以大众攻尚，尚破，公即败矣。幸无它者，急引兵还广都。"诏书未到，述果使其将谢丰、袁吉将众十许万，分为二十余营，并出攻汉。使别将〔将〕万余人劫刘尚，令不得相救。汉与大战一日，兵败，走入壁，丰因围之。汉乃召诸将厉之曰："吾共诸君逾越险阻，转战千里，所在斩获，遂深入敌地，至其城下。而今与刘尚二处受围，势既不接，其祸难量。欲潜师就尚于江南，并兵御之。若能同心一力，人自为战，大功可立；如其不然，败必无余。成败之机，在此一举。"诸将皆曰"诺"。于是飨士秣马，闭营三日不出，乃多树幡旗，使烟火不绝，夜衔枚引兵与刘尚合军。丰等不觉，明日，乃分兵拒江北，自将攻江南。汉悉兵迎战，自旦至晡，遂大破之，斩谢丰、袁吉，获甲首五千余级。于是引还广都，留刘尚拒述，具以状上，而深自谴责。帝报曰："公还广都，甚得其宜，述必不敢略尚而击公也。若先攻尚，公从广都五十里悉步骑赴之，适当值其危困，破之必矣。"自是汉与述战于广都、成都之间，八战八克，遂军于其郭中。述自将数万人出城大战，汉使护军高午、唐邯将数万锐卒击之。述兵败走，高午奔陈刺述，杀之。事已见《述传》。旦日城降，斩述首传送洛阳。明年正月，汉振旅浮江而下。至宛，诏令过家上冢，赐谷二万斛。

十五年，复率扬武将军马成、捕虏将军马武北击匈奴，徙雁门、代郡、上谷吏人六万余口，置居庸、常〔山〕关以东。

十八年，蜀郡守将史歆反于成都，自称大司马，攻太守张穆，穆逾城走广都，歆遂移檄郡县，而宕渠杨伟、朐䏰徐容等，起兵各数千人以应之。帝以歆昔为岑彭护军,晓习兵事,故遣汉率刘尚及太中大夫臧宫将万余人讨之。汉入武都,乃发广汉、巴、蜀三郡兵围成都,百余日城破,诛歆等。汉乃乘桴沿江下巴郡,杨伟、徐容等惶恐解散,汉诛其渠帅二百余人,徙其党与数百家于南郡、长沙而还。

汉性强力,每从征伐,帝未安,恒侧足而立。诸将见战陈不利,或多惶惧,失其常度。汉意气自若,方整厉器械,激扬士吏。帝时遣人观大司马何为,还言方修战攻之具,乃叹曰:"吴公差强人意,隐若一敌国矣!"每当出师,朝受诏,夕即引道,初无办严之日。故能常任职,以功名终。及在朝廷,斤斤谨质,形于体貌。汉尝出征,妻子在后买田业。汉还,让之曰:"军师在外,吏士不足,何多买田宅乎!"遂尽以分与昆弟外家。

二十年,汉病笃。车驾亲临,问所欲言。对曰:"臣愚无所知识,唯愿陛下慎无赦而已。"及薨,有诏悼愍,赐谥曰忠侯。发北军五校、轻车、介士送葬,如大将军霍光故事。

子哀侯成嗣,为奴所杀。二十八年,分汉封为三国:成子旦为灈阳侯,以奉汉嗣;旦弟盱为筑阳侯;成弟国为新蔡侯。旦卒,无子,国除。建初八年,徙封盱为平春侯,以奉汉后。盱卒,子胜嗣。初,汉兄尉为将军,从征战死,封尉子彤为安阳侯。帝以汉功大,复封弟翕为褒亲侯。吴氏侯者凡五国。

初,渔阳都尉严宣,与汉俱会光武于广阿,光武以为偏将军,封建信侯。

论曰:吴汉自建武世,常居上公之位,终始倚爱之亲,谅由质简而强力也。子曰"刚毅木讷近仁",斯岂汉之方乎!昔陈平智有余以见疑,周勃资朴忠而见信。夫仁义不足以相怀,则智者以有余为疑,而朴者以不足取信矣。

译文:

  吴汉字子颜,南阳郡宛县人。家中贫穷,在县里供职,任亭长。王莽末年,他因为宾客犯法,逃亡到渔阳。钱财用完了,便以贩卖马匹作为谋生手段,来往于燕、蓟两地之间,所到之处都结交豪杰。刘玄即位,派使者韩鸿率军巡行河北。有人对韩鸿说:"吴子颜是一位才能特殊的人物,可和他商议大事。"韩鸿召见吴汉,十分喜欢他,于是以刘玄的名义任命他为安乐县的县令。

  当王郎在邯郸称帝,北州受到扰乱而感到困惑,吴汉向来听说光武是仁厚长者,独有归附于他的想法。便劝说太守彭宠说:"渔阳、上谷两郡的骑兵,天下闻名,您何不联合这两郡的精锐部队,归附刘公去攻击王郎?此是千载一时的功业呀!"彭宠以为吴汉说得对,但手下官吏都要归附王郎,彭宠无法改变他们的意愿。于是,吴汉辞别彭宠,停留在城外,思考欺骗彭宠官吏的方法,还没有想好。忽然望见路上有一个人,好像是个书生,吴汉派人去请他,给他送上食物,请他讲述他所听到的消息。这位书生便说光武经过的地方,郡县都归附;而邯郸称为汉帝的,其实并非刘姓。吴汉大喜,立即伪造光武的书信,传送文书到渔阳,请这位书生将伪造书信去拜访彭宠,并教他将他所听到的消息告诉彭宠,而吴汉随后又跟着进去。彭宠对书生和吴汉的话十分相信。于是派吴汉率兵同上谷郡的将领联军向南,所到的地方便斩了王郎的将帅,在广阿县追上了光武。光武委任吴汉为偏将军。到攻下邯郸以后,又赐他建策侯的爵号。

  吴汉为人质朴纯实但缺乏文采,仓促之间,不能用语言表达自己的感情。邓禹和将领们多了解他的性情,多次推举他。当他被光武召见后，便被亲近信任，常居光武门下。

光武要调动幽州的军队，夜里召见邓禹，问可以派谁到幽州去。邓禹说："我近来多次同吴汉说话，那人勇猛而有智谋。将领中少有能赶上他的。"光武便委任吴汉为大将军，拿了节杖北上幽州，调发幽州十郡的精锐骑兵。更始帝的幽州牧苗曾听说吴汉来调兵，暗中调动军队，命令各郡不要应调。吴汉带领二十位骑兵先急驰到无终县。苗曾以为吴汉没有准备，走出城来，迎于道路，吴汉即指挥骑兵将他拿住杀了，收了他的军队。于是北州震惊，各城邑莫不望风顺服。于是吴汉调动幽州的全部军队，率领向南，与光武在清阳县会合。将领们见吴汉归来，兵士、马匹很多，都说："此人难道肯将兵马分给别人吗？"等到吴汉到光武幕府呈上兵士的名册，将领们个个都请求多分一些兵员。光武说："亲近的兵士恐怕不会拨给别人，现在你们的要求又怎么这么多呢？"将领们听了都感到惭愧。

起初，更始派遣尚书令谢躬带领六位将军攻打王郎，没能攻下。恰光武兵到，共同平定了邯郸，而谢躬的部将抓人抢劫，不相互制止，也不报告，光武很憎恶他们。所以光武与谢躬虽同在邯郸，却是分城驻扎。不过光武常常慰问谢躬。谢躬勤奋于自己的工作，光武经常称赞他说："谢尚书是一位好官呀！"因为这些，谢躬没有什么疑心。不久，谢躬率领他的军队数万人，回到邺地驻扎。当时光武往南攻打青犊军，对谢躬说："我追击贼兵到射犬，一定能将他打败。山阳的尤来军，必定闻讯逃跑。如果用您的力量云追击这些逃散的敌人，敌人就必定要成为俘虏了。"谢躬说："好。"当光武打败了青犊军，尤来军果然向北逃往隆虑山。谢躬便留大将军刘庆、魏郡太守陈康驻守邺邑，自己带领将领去攻打尤来军。濒于绝境的尤来军拼死抵抗，其锋不可当，谢躬大败，死了几千人。光武因谢躬不在邺地，便派吴汉与岑彭袭击他的城堡。吴汉先派能言善辩的人劝陈康说："我听说上等智力的人处危境之中不会希望意外的免去灾祸，中等智力的人能处危境之中成就功名，下等智力的人安适地处于危境之中而自取灭亡。危亡的到来，全在于人的处置，以这道理不可不明察。现在长安形势混乱，四方战乱纷纭，这是您所知道的。萧王兵力强大，志士归附，河北顺服，这是您所见到的。谢躬在内对抗萧王，在外失去民心，这是您所知道的。您现在据守着处于孤立危难中的城池，等待着灭亡的灾祸，不能成就您的义，也不能成就您的节，不如开了城门让萧王的军队进去，转祸为福，而免除下智者的失败，收取中智者的功业，这是最好的计策。"陈康同意这个意见。于是陈康拘留了刘庆和谢躬的妻子儿女，开了城门，迎接吴汉的军队。等到谢躬从隆虑回到邺地，不知陈康已经背叛了他，便与几百骑兵轻率入城。吴汉埋伏兵士将他拿下，亲手杀了谢躬，他的军队全都投降了。谢躬字子张，南阳人。起初，他的妻子知道光武对他不满，经常劝诫谢躬说："您与光武累不和睦，而听信他的假话，不对他有所戒备，终究要受到他的制裁的。"谢躬不听，所以有了杀身之祸。

光武向北攻打各路盗贼，吴汉经常是带领五千骁勇的骑兵作为先锋，多次率先登城陷阵。到河北平定以后，吴汉和将领们一起呈上地图书册，给光武议上皇帝的尊号。光武即帝位，委任吴汉为大司马，改封为舞阳侯。

建武二年春，吴汉率领大司空王梁，建义大将军朱祐，大将军杜茂，执金吾贾复，扬化将军坚镡，偏将军王霸，骑都尉刘隆、马武、阴识，共同在邺东漳水上攻打檀乡贼，将他们打得大败，投降的十多万人。光武帝派使者用盖上皇帝大印的诏令正式封吴汉为广平侯,食用广平、白漳、曲周、广年,共四个县的官税。吴汉又率领将领攻打邺城西山盗贼黎伯卿等,直到河内郡的修武县,攻破了敌人的全部军营。光武亲临慰问。又派吴汉向南阳进兵,攻打宛县、涅阳县、郦县、穰县和新野县等各处城池,全都攻下。吴汉又领兵向南,在黄邮水上与秦丰作战,将他打败。又与偏将军冯异攻打昌城县的五楼贼张文等,又在新安县攻打铜马、五幡,都被他打败了。

明年春,吴汉率领建成大将军耿弇、虎牙大将军盖延,在轵县西部攻打青犊军,将它打得大败,投降的很多。又率领骠骑大将军杜茂、强弩将军陈俊等,在广乐围攻苏茂。刘永的将领周建另外召集得十余万人,救援广乐。吴汉率领轻装骑兵迎上前去,与他作战,失利,从马上跌下,膝上负伤了,回到营中,周建等人的军队便一起进入城中。将领们对吴汉说:"大敌在前而您在营中养伤,军心恐惧了。"吴汉勃然而起,包扎好伤口,杀牛犒劳兵士,命令军中说:"贼兵虽多,都是抢劫的盗贼,'胜不能互相谦让,败不能互相救助',没有凭着节操而死于义气的精神。如今正是立功封侯的时候,大家努力作战罢!"于是兵士斗志奋发,个个勇气倍增,次日一早,周建、苏茂出兵包围吴汉。吴汉挑选四部精兵和水军吴河等人,以及乌桓的骑兵三千余人,一齐擂鼓而进。周建的军队大败,掉头逃奔入城。吴汉长驱追击,兵士争门齐入,大败周建军,苏茂、周建急忙逃走。吴汉留杜茂、陈俊等人驻守广乐,自领兵到睢阳协助盖延围攻刘永。到刘永死了,两座城池也都投降了。

明年,吴汉又率领陈俊及前将军王梁,在临平打败了五校贼,一直追击到东郡的箕山,将它打得大败。又往北攻打清河的长真与平原的五里贼,将它们都削平了。此时,禹县的五姓豪族一齐驱逐了郡守县长，占了城池造反。将领们争着要去攻打鬲县，吴汉不听，说："鬲县造反的原因是郡守和县长的罪过，有敢轻率进兵的，杀！"于是行公文到郡，让郡里拘禁县长，一方面派人到鬲县城中道歉，这五姓豪族很是高兴，便相从归顺。将领们这才服了吴汉，说："不战而拿下一座城池，不是众人赶得上的。"

这年冬天，吴汉率领建威大将军耿弇、汉忠将军王常等，在平原郡攻打富平、获索二贼。明年春，盗贼率领五万多人夜里攻打吴汉军营，军中惊乱，吴汉躺着坚持不动，一会儿便安定下来。吴汉便当夜调动精兵出营突击，大破贼兵。跟着追击残余，直到无盐，进兵勃海，平定了这些地方。吴汉又随从光武征讨董宪，围攻朐城。第二年春，攻下朐县，杀了董宪。这段史事在《刘永传》中已有记载。东方全部平定了，吴汉整顿军队回京。

正值隗嚣反叛，夏，光武又派遣吴汉往西屯军长安。建武八年（公元32年），吴汉跟从光武出兵陇地，将隗嚣包围在西城。光武命令吴汉说："各郡调来的兵士只是空费粮食，如有逃亡，就会使军心颓丧，应当让他们全部离去。"吴汉等人贪图与各郡兵士合力攻打隗嚣，所以不能将他们遣送出去，粮食一天少于一天，官兵疲倦，逃亡的人多了，等到公孙述派出救援隗嚣的军队到来，吴汉便败退了。

建武十一年春，吴汉率领征南大将军岑彭等人讨伐公孙述。当岑彭攻下荆门，长驱进入江关，吴汉则留驻夷陵，制造露桡战船，然后率领南阳兵及在放松管制的刑徒中招募的兵士三万人溯江而上。恰遇上岑彭被刺客谋杀，吴汉便兼领岑彭的军队。建武十二年春，吴汉与公孙述的将领魏党、公孙永战于鱼涪津，大败魏党和公孙永，跟着围攻武阳。公孙述派遣他的女婿史兴领五千人救武阳。吴汉迎头截击史兴，消灭了他的全部兵士，乘胜进入犍为郡界。各县皆闭城而守，吴汉便进军攻下广都。派出轻装骑兵烧了成都市桥，武阳以东所有小城都投降了。

光武帝告诫吴汉说："成都有十几万军队，不可轻敌。只要固守广都，等待公孙述前来攻打，不可和他争锋。如果他不敢来，您可以反复调动军队逼迫他，必须待他精疲力竭，才可以实行攻击。"吴汉乘胜，便自领步兵，骑士二万余人进逼成都，离城十余里，在江北停下结营，架设浮桥，使副将武威将军刘尚领万余人驻扎在江的南岸，相距二十余里。光武帝闻讯大惊，责备吴汉说："近来告诫您千条万端，为什么事到临头便举止错乱！既轻敌深入，又与刘尚分开结营，一旦事情紧急，不再能互相照顾。敌人如果出兵牵制您，而以大军攻打刘尚，刘尚败了，您也就失败了。幸亏还没有发现别的问题，赶紧领兵回到广都。"光武的诏书还没有到，公孙述果然派遣他的将领谢丰、袁吉率领近十万军队，分为二十余营，同时出动攻打吴汉。又另遣将军领一万余人袭击刘尚，使吴汉、刘尚无法互相救援。吴汉与谢丰、袁吉大战一日，兵败，逃入营中，谢丰乘势将他包围。吴汉便召集将领们，激励他们说："我和诸位越过艰难险阻，转战千里，所到之处，杀敌俘获，于是深入敌境，而到了公孙述的城下。如今，我们与刘尚，两处受围，兵势不能相接，灾难也就难以估量了。我想暗暗的渡兵过江联合刘尚，共同抵御敌兵。如果能够同心合力，人人都主动奋战，可以建立大功；如果不是这样，失败是完全、彻底的了。成败的关键，在此一仗。"将领们说："是！"于是，用酒肉款待兵士，喂饱了战马，闭营三日不出，营中多树旗帜，又使烟火不断，夜里兵士衔枚，吴汉领兵与刘尚联合。谢丰等人没有发觉。次日，谢丰分出一部兵力抵抗江北的吴汉，自己挥兵攻打江南的刘尚。吴汉全军迎战，从早上一直打到下午，大破敌军，杀了谢丰、袁吉，斩获敌人兵士首级五千多颗。于是吴汉领兵回到广都，留下刘尚抵御公孙述的进攻，将全部情况写成文书上报光武，做了深刻的自我批评。光武帝回复文书说："您回到广都，十分适当，公孙述必定不敢侵犯刘尚和攻打您了。如他先攻刘尚，您从广都出发，只五十里路，率全部步、骑兵去救援，赶到战地，正是敌人危难时候，将他打败是必定的。"从此吴汉与公孙述便在广都与成都之间连续作战，吴汉八战八胜，于是驻军在成都的外城之中。公孙述亲领数万人出城大战，吴汉派护军高午、唐邯率领几万精锐兵士迎战。公孙述失败逃跑，高午驰入军中刺杀了公孙述。此事详见《公孙述传》。次日一早，成都城投降了，斩了公孙述的头传送洛阳。明年正月，吴汉整顿军队浮江而下。回到宛县，光武下诏，命令他探家扫墓，赐给他谷二万斛。

建武十五年，吴汉又率领扬武将军马成、捕虏将军马武向北攻打匈奴，迁移雁门、代郡、上谷的官吏、百姓六万余人到居庸关、常山关以东。

建武十八年，蜀郡太守史歆在成都造反，自称为大司马，攻击太守张穆。张穆逃出成都城，跑到广都，史歆便行文到全郡各县，而岩渠县的杨伟、朐䏰县的徐容等人，都率领几千人起兵响应史歆。光武帝以为史歆曾是岑彭的护军，熟悉战事，所以派遣吴汉率领刘尚及太中大夫臧宫领二万余人去讨伐史歆。吴汉进入武都，调发广汉、巴郡、蜀郡三郡兵力围攻成都，经过一百多天，攻下了成都城，杀了史歆等人。于是，吴汉乘小筏沿长江东下巴郡，杨伟、徐容等惶恐解散，吴汉杀了他们的头领二百多人，将他们的几百家朋党迁徙到南郡、长沙郡，然后回归京城。

吴汉性格强悍，每次随从光武作战，光武未安，他便长时间地焦急、畏惧，不敢正面而立。将领们见自己的阵地有了危险，有人感到恐惧，失去常态。而吴汉则意气自若，正在整修兵器，鼓励士率。光武有时候派人去观察吴汉在干什么，回报说正在修攻战的器械，于是光武很有感慨地说："吴公能振奋人的意志，威重得俨然是一个敌国了。"吴汉每次出兵，早上得到诏令，晚上就上路，向来没有置办行装的时候，故常能胜任，有功名终身。当在朝廷，他明察事情、谨慎详断的品性，形于言表。吴汉经常出征在外，而他的妻子则在家置办田产。吴汉回到家中，责备妻子说："军队在外，官吏、士兵不足食用，我们干吗要多买田地房产吗？"于是将全部田产都分给兄弟和舅家。

建武二十年，吴汉病重。光武亲自前去探望，问他所要说的话。吴汉回答说："臣愚昧，不知道什么，没有什么见识，只希望陛下不可随便宽赦罢了。"吴汉死后，光武下诏哀悼，赐谥号叫忠侯。用北军五营的兵士、战车、甲士送葬，按照宣帝时给大将军霍光送葬那样的规模办理。

吴汉的儿子哀侯吴成继承了爵位，后来被奴仆所杀。建武二十八年，把吴汉的封地分为三个封国：吴成的儿子吴旦为濯阳侯，以祭祀吴汉为嗣嫡；吴旦的弟弟吴盱为筑阳侯；吴成的弟弟吴国为新蔡侯。吴旦死后，没有儿子，封国被废除。建初八年，改封吴盱为平春侯，以祭祀吴汉为继承人。吴盱死后，他的儿子吴胜继承。早先，吴汉的哥哥吴尉为将军，跟随征伐，在战斗中死亡，于是封吴尉的儿子吴彤为安阳侯。光武帝认为吴汉功劳很大，又封他的弟弟吴翕为褒亲侯。吴氏一共被封为五个侯国。

早先，渔阳郡的都尉严宣，与吴汉一起在广阿投靠光武帝，光武帝以他为偏将军，封为建信侯。

史家评曰：吴汉在建武一代，常在上公的位置，光武帝对他有始倚终爱的亲近，实由于他为人质朴而强悍有力的原因。孔子说："刚毅质朴又纯于言辞便与仁人相近了，"这不是吴汉的比喻吗？从前陈平因为智慧太高而被怀疑，周勃则因为天资质朴忠厚而受到信任。因为不能凭借仁义之心而互相信任，于是智慧的人因为智慧有余而被怀疑，而质朴的人则因为智慧不足而受到信用。

盖延列传

盖延字巨卿，渔阳要阳人也。身长八尺，弯弓三百斤。边俗尚勇力，而延以气闻，历郡列掾、州从事，所在职办。彭宠为太守，召延署营尉，行护军。

及王郎起，延与吴汉同谋归光武。延至广阿，拜偏将军，号建功侯，从平河北。光武即位，以延为虎牙将军。

建武二年，更封安平侯。遣南击敖仓，转攻酸枣、封丘，皆拔。其夏，督驸马都尉马武、骑都尉刘隆、护军都尉马成、偏将军王霸等南伐刘永，先攻拔襄邑，进取麻乡，遂围永于睢阳。数月，尽收野麦，夜梯其城入。永惊惧，引兵走出东门，延追击，大破之。永弃军走谯，延进攻，拔薛，斩其鲁郡太守，而彭城、扶阳、杼秋、萧皆降。又破永沛郡太守，斩之。永将苏茂、佼彊、周建等三万余人救永，共攻延，延与战于沛西，大破之。永军乱，遁没溺死者大半。永弃城走湖陵，苏茂奔广乐。延遂定沛、楚、临淮，修高祖庙，置啬夫、祝宰、乐人。

三年，睢阳复反城迎刘永，延复率诸将围之百日，收其野谷。永乏食，突走，延追击，尽得辎重。永为其将所杀，永弟防举城降。

四年春，延又击苏茂、周建于蕲，进与董宪战留下，皆破之。因率平（敌）〔狄〕将军庞萌攻西防，拔之。复追败周建、苏茂于彭城，茂、建亡奔董宪，〔董宪〕将贲休举兰陵城降。宪闻之，自郯围休。时延及庞萌在楚，请往救之。帝敕曰："可直往捣郯，则兰陵必自解。"延等以贲休城危，遂先赴之。宪逆战而阳败，延等（遂）逐退，因拔围入城。明日，宪大出兵合围，延等惧，遽出突走，因往攻郯。帝让之曰："间欲先赴郯者，以其不意故耳。今既奔走，贼计已立，围岂可解乎！"延等至郯，果不能克，而董宪遂拔兰陵，杀贲休。延等往来要击宪别将于彭城、郯、邳之间，战或日数合，颇有克获。帝以延轻敌深入，数以书诫之。及庞萌反，攻杀楚郡太守，引军袭败延，延走，北渡泗水，破舟楫，坏津梁，仅而得免。帝自将而东，征延与大司马吴汉、汉忠将军王常、前将军王梁、捕虏将军马武、讨虏将军王霸等会任城，讨庞萌于桃乡，又并从征董宪于昌虑，皆破平之。六年春，遣屯长安。

九年，隗嚣死，延西击街泉、略阳、清水诸屯聚，皆定。

十一年，与中郎将来歙攻河池，未克，以病引还，拜为左冯翊，将军如故。十三年，增封定食万户。十五年，薨于位。

子扶嗣。扶卒，子侧嗣。永平十三年，坐与舅王平谋反，伏诛，国除。永初七年，邓太后绍封延曾孙恢为芦亭侯。恢卒，子遂嗣。

译文：

盖延字巨卿，是渔阳郡要阳县人。他长得身长八尺，能拉开三百斤的硬弓。边郡之俗崇尚勇力，而盖延却以豪气闻名。他任过郡列掾、州从事，所任皆称职。彭宠为太守时，征召盖延兼理营尉，代理护军之职。

后来王郎起兵时，盖延与吴汉一起商量投奔光武帝。盖延到广阿，被拜为偏将军，号建功侯，随从光武帝平定河北。光武帝即位，以其为虎牙将军。

建武二年，盖延被改封为安平侯。光武帝派他南击敖仓，转攻酸枣、封丘，皆攻取之。这年夏天，又督驸马都尉马武、骑都尉刘隆、护军都尉马成、偏将军王霸等人南伐刘永。他们先攻占襄邑，再进攻麻乡，接着将刘永包围在睢阳。围其数月，将其郊野之麦收净，深夜登梯入城。刘永惊惧带兵跑出东门，盖延追击。大破之。刘永弃军逃到谯，盖延进攻，占领薛县，斩杀刘永鲁郡太守，即而彭城、扶阳、杼秋、萧等地都投降。又攻破刘永沛郡，并斩杀其太守。刘永将领苏茂、佼强、周建等率领三万余人来营救刘永，共攻盖延。盖延与他们在沛西争战，大破敌军。刘永军队大乱，逃跑战死及淹死的人有一多半。刘永弃城逃到湖陵，苏茂逃奔广乐。盖延乃平定沛、楚、临淮等地，修建高祖庙，设置啬夫、祝宰、乐人等供奉之。

建武三年，睢阳又反，以城迎接刘永。盖延又率军包围睢阳百日，收其郊野之谷。刘永粮食匮乏，突围出逃，盖延追击，获其全部辎重，刘永被其将所杀，其弟刘防以城投降。

建武四年春天，盖延又在蕲县攻打苏茂、周建，接着又在留下与董宪战，将他们全打败。又趁势率平狄将军庞萌攻取西防。又在彭城追上周建、苏茂，并打败之。苏茂、周建逃奔董宪。董宪部将贲休以兰陵城投降。董宪闻讯，从郯发兵包围贲休。当时盖延和庞萌正在楚，闻讯请求前往相救。光武帝下诏说："可直接攻郯，这样兰陵之围必然自动解散。"盖延等认为贲休所守之城十分危急，便违诏先赴兰陵。董宪迎战而假装败退，盖延等逐退敌人，进入城中。第二天，董宪大出兵包围兰陵，盖延等惧，急忙突围出走，去攻郯。光武帝责备他们说："早先让你们先攻郯，是因为敌人没料到的缘故。现在你们已经败走，贼计已立，兰陵之围岂能解之！"盖延等人至郯，果然不能攻克，而董宪却攻取兰陵，杀了贲休。盖延等人便在彭城、郯、邳一带往来邀击董宪的别将，有时一天几次战斗，多有克获。光武帝对于盖延等轻敌深入的做法，多次下书告诫之。后来庞萌反叛，攻杀楚郡太守，领军袭击盖延，盖延败走，北渡泗水，破坏船只，拆毁渡口桥梁，才得以免遭追击。光武帝亲自领兵东伐，征召盖延与大司马吴汉、汉忠将军王常，前将军王梁，捕虏将军马武、讨虏将军王霸等人于任城会合，往桃乡讨伐庞萌，又一起随从征董宪于昌虑，全都将他们攻破平定。建武六年春天，光武帝派其屯守长安。

建算武九年，隗嚣死，盖延西击街泉、略阳、清水等处屯聚之贼，全平定之。

建武十一年，盖延与中郎将来歙攻河池，未攻下，因病引还，被拜为左冯翊，仍旧为将军，建武十三年，增加其封定食万户。建武十五年，死于位上。

其子盖扶继承之。盖扶死，其子盖侧继之。永平十三年，因与舅王平谋反犯罪，伏法被诛，封国废除。永初七年，邓太后续封盖延曾孙盖恢为芦亭侯。盖恢死，其子盖遂继承之。

陈俊列传

陈俊字子昭，南阳西鄂人也。少为郡吏，更始立，以宗室刘嘉为太常将军，俊为长史。光武徇河北，嘉遣书荐俊，光武以为安集掾。

从击铜马于清阳，进至（满）〔蒲〕阳，拜强弩将军。与五校战于安次，俊下马，手接短兵，所向必破，追奔二十余里，斩其渠帅而还。光武望而叹曰："战将尽如是，岂有忧哉！"五校引退入渔阳，所过房掠。俊言于光武曰："宜令轻骑出贼前，使百姓各自坚壁，以绝其食，可不战而疹也。"光武然之，遣俊将轻骑驰出贼前。视人保壁坚完者，敕令固守；放散在野者，因掠取之。贼至无所得，遂散败。及军还，光武谓俊曰："困此房者，将军策也。"及即位，封俊为列侯。

建武二年春，攻匡贼，下四县，更封新处侯。引击顿丘，降三城。其秋，大司马吴汉承制拜俊为强弩大将军，别击金门、白马贼于河内，皆破之。四年，转徇汝阳及项，又拔南武阳。是时，太山豪杰多拥众与张步连兵，吴汉言于帝曰："非陈俊莫能定此郡。"于是拜俊太山太守，行大将军事。张步闻之，遣其将击俊，战于嬴下，俊大破之，追至济南，收得印绶九十余，稍攻下诸县，遂定太山。五年，与建威大将军耿弇共破张步。事在《弇传》。

时琅邪未平，乃徙俊为琅邪太守，领将军如故。齐地素闻俊名，入界，盗贼皆解散。俊将兵击董宪于赣榆，进破朐贼孙阳，平之。八年，张步畔，还琅邪，俊追讨，斩之。帝美其功，诏俊得专征青、徐。俊抚贫弱，表有义，检制军吏，不得与郡县相干，百姓歌之。数上书自请，愿奋击陇、蜀。诏报曰："东州新平，大将军之功也。负海猾夏，盗贼之处，国家以为重忧，且勉镇抚之。"

十三年，增邑，定封祝阿侯。明年，征奉朝请。二十三年卒。

子浮嗣，徙封薪春侯。浮卒，子专诸嗣。专诸卒，子笃嗣。

译文：

陈俊字子昭，是南阳郡西鄂县人。少年时曾任郡吏。更始皇帝立，以宗室刘嘉为太平将军，任陈俊为长史。光武帝于河北略地，刘嘉写信举荐陈俊，光武帝便以他为安集掾。

陈俊随之光武帝在清阳击铜马军，军至蒲阳时被拜为强弩将军。在安次与五校战，陈俊下马，手持短兵器，所向必破，追奔敌二十多里，斩其首领而还。光武帝望而感叹道："战将都像这样勇猛，难道还有忧虑吗！"五校退军入渔阳，所过之处皆遭掳掠。陈俊对光武帝说："应令轻骑跑到贼众前面，让百姓各自坚固壁垒，以此断绝贼军粮源，贼可不战而灭了。"光武帝认为很对，派陈俊率轻骑跑到贼军前面。看到百姓堡垒坚固完好的，就令其固守，放散在野外的粮食，全都抢先收取之。贼军至此，一无所得，于是散败。在军队得胜而还时，光武帝对陈俊说："是将军的计策才使贼虏困败啊。"光武帝即位，封陈俊为列侯。

建武二年春天，陈俊攻打匡地之贼，攻取四县，被改封为新处侯。又带兵攻顿丘，降服三城。这年秋天，大司马吴汉受帝命拜陈俊为强弩大将军。陈俊又于河内攻打金门、白马诸贼、皆破之。建武四年，又转攻汝阳及项，攻下南武阳。当时太山豪杰多拥众与张步连兵，吴汉对光武帝说："除了陈俊无人能平此郡。"于是光武帝拜陈俊为太山太守，兼代大将军之职。张步听说，便派其将攻击陈俊，双方战于嬴下。陈俊大败敌军，一直追到济南，缴获印授九十多个，逐渐攻下诸县，太山郡由此得以平定。建武五年，与建威大将军耿弇共破张步，事情记在《耿弇传》上。

当时琅邪尚未平定，光武帝乃转陈俊为琅邪太守，仍领将军之职。齐地素闻陈俊之名，所以他一进入齐界，盗贼全闻风解散。陈俊又领兵在赣榆攻打董宪，进而攻破朐地之贼孙阳，并平定之。建武八年，张步反叛，回到琅邪，陈俊追讨斩之。光武帝称美其功，诏令陈俊可以专征青徐。陈俊在郡安抚贫弱之众，表彰有义之人，检查约束军吏，不让他们干预郡县之事，百姓歌颂其政。陈俊多次上书请命，愿带军奋击陇、蜀之敌。光武帝下诏回答说："东州新近平定，这是大将军的功劳。东州靠海，可乱中州，为盗贼之处，国家深以为忧，暂且尽力镇抚之。"

建武十三年，增其封邑，定其封为祝阿侯。第二年，征其为奉朝请。建武二十三年死。

其子陈浮继承之，改封蕲春侯。陈浮死，其子陈专诸继承之。陈专诸死，其子陈笃继承之。

臧宫列传

臧宫字君翁，颍川郏人也。少为县亭长、游徼，后率宾客入下江兵中为校尉，因从光武征战，诸将多称其勇。光武察宫勤力少言，甚亲纳之。及至河北，以为偏将军，从破群贼，数陷陈却敌。

光武即位，以为侍中、骑都尉。建武二年，封成安侯。明年，将突骑与征虏将军祭遵击更始将左防、韦颜于（沮）〔涅〕阳、郦，悉降之。五年，将兵徇江夏，击代乡、钟武、竹里，皆下之。帝使太中大夫持节拜宫为辅威将军。七年，更封期思侯。击梁郡、济阴，皆平之。

十一年，将兵至中卢，屯骆越。是时公孙述将田戎、任满与征南大将军岑彭相拒于荆门，彭等战数不利，越人谋畔从蜀。宫兵少，力不能制。会属县送委输车数百乘至，宫夜使锯断城门限，令车声回转出入至旦。越人候伺者闻车声不绝，而门限断，相告以汉兵大至。其渠帅乃奉牛酒以劳军营。宫陈兵大会，击牛釃酒，飨赐慰纳之，越人由是遂安。

宫与岑彭等破荆门，别至垂鹊山，通道出秭归，至江州。岑彭下巴郡，使宫将降卒五万，从涪水上平曲。公孙述将延岑盛兵于（沅）〔沈〕水，时宫众多食少，转输不至，而降者皆欲散畔，郡邑复更保聚，观望成败。宫欲引还，恐为所反，会帝遣谒者将兵诣岑彭，有马七百匹，宫矫制取以自益，晨夜进兵，多张旗帜，登山鼓噪，右步左骑，挟船而引，呼声动山谷。岑不意汉军卒至，登山望之，大震恐。宫因从击，大破之。斩首溺死者万余人，水为之浊流。延岑奔成都，其众悉降，尽获其兵马珍宝。自是乘胜追北，降者以十万数。

军至平阳乡，蜀将王元举众降。进拔绵竹，破涪城，斩公孙述弟恢，复攻拔繁、郫。前后收得节五，印绶千八百。是时大司马吴汉亦乘胜进营逼成都。宫连屠大城，兵马旌旗甚盛，乃乘兵入小雒郭门，历成都城下，至吴汉营，饮酒高会。汉见之甚欢，谓宫曰："将军向者经虏城下，震扬威灵，风行电照。然穷寇难量，还营愿从它道矣。"宫不从，复路而归，贼亦不敢近之。进军咸门，与吴汉并灭公孙述。

帝以蜀地新定，拜宫为广汉太守。十三年，增邑，更封鄳侯。十五年，征还京师，以列侯奉朝请，定封朗陵侯。十八年，拜太中大夫。

十九年，妖巫维汜弟子单臣、傅镇等，复妖言相聚，入原武城，劫吏人，自称将军。于是遣宫将北军及黎阳营数千人围之。贼谷食多，数攻不下，士卒死伤。帝召公卿诸侯王问方略，皆曰"宜重其购赏"。时显宗为东海王，独对曰："妖巫相劫，势无久立，其中必有悔欲亡者。但外围急，不得走耳。宜小挺缓，令得逃亡，逃亡则一亭长足以禽矣。"帝然之，即敕宫彻围缓贼，贼众分散，遂斩臣、镇等。宫还，迁城门校尉，复转左中郎将。击武溪贼，至江陵，降之。

宫以谨信质朴，故常见任用。后匈奴饥疫，自相分争，帝以问宫，宫曰："愿得五千骑以立功。"帝笑曰："常胜之家，难与虑敌，吾方自思之。"二十七年，宫乃与杨虚侯马武上书曰："匈奴贪利，无有礼信，穷则稽首，安则侵盗，缘边被其毒痛，中国忧其抵突。虏今人畜疫死，旱蝗赤地，疫困之力，不当中国一郡。万里死命，县在陛下。福不再来，时或易失，岂宜固守文德而堕武事乎？今命将临塞，厚县购赏，喻告高句骊、乌桓、鲜卑攻其左，发河西四郡、天水、陇西羌胡击其右。如此，北虏之灭，不过数年。臣恐陛下仁恩不忍，谋臣狐疑，令万世刻石之功不立于圣世。"诏报曰："《黄石公记》曰，'柔能制刚，弱能制强'。柔者德也，刚者贼也，弱者仁之助也，强者怨之归也。故曰有德之君，以所乐乐人；无德之君，以所乐乐身。乐人者其乐长，乐身者不久而亡。舍近谋远者，劳而无功；舍远谋近者，逸而有终。逸政多忠臣，劳政多乱人。故曰务广地者荒，务广德者强。有其有者安，贪人有者残。残灭之政，虽成必败。今国无善政，灾变不息，百姓惊惶，人不自保，而复欲远事边外乎？孔子曰：'吾恐季孙之忧，不在颛臾。'且北狄尚强，而屯田警备传闻之事，恒多失实。诚能举天下之半以灭大寇，岂非至愿；苟非其时，不如息人。"自是诸将莫敢复言兵事者。

宫永平元年卒，谥曰愍侯。子信嗣。信卒，子震嗣。震卒，子松嗣。元初四年，与母别居，国除。永宁元年，邓太后绍封松弟由为郎陵侯。

论曰：中兴之业，诚艰难也。然敌无秦、项之强，人资附汉之思，虽怀玺纡绂，跨陵州县，殊名诡号，千队为群，尚未足以为比功上烈也。至于山西既定，威临天下，戎羯丧其精胆，群帅贾其余壮，斯诚雄心尚武之几，先志玩兵之日。臧宫、马武之徒，抚鸣剑而抵掌，志驰于伊吾之北矣。光武审《黄石》，存包桑，闭玉门以谢西域之质，卑词币以礼匈奴之使，其意防盖已弘深。岂其颠沛平城之围，忍伤黩王之陈乎？

赞曰：吴公鸷强，实为龙骧。电扫群孽，风行巴、梁。虎牙猛力，功立睢阳。宫、俊休休，是亦鹰扬。

译文：

臧宫字君翁，是颍川郡郏县人。少年时曾任县亭长、游徼，后来率领宾客参加下江兵任校尉，因此随从光武帝征战，诸将都称赞其勇。光武帝发现臧宫出力甚勤而少言表，特别亲近他。军到河北时，以其为偏将军。臧宫随从光武帝击破群贼，多次陷阵退敌。

光武帝即位，以臧宫为侍中、骑都尉。建武二年，封其为安成侯。第二年，臧宫率领突骑与征虏将军祭遵一起在涅阳、郦等地攻打更始政权将领左防、韦颜等，尽降服之。建武五年，又领兵征略江夏，攻取代乡、钟武、竹里。光武帝派太中大夫持节拜臧宫为辅威将军。建武七年，改封其为期思侯。臧宫又平定了梁郡、济阴等地。

建武十一年，臧宫挥兵到中庐，屯驻在骆越。当时公孙述的部将田戎、任满正与征南大将军岑彭在荆门相持，岑彭等数战不利，越人也策划着叛汉从蜀。而臧宫兵少，无力控制。恰在此时，属县送军资的数百乘车辆到来，臧宫便派人夜里锯断城门槛，让粮车反复出入城门，隆隆车轮声从深夜一直响到天亮。打探消息的越人听见车声不断又看到门槛是断了，回报说汉兵大至。其头领闻此，便带着牛、酒到军营慰劳。臧宫乃陈兵大会，杀牛酾酒，飨赐抚慰越人，越人因此被安定下来。

臧宫和岑彭等人攻破荆门后，又另领人到垂鹊山，修路出秭归，到达江州。岑彭攻下巴郡，派臧宫领五万降兵，沿着涪水上至平曲。公孙述部将延岑在沉水屯驻重兵。当时臧宫人多粮少，军粮供给不上，而降者全想叛离，沿途郡邑又聚众自保，坐观成败。臧宫想退兵而还，又恐怕覆灭于险恶形势中。恰好光武帝此时派谒者将兵到岑彭入，有七百匹马，臧宫便假称诏命将马留下以壮大自己，并于拂晓之前向敌营进兵。他命军队多张旗帜，登山擂鼓呐喊，左右步骑，挟船而进，呼声震动山谷。延岑设想到汉军会突然到来，登山望之，大为震恐。臧宫乘敌人恐慌放兵进攻，大破延岑军。被杀死或被沈水淹死的人有一万多，死者的血将沈水都染红了。延岑逃奔成都，其众全部投降全部兵马珍宝被臧宫缴获。臧宫又乘胜追击，投降的敌军有几十万人。

臧宫军至平阳乡，蜀将王元以其众投降。又进拔取绵竹，破涪城，斩杀公孙述弟弟公孙恢，又攻取繁、郫等地。此次进兵，共缴获敌人五个符节，一千八百个印绶。与此同时大司马吴汉也乘胜进军逼成都。臧宫连破大城，兵弓旌旗甚盛，便领兵进入小雒郭门，经成都城下，到吴汉营中，与之大会饮酒。吴汉见到他非常高兴，对他说："将军刚才从敌人城下经过，威灵震扬，风行电照。然而穷寇难以估量，望将军回营时从别的道走吧。"臧宫不听，回去时仍走旧路，敌人也不敢靠近他。不久臧宫兵攻入成都咸门，与吴汉一起灭掉公孙述。

光武帝因为蜀地刚刚平定，拜臧宫为广汉太守。建武十三年，增其封邑，改裂他为酇侯。建武十五年，征召其回京师，以列侯奉朝请，定封郎陵侯。建武十八年，拜其为太中大夫。

建武十九年，妖巫维汜弟子单臣、傅镇等人，又以妖言相聚，进入原武城，劫持吏人，自称将军。光武帝便派臧宫率领北军及黎阳营几千兵围攻单臣等，贼兵粮食多，臧宫数攻不下，士卒也有伤亡。光武帝召集公卿诸侯王问讨敌方略，他们都认为应该出重金悬赏破敌者。当时显宗孝明帝为东海王,不同意众人见解,说:"妖巫相攻,必不能久立,其中一定有后悔想逃亡的人。只不过我们在外面围攻很急,他们不能逃窜了。应该稍解缓一下攻城,让他们能够逃亡,这样只用一亭长之力便可破擒妖贼。"臧宫同意此计,立即命令臧宫撤围缓敌,贼众果然分散,臧宫便斩杀单臣、傅镇等人。臧宫还师后,被迁为城门校尉,又转为左中郎将。又击武溪之贼,进至江陵,降服之。

因为臧宫性谨慎质朴,所以常被任用。后北方匈奴因饥荒瘟疫,内部自相分争,光武帝问臧宫应对匈奴采取何策,臧宫说:"我原带五千骑前去立功。"光武帝笑着说:"很难和常胜之人一起估量敌人。让我自己考虑一下吧。"建武二十七年,臧宫和杨虚侯马武上书说:"匈奴贪利,没有礼信,其困窘时就俯首臣服,安定了就侵犯我边塞。边塞深受其害,中原也担其扰。北虏现在人畜疫死,旱蝗赤地,疫困之力,抵不上中原一个郡。制其死命之权,掌握在陛下手中。福不再来,时机易失,怎能固守文德而废武事呢?现在应派大将往边塞击匈奴,再以重金悬赏,让高句骊、乌桓、鲜卑攻其左面,征发河西四郡、天水、陇西的羌胡击其右面。这样,不过几年就会灭掉匈奴。我恐怕陛下怀恩仁不忍之心,谋臣又进使陛下犹疑之言,使如今圣世不能立下万世铭记之功。"光武帝下诏回答说:"《黄石公记》说:'柔能克刚,弱能胜强'。柔者为德,刚者为贼。弱能助人行仁,强能使人致恨。所以说有德之君,用其所乐使人快乐,无德之君只求自身快乐。使人快乐其乐长久,只乐自己短命而亡。放弃近利而图谋远利会劳而无功;放弃远利而求近利,会不劳而有收获。为政安逸忠臣会多,为政劳民乱人会多。所以说追求扩大土地者政治会荒废,追求扩大德行者国家就富强。满足已有的则安,贪图别人所以的则残。残灭之政,虽成必败。现在国无善政,灾变不止,百姓惊惶,人不自保,如此还要远征塞外之地吗?孔子说:'我恐怕季孙所忧虑的,不在颛臾'。况且北狄还很强盛,而边境守备所传之事,大多不实,如果真能用天下一半财力来消灭大敌,我怎能不愿意呢;但如果时机还未成熟,不如使民休息"。从此以后诸将没有再人再取说发兵之事了。

臧宫于永平元年死,被加谥号为愍侯。其子臧信继承之。臧信死,其子臧震继承之。臧震死,其子臧松继承之。元初四年,因其与母分居,封国被废除。永宁元年,邓太后继续封臧松弟臧由为朗陵侯。

史家论曰:光武帝兴汉的事业,固然是很艰难的。但并没有遇上像秦皇、项羽那样的强敌,又有怀思汉之心的人的资助,所以虽然怀玺拖绂,跨据州县,建立各种名号,部众千军万马,也不能与前烈之功相比。到平定隗嚣、公孙述之后,光武帝威传天下,戎羯丧胆,群帅逞争勇,这正是他们雄心尚武的时机,乘胜习兵之日。臧宫、马武等人,摩拳擦掌跃跃欲试,立志驰骋于伊吾之北。光武帝审视《黄石》之书,安不忘危,闭玉门关谢绝接纳西域人质,好言抚慰、厚币礼待匈奴使节,他的防乱之意已够宏大深邃的了。这样,他怎么能遇到刘邦那样被匈奴围困于平城,讨黥王英布而中箭的事呢?

史家赞曰:吴公勇而强,实是威盛,横扫群蘖,威振巴州、梁州。以其如虎之猛力,是睢阳立下大功。臧宫、陈俊等人,也是威武雄将。

后汉书卷二十二

朱景王杜马刘傅坚马列传第十二

杜茂列传

杜茂字诸公，南阳冠军人也。初归光武于河北，为中坚将军，常从征伐。世祖即位，拜大将军，封乐乡侯。北击五校于真定，进降广平。建武二年，更封苦陉侯。与中郎将王梁击五校贼于魏郡、清河、东郡，悉平诸营保，降其持节大将三十余人，三郡清静，道路流通。明年，遣使持节拜茂为骠骑大将军，击沛郡，拔芒。时，西防复反，迎佼彊。五年春，茂率捕虏将军马武进攻西防，数月拔之，彊奔董宪。

东方既平，七年，诏茂引兵北屯田晋阳、广武，以备胡寇。九年，与雁门太守郭凉击卢芳将尹由于繁畤，芳将贾览率胡骑万余救之，茂战，军败，引入楼烦城。时卢芳据高柳，与匈奴连兵，数寇边民，帝患之。十二年，遣谒者段忠将众郡弛刑配茂，镇守北边，因发边卒筑亭候，修烽火，又发委输金帛缯絮供给军士，并赐边民，冠盖相望。茂亦建屯田，驴东转运。先是，雁门人贾丹、霍匡、解胜等为尹由所略，由以为将帅，与共守平城。丹等闻芳败，遂共杀由诣郭凉；凉上状，皆封为列侯，诏送委输金帛赐茂、凉军吏及平城降民。自是卢芳城邑稍稍来降，凉诛其豪右郇氏之属，镇抚羸弱，旬月间雁门且平，芳遂亡入匈奴。帝擢凉子为中郎，宿卫左右。

凉字公文，右北平人也。身长八尺，气力壮猛，虽武将，然通经书，多智略，尤晓边事，有名北方。初，幽州牧朱浮辟为兵曹掾，击彭宠有功，封广武侯。

十三年，增茂邑，更封脩侯。十五年，坐断兵马禀缣，使军吏杀人，免官，削户邑，定封参蘧乡侯。十九年，卒。

子元嗣，永平十四年，坐与东平王等谋反，减死一等，国除。永初七年，邓太后绍封茂孙奉为安乐亭侯。

译文：

杜茂，字诸公，南阳冠军人。起初，在河北归附光武帝，被任命为中坚将军，常常跟随光武帝征战讨伐。光武帝即位后，被任命为大将军，封为乐乡侯。杜茂向北在真定攻击五校，进军降服了广平。建武二年，改封杜茂为苦经侯。杜茂和中郎将王梁在魏郡、清河、东郡攻打五校贼军，全部扫平了敌军的军营堡垒，降服了敌方拥有符节的大将有三十多人，这三郡得以安宁，道路畅通。第二年，光武帝派使者拿着符仗任命杜茂为骠骑大将军。杜茂进攻沛郡，占领了芒县。当时西防又反叛，迎回佼强。建武五年春天，杜茂率领捕虏将军马武进攻西防，几月之后攻取，佼强投奔董宪。

平定了东方之后，建武七年，光武帝下诏令杜茂带领军队向北在晋阳、广武驻扎并开垦田地，来防备匈奴的入侵。建武九年，杜茂和雁门太守郭凉在繁畤攻打卢芳的部将尹由，卢芳的部将贾览带领一万多匈奴骑兵来救援。杜茂和他们交战，被打败，于是带兵进入楼烦城。当时卢芳占据着高柳,和匈奴军队联合,几次侵扰边境人民,光武帝十分忧虑。建武十二年,光武帝派谒者段忠带领各郡解除枷锁的刑徒分配给杜茂,守卫北方的边境。于是,杜茂发动边境兵构筑哨所,修建烽火台,又征发车辆运送钱款、布帛、细绢和棉絮来供给士兵,也赏赐给边境的老百姓,往来官员以及运送供给的车子不绝于路上。杜茂也带人修整屯田,用驴车来运送财物。在这以前,雁门人贾丹、霍匡、解胜等人被尹由劫持,尹由自己任首领,和贾丹他们一同守据着平城。贾丹等人听说卢芳失败了,就一起杀掉尹由而来到郭凉那里。郭凉上书表明情况,贾丹等人都被封为列侯。下诏让人运送分发金银布帛赏赐给杜茂、郭凉的士兵和平城归降的平民。从这以后,卢芳的城市渐渐都来投降,郭凉诛杀了豪强郇氏等人,安抚了那些劳苦残弱的百姓,一个月之间,雁门一带即将要安定,于是卢芳逃亡进入匈奴地区。光武帝提拔郭凉的儿子任中郎,在身边担任护卫。

郭凉,字公文,右北平人。他身高八尺,很有气力;虽然是武将,但精通经书,很有智谋,尤其熟悉边境情况,在北方享有盛名。以前,幽州牧朱浮召他任兵曹椽,他进攻彭宠立了功,被封为广武侯。

建武十三年,光武帝下令增加杜茂的封地,改封他为修侯。建武十五年,他因为截取军队的粮食、细绢,并且派士兵杀人的关系而被治罪,免去管职,削减封地,改封为参蘧乡侯。建武十九年,杜茂去世。

他儿子杜元继袭。永平十四年,因为他和东平王等人商议造反而被治罪,降死罪一等,封国被撤销。永初七年,邓太后接着封杜茂的孙子杜奉为安乐亭侯。

后汉书卷二十三

窦融列传第十三

窦融字周公,扶风平陵人也。七世祖广国,孝文皇后之弟,封章武侯。融高祖父,宣帝时以吏二千石自常山徙焉。融早孤。王莽居摄中,为强弩将军司马,东击翟义,还攻槐里,以军功封建武男。女弟为大司空王邑小妻。家长安中,出入贵戚,连结闾里豪杰,以任侠为名;然事母兄,养弱弟,内修行义。王莽末,青、徐贼起,太师王匡请融为助军,与共东征。

及汉兵起,融复从王邑败于昆阳下,归〔长安。汉兵〕长驱入关,王邑荐融,拜为波水将军,赐黄金千斤,引兵至新丰。莽败,融以军降更始大司马赵萌,萌以为校尉,甚重之,荐融为巨鹿太守。融见更始新立,东方尚扰,不欲出关,而高祖父尝为张掖太守,从祖父为护羌校尉,从弟亦为武威太守,累世在河西,知其土俗,独谓兄弟曰:"天下安危未可知,河西殷富,带河为固,张掖属国精兵万骑,一旦缓急,杜绝河津,足以自守,此遗种处也。"兄弟皆然之。融于是日往守萌,辞让巨鹿,图出河西。萌为言更始,乃得为张掖属国都尉。融大喜,即将家属而西。既到,抚结雄杰,怀辑羌虏,甚得其欢心,河西翕然归之。

是时酒泉太守梁统、金城太守厍钧、张掖都尉史苞、酒泉都尉竺曾、敦煌都尉辛肜,并州郡英俊,融皆与为厚善。及更始败,融与梁统等计议曰:"今天下扰乱,未知所归。河西斗绝在羌胡中,不同心戮力则不能自守;权钧力齐,复无以相率。当推一人为大将军,共全五郡,观时变动。"议既定,而各谦让,咸以融世任河西为吏,人所敬向,乃推融行河西五郡大将军事。是时武威太守马期、张掖太守任仲并孤立无党,乃共移书告示之,二人即解印绶去。于是以梁统为武威太守,史苞为张掖太守,竺曾为酒泉太守,辛肜为敦煌太守,厍钧为金城太守。融居属国,领都尉职如故,置从事监察五郡。河西民俗质朴,而融等政亦宽和,上下相亲,晏然富殖。修兵马,习战射,明烽燧之警,羌胡犯塞,融辄自将与诸郡相救,皆如符要,每辄破之。其后匈奴惩义,稀复侵寇,而保塞羌胡皆震服亲附,安定、北地、上郡流人避凶饥者,归之不绝。

融等遥闻光武即位,而心欲东向,以河西隔远,未能自通。时隗嚣先称建武年号,融等从受正朔,嚣皆假其将军印绶。嚣外顺人望,内怀异心,使辩士张玄游说河西曰:"更始事业已成,寻复亡灭,此一姓不再兴之效。今即有所主,便相系属,一旦拘制,自令失柄,后有危殆,虽悔无及。今豪杰竞逐,雌雄未决,当各据其土宇,与陇、蜀合从,高可为六国,下不失尉佗。"融等于是召豪杰及诸太守计议,其中智者皆曰:"汉承尧运,历数延长。今皇帝姓号见于图书,自前世博物道术之士谷子云、夏贺良等,建明汉有再受命之符,言之久矣,故刘子骏改易名字,冀应其占。及莽末,道士西门君惠言刘秀当为天子,遂谋立子骏。事觉被杀,出谓百姓观者曰:'刘秀真汝主也。'皆近事暴著,智者所共见也。除言天命,且以人事论之:今称帝者数人,而洛阳土地最广,甲兵最强,号令最明。观符命而察人事,它姓殆未能当也。"诸郡太守各有宾客，或同或异。融小心精详，遂决策东向。五年夏，遣长史刘钧奉书献马。

先是，帝闻河西完富，地接陇、蜀，常欲招之以逼嚣、述，亦发使遗融书，遇钧于道，即与俱还。帝见钧欢甚，礼飨毕，乃遣令还，赐融玺书曰："制诏行河西五郡大将军事、属国都尉：劳镇守边五郡，兵马精强，仓库有蓄，民庶殷富，外则折挫羌胡，内则百姓蒙福。威德流闻，虚心相望，道路隔塞，邑邑何已！长史所奉书献马悉至，深知厚意。今益州有公孙子阳、天水有隗将军，方蜀汉相攻，权在将军，举足左右，便有轻重。以此言之，欲相厚岂有量哉！诸事具长史所见，将军所知。王者迭兴，千载一会。欲遂立桓、文，辅微国，当勉卒功业；欲三分鼎足，连衡合从，亦宜以时定。天下未并，吾与尔绝域，非相吞之国。今之议者，必有任嚣效尉佗制七郡之计。王者有分土，无分民，自适己事而已。今以黄金二百斤赐将军，便宜辄言。"因授融为凉州牧。

玺书既至，河西咸惊，以为天子明见万里之外，网罗张立之情。融即复遣钧上书曰："臣融窃伏自惟，幸得讬先后末属，蒙恩为外戚，累世二千石。至臣之身，复备列位，假历将帅，守持一隅。以委质则易为辞，以纳忠则易为力。书不足以深达至诚，故遣刘钧口陈肝胆。自以底里上露，长无纤介。而玺书盛称蜀、汉二主，三分鼎足之权，任嚣、尉佗之谋，窃自痛伤。臣融虽无识，犹知利害之际，顺逆之分。岂可背真旧之主，事奸伪之人；废忠贞之节，为倾覆之事；弃已成之基，求无冀之利。此三者虽问狂夫，犹知去就，而臣独何以用心！谨遣同产弟友诣阙，口陈区区。"友至高平，会嚣反叛，道绝，驰还，遣司马席封间行通书。帝复遣席封赐融、友书，所以慰藉之甚备。

融既深知帝意，乃与隗嚣书责让之曰：

伏惟将军国富政修，士兵怀附。亲遇厄会之际，国家不利之时，守节不回，承事本朝，后遣伯春委身于国，无疑之诚，于斯有效。融等所以欣服高义，愿从役于将军者，良为此也。而忿悁之间，改节易图，君臣分争，上下接兵。委成功，造难就，去从义，为横谋，百年累之，一朝毁之，岂不惜乎！殆执事者贪功建谋，以至于此，融窃痛之！当今西川地势局迫，人兵离散，易以辅人，难以自建。计若失路不反，闻道犹迷，不南合子阳，则北入文伯耳。夫负虚交而易强御，恃远救而轻近敌，未见其利也。融闻智者不危众以举事，仁者不违义以要功。今以小敌大，于众何如？弃子徼功，于义何如？且初事本朝，稽首北面，忠臣节也。及遣伯春，垂涕相送，慈父恩也。俄而背之，谓吏士何？忍而弃之，谓留子何？自兵起以来，转相攻击，城郭皆为丘墟，生人转于沟壑。今其存者，非锋刃之余，则流亡之孤。运今伤痍之体未愈，哭泣之声尚闻。幸赖天运少还，而（大）将军复重于难，是使积痾不得遂瘳，幼孤将复流离，其为悲痛，尤足愍伤，言之可为酸鼻！庸人且犹不忍，况仁者乎？融闻为忠甚易，得宜实难。忧人大过，以德取怨，知且以言获罪也。区区所献，惟将军省焉。

嚣不纳。融乃与五郡太守共砥厉兵马，上疏请师期。

帝深嘉美之，乃赐融以外属图及太史公《五宗》《外戚世家》《魏其侯列传》。诏报曰："每追念外属，孝景皇帝出自窦氏，定王，景帝之子，朕之所祖。昔魏其一言，继统以正，长君、少君尊奉师傅，修成淑德，施及子孙，此皇太后神灵，上天祐汉也。从天水来者写将军所让隗嚣书，痛入骨髓。畔臣见之，当股栗惭愧，忠臣则酸鼻流涕，义士则旷若发矇，非忠孝慹诚，孰能如此？岂其德薄者所能克堪！嚣自知失河西之助，族祸将及，欲设间离之说，乱惑真心，转相解构，以成其奸。又京师百僚，不晓国家及将军本意，多能采取虚伪，夸诞妄谈，令忠孝失望，传言乖实。毁誉之来，皆不徒然，不可不思。今关东盗贼已定，大兵今当悉西，将军其抗厉威武，以应期会。"融被诏，即与诸郡守将兵入金城。

初，更始时，先零羌封何诸种杀金城太守，居其郡，隗嚣使使赂遗封何，与共结盟，欲发其众。融等因军出，进击封何，大破之，斩首千余级，得牛马羊万头，谷数万斛，因并河扬威武，伺候车驾。时，大兵未进，融乃引还。帝以融信效著明，益嘉之。诏右扶风修理融父坟茔，祠以太牢。数驰轻使，致遗四方珍羞，梁统乃使人刺杀张玄，遂与嚣绝，皆解所假将军印绶。七年夏，酒泉太守竺曾以弟报怨杀人而去郡，融承制拜曾为武锋将军，更以辛肜代之。秋，隗嚣发兵寇安定，帝将自西征之，先戒融期。会遇雨，道断，且嚣兵已退，乃止。融至姑臧，被诏罢归。融恐大兵遂久不出，乃上书曰："隗嚣闻车驾当西，臣融东下，士众骚动，计且不战。嚣将高峻之属皆欲逢迎大军，后闻兵罢，峻等复疑。嚣扬言东方有变，西州豪杰遂复附从。嚣又引公孙述将，令守突门。臣融孤弱，介在其间，虽承威灵，宜速救助。国家当其前，臣融促其后，缓急迭用，首尾相资，嚣势排迮，不得进退，此必破也。若兵不早进，久生持疑，则外长寇仇，内示困弱，复令谗邪得有因缘，臣窃忧之。惟陛下哀怜！"帝深美之。

八年夏，车驾西征隗嚣，融率五郡太守及羌虏小月氏等步骑数万，辎重五千余两，与大军会高平第一。融先遣从事问会见仪适。是时军旅代兴，诸将与三公交错道中，或背使者交私语。帝闻融先问礼仪，甚善之，以宣告百僚。乃置酒高会，引见融等，待以殊礼。拜弟友为奉车都尉，从弟士太中大夫。遂共进军，嚣众大溃，城邑皆降。帝高融功，下诏以安丰、阳泉、蓼（安）、安风四县封融为安丰侯，弟友为显亲侯。遂以次封诸将帅：武锋将军竺曾为助义侯，武威太守梁统为成义侯，张掖太守史苞为褒义侯，金城太守库钧为辅义侯，酒泉太守辛彤为扶义侯。封爵既毕，乘舆东归，悉遣融等西还所镇。

融以兄弟并受爵位，久专方面，惧不自安，数上书求代。诏报曰："吾与将军如左右手耳，数执谦退，何不晓人意？勉循士民，无擅离部曲。"

及陇、蜀平，诏融与五郡太守奏事京师，官属宾客相随，驾乘千余两，马牛羊被野。融到，诣洛阳城门，上凉州牧、张掖属国都尉、安丰侯印绶，诏遣使者还侯印绶。引见，就诸侯位，赏赐恩宠，倾动京师。数月，拜为冀州牧，十余日，又迁大司空。融自以非旧臣，一旦入朝，在功臣之右，每召会进见，容貌辞气卑恭已甚，帝以此愈亲厚之。融小心，久不自安，数辞让爵位，因侍中金迁口达至诚。又上疏曰："臣融年五十三。有子年十五，质性顽钝。臣融朝夕教导以经艺，不得令观天文，见谶记。诚欲令恭肃畏事，恂恂循道，不愿其有才能，何况乃当传以连城广土，享故诸侯王国哉？"因复请间求见，帝不许。后朝罢，逡巡席后，帝知欲有让，遂使左右传出。它日会见，迎诏融曰："日者知公欲让职还土，故命公暑热且自便。今相见，宜论它事，勿得复言。"融不敢重陈请。

二十年，大司徒戴涉坐所举人盗金下狱，帝以三公参职，不得已乃策免融。明年，加位特进。二十三年，代阴兴行卫尉事，特进如故，又兼领将作大匠。弟友为城门校尉，兄弟并典禁兵。融复乞骸骨，辄赐钱帛，太官致珍奇。及友卒，帝愍融年衰，遣中常侍、中谒者即其卧内强进酒食。融长子穆，尚内黄公主，代友为城门校尉。穆子勋，尚东海恭王彊女沘阳公主，友子固，亦尚光武女涅阳公主。显宗即位，以融从兄子林为护羌校尉，窦氏一公两侯三公主四二千石，相与并时。自祖及孙，官府邸第相望京邑，奴婢以千数，于亲戚、功臣中莫与为比。永平二年，林以罪诛，事在《西羌传》。帝由是数下诏切责融，戒以窦婴、田蚡祸败之事。融惶恐乞骸骨，诏令归第养病。岁余，听上卫尉印绶，赐养牛，上樽酒。融在宿卫十余年，年老，子孙纵诞，多不法。穆等遂交通轻薄，属托郡县，干乱政事。以封在安丰，欲令姻戚悉据故六安国，遂矫称阴太后诏，令六安侯刘盱去妇，因以女妻之。五年，盱妇家上书言状，帝大怒，乃尽免穆等官，诸窦为郎吏者皆将家属归故郡，独留融京师。穆等西至函谷关，有诏悉复追还。会融卒，时年七十八，谥曰戴侯，赗送甚厚。

帝以穆不能修尚，而拥富资，居大第，常令谒者一人监护其家。居数年，谒者奏穆父子自失势，数出怨望语，帝令将家属归本郡，唯勋以沘阳主壻留京师。穆坐赂遗小吏，郡捕系，与子宣俱死平陵狱，勋亦死洛阳狱。久之，诏还融夫人与小孙一人居洛阳家舍。十四年，封勋弟嘉为安丰侯，食邑二千户，奉融后。和帝初，为少府。及勋子大将军宪被诛，免就国。嘉卒，子万全嗣。万全卒，子会宗嗣。万全弟子武，别有传。

论曰：窦融始以豪侠为名，拔起风尘之中，以投天隙。遂蝉蜕王侯之尊，终膺卿相之位，此则徼功趣势之士也。及其爵位崇满，至乃放远权宠，恂恂似若不能已者，又何智也！尝独详味此子之风度，虽经国之术无足多谈，而进退之礼良可言矣。

译文：

  窦融，字周公，扶风平陵县人。第七代祖先窦广国，是西汉孝文帝皇后的弟弟，受封为章武侯。窦融的高祖父在汉宣帝时，由于官至二千石，从常山国迁徙到了扶风。窦融很小就失去了父亲。王莽居摄年间，窦融做了强弩将军的司马，向东进攻翟义，回来又进攻槐里，因立下军功，被封为建武男这一爵位。他的妹妹是大司空王邑的妾。窦融在长安城中立家，经常在皇帝的内外亲族家里进出，联系结交了不少横行乡里的权势人物，以侠义自任著称。但是，窦融尽心侍奉母亲和哥哥，照顾弱小的弟弟，暗自追求好的品行和道德。王莽末年，青州、徐州乱贼起义，太师王匡邀请窦融作为他的助军，与他一同进行东征。

  等到汉家兵兴起的时候，窦融又跟随王邑出击，结果在昆阳大败，回到长安。汉家兵长驱直入，进入关中。王邑推荐窦融，结果授任他为波水将军，并赐给他黄金一千斤。于是，窦融带兵到了新丰。王莽失败后，窦融带领军队向更始政权的大司马赵萌投降。赵萌任命窦融为校尉。赵萌很看重窦融，于是推荐他做巨鹿太守。窦融见更始政权刚刚建立，东方还扰乱不安，因此不想出关往东。窦融的高祖父曾经做过张掖太守，从祖父做过护羌校尉，堂弟也做过武威太守，几代人都在河西（走廊），熟悉那里的风土人情，于是单独对他的兄弟们说："现在天下的局势，安危还不可知。河西地区殷实富足，有黄河围绕，比较稳固。张掖属国有上万精壮的骑兵，一旦有什么轻重缓急，切断关闭黄河要津，就足以自卫。那里才是我们保全性命的地方呀!"他的兄弟们都认为他说的对。于是,窦融天天去请求赵萌,提出辞让巨鹿太守这一职务,并希望西出河西。赵萌替他在更始帝面前说了这个意思,于是窦融得以做了张掖属国都尉。窦融非常高兴,当即率领家人部下向西出发。到了以后,窦融安抚交结当地的杰出人物,安抚羌族,很得当地百姓官吏的欢心,河西一带一致归顺了他。

当时,酒泉太守梁统、金城太守厍钧、张掖都尉史苞、酒泉都尉竺曾、敦煌都尉辛肜,都是置身州郡的英才俊杰,窦融与他们都结下了十分深厚亲善的关系。至更始政权垮台,窦融和梁统等人计议说:"现在天下扰乱,人们不知道归谁统治,河西地势险峭,处在羌族胡人当中,我们如果不同心并力,就不能够保存自我,如果权力平均,则又没有人来统一指挥。我们应当推举一人,担任大将军,统一管理五郡,以便应付时局的变化。"这一计议确定下来后,大家互相谦让,都认为窦融世世代代在河西任职,是人们敬重归心的人,于是推举窦融代理河西五郡大将军事务。那时,武威太守马期、张掖太守任仲都十分孤立,没有什么朋辈,因而联名给他们写了信,讲明利害,于是这两人很快就解下官印,离职而去。于是让梁统担任武威太守,史苞担任张掖太守,竺曾担任酒泉太守,辛肜担任敦煌太守,厍钧任金城太守。窦融坐镇属国,暂时照旧兼任都尉职务,还设置从事负责监察五郡的事务。河西地区,百姓一贯质朴无华,窦融等人政治也很宽松温和,因此这里上上下下相亲,一片安定景象,人们富足增殖。他们整治兵马,训练战斗射击,加强烽燧报警,一旦羌族胡人攻边塞,窦融立即亲自率军同诸郡军队赶去援救,都十分默契,每次一去就能破敌。后来匈奴被打败以后,就很少再来侵犯攻击了。而那些占据要塞生活的羌族胡人，也都受到震动，表示臣服，友好地依附于他们。安定郡、北地郡、上郡等地的流民，为了躲避战乱饥荒，也络绎不绝地归附河西。

窦融等在这遥远的地方听说汉光武帝即位了，内心里都想着要归属东边的政权，只因为河西被黄河所隔断，路途又遥远，所以不能直接勾通往来。那时隗嚣一开始采用光武帝的建武年号，窦融等人跟着他接受了这一王朝正统，隗嚣都给他们授了将军印章。隗嚣表面上顺应人们的愿望，内心里却怀着异心，派能辩人士张玄到河西进行游说，说："更始帝大事都已经告成，不久又灭亡了，这是一姓不可能第二次兴起的例证。现在刚刚有人做了皇帝，人们就马上接洽归属，假如有朝一日受到这一行为的拘束制约，使自己丧失主动权，以后再遇到危急受挫的话，即使后悔，也来不及了。现在豪杰竞起逐头，胜负未决，应当各自据守自己控制的土地范围，和陇、蜀相联合，好的话，可以与六国地位相比，次的话，也不失称霸一方。"于是，窦融等人召集豪杰以及各位太守一起来商量，有一般见识的人都说："汉王朝上承尧运，历数还很长。现在的皇帝，他的姓名字号出现在河图洛书上。自从前汉博通事物的方士谷子云、夏贺良等人，明确指出汉王朝有再次受天命的征兆以来，时间已经很久了。哀帝时刘子骏之所以改名为秀，就是为了与这种预测相应。等到王莽末年，道士西门君惠说刘秀肯定会做天子，于是谋划着要立刘子骏为帝。他后来因事情败露被杀害，临死前出来对那些前来观看的老百姓说：'刘秀确实是你们的皇帝呀！'这些都是近来的事情所显露的，也是明智的人所有目共睹的。撇开天命不说，即便以人事论的话，也可知：今天称帝的有几个人，而以洛阳所辖范围最大，甲兵最强，号令也最严明。通过观察天命和人事，其他姓氏的人恐怕没法与之相比。"各郡太守，都有自己的宾客幕僚，有的同意这一说法，有的不同意这一说法。窦融小心谨慎，调查得精确详细，然后才决定心向东面的洛阳政权。建武五年（公元29年）夏天，窦融派长史刘钧到洛阳，奉上了书信，献上了马。

在此之前，汉光武帝听说河西一带完整、富足，地理上又与陇蜀接壤，就经常想予以招纳，用以威逼隗嚣、公孙述，也派出使者，送信给窦融，恰好使者在途中碰到了刘钧，就与他一起回到了洛阳。光武帝见到刘钧后非常高兴，行礼招待完毕后，又送走他，让他回去，并赐给窦融一封玺书，说："命令代理河西五郡大将军事、属国都尉：有劳您镇守边地五郡，使得兵精马强，仓库有了积蓄，老百姓殷实富足，对外挫败羌族胡人的侵犯，对内使老百姓享受幸福。您的威望德行流传远闻，我真诚在期待着您，只因为道路隔离，而愁闷不已。您的长史送来的书、献来的马，都已全部收到，我十分领会您深厚的情谊。现在益州有公孙述。天水有隗嚣将军，现在蜀汉正在相攻之际，决定权在您的手里。将军若向着左边则左边胜，若向着右边则右边胜。从这个意义上来说，我想厚待您，又哪里有限度呢？所有这些事都是长史所看见的，将军能知道的。称王的人交替而起，关键在于把握好时机。您如果想乘机做齐桓公、晋文公那样的事业，辅佐微弱的王朝，那就应当努力完成这一功业。如果想达到三分天下，鼎足而立，或者连横合纵那样的目的，也应当及时下定决心。现在天下并没统一，我与您相互隔离极远，不存在相互吞并的问题。当今那些进行谋划的人中，肯定会有人提出像任嚣所告诉尉佗的去控制南越七郡那样的计策的。做王的可以有自己的领地，却没法强求他领地上的人民，只能让他们谋求自己适应的事情去做。现在赐给将军您黄金二百斤。有什么该办的事，随时都可以说。"光武帝就此授任窦融为凉州牧。

玺书传到河西以后，大家都感到惊异，认为天子明察秋毫，能够看得见万里以外的事情，了解到了张玄在河西游说的事实。窦融马上又派刘钧上书，说："微臣窦融暗自思忖，我家有幸得以托先王之福，做了微不足道的官，并受恩成了外戚，后来累世都做二千石级大官。到我自己，又徒负空名，滥充将帅，镇守维持边陲一隅。这样做只不过是为了献身容易找到言辞，效忠容易出力而已。书信不足以完全表达的诚意，所以现在派刘钧当面陈述我真诚的心意。我自认为没有任何隐藏，一直以来没有丝毫异心。而您的玺书中一个劲地谈什么蜀、汉二主，三足鼎立，以及任嚣、尉佗这类的权谋，让我私下里非常痛心伤感。微臣窦融即便没有什么见识，也还知道什么是利，什么是害，也还知道什么是顺，什么是逆。我怎么能背弃以前真正的主人，而为奸猾伪冒的人服务？我又怎么会丢掉忠诚贞洁的节操，去做让自己覆没的事？抛弃已经成就的基业？去追求没有希望的利益呢？拿这三个问题去问狂妄无知之人，他们都会知道该干什么，不该干什么，我窦融单单又有什么别的用心呢！因此，现在派同母兄弟窦友去朝廷，口头陈述我诚挚的心意。"窦友到达高平的时候，赶上隗嚣反叛，道路隔绝，于是火速赶回河西，窦融又派司马席封走小道将书信送到了朝廷。光武帝又派席封赐给窦融、窦友书信，安慰备至。

窦融已经深刻领会光武帝的用意，便给隗嚣写信，责问他说：

我暗自思量，将军国度富庶，政治修理，士人兵卒归向附从。您在亲身遭遇过灾难接踵、国家不利的情况下都能始终保持节操，为本朝效力，后来又派遣亲子伯春为质于朝廷，您无可怀疑的诚意由此得到了证实。窦融我等之所以欣然服膺您崇高的正义感,愿意跟从将军役使,其原因主要也就在这里。而您一气之下,改变节操,变更图谋,使得君臣之间出现纷争,上与下以兵刃相见。舍弃成功,去做难以成功的事,丢掉正义举动,而去作不义之谋,终身都要受这种举动的拖累,一旦之间而毁灭,岂不是太可惜了吗?大概是您左右供差使的人贪图功名,出了这种主意,才至于今天这样,窦融私下里为您痛心!现在西州地势拘束受挤,百姓军人离散,辅佐别人还算容易,想自立门户实在太难。如果您打算迷途不返,听见有人指点还装糊涂的话,那么您不与南边的公孙子阳合并,就得加入北边的卢文伯阵营。那么,恃仗着不可靠的交情,轻侮强大的光武帝,恃着远来的救援而轻视近处的敌人,这种做法,看不出有利的地方。窦融曾听说,聪明的人不会在危害众人的情况下办事,仁慈的人不会违背道义捞取功名。现在,您以弱小的力量抗衡强大的对手,把众人放在什么位置?您抛弃儿子,求取功名,把道义又放在什么位置?当初奉事本朝,向北面稽首称拜,具有忠臣的节操。派遣儿子伯春入质,流着泪送别,体现了一个慈父的恩德。没过多久就背叛朝廷,怎么向吏民百姓交替?狠心地抛弃儿子,又怎么对留下的儿子说?自从起兵以来,互相攻击,城郭都变成了一片废墟,活人辗转流离,死入沟壑。现在活下来的人,不是从刀枪下逃出来的,就是流离逃亡后的孤儿。到现在为止,那些受到创伤的人身体还没痊愈,哭泣的声音还可以时常听到。幸好有赖于天运悄悄地回来了,而将军却又要重返灾难,这不是让积久而成的病痛不得痊愈,让幼小的孤儿再次流徙离散吗?这种悲哀痛楚的事,实在是让人哀怜,一说起来就让人鼻子发酸!平庸之辈尚且不忍这么做,更何况是仁慈的人呢?窦融我听说做到忠并不难,难的是忠得恰当。为别人的过错忧愁，实在是以德来换取怨恨，我知道我将因为这些话得罪您。但我希望这一点点奉劝，能让将军进行一番考虑。

隗嚣对窦融的劝告未予采纳。于是，窦融和五郡太守一道，磨砺兵马，并上书朝廷，请求出兵的日期。

光武帝特别赞美窦融的这一做法，因而赐给他外戚图册、太史公《五宗》《外戚世家》《魏其侯列传》等。光武帝还下诏书回报说："每当我追忆外戚，我就会想起，汉景帝为窦氏所生，定王发，又是景帝的儿子，这都是我的祖上。往日魏其侯一句话，使得皇位的传承附和正统，而窦太后的兄弟们又尊敬侍奉老师，具有了善良的美德，并一直影响到子子孙孙，这都是皇太后的神灵，和上天在保佑我们汉室呀！从天水那边来的人把将军斥责隗嚣的信誉写出来了，真是痛切入骨啊。叛臣看见它，一定会害怕得两腿发抖，惭愧不已；忠臣看见它，则会鼻子发酸，忍不住留下泪来，侠义之士看见它，则会像瞎子见到光明那样豁然开郎。如果不是忠孝诚实的人，谁又能写出这样好的东西来呢？这哪里是没有德行的人能够经受得住的呢？隗嚣自知丧失了河西的援助，族诛之祸不久就要来临，因而想设下离间计，蛊惑人心，到处游说，相互附会造作，以便达到他的邪恶的目的。京师的百官臣僚，并不理解我和您的本意，往往听信那些不实之言，夸夸其谈，荒诞不经，使忠臣孝子失望，社会上的传言与实情相背。说好说坏，都不是偶然的，不可不多加思索，现在关东一带的叛贼已经平定下去，大部队现在就要转向西边了，请将军大张旗鼓，振奋军威，以便配合行动。"窦融接到诏书后，很快就和各郡守带兵进驻金城。

当初,更始帝时期,先零羌首领封何所属各种落杀了金城太守,并在金城郡居住下来。这时隗嚣派使者贿赂封何,与他共同结成联盟,企图征发他的人马。窦融等人乘着大军出击,进兵攻击封何,把他打得大败,杀敌千余人,并夺取上万头牛、马、羊,几万斛谷物。于是在靠近黄河的地方耀武扬威,等候着皇帝大驾的来临。这时,由于国家大军未能前进到达,窦融也就带兵回去了。光武帝因为窦融的诚实和效用都很明显,从而对他更加看重。于是下诏右扶风修饰整理窦融父亲的坟茔,用太牢进行祭祀。还几次派出快速的使者,给窦融送去四方的贵重珍奇的食品。梁统因此派人刺杀掉张玄,与隗嚣断绝了来往,解除了隗嚣发给他们的将军官印。建武七年(公元31年)夏天,酒泉太守竺曾因为弟弟报私仇杀了人,放弃了郡守的职位。窦融受命拜他为武锋将军,而另外以辛肜代替他的太守职务。这年秋天,隗嚣出兵侵犯安定,光武帝准备亲自西征,因而事先与窦融约定时间。不料正好赶上下大雨,道路阻断,加之隗嚣也退了兵,所以中止了这次行动。窦融赶到姑臧,接到命令,也罢军归还。窦融担心国家大军因此长久不来,于是上书说:"隗嚣听说皇帝将要西征,我也要东下响应,因而上下动乱,于是决计暂且不与我们交战。隗嚣的将军高峻等人本来都准备迎接大军的,后来听说大军作罢,于是又犹豫起来。隗嚣乘机宣扬,说东面发生了变故,于是河西各州的豪杰再次附属听命于他。隗嚣还拉拢公孙述手下将领,让他们守住突门。我势孤力弱,被夹在中间,虽说有您的威灵保佑,但我还是认为应该迅速给我援救和帮助。您从正面攻击,我在后面进行追逼,轮番采取缓和与急迫的方式,首尾呼应,隗嚣形势窘迫,进不得,退不了,一定会被攻破。假如不早日出兵,时间一久,让人们犹豫不决,那么,一方面会长寇贼的志气，一方面会让国内觉得国家困顿虚弱，使得谗邪的言论找到根据，我真为您担忧。请陛下体恤我的心情！"光武帝阅后，更加看重窦融。

建武八年夏天，光武帝西征隗嚣，窦融率领五郡太守以及羌人和西域的小月氏等，步兵骑兵共数万人，五千多辆军用物资车，与大军在高平第一城会合。事先，窦融派从事打听了与皇帝会见的礼仪。那时，军事行动接连不断，将帅和三公们经常在途中互相接触，有的背着使者，私下里进行交谈。光武帝听说窦融提前询问礼仪，特别赞赏，因此拿他的做法宣示告知所有官员臣僚们。于是置酒盛会，接见窦融一行，以特殊的礼节来招待他们。光武帝拜窦融的弟弟窦友为奉车都尉，堂弟窦士为太中大夫。接着一起进军。结果隗嚣的部队溃败，他控制的城邑都投降政府。光武帝认为窦融功劳很高，于是下诏封给窦融安丰、阳泉、蓼、安风四个县，封他为安丰侯，还封他的弟弟窦友为显亲侯。然后，按次序给其他各位将帅也封了爵。封武锋将军竺曾为助义侯，封武威太守梁统为成义侯，封张掖太守史苞为褒义侯，封金城太守厍钧为辅义侯，封酒泉太守辛肜为扶义侯。封完爵以后，皇帝一行东归而去。窦融等人又都被派遣向西，回到各自镇守的地方。

窦融因为兄弟都得到爵位，长期在一方掌权，心怀畏惧，不敢心安理得，于是几次上书，要求来人替换。皇帝回报说："我和将军形同左右手，你多次表示谦逊退让，为什么不理解我的心呢？请你努力安抚士人百姓，不要擅自离开你的岗位。"

等到陇、蜀平定以后，皇帝命令窦融和五郡太守到京师来奏事。窦融一行的官吏属员和宾客也都随同前往，因而装了一千余辆车，马、牛羊满山遍野。窦融到京师后，直接到洛阳城门去，上交了凉州牧、张掖属国都尉和安丰侯的印绶。皇帝命令派使者还给窦融侯印。然后接见他们，让他们到诸侯的位置上去。对他们的赏赐恩宠，一下子使整个京师为之倾动。几个月以后，朝廷拜窦融为冀州牧。十几天以后，窦融又得到升迁，做了大司空。窦融自认为不属于旧臣，一旦入朝，地位就处在功臣们之上。因此，每次受召进宫，与功臣们相会时，表情言辞都显得特别谦抑恭敬。为此光武帝对他更加亲近厚爱。窦融小心翼翼，心里始终不踏实，因而几次要辞去爵位，并且通过侍中金迁口头转达了十分的诚意。后来，窦融又上疏说："我今年五十三岁了。有一个儿子，年龄十五岁，生性顽劣愚钝。我平日只教给他一些经学艺术，不让他观天文，识图谶。这不过是为了让他恭谦肃穆，畏惧大事，老老实实地循规蹈矩。我不愿意他有才能，哪里能够传给他广阔的领地，让他享受诸侯王国的待遇呢？"于是又请求在方便的时候接见，皇帝没有答应。后来在一次上完朝后，窦融又在坐席后欲进不进，光武帝知道他又要辞让，就让旁边的人传话，让他出去了。等到再次相见的时候，光武帝迎过去对他说："那天我知道你是想要辞退职务，归还封地，所以我才让你暑热回家自便，没有理你。今天见面，最好说点别的，不得再提辞让的事。"窦融因此不敢重提请求辞让的话了。

建武二十年，大司徒戴涉因为自己推荐的人盗窃金钱受到牵连，被打进监牢。光武帝因为窦融身为三公，职位上受到连带，不得已还是免了他的官，并记录在册。第二年，给窦融以特进的加官封号。建武二十三年，窦融代替阴兴行使卫尉的职权，他的特进地位依旧，另外还兼任将作大匠的职务。窦融的弟弟窦友担任城门校尉，兄弟二人同时主管皇宫禁卫军。窦融又请求退职，皇帝立即赏赐给他钱帛，还让太官令送去了好吃的食物。窦友死后,光武帝体谅窦融年老,派中常侍、中谒者亲自到窦融的卧室,尽力让他喝点酒,吃点东西。窦融的长子窦穆,娶内黄公主为妻,替代窦友,做了城门校尉。窦穆的儿子窦勋,娶东海恭王强的女儿沘阳公主为妻,而窦友的儿子窦固,也娶了光武帝的女儿涅阳公主为妻。汉明帝即位以后,让窦融堂兄的儿子窦林做了护羌校尉。窦氏家族有一人至三公、两人为侯,三人娶公主,四人官至二千石,都为当时人所称道。从祖到孙,窦氏家族的官府私邸,散布京师,连绵相望。他家的奴婢多得以千计。因此,在当时皇帝的内外亲属以及功臣中,没有能够与窦氏家族相比的。汉明帝永平二年(公元59年),窦林犯罪被东,此事记载在《西羌传》。明帝为此多次下诏,严厉斥责窦融,还拿前汉窦婴、田蚡被诛的教训来警告窦融。窦融感到很害怕,于是再次请求退休。明帝下诏,让他回到自己的宅第养病。一年多以后,明帝听凭窦融上交了卫尉印信,然后赐给他作祭祀用的牛,以及酒杯和酒。窦融在宫中宿卫十多年,等到年纪大了以后,子孙纵情放荡,大都不遵法度。窦穆等与轻薄不法之徒来往,叮嘱郡县官吏为他徇私,干扰打乱了正常的政事。他因为封地在安丰,就想让有婚姻关系的人全面控制过去的六安国,于是假称阴太后的诏令,命令六安侯刘盱休掉妻子,然后将自己的女儿嫁给刘盱为妻。永平五年,刘盱的妻子家上书明帝,说明了实际情况。明帝大怒,于是将窦穆等人的官职全部罢免了。窦氏家族所有官至郎吏的,也全都让他们带着家属归还故乡,只有窦融还留在京师。窦穆等人向西前进,到达函谷关的时候,又有诏书下来,要追他们回京师去。窦融碰巧在这时死去,当时年龄七十八岁。窦融的谥号为戴侯。皇帝送来帮助办理丧事的财物非常丰厚。

汉明帝认为窦穆不能够刻意修行，使自己变得高尚起来，但他又拥有很多财富，住着宏大的宅第，于是常常让一名专门负责报告情况的人，对他的家进行监护。几年后，负责报告的人奏称窦穆父子自从失势以后，多次说出表示怨恨的话来，明帝下令窦穆带着他的家人和随从归还他自己所在的郡，唯独窦勋因为是沘阳公主的女婿，而得以留在京师。窦穆因贿赂下层官吏又犯了罪，被郡里逮捕。后来，他和他的儿子窦宣都死在平陵郡的监牢里，窦勋也在洛阳的监狱里死去。很久以后，有诏书下来，让窦融的妻子以及他们的一个年幼孙子，回去居住在他们洛阳的家里。永平十四年，皇帝封窦勋的弟弟窦嘉为安丰侯，并赐给食邑两千户，让他奉嗣窦融。汉和帝初年，窦嘉做了少府。等到窦勋之子大将军窦宪被诛杀的时候，窦嘉也被免职，回到封国。窦嘉死后，儿子窦万全继承了他的封爵。窦万全死后，儿子窦会宗又继承了封爵。窦万全弟弟的儿子窦武，另有传。

史家论曰：窦融最初以豪爽任侠出名，在战乱中突然站出来，钻了天下大乱的空隙。他以微贱之躯摇身一变而为王侯，终于得到了卿相的职位。他其实是一个善于邀功请赏、趋炎附势的人。等到他爵高禄满的时候，他便开始放弃权势，远离宠信，那种恭敬谨慎的样子，使人觉得他好像真的承受不了，这又是多么明智呀！我曾经独自仔细玩味这家伙的风度，感觉他虽然没有什么治理国家的才能可谈，但他善于恪守进退礼仪这方面，却很有一些可以说说的。

窦宪列传

宪字伯度。父勋被诛，宪少孤。建初二年，女弟立为皇后，拜宪为郎，稍迁侍中、虎贲中郎将；弟笃，为黄门侍郎。兄弟亲幸，并侍宫省，赏赐累积，宠贵日盛，自王、主及阴、马诸家，莫不畏惮。宪恃宫掖声势，遂以贱直请夺沁水公主园田，主逼畏，不敢计。后肃宗驾出过园，指以问宪，宪阴喝不得对。后发觉，帝大怒，召宪切责曰："深思前过，夺主田园时，何用愈赵高指鹿为马？久念使人惊怖。昔永平中，常令阴党、阴博、邓叠三人更相纠察，故诸豪戚莫敢犯法者，而诏书切切，犹以舅氏田宅为言。今贵主尚见枉夺，何况小人哉！国家弃宪如孤雏腐鼠耳。"宪大震惧，皇后为毁服深谢，良久乃得解，使以田还主。虽不绳其罪，然亦不授以重任。

和帝即位，太后临朝，宪以侍中，内干机密，出宣诰命。肃宗遗诏以笃为虎贲中郎将，笃弟景、瑰并中常侍，于是兄弟皆在亲要之地。宪以前太尉邓彪有义让。先帝所敬，而仁厚委随，故尊崇之，以为太傅，令百官总已以听。其所施为，辄外令彪奏，内白太后，事无不从。又屯骑校尉桓郁，累世帝师，而性和退自守，故上书荐之，令授经禁中。所以内外协附，莫生疑异。宪性果急，睚眦之怨莫不报复。初，永平时，谒者韩纡尝考劾父勋狱，宪遂令客斩纡子，以首祭勋冢。齐殇王子都乡侯畅来吊国忧，畅素行邪僻，与步兵校尉邓叠亲属数往来京师，因叠母元自通长乐宫，得幸太后，被诏召诣上东门。宪惧见幸，分宫省之权，遣客刺杀畅于屯卫之中，而归罪于畅弟利侯刚，乃使侍御史与青州刺史杂考刚等。后事发觉，太后怒，闭宪于内宫。

宪惧诛，自求击匈奴以赎死。会南单于请兵北伐，乃拜宪车骑将军，金印紫绶，官属依司空，以执金吾耿秉为副，发北军五校、黎阳、雍营、缘边十二郡骑士，及羌胡兵出塞。明年，宪与秉各将四千骑及南匈奴左谷蠡王师子万骑出朔方鸡鹿塞，南单于屯屠河，将万余骑出满夷谷，度辽将军邓鸿及缘边义从羌胡八千骑，与左贤王安国万骑出（捆）〔稒〕阳塞，皆会涿邪山。宪分遣副校尉阎盘、司马耿夔、耿谭将左谷蠡王师子、右呼衍王须訾等，精骑万余，与北单于战于稽落山，大破之，虏众崩溃，单于遁走，追击诸部，遂临私渠比鞮海。斩名王已下万三千级，获生口马牛羊橐驼百余万头。于是温犊须、日逐、温吾、夫渠王柳鞮等八十一部率众降者，前后二十余万人。宪、秉遂登燕然山，去塞三千余里，刻石勒功，纪汉威德，令班固作铭曰：

惟永元元年秋七月，有汉元舅曰车骑将军窦宪，寅亮圣明，登翼王室，纳于大麓，惟清缉熙。乃与执金吾耿秉，述职巡御，理兵于朔方。鹰扬之校，螭虎之士，爰该六师，既南单于、东乌桓、西戎氐羌侯王君长之群，骁骑三万。元戎轻武，长毂四分，云辎蔽路，万有三千余乘。勒以八阵，莅以威神，玄甲耀日，朱旗绛天。遂陵高阙，下鸡鹿，经碛卤，绝大漠，斩温禺以衅鼓，血尸逐以染锷。然后四校横徂，星流彗埽，萧条万里，野无遗寇。于是域灭区单，反旆而旋，考传验图，穷览其山川。遂逾涿邪，跨安侯，乘燕然，蹑冒顿之区落，焚老上之龙庭。上以摅高、文之宿愤，光祖宗之玄灵；下以安固后嗣，恢拓境宇，振大汉之天声。兹所谓一劳而久逸，暂费而永宁者也。乃遂封山刊石，昭铭上德。其辞曰：

铄王师兮征荒裔，剿凶虐兮截海外，敻其邈兮亘地界，封神丘兮建隆嵑，熙帝载兮振万世。

宪乃班师而还。遣军司马吴汜、梁讽，奉金帛遗北单于，宣明国威，而兵随其后。时虏中乖乱，汜、讽所到，辄招降之，前后万余人。遂及单于于西海上，宣国威信，致以诏赐，单于稽首拜受。讽因说宜修呼韩邪故事，保国安人之福。单于喜悦，即将其众与讽俱还，到私渠海，闻汉军已入塞，乃遣弟右温禺鞮王奉贡入侍，随讽诣阙。宪以单于不自身到，奏还其侍弟。南单于于漠北遗宪古鼎，容五斗，其傍铭曰"仲山甫鼎，其万年子子孙孙永保用"，宪乃上之。诏使中郎将持节即五原拜宪大将军，封武阳侯，食邑二万户。宪固辞封，赐策许焉。

旧大将军位在三公下，置官属依太尉。宪威权震朝廷，公卿希旨，奏宪位次太傅下，三公上；长史、司马秩中二千石，从事中郎二人六百石，自下各有增。振旅还京师。于是大开仓府，劳赐士吏，其所将诸郡二千石子弟从征者，悉除太子舍人。是时笃为卫尉，景、瓌皆侍中、奉车、驸马都尉，四家竞修第宅，穷极工匠。明年，诏曰："大将军宪，前岁出征，克灭北狄，朝加封赏，固让不受。舅氏旧典，并蒙爵士。其封宪冠军侯。邑二万户；笃郾侯，景汝阳侯，瓌夏阳侯，各六千户。"宪独不受封，遂将兵出镇凉州，以侍中邓叠行征西将军事为副。北单于以汉还侍弟，复遣车谐储王等款居延塞，欲入朝见，愿请大使。宪上遣大将军中护军班固行中郎将，与司马梁讽迎之。会北单于为南匈奴所破，被创遁走，固至私渠海而还。宪以北虏微弱，遂欲灭之。明年，复遣右校尉耿夔、司马任尚、赵博等将兵击北虏于金微山，大破之，克获甚众。北单于逃走，不知所在。

宪既平匈奴，威名大盛，以耿夔、任尚等为爪牙，邓叠、郭璜为心腹。班固、傅毅之徒，皆置幕府，以典文章。刺史、守令多出其门。尚书仆射郅寿、乐恢并以忤意，相继自杀。由是朝臣震慑，望风承旨。而笃进位特进，得举吏，见礼依三公。景为执金吾，瓌光禄勋，权贵显赫，倾动京都。虽俱骄纵，而景为尤甚，奴客缇骑依倚形势，侵陵小人，强夺财货，篡取罪人，妻略妇女。商贾闭塞，如避寇仇。有司畏懦，莫敢举奏。太后闻之，使谒者策免景官，以特进就朝位。瓌少好经书，节约自修，出为魏郡，迁颍川太守。窦氏父子兄弟并居列位，充满朝廷。叔父霸为城门校尉，霸弟褒将作大匠，褒弟嘉少府，其为侍中、将、大夫、郎吏十余人。

宪既负重劳，陵肆滋甚。四年，封邓叠为穰侯。叠与其弟步兵校尉磊及母元，又宪女壻射声校尉郭举，举父长乐少府璜，皆相交结。元、举并出入禁中，举得幸太后，遂共图为杀害。帝阴知其谋，乃与近幸中常侍郑众定议诛之。以宪在外，虑其惧祸为乱，忍而未发。会宪及邓叠班师还京师，诏使大鸿胪持节郊迎，赐军吏各有差。宪等既至，帝乃幸北宫，诏执金吾，五校尉勒兵屯卫南、北宫，闭城门，收捕叠、磊、璜、举，皆下狱诛，家属徙合浦。遣谒者仆射收宪大将军印绶，更封为冠军侯。宪及笃、景、瓌皆遣就国。帝以太后故，不欲名诛宪，为选严能相督察之。宪、笃、景到国，皆迫令自杀，宗族，宾客以宪为官者皆免归本郡。瓌以素自修，不被逼迫，明年坐禀假贫人，徙封罗侯，不得臣吏人。初，窦后之谮梁氏，宪等豫有谋焉，永元十年，梁棠兄弟徙九真还，路由长沙，逼瓌令自杀。后和熹邓后临朝，永初三年，诏诸窦前归本郡者与安丰侯万全俱还京师。万全少子章。

论曰：卫青、霍去病资强汉之众，连年以事匈奴，国耗太半矣，而猾虏未之胜，后世犹传其良将，岂非以身名自终邪！窦宪率羌胡边杂之师，一举而空朔庭，至乃追奔稽落之表，饮马比鞬之曲，铭石负鼎，荐告清庙。列其功庸，兼茂于前多矣，而后世莫称者，章末衅以降其实也。是以下流，君子所甚恶焉。夫二三子得之不过房幄之间，非复搜扬仄陋，选举而登也。当青病奴仆之时，窦将军念咎之日，乃庸力之不暇，思鸣之无晨，何意裂膏腴，享崇号乎？东方朔称"用之则为虎，不用则为鼠"，信矣。以此言之，士有怀琬琰以就煨尘者，亦何可支哉！

译文：

窦宪，字伯度。由于父亲窦勋被杀，窦宪少年时成了孤儿。建初二年，妹妹被立为章帝的皇后，窦宪因此被拜为侍从皇帝的郎官。慢慢地，窦宪升迁为侍中、虎贲中郎将。他的弟弟窦笃，官至黄门侍郎。他们兄弟二人受到宠幸，同时侍从于宫中，得到的赏赐很多，由于他们受宠，地位越来越高，连皇室众封王、公主和阴氏、马氏等外戚，都没有不害怕他们的。窦宪自恃自己在宫中的声威权势，以很低的价钱，名为请购，实为抢夺，买下了沁水公主的园田，公主为他们的势力所逼，心怀畏惧，不敢与他们计较。后来，汉章帝车驾出行，路过那片园田，指着问窦宪，窦宪佯装喑塞，不敢直接回答。后来，当章帝明白事情始末后，不禁大发雷霆，立刻召来窦宪，严厉地斥责他说："你要好好地反省前面的过错。掠夺公主的园田时，你的做法与赵高指鹿为马的行为又有什么差别？细想起来使人后怕。以前永平年间，皇帝时常让阴党、阴博、邓叠三人互相纠察，使他们这些外戚没有一个敢于犯法。而在诏书中，还一次又一次地，提醒舅舅家的人不要在田宅这方面犯法。现在贵至公主都徒然被夺，何况一般小人物呢！我除掉你就跟扔掉孤单的小鸟和腐烂的老鼠那样容易。"窦宪听后震惊恐惧，窦皇后为此自毁衣装，深表谦意。好久以后，这事才得到皇帝的谅解，让他把园田还给了公主。虽然没有治他的罪，但也再不给他以重要的官职了。

汉和帝即位以后，窦太后临朝听政。窦宪以侍中的身份，在宫内主管机密，对外宣示皇帝的诏命。章帝曾留下遗诏，任命窦笃为虎贲中郎将，窦笃的弟弟窦景、窦瑰也同时任中常侍，这样，窦氏兄弟都占据了亲近重要的职位。窦宪认为前任太尉邓彪讲义气，谦让在先，受到已故皇帝的尊敬，现在依然为人仁慈宽厚比较顺从，所以格外尊奉抬举他，任命他为太傅，但让内外百官都听从自己的领导。窦宪想要做什么，就先支使邓彪上书请求，同时自己暗地给太后打招呼，如此这般，事情没有不被接受的。屯骑校尉桓郁这个人，给几代皇帝做过老师，为人温和退让，明哲保身，窦宪因此上书推荐，让他在宫中传授经学。于是，皇宫内外，显得很协调一致，没有人怀疑什么。窦宪生性果敢急躁，连小怨小忿都没有不予以报复的。当初，永平年间，谒者韩纡曾经考究审决过窦宪之父窦勋的讼案，于是窦宪下令让宾客杀掉了韩纡之子，取下他的首级来祭祀窦勋的坟。宗室齐殇王的儿子都乡侯畅，来都城悼念死去的皇帝。畅历来做事歪邪乖僻，多次在京城和步兵校尉邓叠的家属来往，并借助邓叠母亲元的方便，径直和长乐宫联系上了，并受到太后的宠信，得到诏书，被召到上东门。窦宪害怕他得到宠信，瓜分宫内官署的权力，派刺客将刘畅杀死于驻扎防守之地。然后，窦宪嫁祸于刘畅的弟弟利侯刚，进而派侍御史和青州刺史一同考核刘刚等人。后来，这件事闹发了，太后非常生气，把窦宪关闭在宫中。

窦宪害怕杀头，主动请求出击匈奴，以便赎抵死罪。碰巧南单于请求派兵北伐，于是朝廷拜窦宪为车骑将军，授予金印紫绶，他的属官随从以司空级别为准。同时，让执金吾耿秉作他的副手，派出中央北军中的五校兵，黎阳、雍营郡兵，以及沿边境地区十二郡的骑兵，加上羌胡兵，一并出塞。第二年，窦宪和耿秉各率领四千名骑兵，加上南匈奴的左谷蠡王师子的一万骑兵，从朔方的鸡鹿塞出发，南单于屯屠河率领一万多名骑兵从满夷谷出发，度辽将军邓鸿以及沿边地区归附汉室的羌胡共八千骑兵，与匈奴左贤王安国的一万骑兵，会师集结在涿邪山。窦宪派遣副校尉阎盘、司马耿夔。耿谭分别率领左谷蠡王师子、右呼衍五须訾等部，精锐骑兵共万余名，和北单于在稽落山展开大战，结果，大败北单于，敌人溃不成军，北单于逃跑。汉军乘胜追击，攻击北匈奴诸部落，最后抵达私渠比鞮海。这一仗，斩杀敌军自有名的王以下人数一万三千，缴获了大量俘虏。和一百多万头马、牛、羊、骆驼。温犊须、日逐、温吾、夫渠王柳鞮等匈奴所部共八十一个部落，因此也前来投降，前后共达二十多万人。窦宪、耿秉于是登上燕然山，在距离汉朝要塞三千里的地方，刻石记功，记载表达了汉朝的军威政德。窦宪命令班固作铭文说：

汉和帝永元元年（公元89年）秋七月，汉室之舅、车骑将军窦宪，敬信圣明之主，升职辅佐皇室，负责大录万机，办事光明。于是，与执金吾耿秉一道，小则向皇帝述职，大则往来巡察，出兵朔方。如鹰飞扬之将校，如螭虎勇猛之战士，都搜罗到我六师之内，加上南单于、东乌桓、西戎氐羌侯王君长所领兵众，共有三万骁勇的骑兵。兵车疾驰，到处都能见到长长的车毂。众多的战车掩盖了路面，多达一万三千多乘。大军排出八阵图，兵威相加，黑色铁甲耀日冲天，红色战旗照亮了天空。于是兵临高阙塞，直下鸡鹿山，经过咸卤沙石之地，度过大沙漠，斩温禺王，用其血涂战鼓，杀尸逐王,用其血染刀刃。然后,四面之军横行无阻,如星流彗扫般疾速,使万里之内萧条一片,四野再也没有为害的人。于是境内消灭了割据的边界,掉转旌旗回师,沿途考订传记,验证图籍,彻底地观览了一路的山川形势。因而越过涿邪山,跨过安侯水,借助燕然山的掩护,跟踪追击,掏了冒顿单于的老窝,烧了老上单于的龙廷。往前说,这是报了汉高祖、汉文帝时的旧仇,使祖宗神灵重放光明;往后说,是使后来的继承人得以安宁巩固,大大开拓了疆域,振作了大汉王朝的雷霆之声,这就是所谓的一劳永逸,暂时费力而得到永久的安宁吧。于是,祭祀其山后,将文字刻在上面,清楚地记载高尚的德行。铭文写道:

铄王师兮征荒裔,剿凶虐兮截海外,夐其邈兮亘地界,封神丘兮建隆嵑,熙帝载兮振万世。

窦宪就此班师而归。(临走时,)窦宪派军中司马吴汜、梁讽,带着黄金和布帛,前去送给北单于,并宣示讲明国家的威势。同时,还派兵紧随其后。那时,敌人中间局势混乱,吴汜梁讽所到之处,即招降他们,前后收降达一万多人。然后在西海赶上了北单于。他们讲明国家的威势和信用,把汉朝的诏书和赏赐也给了单于,于是单于行稽首礼,跪拜着接受了。梁讽乘机劝说单于,应当学习呼韩邪的做法,得到保卫匈奴、安抚民众的福气。北单于很高兴,当即率领所部和梁讽一同往东,到达私渠海时,北单于听说汉军已经进入塞内,就改派弟弟右温禺鞮王带着贡品入京师侍候,随同梁讽来到汉军军营。窦宪看到北单于没有亲自前来,就上奏后打发前来侍候的单于弟弟回去了。南单于从漠北送给窦宪一座可装五斗东西的古鼎,鼎旁的铭文为:"这座仲山甫鼎,可以万年子子孙孙永远使用不废"，窦宪将它上交给了朝廷。朝廷下诏派中郎将配带使节，到五原就近拜窦宪为大将军，封他为武阳侯，赐给他二万户作为食邑。窦宪坚决不接受封号，朝廷只好下文答应了他的要求。

按旧制，大将军的级别在三公之下，所设置的属官则依准太尉。窦宪威名权势令朝廷震动，于是有的公卿为了迎合窦宪的意趣，上书请求将窦宪的位置排在太傅之下，而在三公之上，他的属官长史，司马俸禄中二千石，从事中郎两人俸禄六百石，自此以下，都不同程度地有所增加。窦宪整顿军队后回到京师。窦宪回朝后大开仓库府藏，慰劳赏赐将士，他所率领的各郡二千石长官的子弟们，只要跟随打了仗的，都任命为太子舍人。此时，窦笃官至卫尉，窦景、窦瑰等，也都官至侍中、奉车都尉、驸马都尉。这四家竞相攀比，修筑第宅，把工匠们所能有的技术都用尽了。第二年，朝廷又下诏说："大将军窦宪去年带兵出征，打败了北匈奴，朝廷要给他封赏，他执意推让，没有接受。按照有关舅氏家族的老规矩，还是应当接受爵位和封土。现在，封窦宪为冠军侯，食邑二万户；封窦笃为郾城侯，窦景为汝阳侯，窦瑰为夏阳侯。窦笃、窦景、窦瑰的食邑各为六千户。"结果，唯独窦宪不接受封爵。接着，窦宪率兵出京师，镇守凉州。窦宪以侍中邓叠暂任征西将军，作为自己的副手。北单于看到汉朝归还了派去侍奉的弟弟，又派车谐储王等人到居延塞，想入朝进见，希望请回高级别的使者。窦宪上书请示后，派遣大将军所属的中护军班固为代理中郎将，和司马梁讽一道，迎候车谐储王一行。结果正赶上北单于被南匈奴打败，北单于受伤逃遁。班固到达私渠海以后回来了。窦宪见北匈奴势微力弱，产生了消灭它的念头。第二年，窦宪又派右校尉耿夔、司马任尚和赵博等人，率兵到金微山，攻击北匈奴。结果大败北匈奴，缴获物品很多。北单于因此也不知逃遁到哪里去了。

窦宪平定匈奴以后，权势大，名气盛，以耿夔、任尚等人作为爪牙，以邓叠、郭璜等人为自己的心腹。班固、傅毅这类人，都得以分设幕府，专门负责文章事宜。当时的州刺史、郡守和县令，大多出自这里。尚书仆射郅寿、乐恢，都因为违背他的意志，相继被迫自杀身亡。因此，朝廷大臣为之惊恐畏惧，顺窦宪意志望风而动。窦笃升迁为特进，取得推荐官吏的权力，会见他时要行三公之礼，窦景官至执金吾，窦叠官至光禄勋，权势地位都很显赫，使整个京师为之倾动。虽说这些人都很骄横放纵，但相比之下，窦景最为突出。他的奴客和随从依仗声势，侵辱欺凌平民百姓，以强制手段夺取钱财，掠夺良家妇女为妻。当时商贾为之关闭不通，就好比躲避强盗仇人一样。有关方面软弱害怕，没有胆敢检举上奏的。太后听说后，派谒者下策书，免去了窦景的官职，仅让他以特进的身份上朝就位。窦叠从小喜爱经书，对自己有所节制约束，后来出京师，做了魏郡郡守，后来又升迁为颍川太守。窦氏一家父子兄弟都入朝为高官，满布朝廷。窦宪的叔父窦霸官至城门校尉，窦霸的弟弟窦褒官至将作大匠，窦褒之弟窦嘉官至少府，另外，官至侍中、将军、大夫、郎吏的，有十多人。

身负重任的窦宪，变得越来越侵暴肆虐。永元四年，封邓叠为穰侯。邓叠和他的官至步兵校尉的弟弟邓磊以及他的母亲元，以及窦宪的女婿射声校尉郭举、郭举之父长乐宫少府郭璜，都互相勾结在一起。元和郭举都能来往宫中，郭举因此得到太后的信任，于是一同谋划杀掉当今皇上。皇帝暗中察觉了这一谋划，当即和贴身可靠的中常侍郑众定下计策，准备诛杀掉这些人。考虑到窦宪领兵在外，怕他临时畏罪发动叛乱，暂时忍耐着没有行动。碰巧窦宪和邓叠班师回京城，和帝下诏让大鸿胪拿着使节到郊外迎候，赏赐军中官兵，上下有别。等到窦宪等人进入城内后，和帝亲自到北宫，下诏让执金吾、五校尉分别率兵驻防南宫和北宫，关闭城门，逮捕了邓叠、邓磊、郭璜、郭举等人，然后把他们打入地牢，予以诛杀。这些人的家人从属一律迁徙到合浦。接着，和帝派谒者仆射收回了窦宪的大将军印章绶带，改封他为冠军侯。窦宪、窦笃、窦景、窦叠兄弟都派遣返回到封国。和帝因为太后的缘故，不想背上诛杀窦宪的名声，但还是为窦宪选择了一名严格而能干的人进行监督观察。窦宪、窦笃、窦景回到封国后，都被勒令自杀。窦氏宗族和宾客，只要是靠着窦宪做了官的，一律免官，回到自己所在的郡里去。窦叠因为一向修身自好，没有受到逼迫，但第二年还是因为非法地给穷人借贷而犯罪，转封为罗侯，从此不得以小吏百姓为臣民。当初，窦皇后诬陷梁氏家族时，窦宪等人参予了谋划。永元十年（98年）当梁棠兄弟诸人从发配的地方九真回来时，途经长沙，逼迫窦叠，让他自杀了。后来，等到和帝邓皇后临朝称制时，于永初三年（109年），下诏让窦氏家族从前归还本郡的那些人与安丰侯窦万全一道，回归京师。窦万全的小儿子叫窦章。

史家论曰：卫青、霍去病借助西汉强盛时的兵众，一年又一年地攻打匈奴，结果国家耗费大半以上的财富，还是没有打败狡猾的敌人。然而后世一直说他们是优秀的将领，这大概是因为他们始终保持着自己的生命和名誉吧！窦宪率领羌胡兵和边兵这样的杂牌队伍，一举打败匈奴，使敌人的老窝为之一空，以至于追到稽落山，饮马私渠比鞮海边，还刻石留铭，扛回古鼎，奉献给祖庙。摆一摆他的功劳作用，强于卫青、霍去病不少，但后世却没有人称道他们。这是在显扬他的小错而降低他的实际作用。因此可以看出，君子最讨厌的人，就是那些行为低下的小人。卫青、霍去病和窦宪都不过是靠姻戚关系得势的，并不是从卑贱中被提拔经过选举而发迹高升的。当卫青苦于自己的奴仆身份的时候，当窦宪为自己的罪过担忧的时候，他们想的只是不空闲地卖力，就像早晨没打鸣的鸡，等不到第二天清晨就要打鸣一样。他们哪里想到过要分享富贵豪华呢！东方朔曾说过"用之则为虎，不用则为鼠"，可信哪。从这个角度讲，那些怀抱美玉（指有才能的人）却被埋没于灰烬当中的人，又哪里能够数得过来呢！

后汉书卷二十四

马援列传第十四

马援列传

马援字文渊,扶风茂陵人也。其先赵奢为赵将,号曰马服君,子孙因为氏。武帝时,以吏二千石自邯郸徙焉。曾祖父通,以功封重合侯,坐兄何罗反,被诛,故援再世不显。援三兄况、余、员,并有才能,王莽时皆为二千石。援年十二而孤,少有大志,诸兄奇之。尝受《齐诗》,意不能守章句,乃辞况,欲就边郡田牧。况曰:"汝大才,当晚成。良工不示人以朴,且从所好。"会况卒,援行服期年,不离墓所;敬事寡嫂,不冠不入庐。后为郡督邮,送囚至司命府,因有重罪,援哀而纵之,遂亡命北地。遇赦,因留牧畜,宾客多归附者,遂役属数百家。转游陇汉间,常谓宾客曰:"丈夫为志,穷当益坚,老当益壮。"因处田牧,至有牛、马、羊数千头,谷数万斛。既而叹曰:"凡殖货财产,贵其能施赈也,否则守钱虏耳。"乃尽散以班昆弟故旧,身衣羊裘皮裤。

王莽末,四方兵起,莽从弟卫将军林广招雄俊,乃辟援及同县原涉为掾,荐之于莽。莽以涉为镇戎大尹,援为新成大尹。

及莽败，援兄员时为增山连率，与援俱去郡，复避地凉州。世祖即位，员先诣洛阳，帝遣员复郡，卒于官。援因留西州，隗嚣甚敬重之，以援为绥德将军，与决筹策。是时，公孙述称帝于蜀，嚣使援往观之。援素与述同里闬，相善，以为既至当握手欢如平生，而述盛陈陛卫，以延援入，交拜礼毕，使出就馆，更为援制都布单衣、交让冠，会百官于宗庙中，立旧交之位。述鸾旗旄骑，警跸就车，磬折而入，礼飨官属甚盛，欲授援以封侯大将军位。宾客皆乐留，援晓之曰："天下雄雌未定，公孙不吐哺走迎国士，与图成败，反修饰边幅，如偶人形。此子何足久稽天下士乎！"因辞归，谓嚣曰："子阳井底蛙耳，而妄自尊大，不如专意东方。"

建武四年冬，嚣使援奉书洛阳。援至，引见于宣德殿。世祖笑谓援曰"卿遨游二帝间，今见卿，使人大惭。"援顿首辞谢，因曰："当今之世，非独君择臣也，臣亦择君矣。臣与公孙述同县，少相善。臣前至蜀，述陛戟而后进臣。臣今远来，陛下何知非刺客奸人，而简易若是？"帝复笑曰："卿非刺客，顾说客耳。"援曰："天下反覆，盗名字者不可胜数。今见陛下，恢廓大度，同符高祖，乃知帝王自有真也。"帝甚壮之。援从南幸黎丘，转至东海。及还，以为待诏，使太中大夫来歙持节送援西归陇右。隗嚣与援共卧起，问以东方流言及京师得失。援说嚣曰："前到朝廷，上引见数十，每接宴语，自夕至旦，才明勇略，非人敌也。且开心见诚，无所隐伏，阔达多大节，略与高帝同。经学博览，政事文辩，前世无比。"嚣曰："卿谓何如高帝？"援曰："不如也。高帝无可无不可；今上好吏事，动如节度，又不喜饮酒。"嚣意不怿，曰："如卿言，反复胜邪？"然雅信援，故遂遣长子恂入质。援因将家属随恂归洛阳。居数月而无它职任。援以三辅地旷土沃，而所将宾客猥多，乃上书求屯田上林苑中，帝许之。

会隗嚣用王元计，意更狐疑，援数以书记责譬于嚣，嚣怨援背己，得书增怒，其后遂发兵拒汉。援乃上疏曰："臣援自念归身圣朝，奉事陛下，本无公辅一言之荐，左右为容之助。臣不自陈，陛下何因闻之。夫居前不能令人轾，居后不能令人轩，与人怨不能为人患，臣所耻也。故敢触冒罪忌，昧死陈诚。臣与隗嚣，本实交友。初，嚣遣臣东，谓臣曰：'本欲为汉，愿足下往观之。于汝意可，即专心矣。'及臣还反，报以赤心，实欲导之于善，非敢谲以非义。而嚣自挟奸心，盗憎主人，怨毒之情遂归于臣。臣欲不言，则无以上闻。愿听诣行在所，极陈灭嚣之术，得空匈腹，申愚策，退就陇亩，死无所恨。"帝乃召援计事，援具言谋划。因使援将突骑五千，往来游说嚣将高峻、任禹之属，下及羌豪，为陈祸福，以离嚣（友）〔支〕党。

援又为书与嚣将杨广，使晓劝于嚣，曰：

春卿无恙，前别冀南，寂无音驿。援间还长安。因留上林。窃见四海已定，兆民同情，而季孟闭拒背畔，为天下表的。常惧海内切齿，思相屠裂，故遗书恋恋，以致恻隐之计。乃闻季孟归罪于援，而纳王游翁谄邪之说，自谓函谷以西，举足可定，以今而观，竟何如邪？援间至河内，过存伯春，见其奴吉从西方还，说伯春小弟仲舒望见吉，欲问伯春无它否，竟不能言，晓夕号泣，婉转尘中。又说其家悲愁之状，不可言也。夫怨仇可刺不可毁，援闻之，不自知泣下也。援素知季孟孝爱，曾、闵不过。夫孝于其亲，岂不慈于其子？可有子抱三木，而跳梁妄作，自同分羹之事乎？季孟平生自言所以拥兵众者，欲以保全父母之国而完坟墓也，又言苟厚士大夫而已。而今所欲全者将破亡之，所欲完者，将毁伤之，所欲厚者将反薄之。季孟尝折愧子阳而不受其爵，今更共陆陆，欲往附之，将难为颜乎？若复责以重质，当安从得子主给是哉！往时子阳独欲以王相待，而春卿拒之；今者归老，更欲低头与小儿曹共槽枥而食，并肩侧身于怨家之朝乎？男儿溺死何伤而拘游哉！今国家待春卿意深，宜使牛孺卿与诸耆老大人共说季孟，若计划不从，真可引领去矣。前披舆地图，见天下郡国百有六所，奈何欲以区区二邦以当诸夏百有四乎？春卿事季孟，外有君臣之义，内有朋友之道。言君臣邪，固当谏争；语朋友邪，应有切磋。岂有知其无成，而但萎腰咋舌，叉手从族乎？及今成计，殊尚善也；过是，欲少味矣。且来君叔天下信士，朝廷重之，其意依依，常独为西州言。援商朝廷，尤欲立信于此，必不负约。援不得久留，愿急赐报。

广竟不答。

八年，帝自西征嚣，至漆，诸将多以王师之重，不宜远入险阻，计犹豫未决。会召援，夜至，帝大喜，引入，具以群议质之。援因说隗嚣将帅有土崩之势，兵进有必破之状。又于帝前聚米为山谷，指画形势，开示众军所从道径往来，分析曲折，昭然可晓。帝曰："虏在吾目中矣。"明旦，遂进军至第一，嚣众大溃。

九年，拜援为太中大夫，副来歙监诸将平凉州。自王莽末，西羌寇边，遂入居塞内，金城属县多为虏有。来歙奏言陇西侵残，非马援莫能定。十一年夏，玺书拜援陇西太守。援迺发步骑三千人，击破先零羌于临洮，斩首数百级，获马、牛、羊万余头。守塞诸羌八千余人诣援降，诸种有数万，屯聚寇抄，拒浩亹隘。援与扬武将军马成击之。羌因将其妻子辎重移阻于允吾谷，援乃潜行间道，掩赴其营。羌大惊坏，复远徙唐翼谷中，援复追讨之。羌引精兵聚北山上，援陈军向山，而分遣数百骑绕袭其后，乘夜放火，击鼓叫噪，虏遂大溃，凡斩首千余级。援以兵少，不得穷追，收其谷粮畜产而还。援中矢贯胫，帝以玺书劳之，赐牛、羊数千头，援尽班诸宾客。

是时，朝臣以金城破羌之西，涂远多寇，议欲弃之。援上言，破羌以西城多完牢，易可依固；其田土肥壤，灌溉流通。如令羌在湟中，则为害不休，不可弃也。帝然之，于是诏武威太守，令悉还金城客民。归者三千余口，使各反旧邑。援奏为置长吏，缮城郭，起坞候，开导水田，劝以耕牧，郡中乐业。又遣羌豪杨封譬说塞外羌，皆来和亲。又武都氐人背公孙述来降者，援皆上复其侯王君长，赐印绶，帝悉从之。乃罢马成军。十三年，武都参狼羌与塞外诸种为寇，杀长吏。援将四千余人击之，至氐道县，羌在山上，授军据便地，夺其水草，不与战，羌遂穷困，豪帅数十万户亡出塞，诸种万余人悉降，于是陇右清静。

援务开（宽）〔恩〕信，（恩）〔宽〕以待下，任吏以职，但总大体而已。宾客故人，日满其门。诸曹时白外事，援辄曰："此丞、掾之任，何足相烦。颇哀老子，使得遨游。若大姓侵小民，黠羌欲旅距，此乃太守事耳。"傍县尝有报仇者，吏民惊言羌反，百姓奔入城郭。狄道长诣门，请闭城发兵。援时与宾客饮，大笑曰："烧虏何敢复犯我。晓狄道长归守寺舍，良怖急者，可床下伏。"后稍定，郡中服之。视事六年，征入为虎贲中郎将。

初，援在陇西上书，言宜如旧铸五铢钱。事下三府，三府奏以为未可许，事遂寝。乃援还，从公府求得前奏，难十余条，乃随牒解释，更具表言。帝从之，天下赖其便。援自还京师，数被进见。为人明须发，眉目如画，闲于进对，尤善述前世行事。每言及三辅长者，下至闾里少年，皆可观听。自皇太子、诸王侍闻者，莫不属耳忘倦。又善兵策，帝常言"伏波论兵，与我意合"，每有所谋，未尝不用。

初，卷人维汜，祅言称神，有弟子数百人，坐伏诛。后其弟子李广等宣言汜神化不死，以诳惑百姓。十七年，遂共聚会徒党，攻没皖城，杀皖侯刘闵，自称"南岳大师"。遣谒者张宗将兵数千人讨之，复为广所败。于是使援发诸郡兵，合万余人，击破广等，斩之。又交阯女子徵侧及女弟徵贰反，攻没其郡，九真、日南、合浦蛮夷皆应之，寇略岭外六十余城，侧自立为王。于是玺书拜援伏波将军，以扶乐侯刘隆为副，督楼船将军段志等南击交阯。军至合浦而志病卒，诏援并将其兵。遂缘海而进，随山刊道千余里。十八年春，军至浪泊上，与贼战，破之，斩首数千级，降者万余人。援追徵侧等至禁谿，数败之，贼遂散走。明年正月，斩徵侧、徵贰，传首洛阳。封援为新息侯，食邑三千户。援乃击牛酾酒，劳飨军士。从容谓官属曰："吾从弟少游常哀吾慷慨多大志，曰：'士生一世，但取衣食裁足，乘下泽车，御款段马，为郡掾史，守坟墓，乡里称善人，斯可矣。致求盈余，但自苦耳。'当吾在浪泊、西里间，虏未灭之时，下潦上雾，毒气重蒸，仰视飞鸢跕跕堕水中，卧念少游平生时语，何可得也！今赖士大夫之力，被蒙大恩，猥先诸君纡佩金紫，且喜且惭。"吏士皆伏称万岁。

援将楼船大小二千余艘，战士二万余人，进击九真贼徵侧余党都羊等，自无功至居风，斩获五千余人，峤南悉平。援奏言西于县户有三万二千，远界去庭千余里，请分为封溪、望海二县，许之。援所过辄为郡县治城郭，穿渠灌溉，以利其民。条奏越律与汉律驳者十余事,与越人申明旧制以约束之,自后骆越奉行马将军故事。二十年秋,振旅还京师,军吏经瘴疫死者十四五。赐援兵车一乘,朝见位次九卿。

援好骑,善别名马,于交阯得骆越铜鼓,乃铸为马式,还上之。因表曰:"夫行天莫如龙,行地莫如马。马者甲兵之本。国之大用。安宁则以别尊卑之序,有变则以济远近之难。昔有骐骥,一日千里,伯乐见之,昭然不惑。近世有西河子舆,亦明相法。子舆传西河仪长孺,长孺传茂陵丁君都,君都传成纪杨子阿,臣援尝师事子阿,受相马骨法。考之于〔行〕事,辄有验效。臣愚以为传闻不如亲见,视景不如察形。今欲形之于生马,则骨法难备具,又不可传之于后。孝武皇帝时,善相马者东门京铸作铜马法献之,有诏立马于鲁班门外,则更名鲁班门曰金马门。臣谨依仪氏䩦,中帛氏口齿,谢氏唇鬐,丁氏身中,备此数家骨相以为法。"马高三尺五寸,围四尺五寸,有诏置于宣德殿下,以为名马式焉。

初,援军还,将至,故人多迎劳之。平陵人孟冀,名有计谋,于坐贺援。援谓之曰:"吾望子有善言,反同众人邪?昔伏波将军路博德开置七郡,裁封数百户;今我微劳,猥飨大县,功薄赏厚,何以能长久乎?先生奚用相济?"冀曰:"愚不及。"援曰:"方今匈奴、乌桓尚扰北边,欲自请击之。男儿要当死于边野,以马革裹尸还葬耳,何能卧床上在儿女子手中邪!"冀曰:"谅为烈士,当如此矣。"还月余,会匈奴、乌桓寇扶风,援以三辅侵扰,园陵危逼,因请行,许之。自九月至京师,十二月复出屯襄国。诏百官祖道。援谓黄门郎梁松、窦固曰:"凡人为贵,当使可贱,如卿等欲不可复贱,居高坚自持,勉思鄙言。"松后果以贵满致灾,固亦几不免。明年秋,援乃将三千骑出高柳，行雁门、代郡、上谷障塞。乌桓候者见汉军至，虏遂散去，援无所得而还。援尝有疾，梁松来候之，独拜床下，援不答。松去后，诸子问曰："梁伯孙帝壻，贵重朝廷，公卿已下莫不惮之，大人奈何独不为礼？"援曰："我乃松父友也。虽贵，何得失其序乎？"松由是恨之。

二十四年，武威将军刘尚击武陵五溪蛮夷，深入，军没，援因复请行。时年六十二，帝愍其老，未许之。援自请曰："臣尚能披甲上马。"帝令试之。援据鞍顾眄，以示可用。帝笑曰："矍铄哉是翁也！"遂遣援率中郎将马武、耿舒、刘匡、孙永等，将十二郡募士及弛刑四万余人征五溪。援夜与送者诀，谓友人谒者杜愔曰："吾受厚恩，年迫余日索，常恐不得死国事。今获所愿，甘心瞑目，但畏长者家儿或在左右，或与从事，殊难得调，介介独恶是耳。"明年春，军至临乡，遇贼攻县，援迎击，破之，斩获二千余人，皆散走入竹林中。

初，军次下隽，有两道可入，从壶头则路近而水崄，从充则涂夷而运远，帝初以为疑。及军至，耿舒欲从充道，援以为弃日费粮，不如进壶头，扼其喉咽，充贼自破。以事上之，帝从援策。三月，进营壶头。贼乘高守隘，水疾，船不得上。会暑甚，士卒多疫死，援亦中病，遂困，乃穿岸为室，以避炎气。贼每升险鼓噪，援辄曳足以观之，左右哀其壮意，莫不为之流涕。耿舒与兄好畤侯弇书曰："前舒上书当先击充，粮虽难运而兵马得用，军人数万争欲先奋。今壶头竟不得进，大众怫郁行死，诚可痛惜。前到临乡，贼无故自致，若夜击之，即可殄灭。伏波类西域贾胡，到一处辄止，以是失利。今果疾疫，皆如舒言。"弇得书，奏之。帝乃使虎贲中郎将梁松乘驿责问援，因代监军。会援病卒，松宿怀不平，遂因事陷之。帝大怒，追收援新息侯印绶。

初，兄子严、敦并喜讥议，而通轻侠客。援前在交阯，还书诫之曰："吾欲汝曹闻人过失，如闻父母之名，耳可得闻，口不可得言也。好论议人长短，妄是非正法，此吾所大恶也，宁死不愿闻子孙有此行也。汝曹知吾恶之甚矣，所以复言者，施衿结褵，申父母之戒，欲使汝曹不忘之耳。龙伯高敦厚周慎，口无择言，谦约节俭，廉公有威，吾爱之重之，愿汝曹效之。杜季良豪侠好义，忧人之忧，乐人之乐，清浊无所失，父丧致客，数郡毕至，吾爱之重之，不愿汝曹效也。效伯高不得，犹为谨敕之士，所谓刻鹄不成尚类鹜者也。效季良不得，陷为天下轻薄子，所谓画虎不成反类狗者也。迄今季良尚未可知，郡将下车辄切齿，州郡以为言，吾常为寒心，是以不愿子孙效也。"季良名保，京兆人，时为越骑司马。保仇人上书，讼保"为行浮薄，乱群惑众，伏波将军万里还书以诫兄子，而梁松、窦固以之交结，将扇其轻伪，败乱诸夏"。书奏，帝召责松、固，以讼书及援诫书示之，松、固叩头流血，而得不罪。诏免保官。伯高名述，亦京兆人，为山都长，由此擢拜零陵太守。

初，援在交阯，常饵薏苡实，用能轻身省欲，以胜瘴气。南方薏苡实大，援欲以为种，军还，载之一车。时人以为南土珍怪，权贵皆望之。援时方有宠，故莫以闻。及卒后，有上书谮之者，以为前所载还，皆明珠文犀。马武与于陵侯侯昱等皆以章言其状，帝益怒。援妻孥惶惧，不敢以丧还旧茔，裁买城西数亩地槀葬而已。宾客故人莫敢吊会。严与援妻子草索相连，诣阙请罪。帝乃出松书以示之，方知所坐，上书诉冤，前后六上，辞甚哀切，然后得葬。

又前云阳令同郡朱勃诣阙上书曰：

臣闻王德圣政，不忘人之功，采其一美，不求备于众。故高祖赦蒯通而以王礼葬田横，大臣旷然，咸不自疑。夫大将在外，谗言在内，微过辄记，大功不计，诚为国之所慎也。故章邯畏口而奔楚，燕将据聊而不下。岂其甘心末规哉，悼巧言之伤类也。窃见故伏波将军新息侯马援，拔自西州，钦慕圣义，间关险难，触冒万死，孤立群贵之间，傍无一言之佐，驰深渊，入虎口，岂顾计哉！宁自知当要七郡之使，徼封侯之福邪？八年，车驾西讨隗嚣，国计狐疑，众营未集，援建宜进之策，卒破西州。及吴汉下陇，冀路断隔，唯独狄道为国坚守，士民饥困，寄命漏刻。援奉诏西使，镇慰边众，乃招集豪杰，晓诱羌戎，谋如涌泉，势如转规，遂救倒县之急，存几亡之城，兵全师进，因粮敌人，陇、冀略平，而独守空郡，兵动有功，师进辄克。铢锄先零，缘入山谷，猛怒力战，飞矢贯胫。又出征交阯，土多瘴气，援与妻子生诀，无悔吝之心，遂斩灭徵侧，克平一州，间复南讨，立陷临乡，师已有业，未竟而死，吏士虽疫，援不独存。夫战或以久而立功，或以速而致败，深入未必为得，不进未必为非。人情岂乐久屯绝地，不生归哉！惟援得事朝廷二十二年，北出塞漠，南度江海，触冒害气，僵死军事，名灭爵绝，国土不传。海内不知其过，众庶未闻其毁，卒遇三夫之言，横被诬罔之谗，家属杜门，葬不归墓，怨隙并兴，宗亲怖栗。死者不能自列，生者莫为之讼，臣窃伤之。

夫明主醲于用赏，约于用刑。高祖尝与陈平金四万斤以间楚军，不问出入所为，岂复疑以钱谷间哉？夫操孔父之忠而不能自免于谗，此邹阳之所悲也。《诗》云："取彼谗人，投畀豺虎。豺虎不食，投畀有北。有北不受，投畀有昊。"此言欲令上天而平其恶。惟陛下留思竖儒之言，无使功臣怀恨黄泉。臣闻《春秋》之义，罪以功除；圣王之祀，臣有五义。若援，所谓以死勤事者也。愿下公卿平援功罪，宜绝宜续，以厌海内之望。臣年已六十，常伏田里，窃感栾布哭彭越之义，冒陈悲愤，战栗阙庭。

书奏，报，归田里。

勃字叔阳，年十二能诵《诗》《书》。常候援兄况。勃衣方领，能矩步。辞言娴雅，援裁知书，见之自失。况知其意，乃自酌酒慰援曰："朱勃小器速成，智尽此耳，卒当从汝禀学，勿畏也。"朱勃未二十，右扶风请试守渭城宰，及援为将军，封侯，而勃位不过县令。援后虽贵，常待以旧恩而卑侮之，勃愈身自亲，及援遇谗，唯勃能终焉。肃宗即位，追赐勃子谷二千斛。

初，援兄子壻王磐子石，王莽从兄平阿侯仁之子也。莽败，磐拥富赀居故国，为人尚气节而爱士好施，有名江淮间，后游京师，与卫尉阴兴，大司空朱浮、齐王章共相友善。援谓姊子曹训曰："王氏，废姓也。子石当屏居自守，而反游京师长者，用气自行，多所陵折，其败必也。"后岁余，磐果与司隶校尉苏邺、丁鸿事相连，坐死洛阳狱。而磐子肃复出入北宫及王侯邸第。援谓司马吕种曰："建武之元，名为天下重开。自今以往，海内日当安耳。但忧国家诸子并壮，而旧防未立，若多通宾客，则大狱起矣。卿曹戒慎之！"及郭后薨，有上书者，以为肃等受诛之家，客因事生乱，虑致贯高、任章之变。帝怒，乃下郡县收捕诸王宾客，更相牵引，死者以千数。吕种亦豫其祸，临命叹曰："马将军诚神人也！"

永平初，援女立为皇后，显宗图画建武中名臣、列将于云台，以椒房故，独不及援。东平王苍观图，言于帝曰："何故不画伏波将军像？"帝笑而不言。至十七年，援夫人卒，乃更修封树，起祠堂。建初三年，肃宗使五官中郎将持节追策，谥援曰忠成侯。四子：廖、防、光、客卿。客卿幼而岐嶷，年六岁，能应接诸公，专对宾客。尝有死罪亡命者来过，客卿逃匿不令人知。外若讷而内沈敏。援甚奇之，以为将相器，故以客卿字焉。援卒后，客卿亦夭没。

论曰：马援腾声三辅，遨游二帝，及定节立谋，以干时主，将怀负鼎之愿，盖为千载之遇焉。然其戒人之祸，智矣，而不能自免于谗隙。岂功名之际，理固然乎？夫利不在身，以之谋事则智；虑不私己，以之断义必厉。诚能回观物之智而为反身之察，若施之于人则能恕，自鉴其情亦明矣。

译文：

马援，字文渊，扶风茂陵人。他的祖先赵奢，是赵国的将领，号称"马服君"，子孙后代沿用为姓氏。汉武帝时，马氏以二千石官吏的身份从邯郸迁居到这里。马援的曾祖父马通，因为有功，被封为重合侯。后来因为受到兄弟马何罗谋反的牵连被杀，所以马援的祖父和父亲都没有做显要的官。马援有三个哥哥马况、马余和马员，都很有才干和能耐，王莽时都做到二千石级的大官。马援十二岁时，父母都已去世。他从小就有宏大的志向，几位兄长都很看重他。马援曾经跟人学《齐诗》，结果他的注意力不能专注于那些章句之学，于是他向马况告辞，说想到边境地区的郡里去种田或畜牧。马况说："你有很大才能，将会大器晚成。俗话说，手艺超群的工匠是不会把未经加工的木料给人看的，我听从你的意愿好了。"没料正赶上马况去世，马援留下来为他服了一年丧，始终都没离开墓地的小屋；他对寡嫂非常尊敬，如果不戴帽子，他连屋都不进。后来，他做了郡里的督邮，押送一名囚犯到司命官所在的府第。这名囚犯犯了很大的罪，马援出于怜悯将他放了，自己到北地郡来逃命。他在北地遇到大赦，于是留下来放牧牲畜。从前的宾客有很多都归附于他，马援因此役使部属几百户人家。他辗转游历于甘肃汉中之间，常常对他的宾客说："大丈夫立志，应该越穷越坚强，越老越壮烈。"由于他坚持种田放牧，以至于拥有了数千头牛马羊，和几万斛谷子。不久以后，马援叹息道："凡经营产业致富的人，总应该以施舍赈济为贵，否则就变成守财奴了。"于是，他把财产全部分发给了兄弟故旧，自己只穿了一身皮衣皮裤。

王莽末年，全国各地的军队起来了。王莽的堂弟卫将军王林广招募英雄俊杰，征辟马援和他的同乡原涉作为他的掾属，后来又推荐给王莽。王莽让原涉做了镇戎郡大尹，让马援做了新成郡大尹。王莽失败的时候，马援之兄马员官任增山郡连率，与马援一起离开本郡，又到凉州去避难。汉光武帝即位以后，马员生期到洛阳去，光武帝派他重新做了郡守，后来死于任上。马援则一直留在凉州，隗嚣特别敬重他，任命他为绥德将军，和他一共筹划决策。这时候，公孙述在蜀地称帝，隗嚣派马援前往观察动静。马援与公孙述是同乡，历来关系很好。他以为去了以后，公孙述会像以往一样，和他握手相欢。没想到公孙述摆出了盛大的殿前卫队后，才邀请他前往。两人交礼完毕后，公孙述让他出去住到客舍。另外，公孙述还替马援用白叠布制作了禅衣和"交让"帽子。然后，公孙述在宗庙中大会百官，专为马援设了个旧交的位置。公孙述使用了皇帝才有的仪仗旗和骑兵，警诫清道后上车，弯腰如磬地进入宗庙，很隆重地依礼招待百官僚属，并想授给马援大将军职务，封马援为侯。马援的宾客们都很乐意留下来，马援开导他们说:"现在天下胜负未决,公孙述不像吐掉口中正嚼着的饭食那样急迫地跑出来迎接国家名士,来和他们谋求成功的办法,却反而自我修饰边幅,讲究排场,就像一个木偶一样,这样的人怎么能够长时间地留得住天下的人士呢?"于是向公孙述告辞,回去后对隗嚣说:"公孙述是一只井底青蛙,妄自尊大。我们不如还是一心一意向着东方。"

建武四年冬,隗嚣让马援带着书信来到洛阳。马援到了以后,被引见到宣德殿。光武帝迎上来笑着对马援说:"您在两位皇帝之间遨游自如,今天见到您,使人感到羞愧。"马援叩头辞谢,表示歉意,然后说:"如今这世道,不单君主要选择臣子,臣子也要挑君主呢。我和公孙述同县,小时候比较要好。我先前去蜀中,公孙述在殿前交戟戒备,然后才让我进去。我今天远道而来,您怎么知道我不是刺客奸民,这么随随便便?"光武帝又一次大笑,说道:"您不是刺客,却是说客。"马援说:"天下大乱,称帝者数都数不过来。今天见到您以后,看到您恢宏大度,与汉高祖相似,才知道自有真正的皇帝存在。"光武帝很欣赏他的雄壮之美。马援跟着光武帝往南到了黎丘,又转到东海县。回京城后,让他做了待诏。不久又派太中大夫来歙带着使节送马援向西回到陇右。隗嚣和马援同起同睡,拿东方传言和朝廷政治得失等事来问马援。马援开导隗嚣说:"前段时间到朝廷里去,光武帝引见我有几十次之多。每次接着宴会上的话,可以从晚上聊到天明。他的才能、英明、武勇、谋略,没人比得上。而且这人开诚推心,没有什么遮遮掩掩的,阔达讲求大节,基本上和汉高祖相同。至于经学修养、博览群书,处理政事和文章才辩的能力,前代的帝王还没有能够和他相比的。"隗嚣说:"您认为他与汉高祖相比谁好?"马援回答说:"显然不如。高祖已不存在可以或不可以的说法。光武帝喜欢处理政事,一举一动都符合规矩,又不喜欢饮酒。"隗嚣听后显得不太高兴,说:"照您说的,光武帝那不是比汉高祖还要强些吗?"由于隗嚣敬重信任马援,所以还是送长子隗恂去京师为质。马援顺便带着家人从属随隗恂回到了洛阳。过了几个月,马援没有担任任何官职。马援考虑京城附近土地宽阔而又肥沃,自己所带的宾客又多,于是上书请求在上林苑中进行屯田,光武帝答应了他的请求。

赶上隗嚣采纳王元的计谋,心里更加怀疑。马援多次以书信的形式责难并打比方开导隗嚣。隗嚣本来就抱怨马援背叛自己,接到信后更为愤怒,后来索性起兵抗拒汉朝。马援由此上书皇帝说:"马援思忖效忠朝廷,为陛下服务,本来就没有像高级官吏那样说一句有用的话,也没有像成材树木的左邻右舍为它增容那样提供一些帮助。我要是不主动说明的话,陛下又从那里来听说呢。我这个人不论在前处后,都无足轻重,不能使人抑扬轻重。只能与人结下怨仇,而不能成为别人的祸患,我实在觉得可耻。所以,我今天不怕冒犯得罪,冒死向您表达我的诚意。我和隗嚣本来是很好的朋友,当初隗嚣派我东来,对我说:'我的本意是服从汉朝,希望您去看看。你认为好,那我就一心一意归服汉朝了。'等到我回去后,我把真心都交给他了,确实是想引导他向善,不敢拿不正义的话来欺骗他。没想到隗嚣自己藏着奸猾之心,像奸佞的人一样恨着皇帝,于是将怨恨都集中到我的头上。我要不说,就没法转达上去。我愿意到您那里去,尽情地陈述消灭隗嚣的办法。如果能让我说出心中藏着的所有话,说明我的一些不太高明的策略,然后回来,做一农夫,那么我就死而无憾了。"于是,光武帝将马援召来,一块议事。马援将他的谋划都说出来了。于是,光武帝派马援带着五千精锐骑兵,来往于隗嚣手下将领高峻、任禹以及羌族豪帅之间,进行游说,给他们讲明利害关系,以便离间隗嚣各部。

马援另外又写信给隗嚣的部将杨广,让他开导劝诫隗嚣。他说:

春卿无恙。前次在冀县南分别后,就没有你的音讯和来信了。我马援前段时间回长安后,留在上林苑。我看见四海之内已经安定,万民同心。而季孟却要闭关拒守,背叛朝廷,成为天下人攻击的目标。我常常担心海内人士切齿痛恨,都盼望着杀掉他。所以我念念不忘写信给他,以便表达我的恻隐之心。后来听说季孟他怪罪我,采纳了王元的谄邪计谋,自以为函谷关以西的地方,举足之间即可平定。但是,以今天的情形看,究竟又怎么样呢?我前些时到河内郡去,路过时问候了伯春,看到他的家客吉刚从西面回来,诉说伯春的小弟伯舒看见吉,本想问伯春有什么事没有,竟然说不出话来,只是早晚号淘哭泣,辗转于尘土之中,又谈到他家的悲痛哀愁状况,不能用言语来形容。其实,对怨仇的人可以指责,却不能够暗地伤害。我听说后,不知不觉中也哭了。我一向了解,季孟是一个讲孝爱的人,连曾参、闵子骞都比不过他。他对父母极其孝顺,对儿子又怎么能不慈爱呢?能够在儿子受难时,胡作非为吗?这和那种分享用自己骨肉熬成的羹的行为不是一样吗?季孟平常说,他之所以要带兵,就是想保全父母封国,使坟墓完整,还说要厚待士大夫。从现在的情况看,他要促全的眼看就要破亡,他所要使之完整的眼看就要被毁伤,他所想厚待的眼看就要受到刻薄。季孟曾经驳斥羞辱公孙述,不接受他的封爵,现在却附和一气,想去依附他,这不难为情吗?假若公孙述再责成他交出人质,他又从哪里去找到儿子去用作人质呢?以前公孙述曾想单独封你为王,你拒绝了。现在你老了，又想低头和这帮小儿在一个马槽里吃食，和他们在冤家的朝廷里并肩侧身呢？男子汉溺死了又有什么关系呢，为什么受其约束而不游水了呢？现在国家对你寄予愿望，你应该让牛孺卿和各位耆老豪帅一道劝说季孟，如果商量后他还是不接受，你真可以离开他。先前我摊开疆域地图看了看，发现天下的郡国一共有一百零六个，你们为什么想要拿区区两个郡的力量对付诸夏一百零四个郡国呢？你侍奉季孟，外面说起来是君臣，但实际上是朋友。按君臣关系说，你本来就应当上谏力争；以朋友关系论，也应当互相切磋计议。哪有明知道不会有结果，还一味萎缩容忍，咋咋舌头，叉着腰，跟着他一道被族灭呢？如果现在及时想出办法，还是非常好的；过了这个时候，恐怕就没什么好处了。来叔君是天下有名的讲究信用的人物，朝廷也很看重他。他还十分留恋你们，常常独自替你们说话。我猜度朝廷的意思，还是想在你们这里保持信用的，一定不会负约。我在此不会停留多久，希望你急速回信。

杨广居然没有作答。

建武八年，光武帝亲自西征隗嚣。到漆县以后，众将领大多数认为王师非同一般，不应当远征，进入险阻地带。到底如何决策，大家犹豫不决。正赶上马援应召，半夜到达。光武帝大为高兴，请他进去后，拿大家议论的问题一一向他询问。于是，马援告诉光武帝，隗嚣将帅已呈土崩瓦解之势，大军迫进，一定能够打败它的情况。他又在光武帝面前用米做成山谷模型，指点山川形势，并指出各路军应该走的路线和来往的活动范围，分析委曲，一目了然。光武帝说："敌人都在我眼中了。"第二天，就将军队开到高平第一城，隗嚣的军队完全溃散了。

建武九年，朝廷拜授马援为太中大夫，让来歙做他的副手，监督各位将领，平定了凉州。王莽末年以来，西羌侵犯边境地区，进而入居塞内，金城郡所属的县，大多被他们占领。来歙上书陈述陇西受到侵独，统治残缺不全，非马援去不能够平定下来。建武十一年夏天，朝廷下玺书任命马援为陇西太守。于是，马援召集步兵和骑兵共三千人，在临洮击败先零羌，杀敌数百，缴获一万多头马、牛、羊。驻守要塞的八千多羌人到马援这里投降。羌人各种落有几万人，聚集屯守，掠夺抢劫，在浩亹关隘一带抗拒汉军。马援和扬武将军马成对他们发动了进攻。于是，这些羌人带着妻子儿女和辎重转移到允吾谷，进行抵御。马援从小路隐蔽前行，突然对他们的营地发起了攻击。羌人惊慌失措，顿时大乱。他们又长途迁徙到唐翼谷中，马援又接着追击讨伐。羌人率精锐部队聚集在北面的山上，马援面对山摆开阵式，而暗地里又另派几百名骑兵绕到敌后进行袭击，并乘着黑夜放火烧山，同时击鼓叫喊，于是敌人溃不成军，马援共杀敌千余人。马援考虑到自己兵少，不能再穷追不舍，于是收取了敌人的粮食和牲畜，撤军而还。（战斗中）马援小腿中箭，箭头将小腿都穿透了。光武帝下诏书对他表示慰问，还赐给他几千头牛羊，马援将这些牛羊全部分发给了手下的宾客。

这时，朝廷大臣们认为金城郡破羌县以西的地方，路又远，又有很多强盗，商量以后想放弃这些地方。马援上书认为，破羌县以西地方，城堡大多完整牢固，可以凭借，容易巩固。而且那里的田地肥沃，灌溉又便利。如果允许羌人占据湟水一带，那么他们一定会不停地为害，所以这里不可放弃。光武帝认为他的意见对，就下令武威太守，让他将在武威的金城客人全部放回。结果有三千多人回去了，并让他们都回到各自原来的村落去。马援请示后，帮助他们设置长吏，修整城郭，建起坞堡哨所，开垦荒地，疏导水利，鼓励他们耕种放牧，不久，郡内出现一片安居乐业景象。另外，又派遣羌族豪帅杨封到塞外进行说服引导，使他们都来和亲。武都郡有些氐人背叛公孙述，前来投降，马援上书建议为他们恢复侯王君长，赐给他们官印绶带，光武帝都采纳了。于是撤回了马成所领军队。建武十三年，武都郡的参狼羌和塞外各部落起兵掠夺，杀掉了汉政府设置的长吏。马援率四千人前来进攻。马援到达氐道县的时候，羌人驻扎在山上，马援率军占据有利的地形，切断敌人的水草供给，也不和敌人交战。结果，羌人处境困难，无计可施。最后，羌族豪帅带领几十万户逃出塞外，羌族另外各部落一万余人全都投降。这样，陇右一带变得清静无事了。

马援务求树立恩信，对部下宽厚，任用官吏给予实权，自己仅仅把握大方向而已。因此，宾客故旧，天天挤满了他的官府。诸曹官吏曾向他报告外界事物，马援就说："这是下属丞、掾他们负责的范围，用不着来找我。我特别羡慕老子，他能够四处遨游。如果大姓欺侮平民百姓，或者不规矩的羌人企图谋反，这才是太守要管的事。"邻县曾经有人要报复仇人，结果小吏百姓惊慌地说成羌人反了，老百姓纷纷跑到城郭里来了。狄道县长跑上门，请求关闭城门，调集军队。马援当时正好与宾客在喝酒，听后大笑说道："烧羌怎么敢再来侵犯我呢？告诉狄道长，让他回到官舍去，如果他特别害怕着急的话，可以躲到床下去。"后来慢慢稳定下来，郡中上下因此更佩服马援。马援任太守六年，然后被征调入朝，担任虎贲中郎将。

从前，马援在陇西时曾上书，提出应该仿照旧制度，铸造五铢钱。这件事被拿到三公府讨论，三公府上书认为不能批准，事情又耽搁下来了。马援还朝以后，从公府那里取回了以前的奏书，上面有他人提出的论难十多条，马援便在简札上一一加以解释，然后另外准备了一份上表。光武帝采纳了他的意见，结果天下因此大为方便。马援还京师以后，多次得到皇帝的召见。他长相胡子头发鲜明，眉目如画。很善于进言策对，特别擅长讲述前代旧事。每次说起来的时候，上至京城年长的人，下至乡里年幼少年，都可前来观看倾听。自皇太子以至于各位封王的侍听人员，没有不听得聚精会神而忘掉疲倦的。马援又很擅长兵策，光武帝经常说："伏波讲起兵道时，往往与我的意见一致。"每次有所谋划，光武帝没有不采纳的。

当初，卷县人维汜用迷惑人的邪说骗人，自称为神。他拥有几百名弟子，后来被治罪杀头。后来，他的弟子李广等人宣称维汜已经变成神，永远不会死，用来迷惑老百姓。建武十七年，他们更聚集信徒党羽，攻下皖城，杀死皖侯刘闵，自称为"南岳大师"。汉朝派谒者张宗带几千兵前去讨伐，反倒被李广打败。由此，朝廷派马援调集各郡兵众，共一万多人，打败李广等人，斩杀了李广。另外，交阯郡的女子征侧和她的妹妹征贰反叛，攻陷交阯郡，九真、日南、合浦等地的蛮人都群起响应，侵犯掠夺了岭南的六十多座城郭，征侧还自立为王。为此，朝廷下诏书任命马援为伏波将军，让扶乐侯刘隆为副将，督促楼船将军段志等人南下进攻交阯。军队到达合浦时，段志病死。朝廷下诏让马援同时指挥他的军队。于是，他们沿海前行，依山开道一千多里。建武十八年春天，汉军到达浪泊后，与敌人展开战斗，结果打败敌人，斩杀敌人一千多名，还有一万多敌人投降。马援接着追击征侧等人，一直追到禁溪，其间几次打败敌人，敌人终于跑的跑，散的散。第二年正月，马援杀掉征侧、征贰，并将她们的首级送到洛阳。朝廷封马援为新息侯，给他的食邑为三千户。于是，马援杀牛、滤酒慰劳军队士兵。他从容地对所属官兵说："我的堂弟马少游时常因为我情绪激昂，胸怀大志而替我伤心，他说：'人生一世，只要衣食足就可以了。乘便利的车，骑迟缓的马，做一名郡里的掾史，守着祖宗的坟墓，让乡里的人们说声好，就可以了。努力地求得有盈余，那是自找苦吃。'当我身处浪泊、西里；敌人还没有消灭的时候，下面是积水，上面是浓雾，毒气往上熏蒸，往上看，可以看到飞着的鸢跕跕地堕入水中。躺在床上想到马少游平时所说的话，从哪里能够得到他说的那种生活呢！今天，我靠各位士大夫的支持，得到了重大恩典，在诸君之前带上了金印紫绶，真是又高兴又惭愧呀！"在场的官兵都伏地齐呼"万岁"。

马援率领大小两千多艘楼船，战士共两万多人，前去进攻九真县贼征侧的残余势力都羊等人，从无功县一直到居风县，杀死、俘虏敌人五千多名，使岭南所有地方得到平定。马援上书反映西于县一共有三万二千户，最远的地界离县治达一千多里，请求将西于县分为封溪、望海两个县，光武帝批准了这一请求。马援每经过一县一郡，都替当地修好郡县城郭，开渠灌溉，为当地百姓谋利。他又向上分别陈述了十多件越人法律与汉朝法律互相乖舛的事情，向越人申明旧有制度，以此来管理越人。从此以后，骆越一直奉行马将军立下的规矩。建武二十年（公元44年）秋天，马援整顿军队，整齐地回到京师。（在这次行动中，）军队十分之四五的人因为患上瘴气疾病而死去。朝廷赐给马援一辆兵车，他上朝进见皇上的位置摆在仅次于九卿的地方。

马援喜欢骑马，也善于鉴别好马。他在交阯得到了一面骆越铜鼓，便把它铸造成了一具马的模型，还都以后奉献给了朝廷。他上表说："天上飞的没有什么比得上龙，地上走的没有比得上马。马是军队的根本,也是国家的一大资财。和平时期,用马可以区别尊贵与卑贱的等级、发生动乱的话,靠马可以救济无论远处还是近处的危急。从前有一种日行千里的骏马,伯乐看见后,一眼就能看出它的优点来,一点也不含糊。近代以来,河西的子舆,也懂得相马的规矩。子舆教出了西河的仪长孺,仪长儒教出了茂陵的丁君都,丁君都教出了成纪的杨子阿。我曾经拜杨子阿为师,也学会了相马的骨骼法。拿到实践中运用,还很灵验。我认为听传闻不如自己亲自看一看,而看影子又不如看真实的形态。我现在本想在活马身上涂画出形状,考虑到一是骨骼不能都画出来,二是活马不可能传到后代。汉武帝时,有位名叫东门京的人善于相马,他曾铸造了一具铜马的模型献上去,皇帝下诏将这具模型竖立在鲁班门外,鲁班门因此而改名为金马门。我依照仪氏的马络头式样,中帛氏的马口马齿式样,谢氏的马咀唇和马颈毛的式样,丁氏的马身式样,将这几家骨骼相马的方法都体现出来,做了这具马的标准模型。"这具马模型高三尺五寸,胸围四尺五寸。朝廷下诏,把它安设在宣德殿下,作为名马的一种标准。

当初,当马援的军队回来,快要到达京师的时候,老朋友们大都出城迎候慰劳。平陵人孟冀,号称善于计划谋略,在座中向他祝贺。马援对他说:"我期望着你好言相告,怎么反而和众人一样呢?从前伏波将军路博德一次就创设了七个郡,才封给他几百户,我今天这么小的功劳,随便就享受了一个大县,功劳小,奖赏大,这怎么能长久立足呢?先生拿什么来帮助我呢?"孟冀说:"我想不出。"马援又说:"现在匈奴、乌桓还在侵扰汉朝的北部边境,我想自己请战,前去进攻他们。男人应该死于边地野外,用马皮裹尸送回来埋葬,怎么能躺在床上死在妇人手中呢?"孟冀说:"如果您是一名真正的烈士的话,就应当这样。"回来刚一个多月,正赶上匈奴、乌桓掠夺东汉的扶风,马援以东汉京师附近受到侵扰,帝王的坟墓受到危逼为理由,请求出击,得到了光武帝的同意。九月份回到京师,十二月份又出兵驻守襄国县。朝廷下令朝中百官出来祭祀路神,并饮宴为马援送行。马援临行前对黄门郎梁松和窦固说:"无论什么人,地位高贵以后应当还能够让自己地位低下,你们这些人假如想再也不地处卑贱,只想身居高位,顽固自负的话,请你们尽量想想我这些鄙陋的话。"后来,梁松果然因为高贵自满而招致灭顶之灾,窦固也差一点没能避免。第二年秋天,马援率领三千名骑兵从高柳出发,一路经过雁门、代郡、上谷等要塞。乌桓望风的人看见汉军到达以后,敌人就分散逃跑了,马援什么也没捞着就回来了。马援有次患病,梁松前来看望他。梁松自个儿在床下行拜见礼后,马援没有回礼。梁松离开后,几个儿子问他:"梁松身为驸马,在朝廷里位高职重,公卿以下的官吏没有不怕他的,大人您为什么单单不给他行礼呢?"马援回答说:"我是梁松父亲的朋友。他虽然高贵,但我怎么能丢弃长幼的次序呢?"梁松由此对马援心怀不满。

建武二十四年,武威将军刘尚进攻武陵五溪蛮夷,率军深入敌境,结果全军覆没。马援为此再次请求出兵。这时马援已有六十二岁的年纪了,光武帝可怜他年老,没有批准。马援亲自请战说:"我还能披甲上马。"光武帝下令让他试试。马援靠着马鞍回视,以便表明他还可以打仗。光武帝笑着说:"这老头精神还真健旺啊!"于是派马援率领中郎将马武、耿舒、刘匡、孙永等人,指挥十二个郡的招募士兵和四万解除刑罚的罪犯征伐五溪蛮。马援半夜里与送行的人告别时,对朋友谒者杜愔说:"我享受到了很大的恩典。我年纪越来越大,余下的岁月不多了,常常担心不能为国家大事而死去。现在我的愿望得以实现，死也甘心，死也瞑目了。我只担心权贵们的子弟有的待在我的左右，或者要与之共事，这些人特别难以协调，我耿耿于怀的，就是讨厌这样的事。"第二年春天，军队到达临乡地区，正遇敌人进攻县城，马援率军迎头出击，大败敌人。共杀死俘虏敌人两千多人，其他的敌人都溃散跑进竹林里边去了。

当初，部队临时驻扎在下隽县的时候，有两条道路可以进去。走壶头山的话，路途近，但有水路高险。走充县的话，道路平坦，但运输路程远。光武帝当时也犹豫不决。等到部队到达时，耿舒想走充县的那条路，马援认为既耽搁时间，又浪费粮食，还不如开进到壶头山，掐住敌人的咽喉部位，充县的敌人也就不战自破了。他们把这件事拿上去请示，光武帝听从了马援的计策。三月，把部队开进了壶头。敌人登上高处，防守关隘。由于水流过急，船上不去。又赶上特别热的天气，战士们大多得传染病死去，马援也传染上了，于是形势危困。他们只好凿岸做成小洞室，躲避炎热的天气。敌人每次一边往险要上爬一边喊叫的时候，马援都拖着双脚进行观察，在他左右的将领们对他的壮气都很同情，没有不替他淌下泪水来的。耿舒给他的哥哥好畤侯耿弇写信说："先前我上书反映应当首先攻击充县的敌人，虽然运粮困难些，但兵马好用，几万战士争着要往前冲。现在在壶头果然没法前进。大家心情郁闷，都将死去，真是太悲伤可惜了。前次到达临乡的时候，敌人无缘无故送上门来，如果连夜追击的话，就可将敌人全部消灭了。伏波将军像西域商人一样，每到一处就停下来，因此丢掉了战机。现在果然都得上了传染病，都像我预料的那样。"耿弇得到信后，向皇帝上奏。于是，光武帝派虎贲中郎将梁松乘坐驿站的快马，赶往前线责备批评马援，并让他代替马援监督军队,那知正赶上马援病逝,梁松因为对马援素来就怀有不平之心,于是乘机对马援进行陷害。光帝帝很愤怒,追收回马援新息侯的印章和绶带。

当初,马援哥哥的儿子马严、马敦都喜欢讥讽议论他人,又与轻薄的侠客经常来往。马援先前在交阯的时候,写信回家告诫他们说:"我希望你们听到别人的过失,就像听到别人说自己父母的名字一样。耳朵可以听着,但口中不能说。喜欢品评议论人家的长处和短处,对时政妄加评论,这些都是我特别讨厌的,我宁可死去,也不希望听说我的子孙有这样的行为。你们已经知道我非常讨厌这类行为,今天我之所以再次强调,是因为如同你们成婚时,申明父母给予你们的警告一样,想让你们不要忘记了。龙伯高为人敦厚,周密谨慎,嘴上从不花言巧语,谨逊自律,节约俭朴,做事廉洁公正而有威仪。我爱他也看重他,希望你们效仿他。杜季良为人豪爽侠义,讲义气,为别人的忧愁而忧愁,为别人的欢乐而欢乐,人不论贤不贤都同样对待。他居父丧的时候,引得几个郡的客人都来了,我既爱他也敬重他,但是我不希望你们学习他。如果学龙伯高学不像,还可以做一个严整的人,这就像所谓的雕刻天鹅不成,还可以类似于鸭子。仿效杜季良而不像的话,就会陷落为天下轻佻浮薄的人,这就是所谓的画虎不成反类犬。到现在为止,杜季良究竟怎样我还不能预测,但郡太守一上任,就对他切齿愤恨,州郡里都拿他当话柄,我常常为他感到寒心,所以我不希望我的子孙们仿效他。"杜季良名保,是京兆人,当时任越骑司马。杜保的仇人向皇帝上书,诉讼杜保"为人举动轻浮,扰乱蛊惑群众,伏波将军马援万里之外写信回家,拿他当靶子劝告哥哥的儿子。可是梁松、窦固与他交往结伙,势必助长轻佻诡诈风气,使诸夏衰落不太平。"诉讼书送上去后,光武帝召见梁松和窦固，对他们进行责问，并将诉讼书以及马援的告诫信拿给他们看。梁松、窦固连忙叩头，以致流出了血，才没有治他们的罪。皇帝下令免除杜保的官职。龙伯高名述，也是京兆人，任山都县长，由于这件事而被提升为零陵太守。

当初，马援在交阯的时候，经常吃薏仁米，用它可以使身体轻便，减少欲望，以便抵御湿热的瘴气。南方的薏仁米个儿大，马援想用它作种子，在部队还朝的时候，装上了一车。当时的人认为那是南方的什么珍贵而奇怪的东西，朝中权贵们都对他怀有埋怨责备之心。由于马援当时正受宠，所以没有人拿这件事说给皇帝听。等到马援死后，有人上书进行诬陷，认为先前那一车装载回来的全都是光泽晶莹的珍珠和有文采的犀牛角。马武和于陵侯侯昱等人都上章表说明事实的真相，没想到皇帝看后更为激怒。马援的妻子儿子都很害怕，不敢回到老坟地举办丧礼，仅仅买了城西的几亩地，草草下葬了事。马援的宾客和朋友没有敢来悼念死者的。马严和马援的妻子儿子用草绳串在一起，到宫殿来请罪。光武帝这时才拿出梁松的奏书给他们看，他们至此方知马援犯的是什么罪。于是，他们上书鸣冤，前后一共六次上书，言辞异常悲痛恳切，这才得以将马援正式葬了。

另外，前任云阳县县令、马援的同乡朱勃到宫殿上书说：

我听说王者的道德以及圣明的政治，是不会忘记人们的功劳的。采纳一个人的一个优点，而不是要求他所有的方面都完备。所以汉高祖赦免了蒯通，用葬王的礼节安葬了田横，大臣们心地开朗，都没有不安的情绪。像那种大将在外面征战，而朝廷内大说他的坏话，他有一点过失都记下来，而大的功劳却忽视了，这确实是治理国家应当慎之又慎的事。这就是为什么章邯害怕谗言而逃到楚国、燕国大将占据聊城后不敢回去的原因。这难道是他们心甘情愿出此下策吗？他们不过是恐惧花言巧语伤害善良的人罢了。我所知故伏波将军新息侯马援，在河西发迹，他钦佩羡慕圣朝大义，经过崎岖险阻，冒着万死危险，立足于众贵权之间。旁边没有人说一句话支持他，驰骋深渊，深入虎穴，难道他有过回头为自己考虑的时候吗？难道他自己知道会担当开置七郡那样的使命，能得到封侯那样的福气吗？建武八年（公元31年），皇帝西征讨伐隗嚣，朝廷犹豫不决，军队也没集结起来，是马援提出了迅速进军的策略，才打败了河西敌人。等到吴汉从陇上败下来的时候，通往冀县的道路都被截断了，唯独马援所在的狄道替国家坚守着。当时上下饥饿困顿，把性命寄托在一分一秒的时间上。马援又奉命出使河西，镇抚安慰边境民众，召集当地豪杰，说服引导羌人，计谋像泉水一样不断涌出，气势如同转动下山的圆石，于是挽救了危急的形势，保存了差一点就要失去的城郭，带着完整的部队前进，利用敌人的粮食，使冀县、陇西大致平定下来。他自己却独自留下来防守空郡，只要一出兵就一定会有所收获，所带军队一出击就会打胜仗。马援铲除先零羌，进入山谷，勇猛作战，以致飞来的箭头穿透了小腿。后来他又出兵征伐交阯的敌人。那里瘴气很多，马援临出发与妻子儿女诀别，毫无悔恨之心，于是又斩杀了征侧，克平了这一州。不久又征讨南方，很快攻下临乡，军队已经有了功劳，没有完成任务就死去了。那么吏士们虽然得了疫病，马援也没有独个儿活下来。战争，或者靠时间长久取胜，有的因为过速而导致失败。深入敌后未必就能打胜，暂时不进也未必就不对。人之常情，难道有乐意长时间地驻扎在极为困窘的境地当中，不活着回来的吗！马援效力于朝廷达二十二年之久，向北出塞外荒漠，向南度过江海，冒着瘴气，最后在战场上倒下，名声扫地，爵位也没有了，封国也传不下去了。但是，海内的人们并不清楚马援有什么过错，百姓也没有听说有关他的那些诽谤。他一下子突然遇到众口一词的攻击，横遭谗言的诬陷欺骗，使得家中不得不关门闭户，葬礼也不能搬到祖坟里举行，怨恨和感情上的裂痕出现了，亲戚们都替他惶惧害怕。现在，死去的人没法自己出来澄清，活着的人也没有为他诉讼的，我心里真为他悲伤。

英明的君主应该多采用些奖赏的措施，而少用些刑罚手段。汉高祖曾经给予陈平四万斤金，去挑拨离间楚军，根本不过问出入，不过问做什么用，那么，他还会怀疑他是否用钱或谷去离间吗？恪守孔子所提倡的忠，却没法使自己避免谗言，这是邹阳所为之悲伤的事。《诗经》说："要把喜欢谗言的人扔给豺虎。豺虎不吃他的话，就将他扔到北方去。如果北方都不接受的话，就把他扔到天上去。"这话是说要让上天来评判他的罪恶。陛下您应该留意无知如童竖的儒家的话，不要让功臣含冤于地下。我听说过《春秋》里的话，说是要将功抵过；按照圣王祭祀的制度，有五种情况应该替臣子祭祀。说到马援，他属于里面提到的为事业献身的那一种。希望您能将这事拿到公卿中去，评议马援的功罪，决定应该继续还是断绝他的爵土。以便平息海内人士的不满情绪。我现在年已六十，经常在田间，心里受栾布哭彭越故事大义的感染，冒昧地表达了自己悲哀愤慨之情，恐惧得在宫殿里直打战抖。

他的上书交上去了，并得到了回报，他又回到了乡间。

朱勃，字叔阳，十二岁时就能够背诵《诗经》《尚书》。经常探望马援的哥哥马况。朱勃穿着襟领正方的学者服，能够走出合规矩的步子,说话沉静。马援这时仅仅能读书,看见朱勃后自愧不如。马况明白他的心情,于是亲自替他斟酒安慰他说:"朱勃小聪明,少年早熟,他的智力也就这样了,他终将要跟着你学习的,不要怕什么。"朱勃不满二十岁时,右扶风就请他试任渭城县长官。但当马援做了将军,封了侯以后,朱勃的级别仍不过是一名县令。马援后来虽然地位高了,但常常还是用旧交情对待朱勃,只是心中也有些瞧不起他而已。朱勃因此更加与他亲近。等到马援遭到谗言时,只有朱勃能够与他善始善终。汉章帝即位以后,追记朱勃功劳,赐给他的儿子二千斛谷子。

当初,马援哥哥的女婿王磐,字子石,是王莽堂兄平阿侯王仁的儿子。王莽破败以后,王磐还拥有很多钱财,住在自己原有的封国内。王磐为人崇尚气节,爱惜人才,喜欢施舍,在江淮一带小有名气。后来他游历京师,和卫尉阴兴、大司空朱浮、齐王刘章互相都很要好。马援对姐姐的儿子曹训说:"王氏,是一个废锢的家族。王子石应当隐居起来,保卫自己。现在却反倒和京城的豪侠们交游,任性使气,我行我素,折辱了很多人,他肯定会失败的。"过后一年多,王磐果然和司隶校尉苏邺、丁鸿的事件牵连上了,得罪死于洛阳监狱。王磐的儿子王肃又出入北宫和王侯的官邸私宅。马援对自己的司马吕种说:"建武时代,号称天下局势重建。从今以后,四海之内应该更加安定了。我只是担忧皇室各位皇子长大后,旧的防范措施又没有建立起来,他们如果过多地与宾客交往,就会导致大案的发生。对此你们要警惕小心啊!"等到郭皇后死了以后,有人上书,认为王肃等遭受过诛杀的家属,宾客会因事生变乱来,应该担心导致贯高、任章那样事变的出现。皇帝阅后大怒,于是下令郡县逮捕了各位封王的宾客。这样辗转牵连,死了一千多人。吕种也遭遇了这一灾难,临死前吕种叹息说："马将军真是神人啊！"

永平初期，马援的女儿被立为皇后。汉明帝将建武年间的名臣、名将在南宫中的云台都画了像，但因为后妃的缘故，单单没有画马援的像。东平王刘苍看了图以后，对明帝说："为什么不画伏波将军的像？"明帝笑了笑没有答话。到永平十七年，马援的夫人死了以后，才重新为马援举行了葬礼，并建起了祠堂。建初三年，章帝派五官中郎将拿着使节追封马援，封给马援忠成侯的谥号。马援有四个儿子，他们是马廖、马防、马光、马客卿。马客卿幼小的时候异常聪明。刚六岁，就能应付接待大人，能够独立应对宾客们。有一次，一名逃命的死囚打这里经过，马客卿逃归躲藏起来，使人不知道。他看起来语言迟钝，实际上沉着敏锐。马援很看重他，认为他是做将相的材料，所以用客卿作为他的字。马援死后，马客卿也夭折了。

史家论曰：马援在京师附近声名鹊起，从容地游历于两个皇帝之间。等到他确立节操，出谋划策的时候，能够心怀扛鼎之志，影响当时的君主，这大概是千载一遇的事情。马援告诫他人避免灾祸，称得上明智，但是却不能使自己避免谗言的攻击。这难道是位居功名之地，就一定避免不了谗言的原因吗？不涉及自己的利益，以这种立场谋划事情，就能理智。考虑问题不偏向自己，拿这种立场去判断问题必然会严肃。如果一个人能够做到明智地掉转头看一看，反转身检查检查自己的行为，如果能将这种方法用到别人身上，就能对他人宽宥，自己检查自己的情形，就会使自己变得明智一些了。

后汉书卷二十六

伏侯宋蔡冯赵牟韦列传第十六

蔡茂列传

蔡茂字子礼,河内怀人也。哀、平间以儒学显,征试博士,对策陈灾异,以高等擢拜议郎,迁侍中。遇王莽居摄,以病自免,不仕莽朝。

会天下扰乱,茂素与窦融善,因避难归之。融欲以为张掖太守,固辞不就;每所饷给,计口取足而已。后与融俱征,复拜议郎,再迁广汉太守,有政绩称。时阴氏宾客在郡界多犯吏禁,茂辄纠案,无所回避。会洛阳令董宣举纠湖阳公主,帝始怒收宣,既而赦之。茂喜宣刚正,欲令朝廷禁制贵戚,乃上书曰:"臣闻兴化致教,必由进善;康国宁人,莫大理恶。陛下圣德系兴,再隆大命,即位以来,四海晏然。诚宜夙兴夜寐,虽休勿休。然顷者贵戚椒房之家,数因恩势,干犯吏禁,杀人不死,伤人不论。臣恐绳墨弃而不用,斧斤废而不举。近湖阳公主奴杀人西市,而与主共舆,出入宫省,逋罪积日,冤魂不报。洛阳令董宣,直道不顾,干主讨奸。陛下不先澄审,召欲加棰。当宣受怒之初,京师侧耳;及其蒙宥,天下试目。今者,外戚憍逸,宾客放滥,宜敕有司案理奸罪，使执平之吏永申其用，以厌远近不缉之情。"光武纳之。

建武二十年，代戴涉为司徒，在职清俭匪懈。二十三年薨于位，时年七十二。赐东园梓棺，赙赠甚厚。

茂初在广汉，梦坐大殿，极上有三穗禾，茂跳取之，得其中穗，辄复失之。以问主簿郭贺，贺离席庆曰："大殿者，宫府之形象也。极而有禾，人臣之上禄也。取中穗，是中台之位也。于字禾失为秩，虽曰失之，乃所以得禄秩也。衮职有阙，君其补之。"旬月而茂征焉，乃辟贺为掾。

译文：

蔡茂字子礼，是河内怀人。汉哀帝、平帝时因儒学显名，被征试博士，在对皇帝策问时陈述灾变，以高等成绩被提升为议郎，又迁为侍中。后遇王莽居位摄政，蔡茂便告病辞官，不在王莽朝中任职。

当时天下扰乱，蔡茂平素与窦融关系很好，便到他那里去避难。窦融想让他任张掖太守，蔡茂坚决推辞。窦融每次给其粮饷，蔡茂仅取够家口所需而已。后来蔡茂与窦融一起被征召，又被拜为议郎，再迁为广汉太守，颇有政绩。当时阴氏宾客在郡中多犯吏禁，蔡茂全部纠举案察，无所回避。正值洛阳令董宣举纠湖阳公主，光武帝开始怒而捕之，接着又赦免他。蔡茂喜爱董宣的刚正，想让朝廷对贵戚加以禁限，便上书说："我听说，必须通过进善才能达到兴化致教的目的；要想使国家安康人民安宁，没有比治恶更为重要的了。陛下大兴圣德，再隆天命，即位以来，四海安定。我们也应早起晚睡，勤于职守，虽值休假也不休息。但是近来贵戚帝室之家，多次凭借皇恩帝势，触犯吏禁，杀人不偿命,伤人不论罪。我恐怕这样会导致法律失效,刑戮被废。最近湖阳公主之奴在西市杀人,却与主共舆,出入宫省,多日逍遥法外,受害者含冤不得报仇。洛阳令董宣,刚直不顾自己利害,触犯公主而讨奸凶。陛下起初不问清楚,召其欲治罪。当董宣开始受您怒责时,京师之人都非常关心此事;到后来董宣蒙您宽宥,天下人都拭目观看。现在,外戚骄逸,宾客放纵,应令有关部门审理他们的奸罪,让执法公平之吏永远发挥作用,以平远近不服之情。"光武帝采纳了此议。

建武十二年,蔡茂代替戴涉为司徒,在职清俭不懈。建武二十三年死于位上,终年七十二岁。光武帝赐其东园梓棺,和许多钱物。

当初蔡茂任广汉太守时,梦见坐在大殿中,见殿内梁上有三穗之草,便跳而取之,取得中穗,又全失了。便以此梦问主簿郭贺,郭贺离座祝贺说:"大殿是官府之象,梁上有禾,这代表着人臣中的上等俸禄,取得中穗,象征着取得中台之位,禾失合在一起为'秩',虽然失之,乃意味着取得禄秩。朝中衮职有缺,恐怕要让您补上了。"果然旬月间蔡茂便被征召,便命郭贺为掾。

后汉书卷二十七

宣张二王杜郭吴承郑赵列传第十七

王良列传

王良字仲子,东海兰陵人也。少好学,习《小夏侯尚书》。王莽时,寝病不仕,教授诸生千余人。

建武二年,大司马吴汉辟,不应。三年,征拜谏议太夫,数有忠言,以礼进止,朝廷敬之。迁沛郡太守。至蕲县,称病不之府,官属皆随就之,良遂上疾笃,乞骸骨,征拜太中大夫。

六年,代宣秉为大司徒司直。在位恭俭,妻子不入官舍,布被瓦器。时,司徒史鲍恢以事到东海,过候其家,而良妻布裙曳柴,从田中归。恢告曰:"我司徒史也,故来受书,欲见夫人。"妻曰:"妾是也。若掾,无书。"恢乃下拜,叹息而还,闻者莫不嘉之。

后以病归,一岁复征,至荥阳,疾笃不任进道,乃过其友人。友人不肯见,曰:"不有忠言奇谋而取大位,何其往来屑屑不惮烦也?"遂拒之。良惭,自后连征,辄称病。诏以玄纁聘之,遂不应。后光武幸兰陵,遣使者问良所苦疾,不能言对。诏复其子孙邑中徭役,卒于家。

论曰：夫利仁者或借仁以从利，体义者不期体以合义。季文子妾不衣帛，鲁人以为美谈。公孙弘身服布被，汲黯讥其多诈。事实未殊而誉毁别议。何也？将体之与利之异乎？宣秉、王良处位优重，而秉甘疏薄，良妻荷薪，可谓行过乎俭。然当世咨其清，人君高其节，岂非临之以诚哉！语曰："同言而信，则信在言前；同令而行，则诚在令外。"不其然乎！张湛不屑矜伪之诮，斯不伪矣。王丹难于交执之道，斯知交矣。

译文：

王良字仲子，是东海兰陵人。从小好学，熟习《小夏侯尚书》。王莽时，有病不出仕任官，在家教授诸生千余人。

建武二年，大司马吴汉征辟王良，王良不应征。建武三年，光武帝征拜其为谏议大夫。他多次进献忠言，动止有礼，受到朝中之人的敬重。后迁为沛郡太守，走到蕲县时，王良声称有病不到官府，官属们从都依从其意。王良便上书说病重，请求不任太守，光武帝征拜他为太中大夫。

建武六年，王良代宣秉为大司徒司直。其在位恭顺节俭，妻子儿女不住在官舍，身穿布服，食用瓦器。当时司徒史鲍恢因事到东海，因此到王良家问候，只见王良妻身穿布裙，拖着柴薪从田中归来。鲍恢不知其为王良之妻，对她说："我是司徒史，特意来，想见夫人，问有无家书。"王良妻说："我就是。辛苦先生了，我无书可致。"鲍恢便下拜，叹息而还。听说这件事的人无不嘉赞王良。

后王良因病归乡。朝廷一年中两次征召，王良走到荥阳，因病重经不住行路颠簸，便到一个朋友家，朋友不肯见他，说："没有忠言奇谋却取得高位，为什么要如此频频往来不怕烦劳呢？"于是便拒绝收留他。王良感到惭愧，此后朝廷连续征召，他都称病不出。光武帝下诏用锦帛征聘，王良终于没有应征。后来光武帝到兰陵，派使者问王良所得之病，王良已不能说话了。光武帝下诏免除其子孙邑中的徭役。王良后死于家中。

史臣论曰：认为行仁义可以利己的人便假借仁道以追求自己之利，体行仁义的人不指望自己成仁而与仁义冥然而合。季文子之妾不穿锦帛之服，鲁国人以此为美谈。公孙弘身穿布衣，而汲黯却讥讽他多行诈伪。事实并无差异而人们对他们的评议有誉毁之别。这是为什么呢？恐怕是因他们有体仁与利仁的区别吧？宣秉、王良身处优重之位，而宣秉以蔬菜食薄衣为美，王良妻砍柴负薪，可说是行为过于俭约。然而当世人称叹其清廉，皇帝褒扬其风节，难道不是他们诚意俭约的结果吗？古人说：'同样说信，人们信服其真而不信其言；同样受令而行，人们信服实在的行为而不信其令'。难道不是这样吗？张湛对别人讥笑他矜伪毫不介意，这正是他不虚伪。王丹认为交友之道很难，这是他知道交友之道。

后汉书卷二十八上

桓谭冯衍列传第十八上

冯衍列传

冯衍字敬通,京兆杜陵人也。祖野王,元帝时为大鸿胪。衍幼有奇才,年九岁,能诵《诗》,至二十而博通群书。王莽时,诸公多荐举之者,衍辞不肯仕。

时,天下兵起,莽遣更始将军廉丹讨伐山东。丹辟衍为掾,与俱至定陶。莽追诏丹曰:"仓廪尽矣,府库空矣,可以怒矣,可以战矣。将军受国重任,不捐身于中野,无以报恩塞责。"丹惶恐,夜召衍,以书示之。衍因说丹曰:"衍闻顺而成者,道之所大也;逆而功者,权之所贵也。是故期于有成,不问所由;论于大体,不守小节。昔逢丑父伏轼而使其君取饮,称于诸侯;郑祭仲立突而出忽,终得复位,美于《春秋》。盖以死易生,以存易亡,君子之道也。诡于众意,宁国存身,贤智之虑也。故《易》曰'穷则变,变则通,通则久,是以自天祐之,吉,无不利'。若夫知其不可而必行之,破军残众,无补于主,身死之日,负义于时,智者不为,勇者不行。且衍闻之,得时无怠。张良以五世相韩,椎秦始皇博浪之中,勇冠乎贲、育,名高乎太山。将军之先,为汉信臣。新室之兴,英俊不附。今海内溃乱,人怀汉德,甚于诗人思召公也,爱其甘棠,而况子孙乎?人所歌舞,天必从之。方今为将军计,莫若屯据大郡,镇抚吏士,砥厉其节,百里之内,牛酒日赐,纳雄桀之士,询忠智之谋,要将来之心,待从横之变,兴社稷之利,除万人之害,则福禄流于无穷,功烈著于不灭。何与军覆于中原,身膏于草野,功败名丧,耻及先祖哉?圣人转祸而为福,智士因败而为功,愿明公深计而无与俗同。"丹不能从。进及睢阳,复说丹曰:"盖闻明者见于无形,智者虑于未萌,况其昭晢者乎?凡患生于所忽,祸发于细微,败不可悔,时不可失。公孙鞅曰:'有高人之行,负非于世;有独见之虑,见赘于人。'故信庸庸之论,破金石之策,袭当世之操,失高明之德。夫决者智之君也。疑者事之役也。时不重至,公勿再计。"丹不听,遂进及无盐,与赤眉战死。衍乃亡命河东。

更始二年,遣尚书仆射鲍永行大将军事,安集北方。衍因以计说永曰:

衍闻明君不恶切悫之言,以测幽冥之论;忠臣不顾争引之患,以达万机之变。是故君臣两兴,功名兼立,铭勒金石,令问不忘。今衍幸逢宽明之日,将值危言之时,岂敢拱默避罪,而不竭其诚哉!

伏念天干离王莽之害久矣。始自东郡之师,继以西海之役,巴、蜀没于南夷,缘边破于北狄,远征万里,暴兵累年,祸拏未解,兵连不息,刑法弥深,赋敛愈重。众强之党,横击于外,百僚之臣,贪残于内,元元无聊,饥寒并臻,父子流亡,夫妇离散,庐落丘墟,田畴芜秽,疾疫大兴,灾异蜂起。于是江湖之上,海岱之滨,风腾波涌,更相骀藉,四垂之人,肝脑涂地,死亡之数,不啻太半,殃咎之毒,痛入骨髓,匹夫僮妇,咸怀怨怒。皇帝以圣德灵威,龙兴凤举,率宛、叶之众,将散乱之兵,唷血昆阳,长驱武关,破百万之陈,摧九虎之军,雷震四海,席卷天下,攘除祸乱,诛灭无道,一期之间,海内大定。继高祖之休烈,修文武之绝业,社稷复存,炎精更辉,德冠往初,功无与二。天下自以去亡新,就圣汉,当蒙其福而赖其愿。树恩布德,易以周洽,其犹顺惊风而飞鸿毛也。然而诸将虏掠,逆伦绝理,杀人父子,妻人妇女,燔其室屋,略其财产,饥者毛食,寒者裸跣,冤结失望,无所归命。今大将军以明淑之德,秉大使之权,统三军之政,存抚并州之人,惠爱之诚,加乎百姓,高世之声,闻乎群士,故其延颈企踵而望者,非特一人也。且大将军之事,岂得珪璧其行,束修其心而已哉?将定国家之大业,成天地之元功也。昔周宣中兴之主,齐桓霸强之君耳,犹有申伯、召虎、夷吾、吉甫攘其蟊贼,安其疆宇。况乎万里之汉,明帝复兴,而大将军为之梁栋,此诚不可以忽也。

且衍闻之,兵久则力屈,人愁则变生。今邯郸之贼未灭,真定之际复扰,而大将军所部不过百里,守城不休,战军不息,兵革云翔,百姓震骇,奈何自怠,不为深忧?夫并州之地,东带名关,北逼强胡,年谷独孰,人庶多资,斯四战之地,攻守之场也。如其不虞,何以待之?故曰"德不素积,人不为用。备不豫具,难以应卒"。今生人之命,县于将军,将军所杖,必须良才,宜改易非任,更选贤能。夫十室之邑,必有忠信。审得其人,以承大将军之明,虽则山泽之人,无不感德,思乐为用矣。然后简精锐之卒,发屯守之士,三军既整,甲兵已具,相其土地之饶,观其水泉之利,制屯田之术,习战射之教,则威风远畅，人安其业矣。若镇太原，抚上党，收百姓之欢心，树名贤之良佐，天下无变，则足以显声誉，一朝有事，则可以建大功。惟大将军开日月之明，发深渊之虑，监《六经》之论，观孙、吴之策，省群议之是非，详众士之白黑，以超《周南》之迹，垂《甘棠》之风，令夫功烈施于千载，富贵传于无穷。伊、望之策，何以加兹！

永既素重衍，为且受使得自置偏裨，乃以衍为立汉将军，领狼孟长，屯太原，与上党太守田邑等缮甲养士，扞卫并土。

及世祖即位，遣宗正刘延攻天井关，与田邑连战十余合，延不得进。邑迎母弟妻子，为延所获。后邑闻更始败，乃遣使诣洛阳献璧马，即拜为上党太守。因遣使者招永、衍，永、衍等疑不肯降，而忿邑背前约，衍乃遗邑书曰：

盖闻晋文出奔而子犯宣其忠，赵武逢难而程婴明其贤，二子之义当矣。今三王背畔，赤眉危国，天下蚁动，社稷颠陨，是忠臣立功之日，志士驰马之秋也。伯玉擢选剖符，专宰大郡。夫上党之地，有四塞之固，东带三关，西为国蔽，奈何举之以资强敌，开天下之匈，假仇雠之刃？岂不哀哉！衍闻之，委质为臣，无有二心；絜瓶之智，守不假器。是以晏婴临盟，拟以曲戟，不易其辞；谢息守郕，胁以晋、鲁，不丧其邑。由是言之，内无钩颈之祸，外无桃莱之利，而被畔人之声，蒙降城之耻，窃为左右羞之。且邾庶其窃邑畔君，以要大利，曰贱而必书；莒牟夷以土地求食，而名不灭。是以大丈夫动则思礼，行则思义，未有背此而身名能全者也。为伯玉深计，莫若与鲍尚书同情戮力，显忠贞之节，立超世之功。如以尊亲系累之故，能捐位投命，归之尚书,大义既全,敌人纾怨,上不损剖符之责,下足救老幼之命,申眉高谈,无愧天下。若乃贪上党之权,惜全邦之实,衍恐伯玉必怀周赵之忧,上党复有前年之祸。昔晏平仲纳延陵之诲,终免栾高之难;孙林父违穆子之戒,故陷终身之恶。以为伯玉闻此至言,必若刺心,自非婴城而坚守,则策马而不顾也。圣人转祸而为福,智士因败以成胜,愿自强于时,无与俗同。

邑报书曰:

仆虽驽怯,亦欲为人者也,岂苟贪生而畏死哉!曲戟在颈,不易其心,诚仆志也。

间者,老母诸弟见执于军,而邑安然不顾者,岂非重其节乎?若使人居天地,寿如金石,要长生而避死地可也。今百龄之期,未有能至,老壮之间,相去几何。诚使故朝尚在,忠义可立,虽老亲受戮,妻儿横分,邑之愿也。

间者,上党黠贼,大众围城,义兵两辈,入据井陉。邑亲溃敌围,拒击宗正,自试智勇,非不能当。诚知故朝为兵所害,新帝司徒已定三辅,陇西、北地从风响应。其事昭昭,日月经天,河海带地,不足以比。死生有命,富贵在天。天下存亡,诚云命也。邑虽没身,能如命何?

夫人道之本,有恩有义,义有所宜,恩有所施。君臣大义,母子至恩。今故主已亡,义(无)〔其〕谁为;老母拘执,恩所当留。而厉以贪权,诱以策马,抑其利心,必其不顾,何其愚乎!

邑年三十,历位卿士,性少嗜欲,情厌事为。况今位尊身危,财多命殆,鄙人知之,何疑君子?

君长、敬通揭节垂组，自相署立。盖仲由使门人为臣，孔子讥其欺天。君长据位两州，加以一郡，而河东畔国，兵不入轵，上党见围，不窥大谷，宗正临境，莫之能援。兵威屈辱，国权日损，三王背畔，赤眉害主，未见兼行倍道之赴，若墨翟累茧救宋，申包胥重胝存楚，卫女驰归唁兄之志。主亡一岁，莫知定所，虚冀妄言，苟肆鄙塞。未能事生，安能事死？未知为臣，焉知为主？岂厌为臣子，思为君父乎！欲摇太山而荡北海，事败身危，要思邑言。

衍不从。或讹言更始随赤眉在北，永、衍信之，故屯兵界休，方移书上党，云皇帝在雍，以惑百姓。永遣弟升及子埵张舒诱降涅城，舒家在上党，邑悉系之。又书劝永降，永不答，自是与邑有隙。邑字伯玉，冯翊人也，后为渔阳太守。永、衍审知更始已殁，乃共罢兵，幅巾降于河内。

帝怨衍等不时至，永以立功得赎罪，遂任用之，而衍独见黜。永谓衍曰："昔高祖赏季布之罪，诛丁固之功。今遭明主，亦何忧哉！"衍曰："记有之，人有挑其邻人之妻者，挑其长者，长者詈之，挑其少者，少者报之，后其夫死而取其长者。或谓之曰：'夫非骂尔者邪？'曰：'在人欲其报我，在我欲其骂人也。'夫天命难知，人道易守，守道之臣，何患死亡？"顷之，帝以衍为曲阳令，诛斩剧贼郭胜等，降五千余人，论功当封，以谗毁，故赏不行。

建武六年日食，衍上书陈八事：其一曰显文德，二曰褒武烈，三曰修旧功，四曰招俊杰，五曰明好恶，六曰简法令，七曰差秩禄，八曰抚边境。书奏，帝将召见。初，衍为狼孟长，以罪摧陷大姓令狐略。是时，略为司空长史，谗之于尚书令王护、尚书周生丰曰："衍所以求见者,欲毁君也。"护等惧之,即共排间,衍遂不得入。

后卫尉阴兴、新阳侯阴就以外戚贵显,深敬重衍,衍遂与之交结,由是为诸王所聘请,寻为司隶从事。帝惩西京外戚宾客,故皆以法绳之,大者抵死徙,其余至贬黜。衍由此得罪,尝自诣狱,有诏赦不问。西归故郡,闭门自保,不也复与亲故通。

译文:

冯衍,字敬通,京兆杜陵人。祖父叫冯野王,在元帝时期任大鸿胪。冯衍幼年的时候有非凡的才华,九岁时能背诵《诗经》,到二十岁时就已经博览并精通各种书籍。王莽专政时,很多大臣都推举他,冯衍就是不肯做官。

当时全国到处都有军队起来反抗王莽,王莽派更始将军廉丹到山东讨伐。廉丹征召冯衍担任属官,和他一起来到定陶。王莽下诏催迫廉丹说:"仓库的粮食消耗完了,钱库也空了,可以发泄愤怒了,可以出战了。将军你肩负着国家的重任,不在战场上为国献身,就无法报答恩德,完成使命。"廉丹惶恐不安,连夜召见冯衍,把诏书给他看。于是,冯衍劝说廉丹:"我听说,顺着正道而取得成功,那是最重要的道;违逆正道而取得成功,那是最重要的权变。所以,作为反经合义的权变,它追求事情的成功。不管原因如何;它关心大体,不拘泥于小节。从前,逢丑父趴在车前的横木上,让齐侯到华泉去取水饮,自己却被抓住,这种行为受到诸侯们的称赞;郑国的大夫祭仲,立了公子突为郑国国君,而赶走了太子忽,他的这种权变的行为,也受到《春秋》的赞誉。人可以由死而变生,国家可以由灭亡而变为存在,这是君子所应该做的事。违背了人民的意志,而希望安定国家,保全自身，这是作为聪明、贤能的人担忧的。所以《易经》上说：'陷于窘迫的处境就要变革，变革就能道路畅通，畅通就能保持长久。所以上天会保佑他，这是大吉，没有坏处。'如果明知道不可以而一定这样做，那么就会使军队遭到失败，对皇上没有好处，自己献身的那天，就是自己辜负皇上恩德的时候，这是作为聪明人和英勇的人所不应该做的事情。况且我又听说，碰上了时机就应抓紧，不要懈怠。张良的祖父、父亲任过五位韩国国君的宰相，后来秦灭亡了韩，他派人在博浪用铁锤刺杀秦始皇，他的勇敢盖过了孟贲、夏育两位勇士，他的威名比太行山还高。您的先辈，是汉朝的忠诚大臣。王莽专政之后，英雄豪杰都不归附他。现在国内混乱，人民怀念刘氏王朝的恩德，这种思念之情比《诗经》中的诗人怀念召公还要强烈，连召公停留过的甘棠树都加以爱护，何况他的子孙后代呢？人们为之唱歌跳舞来怀念，上天一定会满足人们的心愿。目前我为您考虑，您不如占据着一个大的州郡，安抚官吏和士兵，磨炼他们的节操，百里之内的人民，每天赐给他们牛和酒，招纳英雄豪杰，探讨忠诚的智谋，使到人们将来会倾心归附，以顺应社会的变化，振兴国家的利益，铲除人民的祸害，那么您就可以生生世世享受幸福、俸禄，您的功名也会长垂史册。为什么还要在中原打败仗，在草野上战死，功败名丧，连祖父都受到耻辱呢？圣人能把灾祸转而变为幸福，聪明的人会把失败转变为成功，希望英明的您很好地考虑一下，而不要流于世俗的偏见。"廉丹没有听从。他们进军到了睢阳，冯衍又劝说廉丹："我听说，聪明的人可以在事情还未发生的时候就预见到后果，智慧的人在事情还未发生的时候就先作考虑，何况那些明白、清楚的人呢？一般来说，祸患发生于人们所忽视的地方，灾祸在细微的地方形成。失败了不能后悔，遇上了机会不能够放弃。公孙鞅曾说过：'一个人有高于普遍人的品行，就会在世上受到非议；一个人有独到的见解，往往就会受到别人的怀疑。'所以，相信了平庸的意见，就会丧失坚定而宝贵的策略；沿袭一般人的行为，就会丢失高贵的品德。果断是作为一个聪明人最重要的事情，犹豫是事情失败的根本原因。时机不会再来，希望您不要再考虑了。"廉丹还是不听从，于是带领军队到了无盐，在和赤眉的战斗中被杀死。于是，冯衍逃命到河东。

更始二年，派尚书仆射鲍永执掌大将军职权，安抚北方领土。于是，冯衍用计策劝鲍永说：

我听说，圣明的君主是不会讨厌真实的话的，并以此来测验那些暗昧的意见；忠诚的大臣是不会顾虑和皇帝争论、辩驳的，并以此来找到解决问题的最佳方法。所以，国君和大臣都能够兴起、强大，功绩和威名都能树立，并且记载在史册上，好名声可以长久流传。现在，我有幸遇上政治宽明的时候，正逢上可以直言不讳的机会，怎么敢拱着手默默无言而来逃避过失，却不竭力贡献自己的忠诚呢！

我恭敬地考虑到，全国受王莽的祸害已经很久了。从翟义在东郡发起军队反抗王莽开始，接着是西海的战争，巴、蜀的军队在南夷被打得惨败，北方的边郡又遭到匈奴人的严重侵扰，王莽的军队远征万里，部队长期在野外。烽烟四起，部队长年征战，没有休息的时候。刑法变得更严酷，赋税也更繁重。各个边郡的军队，在外面侵扰攻打，大小的臣僚百官，在朝廷内贪污腐败，老百姓无所依靠，饥寒交迫，父子流亡，夫妇离散，房屋变成了废墟，田野上长满了野草，病疫广泛地流行，灾祸接连不断。在这个时候，全国上下风起云涌，互相攻占，国内的人民在战争中惨遭杀害，死亡人数超过了大半。这种灾祸造成的恶劣影响，令人刻骨铭心，老百姓、低贱的妇女，都感到愤愤不平。皇帝凭着圣明的德行、神灵的威势，像龙和凤那样升腾起来，率领宛、叶两地的人民，指挥着离散的军队，血战昆阳，长驱直入武关，打败了一百万人的军队，摧毁了王莽以虎为号的九位将军率领的人马，威震了国内，影响遍及天下，铲除了祸乱的叛贼，诛杀了没有道义的人，一个月的时间里，国内基本上得到平定。继承高祖的功业，重修文帝、武帝的遗业，国家再一次得到保全，汉朝的精神再次放出光辉，这种功德超过了以前，是无与伦比的。国家和人民，自从灭亡了王莽的新朝，建立了圣明的汉朝，应该受到汉朝的幸福和依靠汉朝的大愿。在这种时候，树立和施与恩德，救济和安抚人民，这就像是顺着狂风来飘鸟毛，是很容易做到的。可是，很多将领抢夺财物，违背了伦理，杀害人家的父子，强占他们的妇女为自己的妻子，焚毁他们的房屋，抢走他们的财产，人们饥饿了就吃草根，寒冷的时候也只能光着脚，愁苦失望，没有地方可以归附依靠。现在，大将军您凭着英明、善良的德行，执掌着重要使臣的权力，统率着三军，来安抚并州的人民，诚恳的爱护之心，奉献给老百姓，超出当代的声誉，传遍了士人，所以那些伸长脖子、跷起脚跟盼望您的，不只是一个人。况且大将军您的使命，难道仅仅是使自己品行洁白如玉，约束和修炼自己的心性吗？而是要奠定国家的重大事业，成就天地间的头等功业。从前，周宣王作为中兴的君王，齐桓公作为强大的君主，还需要有申伯、召虎、夷吾、吉甫等人铲除坏人，安定国家。何况辽阔广大的汉朝，圣明的皇帝再次兴起，而大将军您作为国家的栋梁。这确实是不容忽视的事情呵！

况且我听说，仗打久了，军队的战斗力就会减弱，人在忧愁中，变故就容易发生。现在邯郸的贼兵还未消灭，真定那边又起了变化，而大将军您带领的军队离敌人不超过一百里，敌人不放弃守城，战斗就不会停止，军队云集这里打仗，老百姓都感到惊恐，您怎么可以心安理得，不作深入的考虑呢？并州这个地方，东边连着有名的井陉关，北面面对着强大的匈奴，每年的收成却都很好，人民也很富足，这是容易受攻打的地方，兵家必争之地。如果不加以考虑，到时如何应付这种变化呢？所以说：'平常不积累德行，人才就得不到使用。不预先做好准备，就难以应付突然的变故。'现在，人们的生命都掌握在您的手里，您所依仗的，一定要是很好的人才，因而应该把不合适的人员更换调，选拔贤能的人。在十户人家的乡里，就能找到忠诚可信的人。如果确定得到这样的人，来听任您的指挥，那么即使是山林、水泽中的人，也无不感激您的大德，高高兴兴地希望为您效劳。然后，您可以挑选精锐的士兵，发动驻守的部队，全军都已经整顿好，铠甲、武器也已经准备好；探寻土地的肥沃情况，观察水利的有利地方，制定屯田的计划，进行战斗、射击的训练，那么声威就可以传播到远方，人民就安居乐业了。您如果镇守太原，安抚上党，获得老百姓的欢心，选拔了有名的贤良人士作为您的助手，那么在天下太平的时候，就足以显扬声誉，在一旦有变故的时候，就可以建立大功勋。希望您开诚布公，进行深入的思考，借鉴《六经》的理论，考察孙武、吴起的兵书，检查大臣们的意见的好坏，分析清楚他们中的贤能和愚蠢，来超过《诗经·周南》中对召公记载的功绩，继承并发扬《甘棠》的遗风，使到功绩影响到千年以后，永远享受富贵。伊尹、吕望的策略，也不过如此！

鲍永平常很敬重冯衍，因为暂且作为重要的使臣，能够自己任命副将，所以就任命冯衍为立汉将军，兼任狼孟长，驻扎在太原，和上党太守田邑等人一起修整铠甲，保养军队，守卫并州的土地。

到世祖登上皇位的时候，派宗正刘延攻打天井关。刘延和田邑交战了十几次，始终也没能取胜。田邑派人去接他的母亲、弟弟、老婆和孩子过来，结果被刘延捉住了。后来，田邑听说更始帝失败，于是派使者到洛阳去向世祖进献宝玉和马匹，世祖立刻任命他为上党太守。于是，世祖又派使者招降鲍永、冯衍。鲍永、冯衍等有疑心，不愿意投降，并且对田邑违背以前的誓约很生气。冯衍就写信给田邑说：

我听说，晋文公避难出奔在外，狐偃劝他回国，表现了自己的忠心耿耿；赵武遭逢劫难，而程婴在这时也表现出他的贤良品性，这两个人所作所为都很符合道义。现在，王匡、陈牧、成丹等三王反叛，赤眉军危及国家，天下震动，国家要灭亡，这是忠臣建立功勋的时机，是有志的人士用武之地。您被任命为太守，主管着一个大郡。上党这个地方，有着四周都是险要之地的坚固，东边连着上党关、壶口关、石陉关，西边是国家的防蔽之处，怎么可以用它来帮助强大的敌人，打开国家的胸膛，而把刀借给仇人呢？难道不痛心疾道吗！

我又听说，屈膝作为臣下，就不应该有叛逆的想法；虽然仅有汲水的知识，也能谨守自己的汲水器皿，不借给别人。所以晏婴参加誓盟，在剑和戟的威胁下，也不改变自己的态度；谢息守卫着城邑，在得罪强大晋国的压力下，也不放弃土地。从这来说，您在里面没有以戟钩着脖子相威胁这样的祸患，在外面没有获取桃莱这样的利诱，而却蒙受叛徒的罪名，蒙受投降的耻辱，我暗自为您感到羞耻。况且，郑大夫庶其盗窃城邑而背叛国君，来谋取大的利益，《左传》说，这种卑贱的行为一定要记录下来；莒大夫牟夷也盗窃他们国家的土地来背叛，谋求生活的安定，《左传》中也加以记载，使这种行为不讲道义的人永远被人记住。因此，真正的男子汉就应该在行动的时候，总要想着是否符合礼仪。从来就没有违背了礼仪的人，而他们的自身和名声能保全的。我很深入地为您作了打算，不如和鲍尚书同心合力，来表现出忠贞的节操，建立超出当世的功劳。您如果因为亲属被敌人捉住的缘故，能够放弃您的职守而来归附于鲍尚书，那么就能成全您的大义，敌人也会减缓怨恨，在上不会损害您作为太守的职责，在下足可以救护老幼的人们的性命，可以扬起脑袋高谈阔论，无愧于天下。如果您贪图上党的权力，怜惜地想保全全郡，我恐怕您一定会有被围攻的忧患，上党又会遭遇以前秦人攻打赵国时的灾祸。从前，晏子采纳了吴公子季札的意见，终于免遭子雅、子尾的陷害；孙林父违背了穆子的劝诫，所以他终生都蒙受恶名。我认为您听了这样的肺腑之言，一定会受到很大的震动，不是留在城里坚守，就会赶着马而离去。圣明的人能够把祸害转变为幸福，聪明的人会把失败转变为成功，希望您在这个时候好自为之，不要流于庸俗的人的行列。

田邑回信说：

我虽然愚钝胆怯，也想真真正正做个人，怎么会苟且偷生而害怕死呢！即使有戟架在脖子上，也不改变心志，这确实是我的态度。

近来，我的母亲和弟弟们被敌军所捉拿，而我淡然处之，不加理会，难道不是重视节操吗？假如人在天地之间，有金、石那样长的寿命，渴求长生而逃避死亡，这是可以理解的。现在人生连一百岁都很难达到，从壮年到衰老相距没有多长。假若汉朝确实还在，可以树立自己的忠义的名声，那么即使我的母亲、弟弟们被杀害，我的老婆、孩子被处死，我也是心甘情愿的。

近来，上党狡猾的贼兵，大量地聚集围攻城池，世祖的军队分两部进入并占据着井陉关。我亲自带兵打败了敌人的围攻，并且抗击宗正刘延的部队，自认为自己的智谋和勇力，不是不能抵挡敌军的。我确实知道汉朝遭战乱的损害，新立的皇帝已经派司徒邓禹平定了三辅，陇西、北地闻风起来响应。这种形势已经很明朗了，即使像太阳和月亮在天上运行那样，像江河、海水在地上流动一样，也不如这样明白、清楚。人的死和生都有命中注定，富裕和显贵在于上天的意旨。国家的保存和灭亡，确实是有命注定的。我即使死了，能改变命运吗？

人道的根本，是应该有恩和义，有应该行义的地方，有应该施恩的地方。臣对君应该行最大的义务，孩子对母亲应该回报最深的恩情。现在，旧的君主已经死亡，那么我为谁来行义务呢；母亲被拘留，我是应该报答恩德的。而你却用贪心权力来劝勉我，用赶着马去归附你们来引诱我，贬抑我的功利想法，一定要让我对亲人的祸难不加理会，这是多么愚蠢啊！

我年纪三十年，一直都当官，没有什么嗜好、贪图，讨厌有所作为。何况现在身居尊贵的位置，自己一定会有危险，拥有那么多财产，生命也有危险，这一点我是知道的，哪用您为我担心呢？

鲍永、敬通您两人违背了皇上的任命，自己另立名号。仲由想让他的门人当官，孔子就批评他这是欺骗上天。鲍永占据着并州，又有太原郡相助，可是河东那些州郡、封国反叛，却不派兵去征讨；上党被贼兵围攻，也不来相救；宗正刘延来进攻，他也不来援助。军队受到屈辱，国家政权受到损害，三王背叛，赤眉军杀害了君主，不见你们派兵加倍赶路前来相救，像墨翟那样手脚都磨出厚茧来救宋国，像申包胥那样脚上磨出厚茧来保全楚国，像许穆夫人那样有赶回去吊唁哥哥丧失国家的心意。皇上已经死去一年了，你们不知道归宿在哪里，只是听信别人的胡乱说法，暂且在边疆上胡作非为罢了。不能够侍奉生人，怎么能侍奉死人呢？不知道如何作为臣下，怎么知道如何作为主上呢？难道你们是讨厌了作臣下，而想当皇帝吗？凭你们这样，想要摇动太山而振荡北海，一定会最终失败，自身也会危险。希望您好好想想我的话。

冯衍没有听从。有人谣传说更始帝跟随赤眉军在北边，鲍永、冯衍都信以为真，所以在界休驻扎军队，正准备在上党发布告示，说皇帝在雍，来迷惑百姓。鲍永派弟弟鲍升和女婿张舒诱降了涅城，张舒的家在上党，田邑把他们一家人全都抓了起来。田邑又写信劝鲍永投降，鲍永不加理会，从此就和田邑结下了仇怨。田邑，字伯玉，冯翊人，后来任渔阳太守。鲍永、冯衍知道更始帝确实已经死了后，于是一起停止了战斗，只是用一块巾布扎住头发，在河内向世祖投降了。

光武帝怨恨冯衍等人没有早来投降，鲍永因为立了功劳，所以也赎了罪，被任用为官，而冯衍却独自遭到废贬。鲍永对冯衍说："从前，高祖因为季布得罪过自己而赏赐他，因为丁固有功于自己而诛杀他。现在遇上了圣明的君主，有什么好忧虑呢！"冯衍说："古书里有记载，有人调戏邻居家的两个妻子，调戏其中年龄大些的，年龄大的就骂起来；调戏那个年轻的，年轻的就应许了。后来，她们的丈夫死了，那人就娶了那个年龄大的妻子。别人对他说：'那个人不是骂过你吗？'他说：'住在别人那里的时候，就想让她顺从我。现在做了我的老婆，就愿她替我去骂人。'上天的意旨难以知道，为人的道理容易坚守，坚守道义的臣下，为什么要忧患死亡呢？"过了没多久，光武帝就任命冯衍为曲阳令。他上任后，诛杀了恶贼郭胜等人，降服了五千多人，按功劳应该受封赏，因为受谗言的诽谤，所以没有得到赏赐。

建武六年，发生日食，冯衍上书陈述了八件事：一是显扬人文道德，二是褒扬武功事迹，三是整顿以前的功劳，四是招纳有才能的豪杰，五是分清好坏，六是简化、放宽法令，七是分别俸禄的等级，八是安抚边疆。疏书递了上去，光武帝要召见他。以前，冯衍任狼孟长，因为犯罪而损害过当地的大族令狐略。这时，令狐略任司空长史，于是在尚书令王护、尚书周生丰面前诽谤冯衍说："冯衍请求进见皇上的原因，是想诋毁你们。"王护等人害怕，就一起排斥、离间冯衍，于是冯衍就无法进宫朝见。

后来，卫尉阴兴、新阳侯阴就因为是外戚而权势显赫，十分敬重冯衍，于是冯衍和他们结下交情。因此，冯衍被很多侯王聘任，不久就升为司隶从事。光武帝惩治西京外戚的宾客朋友，因而都受到了处罚，严重的被处死或流放，其余的都遭到贬退。冯衍也因为这个而犯了罪，曾经亲自到狱中去请求处罚，有诏书下来说可以赦免。冯衍往西回到了本郡，关起门来自我保护，不敢再和亲戚、故旧相交往。

后汉书卷二十九

申屠刚鲍永郅恽列传第十九

申屠刚列传

申屠刚字巨卿，扶风茂陵人也。七世祖嘉，文帝时为丞相。刚质性方直，常慕史䲡、汲黯之为人。仕郡功曹。

平帝时，王莽专政，朝多猜忌，遂隔绝帝外家冯、卫二族，不得交宦，刚常疾之。及举贤良方正，因对策曰：

臣闻王事失则神祇怨怒，奸邪乱正，故阴阳谬错。此天所以谴告王者，欲令失道之君，旷然觉悟，怀邪之臣，惧然自刻者也。今朝廷不考功校德，而虚纳毁誉，数下诏书，张设重法，抑断诽谤，禁割论议，罪之重者，乃至腰斩。伤忠臣之情，挫直士之锐，殆乖建进善之旌，县敢谏之鼓，辟四门之路，明四目之义也。

臣闻成王幼少，周公摄政，听言下贤，均权布宠，无旧无新，唯仁是亲，动顺天地，举措不失。然近则召公不悦，远则四国流言。夫子母之性，天道至亲。今圣主幼少，始免襁褓，即位以来，至亲分离，外戚杜隔，恩不得通。且汉家之制，虽任英贤，犹援姻戚。亲疏相错，杜塞间隙，诚所以安宗庙，重社稷也。今冯、卫无罪，久废不录，或处穷僻，不若民庶，诚非慈爱忠孝承上之意。夫为人后者，自有正义，至尊至卑，其势不嫌，是以人无贤愚，莫不为怨，奸臣贼子，以之为便，不讳之变，诚难其虑。今之保傅，非古之周公。周公至圣，犹尚有累，何况事失其衷，不合天心者哉！昔周公先遣伯禽守封于鲁，以义割恩，宠不加后，故配天郊祀，三十余世。霍光秉政，辅翼少主，修善进士，名为忠直，而尊〔崇〕其宗党，摧抑外戚，结贵据权，至坚至固，终没之后，受祸灭门。方今师傅皆以伊、周之位，据贤保之任，以此思化，则功何不至？不思其危，则祸何不到？损益之际，孔父攸叹，持满之戒，老氏所慎。盖功冠天下者不安，威震人主者不全。今承衰乱之后，继重敝之世，公家屈竭，赋敛重数，苛吏夺其时，贪夫侵其财，百姓困乏，疾疫夭命。盗贼群辈，且以万数，军行众止，窃号自立，攻犯京师，燔烧县邑，至乃讹言积弩入宫，宿卫惊惧。自汉兴以来，诚未有也。国家微弱，奸谋不禁，六极之效，危于累卵。王者承天顺地，典爵主刑，不敢以天官私其宗，不敢以天罚轻其亲。陛下宜遂圣明之德，昭然觉悟，远述帝王之迹，近遵孝文之业，差五品之属，纳至亲之序，亟遣使者征中山太后，置之别官，令时朝见。又召冯、卫二族，裁与冗职，使得执戟，亲奉宿卫，以防未然之符，以抑患祸之端，上安社稷，下全保傅，内和亲戚，外绝邪谋。

书奏，莽令元后下诏曰："刚所言僻经妄说，违背大义。其罢归田里。"

后莽篡位，刚遂避地河西，转入巴、蜀，往来二十许年。及隗嚣据陇右，欲背汉而附公孙述。刚说之曰："愚闻人所归者天所与，人所畔者天所去也。伏念本朝躬圣德，举义兵，龚行天罚，所当必摧，诚天之所福，非人力也。将军本无尺土，孤立一隅，宜推诚奉顺，与朝并力，上应天心，下酬人望，为国立功，可以永年。嫌疑之事，圣人所绝。以将军之威重，远在千里，动作举措，可不慎与？今玺书数到，委国归信，欲与将军共同吉凶。布衣相与，尚有没身不负然诺之信，况于万乘者哉！今何畏何利，久疑如是？卒有非常之变，上负忠孝，下愧当世。夫未至豫言，固常为虚，及其已至，又无所及，是以忠言至谏，希得为用。诚愿反复愚老之言。"嚣不纳，遂畔从述。

建武七年，诏书征刚。刚将归，与嚣书曰："愚闻专己者孤，拒谏者塞，孤塞之政，亡国之风也。虽有明圣之姿，犹屈己从众，故虑无遗策，举无过事。夫圣人不以独见为明，而以万物为心。顺人者昌，逆人者亡，此古今之所共也。将军以布衣为乡里所推，廊庙之计，既不豫定，动军发众，又不深料。今东方政教日睦，百姓平安，而西州发兵，人人怀忧，骚动惶惧，莫敢正言，群众疑惑，人怀顾望。非徒无精锐之心，其患无所不至。夫物穷则变生，事急则计易，其势然也。夫离道德，逆人情，而能有国有家者，古今未有也。将军素以忠孝显闻，是以士大夫不远千里，慕乐德义。今苟欲决意徼幸，此何如哉？夫天所祐者顺，人所助者信。如未蒙祐助，令小人受涂地之祸，毁坏终身之德，败乱君臣之节，污伤父子之恩，众贤破胆，可不慎哉！"嚣不纳。刚到，拜侍御史，迁尚书令。

光武尝欲出游，刚以陇蜀未平，不宜宴安逸豫。谏不见听，遂以头轫乘舆轮，帝遂为止。

时内外群官，多帝自选举，加以法理严察，职事过苦，尚书近臣，至乃捶扑牵曳于前，群臣莫敢正言。刚每辄极谏，又数言皇太子宜时就东宫，简任贤保，以成其德，帝并不纳。

以数切谏失旨，数年，出为平阴令。复征拜太中大夫，以病去官，卒于家。

译文：

申屠刚字巨卿，是扶风茂陵人。其七世祖申屠嘉，汉文帝时任丞相。申屠刚质性方直，常常羡慕史䲡、汲黯等刚直之人。出任为郡功曹。

汉平帝时，王莽专擅朝政，多猜忌朝中之人，便隔绝平帝外戚冯氏、卫氏二族，不得进京师与朝臣交通和于朝任官。申屠刚常疾恨王莽专权，在朝廷举贤良方正时便对策说：

我听说王事有失则神祇愤怒，奸邪乱正，所以阴阳错位。这是上天用来谴责告诫王者，想让失道之君豁然觉悟，怀奸邪之臣惧而自责。现在朝廷不行考功比德之事，却虚纳毁誉之言，多次下诏，设置重法，借口抑止断绝诽谤之言，禁割朝臣议论，那些被认为罪责重大的人，甚至被处以腰斩。如此伤忠臣之情，挫直士之锐，恐怕是违背先人立进善言之旗，悬敢谏之鼓，开辟四方未开之门以明察四方的大义的。

我听说周成王幼小，周公摄政，听下贤之言，给众人同样的权力和恩宠，不分新人旧人，只以仁为亲近的标准，所以会顺天地而动，举措没有过失。然而这样也近而引起召公不高兴，远而招致管、蔡、商、奄四国流言蜚语。子母之间是天地间最亲的关系。现在圣主幼小，刚离开襁褓，即位以来，使最亲的关系分离，外戚杜绝隔离，恩爱不能相通。且汉家的制度，是虽然任用英贤，也用姻戚支持。使亲疏相交措，防止有间隔裂缝产生，这的确是安宗庙、重社稷的措施。现在冯氏、卫氏无罪，但被久废而不录用,有的被安置在荒远之处,还不如老百姓,这的确不是慈爱忠孝承上之意。为人之后,自有正义之感,即使他极尊或极卑,也必不会嫌弃先人。陛下隔绝外戚,百官不论贤愚,都产生怨恨,而奸臣贼子却以此为便,这样很难设想不会发生不讳之变。现在的保傅之臣,不是古代的周公。像周公这样的至圣之人,尚且有不满流言之忧,何况现在事失其当,不合天心呢?古时周公先派其子伯禽守卫鲁国的封地,用大义割断父子之恩,不使自己的尊宠加于后代,所以鲁国得以延续三十多代。霍光秉政,辅佐少主,修善行荐士人,有忠直之名,但却尊崇其宗族之党,摧毁压抑外戚,结贵据权,地位极其坚固。其死后,其族遭受灭门之祸。当今太师太傅如果全有伊尹、周公之位,居贤保之任,用前代之事思虑教化,那有何功不建?若不思其危,则何祸不会临头?孔子曾感叹于损益的变化,老子有势满必倾的告诫。所以功高天下者不安,威震人主者不全。现在朝廷承衰乱之后,继重弊之世,公家穷竭,赋敛无数,苛吏延误农人之时,贫夫侵夺百姓之财,百姓困乏,疾疫又夭折其命。盗贼群起,成千上万,拥兵而行,聚众而止,窃取大号,自立为帝,攻犯京师,焚烧县邑,甚至于有积弩入宫的讹传,致使宿卫惊惧不安。这种情况自汉兴以来,实所未有。国家微弱,奸谋不禁,六极之效,危于累卵。为王者应承天顺地,掌管爵位主持刑罚,不敢以天官私授其宗,不敢以天罪回避其亲。陛下应实现圣明之德,昭然觉悟,远遵帝王之足迹,近循孝文之大业,分别五亲之属,总纳至亲之序,赶快遣使者征召中山太后,置之于别宫,令时朝见。再召冯、卫二族,给其散职,使他们能够执戟亲奉宿卫之职,以防未然之患,以抑灾祸之端。上安社稷,下全保傅,内和亲戚,外绝邪谋。

申屠刚书奏上之后，王莽令元后下诏说："申屠刚所说为背经妄诞之言，违背大义。诏其罢官还乡。"

王莽篡位后，申屠刚便躲避于河西，转入巴蜀，在此间往来二十多年。隗嚣占据陇右，想背叛汉朝依附公孙述。申屠刚劝说道："我听说人们归顺天所兴之人，叛离天欲弃之人。伏念光武帝躬行圣德，举义兵，恭行天罚，所向必摧之，实为天助，并非人力所致。将军本无尺土之功，孤立于一隅，应该推诚奉顺，与朝并力，上应天心，下报民望，能不谨慎行事吗？现在朝廷屡发玺书，委托将军从国事，给将军以信任，欲与将军共担凶吉。平民之间相处，还有至死不负已然之诺的信义，何况身居万乘之重的人呢？从汉有何可畏，附蜀何利可求？将军这样久疑不决，若突然出现意外之变，就会上负忠孝，下愧当世。事情未发生而预言，固然为虚谈，现在事已出现，只是还未临头，所以希望将军接受忠言至谏。希望将军反思考我的话。"隗嚣不听，终于叛从公孙述。

建武七年，光武帝下诏征召申屠刚。申屠刚将归时又给隗嚣写信说："我听说专用己见者孤寡，拒绝劝谏者闭塞，孤塞之政，是亡国之兆。虽然有明圣之资质，还是屈己从众，所以能虑无遗策，举无过事。圣人不以独见为明，而心中思考万物。顺人者昌，逆人者亡，这是古今一样的道理，将军以布衣百姓被乡里所推，既不预先决定廊庙之计，又不深思动军发众之事。如今东方政教日益和睦，百姓平安，而西州发兵，人人担忧，骚动惶惧没人敢正言，群众疑惑，人怀顾望，不但没有精锐之心，反而祸患无所不至。物极则生变，事急则计改，这是必然之势。离道德，逆人情而能有国有家的事，古今未有。将军一向以忠孝闻名，所以士大夫不远千里，慕德归义。如今如果要决意徼幸，会怎么样呢？天助顺，人助信，将军之举不会得天人佑助，反而会使百姓受涂炭之祸，毁坏将军终身之德，败乱君臣之节，污伤父子之恩，众贤破胆，将军对这些能不谨慎小心吗？"隗嚣仍不听。申屠刚离开隗嚣到朝廷，被拜为侍御史，迁尚书令。

光武帝曾有一次想出游，申屠刚认为陇蜀未平，不应宴安游乐。光武帝不听其谏，申屠刚便用头抵住车轮，不让车行。光武帝乃止。

当时内外群臣，多为光武帝自己选举，又加上法理严察，职事过苦。对于尚书近臣们，光武帝甚至于拽过来捶打，群臣无人敢言，申屠刚每遇此都极力相谏，又多次进言说皇太子应及时去东宫，选人担任贤保，以成就其德。光武帝全不采纳。申屠刚因为多次切谏失旨，几年以后，出为平阴县令。又被征拜为中大夫，因病辞官，死于家中。

后汉书卷三十一

郭杜孔张廉王苏羊贾陆列传第二十一

苏不韦列传

不韦字公先。父谦,初为郡督邮。时魏郡李暠为美阳令,与中常侍具瑗交通,贪暴为民患,前后监司畏其势援,莫敢纠问。及谦至,部案得其赃,论输左校。谦累迁至金城太守,去郡归乡里。汉法,免罢守令,自非诏征,不得妄到京师。而谦后私至洛阳,时暠为司隶校尉,收谦诘掠,死狱中,暠又因刑其尸,以报昔怨。

不韦时年十八,征诣公车,会谦见杀,不韦载丧归乡里,瘗而不葬,仰天叹曰:"伍子胥独何人也!"乃藏母于武都山中,遂变名姓,尽以家财募剑客,邀暠于诸陵间,不克。会暠迁大司农,时右校刍廥在寺北垣下,不韦与亲从兄弟潜入廥中,夜则凿地,昼则逃伏。如此经月,遂得傍达暠之寝室,出其床下。值暠在厕,因杀其妾并及小儿,留书而去。暠大惊惧,乃布棘于室,以板籍地,一夕九徙,虽家人莫知其处。每出,辄剑戟随身,壮士自卫,不韦知暠有备,乃日夜飞驰,径到魏郡,掘其父阜冢,断取阜头,以祭父坟,又标之于市曰"李君迁父头"。暠匿不敢言，而自上退位，归乡里，私掩塞冢椁。捕求不韦，历岁不能得，愤恚感伤，发病欧血死。

不韦后遇赦还家，乃始改葬，行丧。士大夫多讥其发掘冢墓，归罪枯骨，不合古义，唯任城何休方之伍员。太原郭林宗闻而论之曰："子胥虽云逃命，而见用强吴，凭阖庐之威，因轻悍之众，雪怨旧郢，曾不终朝，而但鞭墓戮尸，以舒其愤，竟无手刃后主之报。岂如苏子单特孑立，靡因靡资，强仇豪援，据位九卿，城阙天阻，宫府幽绝，埃尘所不能过，雾露所不能沾。不韦毁身燋虑，出于百死，冒触严禁，陷族祸门，虽不获逞，为报已深。况复分骸断首，以毒生者，使嵩怀忿结，不得其命，犹假手神灵以毙之也。力惟匹夫，功隆千乘，比之于员，不以优乎？"议者于是贵之。

后太傅陈蕃辟，不应，为郡五官掾。初，弘农张奂睦于苏氏，而武威段颎与嵩素善，后奂、颎有隙。及颎为司隶，以礼辟不韦，不韦惧之，称病不诣。颎既积愤于奂，因发怒，乃追咎不韦前报嵩事，以为嵩表治谦事，被报见诛，君命天也，而不韦仇之。又令长安男子告不韦多将宾客夺舅财物，遂使从事张贤等就家杀之。乃先以鸩与贤父曰："若贤不得不韦，便可饮此。"贤到扶风，郡守使不韦奉谒迎贤，即时收执，并其一门六十余人尽诛灭之，诸苏以是衰破。及段颎为阳球所诛，天下以为苏氏之报焉。

译文：

苏不韦字公元。其父苏谦，初任郡督邮。当时魏郡人李嵩为美阳县令，与中常侍具瑗勾结，贪暴害民，前后监司都害怕他有权势的人为后台，没人敢查问。苏谦到后，部案得其赃，论罪当罚往左校做苦役。苏谦累迁官至金城太守，后离郡归乡里。汉代之法，被免罢的郡守县令，若非诏征，不得随便到京师。而苏谦后私至洛阳，时李暠为司隶校尉便逮捕苏谦，进行拷问，使其死于狱中。李暠又给其尸加刑，以报昔日之仇。

苏不韦时年十八岁，朝廷公车征之。正值苏谦被杀，苏不韦便载其父丧归乡里，埋而不行葬礼，仰天叹道："伍子胥何独为其人！"便将母亲藏在武都山中，改换姓名，以全部家财招募剑客，在诸陵间截杀李暠，没有找到。恰好李暠被迁为大司农，当时右校储存紫草的房舍在大司农府的北墙下，苏不韦亲自与从兄弟潜入舍中，夜则挖地，昼则隐伏。如此一个多月，遂得以到达李暠的寝室，出现在其床下。正值李暠去厕所，苏不韦便杀掉其妾和小儿子，留信而去。李暠非常惊惧，便在室内布满棘刺，又以木板铺地，一夜九迁，即使家人也不知其处所。每次外出，都以剑戟随身，壮士自卫。苏不韦知李暠有所防备，便日夜驰，直到魏郡，挖开其父李阜之墓，将其头取下，来祭奠父坟，又将其头标上"李君迁父头"的字样扔到市上。李暠隐匿不敢言，乃自上退位，回归乡里，私下掩塞于墓樽之中。乃捕求苏不韦，历年不能捕到，忧愤感伤，发病吐血而死。

苏不韦后遇赦还家，才开始改丧其父，行丧礼。士大夫多讥讽他挖掘坟墓，归罪于枯骨，不合古义。只有任城人何休将他比作伍员。太原郭林宗闻此论之说："伍子胥虽说是逃命，却被强吴所用，凭阖庐之威，借强悍吴兵，不过一个早晨，便于旧郢报仇，而只掘墓鞭楚王尸，以泄其愤，最终无手杀其后主之报。苏子只身单人，无依无靠，而其仇人势强援豪，据九卿之位，城阙为天然之阻，官府幽远深缘，尘埃不能过，雾露不能沾。伍子胥怎能和苏子相比呢？苏不韦毁身焦虑，出于百死，冒触严禁，陷仇人之族，祸仇人之门。虽不得逞，报仇已深。况且又分死人尸骸，断其头以使生者受苦，令李暠怀念结郁，不终其命。这是借神灵之手以毙之。苏不韦以匹夫之力，建高于万乘之功，比之于伍员，不是优于他吗？"于是，议者以苏不韦之举为贵。

后太傅陈蕃征辟苏不韦，苏不韦不应。后为郡五官掾。当初，弘农人张奂与苏氏亲睦，而武威段颎与李暠相好。后张奂与段颎发生矛盾。段颎为司隶后，以礼辟举苏不韦，苏不韦惧怕被卷入这个矛盾中，便称病不至。段颎本已经积愤于张奂，因此发怒，有追究苏不韦以前报私仇于李暠之事，认为李暠上表惩治苏谦，奉命诛之。君命即天命，而苏不韦竟以之为仇。又令长安男子告发苏不韦领很多宾客夺舅之财物，便派从事张贤等到其家杀之，并事先将剧毒给张贤之父说："如果张贤杀不掉苏不韦，便可饮此。"张贤到扶风，郡守派苏不韦奉谒迎之，当下便被收执。张贤便将苏不韦及其一门六十余人全部诛灭，苏氏因此衰破。后段颎被阳球所诛，天下人都以为是苏氏使其得到报应。

后汉书卷三十三

朱冯虞郑周列传第二十三

周章列传

周章字次叔，南阳随人也。初仕郡为功曹。时大将军窦宪免，封冠军侯就国。章从太守行春到冠军，太守犹欲谒之。章进谏曰："今日公行春，岂可越仪私交。且宪椒房之亲，势倾王室，而退就藩国，祸福难量。明府剖符大臣，千里重任，举止进退，其可轻乎？"太守不听，遂便升车。章前拔佩刀绝马鞅，于是乃止。及宪被诛，公卿以下多以交关得罪，太守幸免，以此重章。举孝廉，六迁为五官中郎将。延平元年，为光禄勋。

永初元年，代魏霸为太常。其冬，代尹勤为司空。是时中常侍郑众，蔡伦等皆秉势豫政，章数进直言。初，和帝崩，邓太后以皇子胜有痼疾，不可奉承宗庙，贪殇帝孩抱，养为己子，故立之，以胜为平原王。及殇帝崩，群臣以胜疾非痼、意咸归之，太后以前既不立，恐后为怨，乃立和帝兄清河孝王子祐，是为安帝。章以众心不附，遂密谋闭宫门，诛车骑将军邓骘兄弟及郑众、蔡伦，劫尚书，废太后于南宫，封帝为远国王，而立平原王〔胜〕。事觉，（胜）策免，章自杀。家无余财，诸子易衣而出，并日而食。

论曰：孔子称"可与立，未可与权"。权也者，反常者也。将从反常之事，必资非常之会，使夫举无违妄，志行名全。周章身非负图之托，德乏万夫之望，主无绝天之舋，地有既安之执，而创虑于难图，希功于理绝，不已悖乎！如令君器易以下议，即斗筲必能叨天业，狂夫竖臣亦自奋矣。孟轲有言曰："有伊尹之心则可，无伊尹之心则篡矣。"於戏，方来之人戒之哉！

赞曰：朱定北州，激成宠尤。鲂用降鬻，延感归因。郑、窦怨偶，代相为仇，周章反道，小智大谋。

译文：

周章字次叔，南阳郡随县人。刚开始时为南阳郡功曹。当时大将军窦宪被朝廷免职，受封冠军侯，让他到冠军侯国去住。周章跟从南阳太守到冠军侯国去春巡，太守还想去拜访窦宪。周章进谏说："现在您是为公事春巡到冠军，怎么可以超越国家法度，私下和窦宪交往呢？况且窦宪身为外戚，势力强大足以排挤王室，现在他从朝廷上退出，居住在他的冠军侯国，是祸还是福都很难预测。太守您是国家信任的大臣，国家把治理南阳郡的重任交给你，您的举止进退，一言一行，都代表着国家，怎么可以轻意造次呢？"太守不听周章的话，于是就登上车，准备去拜访窦宪。周章上前一步，拔出佩刀，斩断套在马脖子上的皮子，于是太守才打消去拜访窦宪的念头。等到窦宪伏法被斩首，公卿以下的高官大多因为曾与窦宪有所交往而获罪，而南阳太守幸免于难，因为这件事，太守很看重周章。周章被举为孝廉，经过六次升迁,官为五官中郎将。殇帝延平元年,为光禄勋。

安帝永初元年,周章代替魏霸为太常。这年冬天,周章又代替尹勤为司空。这个时候中常侍郑众、蔡伦等都仗势参与执政,周章多次劝说他们不要干预朝政。早先,和帝死了,邓太后因为皇太子刘胜有经久难愈的疾病,认为他不可以继承皇位,又贪恋殇帝只是个小孩子,收养了他当作自己的儿子,所以就立刘隆为皇帝,这就是殇帝,而把皇太子刘胜封为平原王。等到殇帝死了,许多大臣都认为原皇太子刘胜的疾病不是不可以治愈的,都想归向刘胜,都愿意刘胜能登上皇位。邓太后认为开始时已经没有立刘胜为皇帝,恐怕这次再立刘胜为皇帝,刘胜就要怨恨自己,于是就立和帝的哥哥清河孝王的儿子刘祜为皇帝,这就是安帝。周章认为人心不归附安帝,于是就密谋关闭宫门,要杀掉车骑将军邓骘兄弟以及郑众、蔡伦等人,劫持尚书,在南宫废邓太后,把安帝再废为偏远地区的某个诸侯国王,并且立平原王刘胜为皇帝。周章的计划被人发觉,诏策免去周章一切职务。周章就自杀了。周章家没有什么财产,他的几个儿子过着贫苦的生活,因为衣服很少,只有一件衣服,大家出门轮换着穿。两天才能吃一顿饭。

史家论曰:孔子曾说:"士人可以立功立事,不可以参与权力的事情。"因为权,是和正常的规律相违反的。要从事那些非常的事情,必须凭借非常的机会,使自己的举动不违背正常的规律,这样才能保全自己的志行和名声。周章自己没有受先帝要辅佐后主的重托,又没有让万人敬仰的德行,安帝没有自绝于天的间隙,老百姓已经适应了安定的局面,却要在很难重新产生新君主的时候产生重新拥戴新君主的想法,在根本没有任何必成形势下来希望能成就非常的业绩,不是很违背天理的吗!如果使国君的废立,国害政权的兴替由下面的普通人来参与的话,那么即使不肖者也能成大业,愚枉的小人也能奋起革命。孟轲有话说:"有伊尹之心是允许的,如果没有伊尹之心,那就是篡夺。"啊,后来之人可以此为鉴戒呀!

　　史家赞曰:朱浮安定了北方边境,但却亲手激起了彭宠的反叛。冯鲂能任用投降的俘虏,虞延感化了放回家中的囚犯。郑弘、窦宪互相怨恨,互相结仇。周章违反天下之常道,只有小智小慧,却要图谋大事。

后汉书卷三十四

梁统列传第二十四

梁统列传

梁统字仲宁，安定乌氏人，晋大夫梁益耳，即其先也。统高祖父子都，自河东迁居北地，子都子桥，以资千万徙茂陵，至哀、平之末，归安定。

统性刚毅而好法律。初仕州郡。更始二年，召补中郎将，使安集凉州，拜酒泉太守。会更始败，赤眉入长安，统与窦融及诸郡守起兵保境，谋共立帅。初以位次，咸共推统，统固辞曰："昔陈婴不受王者，以有老母也。今统内有尊亲，又德薄能寡，诚不足以当之。"遂共推融为河西大将军，更以统为武威太守。为政严猛，威行邻郡。

建武五年，统筹各遣使随窦融长史刘钧诣阙奉贡，愿得诣行在所，诏加统宣德将军。八年夏，光武自征隗嚣，统与窦融等将兵会车驾。及嚣败，封统为成义侯，同产兄巡、从弟腾并为关内侯，拜腾酒泉典农都尉，悉遣还河西。十二年，统与融等俱诣京师，以列侯奉朝请，更封高山侯，拜太中大夫，除四子为郎。

统在朝廷，数陈便宜。以为法令既轻，下奸不胜。宜重刑罚，以遵旧典，乃上疏曰：

臣窃见元、哀二帝轻殊死之刑以一百二十三事，手杀人者减死一等，自是以后，著为常准，故人轻犯法，吏易杀人。

臣闻立君之道，仁义为主，仁者爱人，义者政理，爱人以除残为务，政理以去乱为心。刑罚在衷，无取于轻，是以五帝有流、殛、放、杀之诛，三王有大辟、刻肌之法。故孔子称"仁者必有勇"，又曰"理财正辞，禁民为非曰义"。高帝受命诛暴，平荡天下，约令定律，诚得其宜。文帝宽惠柔克，遭世康平，惟除省肉刑、相坐之法，它皆率由，无革旧章。武帝值中国隆盛，财力有余，征伐远方，军役数兴，豪桀犯禁，奸吏弄法，故重首匿之科，著知从之律，以破朋党，以惩隐匿。宣帝聪明正直，总御海内，臣下奉宪，无所失坠，因循先典，天下称理。至哀、平继体，而即位日浅，听断尚寡，丞相王嘉轻为穿凿，亏除先帝旧约成律，数年之间，百有余事，或不便于理，或不厌民心。谨表其尤害于体者傅奏于左。

伏惟陛下包元履德，权时拨乱，功逾文武，德侔高皇，诚不宜因循季末衰微之轨。回神明察，考量得失，宣诏有司，详择其善，定不易之典，施无穷之法，天下幸甚。

事下三公、廷尉，议者以为隆刑峻法，非明王急务，施行日久，岂一朝所厘。统今所定，不宜开可。

统复上言曰："有司以臣今所言，不可施行。寻臣之所奏，非曰严刑。窃谓高帝以后，至乎孝宣，其所施行，多合经传，宜比方今事，验之往古，聿遵前典，事无难改，不胜至愿。愿得召见，若对尚书近臣，口陈其要。"帝令尚书问状，统对曰：

闻圣帝明王，制立刑罚，故虽尧舜之盛，犹诛四凶。经曰："天讨有罪，五刑五庸哉？"又曰："爰制百姓于刑之衷。"孔子曰："刑罚不衷，则人无所厝手足。"衷之为言，不轻不重之谓也。《春秋》之诛，不避亲戚，所以防患救乱，全安众庶，岂无仁爱之恩，贵绝残贼之路也。

自高祖之兴，至于孝宣，君明臣忠，谟谋深博，犹因循旧章，不轻改革，海内称理，断狱益少。至初元、建平，所减刑罚百有余条，而盗贼浸多，岁以万数。间者三辅从横，群辈并起，至燔烧茂陵，火见未央。其后陇西、北地、西河之贼，越州度郡，万里交结，攻取库兵，劫略吏人，诏书讨捕，连年不获。是时以天下无难，百姓安平，而狂狡之执，犹至于此，皆刑罚不衷，愚人易犯之所致也。

由此观之，则刑轻之作，反生大患；惠加奸轨，而害及良善也。故臣统愿陛下采择贤臣孔光、师丹等议。

议上，遂寝不报。

后出为九江太守，定封陵乡侯。统在郡亦有治迹，吏人畏爱之。卒于官。子松嗣。

译文：

梁统字仲宁，是安定乌氏人，春秋时晋大夫梁益耳即是他的祖先。梁统的高祖父梁子都，从河东迁居至北地，其子梁桥，出资千万而徙至茂陵，到哀帝、平帝末期，又回安定。

梁统性格刚毅，懂得法律。起初仕州郡。更始二年，被召补为中郎将，受命安集凉州，又被拜为酒泉太守。正值更始失败，赤眉军进入长安，梁统与窦融及诸郡太守起兵保境，商议共立主帅。开始以位次相推，都一致推选梁统，梁统坚决推辞说："当初陈婴之所以不接受王号，是因为有其老母在。如今我内有尊亲，又少能薄德，实在不能担当此任。"于是众人共推窦融为河西大将军，改梁统任武威太守。梁统为政严猛，威行邻近之郡。

建武五年，梁统等人各自遣使随从窦融长史刘均到朝廷奉贡，愿意归顺。光武帝下诏加梁统为宣德将军。建武八年夏天，光武帝亲征隗嚣，梁统与窦融等领兵与他相会。打败隗嚣之后，光武帝封梁统为成义侯，封其同胞兄梁巡从弟梁腾都为关内侯，拜梁腾为酒泉典农都尉。都让他们回归河西。建武十二年，梁统与窦融等一起到京师，以列侯奉朝请，改梁统封为高山侯，拜为太中大夫，提拔其四个儿子为郎官。

梁统在朝廷，多次陈述便宜之事。他认为如今法令轻缓，使下边奸情不胜其多，应该遵从旧典，加重刑罚，便上疏说：

我曾见元、哀二帝免一百二十三条殊死之刑，亲手杀人者减死罪一等，从此以后，著为常准，所以人轻易犯法，吏随意杀人。

我听说君立之道，以仁义为主。仁为爱人，义为政理。爱人就是要消除残暴，政理就是要去掉混乱。刑罚应该适中，不能过于轻缓，所以五帝有流、殛、放、杀之刑，三王有大辟、刻肌之法。孔子说：'仁者必有勇'。又说：'理财正辞，禁止人民为非曰义'。高祖受天命诛暴虐，平定天下，约定法令制定律条，的确做到了适中。文帝性宽惠怀柔，又遇康平之世，只是删去肉刑和连坐之法，其他全部继承下来，没革去旧章法。武帝时正值国家隆盛，才力有余，因此征伐远方，数兴军役。而豪强多犯禁，奸吏们滥用法律，所以加重惩治主谋藏匿罪犯之法，明著惩治见知故纵的律条，用以破除朋党，惩治隐匿。宣帝聪明正直，总御海内，臣下奉法，无所失坠，遵循先典，天下称颂政理。到哀帝、平帝即位，由于亲政日子不长，所听所断之事尚少，丞相王嘉因此轻建穿凿附会之言，损除先帝的旧约成律，数年之间，损除一百多条，既不便于理政，又不能服民心。现仅将其对政体危害特别大的附奏于后。

我认为陛下包揽天下，亲行圣德，权衡时机，治理乱世，功超文王武王，圣德等同高祖，实在不应因循季末衰微之轨。应回神明察，考量得失，宣诏下官，详择其善，制定百代不变之典，实施万世相承之法。这样将使天下大幸。

光武帝让三公、廷尉对此进行讨论。议者认为隆刑峻法不是明王的当务之急，旧法施行日久，怎能一朝更改。梁统今日所说，不应同意。

梁统又上言说："三公、廷尉认为我今所言，不可施行。我想我所奏言，不是说要使刑律严峻。我是说高帝以后，至于孝宣，他们所施行之法，多与经传相合。若比照今事，检验前古，遵照前典，事不难改。这是我的最大愿望。希望能被召见，对着尚书近臣，口述其要。"光武帝令尚书问其状，梁统对曰：

我听说圣帝明王，也要制立刑罚。所以即使尧舜那样的盛世，也要诛杀四凶。经说：'天讨伐有罪，用五刑是正确的'。又说：'制百姓在于刑律适中'。孔子说：'刑罚不中，则人无所措手足'。中，就是不轻不重，《春秋》认为，诛杀不避亲戚，这是为了防患救乱，使百姓全身安业，怎能认为是没有仁爱之恩，使亲贵断绝残害之路呢？

自从高祖兴起到孝宣帝时，君明臣忠，谋算深博，还要遵循旧章,不轻易改革,因此海内称理,刑狱之事越来越少。到初元、建平年间,所删减刑罚有一百多条,而盗贼反而渐渐增多,一年有万数。近来三辅贼盗群起横行,导致茂陵被烧,未央起火。其后陇西、北地、西河之贼,跨越州郡,万里交结,攻取库中兵器,劫掠吏人。朝廷下诏讨捕,连年没有结果。这时天下无难,百姓安平,而狂狡之势犹至于此,全是因为刑罚不中,愚人易犯导致的。

由此看来,使用轻刑,反而会生大患;对奸轨之行施惠,令使良善之人遭害。所以臣梁统希望陛下采纳先朝贤臣孔光、师丹之议。

梁统此议奏上后,被尚书压下不予上报。

梁统后出为九江太守,定封为陵乡侯。其在郡中也有治绩,吏人对其畏而爱之。后死于官。其子梁松继承之。

后汉书卷三十七

桓荣丁鸿列传第二十七

丁鸿列传

丁鸿字孝公,颍川定陵人也。

父綝,字幼春,王莽末守颍阳尉。世祖略地颍阳,颍阳城守不下綝,说其宰,遂与俱降,世祖大喜,厚加赏劳,以綝为偏将军,因从征伐。綝将兵先度河,移檄郡国,攻营略地,下河南、陈留、颍川二十一县。

建武元年,拜河南太守。及封功臣,帝令各言所乐,诸将皆占丰邑美县,惟綝愿封本乡。或谓綝曰:"人皆欲县,子独求乡,何也?"綝曰:"昔孙叔敖敕其子,受封必求硗埆之地,今綝能薄功微,得乡亭厚矣。"帝从之,封定陵新安乡侯,食邑五千户,后徙封陵阳侯。

鸿年十三,从桓荣受《欧阳尚书》,三年而明章句,善论难,为都讲,遂笃志精锐,布衣荷担,不远千里。

初,綝从世祖征伐,鸿独与弟盛居,怜盛幼小而共寒苦。及綝卒,鸿当袭封,上书让国于盛,不报。既葬,乃挂缞绖于冢庐而逃去,留书与盛曰:"鸿贪经书,不顾恩义,弱而随师,生不供养，死不饭唅，皇天先祖，并不祐助，身被大病，不任茅土。前上疾状，愿辞爵仲公，章寝不报，迫且当袭封。谨自放弃。逐求良医。如遂不瘳，永归沟壑。"鸿初与九江人鲍骏同事桓荣，甚相友善，及鸿亡封，与骏遇于东海，阳狂不识骏。骏乃止而让之曰："昔伯夷、吴札乱世权行，故得申其志耳。《春秋》之义，不以家事废王事。今子以兄弟私恩而绝父不灭之基，可谓智乎？"鸿感悟，垂涕叹息，乃还就国，开门教授。鲍骏亦上书言鸿经学至行，显宗甚贤之。

永平十年诏征，鸿至即召见，说《文侯之命篇》，赐御衣及绶，禀食公车，与博士同礼。顷之，拜侍中。十三年，兼射声校尉。建初四年，徙封鲁阳乡侯。

肃宗诏鸿与广平王羡及诸儒楼望、成封、桓郁、贾逵等，论定《五经》同异于北宫白虎观，使五官中郎将魏应主承制问难，侍中淳于恭奏上，帝亲称制临决。鸿以才高，论难最明，诸儒称之，帝数嗟美焉。时人叹曰："殿中无双丁孝公。"数受赏赐，擢徙校书，遂代成封为少府。门下由是益盛，远方至者数千人。彭城刘恺、北海巴茂、九江朱倀皆至公卿。元和三年，徙封马亭乡侯。

和帝即位，迁太常。永元四年，代袁安为司徒。是时窦太后临政，宪兄弟各擅威权。鸿因日食，上封事曰：

臣闻日者阳精，守实不亏，君之象也；月者阴精，盈毁有常，臣之表也。故日食者，臣乘君，阴陵阳；月满不亏，下骄盈也。昔周室衰季，皇甫之属专权于外，党类强盛，侵夺主势，则日月薄食，故《诗》曰："十月之交，朔月辛卯，日有食之，亦孔之丑。"《春秋》日食三十六，弑君三十二。变不空生，各以类应。夫威柄不以放下，利器不可假人。览观往古，近察汉兴，倾危之祸，靡不由之。是以三桓专鲁，田氏擅齐，六卿分晋；诸吕握权，统嗣几移；哀、平之末，庙不血食。故虽有周公之亲，而无其德，不得行其势也。

今大将军虽欲敕身自约，不敢僭差，然而天下远近皆惶怖承旨，刺史二千石初除谒辞，求通待报，虽奉符玺，受台敕，不敢便去，久者至数十日。背王室，向私门，此乃上威损，下权盛也。人道悖于下，效验见于天，虽有隐谋，神照其情，垂象见戒，以告人君。间者月满先节，过望不亏，此臣骄溢背君，专功独行也。陛下未深觉悟，故天重见戒，诚宜畏惧，以防其祸。《诗》云："敬天之怒，不敢戏豫。"若敕政责躬，杜渐防萌，则凶妖销灭，害除福凑矣。

夫坏崖破岩之水，源自涓涓；干云蔽日之木，起于葱青。禁微则易，救末者难，人莫不忽于微细，以致其大。恩不忍诲，义不忍割，去事之后，未然之明镜也。臣愚以为左官外附之臣，依托权门，倾覆诌谀，以求容媚者，宜行一切之诛。间者大将军再出，威振州郡，莫不赋敛吏人，遣使贡献。大将军虽云不受，而物不还主，部署之吏无所畏惮，纵行非法，不伏罪辜，故海内贪猾，竞为奸吏，小民吁嗟，怨气满腹。臣闻天不可以不刚，不刚则三光不明；王不可以不强，不强则宰牧从横。宜因大变，改政匡失，以塞天意。

书奏十余日，帝以鸿行太尉兼卫尉，屯南、北宫。于是收窦宪大将军印绶，宪及诸弟皆自杀。

时大郡口五六十万举孝廉二人，小郡口二十万并有蛮夷者亦举二人，帝以为不均，下公卿会议。鸿与司空刘方上言："凡口率之科，宜有阶品，蛮夷错杂，不得为数。自今郡国率二十万口岁举孝廉一人，四十万二人，六十万三人，八十万四人，百万五人，百二十万六人。不满二十万二岁一人，不满十万三岁一人。"帝从之。

六年，鸿薨，赐赠有加常礼。子湛嗣。〔湛〕卒，子浮嗣。浮卒，子夏嗣。

论曰：孔子曰"太伯三以天下让，民无得而称焉"。孟子曰"闻伯夷之风者，贪夫廉，懦夫有立志"。若乃太伯以天下而违周，伯夷率洁情以去国，并未始有其让也。故太伯称至德，伯夷称贤人。后世闻其让而慕其风，徇其名而昧其致，所以激诡行生而取与妄矣。至夫邓彪、刘恺，让其弟以取义，使弟受非服而己厚其名，于义不亦薄乎！君子立言，非苟显其理，将以启天下之方悟者；立行，非独善其身，将以训天下之方动者。言行之所开塞，可无慎哉！原丁鸿之心，主于忠爱乎？何其终悟而从义也！异夫数子类乎徇名者焉。

赞曰：五更待问，应若鸣钟。庭列辎驾，堂修礼容。穆穆帝则，拥经以从。丁鸿翼翼，让而不饰。高论白虎，深言日食。

译文：

丁鸿，字孝公，颍川定陵人。

丁鸿的父亲叫丁綝，字幼春，王莽末年为颍阳守尉。汉光武帝经略颍阳，颍阳城内兵民坚守，汉光武帝久攻不下。丁綝劝说颍阳主管官员，于是二人同时归降汉光武帝。光武帝很高兴，对他们特别加以赏赐，用丁綝为偏将军，因为丁綝跟从汉光武帝南征北战。丁綝先率领兵渡过颍水，发檄文到附近各郡国，进攻敌人营垒、侵夺敌方土地，攻下河南、陈留、颍川三郡二十一县。

建武元年，朝廷用丁綝为河南太守。等到光武帝大封功臣时，光武帝让众人都说出自己喜欢什么地方当自己的封地，众将都抢占富裕的县，只有丁綝愿意受封在他家乡。有人对丁綝说："别人都求某一个县为自己的封地，只有你只求一个乡，为什么？"丁綝回答说："过去孙叔敖告诫他儿子说，受封一定要那些贫瘠的土地，现在我丁綝能力微薄战攻很小，得一个乡亭也是很大的赏赐了。"光武帝顺从了他的要求，封丁綝为定陵新安乡侯，有权享受五千户人家的租税，后来丁綝徙封为陵阳侯。

丁鸿十三岁时，跟从桓荣学习《欧阳尚书》，三年就能明白《尚书》的大意，擅长发难、辩论，成为都讲，于是专心致志，穿着布衣，挑着担子，不远千里去学习。

当初，丁綝跟从汉光武帝东征西讨，丁鸿只与他弟弟丁盛住在一起，很怜悯丁盛年纪很小就和自己一样过着清苦的日子。等到丁綝死了，丁鸿应当继承丁綝的爵号，封地，因此上书要把封国让给弟弟丁盛，但没有答复。等到把父亲埋葬后，丁鸿就把麻布丧服丧带挂在坟墓上，逃离家乡，留下一封信给丁盛说："我追求学习经书，没有顾全父子兄弟的恩情，少年时就跟随老师学习。父亲在世时，我没有供养他；他去世时，我也没有把珠玉贝米之类的东西放在他口中，上天和祖先神，因此都不保佑帮助我，我患了大病，不能够胜任封国的事务。前次我急急忙忙上了一封奏疏给朝廷，表示愿意把爵位封国都让给你，但我的奏疏被扣住，因而也没有回复。我迫不得已就暂且继承了父亲的爵号封国。现在我经过谨慎考虑决定放弃这一切，去寻找良医良药。如果我的病还是不好，我就永远死在沟壑中。"丁鸿最早和九江人鲍骏一起跟桓荣学习,关系很亲密友好,等到丁鸿为了辞让爵号封国而逃离家乡,在东海遇上鲍骏,丁鸿假装发疯不认识鲍骏。鲍骏就制止丁鸿的做法并且责怪丁鸿,说:"过去伯夷在殷纣之时,季札在周朝末年,处在天下大乱时代,灵活变通自己的行为,不继承爵位封国,逃离家乡,所以能够表达他们的志向。《春秋》上的道理是,不能够因为自己家里的事而耽误了国家大事。现在您因为你和你弟弟的私人感情而断绝你父亲封国的继承,可以说是有智慧吗?"丁鸿有所感悟,垂泪叹息,于是回到家乡,接受封国,并且开门招收学生讲授经书。鲍骏也上书朝廷称赞丁鸿通晓经书、品行优良,汉明帝因此很看重丁鸿。

永平十年明帝下诏书要征召丁鸿,丁鸿到了首都,汉明帝就召见他,丁鸿为汉明帝讲授《尚书》中的《文侯之命》篇。汉明帝把自己的衣服、绶带赠送给丁鸿,命令供给丁鸿伙食及公车,与博士享受同样的礼仪。过了不久,朝廷授丁鸿为侍中。永平十三年,丁鸿又兼职为射声校尉。章帝建初四年,丁鸿迁封为鲁阳乡侯。

汉章帝下诏让丁鸿和广平王刘羡及其他儒士楼望、成封、桓郁、贾逵等。在北宫白虎观讨论评定《五经》的同异,派五官中郎将魏应掌管秉承皇帝旨意向各位儒士提出问题,侍中淳于恭向皇帝报告诸儒士的回答,汉章帝亲自行使皇帝权力,决定谁回答得最好。丁鸿因为才能最高,最明确地回答了问题,各儒士都称赞他,章帝也多次称叹赞美他。当时人惊叹说:"殿中回答问题,丁孝公是举世无双的。"丁鸿多次受到汉章帝的赏赐,被提拔迁升为校书,于是就代替成封为少尉。丁鸿的学生更多了,从远方来他门下学习的人,达数千人。他的学生彭城人刘恺、北海人巴茂、九江人朱伥都做了公、卿。章帝元和三年,丁鸿被迁封为马亭乡侯。

汉和帝即位，丁鸿迁升为太常。永元四年，丁鸿代替袁安为司徒。当时窦太后执政，窦宪兄弟都擅权作威作福。丁鸿因着有日食的事情，于是上交给皇帝一封密封的章奏，说：

我听说日是阳精，保守圆满无缺，这是君主的象征，月是阴精，有一定的规律圆满或减损，这是臣的象征。所以日食的产生，就是臣欺凌君、阴侵略阳；月圆满不缺，是表示臣骄傲盈满。过去周王室衰落，周幽王之王后皇甫家在朝廷上执政，皇甫一派势力强盛，侵夺周幽王的权力，天上就产生了日月互相掩食的现象。所以《诗·小雅·十月之交》上说：'十月之初，月初辛卯时，日月交而日食，这是很坏的事情。'《春秋》上记载有日食三十六次，臣杀君的事情有三十二次。天象的变动并不是凭空产生的，而是地上人间同类事情的反映。国君的爵禄生置予夺废诛的权柄是不可以下放的，国家的权力也是不可以借给别人的。回顾古代的历史，再看汉朝的兴起，国家倾覆危亡的灾祸，没有不是由于下凌上的结果。因此鲁桓公的后代孟孙氏、叔孙氏、季孙氏在鲁国专权，田氏在齐国专权，韩、赵、魏、范、智、中行六家把晋国分裂为六个小国家；西汉吕后的兄弟吕禄、吕产等掌握了国家大权，刘汉王朝的继承者几乎被换掉；哀帝、平帝末年，宗庙里没有去祭祀。所以虽有周公一样的亲属，而没有周公那样的德行，不能够很好地治理国家。

现在大将军虽然想整饬自己家人，约束自己，不敢越过等级，然而天下许多人都惶恐不安地秉承皇帝的意旨，刺史二千石刚刚得到皇帝的任命，就向大将军府去拜谒辞行，求门卫通报，虽然接受皇帝的印章和诏书，但不敢就这样离开首都，逗留京师数十天。离开王室，走向私家，这就是皇帝的权威减少，臣属的权势增加。人间做事违背了根本道理，天上就有相应的反应产生；人虽然有暗地里的阴谋，但是神能照见这阴谋，于是就垂下天象让人引以为鉴戒，来告诉人君。近来月亮没有到十五日就很圆满，过了十五日还不变缺，这是臣僚骄侈违背君主，专擅大权独断专行。皇帝陛下没有很快体会到这些含义，因此天又发出警告，现在确实应该畏惧，来防止产生灾祸。《诗》上说：'恭敬地对待上天的怒气，不敢自己放逸。'如果能整顿政治，反躬自责，防微杜渐，那么凶妖就能消灭，除灾害，得幸福。

穿破悬崖岩石的水流，发源于涓涓细流；遮蔽云朵日光的树林，起源于小小的树林。禁止微小的事情产生是很容易的，但挽救已经发展的事情很难。平常人们没有不忽视细微事情的，以至于它们逐渐发展成危害很大的坏事。恩情不能容忍昏暗，大义不能容忍私情，历史上的事情，可以为将来的事情作鉴戒。我认为那些背弃天子，专事诸侯，背正法附私家的臣子，依靠权势显赫的人家，颠覆国家巴结权势之家，来求得被权势之家认可，对于这些臣僚，皇帝应该对他们一律斩杀。近来大将军再次公开掌权，威振州郡，州郡没有不派办事人员去大肆收敛赋税，派使者进献给大将军财物的。大将军虽说不接受，而那些搜刮来的财物并没有退还给原主，大将军部属下的办事人员没有什么畏惧，放纵自恣，多做不法的勾当，不服罪责，所以国内人人都贪财奸猾，竞相为不法的吏人，普通百姓唉声叹气，牢骚怨气满腹。我听说天不可以不刚，天不刚那么日月星辰就不明亮；王不可以不强，王不强那么统治百姓的牧宰就会横行不法。现在应该随着天象上的大变动，改正以往的过失，以堵塞上天的大怒。

丁鸿的奏疏交到朝廷上十多天，汉和帝用丁鸿代理太尉兼卫尉，驻屯在南北宫。于是收缴大将军窦宪的大将军印章和绶带，窦宪及他的几个弟弟都自杀了。

当时大郡的人口五六十万的，可以推举孝廉二人，小郡的人口二十万的，并且有不是汉族的，也可以推举孝廉二人，汉和帝认为这种规定不协调，于是把这件事交给公卿们去讨论。丁鸿和司空刘方跟皇帝说："凡是依据人口推举孝廉的事，应该定下等级来，有蛮夷等少数民族和汉族杂居相处的郡，蛮夷人口不得计算在数内。从现在开始各郡国，凡是有二十万人的郡，可以推举孝廉一人。四十万人口的郡可以推举孝廉二人。六十万人口的郡可以推举三人。八十万人口的郡可以推举四人，一百万人口的郡可以推举五人。不满二十万人口的郡两年可推举孝廉一人。不满十万人口的郡三年可以推举孝廉一人。"和帝接受了他们的建议。

汉和帝永元六年，丁鸿病逝，皇帝对他家的赏赐馈赠比规定的还多。丁鸿的儿子丁湛继承了丁鸿的爵位、封国。丁湛死后，丁湛的儿子丁浮继承爵位及封国。丁浮死后，丁浮的儿子丁夏继承爵号及封国。

史家论曰：孔子说"吴太伯三次让国给他的弟弟季历，这三次都做得隐弊不明显，所以老百姓没有能够称赞他"。孟子说"听说了伯夷的高尚节操，贪婪的人可以从此廉洁，怯懦的人从此可以立志"。至于太伯、伯夷率性清高，超然地离开自己的国家，他们未尝求取廉让的美名。所以世人称太伯有最高的品行，称伯夷是贤人。后代的人听说太伯、伯夷的谦让就羡慕他们的风尚，向慕太伯、伯夷的名声但不明白太伯、伯夷深远的情趣，因此激射诡谲的行为所在多有，但取与之间多诈伪欺妄。至于邓彪、刘恺把封国让给自己的弟弟来取得别人称说自己仁义；让自己的弟弟接受不应该继承的爵国，而自己独受美名，从义上说，不也是太刻薄了吗！君子立言的目的，不是随便地把事物的道理讲清楚，而是要用自己的言去启发天下将要觉悟的人；立行的目的，不是要独善其身，而是要用自己的行动去训诫天下将要有所行动的人。言和行的产生和不产生，可以不谨慎地对待吗！我推究丁鸿的本心，他是忠君爱弟为主吗？为什么他最终醒悟而遵从了《春秋》的道理——不以家事废国事！很奇怪，这几个人和为名声而死的人属于同一类！

史家赞曰：桓荣等待汉光武帝的询问，他的应对就像鸣钟一样。桓荣把皇帝赐给的辎车乘马陈列在家中，让自己的学生观看。桓荣在朝廷上修饰符合礼仪的服饰。桓荣是严肃的帝师，汉明帝抱经书跟他学习。丁鸿严肃谨慎，辞让封国给弟弟，但不掩饰自己的用心。丁鸿在白虎观大论五经的异同，又极力发挥日食是人世间臣子侵凌君上的反应。

后汉书卷三十八

张法滕冯度杨列传第二十八

冯绲列传

冯绲字鸿卿,巴郡宕渠人也,少学《春秋》《司马兵法》。父焕,安帝时为幽州刺史,疾忌奸恶,数致其罪。时玄菟太守姚光亦失人和。建光元年,怨者乃诈作玺书谴责焕、光,赐以欧刀。又下辽东都尉庞奋使速行刑,奋即斩光收焕。焕欲自杀,绲疑诏文有异,止焕曰:"大人在州,志欲去恶,实无他故,必是凶人妄诈,规肆奸毒。愿以事自上,甘罪无晚。"焕从其言,上书自讼,果诈者所为,征奋抵罪。会焕病死狱中,帝愍之,赐焕、光钱各十万,以子为郎中。绲由是知名。

家富好施,赈赴穷急,为州里所归爱。初举孝廉,七迁为广汉属国都尉,征拜御史中丞。顺帝末,以绲持节督扬州诸郡军事,与中郎将滕抚击破群贼,迁陇西太守。后鲜卑寇边,以绲为辽东太守,晓喻降集,虏皆弭散。征拜京兆尹,转司隶校尉,所在立威刑。迁廷尉、太常。

时长沙蛮寇益阳,屯聚积久,至延熹五年,众转盛,而零陵蛮贼复反应之,合二万余人,攻烧城郭,杀伤长吏。又武陵蛮夷悉反，寇掠江陵间，荆州刺史刘度、南郡太守李肃并奔走荆南，皆没。于是拜绲为车骑将军，将兵十余万讨之，诏策绲曰："蛮夷猾夏，久不讨摄，各焚都城，蹈籍官人。州郡将吏，死职之臣，相逐奔窜，曾不反顾，可愧言也。将军素有威猛，是以擢授六师。前代陈汤、冯、傅之徒，以寡击众，郅支、夜郎、楼兰之戎，头悬都街，卫、霍北征，功列金石，是皆将军所究览也。今非将军，谁与修复前迹？进赴之宜，权时之策，将军一之，出郊之事，不复内御。已命有司祖于国门。《诗》不云乎：'进厥虎臣，阚如虓虎，敷敦淮溃，仍执丑虏。'将军其勉之！"

时天下饥馑，帑藏虚尽，每出征伐，常减公卿俸禄，假王侯租赋，前后所遣将帅，宦官辄陷以折耗军资，往往抵罪。绲性烈直，不行贿赂，惧为所中，乃上疏曰："势得容奸，伯夷可疑；苟曰无猜，盗跖可信。故乐羊陈功，文侯示以谤书。愿请中常侍一人监军财费。"尚书朱穆奏绲以财自嫌，失大臣之节。有诏勿劾。

绲军至长沙，贼闻，悉诣营道乞降。进击武陵蛮夷，斩首四千余级，受降十余万人，荆州平定。诏书赐钱一亿，固让不受。振旅还京师，推功于从事中郎应奉，荐以为司隶校尉，而上书乞骸骨，朝廷不许。监军使者张敞承宦官旨，奏绲将傅婢二人戎服自随，又辄于江陵刻石记功，请下吏案理。尚书令黄儁奏议，以为罪无正法，不合致纠。会长沙贼复起，攻桂阳、武陵，绲以军还盗贼复发，策免。

顷之，拜将作大匠，转河南尹。上言"旧典，中官子弟不得为牧人职"，帝不纳。复为廷尉。时山阳太守单迁以罪系狱，绲考致其死。迁，故车骑将军单超之弟，中官相党，遂共诽章诬绲，坐与司隶校尉李膺、大司农刘祐俱输左校。应奉上疏理绲等，得免。后拜屯骑校尉，复为廷尉，卒于官。

绲弟允，清白有孝行，能理《尚书》，善推步之术。拜降虏校尉，终于家。

译文：

冯绲字鸿卿，巴郡宕渠县人，年轻时学习《春秋》《司马兵法》。他的父亲叫冯焕，汉安帝时，冯焕是幽州刺史，痛恨坏事，多次招来坏人的忌恨。当时玄菟太守姚光也失掉人们的拥护。安帝建光元年，怨恨冯焕、姚光的人就假造了一封皇帝书信来谴责冯焕、姚光，赏赐给他们一把刑刀。又让辽东都尉庞奋来，派他快速杀了这两个人。庞奋就杀了姚光，拘捕了冯焕。冯焕想自杀，冯绲就怀疑皇帝的诏书有异常，因此制止冯焕说："父亲在幽州，立志要除去坏人，本来没有其他缘故，一定是坏人假托皇帝下诏书，谋求放肆他们的诡计。我希望您能把这件事向皇帝报告，如果真有罪，再来服法也不迟。"冯焕接受了冯绲的建议，因此向皇帝上交一封奏书为自己辩冤，果然这是那欺骗的坏人搞的阴谋，因此皇帝追究庞奋，让庞奋抵罪。恰巧冯焕病死在监狱中，安帝很哀怜他，赏赐给冯焕、姚光家钱各十万，用他们的儿子为郎中。冯绲因此被人们知道了。

冯绲家富裕多财，乐善好施舍，救济穷人，帮助处在串难中的人，因此州里人心都归向他，爱戴他。最初，冯焕被推举为孝廉，中间经过七次升迁，成为广汉属国都尉，皇帝征召他，授职为御史中丞。顺帝末年，派冯绲手持符节监督扬州各郡的军事，与中郎将滕抚进攻打败许多反叛者，迁升为陇西太守。后鲜卑人侵扰边境，朝廷又用冯绲为辽东太守，去晓谕侵扰的鲜卑人，招降集结的敌人，鲜卑人都停止侵扰边境，散开了。朝廷又征召授职冯绲为京兆尹，转为司隶校尉。冯绲在那里任职，都树立威刑。迁升为廷尉，太常。

当时长沙的蛮族侵扰益阳，屯结积聚了很长时间，至了汉桓帝延熹五年，蛮族越集越多，而零陵地方的蛮族又响应长沙的蛮族，共约二万余人，他们进攻焚烧城郭，杀伤当地长官和办事人员。又武陵地方蛮族全都起来反叛朝廷，侵略江陵广大地区，荆州刺史刘度、南郡太守李肃全都逃跑了，荆州以南的广大地区全部落入蛮族手中。于是，朝廷拜冯绲为车骑将军，率兵十余万人征伐反叛的蛮族，桓帝的诏书说："蛮族扰乱汉族，很久没有攻讨振摄他们，他们到处焚烧都城，践踏朝廷的官员。州郡将帅官员，以及拼死的臣子，相继奔跑逃窜，都不敢回首再看，这些说起来太惭愧了。将军平素就很威猛，因此我选拔您，把国家军队交给您。西汉时陈汤、傅介子、冯奉世等人，用少量的朝廷军队打击众多的敌人，郅支单于、夜郎王楼兰王的头颅都悬挂在首都的大街上。卫青、霍去病向北方征伐匈奴，他们的攻名都列入史册，这些西汉著名将领的事迹，都是您所知道的。现在如果没有将军，谁还能够恢复我们大汉打击入侵的少族民族的光辉业绩呢？攻讨敌人的权宜，权衡时宜的计策，将军有权统一掌管。将军一出首都，征战大事都由将军负责，不再接受我发自朝廷中的指挥。我已命令有关机构在国门举行祭道典礼。《诗》上不是说：'勇猛如虎的大臣向前进，怒声振天吼，布置兵力进逼淮水之涯，因此抓获反叛的徐方、淮夷。'将军，您勉力作战吧！"

当时国内饥荒，朝廷的仓库几乎空虚，每次有将领出战征伐，常常减少公卿的俸禄，借王侯的租赋，前前后后派遣将帅不少，宦官就用将帅耗费军资为由陷害将帅，将帅们往往用不要军资来抵罪。冯绲性格刚正，不对宦官行贿，因此心里害怕中了宦官的阴谋，于是上疏说："如果权势能够容得下奸邪，那么伯夷也是值得怀疑的；如果说深信不疑，那么盗跖也值得信赖。所以乐羊子向魏文侯陈述自己的战功，文侯把一筐诽谤乐羊子的奏书指给乐羊子看。我希望陛下允许一名中常侍监督军队财费。"尚书朱穆上奏冯绲因为财费心生疑惑，失掉大臣的风节。桓帝下诏说不要弹劾冯绲。

冯绲的军队到达长沙，反叛的蛮族听说后，全都到道营请求朝廷允许他们投降。冯绲又统率军队进攻武陵蛮族，杀掉蛮族共四千多人，接受十多余人投降，荆州的叛乱得到平息。桓帝下诏赏赐冯绲钱一亿，冯绲坚决推辞不接受。冯绲凯旋回京城，把这次战事大胜归功于从事中郎应奉，推荐应奉作司隶州校尉，冯绲自己上书请求告老还乡，朝廷不允许他的请求。监军使者张敞秉承宦官的意旨，上奏说冯绲让他的两个侍婢穿着军装，并且随行在军中，又动不动就在江陵刻石纪功，请求皇帝把他交给官吏审查办理。尚书令黄俊又上奏章，说冯绲有罪，但还没有正法，不符合国家法律。这时又遇上长沙的反叛者重新发展起来，攻下桂阳、武陵，冯绲因为军队刚回朝而反叛者再起，朝廷下诏免除冯绲的职务。

过了不久，朝廷拜冯绲为将作大匠，转为河南尹。冯绲上书说"旧制，宦官子弟不允许做州牧郡守一类职务。"汉桓帝没有采纳他的建议。冯绲又成为廷尉。当时山阳太守单迁因为有罪拘捕在监狱，冯绲拷打他，单迁就被打死了。单迁，是过去的车骑将军单超的弟弟，宦官互相结成帮派，于是一起诽谤诬陷冯绲，冯绲犯了法，与司隶校尉、大司农刘祐一起被送到左校去干体力活，司隶校尉应奉上疏朝廷重新审理，冯绲才得以免罪。后来冯绲被授职为屯骑校尉，再次当廷尉，死在任上。

冯绲的弟弟叫冯允，一生清白有孝敬父母的好行为，能研究《尚书》，擅长推究日月五星之度数以及早晚节气的差别。朝廷授职冯石为降虏校尉，死在家中。

后汉书卷三十九

刘赵淳于江刘周赵列传第二十九

刘恺列传

恺字伯豫,以当袭般爵,让与弟宪,遁逃避封。久之,章和中,有司奏请绝恺国,肃宗美其义,特优假之,恺犹不出。积十余岁,至永元十年,有司复奏之,侍中贾逵因上书曰:"孔子称'能以礼让为国,于从政乎何有'。窃见居巢侯刘般嗣子恺,素行孝友,谦逊洁清,让封弟宪,潜身远迹。有司不原乐善之心,而绳以循常之法,惧非长克让之风,成含弘之化。前世扶阳侯韦玄成,近有陵阳侯丁鸿、鄹侯邓彪,并以高行洁身辞爵,未闻贬削,而皆登三事。今恺景仰前修,有伯夷之节,宜蒙矜宥,全其先功,以增圣朝尚德之美。"和帝纳之,下诏曰:"故居巢侯刘般嗣子恺,当袭般爵,而称父遗意,致国弟宪,遁亡七年,所守弥笃。盖王法崇善,成人之美。其听宪嗣爵。遭事之宜,后不得以为比。"乃征恺,拜为郎,稍迁侍中。

恺之入朝,在位者莫不仰其风行。迁步兵校尉。十三年,迁宗正,免。复拜侍中,迁长水校尉。永初元年,代周章为太常。恺性笃古,贵处士,每有征举,必先岩穴。论议引正,辞气高雅。(永初)六年，代张敏为司空。元初二年，代夏勤为司徒。

旧制，公卿、二千石、刺史不得行三年丧，由是内外众职并废丧礼。元初中，邓太后诏长吏以下不为亲行服者，不得典城选举。时有上言牧守宜同此制，诏下公卿，议者以为不便。恺独议曰："诏书所以为制服之科者，盖崇化厉俗，以弘孝道也。今刺史一州之表，二千石千里之师，职在辩章百姓，宣美风俗，尤宜尊重典礼，以身先之。而议者不寻其端，至于牧守则云不宜，是犹浊其源而望流清，曲其形而欲景直，不可得也。"太后从之。

时征西校尉任尚以奸利被征抵罪。尚曾副大将军邓骘，骘党护之，而太尉马英、司空李郃承望骘旨，不复先请，即独解尚臧锢，恺不肯与议。后尚书案其事，二府并受谴咎，朝廷以此称之。

视事五岁，永宁元年，称病上书致仕，有诏优许焉，加赐钱三十万，以千石禄归养，河南尹常以岁八月致羊酒。时安帝始亲政事，朝廷多称恺之德，帝乃遣问起居，厚加赏赐。会马英策罢，尚书陈忠上疏荐恺曰：

臣闻三公上则台阶，下象山岳，股肱元首，鼎足居职。协和阴阳，调训五品，考功量才，以序庶僚，遭烈风不迷，遇迅雨不惑，位莫重焉。而今上司缺职，未议其人。臣窃差次诸卿，考合众议，咸称太常朱伥、少府荀迁。臣父宠，前忝司空，伥、迁并为掾属，具知其能。伥能说经书而用心褊狭，迁严毅刚直而薄于艺文。伏见前司徒刘恺，沈重渊懿，道德博备，克让爵土，致祚弱弟，躬浮云之志，兼浩然之气，频历二司，举动得礼。以疾致仕，侧身里巷，处约思纯，进退有度，百僚景式，海内归怀。往者孔光、师丹，近世邓彪、张酺，皆去宰相，复序上司。诚宜简练卓异，以猒众望。

书奏，诏引恺拜太尉。安帝初，清河相叔孙光坐臧抵罪，遂增锢二世，衅及其子。是时居延都尉范邠复犯臧罪，诏下三公、廷尉议。司徒杨震、司空陈褒、廷尉张皓议依光比。恺独以为："《春秋》之义，'善善及子孙，恶恶止其身'，所以进人于善也。《尚书》曰：'上刑挟轻，下刑挟重。'如今使臧吏禁锢子孙，以轻从重，惧及善人，非先王详刑之意也。"有诏："太尉议是。"

视事三年，以疾乞骸骨，久乃许之，下河南尹礼秩如前。岁余，卒于家。诏使者护丧事，赐东园秘器，钱五十万，布千匹。

少子茂，字叔盛，亦好礼让，历位出纳，桓帝时为司空。会司隶校尉李膺等抵罪，而南阳太守成瑨、太原太守刘瓆下狱当死，茂与太尉陈蕃、司徒刘矩共上书讼之。帝不悦，有司承旨劾奏三公，茂遂坐免。建宁中，复为太中大夫，卒于官。

译文：

刘恺字伯豫，因为当袭其父刘般封爵，遁逃避封，以让给他弟弟刘宪。时间一长，章和年中，有关部门奏请废绝刘恺封国。肃宗章帝称美刘恺之义，特从优宽容他。刘恺仍然不出。积十多年，至永元十年，有关部门又上奏前议。侍中贾逵因此上书说："孔子称'能以礼让为国，于从政有何难。'私见居巢侯刘般嗣子刘恺，一贯行孝友悌，谦逊洁清，让封爵给弟刘宪，潜身远行。有关部门不推求他的乐善之心，而用循常法去制裁他，恐怕不能长克让之风，成就含弘之化。前世有扶阳侯韦玄成，近有陵阳侯丁鸿、鄳侯邓彪，全都以高行洁身辞爵，未闻他们被贬削，而是全都被任以三公之事。现在刘恺景仰前贤，应被怜宥，全其先功，以增圣朝崇尚贤德之美。"和帝采纳其言，下诏说："前居巢侯刘般嗣子刘恺，当承袭父爵。却为合父遗意，让国给弟刘宪，遁亡七年，守志如一。

王法崇善，成人之美。诏听刘宪继承爵位。这是因事制宜之法，后不得以为例。"便征召刘恺，拜其为郎，渐迁为侍中。

刘恺入朝，在位者无人不仰慕其风节行操。后被迁为步兵校尉。永元十三年，被迁为宗正，又被免官。又被拜为侍中，迁长水校尉。永初元年，代周章为太常。刘恺性诚实古朴，以处士为贵，每有征举，必把隐居之士放在前面，议论引正，词气高雅。永初六年，代张敏为司空。元初二年，代夏勤为司徒。

旧制规定，公卿、二千石、刺史不得行三年丧礼，由此内外众职丧礼皆废。元初年中，邓太后诏长吏以下不为亲人行丧服者，不得典城选举。当时人上言州牧郡守也应同此制。诏下公卿议论，议者以为不便。刘恺却说："诏书所以定丧服之律，是为了崇化厉俗，以弘扬孝道。今刺史为一州之表，二千石为千里之师，其职是明辨百姓善恶，宣美风俗，因此更应该尊重典礼，以身先行。而议者不寻其根本，丧服至于州牧郡守就说不便，这是如同使源浊而望流清，弯其形而令影直呀。"邓太后从其言。

当时征西校尉任尚因奸利被征抵罪。任尚曾为大将军邓骘副将，邓骘庇护他。太尉马英、司空李郃顺承邓骘旨意，不先请示，即独自解除任尚臧锢，刘恺不肯参与此议。后尚书案察其事，太尉、司空二府都受谴咎。朝廷因此称赞刘恺。

刘恺在位五年，永宁元年，称病上书辞官。安帝下诏优许，加其赐钱三十万，以千石禄归家养身，命河南尹每年八月送致羊酒。时安帝刚亲自处理政事，朝廷许多人称赞刘恺之德。安帝便派人打听他的生活状况，厚加赏赐给他。此时值马英被罢，尚书陈忠上疏荐刘恺说：

我听说三公上则为台阶，下则像山岳，股肱元首，鼎足居职，协和阴阳，调训五常。考功量才以排庶僚之序，遭烈风暴雨而不迷惑。三公之重，无职可比，而今太尉缺职，未议补职之人。臣私下排比诸卿，考合众议，都说太常牛佽、少府荀迁称职。臣父陈宠，前愧居司空之职，朱伥、荀迁都是他的属掾，因此知道他们的能力。朱伥能讲经书而心地狭窄，荀迁严毅刚直而艺文太薄。前司徒刘恺，沉重渊美，让爵土给弱弟，躬行浮云之志，兼养浩然之气。历任司徒司空，举动得礼。因病辞官，厕身于里巷，处约思纯，进退合度，百僚景慕以为法式，海内归心以怀其志。以前孔光、师丹、近世邓彪、张酺，都曾辞去宰相又任上司之职，陛下真应该选择卓异之人，以满足众望。"书奏上后，安帝下诏引刘恺拜为太尉。安帝初年，清河相叔孙光犯臧抵罪，增其禁锢二世，罪及其子。当时居延都尉范邠也犯臧罪，诏下三公、廷尉议其罪。司徒杨震、司空陈褒、廷尉张皓议依照叔孙光之例。刘恺独认为"《春秋》义，'奖励善者及其子孙，惩罚恶者止于其身，'以此来鼓励人们行善。《尚书》说：'上刑挟轻，下刑挟重。'如今使臧吏禁锢子孙，以轻者从重者，会使善人生惧，不是先王详察刑罚之意。"安帝诏说："太尉之议很对。

刘恺在任三年，因病乞请归乡。安帝久而许之，令河南尹礼秩如前。一年多后，刘恺死于家中。安帝诏使者营护其丧事，赐其东园棺木、钱五十万、布千匹。

刘恺小子刘茂，字叔盛，也好礼让，历位尚书。桓帝时为司空。时值司隶校尉李膺等人抵罪，南阳太守成瑨、太原太守刘瓆下狱当死。刘茂与太尉陈蕃、司徒刘矩一起上书为他们争讼。桓帝不高兴，有关部门顺承旨意劾奏三公，于是刘茂被免官。建宁年中，刘茂又为太中大夫，后死于官任之上。

后汉书卷四十上

班彪列传第三十上　自东都主人以下分为下卷

班固列传

固字孟坚。年九岁,能属文诵诗赋,及长,遂博贯载籍,九流百家之言,无不穷究。所学无常师,不为章句,举大义而已。性宽和容众,不以才能高人,诸儒以此慕之。

永平初,东平王苍以至戚为骠骑将军辅政,开东阁,延英雄。时固始弱冠,奏记说苍曰:

将军以周、邵之德,立乎本朝,承休明之策,建威灵之号,昔在周公,今也将军,《诗》《书》所载,未有三此者也。传曰:"必有非常之人,然后有非常之事;有非常之事,然后有非常之功。"固幸得生于清明之世,豫在视听之末,私以蝼螘,窃观国政,诚美将军拥千载之任,蹑先圣之踪,体弘懿之姿,据高明之执,博贯庶事,服膺《六艺》,白黑简心,求善无厌,采择狂夫之言,不逆负薪之议。窃见幕府新开,广延群俊,四方之士,颠倒衣裳。将军宜详唐、殷之举,察伊、皋之荐,令远近无偏,幽隐必达,期于总览贤才,收集明智,为国得人,以宁本朝。则将军养志和神，优游庙堂，光名宣于当世，遗烈著于无穷。

窃见故司空掾桓梁，宿儒盛名，冠德州里，七十从心，行不逾矩，盖清庙之光晖，当世之俊彦也。京兆祭酒晋冯，结发修身，白首无违，好古乐道，玄默自守，古人之美行，时俗所莫及，扶风掾李育，经明行著，教授百人，客居杜陵，茅室土阶。京兆、扶风二郡更请，徒以家贫，数辞病去。温故知新，论议通明，廉清修洁，行能纯备，虽前世名儒，国家所器，韦、平、孔、翟，无以加焉。宜令考绩，以参万事。京兆督邮郭基，孝行著于州里，经学称于师门，政务之绩，有绝异之效。如得及明时，秉事下僚，进有羽翮奋翔之用，退有杞梁一介之死。凉州从事王雍，躬卞严之节，文之以术艺，凉州冠盖，未有宜先雍者也。古者周公一举则三方怨，曰"奚为而后已"。宜及府开，以慰远方。弘农功曹史殷肃，达学洽闻，才能绝伦，诵《诗》三百，奉使专对。此六子者，皆有殊行绝才，德隆当世，如蒙征纳，以辅高明，此山梁之秋，夫子所为叹也。昔卞和献宝，以离断趾，灵均纳忠，终于沉身，而和氏之璧，千载垂光，屈子之篇，万世归善。愿将军隆照微之明，信日昊之听，少屈威神，咨嗟下问，令尘埃之中，永无荆山、汨罗之恨。

苍纳之。

父彪卒，归乡里。固以彪所续前史未详，乃潜精研思，欲就其业。既而有人上书显宗，告固私改作国史者，有诏下郡，收固系京兆狱，尽取其家书。先是扶风人苏朗伪言图谶事，下狱死。固弟超恐固为郡所核考，不能自明，乃驰诣阙上书，得召见，具言固所著述意，而郡亦上其书。显宗甚奇之，召诣校书部，除兰台令史，与前睢阳令陈宗、长陵令尹敏、司隶从事孟异共成《世祖本纪》。迁为郎,典校秘书。固又撰功臣、平林、新市、公孙述事,作列传、载记二十八篇,奏之。帝乃复使终成前所著书。

固以为汉绍尧运,以建帝业,至于六世,史臣乃追述功德,私作本纪,编于百王之末,厕于秦、项之列,太初以后,阙而不录,故探撰前记,缀集所闻,以为《汉书》。起元高祖,终于孝平王莽之诛,十有二世,二百三十年,综其行事,傍贯《五经》,上下洽通,为《春秋》考纪、表、志、传凡百篇。固自永平中始受诏,潜精积思二十余年,至建初中乃成。当世甚重其书,学者莫不讽诵焉。

自为郎后,遂见亲近。时京师修起宫室,浚缮城隍,而关中耆老犹望朝廷西顾。固感前世相如、寿王、东方之徒,造构文辞,终以讽劝,乃上《两都赋》,盛称洛邑制度之美,以折西宾淫侈之论。其辞曰:

有西都宾问于东都主人曰:"盖闻皇汉之初经营也,尝有意乎都河洛矣。辍而弗康,实用西迁,作我上都。主人闻其故而睹其制乎?"主人曰:"未也。愿宾摅怀旧之蓄念,发思古之幽情,博我以皇道,弘我以汉京。"宾曰:"唯唯。"

汉之西都,在于雍州,实曰长安。左据函谷、二崤之阻,表以(泰)〔太〕华、终南之山。右界褒斜、陇首之险,带以洪河、泾、渭之川。华实之毛,则九州之上腴焉;防御之阻,则天下之奥区焉。是故横被六合,三成帝畿,周以龙兴,秦以虎视。及至大汉受命而都之也,仰寤东井之精,俯协《河图》之灵,奉春建策,留侯演成,天人合应,以发皇明,乃眷西顾,实惟作京。于是睎秦岭,睋北阜,挟酆灞,据龙首。图皇基于亿载,度宏规而大起,肇自高而终平,世增饰以崇丽,历十二之延祚,故穷奢而极侈。建金城其万雉，呀周池而成渊，披三条之广路，立十二之通门。内则街衢洞达，闾阎且千，九市开场，货别隧分，人不得顾，车不得旋，阗城溢郭，傍流百廛，红尘四合，烟云相连。于是既庶且富，娱乐无疆，都人士女，殊异乎五方，游士拟于公侯，列肆侈于姬、姜。乡曲豪俊游侠之雄，节慕原、尝，名亚春、陵，连交合众，骋骛乎其中。

若乃观其四郊，浮游近县，则南望杜、霸，北眺五陵，名都对郭，邑居相承，英俊之域，黼冕所兴，冠盖如云，七相五公。与乎州郡之豪桀，五都之货殖，三选七迁，充奉陵邑，盖以强干弱枝，隆上都而观万国。封畿之内，厥土千里，逴荦诸夏，兼其所有。其阳则崇山隐天，幽林穹谷，陆海珍藏，蓝田美玉，商、洛缘其隈，鄠、杜滨其足，源泉灌注，陂池交属，竹林果园，芳草甘木，郊野之富，号曰近蜀。其阴则冠以九嵕，陪以甘泉，乃有灵宫起乎其中。秦、汉之所极观，渊、云之所颂叹，于是乎存焉。下有郑、白之沃，衣食之源，堤封五万，疆埸绮分，沟塍刻镂，原隰龙鳞，决渠降雨，荷臿成云，五谷垂颖，桑麻敷棻。东郊则有通沟大漕，溃渭洞河，泛舟山东，控引淮、湖，与海通波。西郊则有上囿禁苑，林麓薮泽，陂池连乎蜀、汉，缭以周墙，四百余里，离宫别馆，三十六所，神池灵沼，往往而在。其中乃有九真之麟，大宛之马，黄支之犀，条枝之鸟，逾昆仑，越巨海，殊方异类，至三万里。

其宫室也，体象乎天地，经纬乎阴阳，据坤灵之正体，放（泰）〔太〕、紫之圆方。树中天之华阙，丰冠山之朱堂，因瑰材而究奇，抗应龙之虹梁，列棼橑以布翼，荷栋桴而高骧。雕玉瑱以居楹，裁金璧以饰珰，发五色之渥采，光焰朗以景彰。于是左（瑊）〔墄〕右平，重轩三阶，闺房周通，门闼洞开，列钟虡于中庭，立金人于端闱，仍增崖而衡阈，临峻路而启扉。徇以离殿别寝，承以崇台间馆，焕若列星，紫宫是环。清凉宣温，神仙长年，金华玉堂，白虎麒麟，区宇若兹，不可殚论。增槃业峨，登降炤炤烂，殊形诡制，每各异观，乘茵步辇，唯所息宴。后宫则有掖庭椒房，后妃之室，合欢增成，安处常宁，茝若椒风，披香发越，兰林蕙草，鸳鸾飞翔之列。昭阳特盛，隆乎孝成，屋不呈材，墙不露形，裹以藻绣，络以纶连，随侯明月，错落其间金釭衔璧，是为列钱，翡翠火齐，流燿含英，悬黎垂棘，夜光在焉。于是玄釦礒，玉阶彤庭，硍硠采致，琳珉青荧，珊瑚碧树，周阿而生。红罗飒纚，绮组缤纷，精曜华烛，俯仰如神。

后宫之号，十有四位，窈窕繁华，更盛迭贵，处乎斯列者，盖以百数。左右廷中，朝堂百僚之位，萧、曹、魏、邴，谋谟乎其上。佐命则垂统，辅翼则成化，流大汉之恺悌，荡亡秦之毒蠚。故令斯人扬乐和之声，作画一之歌，功德著于祖宗，膏泽洽于黎庶。又有天禄石渠，典籍之府，命夫谆诲故老，名儒师傅，讲论乎《六艺》，稽合乎同异。又有承明金马，著作之庭，大雅宏达，于兹为群，元元本本，周见洽闻，启发篇章，校理秘文。周以钩陈之位，卫以严更之署，总礼官之甲科，群百郡之廉孝。虎贲赘衣，阍尹阍寺，陛戟百重，各有攸司。周庐千列，徼道绮错。辇路经营，修涂飞阁。自未央而连桂宫，北弥明光而亘长乐，陵墱道而超西墉，混建章而外属，设璧门之凤阙，上抓棱而栖金雀。内则别风之嶕峣，眇丽巧而竦擢，张千门而立万户，顺阴阳以开阖。尔乃正殿崔巍，层构厥高，临乎未央，经骀荡而出馺娑，洞枅诣与天梁，上反宇以盖戴，激日景而纳光。神明郁其特起，遂偃蹇而上跻，轶云雨于太半，虹霓回带于棼楣，虽轻迅与僄狡，犹愕眙而不敢阶。攀井干而未半，目上眴转而意迷，舍棂槛而却倚，若颠坠而复稽，魂恍恍以失度，巡回涂而下低。既惩惧于登望，降周流以彷徨，步甬道以萦纡，又杳窱而不见阳。排飞闼而上出，若游目于天表，似无依（之）〔而〕洋洋。前唐中而后太液，揽沧海之汤汤，扬波涛于碣石，激神岳之嶈嶈，滥瀛洲与方壶，蓬莱起乎中央。于是灵草冬荣，神木丛生，岩峻崔崒，金石峥嵘。抗仙掌（与）〔以〕承露，擢双立之金茎，轶埃壒之混浊，鲜颢气之清英。骋文成之丕诞，驰五利之所刑，庶松、乔之群类，时游从乎斯庭，实列仙之攸馆，匪吾人之所宁。

尔乃盛娱游之壮观，奋大武乎上囿，因兹以威戎夸狄，耀威而讲事。命荆州使起鸟，诏梁野而驱兽，毛群内阗，飞羽上覆，接翼侧足，集禁林而屯聚。水衡虞人，理其营表，种别群分，部曲有署。罘罔连紘，笼山络野，列卒周匝，星罗云布。于是乘（銮）舆备法驾，帅群臣，披飞廉，入苑门。遂绕酆镐，历上兰，六师发逐，百兽骇殚，震震爚爚，雷奔电激，草木涂地，山渊反覆，蹂躏其十二三，乃拗怒而少息。尔乃期门佽飞，列刃钻鍭，要跌追踪，鸟惊触丝，兽骇值锋，机不虚掎，弦不再控，矢无单杀，中必叠双，飑飑纷纷，矰缴相缠，风毛雨血，洒野蔽天。平原赤，勇士厉，猿狖失木，豺狼慑窜。尔乃移师趋险，并蹈潜秽，穷虎奔突，狂兕触蹙。许少施巧，秦成力折，掎僄狡，扼猛噬，脱角挫脰，徒搏独杀，挟师豹，拖熊螭，顿犀犛，曳豪黑，超洞壑，越峻崖，蹶巉岩，巨石颓，松柏仆，丛林摧，草木无余，禽兽殄夷。于是天子乃登属玉之馆，历长杨之榭，览山川之体势，观三军之杀获，原野萧条，目极四裔，禽相镇厌，兽相枕藉。然后收禽会众，论功赐胙，陈轻骑以行炰，腾酒车而斟酌，割鲜野食，举烽命爵。飨赐毕，劳逸齐，大辂鸣銮，容与徘回，集乎豫章之宇，临乎昆明之池。左牵牛而右织女，似云汉之无崖，茂树荫蔚，芳草被堤，兰苴发色，晔晔猗猗，若摛锦布绣，烛耀乎其陂。玄鹤白鹭，黄鹄鸰鹢，鸽鸪鸨鹍，兔鹜鸿雁，朝发河海，夕宿江汉，沉浮往来，云集雾散。于是后宫乘辇路，登龙舟，张凤盖，建华旗，袪黼帷，镜清流，靡微风，澹淡浮。櫂女讴，鼓吹震，声激越，警厉天，鸟群翔，鱼窥渊。招白间，下双鹄，揄文竿，出比目。抚鸿幢，御矰缴，方舟并骛，俯仰极乐。遂风举云摇，浮游普览，前乘秦领，后越九嵕，东薄河华，西涉岐雍，宫馆所历，百有余区，行所朝夕，储不改供。礼上下而接山川，究休祐之所用，采游童之欢谣，第从臣之嘉颂。于斯之时，都都相望，邑邑相属，国藉十世之基，家承百年之业，士食旧德之名氏，农服先畴之畎亩，商修族世之所鬻，工用高曾之规矩，粲乎隐隐，各得其所。

若臣者，徒观迹乎旧墟，闻之乎故老，什分而未得其一端，故不能遍举也。

译文：

班固，字孟坚，九岁时就会写文章，背诵诗赋。到他长大，就博览群书，对诸子百家的言论，无不深入钻研。他的学问没有固定的师承关系，不搞章句之学，只了解文章大义而已。他性情宽厚平易，不自恃才能凌驾于人，儒生都因此而敬慕他。

东汉明帝永平初年，东平王刘苍，因为是皇帝的至亲而任骠骑将军，辅佐朝政，在东阁招揽英雄。那时班固刚二十几岁，上书东平王曰：

将军以周公、召公那样的美德，辅政于本朝，承继美好、光明之策，建立骠骑将军的神威称号，古代有周公，今日有将军阁下,即便《诗》《书》所载,也没有第三个更杰出的人物了。司马相如说:'必先有非常之人,然后有非常之事;必先有非常之事,然后有非常之功。'班固我有幸生于清明之世,乐意在视听之余,以细微薄见,私下观察国家政事,发现将军果真承千载之任,追随周公足迹,体现美好形象,据高明之优势,博通诸事,牢记《六艺》,是非分明,求善不止,采择狂夫之言,不弃贱人之议。敝人见将军幕府新开,广揽英才,四方之士,争相归依。将军此时应该认真效法唐尧、商汤那些明君的举措,考核举荐伊尹、皋陶那样的贤臣,使远近亲疏没有偏待,隐士中的贤才一定要选拔入仕,渴求总揽人才,聚集聪明才智,为国家得人,使本朝安定。如此,将军则能养志和神,悠闲自得于庙堂,荣光显名于当世,留光辉业绩于后世。

敝人私下见前任司空府掾吏桓梁,是老成博学的读书人。负有盛名,为人品德在州郡乡里列于首位,已做到年七十岁,恣心所为皆暗合于法则,这种人可作为谋士,参与清庙祭祀必为之增辉,可谓当代之美士。京兆祭酒晋冯,能够结发修身,老迈年高而从不违法度,生性好古乐道,以深沉静默自守,那种古人的美好德行,是今日世俗所没人能够达到的。扶风掾吏李育,通晓经学,品行高尚,教授学生上百人,客居在杜陵,仅生活于土阶茅屋之中。京兆、扶风二郡更相请他入仕,仅因为家贫,几次都称病辞职归家奉养。他治学能温故知新,论议经学贯通明确,为人清静廉洁,品行纯朴而道德完备,即便前朝明儒,国家重臣,韦贤、平当、孔光、翟方进等人,也不过如此。应该让他执掌考绩工作,由此参与各种政务。京兆督邮郭基,品行忠孝为州郡乡里人所称道,经学水平不愧于师门所授,为政功绩,有极为突出之功。如果能及时为明主所用,他所指挥的下属,必是进有鸿鹄之才,退有杞梁那般的勇士。凉州府的从事官王雍,不仅具备卞庄子之勇,而且还能有经术修养,凉州英才中没有人能超过王雍。古代周公向一方出征时,另三方都发怨言,说:'为什么要后伐我方'。可见,今日将军府一开,则应慰劳远方。弘农郡功曹史殷肃,博学多闻,才能绝伦,能背诵《诗经》三百首,遇事出使,交涉应对,能随机行事。此六人都是品行卓越,才华出众,而且以道德名声著称于世,这些人如能被征用,以其辅佐英明之主,就如同孔子所慨叹的山梁上飞翔的鸟儿一样,生逢其时呵。在古代卞和为了贡献宝玉被处以刖刑,屈原尽忠楚国最终自沉于汨罗江中。然而和氏之璧,千载发光;屈原的文章,万代传诵。但愿将军能够发出照亮昏暗的光明,扩展明日般的判决才华,稍稍委屈一些阁下的神威,叹息下问,使尘世间永远不要有卞和、屈原的那种遗恨。

刘苍接受了班固的意见。

父亲班彪去世时,班固回故里居丧。他认为父亲对《史记》续写的前汉史不够详备,于是潜心钻研思考,准备完成父亲的事业。不久有人上书汉明帝,告发班固私自改作国史,因此朝廷下诏郡府,逮捕班固押在京兆狱中,全部查抄了他家中的书稿。在此之前曾发生扶风人苏朗谎言图谶的事件,入狱而死。班固的弟弟班超担心班固被郡府严刑逼供,而不能为自己辩白,就策马到宫门上书,受到皇帝召见,他详尽讲述班固著述的意图。此时郡守也将班固的书稿送到朝廷,明帝对班固书稿甚感惊异,就召他到京师校书部,任命为兰台令史。让他与前睢阳县令陈宗、长陵县令尹敏、司隶从事孟异共同修成《世祖本纪》一书。此后班固被迁升为郎官,负责校订宫禁藏书。班固又撰述功臣、平林、新市、公孙述事迹，写作了列传和载记二十八篇，奏上皇帝。于是，明帝又令他完成他原先所著的史书。

班固认为汉朝直接继承了尧的命运，而建立帝王基业的，到了第六代汉武帝时，司马迁才追述汉朝功德，私下写作当朝前后始末，编缀在前代各帝王的末尾，放置于秦皇、项羽之列。而汉武帝太初年以后的历史，空缺而无记载，所以他搜求编撰前人的记载，缀集所听说的史料，著成《汉书》。全书上起汉高祖，下迄于汉平帝、王莽被诛。记述了十二代皇帝，前后二百三十年历史。综述西汉一朝业绩，融入《五经》儒学，上下贯通，写成帝王本纪、表、志、传共计一百篇。班固自永平年间受汉明帝诏令开始，潜心积虑二十余年，至汉章帝建初年间才完成写作。当时，人们很重视这部书，学者没有不诵读的。

班固自从做了郎官以后，便被汉朝帝亲幸。当时，京师洛阳正兴建宫殿，疏浚整治城壕，但关中父老仍然希望朝廷建都长安。班固感怀西汉司马相如、吾丘寿王、东方朔等人虚构文辞，最终用来讽谏皇帝的做法，便奏上他所写的《两都赋》，盛赞洛阳城规模建制的宏伟，来驳倒长安人的浮夸论调。其辞曰：

有西都宾问于东都主人曰："盖闻皇汉之初经营也，尝有意乎都河、洛矣。辍而弗康，实用西迁，作我上都。主人闻其故而睹其制乎？"主人曰："未也。愿宾摅怀旧之蓄念，发思古之幽情，博我以皇道，弘我以汉京。"宾曰："唯唯。"

汉之西都，在于雍州，实曰长安。左据函谷、二崤之阻，表以太华、终南之山。右界褒斜、陇首之险，带以洪河、泾、渭之川。华实之毛，则九州之上腴焉；防御之阻，则天下之奥区焉。是故横被六合，三成帝畿，周以龙兴，秦以虎视。及至大汉受命而都之也，仰寤东井之精，俯协《河图》之灵。奉春建策，留侯演成，天人合应，以发皇明，乃眷西顾，实惟作京。于是睎秦岭，睋北阜，挟酆灞，据龙首。图皇基于亿载，度宏规而大起，肇自高而终平，世增饰以崇丽，历十二之延祚，故穷奢而极侈。建金城其万雉，呀周池而成渊，披三条之广路，立十二之通门。内则街衢洞达，闾阎且千，九市开场，货别隧分，人不得顾，车不得旋，阛城溢郭，傍流百廛，红尘四合，烟云相连。于是既庶且富，娱乐无疆，都人士女，殊异乎五方，游士拟于公侯，列肆侈于姬、姜。乡曲豪俊游侠之雄，节慕原、尝，名亚春、陵，连交合众，骋骛乎其中。

若乃观其四郊，浮游近县，则南望杜、霸，北眺五陵，名都对郭，邑居相承，英俊之域，黻冕所兴，冠盖如云，七相五公。与乎州郡之豪杰，五都之货殖，三选七迁，充奉陵邑，盖以强干弱枝，隆上都而观万国。封畿之内，厥土千里，逴荦诸夏，兼其所有。其阳则崇山隐天，幽林穹谷，陆海珍藏，蓝田美玉，商、洛缘其隈、鄠、杜滨其足，源泉灌注，陂池交属，竹林果园，芳草甘木，郊野之富，号曰近蜀。其阴则冠以九嵕，陪以甘泉，乃有灵宫起乎其中。秦、汉之所极观，渊、云之所颂叹，于是乎存焉。下有郑、白之沃，衣食之源，堤封五万，疆埸绮分，沟塍刻镂，原隰龙鲜，决渠降雨，荷臿成云，五谷垂颖，桑麻敷棻。东郊则有通沟大漕，溃渭洞河，泛舟山东，控引淮、湖，与海通波。西郊则有上囿禁苑，林麓薮泽，陂池连乎蜀、汉、缭以周墙，四百余里，离宫别馆，三十六所，神池灵沼，往往而在。其中乃有九真之麟，大宛之马，黄支之犀，条枝之鸟，逾昆仑，越巨海，殊方异类，至三万里。

其宫室也，体象乎天地，经纬乎阴阳，据坤灵之正位，仿太紫之圆方。树中天之华阙,丰冠山之朱堂,因瑰材而究奇,抗应龙之虹梁,列棼橑以布翼,荷栋桴而高骧。雕玉瑱以居楹,裁金璧以饰珰,发五色之渥采,光焰朗以景彰。于是左城右平,重轩三阶,闺房周通,门闼洞开,列钟虡于中庭,立金人于端闱,仍增崖而衡阈,临峻路而启扉。徇以离殿别寝,承以崇台闲馆,焕若列星,紫宫是环。清凉宣温,神仙长年,金华玉堂,白虎麒麟,区宇若兹,不可殚论。增槃业峨,登降炤烂,殊形诡制,每各异观,乘茵步辇,唯所息宴。后宫则有掖庭椒房,后妃之室,合欢增成,安处常宁,茞若椒风,披香发越,兰林、蕙草,鸳鸾飞翔之列。昭阳特盛,隆乎孝成,屋不呈材,墙不露形,裛以藻绣,络以纶连,随侯明月,错落其间,金釭衔璧,是为列钱,翡翠火齐,流耀含英,悬黎垂棘,夜光在焉。于是玄墀扣切,玉阶彤庭,碝磩采致,琳珉青荧,珊瑚碧树,周阿而生。红罗飒纚,绮组缤纷,精曜华烛,俯仰如神。

后宫之号,十有四位,窈窕繁华,更盛迭贵,处乎斯列者,盖以百数。左右廷中,朝堂百僚之位,萧、曹、魏、邴,谋谟乎其上。佐命则垂统,辅翼则成化,流大汉恺悌。

荡亡秦之毒螫。故令斯人扬乐和之声,作画一之歌,功德著于祖宗,膏泽洽于黎庶。又有天禄石渠,典籍之府,命夫谆诲故老,名儒师傅,讲论乎《六艺》,稽合乎同异。又有承明金马,著作之庭,大雅宏达,于兹为群,元元本本,周见洽闻,启发篇章,校理秘文。周以钩陈之位,卫以严更之署,总礼官之甲科,群百郡之廉孝。虎贲赘衣,阉尹阍寺,陛戟百重,各有攸司。周庐千列,徼道绮错,辇路经营,修涂飞阁。自未央而连桂宫,北弥明光而亘长乐,陵磴道而超西墉,混建章而外属,设璧门之凤阙,上杊棱而栖金雀。内则别风之嶕峣,眇丽巧而竦擢,张千门而立万户，顺阴阳以开阖。尔乃正殿崔巍，层构厥高，临乎未央，经骀荡而出馺娑，洞枍诣与天梁，上反宇以盖戴，激日景而纳光。神明郁其特起，遂偃蹇而上跻，轶云雨于太半，虹霓回带于棼楣，虽轻迅与僄狡，犹愕眙而不敢阶。攀井干而未半，日晌转而意迷，舍棁槛而却倚，若颠坠而复稽，魂恍恍以失度，巡回途而下低。既怔惧于登望，降周流以彷徨，步甬道以萦纡，又杳窱而不见阳。排飞闼而上出，若游目于天表，似无依而洋洋。前唐中而后太液，揽沧海之汤汤，扬波涛于碣石，激神岳之嶈嶈，滥瀛洲与方壶，蓬莱起乎中央。于是灵草冬荣，神木丛生，岩峻崔崒，金石峥嵘。抗仙掌以承露，擢双立之金茎，轶埃壒之混浊，鲜颢气之清英。骋文成之丕诞，驰五利之所刑，庶松乔之群类，时游从乎斯庭，实列仙之攸馆，非吾人之所宁。

尔乃盛娱游之壮观，奋大武乎上囿，因兹以威戎夸狄，耀威而讲事。命荆州使起鸟，诏梁野而驱兽，毛群内阗，飞羽上覆，接翼侧足，集禁林而屯聚。水衡虞人，理其营表，种别群分，部曲有署。罘网连纮，笼山络野，列卒周匝，星罗云布。于是乘舆备法驾，帅群臣，披飞廉，入苑门。遂绕酆镐，历上兰，六师发逐，百兽骇殚，震震爚爚，雷奔电激，草木涂地，山渊反复，蹂躏其十二三，乃拗怒而少息。尔乃期门佽飞，列刃钻鍭，要跹追踪，鸟惊触丝，兽骇值锋，机不虚掎，弦不再控，矢无单杀，中必叠双，飑飑纷纷，矰缴相缠，风毛雨血，洒野蔽天。平原赤，勇士厉，猨狖失木，豺狼慑窜。尔乃移师趋险，并蹈潜秽，穷虎奔突，狂兕触蹶。许少施巧，秦成力折，掎僄狡，扼猛噬，脱角挫脰，徒搏独杀。挟师豹，拖熊螭，顿犀犛，曳豪罴，超洞壑，越峻崖，蹶巉岩，巨石陨，松柏仆，丛林摧，草木无余，禽兽殄夷。

于是天子乃登属玉之馆，历长杨之树，览山川之体势，观三军之杀获，原野萧条，目极四裔，禽相镇压，兽相枕藉。然后收禽会众，论功赐胙，陈轻骑以行庖，腾酒车而斟酌，割鲜野食，举燧命爵。飨赐毕，劳逸齐，大辂鸣鸾，容与裴回，集乎豫章之宇，临乎昆明之池。左牵牛而右织女，似云汉之无崖，茂树荫蔚，芳草被堤，兰茝发色，晔晔猗猗，若摛锦布绣，烛耀乎其陂。玄鹤白鹭，黄鹄鴐鹅，鸧鸹鸨鶂，凫鹥鸿雁，朝发河海，夕宿江汉，沉浮往来，云集雾散。于是后宫乘辇路，登龙舟，张凤盖，建华旗，祛黼帷，镜清流，靡微风，澹淡浮。櫂女讴，鼓吹震，声激越，謷厉天，鸟群翔，鱼窥渊。招白间，下双鹄，揄文竿，出比目。抚鸿幢，御矰缴，方舟并骛，俯仰极乐。遂风举云摇，浮游普览，前乘秦岭，后越九嵕，东薄河华，西涉岐雍，宫馆所历，百有余区，行所朝夕，储不改供。礼上下而接山川，究休祐之所用，采游童之欢谣，第从臣之嘉颂。于斯之时，都都相望，邑邑相属，国借十世之基，家承百年之业，士食旧德之名氏，农服先畴之畎亩，裔修族世之所鬻，工用高曾之规矩，粲乎隐隐，各得其所。

若臣者，徒观迹乎旧墟，闻之乎故老，什分而未得其一端，故不能遍举也。

后汉书卷四十二

光武十王列传第三十二

东海恭王刘强列传

光武皇帝十一子：郭皇后生东海恭王强、沛献王辅、济南安王康、阜陵质王延、中山简王焉，许美人生楚王英，光烈皇后生显宗、东平宪王苍、广陵思王荆、临淮怀公衡、琅邪孝王京。

东海恭王强。建武二年，立母郭氏为〔皇〕后，强为皇太子。十七年而郭后废，强常戚戚不自安，数因左右及诸王陈其恳诚，愿备蕃国。光武不忍，迟回者数岁，乃许焉。十九年，封为东海王，二十八年，就国。帝以强废不以过，去就有礼，故优以大封，兼食鲁郡，合二十九县。赐虎贲旄头，宫殿设钟虡之县，拟于乘舆。强临之国，数上书让还东海，又因皇太子固辞。帝不许，深嘉叹之，以强章宣示公卿。初，鲁恭王好宫室，起灵光殿，甚壮丽，是时犹存，故诏强都鲁。中元元年入朝，从封岱山，因留京师。明年春，帝崩。冬，归国。

永平元年，强病，显宗遣中常侍钩盾令将太医乘驿视疾，诏沛王辅、济南王康、淮阳王延诣鲁。及薨，临命上疏谢曰：

臣蒙恩得备蕃辅，特受二国，宫室礼乐，事事殊异，巍巍无量，讫无报称。而自修不谨，连年被疾，为朝廷忧念。皇太后、陛下哀怜臣强，感动发中，数遣使者太医令丞方伎道术，络绎不绝。臣伏惟厚恩，不知所言。臣内自省视，气力羸劣，日夜浸困，终不复望见阙庭，奉承帷幄，孤负重恩，衔恨黄泉。身既天命孤弱，复为皇太后、陛下忧虑，诚悲诚惭。息政，小人也，猥当袭臣后，必非所以全利之也。诚愿还东海郡。天恩愍哀，以臣无男之故，处臣三女小国侯，此臣宿昔常计。今天下新罹大忧，惟陛下加供养皇太后，数进御餐。臣强困劣，言不能尽意。愿并谢诸王，不意永不复相见也。

天子览书悲恸，从太后出幸津门亭发哀。使（大）司空持节护丧事，大鸿胪副，宗正、将作大匠视丧事，赠以殊礼，升龙、旄头、鸾辂、龙旂、虎贲百人。诏楚王英、赵王栩、北海王兴、馆陶公主、比阳公主及京师亲戚四姓夫人、小侯皆会葬。帝追惟彊深执谦俭，不欲厚葬以违其意，于是特诏中常侍杜岑及东海傅相曰："王恭谦好礼，以德自终，遣送之物，务从约省，衣足敛形，茅车瓦器，物减于制，以彰王卓尔独行之志。将作大匠留起陵庙。"

强立十八年，年三十四。子靖王政嗣。政淫欲薄行。后中山简王薨，政诣中山会葬，私取简王姬徐妃，又盗迎掖庭出女。豫州刺史、鲁相奏请诛政，有诏削薛县。

立四十四年薨，子顷王肃嗣。永元十六年，封肃弟二十一人皆为列侯。肃性谦俭，循恭王法度。永初中，以西羌未平，上钱二千万。元初中，复上缣万匹，以助国费，邓太后下诏褒纳焉。

立二十三年薨，子孝王臻嗣。永建二年，封臻二弟敏、俭为乡侯。臻及弟蒸乡侯俭并有笃行，母卒，皆吐血毁眚。至服练红，兄弟追念初丧父，幼小，哀礼有阙，因复重行丧制。臻性敦厚有恩，常分租秩赈给诸父昆弟。国相籍褒具以状闻，顺帝美之，制诏大将军、三公、大鸿胪曰："东海王臻以近蕃之尊，少袭王爵，膺受多福，未知艰难，而能克己率礼，孝敬自然，事亲尽爱，送终竭哀，降仪从士，寝苫三年。和睦兄弟，恤养孤弱，至孝纯备，仁义兼弘，朕甚嘉焉。夫劝善厉俗，为国所先。曩者东平孝王敞兄弟行孝，丧母如礼，有增户之封。《诗》云：'永世克孝，念兹皇祖。'今增臻封五千户，俭五百户，光启土宇，以酬厥德。"

立三十一年薨，子懿王祗嗣。初平四年，遣子琬至长安奉章，献帝封琬汶阳侯，拜为平原相。

祗立四十四年薨，子羡嗣。二十年，魏受禅，以为崇德侯。

译文：

光武帝有十一个儿子：郭皇后生东海恭王刘强、沛献王刘辅、济南安王刘康、阜陵质王刘延、中山简王刘焉。许美人生楚王刘英。光烈皇后生显宗孝明帝刘庄、东平宪王刘苍、广陵思王刘荆、临淮怀王刘衡、琅邪孝王刘京。

东海恭王名刘强。建武二年，光武帝立刘强母郭氏为皇后，刘强为太子。建武十七年，郭后被废，刘强常忧伤不安，多次通过左右及诸王向光武帝恳求，愿为藩王，光武帝不忍废之，犹豫了几年，最后才答应其请。建武十几年，封刘强为东海王。建武二十八年，刘强赴其封国就位。光武帝因为刘强不是因有过被废，去就有礼，所以以大封优待他，让他兼食鲁郡，食邑共二十九县。又赐其虎贲旄头，让他宫内悬设钟虡，等同皇帝。刘强到国后，多次上书辞让东海之封，又通过皇太子坚决推辞。光武帝不许，深嘉叹之，把他的奏章公开给公卿看。当初,鲁恭王喜好官室,修建的灵光殿特别壮丽,刘强就封时还存在,所以光武帝下诏让刘强以鲁为都。中元元年,刘强入朝,随从光武帝封岱山,因此留在京师,第二年,光武帝死,其年冬天,刘强归国。

永平元年,刘强病,显宗孝明帝派中常侍钩盾令带着太医乘驿车探视其病,又诏沛王刘辅、济南王刘康、淮阳王刘廷到鲁国看望。刘强临死时上疏说:

臣蒙受皇恩得为藩王,特受封二国,让我官室礼乐,事事特殊。对此无量之恩,我至今无法报答。我自修不谨,连年有病,让朝廷忧念。皇太后、陛下哀怜我,感情发自内心,多次派使者、太医令丞、方技道术之人,络绎不绝地前来。我伏念厚恩,不知该说什么好。我内自省视,自觉气力羸劣,日夜渐困,恐怕不能再望阙廷,奉承帷幄,而要辜负重恩,遗憾于九泉之下。我身已经夭命孤弱,又让皇太后和陛下忧虑,真是感到又悲又惭。我儿刘政,是个小人,当辱圣命而继承我位,这必定不能对他全有利。诚恳希望让他还东海郡。臣无多儿,陛下哀怜,让我的三个女儿为小国侯,我常私念天恩,不敢忘怀。现在先帝崩位不久,愿陛下供养皇太后,数进御餐。我因困弱,言不能达意,愿借此并谢诸王,想不到竟和他们永别了。"明帝见书悲恸,随太后出津门亭为刘强发哀。又派司空持节营护刘强丧事,派副大鸿胪、宗正,将作大匠视其丧事,给其升龙、旌头、鸾辂、龙旗、虎贲百人,赠以殊礼。下诏楚王刘英、赵王刘栩、北海王刘兴、馆陶公主、比阳公主及京师亲戚四姓夫人、小侯等皆前去会葬。明帝追思刘强深执谦俭之志,不欲厚葬以违其意,于是特诏中常侍杜岑及东海傅说:"东海王恭谦好礼,以德自终。送葬之物,必须从俭。衣足以殓形便可，茅车瓦器，物减于制，以彰显其卓尔独行之志。匠作大匠留下为其起陵庙。

刘强立十八年，年三十四岁。其子靖王刘政继承之，刘政淫欲薄行。后中山简王死，刘政到中山会葬，私娶简王姬徐妃，又偷娶宫廷所出的宫女。豫州刺史、鲁相奏请诛刘政，皇帝下诏削其薛县。

刘政立四十四年后死，其子顷王刘肃继承之。永元十六年，和帝封刘肃弟弟二十一人都为列侯。刘肃性谦恭俭约，遵循恭王的法度。永初年中，因西羌未平，刘肃上钱一千万给朝廷。元初年中，又奉上万匹缣，以助国费。邓太后下诏褒纳之。

刘肃立二十三年后死，其子孝王刘臻继承之，永建二年，顺帝封刘臻的两个弟弟刘敏、刘俭为乡侯。刘臻和弟弟蒸乡侯刘俭都品行深笃。其母死后，二人都哀毁吐血，以致染红了白孝服。刘臻兄弟又追念初丧父时还都幼小，哀礼有缺，便在母丧期满后又为其父重新守丧。刘臻性敦厚有恩，常把租秩赈给诸父昆弟。国相籍褒将其行状都上报给朝廷。顺帝称美之，下诏给大将军、三公、大鸿胪说："东海王刘臻以近藩之尊，少年而袭王爵，承受多福，未知艰难，但能克己行礼，孝敬自然，侍奉亲尊尽其爱，为亲人送终竭其哀，降仪从士，侵苦三年。和睦兄弟，恤养孤弱，至孝纯备，仁义兼弘，我特别嘉美之。劝善厉俗是国家首要之事，过去东平孝王刘敞兄弟行孝，丧母遵从礼制，被增封户邑。《诗经》说：'永世克孝，念兹皇祖'。今增封刘臻五千户，增封刘俭五百户，光启土宇，以报其德。"

刘臻立三十一年后死，其子懿王刘祗继承之。初平四年，刘祗派遣其子刘琬到长安奉章，献帝封刘琬为汶阳侯，拜其为平原相。

刘祇立四十四年后死，其子刘羡继承之。建安二十年，魏受禅让，以刘羡为崇德侯。

沛献王刘辅列传

沛献王辅，建武十五年封右（冯）翊公。十七年，郭后废为中山太后，故徙辅为中山王，并食常山郡。二十年，复徙封沛王。

时禁网尚疏，诸王皆在京师，竞修名誉，争礼四方宾客。寿光侯刘鲤，更始子也，得幸于辅。鲤怨刘盆子害其父，因辅结客，报杀盆子兄故式侯恭，辅坐系诏狱，三日乃得出。自是后，诸王宾客多坐刑罚，各循法度。二十八年，就国。中元二年，封辅子宝为沛侯。永平元年，封宝弟嘉为僮侯。

辅矜严有法度，好经书，善说《京氏易》《孝经》《论语》传及图谶，作《五经论》，时号之曰《沛王通论》。在国谨节，终始如一，称为贤王。显宗敬重，数加赏赐。

立四十六年薨，子厘王定嗣。元和二年，封定弟十二人为乡侯。

定立十一年薨，子节王正嗣。元兴元年，封正弟二人为县侯。

正立十四年薨，子孝王广嗣。有固疾。安帝诏广祖母周领王家事。周明正有法礼，汉安中薨，顺帝下诏曰："沛王祖母太夫人周，秉心淑慎，导王以仁，使光禄大夫赠以妃印绶。"

广立三十五年薨，子幽王荣嗣。立二十年薨，子孝王琮嗣。薨，子恭王曜嗣。薨，子契嗣；魏受禅，以为崇德侯。

译文：

沛献王刘辅，建武十五年被封为右翊公。建武十七年，郭后被废为中山太后，所以迁徙刘辅为中山王，并食常山郡。建武二十年，又徙封其为沛王。

当时法禁还不严峻，诸王都在京师，竞相修立名誉，争着礼请四方宾客。寿光侯刘鲤是更始帝之子，被刘辅宠爱。刘鲤怨恨刘盆子害其父，便依仗刘辅交结宾客，杀掉刘盆子兄前式侯刘恭。刘辅因此被牵连送进监狱，三天后才被放出。从此以后，诸王的宾客多受刑罚，都遵循法度了。建武二十八年，刘辅回封国就任。中元二年，光武帝封刘辅之子刘宝为沛侯。永平元年，明帝封刘宝弟刘嘉为僮侯。

刘辅刚严有法度，好经书，善说《京氏易》《孝经》《论语》传及图谶，作《五经论》，当时名此书为《沛王通论》。其在国谨节，终始如一，被称为贤王。显宗孝明帝敬重他，多次对他进行赏赐。

刘辅立四十六年后死，其子厘王刘定继嗣。元和二年，章帝封刘定弟弟十二人为乡侯。

刘定立十一年后死，其子节王刘正继承之。元兴元年，和帝封刘正的两个弟弟为县侯。

刘正立十四年后死，其子孝王刘广继承之。刘广有难治之病，安帝诏刘广祖母周领王家事。周明正有礼法，汉安年中死，顺帝下诏说："沛王祖母太夫人周，持心淑慎，用仁教导沛王。令光禄大夫赠其妃印绶。"

刘广立三十五年后死，其子幽王刘荣继承之。刘荣立二十年后死，其子孝王刘琮继承之。刘琮死，其子恭王刘曜继承之。刘曜死，其子刘契继承之。魏禅代后，以其为崇德侯。

楚王刘英列传

楚王英，以建武十五年封为楚公，十七年进爵为王，二十八年就国。母许氏无宠，故英国最贫小。三十年，以临淮之取虑、须昌二县益楚国。自显宗为太子时，英常独归附太子，太子特亲爱之。及即位，数受赏赐。永平元年，特封英舅子许昌为龙舒侯。

英少时好游侠，交通宾客，晚节更喜黄老，学为浮屠斋戒祭祀。八年，诏令天下死罪皆入缣赎。英遣郎中令奉黄缣白纨三十匹诣国相曰："托在蕃辅，过恶累积，欢喜大恩，奉送缣帛，以赎愆罪。"国相以闻，诏报曰："楚王诵黄老之微言，尚浮屠之仁祠，洁斋三月，与神为誓，何嫌何疑，当有悔吝？其还赎，以助伊蒲塞桑门之盛馔。"因以班示诸国中傅。英后遂大交通方士，作金龟玉鹤，刻文字以为符瑞。

十三年，男子燕广告英与渔阳王平、颜忠等造作图书，有逆谋，事下案验。有司奏英招聚奸猾，造作图谶，擅相官秩，置诸侯王公将军二千石，大逆不道，请诛之。帝以亲亲不忍，乃废英，徙丹阳泾县，赐汤沐邑五百户。遣大鸿胪持节护送，使伎人奴婢（妓士）〔工技〕鼓吹悉从，得乘辎軿，持兵弩，行道射猎，极意自娱。男女为侯主者，食邑如故。楚太后勿上玺绶，留住楚宫。

明年，英至丹阳，自杀。立三十三年，国除。诏遣光禄大夫持节吊祠，赠赙如法，加赐列侯印绶，以诸侯礼葬于泾。遣中黄门占护其妻子。悉出楚官属无辞语者。制诏许太后曰："国家始闻楚事，幸其不然。既知审实，怀用悼灼，庶欲宥全王身，令保卒天年，而王不念顾太后，竟不自免。此天命也，无可奈何！太后其保养幼弱，勉强饮食。诸许愿王富贵，人情也。已诏有司，出其有谋者，令安田宅。"于是封燕广为折奸侯。楚狱遂至累年，其辞语相连，自京师亲戚诸侯州郡豪杰及考案吏，阿附相陷，坐死徙者以千数。

十五年，帝幸彭城，见许太后及英妻子于内殿，悲泣，感动左右。建初二年,肃宗封英子〔种〕楚侯(种),五弟皆为列侯,并不得置相臣吏人。元和三年,许太后薨,复遣光禄大夫持节吊祠,因留护丧事,赙钱五百万。又遣谒者备王官属迎英丧,改葬彭城,加王赤绶羽盖华藻,如嗣王仪,追爵,谥曰楚厉侯。章和元年,帝幸彭城,见英夫人及六子,厚加赠赐。

种后徙封六侯。卒,子度嗣。度卒,子拘嗣,传国于后。

译文:

楚王刘英,建武十五年被封为楚公。建武十七年晋爵为王。二十八年赴封国就位。其母许氏无宠,所以刘英的封国最贫小。建武三十年,光武帝把临淮的取虑、须昌二县加给楚国。显宗孝明帝为太子时,刘英常独归附他,所以太子特亲爱之。太子即位后,多次赏赐刘英。永平元年,明帝特封刘英舅之子许昌为龙舒侯。

刘英年少时好游侠,结友宾客。晚节改喜欢黄老,学习僧人斋戒祭祀之举。永平八年,明帝下诏令天下死罪皆可纳缣赎之。刘英派郎中令带着黄缣白纨三十四匹见国相说:"我托恩在藩,过错和罪恶积累很多。喜遇陛下大恩,特奉送缣帛,以赎罪过。"国相将事报给明帝。明帝下诏说:"楚王诵黄老之微言,崇尚浮屠的仁慈,洁斋三月,与神立誓,有什么嫌疑,有此悔过之词?诏还其赎,以助优婆塞沙门的盛馔。"又以之颁发给诸国中傅。刘英见此诏,便大肆交结方士,做金龟玉鹤,刻文字以为符瑞。

永平十三年,燕广告发刘英与渔阳人王平,颜忠等造作图书,有逆反之谋。明帝让下边进行案察,有司上奏刘英招聚奸猾之人,造作图谶,擅自官秩,置诸侯王公将军二千石等官,大逆不道,请诛之。明帝因其为亲,不忍行诛,便废掉刘英,徙其于丹阳泾县，赐其汤沐邑五百户。遣大鸿胪持节护送，让技人奴婢工技鼓吹全都随从。刘英可以乘辎軿车，持兵弩，行道射猎，极尽自娱之事。其儿子女儿为侯为公主的，食邑如故。楚太后不要交回玺绶，留住在楚宫。

第二年，刘英到丹阳，自杀，立三十三年。封国被废除。明帝诏遣光禄大夫持节吊唁祠祭，依法赠送丧之物，又加赐列侯印绶，以诸侯礼葬其于泾县。派中黄门守护其妻子。将楚国官属中没有牵连于谋反之狱的人全放掉。又下诏给许太后说："我刚好听说楚王谋逆反之事，还心怀侥幸，希望这不是真的。知道是确凿的事实，心里又焦灼又悲伤，希望宥全其身，令其得保终天年。但楚竟不顾念太后，最终不能自免。这是天命啊，令人无可奈何！太后要保养贵体，勉强饮食。诸许氏愿为王而富贵，这是人情。我已下诏给有关部门，放出那些为楚王出谋的许氏外家，令其安于田宅。"于是明帝封燕广为折奸侯。楚王的案件前后多年，连及的人，从京师亲戚诸侯到州郡势豪及考案之吏，被处死和流徙的人以千数。

永平十五年，明帝到彭城，在内殿见许太后及刘英的妻子儿女，悲伤哭泣，使左右都受感动。建初二年，肃宗章帝封刘英之子刘种为楚侯，刘种的五个弟弟都为列侯，都不能置相臣吏人。元和三年，许太后死，章帝遣光禄大夫持节吊唁祭祀，留其监领丧事，给助丧钱五百万。又派遣谒者备王官属迎刘英的丧柩，改葬彭城，并加给他赤绶羽盖华藻，仪仗与皇子相同，追封其爵，加谥号为楚厉侯。章和元年，章帝到彭城，见刘英夫人及其六个儿子，厚加赠赐。

刘种后来被改封为六侯。他死后，儿子刘度继嗣。刘度死，其子刘拘继承之，传国于后。

后汉书卷四十四

邓张徐张胡列传第三十四

邓彪列传

邓彪字智伯,南阳新野人,太傅禹之宗也。父邯,中兴初以功封鄳侯,仕至勃海太守。彪少励志,修孝行。父卒,让国于异母弟荆凤,显宗高其节,下诏许焉。

后仕州郡,辟公府,五迁桂阳太守。永平十七年,征入为太仆。数年,丧后母,辞疾乞身,诏以光禄大夫行服。服竟,拜奉车都尉,迁大司农。数月,代鲍昱为太尉。彪在位清白,为百僚式。视事四年,以疾乞骸骨。元和元年,赐策罢,赠钱三十万,在所以二千石奉终其身。又诏太常四时致宗庙之胙,河南尹遣丞存问,常以八月旦奉羊、酒。

和帝即位,以彪为太傅,录尚书事,赐爵关(中)〔内〕侯。永元初,窦氏专权骄纵,朝廷多有谏争,而彪在位修身而已,不能有所匡正。又尝奏免御史中丞周纡,纡前失窦氏旨,故颇以此致讥,然当时宗其礼让。及窦氏诛,以老病上还枢机职,诏赐养牛、酒而许焉。五年春,薨于位,天子亲临吊临。

译文：

邓彪字智伯，是河南新野人，太傅邓禹的宗族之人。其父邓邯，东汉初以功封为鄎侯，官至勃海太守。邓彪从小砥砺大志，培养孝行。其父死，邓彪让国于异母弟荆凤。显宗孝明帝以其志节高尚，下诏批准。

邓彪后仕于州郡，被公府征辟，五迁桂阳太守。永平十七年，又被征入朝为太仆。几年以后，邓彪因后母丧，乃告病请求归乡。明帝下诏让他以光禄大夫之职行丧服。丧服期满后，又被拜为奉车都尉，迁为大司农。几个月后，代鲍昱为太尉。邓彪在位清白，为百僚的榜样。在职四年后，因病请求归乡。元和元年，章帝下策准其罢归，赠钱三十万，以二千石奉其终身。又诏太常将四时祭祀宗庙的肉食给邓彪送去，让河南尹派丞慰问，每年八月奉送羊、酒。

和帝即位，以邓彪为太傅，录尚书事，赐其爵为关内侯。永元初年，窦氏专权骄纵，朝廷多有谏争之人，而邓彪在位只是修身而已，不能有所匡正。邓彪又曾奏免御史中丞周纡。周纡前曾不合窦氏之旨，所以邓彪颇以此招致讥议，然而当时人又推崇他的礼让之德。后来窦氏被诛，邓彪以老病乞辞枢机之职。和帝下诏赐其牛酒并许其请。永元五年春，死于位上。和帝亲临吊祭。

后汉书卷四十五

袁张韩周列传第三十五

袁闳列传

闳字夏甫，彭之孙也。少励操行，苦身修节。父贺，为彭城相。闳往省谒，变名姓，徒行无旅。既至府门，连日吏不为通，会阿母出，见闳惊，入白夫人，乃密呼见。既而辞去，贺遣车送之，闳称眩疾不肯乘，反，郡界无知者，及贺卒郡，闳兄弟迎丧，不受赙赠，缞绖扶柩，冒犯寒露，体貌枯毁，手足血流，见者莫不伤之。服阕，累征聘举召，皆不应。居处仄陋，以耕学为业。从父逢、隗并贵盛，数馈之，无所受。

闳见时方险乱，而家门富盛，常对兄弟叹曰："吾先公福祚，后世不能以德守之，而竞为骄奢，与乱世争权，此即晋之三郤矣。"延熹末，党事将作，闳遂散发绝世，欲投迹深林。以母老不宜远遁，乃筑土室，四周于庭，不为户，自牖纳饮食而已。旦于室中东向拜母。母思闳，时往就视，母去，便自掩闭，兄弟妻子莫得见也。及母殁，不为制服设位，时莫能名，或以为狂生。潜身十八年，黄巾贼起，攻没郡县，百姓惊散，闳诵经不移。贼相约语不入其闾，乡人就闳避难，皆得全免。年五十七，卒于土室。二弟忠、弘，节操皆亚于闳。

忠字正甫，与同郡范滂为友，俱证党事得释，语在《滂传》。初平中，为沛相，乘苇车到官，以清亮称。及天下大乱，忠弃官客会稽上虞。一见太守王朗徒从整饰，心嫌之，遂称病自绝。后孙策破会稽，忠等浮海南投交阯。献帝都许，征为卫尉，未到，卒。

弘字邵甫，耻其门族贵势，乃变姓名，徒步师门，不应征辟，终于家。

忠子祕，为郡门下议生。黄巾起，祕从太守赵谦击之，军败，祕与功曹封观等七人以身扞刃，皆死于陈，谦以得免。诏祕等门闾号曰"七贤"。

封观者，有志节，当举孝廉，以兄名位未显，耻先受之，遂称风疾，喑不能言。火起观屋，徐出避之，忍而不告。后数年，兄得举，观乃称损而仕郡焉。

论曰：陈平多阴谋，而知其后必废；邴吉有阴德，夏侯胜识其当封及子孙。终陈掌不侯，而邴昌绍国，虽有不类，未可致诘，其大致归然矣。袁公窦氏之间，乃情帝室，引义雅正，可谓王臣之烈。及其理楚狱，未尝鞫人于臧罪，其仁心足以覃乎后昆。子孙之盛，不亦宜乎？

译文：

袁闳，字夏甫，是袁彭的孙子。他从小磨炼自己的行为，刻苦修养节操。他父亲叫袁贺，任彭城相。袁闳去探看、拜见他父亲，他更改了自己的姓名，徒步行走，没有人陪伴。到了袁贺的府署门口，过了好几天官吏都不给他通报，适逢他的乳母出来，看到袁闳，很吃惊，就进来告诉袁贺的夫人，于是十分秘密地叫他进来相见。不久，袁闳就告辞离去，袁贺派车子来送他，他托称有眼花的疾病，不肯坐车。他回来了，郡中没有人知道这件事。到袁贺在郡中去世时，袁闳兄弟来迎接灵柩，不接受别人的馈赠，穿着丧服，扶着灵柩，冒着寒冷的露水，身体十分消瘦，手和脚都出了血，看见的人无不感到悲伤。守丧期满后，几次征召、聘请、举荐，他都不肯接受。他处的地方非常简陋，以耕种、学习为业。他的叔父袁逢、袁隗都很显贵，几次来送他东西，他都不接受。

袁闳看到当时正值危险、纷乱之际，而自己一家族的人却十分富有、兴旺，就常常对兄弟们叹息说："我们先祖传下来的幸福，后代的人没能够用德来守护它，却竞相骄纵、奢侈，和纷乱的社会争夺权力，这就和晋国的三郤一样了。延熹末年，党锢之祸将要发生，袁闳就披散开头发，断绝和人们的交往，想要进入深林中隐居。因为他母亲年纪大，他不应该远远地隐居，就建造了一座土房，四面环绕着庭子，不开设门口，从窗户中接受饮食。早上，他就在房中向东叩拜母亲。他母亲想念他，就经常去探看他，母亲一离去，他就关起窗户，兄弟、妻子、孩子都无法相见。到母亲去世时，袁闳不穿丧服，设立牌位祭祀。当时的人们不知如何评价他，有的认为他是不拘小节的人。他就这样隐居了十八年，黄巾军队发起后，攻占了郡县，老百姓惊慌逃散，袁闳还是诵读经书，不为所动。黄巾军队相互约定不进入他的里巷，乡里人就到袁闳那儿避难，都免遭祸害。袁闳五十七岁时，在土房里去世。他的两个弟弟袁忠、袁弘，他们的节操都比不上袁闳。

袁忠，字正甫，和同郡人范滂结为朋友，一同为党锢之事而争谏，最后被释放，记载在《范滂传》里。初平年间，袁忠任沛相,坐着简陋无装饰的车子去到任,以清正、诚信而闻名。到全国大乱的时候,袁忠抛弃官职,在会稽郡上虞县客居。有一次,他看见太守王郎的随从都穿着非常整齐、漂亮的衣服,心里十分厌恶,就托称有病,而不和人们来往。后来孙策攻下了会稽,袁忠等人就乘船从海上向南投奔到交阯。献帝定都在许昌,征召袁忠任卫尉,他还未来到,就去世了。

袁弘,字邵甫,因为自己家族人有权有势,觉得羞耻,于是更换姓名,徒步去求学,不接受征召,最后在家里去世。

袁忠的儿子叫袁祕,任郡中门下议生。黄巾军队起来后,袁祕跟随太守赵谦去攻打,结果遭失败,袁祕和功曹封观等七人用身体来抵挡刀刃,都在阵中战死,赵谦因而得以逃生。皇上下诏赐封袁祕等人的门闾号称"七贤"。

封观,为人有志气、节操,应当被推举为孝廉,他因为哥哥的名声、职位还没得到显扬,不想先接受举荐,就托称有风邪病,说不出话。封观的住处发生火灾,他慢慢地逃出来,忍受着痛苦而不告诉别人。过了几年,他哥哥被举荐了,封观才说出自己的损失,而在郡中做官。

史家论曰:从陈平有很多阴谋看,就知道他的后代必然会被废弃;从邴吉具有阴德看,夏侯胜就认识到他的封侯会延及子孙。结果陈平的曾孙陈掌最终没能封侯,而邴吉的孙子邴昌却能够继承封国。这样比虽然有些不同,也没有什么可以斥责的,但其道理大致上是一致的。袁安公与窦氏之间,竭情于帝室,伸张正义,正直不移,可算得上是建立了王臣的功业。当他治理楚王案件时,不曾以贪赃之罪审讯人。他的仁慈之心就是以延及子孙。他的子孙兴盛,不也是应该的吗?

张酺列传

张酺字孟侯,汝南细阳人,赵王张敖之后也。敖子寿,封细阳之池阳乡,后废,因家焉。

酺少从祖父充受《尚书》,能传其业,又事太常桓荣。勤力不怠,聚徒以百数。永平九年,显宗为四姓小侯开学于南宫,置《五经》师。酺以《尚书》教授,数讲于御前,以论难当意,除为郎,赐车马衣裳,遂令入授皇太子。

酺为人质直,守经义,每侍讲间隙,数有匡正之辞,以严见惮。及肃宗即位,擢酺为侍中、虎贲中郎将。数月,出为东郡太守。酺自以尝经亲近,未悟见出,意不自得,上疏辞曰:"臣愚以经术给事左右,少不更职,不晓文法,猥当剖符典郡,班政千里,必有负恩辱位之咎。臣窃私自分,殊不虑出城阙,冀蒙留恩,托备冗官,群僚所不安,耳目所闻见,不敢避好丑。"诏报曰:"经云:'身虽在外,乃心不离王室。'典城临民,益所以报效也,好丑必上,不在远近。今赐装钱三十万,其亟之官。"酺虽儒者,而性刚断。下车擢用义勇,搏击豪强。长吏有杀盗徒者,酺辄案之,以为令长受臧,犹不至死,盗徒皆饥寒佣保,何足穷其法乎!

郡吏王青者,祖父翁,与前太守翟义起兵攻王莽,及义败,余众悉降,翁独守节力战,莽遂燔烧之。父隆,建武初为都尉功曹,青为小吏。与父俱从都尉行县,道遇贼,隆以身卫全都尉,遂死于难;青亦被矢贯咽,音声流喝。前郡守以青身有金夷,竟不能举。酺见之,叹息曰:"岂有一门忠义而爵赏不及乎?"遂擢用极右曹,乃上疏荐青三世死节,宜蒙显异。奏下三公,由此为司空所辟。

自酺出后，帝每见诸王师傅，常言："张酺前入侍讲，屡有谏正，阌阌恻恻，出于诚心，可谓有史鱼之风矣。"元和二年，东巡狩，幸东郡，引酺及门生并郡县掾史并会庭中。帝先备弟子之仪，使酺讲《尚书》一篇，然后修君臣之礼。赏赐殊特，莫不沾洽。

酺视事十五年，和帝初，迁魏郡太守。郡人郑据时为司隶校尉，奏免执金吾窦景。景后复位，遣掾夏猛私谢酺曰："郑据小人，为所侵冤。闻其儿为吏，放纵狼藉。取是曹子一人，足以惊百。"酺大怒，即收猛系狱，檄言执金吾府，疑猛与据子不平，矫称卿意，以报私仇。会有赎罪令，猛乃得出。顷之，征入为河南尹。窦景家人复击伤市卒，吏捕得之，景怒，遣缇骑侯海等五百人殴伤市丞。酺部吏杨章等穷究，正海罪，徙朔方。景忿怨，乃移书辟章等六人为执金吾吏，欲因报之。章等惶恐，入白酺，愿自引臧罪，以辞景命。酺即上言其状。窦太后诏报："自今执金吾辟吏，皆勿遣。"

及窦氏败，酺乃上疏曰："臣实愚蠢，不及大体，以为窦氏虽伏厥辜，而罪刑未著，后世不见其事，但闻其诛，非所以垂示国典，贻之将来。宜下理官，与天下平之。方宪等宠贵，群臣阿附唯恐不及，皆言宪受顾命之托，怀伊、吕之忠，至乃复比邓夫人于文母。今严威既行，皆言当死，不复顾其前后，考折厥衷。臣伏见夏阳侯瑰，每存忠善，前与臣言，常有尽节之心，检敕宾客，未尝犯法。臣闻王政骨肉之刑，有三宥之义，过厚不过薄。今议者为瑰选严能相，恐其迫切，必不完免，宜裁加贷宥，以崇厚德。"和帝感酺言，徙瑰封，就国而已。

永元五年，迁酺为太仆。数月，代尹睦为太尉。数上疏以疾乞身，荐魏郡太守徐防自代。帝不许，使中黄门问病，加以珍差,赐钱三十万。酺遂称笃。时子蕃以郎侍讲,帝因令小黄门敕蕃曰:"阴阳不和,万人失所,朝廷望公思惟得失,与国同心,而托病自洁,求去重任,谁当与吾同忧责者?非有望于断金也。司徒固疾,司空年老,公其伛偻,勿露所敕。"酺皇恐诣阙谢,还复视事。酺虽在公位,而父常居田里,酺每有迁职,辄一诣京师。尝来候酺,适会岁节,公卿罢朝,俱诣酺府奉酒上寿,极欢卒日,众人皆庆羡之。

及父卒,既葬,诏遣使赍牛、酒为释服。

后以事与司隶校尉晏称会于朝堂,酺从容谓称曰:"三府辟吏,多非其人。"称归,即奏令三府各实其掾史。酺本以私言,不意称奏之,甚怀恨。会复共谢阙下,酺因责让于称,称辞语不顺,酺怒,遂廷叱之,称乃劾奏酺有怨言。天子以酺先帝师,有诏公卿、博士、朝臣会议。司徒吕盖奏酺位居三司,知公门有仪,不屏气鞠躬以须诏命,反作色大言,怨让使臣,不可以示四远。于是策免。

酺归里舍,谢遣诸生,闭门不通宾客。左中郎将何敞及言事者多讼酺公忠,帝亦雅重之。十(五)〔六〕年,复拜为光禄勋。数月,代鲁恭为司徒。月余薨。乘舆缟素临吊,赐冢茔地,赗赠恩宠异于它相。酺病临危,敕其子曰:"显节陵扫地露祭,欲率天下以俭。吾为三公,既不能宣扬王化,令吏人从制,岂可不务节约乎?其无起祠堂,可作槁盖庑,施祭其下而已。"

曾孙济,好儒学,光和中至司空,病罢。及卒,灵帝以旧恩赠车骑将军、关内侯印绶。其年,追济侍讲有劳,封子根为蔡阳乡侯。

济弟喜,初平中为司空。

译文：

张酺，字孟侯，汝南细阳人，是赵王张敖的后代。张敖的儿子叫张寿，被封在细阳的池阳乡，后来封号被罢免，于是就居住在这里。

张酺在少年时跟随着祖父张充学习《尚书》，能够继承他的学问。后来他又侍奉太常桓荣。他读书、讲学十分用功，聚集有几百名学生在他门下。永平九年，显宗为外戚樊、郭、阴、马四姓的子弟在南宫开设学舍，设置讲授《五经》的老师。张酺作为《尚书》的教授，几次在宫殿上讲授。因为他辩论诘难很合皇上的心意，所以被提升为郎，赐给他车子、马匹和衣服，于是还让他进宫教授皇太子。

张酺为人朴实、正直，恪守经义，常常用在给皇帝讲授的间隙，对皇上进行劝谏，严厉得使人害怕。到肃宗登上皇位后，提升张酺为侍中、虎贲中郎将。几个月之后，他离开京城出任东郡太守。张酺自认为曾经和皇上、皇太子很亲近、密切，不理解为什么要让他到外地去做官，因而心里很不高兴。他上奏疏推辞说："我愚蠢地凭借讲解经义来侍奉您，自己年纪小不懂做官，不熟悉法令制度，因而出外任职，主管一个郡的事情，在千里之外的地方颁布政令，我一定会辜负您的栽培，有辱自己的职位。我暗地里自己考虑，根本就没有打算离开朝廷，希望您能开恩留下我，让我权且充当一名闲散多余的官员，大臣们所不满意的事情，只要我听到、看到，我就会不避讳事情的善恶，一定向您报告。"皇上下诏回复他说："《尚书》中说：'身体虽然在外地，但是心不离开王室、朝廷。'主管城郡，治理人民，那更是对朝廷的报效。敢于进谏、汇报，不在乎是离朝廷远或近。现在赐给你办理行装的费用三十万，望你马上去到任。"张酺虽然是个儒生,但是性情刚烈、果断。他刚上任,就选用兵勇,打击地方的豪强。有位长吏杀了盗贼,张酺马上查办这件事。他认为令长接受贿赂,还不至于被处死,那些盗贼都是贫寒的雇工,怎么值得这样严酷法办呢!

郡中有位小吏叫王青,他的祖父叫王翁,曾经和以前的太守翟义一起发动军队攻打王莽,等到翟义失败时,其他的军队都投降了,只有王翁独自坚守节操,奋力战斗,于是王莽放火烧杀了他。王青的父亲叫王隆,在建武初年曾任都尉功曹,王青任小史。他和父亲一起跟随都尉在县里巡行,路上遇上了贼兵,王隆用身体保护着都尉,不幸而被杀害。王青也被箭射穿了咽喉,声音变得低小、嘶哑。前任的郡太守因为王青身体有伤,最终也没有提升他。张酺看见他,叹息说:"难道有一家人都很忠义而受不到封赏的吗?"于是提升他为极右曹,并且上疏推荐王青,认为他一家三代有舍身的节操,应该受到特别的封赏。奏疏传达下让三公执行,于是王青被司空征召做官。

自从张酺离开京城之后,皇帝每次召见国王们的老师,就常常说:"张酺以前进官来讲授经书,经常会讲谏,忠心耿耿,完全是出于真心,可以说是有卫国大夫史鱼那样忠诚正直的遗风。"元和二年,皇帝到东边去巡视,来到东郡,把张酺和他的门生,以及郡县的掾史一起召集到厅堂中。皇帝首先行了作弟子的礼仪,让张酺讲授《尚书》的一篇,然后才行君臣的礼仪。皇上对他赏赐十分丰厚,所有的人也都沾了光。

张酺当了十五年的东郡太守,到和帝初年,改任魏郡太守。郡中有位叫郑据的人,当时任司隶校尉,他上奏弹劾罢免了执金吾窦景。窦景后来恢复了职位,派属官夏猛暗中告诉张酺说:"郑据是个小人,我被他冤枉过。听说他的儿子当小史,十分放纵、败坏。我能够捉住他一个儿子，就足以震惊他们。"张酺十分愤怒，马上把夏猛抓起来困在监狱里，并向执金吾那里报告说，他怀疑夏猛和郑据的儿子有仇，却假称是执金吾的意思，来报复自己的私仇。适逢有可以赎罪的法令下来，夏猛才被救出来。过不了多久，张酺被征召进京城担任了河南尹。窦景的家人又打伤了城市的守门人，被官吏捉住了。窦景很生气，派缇骑侯海等五百人去打伤了市丞。张酺的部吏杨章等人对这事进行深入追查，判定了侯海的罪状，把他流放到朔方。窦景又生气又怨恨，于是写信去征召杨章等六人任执金吾吏，想因此来报复他们。杨章等人惶恐不安，进去告诉张酺，请求自己引退来逃避，以拒绝窦景的任命。张酺马上上书说明情况。窦太后下诏答复说："从现在起，执金吾征召官吏，都不要派遣。"

到外戚窦氏衰落之后，于是张酺上奏疏说："我确实愚笨，看不清事情的大体。我认为，窦宪虽然被判了罪处死了，但他的罪名却不是很清楚，后代的人不知道事情的原委，只听说他被处死，这不是明白地展示国家的典章制度而传播给将来的事情。应该把他的罪状交给法官和国内的人民一起来评定。在窦宪等人正当宠贵的时候，大臣们争先恐后来阿谀、依附他，都说他受过先皇临终时的遗命的托付，心怀伊尹、吕望这样的忠诚，甚至于又把邓夫人和文王的妻子相提并论。现在对他们已经进行严厉的处罚，大臣们又都说应该处死，不再考虑前后自己的行为是否一致，是否有损自己的本心。我恭敬地发现夏阳侯窦瑰这个人，他常常怀有忠诚、善良之心，以前和我谈话，经常表露出有为守节义而死的决心，对宾客加以约束、告诫，所以他们都没有犯过法。我听说先王在对待执行肉刑时，有宽恕三次的说法，责备犯罪严重的，不责备罪轻的。现在有的议论的人为夏阳侯窦瑰选举了严明而有才能的国相来督察他,恐怕在国相逼迫下,窦瑰一定无法逃避罪责。因此应该对他加以宽恕,来尊崇有高尚道德的人。"和帝被张酺的话所感动,改换了夏阳侯窦瑰的封国,让他到封国去罢了。

永元五年,提升张酺为太仆。几个月后,代替尹睦任太尉。张酺几次上奏疏,因为有病请求离职,推荐魏郡太守徐防来代替自己。和帝没有允许,派中黄门去问候他的病情,送给他美味的食品,赐给他三十万钱。于是,张酺说自己病情严重了。当时他的儿子张蕃以郎官的身份在宫廷里给皇帝讲学,于是和帝派小黄门命令张蕃说:"现在阴阳不和谐,老百姓很多流离失所,朝廷盼望您能出谋划策,和国家同舟共济,可是您却托称患病,洁身自保,要求离弃重要的职位,谁应当和我同忧患,共同承担责任呢?您这样做,不是我所希望的那样同心协力。司徒刘方有着积久难治的病,司空张奋年纪已大,您应当恭敬从命,不要违背我的告诫。"张酺十分害怕,马上到宫中谢罪,回来后继续履行自己的职责。张酺虽然官居公这样的高位,但他父亲还常常住在乡下。张酺每次要调职离任,他就来一趟京城。有一次,他来看望张酺,碰巧是年节的时候,公卿大臣朝见回来,都到张酺的府上,捧着酒向他的父亲祝寿。整整热闹了一天,大家都庆贺、羡慕他。

他父亲去世时,埋葬了之后,皇上下诏派人在解除丧服时送来牛和酒。

后来,张酺因为有事和司隶校尉晏称在朝堂见面,他不慌不忙地对晏称说:"太尉、司空、司徒三个府署征召的官吏,大多不是合适的人选。"晏称回去之后,马上上奏疏要求这三个府署各自核实他们的掾史。张酺本来是私底下说的,没想到晏称会把这件事上奏，因而心里十分怨恨他。后来，适逢他们又在宫阙之下相互道别，于是张酺责怪晏称。晏称说话不太符合张酺的心意，张酺更生气，就在宫廷上大声呵斥他。于是，晏称上奏疏弹劾张酺有怨愤的言论。皇上因为张酺是先皇的老师，就召集公卿、博士、朝廷的大臣一起商量这件事。司徒吕盖上奏说张酺处于三公这样的官位，知道宫廷上是有一定礼仪的，没有屏住呼吸、鞠躬着身子来等待诏书命令，反而变色发怒、口吐狂言，埋怨、责怪司隶校尉，这样是不可以给四方边远的人看的。于是免掉了他的官职。

张酺回到乡下后，辞谢并遣散了他的学生们，关起门来，不和宾客朋友交往。左中郎将何敞和那些向皇上进谏或谈论政事的人，大都为张酺的公正、忠心而争辩，皇上也十分敬重他。永元十六年，又任命张酺为光禄勋。几个月之后，他代替鲁恭为司徒。一个多月后，张酺去世。皇上乘着车子，穿着白色的丧服来凭吊他，赏赐给他墓地，所赏赐的其他东西也十分丰厚，这种待遇优于其他的相官。张酺病危的时候，告诫他的儿子说："明帝的显节陵不盖寝庙，只是清扫地面，在露天下举行祭祀，这是想给天下人作个节俭的榜样。我作为三公中的一员，既不能够宣扬君王的德化，又不能使官吏们遵守制度，我怎么可以不追求节约呢？希望你不要在我的墓地上盖祠堂，可以用禾秆盖一间屋子，在下面举行祭祀罢了。"

张酺的曾孙叫张济，喜欢儒家学说，在光和年间当上了司空，后来因为有病而被罢免。张济死后，灵帝追念旧恩，赏赐给他车骑将军、关内侯的权印。那一年，灵帝追念张济给皇上讲学有功劳，封他的儿子张根为蔡阳乡侯。

张济的弟弟张喜，在初平年间任司空。

韩棱列传

韩棱字伯师,颍川舞阳人,弓高侯𬯎当之后也。世为乡里著姓。父寻,建武中为陇西太守。

棱四岁而孤,养母弟以孝友称。及壮,推先父余财数百万与从昆弟,乡里益高之。初为郡功曹,太守葛兴中风,病不能听政,棱阴代兴视事,出入二年,令无违者。兴子尝发教欲署吏,棱拒执不从,因令怨者章之。事下案验,吏以棱掩蔽兴病,专典郡职,遂致禁锢。显宗知其忠,后诏特原之。由是征辟,五迁为尚书令,与仆射郅寿、尚书陈宠,同时俱以才能称。肃宗尝赐诸尚书剑,唯此三人特以宝剑,自手署其名曰:"韩棱楚龙渊,郅寿蜀汉文,陈宠济南椎成。"时论者为之说:以棱渊深有谋,故得龙渊;寿明达有文章,故得汉文;宠敦朴,善不见外,故得椎成。

和帝即位,侍中窦宪使人刺杀齐殇王子都乡侯畅于上东门,有司畏宪,咸委疑于畅兄弟。诏遣侍御史之齐案其事。棱上疏以为贼在京师,不宜舍近问远,恐为奸臣所笑。窦太后怒,以切责棱,棱固执其议。及事发,果如所言。宪惶恐,白太后求出击北匈奴以赎罪。棱复上疏谏,太后不从。及宪有功,还为大将军,威震天下,复出屯武威。会帝西祠园陵,诏宪与车驾会长安。及宪至,尚书以下议欲拜之,伏称万岁。棱正色曰:"夫上交不谄,下交不黩,礼无人臣称万岁之制。"议者皆惭而止。尚书左丞王龙私奏记上牛、酒于宪,棱举奏龙,论为城旦。棱在朝数荐举良吏应顺、吕章、周纡等,皆有名当时。及窦氏败,棱典案其事,深竟党与,数月不休沐。帝以为忧国忘家,赐布三百匹。

迁南阳太守,特听棱得过家上冢,乡里以为荣。棱发擿奸盗，郡中震栗，政号严平。数岁，征入为太仆。九年冬，代张奋为司空。明年薨。

子辅，安帝时至赵相。

棱孙演，顺帝时为丹阳太守，政有能名。桓帝时为司徒。大将军梁冀被诛，演坐阿党抵罪，以减死论，遣归本郡。后复征拜司隶校尉。

译文：

韩棱，字伯师，颍川舞阳人，是弓高侯韩𬯎的后代。他家世代都是当地有显著名声的世家。他父亲叫韩寻，在建武年间任陇西太守。

韩棱在四岁的时候就失去了父亲，对待他的母亲、弟弟以孝敬、友爱闻名。他长大之后，把他父亲留下来的几百万钱财送给了堂弟，乡里的人们更加尊敬他。早先，他任郡功曹时，太守葛兴患了中风病，不能够主持政务，韩棱暗中代替葛兴办理事情，这两年时间，他的命令都没有人违反。葛兴的儿子曾经发布文告，想任用官吏，韩棱坚决拒绝不听从，于是他让有怨愤的人上书告状。后来追查这件事情，官吏因为韩棱隐瞒葛兴的病情，自己擅自执掌太守的职权，于是被判处禁锢终身。显宗知道韩棱的忠心，所以后来下诏特别赦免了他。韩棱因此而受到征召，五次升迁后，当上了尚书令。他和仆射郅寿、尚书陈宠，在当时都以有才能而闻名。肃宗曾经赏赐给各位尚书一把剑，只有这三个人被特别赏赐给宝剑，并亲自用手写上他们的名字："韩棱楚龙渊，郅寿蜀汉文，陈宠济南椎成。"当时议论的人对此解释说：因为韩棱城府很深，有谋略，所以得到龙渊剑；郅寿明见卓识，有文采，所以得到汉文剑；陈宠淳朴敦厚，不善于表现自己的美好，所以得到椎成剑。

和帝登上皇位后，侍中窦宪派人在上东门刺杀了齐殇王的儿子都乡侯刘畅，有关官吏害怕窦宪，就全都怀疑是刘畅的兄弟干的。和帝下诏派侍御史到齐国去查实这件事。韩棱上奏疏，认为杀人犯就在京城，不应该舍近求远，恐怕会受到那些奸臣的耻笑。窦太后看了奏疏很生气，严厉地指责韩棱，但韩棱仍旧坚持自己的意见。窦宪十分惶恐，禀告窦太后，请求派自己出兵攻打匈奴来赎罪。韩棱又上奏疏进行劝谏，窦太后没有听从。等窦宪进击匈奴立了功劳后，又回来任大将军，他的声威震动天下。后来，窦宪又离开京城在武威驻扎屯守。适逢和帝到西边去祭祀先帝的陵墓，下诏让窦宪到长安来见皇上。窦宪来到之后，尚书以下的官员商量想去拜见他，恭敬地称他万岁。韩棱正颜厉色地说："同在上位的人交往不应该奉承，同在下位的人交往不应该轻慢。仪礼中没有向大臣称万岁的规定。"那些商量的人都感到羞愧，就作罢了。尚书左丞王龙暗中准备给窦宪送上牛和酒，韩棱上奏检举了王龙，于是判以了王龙"城旦"罪。韩棱在朝廷上几次推荐优秀的官吏应顺、吕章、周纡等人，这些人在当时都很有名声。等到窦氏失势的时候，韩棱主持追查这件事，非常深入地追究那些同党，几个月时间都没有休假。皇上因为他为国家担忧而忘了家庭，赏赐给他三百匹布。

后来，韩棱升任南阳太守，皇上特别批准韩棱可以回家探看，祭祀祖先，乡里人都觉得很荣耀。韩棱在郡中揭发检举奸人盗贼，全郡都受到震惊，政治趋向严肃、安宁。几年之后，被征召入京城，任太仆。和帝九年冬天，韩棱代替张奋担任司空。第二年，他去世。

韩棱的儿子叫韩辅，在安帝时担任赵相。

韩棱的孙子叫韩演，顺帝的时候担任丹阳太守，在政治上享有才能的名声。他在桓帝时任司徒。大将军梁冀被诛杀后，韩演因为徇私挠法而被判罪，按减免死罪来判他，让他回本郡。后来，他又被征召任命为司隶校尉。

周荣列传

周荣字平孙，庐江舒人也。肃宗时，举明经，辟司徒袁安府。安数与论议，甚器之。及安举奏窦景及与窦宪争立北单于事，皆荣所具草。窦氏客太尉掾徐齮深恶之，胁荣曰："子为袁公腹心之谋，排奏窦氏，窦氏悍士刺客满城中，谨备之矣！"荣曰："荣江淮孤生，蒙先帝大恩，以历宰二城。今复得备宰士，纵为窦氏所害，诚所甘心。"故常敕妻子，若卒遇飞祸，无得殡敛，冀以区区腐身觉悟朝廷。及窦氏败，荣由此显名。自郾令擢为尚书令。出为颍川太守，坐法，当下狱，和帝思荣忠节，左转共令。岁余，复以为山阳太守。所历郡县，皆见称纪。以老病乞身，卒于家，诏特赐钱二十万，除子男兴为郎中。

兴少有名誉，永宁中，尚书陈忠上疏荐兴曰："臣伏惟古者帝王有所号令，言必弘雅，辞必温丽，垂于后世，列于典经。故仲尼嘉唐、虞之文章，从周室之郁郁。臣窃见光禄郎周兴，孝友之行，著于闺门，清厉之志，闻于州里。蕴棱古今，博物多闻，《三坟》之篇，《五典》之策，无所不览。属文著辞，有可观采。尚书出纳帝命，为王喉舌。臣等既愚暗，而诸郎多文俗吏，鲜有雅才，每为诏文，宣示内外，转相求请，或以不能而专己自由，辞多鄙固。兴抱奇怀能，随辈栖迟，诚可叹惜。"诏乃拜兴为尚书郎。卒。兴子景。

译文：

周荣，字平孙，庐江舒县人。在肃宗的时候，因为明经而被举荐，征召进了司徒袁安的府署。袁安和他谈论过好几次，十分器重他。至于袁安上奏疏检举窦景以及和窦宪争着立北单于的事情，都是周荣所起草的。窦氏的宾客太尉掾徐齮十分恨周荣，就威胁他说："你作为袁公的心腹为他出谋划策，上奏排挤窦氏，窦氏手下凶暴的人和刺客布满了城中，你要好好地防备。"周荣说："我是长江、淮河间的孤儿，蒙受先帝的大恩，得以分别主管过两座城。现在又能够充任司徒府的宰士，纵然被窦氏所杀害，那确实也甘心。"所以他常常告诫他的老婆和孩子，如果自己突然遇上飞来的横祸而死去，就不要将我的尸体收敛埋葬，希望用我这区区腐烂的尸身来警醒朝廷。到窦氏失败之后，周荣因此而闻名。后来，他从郾令被提升为尚书令。他离开京城去任颍川太守，因为犯法，应当发落到牢狱中治罪，和帝考虑周荣忠心、有气节，把他降职调任其县的县令。一年多之后，又任命他为山阳太守。他所治理过的郡县，都受到称颂。周荣因为年老有病，请求离职。后来，他在家里去世。皇上特地下诏赏赐给他二十万钱，任命他的儿子周兴为郎中。

周兴少年时就很有名声。在永宁年间，尚书陈忠上奏疏举荐周兴说："我恭敬地考虑，古代帝王所颁布的号令，语言一定要很规范，用词一定很温厚、漂亮，才能够流传于后世，被列入经典里。所以孔子称赞唐尧、虞舜的文采，追随周代的文采烂漫。我私自发现光禄郎周兴，他讲求孝敬、友爱的品行，闻名于闺门；他耿介有骨气的心志，在州郡乡里都很出名。他含藏古今，博览万物，广见闻。《三坟》《五典》这些书，他无所不看。他写的文章，很值得欣赏、采纳。尚书是主管把帝王诏命向下宣告和把下面意见向帝王报告的,是作为帝王的喉舌。我们臣下既愚蠢昏暗,而那些郎官又大多是平庸而安于习俗的官吏,很少有高尚的才能,每当起草诏书向内、外发布的时候,就转相请求帮忙,有的人因为无法请人帮忙,就一味按己意进行撰写,所以用词多有鄙陋。周兴有着卓越的才能,却和那些平庸的人在一起,实在是很可惜。"于是下诏任命周兴为尚书郎。后来,周兴去世。他的儿子叫周景。

周景列传

景子仲飨。辟大将军梁冀府,稍迁豫州刺史、河内太守。好贤爱士,其拔才荐善,常恐不及。每至岁时,延请举吏入上后堂,与共宴会,如此数四,乃遣之。赠送什物,无不充备。既而选其父兄子弟,事相优异。常称曰:"臣子同贵,若之何不厚!"先是司徒韩演在河内,志在无私,举吏当行,一辞而已,恩亦不及其家。曰:"我举若可矣,岂可令遍积一门!"故当时论者议此二人。

景后征入为将作大匠。及梁冀诛,景以故吏免官禁锢。朝廷以景素著忠正,顷之,复引拜尚书令。迁太仆、卫尉。六年,代刘宠为司空。是时宦官任人及子弟充塞列位。景初视事,与太尉杨秉举奏诸奸猾,自将军牧守以下,免者五十余人。遂连及中常侍防东侯览、东武阳侯具瑗,皆坐黜。朝廷莫不称之。视事二年,以地震策免。岁余,复代陈蕃为太尉。建宁元年薨。以豫议定策立灵帝,追封安阳乡侯。

长子崇嗣,至甘陵相。

中子忠,少历列位,累迁大司农。忠子晖,前为洛阳令,去官归。兄弟好宾客,雄江淮间,出入从车常百余乘。及帝崩,晖闻京师不安,来候忠,董卓闻而恶之,使兵劫杀其兄弟。忠后代皇甫嵩为太尉,录尚书事,以灾异免。复为卫尉,从献帝东归洛阳。

赞曰:袁公持重,诚单所奉。惟德不忘,延世承宠。孟侯经博,侍言帝幕。棱、荣事君,志同鹡雀。

译文:

周景,字仲飨。他被征召进入大将军梁冀的府署,后来逐渐升为豫州刺史、河内太守。周景喜欢有才能的人,他选拔人才,推荐好人,经常迫不及待。每逢一年中选举的时候,他就延请被举荐的官吏进入他的后堂,和他们一起饮酒。这样进行四次后,才送他们走。他给他们赠送东西,都是非常充足。后来还选拔他们的父亲、兄弟和弟子,对待他们也十分优厚。周景常常声称说:"大臣和老百姓是相连在一起的,为什么不厚待他们呢!"以前,司徒韩演在河内,他立志要无私,所以被举荐的官吏要出发时,只是跟他作一次告别,也不对他们家庭赏赐恩惠。他说:"我推举你一人就可以了,怎么可以遍及全家呢!"所以当时议论的人对这两个人经常发生争论。

周景后来被征召进入京城担任将作大匠。到梁冀被诛杀的时候,周景因为是梁冀的旧属官吏,所以被罢免了官职,遭受禁锢。朝廷因为周景一直都以忠心、正直闻名,过了没多久,又召回来任命为尚书令。后来升为太仆、卫尉。桓帝六年,周景代替刘宠任司空。那时,宦官、佞人和他们的子弟充塞着朝廷中各种官位。周景开始主管事情的时候,就和太尉杨秉上奏疏检举了那些奸猾的官吏,从将军、太守以下,一共免除了五十多人的官职。于是,还连及中常侍防东人侯览、东武阳侯具瑗他们,都被黜免了。朝廷中的大臣无不称赞他。周景任司空主管两年之后，因为地震而被皇上罢免。一年多之后，又代替陈蕃任太尉。建宁元年，周景去世。因为他参加了商议决定策立灵帝，所以追封他为安阳乡侯。

他的长子周崇继袭。周崇做官到了甘陵相。

他的次子叫周忠，从少年起历任过许多官职，一直升任到大司农。周忠的儿子叫周晖，以前曾任洛阳令，后来离弃官职回家。周晖兄弟喜欢宾客，在江淮一带称雄，出入时跟随的车子经常有一百多辆。到灵帝去世后，周晖听说京城很不安宁，就来看望周忠。董卓听说了，很憎恨他，就派军队去劫持杀害了他们兄弟。周忠后来代替皇甫嵩任太尉，主管尚书的事情，后来因为灾变而被罢免。后来，他又任卫尉，跟随献帝向东回到洛阳。

史家赞曰：袁安为人稳重，确实是做到了鞠躬尽瘁。因为他的德不被遗忘，所以他的后代一直受到皇上的恩宠。张酺博通经书，在宫廷里给皇上讲学。韩棱、周荣侍奉君主，对那些对国君无礼的人，十分憎恨，就像鹰鹯追赶鸟雀一样。

后汉书卷四十七

班梁列传第三十七

班超列传

班超字仲升,扶风平陵人,徐令彪之少子也。为人有大志,不修细节。然内孝谨,居家常执勤苦,不耻劳辱。有口辩,而涉猎书传。永平五年,兄固被召诣校书郎,超与母随至洛阳。家贫,常为官佣书以供养。久劳苦,尝辍业投笔叹曰:"大丈夫无它志略,犹当效傅介子、张骞立功异域,以取封侯,安能久事笔研间乎?"左右皆笑之。超曰:"小子安知壮士志哉!"其后行诣相者,曰:"祭酒,布衣诸生耳,而当封侯万里之外。"超问其状。相者指曰:"生燕颔虎颈,飞而食肉,此万里侯相也。"久之,显宗问固:"卿弟安在?"固对:"为官写书,受直以养老母。"帝乃除超为兰台令史。后坐事免官。

十六年,奉车都尉窦固出击匈奴,以超为假司马,将兵别击伊吾,战于蒲类海,多斩首虏而还。固以为能,遣与从事郭恂俱使西域。

超到鄯善,鄯善王广奉超礼敬甚备,后忽更疏懈。超谓其官属曰:"宁觉广礼意薄乎?此必有北虏使来,狐疑未知所从故也。明者睹未萌，况已著邪？"乃召侍胡诈之曰："匈奴使来数日，今安在乎？"侍胡惶恐，具服其状。超乃闭侍胡，悉会其吏士三十六人，与共饮，酒酣，因激怒之曰："卿曹与我俱在绝域，欲立大功，以求富贵。今虏使到裁数日，而王广礼敬即废；如令鄯善收吾属送匈奴，骸骨长为豺狼食矣。为之奈何？"官属皆曰："今在危亡之地，死生从司马。"超曰："不入虎穴，不得虎子。当今之计，独有因夜以火攻虏，使彼不知我多少，必大震怖，可殄尽也。灭此虏，则鄯善破胆，功成事立矣。"众曰："当与从事议之。"超怒曰："吉凶决于今日。从事文俗吏，闻此必恐而谋泄，死无所名，非壮士也！"众曰："善。"初夜，遂将吏士往奔虏营。会天大风，超令十人持鼓藏虏舍后，约曰："见火然，皆当鸣鼓大呼。"余人悉持兵弩夹门而伏。超乃顺风纵火，前后鼓噪。虏众惊乱，超手格杀三人，吏兵斩其使及从士三十余级，余众百许人悉烧死。明日乃还告郭恂，恂大惊，既而色动。超知其意，举手曰："掾虽不行，班超何心独擅之乎？"恂乃悦。超于是召鄯善王广，以虏使首示之，一国震怖。超晓告抚慰，遂纳子为质。还奏于窦固，固大喜，具上超功效，并求更选使使西域，帝壮超节，诏固曰："吏如班超，何故不遣而更选乎？今以超为军司马，令遂前功。"超复受使，固欲益其兵，超曰："愿将本所从三十余人足矣。如有不虞，多益为累。"

是时，于窴王广德新攻破莎车，遂雄张南道，而匈奴遣使监护其国，超既西，先至于窴。广德礼意甚疏。且其俗信巫。巫言："神怒何故欲向汉？汉使有騧马，急求取以祠我。"广德乃遣使就超请马。超密知其状，报许之，而令巫自来取马。有顷，巫至，超即斩其首以送广德，因辞让之。广德素闻超在鄯善诛灭虏使，大惶恐，即攻杀匈奴使者而降超。超重赐其王以下，因镇抚焉。

时，龟兹王建为匈奴所立，倚恃虏威，据有北道，攻破疏勒，杀其王，而立龟兹人兜题为疏勒王。明年春，超从间道至疏勒。去兜题所居槃橐城九十里，逆遣吏田虑先往降之。敕虑曰："兜题本非疏勒种，国人必不用命。若不即降，便可执之。"虑既到，兜题见虑轻弱，殊无降意。虑因其无备，遂前劫缚兜题。左右出其不意，皆惊惧奔走。虑驰报超，超即赴之，悉召疏勒将吏，说以龟兹无道之状，因立其故王兄子忠为王，国人大悦。忠及官属皆请杀兜题，超不听，欲示以威信，释而遣之。疏勒由是与龟兹结怨。

十八年，帝崩。焉耆以中国大丧，遂攻没都护陈睦。超孤立无援，而龟兹、姑墨数发兵攻疏勒。超守盘橐城，与忠为首尾，士吏单少，拒守岁余。肃宗初即位，以陈睦新没，恐超单危不能自立，下诏征超。超发还，疏勒举国忧恐。其都尉黎弇曰："汉使弃我，我必复为龟兹所灭耳。诚不忍见汉使去。"因以刀自刎。超还至于寘，王侯以下皆号泣曰："依汉使如父母，诚不可去。"互抱超马脚，不得行。超恐于寘终不听其东，又欲遂本志，乃更还疏勒。疏勒两城自超去后，复降龟兹，而与尉头连兵。超捕斩反者，击破尉头，杀六百余人，疏勒复安。

建初三年，超率疏勒、康居、于寘、居弥兵一万人攻姑墨石城，破之，斩首七百级。超欲因此叵平诸国，乃上疏请兵。曰：

臣窃见先帝欲开西域，故北击匈奴，西使外国，鄯善、于寘即时向化。今拘弥、莎车、疏勒、月氏、乌孙、康居复愿归附，欲共并力破灭龟兹，平通汉道。若得龟兹，则西域未服者百分之一耳。臣伏自惟念，卒伍小吏，实愿从谷吉效命绝域，庶几张骞弃身旷野。昔魏绛列国大夫，尚能和辑诸戎，况臣奉大汉之威,而无铅刀一割之用乎?前世议者皆曰取三十六国,号为断匈奴右臂。今西域诸国,自日之所入,莫不向化,大小欣欣,贡奉不绝,唯焉耆、龟兹独未服从。臣前与官属三十六人奉使绝域,备遭艰厄。自孤守疏勒,于今五载,胡夷情数,臣颇识之。问其城郭大小,皆言"倚汉与依天等"。以是效之,则葱领可通,葱领通则龟兹可伐。今宜拜龟兹侍子白霸为其国王,以步骑数百送之,与诸国连兵,岁月之间,龟兹可禽。以夷狄攻夷狄,计之善者也。臣见莎车、疏勒田地肥广,草牧饶衍,不比敦煌、鄯善间也,兵可不费中国而粮食自足。且姑墨、温宿二王,特为龟兹所置,既非其种,更相厌苦,其势必有降反。若二国来降,则龟兹自破。愿下臣章,参考行事。诚有万分,死复何恨。臣超区区,特蒙神灵,窃冀未便僵仆,目见西域平定,陛下举万年之觞,荐勋祖庙,布大喜于天下。

书奏,帝知其功可成,议欲给兵。平陵人徐幹素与超同志,上疏愿奋身佐超,五年,遂以幹为假司马,将弛刑及义从千人就超。

先是,莎车以为汉兵不出,遂降于龟兹,而疏勒都尉番辰亦复反叛。会徐幹适至,超遂与幹击番辰,大破之,斩首千余级,多获生口。超既破番辰,欲进攻龟兹。以乌孙兵强,宜因其力,乃上言:"乌孙大国,控弦十万,故武帝妻以公主,至孝宣皇帝,卒得其用。今可遣使招慰,与共合力。"帝纳之。八年,拜超为将兵长史,假鼓吹幢麾。以徐幹为军司马,别遣卫侯李邑护送乌孙使者,赐大小昆弥以下锦帛。

李邑始到于窴,而值龟兹攻疏勒,恐惧不敢前,因上书陈西域之功不可成,又盛毁超拥爱妻,抱爱子,安乐外国,无内顾心。超闻之,叹曰:"身非曾参而有三至之谗,恐见疑于当时矣。"遂去其妻。帝知超忠，乃切责邑曰："纵超拥爱妻，抱爱子，思归之士千余人，何能尽与超同心乎？"令邑诣超受节度。诏超："若邑任在外者，便留与从事。"超即遣邑将乌孙侍子还京师。徐幹谓超曰："邑前亲毁君，欲败西域，今何不缘诏书留之，更遣它吏送侍子乎？"超曰："是何言之陋也！以邑毁超，故今遣之。内省不疚，何恤人言！快意留之，非忠臣也。"

明年，复遣假司马和恭等四人将兵八百诣超，超因发疏勒、于窴兵击莎车。莎车阴通使疏勒王忠，啖以重利，忠遂反从之，西保乌即城。超乃更立其府丞成大为疏勒王，悉发其不反者以攻忠。积半岁，而康居遣精兵救之，超不能下。是时，月氏新与康居婚，相亲，超乃使使多赍锦帛遗月氏王，令晓示康居王，康居王乃罢兵，执忠以归其国，乌即城遂降于超。

后三年，忠说康居王借兵，还据损中，密与龟兹谋，遣使诈降于超。超内知其奸而外伪许之。忠大喜，即从轻骑诣超。超密勒兵待之，为供张设乐，酒行，乃叱吏缚忠斩之。因击破其众，杀七百余人，南道于是遂通。

明年，超发于窴诸国兵二万五千人，复击莎车。而龟兹王遣左将军发温宿、姑墨、尉头合五万人救之。超召将校及于窴王议曰："今兵少不敌，其计莫若各散去。于窴从是而东，长史亦于此西归，可须夜鼓声而发。"阴缓所得生口。龟兹王闻之大喜，自以万骑于西界遮超，温宿王将八千骑于东界徼于窴。超知二虏已出，密召诸部勒兵，鸡鸣驰赴莎车营，胡大惊乱奔走，追斩五千余级，大获其马畜财物。莎车遂将，龟兹等因各退散，自是威震西域。

初，月氏尝助汉击车师有功，是岁贡奉珍宝、符拔、师子，因求汉公主。超拒还其使，由是怨恨。永元二年，月氏遣其副王谢将兵七万攻超。超众少，皆大恐。超譬军士曰："月氏兵虽多，然数千里逾葱领来，非有运输，何足忧邪？但当收谷坚守，彼饥穷自降，不过数十日决矣。"谢遂前攻超，不下，又抄掠无所得。超度其粮将尽，必从龟兹求救，乃遣兵数百于东界要之。谢果遣骑赍金银珠玉以赂龟兹。超伏兵遮击，尽杀之，持其使首以示谢。谢大惊，即遣使请罪，愿得生归。超纵遣之。月氏由是大震，岁奉贡献。

明年，龟兹、姑墨、温宿皆降，乃以超为都护，徐幹为长史。拜白霸为龟兹王，遣司马姚光送之。超与光共胁龟兹废其王尤利多而立白霸，使光将尤利多还诣京师。超居龟兹它乾城，徐幹屯疏勒。西域唯焉耆、危须、尉犁以前没都护，怀二心，其余悉定。

六年秋，超遂发龟兹、鄯善等八国兵合七万人，及吏士贾客千四百人讨焉耆。兵到尉犁界，而遣晓说焉耆、尉犁、危须曰："都护来者，欲镇抚三国。即欲改过向善，宜遣大人来迎，当赏赐王侯已下，事毕即还。今赐王彩五百匹。"焉耆王广遣其左将北鞬支奉牛、酒迎超。超诘鞬支曰："汝虽匈奴侍子，而今秉国之权。都护自来，王不以时迎，皆汝罪也。"或谓超可便杀之。超曰："非汝所及。此人权重于王，今未入其国而杀之，遂令自疑，设备守险，岂得到其城下哉！"于是赐而遣之。广乃与大人迎超于尉犁，奉献珍物。

焉耆国有苇桥之险，广乃绝桥，不欲令汉军入国。超更从它道厉度。七月晦，到焉耆，去城二十里，（正）营大泽中。广出不意，大恐，乃欲悉驱其人共入山保。焉耆左侯元孟先尝质京师，密遣使以事告超，超即斩之，示不信用。乃期大会诸国王，因扬声当重加赏赐，于是焉耆王广、尉犁王汎及北鞬支等三十人相率诣超。其国相腹久等十七人惧诛，皆亡入海，而危须王亦不至。坐定，超怒诘广曰："危须王何故不到？腹久等所缘逃亡？"遂叱吏士收广、汜等于陈睦故城斩之，传首京师。因纵兵抄掠，斩首五千余级，获生口万五千人，马畜牛羊三十余万头，更立元孟为焉耆王。超留焉耆半岁，尉抚之。于是西域五十余国悉皆纳质内属焉。

明年，下诏曰："往者匈奴独擅西域，寇盗河西，永平之末，城门昼闭。先帝深愍边萌婴罗寇害，乃命将帅击右地，破白山，临蒲类，取车师，城郭诸国震慑响应，遂开西域，置都护。而焉耆王舜、舜子忠独谋悖逆，恃其险隘，覆没都护，并及吏士。先帝重元元之命，惮兵役之兴，故使军司马班超安集于寘以西。超遂逾葱领，迄县度，出入二十二年，莫不宾从。改立其王，而绥其人。不动中国，不烦戎士，得远夷之和，同异俗之心，而致天诛，蠲宿耻，以报将士之仇。《司马法》曰：'赏不逾月，欲人速睹为善之利也。'其封超为定远侯，邑千户。"

超自以久在绝域，年老思土。十二年，上疏曰："臣闻太公封齐，五世葬周，狐死首丘，代马依风。夫周齐同在中土千里之间，况于远处绝域，小臣能无依风首丘之思哉？蛮夷之俗，畏壮侮老。臣超犬马齿歼，常恐年衰，奄忽僵仆，孤魂弃捐。昔苏武留匈奴中尚十九年，今臣幸得奉节带金银护西域，如自以寿终屯部，诚无所恨，然恐后世或名臣为没西域。臣不敢望到酒泉郡，但愿生入玉门关。臣老病衰困，冒死瞽言，谨遣子勇随献物入塞。及臣生在，令勇目见中土。"而超妹同郡曹寿妻昭亦上书请超曰：

妾同产兄西域都护定远侯超，幸得以微功特蒙重赏，爵列通侯，位二千石。天恩殊绝，诚非小臣所当被蒙。超之始出，志捐躯命，冀立微功，以自陈效。会陈睦之变，道路隔绝，超以一身转侧绝域，晓譬诸国，因其兵众，每有攻战，辄为先登，身被金夷，不避死亡。赖蒙陛下神灵，且得延命沙漠，至今积三十年。骨肉生离，不复相识。所与相随时人士众，皆已物故。超年最长，今且七十。衰老被病，头发无黑，两手不仁，耳目不聪明，扶杖乃能行。虽欲竭尽其力，以报塞天恩，迫于岁暮，犬马齿索。蛮夷之性，悖逆侮老，而超旦暮入地，久不见代，恐开奸宄之源，生逆乱之心。而卿大夫咸怀一切，莫肯远虑。如有卒暴，超之气力不能从心，便为上损国家累世之功，下弃忠臣竭力之用，诚可痛也。故超万里归诚，自陈苦急，延颈逾望，三年于今，未蒙省录。

妾窃闻古者十五受兵，六十还之，亦有休息不任职也。缘陛下以至孝理天下，得万国之欢心，不遗小国之臣，况超得备侯伯之位，故敢触死为超求哀，丐超余年。一得生还，复见阙庭，使国永无劳远之虑，西域无仓卒之忧，超得长蒙文王葬骨之恩，子方哀老之惠。《诗》云："民亦劳止，汔可小康，惠此中国，以绥四方。"超有书与妾生诀，恐不复相见。妾诚伤超以壮年竭忠孝于沙漠，疲老则便捐死于旷野，诚可哀怜。如不蒙救护，超后有一旦之变，冀幸超家得蒙赵母、卫姬先请之贷。妾愚戆不知大义，触犯忌讳。

书奏，帝感其言，乃征超还。

超在西域三十一岁。十四年八月至洛阳，拜为射声校尉。超素有胸胁疾，既至，病遂加。帝遣中黄门问疾，赐医药。其年九月卒，年七十一。朝廷愍惜焉，使者吊祭，赠赙甚厚。子雄嗣。

初，超被征，以戊己校尉任尚为都护。与超交代。尚谓超曰:"君侯在外国三十余年,而小人猥承君后,任重虑浅,宜有以诲之。"超曰:"年老失智,任君数当大位,岂班超所能及哉!必不得已,愿进愚言。塞外吏士,本非孝子顺孙,皆以罪过徙补边屯。而蛮夷怀鸟兽之心,难养易败。今君性严急,水清无大鱼,察政不得下和。宜荡佚简易,宽小过,总大纲而已。"超去后,尚私谓所亲曰:"我以班君当有奇策,今所言平平耳。"尚至数年,而西域反乱,以罪被征,如超所戒。

有三子。长子雄,累迁屯骑校尉。会叛羌寇三辅,诏雄将五营兵屯长安,就拜京兆尹。雄卒,子始嗣,尚清河孝王女阴城公主。主顺帝之姑,贵骄淫乱,与嬖人居帷中,而召始入,使伏床下。始积怒,永建五年,遂拔刃杀主。帝大怒,腰斩始,同产皆弃市。超少子勇。

译文:

班超,字仲升,扶风平陵人。他是徐县县令班彪的小儿子。班超为人胸怀大志,不讲究小节。但是,他心里却想着要孝顺父母、谨慎行事。在家时,他一直保持勤奋辛苦的习惯,不认为劳作是什么不光彩的事。他能言善辩,广泛地阅读书籍传记。永平五年,哥哥班固调任校书郎,班超和母亲随同班固,一起到了洛阳。因为家里穷,班超时常受官府雇用,抄写文书,以便挣钱供养母亲。这样辛苦地干了很长时间。一次,他停下手中的活扔掉毛笔,叹息道:"大丈夫即便没有别的什么志向谋略,也应当效法傅介子、张骞,在异国立功,以便取得封侯的奖赏吧!怎么能长期在笔砚之间消磨时光呢?"旁边的人都笑话他。班超说:"你们这些小子怎么能了解壮士的志向呢!"后来,他走到看相的人那里去相面,相面人说:"祭酒,不过是平民百姓,一介书生,你应当到万里之外立功,受封侯之赏。"班超打听了具体的说法。相面人指着他说:"你生就一副燕子般的下巴,燕子会飞;你长着一副老虎似的颈项,老虎要吃肉。飞翔肉食,这正是万里之外受封为侯的面相啊。"过了好长时间,汉明帝问班固,说:"你的弟弟在哪里?"班固回答说:"他在替官府抄写文书,挣钱用来供养老母亲。"于是,明帝任命班超做了兰台令史。后来,班超因事犯罪被免去官职。

永平十六年,奉车都尉窦固率兵进攻匈奴,以班超为代理司马,领兵分道进攻伊吾,在蒲类海大战一场,班超击毙了许多匈奴将士,得胜而还。窦固由此认为班超有才能,于是派他和佐吏郭恂一同出使西域。

班超达到鄯善国,鄯善王广招待班超礼仪周到,态度恭慎,后来却忽然变得疏远怠慢了。班超对他的官属说:"你们觉得广的礼节热情变得不如以前了吗?这说明肯定有北匈奴的使臣来到了,这是他犹豫不决,不知所从的缘故。英明的人善于看清萌发的事情,何况事情已经很明显了呢!"于是把伺候他们的胡人叫了过来,故意诈他说:"匈奴使者来了几天了,现在他们住在哪里?"侍者惊惶恐惧,把匈奴使者来后的情况全都交代出来了。于是,班超将侍者禁闭起来,召集起手下的三十六位吏士,和他们一起饮酒。乘大家喝得畅快的时候,激怒他们说:"你们和我都身处绝境,都打算立大功、求富贵的。现在,匈奴使者到这里才几天,鄯善王对我们的礼貌和恭慎就废除了;如果让鄯善王把我们抓起来,送给匈奴人,那我们的尸骨不就永久地成了豺狼的口中食了。我们怎么对付这种情况呢?"他手下的官属都一致表示:"现在我们都处在十分危险,说掉脑袋就掉脑袋的境地,我们大家不论死活,都听从您司马的指挥。"班超说:"不入虎穴，不得虎子。现在我们的谋略，只有乘黑夜用火去突袭北匈奴，使他们不了解我们究竟有多少人。这样，他们肯定会大为震惊，吓得魂飞，我们就可以把他们全部歼灭了。消灭了这伙匈奴人，鄯善国就会吓破了胆，我们呢，即将大功告成了。"大家说："这事应该和从事商量商量。"班超生气地说："是吉是凶全在今日之举。从事是一名平庸的文官，听说我们这个计划，他必定会恐惧不已，使我们的计划泄露，让我们死得没法称说，称不上真正的壮士。"大家说："好"！天刚黑下来，班超就率领吏士直奔北匈奴使者的营地。正赶上天刮起了大风。班超命令十个人拿着战鼓埋伏在匈奴使者营房后面，同他们约定："一见大火燃烧，你们都一定要一边击鼓，一边呼叫。"其他人都拿着兵器和弓箭埋伏在敌营大门的两边。于是，班超顺风放火，前后埋伏的人击鼓的击鼓，叫喊的叫喊。敌人惊慌措乱，班超亲手击杀了三名敌人，手下的吏士则杀死了匈奴使者以及使者随从三十多人，其余的一百多匈奴人全都被烧死。第二天，班超才回去将此举告知郭恂，郭恂大惊，随之脸色发生变化。班超明白他的意思，举手说："从事虽然没有参加昨晚的行动，但我班超哪里又有独占功劳的想法呢？"郭恂这才高兴起来。于是，班超找来鄯善王广，把匈奴使者的头颅拿出来给他看。一时，整个鄯善国都被吓坏了。班超对他们进行开导和安慰，鄯善王终于同意遣送儿子到汉朝做人质。班超回去后向窦固作了汇报，窦固非常高兴，把班超的功劳一一呈报上去了，并请求朝廷另选使者出使西域。汉明帝很推崇班超的气节，下诏命令窦固说："像班超这样的官吏，为什么不派他去出使西域，却要另找人选？现在，任命班超为军司马，让他完成前面的使命。"班超再次奉命出使，窦固本想为他增加兵力，班超回答："我希望带领原来就跟随我的三十余人出使,这就足够了。如果发生意料不到的事情,多给兵力反而会成为拖累。"

当时,于阗王广德刚刚打败了莎车国,因而在南道称雄,匈奴则派出使者,在于阗进行监护。班超到西域后,首先来到于阗。广德对他们态度很冷淡。而且于阗的风俗是信奉巫术。巫师说:"神都发怒了,为什么还要向汉朝归附?汉朝使者有騧马,赶快把它取来,来祭祀我。"于是,广德派使者到班超那里去,索求騧马。班超暗中摸清了这些情况,回报广德,表示同意。不过,他提出要巫师自己来取马。不一会,巫师来了,班超立即斩下他的头,然后送到广德那里去,并乘势训斥责备了广德一顿。广德早就耳闻过班超在鄯善杀死匈奴使者的经历,大为惊惶恐惧。他随即进攻杀死了匈奴使者,向班超投降。班超对于阗王及其臣下大加赏赐后,在这里住下来进行镇守招抚。

那时的龟兹国王建是被匈奴拥立起来的,他倚仗北匈奴的势力,占据北道,打败疏勒,杀死疏勒王,拥立龟兹人兜题做疏勒国王。第二年春天,班超抄小路到了疏勒。在距离兜题居住地槃橐城九十里地的时候,班超预先派田虑前往招降兜题。班超告诉田虑说:"兜题本人并非疏勒人,疏勒国人民肯定不会听他的命令。如果他不立即投降,你可以把他抓起来。"田虑到了以后,兜题看见田虑兵轻势弱。根本就没有投降的意思。田虑乘他不备,冲上前抓住他,将他捆绑了起来。事件大出兜题左右人员的意料,他们惊异害怕,都逃奔而去。田虑马上让人使劲赶马报告班超,班超立刻赶赴目的地,将疏勒全体官员召集起来,列举龟兹无道的事例进行开导说服,然后立疏勒已故国王哥哥的儿子忠作为国王,疏勒国民大为高兴。忠和他手下的官员都请求班超杀掉兜题,班超没有答应,他希望通过此事树立威望和信誉,于是将兜题释放，让他走了。因为这件事，疏勒和龟兹结下了怨恨。

永平十八年，汉明帝去世。焉耆因为中原皇帝去世，乘机攻陷杀死都护陈睦。班超变得孤立无援，而龟兹、姑墨却多次发兵进攻疏勒。班超镇守槃橐城，和疏勒王忠首尾呼应。尽管士单吏少，还是坚持了一年多。汉章帝即位之初，考虑到陈睦刚刚死去，担心班超力单势危，不能守住，所以下诏书召他回朝。班超动身往回走，疏勒全国都感到忧虑恐怖。疏勒国的都尉黎弇说："汉朝使臣抛弃我们，我们肯定又会被疏勒灭亡。我实在不忍看见汉朝使臣离开。"于是，他用刀自杀死去。班超归途中到达于阗，于阗自王侯大臣以下的人，都哭叫着说："我们依赖汉朝使臣就像依赖父母一样，您确实走不得呀。"他们纷纷抱住班超坐骑的马腿，使班超没法往前走。班超担心于阗最终也不会让他回到东方，加上他自己还想实现原有的志向，于是又改变主意，回到了疏勒。自从班超离开后，疏勒的两座城又投降了龟兹，并且和尉头联合了兵力。班超逮捕并杀死了谋反的人，打败了尉头，杀敌六百多人，使疏勒重新安定下来。

汉章帝建初三年，班超率领疏勒、康居、于阗、拘弥等国一万多兵进攻姑墨国的石城，结果攻破城防，杀敌七百多人。班超希望趁势一下子平定西域各国，便上疏汉章帝，请求派兵。他说：

我知道已故皇帝打算开通西域，所以向北进攻匈奴，向西派使臣出使外国。结果鄯善、于阗不久就归顺了教化。现在，拘弥、莎车、疏勒、月氏、乌孙、康居又都情愿归附朝廷，并希望联合兵力消灭龟兹，平定开通自汉地过来的道路。如果夺取了龟兹，那么，西域不臣服的地方就只剩百分之一了。我暗自想过，作为军人和下层官吏，其实是都愿意跟随谷吉那样的人在遥远的异国为国效力的,这跟张骞被匈奴拘禁十多年弃身旷野的事例差不多。从前,魏绛作为诸侯国的大夫,都能够做到与各戎狄和睦,何况我是奉承了洋洋大汉朝的威灵,怎么能够不发挥铅质钝刀割一割的作用呢?从前人们议论,说夺取了西域三十六国,就切断了匈奴的右臂。今日西域各国,向西直至日落之处,没有不向往汉朝的。他们无论大国小国,都很高兴向汉朝连续不绝地贡献,唯独焉耆、龟兹还没有归顺。我先前和手下的人一共三十六人奉命出使异国,遇到过各种各样的艰难险恶。自从我们孤守疏勒以来,至今也有五年了。对于他们的情状心理,我了解得很透。问到他们城郭范围的大小,他们都说"依靠汉朝和依靠老天的照看是相等的"。从这些方面分析,葱岭是可以开通的。一旦葱岭开通,就可以讨伐龟兹了。现在应该任命龟兹的质子白霸做龟兹国王,派几百名步兵和骑兵护送他,再联合西域各国兵力,那么,用不了一年半载,就可生擒龟兹王。以夷狄进攻夷狄,这是最好的计策。我观察到,莎车、疏勒一带田土宽广、肥沃,草盛畜多,十分富裕,不像敦煌、鄯善之间那么穷荒。在这里,军队可以不花费中原的供给,就能粮食自给。另外,姑墨、温宿两国国王,都不过是龟兹所任命的,既不是他们自己人,又使他们深受其苦,以这种局势看,肯定有人投降,有人反叛的。如果这两个国家来投降的话,龟兹就会自己瓦解。我希望您给我一个规章,好让我依照行事。如果真的有什么意外,我死了又有什么可遗憾的呢!我班超本来很藐小只因为蒙受了神灵的看顾,才至今日。我希望短时间内还不至于死去,还能够亲眼目睹西域平定,陛下您能够举起恭祝万寿的酒杯,向祖庙进献祭品,向天下人公布国家的大喜。

奏书递上去了，章帝相信他能成功，经讨论准备派兵。平陵人徐干一向与班超志向一致，于是上书表示愿意前往帮助班超。建初五年（公元80年），朝廷就任命徐干为代理司马，率领解除枷锁的刑徒和自愿相从者共一千人来到班超身边。

在此之前，莎车认为汉朝不会出兵，便投降了龟兹，疏勒的都尉番辰，也再次反叛。这时正赶上徐干来到，于是班超和徐干进攻番辰，把他打得大败，杀死一千多人，还取得许多俘虏。班超打败番辰后，打算进攻龟兹。他认为乌孙兵力强大，应该利用他们的力量，于是上书说："乌孙是西域的大国，有十万兵力，所以汉武帝把公主嫁给他们，到汉宣帝时，终于得到了他们的帮助。现在可以派使臣前去慰劳招抚，和他们联合兵力。"章帝采纳了他的建议。建初八年，朝廷任命班超为将兵长史，允许他享用鼓吹和幢麾。以徐干为军司马，另外派遣卫侯李邑护送乌孙使者，并赏赐锦帛给乌孙的大昆弥、小昆弥及其臣下。

李邑刚到于阗的时候，正遇上龟兹进攻疏勒。李邑因畏怕不敢前进，反倒上书朝廷，陈述西域行动不可能成功，还大肆毁伤班超，说他拥抱着心爱的妻子和儿子，在外国享受安乐，根本无心顾念国家。班超耳闻此事后，不禁叹息道："我没有曾参的美德，却受到谗言的诋毁，我担心因此要受到朝廷的猜疑。"于是打发走了妻子。汉章帝了解班超的忠诚，就严词责备李邑说："纵然像你说的班超守着爱妻，抱着爱子，但思念回到故乡的人有一千多，他们怎么会和班超同心协力呢？"最后命令李邑到班超手下听从指挥。同时诏令班超："如果李邑在域外任职，就留他在你手下做事。"班超很快派李邑护送作为人质的乌孙王子返回京城。徐干对班超说："李邑不久前还亲自毁伤你，想坏我们在西域的事业，今天你为什么不依照诏书的意思把他留下，另派其他的人送乌孙王子呢?"班超说:"你这话是多么浅薄呀!就因为李邑曾诋毁过我,我今天才派遣他去的。我只要问心无愧,何必为他人所说的话犯愁呢!我如果图一时痛快,将他留下,那我就称不上是一名忠臣了。"

第二年,朝廷又派遣代理司马和恭等四人率领八百名士兵到班超这里来。班超由此调发疏勒、于阗的军队进攻莎车。莎车暗地里派使者与疏勒王忠勾结,以很多珍宝进行利诱,忠因而反叛,听从莎车的调动,向西占据乌即城。于是,班超改立疏勒原来府中的佐臣成大为疏勒王,把那些没有反叛的人全部调动起来,进攻忠。这样持续了半年之久,康居国突然派精兵援救忠,班超没法攻下乌即城。那时,月氏和康居刚刚联姻,比较亲近。于是,班超派使者带着很多锦帛给月氏王送去,让月氏王劝说康居王,康居王也就退了兵,带着忠回到康居。这下,乌即城就向班超投降了。三年以后,忠说服康居王借给他兵,回国占据损中,暗中和龟兹策划,并派使者向班超假投降。班超暗中了解到了他们的诈伪,表面上却还是答应了。忠大为欣喜,立即跟随快马到班超那里去。班超秘密地调动好军队,严阵以待。表面上却还为举行宴会搭起了帷帐,摆上了乐器。酒宴开始后,班超呼喊吏士将忠捆绑起来,并随即将他斩首。然后,班超打败忠的兵众,杀死七百多人,南道至此重新开通。

第二年,班超调集于阗等各国军队共二万五千人,再次进攻莎车。龟兹王则派左将军调集温宿、姑墨、尉头等国共五万军队援救莎车。班超召集各位将军校尉和于阗王商量对策,他说:"现在我们兵少,拼不过敌人。按我的意见,不如大家先各自分散开。于阗王从这里朝东走,长史也从这里回到西边,等到半夜,听到鼓声同时行动。"他们还故意放跑了俘虏。龟兹王闻讯后大为高兴,亲自带领一万名骑兵守在西边的边界拦截班超,让温宿王率领八千骑兵到东边去截击于阗军队。班超得知这两股敌军出发后,秘密召集各部,集合部队。鸡叫时,他们快速赶赴莎车营地,敌人惊慌措乱,东奔西跑。班超等人进行追击,杀死敌人五千多,还缴获了大量的马等牲口和财物。莎车因此投降,龟兹等国随之撤退分散。从此,班超威震西域。

当初,月氏曾经帮助汉军击败车师,立下了功劳。这年,月氏给汉朝贡奉珍宝、符拔和狮子,并顺便请求娶汉朝的公主。班超拒退了月氏使者,两方面因此结下仇恨。永元二年,月氏派副王谢率领七万兵进攻班超。班超人手少,手下的人都很恐惧。班超开导他们说:"月氏兵力虽然很多,但是他们越过葱岭,跋涉几千里地前来,又没有运输供给,有什么可担忧的?"我们只需把谷子收起来,进行坚守即可。他们人饥势穷以后,自然会投降的。用不了几十天就会见分晓的。"谢前来进攻班超,果真攻不下。进行抢劫,又一无所获。班超估计他们的粮食差不多吃完时,必定会找龟兹寻求援助,因而派几百名兵士到东西的边界半路进行拦截。不出所料,谢果然派骑兵带着金银珠玉去贿赂龟兹。班超所派的伏兵迎头出击,把他们全都杀了。然后,班超让人拿着月氏使者的首级去给谢看。谢大惊失色,立即派使者向班超请罪,希望能够活着回去。班超将他们放走了。月氏通过这件事,受到很大震动,以后年年都向汉朝进贡奉献。

第二年,龟兹、姑墨、温宿都向班超投降。于是,朝廷任命班超为都护,任命徐干为长史。汉朝还任命白霸为龟兹王,并派司马姚光予以护送。班超和姚光同时施加压力,使龟兹废除尤利多王,代之以白霸。然后派姚光带着尤利多回京城去。班超居住在龟兹的宅乾城,徐干驻守在疏勒。整个西域,只有焉耆、危须、尉犁三国因为以前杀死了都护,还怀有二心,其余的都被平定了。永元六年秋天,班超调发龟兹、鄯善等八个国家的兵力共七万人,加上吏士和商人一千四百人,讨伐焉耆。部队到尉犁边界时,班超派使者到焉耆、尉犁、危须,进行开导和劝说,说:"都护这次来,是想要镇守安抚你们三国。如果你们想马上改错从善,就应该派大人来欢迎。(那样的话,)班超将对王侯以下的人进行赏赐,事情一完,马上就回去。这里,先赏赐给王五百匹彩。"焉耆王广派他的左将北鞬支带着牛和酒前去迎接班超。班超责备鞬支说:"你虽然是匈奴的质子,可现在掌握了国家大权。我都护亲自前来,这些王却不赶紧来迎接,这都是你的罪过。"有人对班超说,可以现在就把他杀了。班超说:"你们想得差矣。这个人的权力比焉耆王的权力还要大,现在我们还没进到他们的国家,就把他杀了,就会让焉耆产生怀疑,而布置防备,拒守险要。那我们还能抵达他们的城下吗!"于是赏赐北鞬支后,将他放走了。于是,焉耆王广和大臣们到尉犁欢迎班超,还献上了带来的珍宝财物。

　　焉耆国有座苇桥,很险要。于是,焉耆王广切断桥路,不想让汉军进入国内。班超改由其他地方涉水过河。七月末,班超抵达焉耆,在距离焉耆城二十里的大泽中安营扎寨。此举大出广的意料,他因此很害怕,想驱赶他的全部百姓进入山中自保。焉耆左侯元孟以前曾经在京城做过质子,秘密派人把这事告诉了班超。班超把元孟派来的使者杀死,向焉耆王显示他并不相信。于是,班超约定日期,准备举行盛大宴会招待各国国王。同时大肆声称届时会大加赏赐。于是,焉耆王广、尉犁王汎和北鞬支等三十多人相继到班超这里聚会。焉耆国臣相腹久等十七人因为害怕杀头,都向海上逃走,而且,危须王也没有来。等大家坐好以后，班超生气地责问焉耆王广说："危须王因为什么没有来？腹久等人凭借谁逃跑的？"于是呼喊吏士将广、汛等人抓起来，带到陈睦原来所居住的城堡斩首，然后把他们的首级送到京城去。同时，班超放任兵士进行抄劫，杀死五千多人，俘虏一万五千人，还缴获了马、牛、羊共三十多万头。班超改立元孟为焉耆王。班超在焉耆留停了半年，进行安慰招抚。从此，西域五十多个国家全部向汉朝送质子表示归顺。

第二年，章帝下诏说："从前匈奴独霸西域，侵扰劫掠河西地区。永平末年，那里的城门白天都不得不关闭。先前的皇帝特别怜悯边境地区的老百姓遭到匈奴的侵犯迫害，于是命令将帅进击西域，打败白山，军临蒲类海，夺取车师，建有城郭的各国为之震惊恐惧，纷纷响应汉朝。由此开通了西域，设置了都护。但是，只有焉耆王舜、舜的儿子忠却还要谋求狂悖忤逆，倚仗他们的险阻关隘，进攻杀死了汉朝的都护，还累及吏士。先帝看重人民的生命，害怕发生战争，所以派军司马班超安定于阗以西的地区。于是，班超越过葱岭，抵达悬度山，进出西域二十二年，使西域国家没有不顺从的。他为西域改立国王，安抚百姓。他不牵动中原力量，也不用武装士兵，就做到了使遥远地区少数民族与中原和睦，使不同风俗的人同心，也达到了惩罚敌人，雪旧耻，报将士们旧仇的目的。《司马法》讲道：'奖赏不应该超过一个月，目的在于人快点看到做事有利。'现在，封班超为定远侯，食邑千户。"

班超自己因为长年在异域，年纪大了以后很思恋故乡。永元十二年，班超上书皇帝说："我听说姜太公分封到齐国，他家五代人死后都归葬周朝，好比狐死归山、代马依北风一样。周齐都在中原千里以内，何况我远在异域，能没有依风首丘那样的眷念吗？蛮夷的风俗，是敬畏壮健，欺侮老病。我现在牙齿已落，时常害怕随着年岁增加，身体衰弱，有一天会突然死去，将孤魂永远抛弃在这里。从前苏武停留匈奴还有十九年呢，我现在有幸奉持节仗和印绶，得以都护西域。如果自己能够安然地在驻地死去，我完全会死无遗憾。但我害怕的是，我担心后世有人可能会说我是被西域人杀死。我不敢奢望回到酒泉郡，只图能够活着回到玉门关以内。我年老体衰，并受到病魔的困扰，现冒死瞎说一气。这里谨派儿子班勇随同安息来的贡献物品一同入塞。趁我还活着，让班勇亲眼看看中原的故乡。"同时，班超的妹妹，与他同郡的曹寿的妻子班昭，也上书替班超请求，说：

我的同母哥哥西域都护定远侯班超，有幸得以凭借很小的功劳，受到皇帝格外厚重的赏赐，得到了最高的爵位，级别至二千石。天子的恩惠极高，确属一般小臣不应当得到的。班超当初出使西域，志在捐躯献命，希望立些小功，以便报效。没想到正赶上陈睦被杀，来往道路隔断，班超独自一人辗转异域，劝诱开导西域各国，利用他们的兵众，每次打仗，他都捷足先登，身上多处受伤，不回避死亡。承蒙陛下神灵的保佑，暂时得以在沙漠中活下来，至今已有三十年。我们骨肉生离，不再相识。与他同时前往的人，都已死去。班超年纪最大，现在已经七十岁了。他衰老多病，头发全白了，两手不遂，耳不聪，目不明，扶着拐杖才能走路。他虽然还想竭尽全力，以便报答皇恩，但由于年纪不饶人，牙齿都掉光了。按蛮夷风俗，他们狂悖逆乱，欺侮老人。班超早晚就会去世，长时间不见人去接替，恐怕会使犯法作乱的人产生妄想，产生叛乱的企图。朝廷中的卿大夫们都怀着权宜的想法，不肯作长远打算。如果那里突然发生变乱，班超就会力不从心。这样,从高处讲,会损害国家几世以来的功劳,从低处讲,也抛弃了忠臣对国家的尽心,那么,确实是太可惜了。班超从万里之外诚恳上书,亲自陈述自己的苦衷和形势的危急。他伸长脖子,遥望朝廷。可是,三年过去了,他的书奏还没被过目。

我私下里曾听说,古时候十五岁开始服兵役,六十岁可以让他归田,也有休息不任军职的时候。由于陛下以孝治天下,得到了万国的欢心,连小国的臣子都不会遗忘,何况班超得以位列侯伯之中,所以我才敢于冒死替班超请求怜悯,乞求让班超回来度过余生。一旦能够活着回来,再次看看朝廷宫阙,使国家永远不会有劳师远方的忧虑,西域再没有突发事变出现的隐息。也使班超能够长期得到文王葬骨那样的恩典和田子方可怜年老那样的恩惠。《诗》是说:"人们只有劳作,才能达到小康。只有先施恩惠于中国,然后才能安宁四方。"班超给我写信,要与我诀别,是担心以后再也不能见面。我确实替班超感伤。他壮年的时候,在沙漠竭力忠孝于朝廷,衰老以后却被抛弃死于旷野之中,那真是值得同情呀。如果得不到朝廷的救护,班超以后一旦出现什么变故,希望班超家中能够得到赵母、卫姬事先求请那样的宽恕。我又糊涂又憨笨,不懂得什么大义,冒犯了忌讳。

班昭的奏书交上去了。汉和帝受到她所说的话的感悟,就下令把班超征调回来。

班超在西域一共三十一年。永元十四年八月回到洛阳,被提升为射声校尉。班超历来胸部和腋下至肋骨尽处这部分有病,回来后病情加重。和帝派中黄门上门问候疾病,还赐给医药。这年九月,班超逝世,当时七十一岁。朝廷对此非常哀怜,派使者前来吊祭,还送了很多的供丧葬用的财物。他的儿子班雄继承了爵位。

当初，班超被征调时，任命戊己校尉任尚为都护。任尚和班超进行了交接。任尚对班超说："您在外国三十多年，我接替您的职务，任务重，考虑浅薄，您拿些东西来教导教导我吧。"班超说："我年迈智衰，任君数次承担大任，哪里是我能比得上的呢！实在要让我说的话，我愿意进几句愚言。塞外的吏士，本来都不是什么孝顺子孙，都因为犯了罪过，被迁徙补充边地的屯营。而那些蛮夷之人，却都怀有禽兽一般的习惯，难得抚养，很容易坏事，我看您性情严厉急躁，好比水至清则无大鱼，政治太苛刻则不容易使下民和睦。您应该洒脱简易一些，把握个大纲就行了。"班超离开后，任尚私下里对他的亲信说："我满以为班超君肯定会有什么奇策的，从今天他说的看，不过平平一般罢了。"任尚到西域几年后，西域就叛变反乱。任尚因此得罪被征调回朝，这一切都不出班超所劝诫的那些话。

班超有三个儿子。长子班雄，经多次升迁，官至屯骑校尉。当叛乱的羌人侵扰三辅地区时，朝廷下诏让班雄率领五营兵屯驻长安，并派人前去任命他为京兆尹。班雄死后，儿子班始继位，并娶了清河孝王之女阴城公主为妻。阴城公主是汉顺帝的姑姑，恃贵骄奢淫乱，曾经与她所宠爱的人居于帐幔之中，然后将班始召进去，让他趴在床下。班始愤怒不已，于永建五年拔刀杀死了阴城公主。顺帝因此大怒，腰斩班始，班始的同母兄弟姐妹也都被害弃市。班超的小儿子名勇。

后汉书卷四十九

王充王符仲长统列传第三十九

王充列传

王充字仲任,会稽上虞人也,其先自魏郡元城徙焉。充少孤,乡里称孝。后到京师,受业太学,师事扶风班彪。好博览而不守章句。家贫无书,常游洛阳市肆,阅所卖书,一见辄能诵忆,遂博通众流百家之言。后归乡里,屏居教授。仕郡为功曹,以数谏争不合去。

充好论说,始若诡异,终有理实。以为俗儒守文,多失其真,乃闭门潜思,绝庆吊之礼,户牖墙壁各置刀笔。著《论衡》八十五篇,二十余万言,释物类同异,正时俗嫌疑。

刺史董勤辟为从事,转治中,自免还家。友人同郡谢夷吾上书荐充才学,肃宗特诏公车征,病不行。年渐七十,志力衰耗,乃造《养性书》十六篇,裁节嗜欲,颐神自守。永元中,病卒于家。

译文:

王充字仲任,会稽郡上虞县人,他的祖先从魏郡元城县迁到这里。王充小时候就成了孤儿,乡里称他为孝子。以后来到京师，在太学中学习，拜扶风人班彪为师。好博览群书而不专意于训诂学。家里贫穷没有书籍，常到洛阳的书摊，阅读所卖的书，看了一遍便能背诵，于是博通诸子百家的学说。后来返回家乡，隐居教书。出仕郡中担任功曹，因多次进谏与太守意见不合而去职。

王充好发议论，开始听起来好像很奇特，最终还是合乎道理的。他以为俗儒死守经文，大多失去经文的本义，于是闭门沉思，断绝庆贺、吊唁等往来，门上、窗上、墙壁上分别放置了刀笔。著作《论衡》八十五篇，共二十余万字，解释事物的同异，纠正当时的风俗与疑难事理。

刺史董勤辟召他为从事，转任治中，自动免职回家。朋友同郡人谢夷吾上书推荐王充的才学，肃宗特地诏命公车征用，他因病不上路。年近七十，精力衰耗，于是作《养性书》十六篇，节制嗜好和欲望，养神自保。永元年间，病死在家中。

后汉书卷五十一

李陈庞陈桥列传第四十一

桥玄列传

桥玄字公祖,梁国睢阳人也。七世祖仁,从同郡戴德学,著《礼记章句》四十九篇,号曰"桥君学。"成帝时为大鸿胪。祖父基,广陵太守。父肃,东莱太守。

玄少为县功曹。时豫州刺史周景行部到梁国,玄谒景,因伏地言陈相羊昌罪恶,乞为部陈从事,穷案其奸。景壮玄意,署而遣之。玄到,悉收昌宾客,具考臧罪。昌素为大将军梁冀所厚,冀为驰檄救之。景承旨召玄,玄还檄不发,案之益急。昌坐槛车征,玄由是著名。

举孝廉,补洛阳左尉。时梁不疑为河南尹,玄以公事当诣府受对,耻为所辱,弃官还乡里。后四迁为齐相,坐事为城旦。刑竟,征,再迁上谷太守,又为汉阳太守。时上邽令皇甫祯有臧罪,玄收考髡笞,死于冀市,一境皆震。郡人上邽姜岐,守道隐居,名闻西州。玄召以为吏,称疾不就。玄怒,敕督邮尹益逼致之,曰:"岐若不至,趣嫁其母。"益固争不能得,遽晓譬岐。岐坚卧不起。郡内士大夫亦竞往谏,玄乃止。时颇以为讥。后谢病免，复公车征为司徒长史，拜将作大匠。

桓帝末，鲜卑、南匈奴及高句骊嗣子伯固并畔，为寇抄，四府举玄为度辽将军，假黄钺。玄至镇，休兵养士，然后督诸将守讨击胡虏及伯固等，皆破散退走。在职三年，边境安静。

灵帝初，征入为河南尹，转少府、大鸿胪。建宁三年，迁司空，转司徒。素与南阳太守陈球有隙，及在公位，而荐球为廷尉。玄以国家方弱，自度力无所用，乃称疾上疏，引众灾以自劾。遂策罢。岁余，拜尚书令。时太中大夫盖升与帝有旧恩，前为南阳太守，臧数亿以上。玄奏免升禁锢，没入财贿。帝不从，而迁升侍中。玄托病免，拜光禄大夫。光和元年，迁太尉。数月，复以疾罢，拜太中大夫，就医里舍。

玄少子十岁，独游门次，卒有三人持杖劫执之，入舍登楼，就玄求货，玄不与。有顷，司隶校尉阳球率河南尹、洛阳令围守玄家。球等恐并杀其子，未欲迫之。玄瞋目呼曰："奸人无状，玄岂以一子之命而纵国贼乎！"促令兵进。于是攻之，玄子亦死。玄乃诣阙谢罪，乞下天下："凡有劫质，皆并杀之，不得赎以财宝，开张奸路。"诏书下其章。初自安帝以后，法禁稍弛，京师劫质，不避豪贵，自是遂绝。

玄以光和六年卒，时年七十五。玄性刚急无大体，然谦俭下士，子弟亲宗无在大官者。及卒，家无居业，丧无所殡，当时称之。

初，曹操微时，人莫知者。尝往候玄，玄见而异焉。谓曰："今天下将乱，安生民者其在君乎！"操常感其知己。及后经过玄墓，辄凄怆致祭。自为其文曰："故太尉桥公，懿德高轨，泛爱博容。国念明训，士思令谟。幽灵潜翳，悬哉缅矣！操以幼年，逮升堂室，特以顽质，见纳君子。增荣益观，皆由奖助，犹仲尼称不如颜渊，李生厚叹贾复。士死知己，怀此无忘。又承从容约誓之言：'徂没之后，路有经由，不以斗酒只鸡过相沃酹，车过三步，腹痛勿怨。'虽临时戏笑之言，非至亲之笃好，胡肯为此辞哉？怀旧惟顾，念之凄怆。奉命东征，屯次乡里，北望贵土，乃心陵墓。裁致薄奠，公其享之！"

玄子羽，官至任城相。

论曰：任棠、姜岐，世著其清。结瓮牖而辞三命，殆汉阳之幽人乎？庞参躬求贤之礼，故民悦其政；桥玄厉邦君之威，而众失其情。夫岂力不足欤？将有道在焉。如令其道可忘，则强梁胜矣。语曰："三军可夺帅，匹夫不可夺志。"子贡曰："宁丧千金，不失士心。"昔段干木逾墙而避文侯之命，泄柳闭门不纳穆公之请。贵必有所屈，贱亦有所申矣。

赞曰：李叟勤身，甘饥辞馈。禅为君隐，之死靡贰。龟习边功，参起徒中。桥公识运，先觉时雄。

译文：

桥玄字公祖，梁国睢阳人。他的第七代祖先桥仁，跟从同郡的戴德学习经书，撰写了《礼记章句》四十九篇，号称"桥君学。"在汉成帝时桥仁是大鸿胪。桥玄的祖父叫桥基，是广陵太守。他的父亲桥肃，是东莱太守。

桥玄年轻时是郡功曹。当时豫州刺史周景到所管辖的各郡、县巡视，桥玄拜见周景，于是伏在地上说陈相羊昌的罪恶，乞求做兼任陈从事。追究案验羊昌的罪状。周景认为桥玄的意气很壮伟，于是题名发布公文，派遣桥玄为陈的从事。桥玄一到陈，全都拘捕了羊昌的宾客，详细考察了羊昌的受贿纳赃的罪行。羊昌平素被大将军梁冀厚待,梁冀为他迅速传檄来救羊昌。周景承应梁冀的旨意召还桥玄,桥玄奉还檄文不发布,更加速审问羊昌。羊昌犯法坐在拘捕犯人的车上被征发,桥玄因此扬名天下。

桥玄被推举为孝廉,补洛阳左部尉。当时梁不疑是河南尹,桥玄因为公事应当到河南尹府接受封职,觉得被梁不疑侮辱很可耻,于是弃官回归乡里。后来四次升迁为齐国相,犯了法被罚做苦工,白天侦察敌情,晚上修筑长城。四年刑满,被朝廷征召,第二次升迁为上谷太守,又出任汉阳太守,当时上邽县令皇甫祯有贪赃罪,桥乔逮捕他并且考察他的案情,判处他剃去头发,受鞭笞,皇甫祯死在汉阳郡冀县集市上,汉阳郡都被震动了。汉阳郡上邽人姜岐,笃守正道闭门隐居,在西州很有名。桥玄召他,用他做一个办事的吏,姜岐称自己有病,不去做吏人。桥玄生气了,嘱咐郡中的都督尹益去逼姜岐,让他来当吏,说:"姜岐如果不来,赶快把他的母亲嫁出去。"尹益坚决地和桥玄争论,得不到桥玄撤回成命的许可,于是去晓谕姜岐。姜岐一直躺着不肯起来。汉阳郡的士大夫也竞相去劝桥玄。桥玄才放弃了逼姜岐为吏的念头。当时许多人都因为这件事而对桥玄有讥刺。后来,桥玄以有病引退免职,朝廷又用公家的马车征召他为司徒长史,授职为将作大匠。

桓帝未年,鲜卑、南匈奴以及高句丽的继承者伯固全都反叛汉朝,侵略边境,大将军府、大尉府、司徒府、司空府推举桥玄为度辽将军,借给他用黄金装饰的像斧子一样的兵器,表示威重,桥玄到镇,休养士兵及百姓,然后监督诸将攻打侵略的南匈奴以及伯固等人,他们全都失败溃散逃走。桥玄在职四年,边境上安静无事。

汉灵帝初年,朝廷上征召桥玄回首都,成为河南尹,转为少府、大鸿胪。灵帝建宁三年，迁升为司空，又转为司徒。桥玄平时和南阳太守陈球不和，等到桥玄成为朝廷大臣，就推荐陈球当廷尉。桥玄认为国家正处于衰弱时期，自己估量自己有力量没有什么地方可以用得上，就称自己有病，上疏朝廷，用天下发生的许多灾害异常来责怪自己。于是，桥玄被下诏免职。一年多后，朝廷又授职他为尚书令。当时太中大夫盖升和汉灵帝有旧情，以前为南阳太守，贪赃几亿钱以上。桥玄上奏要求朝廷免除盖升职务，以后不允盖升做官，把贪污的钱财没收充公。汉灵帝不接受桥玄的上疏，并且让盖升迁升为侍中。于是，桥玄假称自己有病，而被免去尚书的职务，朝廷上又授职桥玄为光禄大夫。汉灵帝光和元年，桥玄升迁为太尉。几个月后，又因有病罢免，授职为太中大夫，回家看病。

桥玄的小儿子十岁，独有一个人游门次，终于有三个人拿木棍绑架了他，他们进入桥玄家，登上楼，向桥玄要求财物来换他的小儿子。桥玄不给。不久，司隶校尉阳球率领河南平、洛阳令包围了桥玄家。阳球等害怕把绑架的人和桥玄的儿子一起杀了，不想逼近他们。桥玄圆睁怒目大声呼喊，说："坏人不成样子，我桥玄怎么能够因我一个儿子的生命的缘故让国家的坏人跑了呢！"急促地命令士兵进入楼上。于是围攻他们。桥玄的儿子也死了。于是，桥玄到朝廷向皇帝请罪，请求朝廷颁布天下："凡是有人劫掠人质，都把被绑架的人和绑架的人一起杀了，不能够用财物金钱来赎买人质，为坏人干坏事打开方便的大门。"朝廷下诏书把桥玄的奏章颁布到各郡国。最初，从汉安帝以后，朝廷的法令不严，首都发生了许多绑架人质的事，连豪门权贵都不免，从此以后不再发生这类事件。

桥玄在汉灵帝光和六年死了，年纪七十五岁。桥玄性格刚烈不顾大体，但他谨虚节俭，善待他人，他的子弟亲戚没有什么当大官的。等到他死时，他家没有什么产业和钱财，没有办丧事的器具，当时很多人都称赞他。

早先，曹操地位低下时，没有人知道他，曹操曾经去拜访桥玄，桥玄见到曹操，就觉得曹操不是平凡的人，对曹操说："现在天下就要发生大乱，能够安定百姓的难道不是您吗！"曹操常常感念桥玄能理解自己。等到后来经过桥玄的墓地，就悲痛地祭奠桥玄。自己做了祭文说："前太尉桥公，美德高洁，兼爱博大宽容。国家感念您有明确的准则，平民百姓思念您美好的谋略。您的幽灵潜藏，我诚恳地缅怀您。我曹操在年轻时，到您家去，只不过因为有迟钝的才质，还被您接受。我后来为官，增加荣誉、增添光彩，都是由于您的奖励和帮助，这就像孔子说自己比不上颜渊，李生称赞贾复是国家人才一样。士人为能理解自己的人去死，我常怀有此心不敢忘记。又，我接受您和我从容言谈中约下的誓言：'我死之后，如果路过我的坟墓，不用一斗酒、两只鸡来祭奠我，你的车走三步，你就会肚子疼，请你不要怪我。'这虽然是一时开玩笑的话，但是如果不是亲戚朋友的友好，谁肯说出这样的话？怀念往事，不禁潸然泪下。我受朝廷命令向东进军，驻扎在乡里，我向北遥望您的陵墓。才送一点微薄的祭品，请您享用吧！"

桥玄的儿子叫桥羽，做官，至任城王相。

史家论曰：任棠、姜岐，以清高闻名当时社会。家境贫寒用破瓮口作窗户，但他们推辞了上级的任命，他们大概是汉阳郡幽雅的人吧？宠参实践求贤才的礼节，所以老百姓对他的政治很高兴；桥玄厉行一郡太守的威严，而老百姓都讥讽他。难道是他们的威力不够吗？因为道不可违。假使道可以忘记，那么强暴者就胜利了。人们常说："可以夺走三军的统帅，不可以夺去匹夫的志气。"子贡说："宁可丢掉千金，不可以失掉人心。"过去段干木跳墙躲避魏文侯的任命，鲁国的贤人柳泄闭门不让鲁穆公进来见他，尊贵者一定有屈服的时候，卑贱者一定也有扬眉吐气的时候。

史家赞曰：李恂勤奋，甘心过艰难的生活，辞谢别人的馈赠。陈禅为皇帝克制，到死都不变心。陈龟熟习边境事务，宠参出身于囚徒中。桥玄能认识时运，先看出谁是时代的英雄。

后汉书卷五十二

崔骃列传第四十二

崔瑗列传

瑗字子玉,早孤,锐志好学,尽能传其父业。年十八,至京师,从侍中贾逵质正大义,逵善待之,瑗因留游学,遂明天官、历数、《京房易传》、六日七分。诸儒宗之。与扶风马融、南阳张衡特相友好。初,瑗兄章为州人所杀,瑗手刃报仇,因亡命。会赦,归家。家贫,兄弟同居数十年,乡邑化之。

年四十余,始为郡吏。以事系东郡发干狱。狱掾善为《礼》,瑗间考讯时,辄问以《礼》说。其专心好学,虽颠沛必于是。后事释归家,为度辽将军邓遵所辟。居无何,遵被诛,瑗免归。

后复辟车骑将军阎显府。时阎太后称制,显入参政事。先是,安帝废太子为济阴王,而以北乡侯为嗣。瑗以侯立不以正,知显将败,欲说令废立,而显日沉醉,不能得见。乃谓长史陈禅曰:"中常侍江京、陈达等,得以嬖宠惑蛊先帝,遂使废黜正统,扶立疏孽。少帝即位,发病庙中,周勃之征,于斯复见。今欲与长史君共求见,说将军白太后,收京等,废少帝,引立济阴王,必上当天心,下合人望。伊、霍之功,不下席而立,则将军兄弟传祚于无穷。若拒违天意，久旷神器，则将以无罪并辜元恶。此所谓祸福之会，分功之时。"禅犹豫未敢从。会北乡侯薨，孙程立济阴王，是为顺帝。阎显兄弟悉伏诛，瑗坐被斥。门生苏祗具知瑗谋，欲上书言状，瑗闻而遽止之。时陈禅为司隶校尉，召瑗谓曰："第听祗上书，禅请为之证。"瑗曰："此譬犹儿妾屏语耳，愿使君勿复出口。"遂辞归，不复应州郡命。

久之，大将军梁商初开莫府，复首辟瑗。自以再为贵戚吏，不遇被斥，遂以戚固辞。岁中举茂才，迁汲令。在事数言便宜，为人开稻田数百顷。视事七年，百姓歌之。

汉安初，大司农胡广、少府窦章共荐瑗宿德大儒，从政有迹，不宜久在下位，由此迁济北相。时，李固为太山太守，美瑗文雅，奉书礼致殷勤。岁余，光禄大夫杜乔为八使，徇行郡国，以臧罪奏瑗，征诣廷尉。瑗上书自讼，得理出。会病卒，年六十六。临终，顾命子寔曰："夫人禀天地之气以生，及其终也，归精于天，还骨于地。何地不可藏形骸，勿归乡里。其赠赠之物，羊豕之奠，一不得受。"寔奉遗令，遂留葬洛阳。

瑗高于文辞，尤善为书、记、箴、铭，所著赋、碑、铭、箴、颂、《七苏》《南阳文学官志》《叹辞》《移社文》《悔祈》《草书艺》七言，凡五十七篇。其《南阳文学官志》称于后世，诸能为文者皆自以弗及。瑗爱士，好宾客，盛修肴膳，单极滋味，不问余产。居常蔬食菜羹而已。家无担石储，当世清之。

译文：

崔瑗，字子玉，早年成为孤儿，他锐志好学，完全能继承他父亲崔骃的事业。他十八岁时到了京城，跟随侍中贾逵评正大义，贾逵对他很好，崔瑗因此留下来游学，于是通晓了天官、历数、《京房易传》以及卦学中的"六日七分"说。儒生们都很崇信他。他和扶风人马融、南阳人张衡交情特别好。当初，崔瑗的哥哥崔章被同州的人杀害，崔瑗亲手杀了仇家，报了仇，因此流亡逃命。遇上大赦，他回到家乡。崔瑗家境贫穷，但他们兄弟几十年都在一起居住，同乡的民俗风气也因此发生了变化。

崔瑗四十岁时，才做了郡吏。因故被关到东郡发干县的监狱里。监狱的掾史精通《礼》，崔瑗受审的时候，经常请教《礼》的学问。他的专心好学，即使在生活动荡的时候也没有改变。后来事情弄清了回到家里，受到度辽将军邓遵的任用。不久，邓遵被诛杀，崔瑗免职还乡。

其后他又就任于车骑将军阎显的府上。当时阎太后称制，即代行皇帝职权，阎显进宫参与政事。起初安帝废太子为济阴王，将北乡侯作为继承者。崔瑗因为立北乡侯不正当，预料阎显将会坏事，想劝说他废掉北乡侯，但是阎显整天沉醉于饮酒作乐，崔瑗见不到面。他对长史陈禅说："中常侍江京、陈达等人，受到宠幸后蛊惑先帝，使得正统的皇太子被废，扶立旁支。少帝即位后，在宗庙发病，周勃废立的预兆。现在又重现了。目前我想和你一起前往求见，劝说将军和太后，把江京等人抓起来，废了少帝，立济阴王。一定会上符天意下合民心。伊尹和霍光的功勋，轻而易举就能建立，将军和他兄弟也就会世世代代享有封赏。如果违背天意，使国家社稷长久空虚，那么即使无罪也将会跟着元凶一起遭殃。现在正是或祸或福的紧要关头，正是各自努力建树功勋的大好时机。"陈禅犹豫不决，不敢听从。正好北乡侯死去，孙程立济阴王，就是汉顺帝。阎显兄弟被诛杀，崔瑗受牵连被贬斥。他的门生苏祇详知他的谋略，想上书说明，崔瑗知道后马上阻止。当时陈禅做了司隶校尉,叫来崔瑗对他说:"就让苏祇上书吧,我来作证。"崔瑗说:"这只是像小儿和妇人在屏风后面说话而已,希望你不要再提起了。"于是告辞回乡,不再听从州郡的委派。

多年之后,大将军梁商初次建立幕府,第一个就再次启用崔瑗。崔瑗因为又要在皇亲国戚那里任职,不相投合就会被贬斥,所以推说生病坚决推辞。过年年中被推举为茂才,担任汲县县令。在任上多次上言于民有益的事情。为当地人开垦了数百顷的稻田。他担任该职七年,获得了老百姓的称颂。

汉顺帝汉安初年,大司农胡广和少府窦章一起荐举崔瑗为宿德大儒,从政有成绩,不应该长期做小官,因此他升任济北郡的相国。当时李固任太山太守,他很欣赏崔瑗的温文尔雅,来信致礼问候。一年多以后,光禄大夫杜乔等人组成八使,在各郡国巡视风俗,以贪赃的罪名上告崔瑗,崔瑗被带到廷尉那里。他上书为自己辩护,经过审理获得释放。就在这时他因病去世。终年六十六岁。临终前,他嘱咐儿子崔寔说:"人是禀受天地之气而生的,死的时候,精气归天,骨髓还地。什么地方都能用来掩埋尸骨,不必归葬乡里。别人赠送的东西,猪羊之类的祭奠,一样都不许收受。"崔寔遵照遗嘱,于是崔瑗就留葬在洛阳。

崔瑗善于文辞,尤其擅长撰写书、记、箴、铭,他写作的赋、碑、铭、箴、颂、《七苏》《南阳文学官志》《叹辞》《移社文》《悔祈》《草书艺》和七言,共有五十七篇。他的《南阳文学官志》为后世所称赞,很多文人自叹不如。崔瑗喜欢结识士人,热情好客,讲究饮食,遍尝各种风味,从不存置财产。自己平时也只是粗茶淡饭。家里没有什么储蓄,当时人公认他的清廉。

后汉书卷五十四

杨震列传第四十四

杨修列传

修字德祖,好学,有俊才,为丞相曹操主簿,用事曹氏。及操自平汉中,欲因讨刘备而不得进,欲守之又难为功,护军不知进止何依。操于是出教,唯曰:"鸡肋"而已。外曹莫能晓,修独曰:"夫鸡肋,食之则无所得,弃之则如可惜,公归计决矣。"乃令外白稍严,操于此回师。修之几决,多有此类。修又尝出行,筹操有问外事,乃逆为答记,敕守舍儿:"若有令出,依次通之。"既而果然。如是者三,操怪其速,使廉之,知状,于此忌修。且以袁术之甥,虑为后患,遂因事杀之。

修所著赋、颂、碑、赞、诗、哀辞、表、记、书凡十五篇。

及魏文帝受禅,欲以彪为太尉,先遣使示旨。彪辞曰:"彪备汉三公,遭世倾乱,不能有所补益。耄年被病,岂可赞惟新之朝?"遂固辞。乃授光禄大夫,赐几杖衣袍,因朝会引见,令彪着布单衣,鹿皮冠,杖而入,待以宾客之礼。年八十四,黄初六年卒于家。自震至彪,四世太尉,德业相继,与袁氏俱为东京名族云。

论曰：孔子称"危而不持，颠而不扶，则将焉用彼相矣"。诚以负荷之寄，不可以虚冒，崇高之位，忧重责深也。延、光之间，震为上相，抗直方以临权柱，先公道而后身名，可谓怀王臣之节，识所任之体矣。遂累叶载德，继踵宰相。信哉，"积善之家，必有余庆"。先世韦、平，方之蔑矣。

赞曰：杨氏载德，仍世柱国。震畏四知，秉去三惑。赐亦无讳，彪诚匪忒。修虽才子，渝我淳则。

译文：

杨修字德明，喜爱学习，才智出众，担任丞相曹操主簿，替曹氏干事。等到曹操亲自平安汉中，想借机讨伐刘备而无法进军，想据守汉中又难以建功立业，护军不知进退有何依据，于是曹操发布命令，只说"鸡肋"而已。外曹无人明白，唯独杨修说："鸡肋，吃了则吃不到什么，扔了则好像可惜，曹公退兵计划已定。"于是令外边禀告稍加准备，曹操由此还师。杨修见事情征兆而迅速做出判断，多是此类。杨修又一次外出，算计曹操要问外边事情，于是先做好回答，告诉舍儿："如果有命令发出，依次通报答记。"后果然如此。这样做了多次，曹操对他回答迅速感到奇怪，派人调查此事，知道情况后，由此忌恨杨修，而且又因杨修是袁术的外甥，担心成为以后的祸患，于是借事杀了他。

杨修所著的赋、颂、碑、赞、辞、哀诗、表、记、书共十五篇。

等到魏文帝受汉朝禅让，想让杨彪担任太尉，先派使者把旨意通报给他。杨彪推辞说："汉朝三公杨彪都担任过，遭遇时世倾覆兵乱，不能对时事有所补益，年老染病，怎可赞助维新之朝？"便坚决推辞。于是被任命为光禄大夫，赐给几杖衣袍，在朝廷大会时引见，令杨彪穿布单衣，带鹿皮冠，扶杖而入，用对待宾客的礼节对待他。享年八十四岁，黄初六年死于家中。从杨震到杨彪，四世担任太尉，德行学识相传，与袁氏同为东京洛阳的著名家族。

史家论曰：孔子称"譬如盲人遇到危险，不去扶持，将要摔倒，不去搀扶，那又何必用助手呢？"确实寄托重任，不可以虚伪冒上，职位崇高，职责深重忧心忡忡。延光年间，杨震担任上相，以耿直方正同权臣小人相抗衡，以公道为先，而以身名为后，可称得上心怀王臣的名节；谙识职称的根本啊！所以累世重德，连任宰相。"积善行的家族，必有余庆"，令人信服啊。前代韦贤、平当父子，相形甚远。

史家赞曰：杨氏重德，世代为国家栋梁之臣。杨震畏四知，杨秉去除三惑。杨赐也是说话无所顾忌，杨彪忠诚无差。杨修虽是才子，变我世代质朴的传统。

后汉书卷五十六

张王种陈列传第四十六

王龚列传

王龚字伯宗,山阳高平人也。世为豪族。初举孝廉,稍迁青州刺史,劾奏贪浊二千石数人,安旁嘉之,征拜尚书。建光元年,擢为司隶校尉,明年迁汝南太守。政崇温和,好才爱士,引进郡人黄宪、陈蕃等。宪虽不屈,蕃遂就吏。蕃性气高明,初到,龚不即召见之。乃留记谢病去。龚怒,使除其录。功曹袁阆请见,言曰:"闻之传曰'人臣不见察于君,不敢立于朝',蕃既以贤见引,不宜退以非礼。"龚改容谢曰:"是吾过也。"乃复厚遇待之。由是后进知名之士莫不归心焉。阆字奉高。数辞公府之命,不修异操,而致名当时。

永建元年,征袭为太仆,转太常。四年,迁司空,以地震策免。

永和元年,拜太尉。在位恭慎,自非公事,不通州郡书记。其所辟命,皆海内长者。龚深疾宦官专权,志在匡正,乃上书极言其状,请加放斥。诸黄门恐惧。各使宾客诬奏龚罪,顺帝命亟自实。前掾李固时为大将军梁商从事中郎,乃奏记于商曰:

今旦闻下太尉王公敕令自实，未审其事深浅何如。王公束脩厉节，敦乐艺文，不求苟得，不为苟行，但以坚贞之操，违俗失众，横为谗佞所构毁，众人闻知，莫不叹栗。夫三公尊重，承天象极，未有诣理诉冤之义。纤微感慨，辄引分决，是以旧典不有大罪，不至重问。王公沈静内明，不可加以非理。卒有他变，则朝廷获害贤之名，群臣无救护之节矣。昔绛侯得罪，袁盎解其过，魏尚获戾，冯唐诉其冤，时君善之，列在书传。今将军内倚至尊，外典国柄，言重信著，指搞无违，宜加表救，济王公之艰难。语曰："善人在患，饥不及餐。"斯其时也。

商即言之于帝，事乃得释。

龚在位五年，以老病乞骸骨，卒于家。子畅。

论曰：张皓、王龚，称为（雅）〔推〕士，若其好通汲善，明发升荐，仁人之情也。夫士进则世收其器，贤用即人献其能。能献既已厚其功，器收亦理兼天下。其利甚博，而人莫之先，岂同折枝于长者，以不为为难乎？昔柳下惠见抑于臧文，淳于长受称于方进。然则立德者以幽陋好遗，显登者以贵涂易引。故晨门有抱关之夫，柱下无朱文之轸也。

译文：

王龚字伯宗，是山阳高平人，其家世为豪族。王龚起初被举为孝廉，渐渐迁至青州刺史，劾奏贪浊的二千石官数人。安帝嘉美之，拜他为尚书。建光元年，王龚又被提拔为司隶校尉。第二年迁为汝南太守。他为政崇尚温和，好才爱士。他曾引进郡人黄宪、陈蕃等人。黄宪不为所屈，陈蕃就任其吏。陈蕃性气高明，其初到时，王龚没有马上召见他。陈蕃便留下征引他的文书谢病而去。王龚怒，派人解除对他的录用。功曹袁闳请见，对王龚说："我听说传曰：'人臣不被君所察，不敢立于朝'。陈蕃既然因贤被征引，不应退以非礼"。王龚改容认错说："是我的不对。"便又厚遇陈蕃。由此后进的知名人士无不归心于王龚。袁闳字奉高，多次推辞公府的征召之命，以不修异操而闻名当时。

永建元年，王龚被征为太仆，转太常。永建四年，迁为司空，又因地震被免。

永和元年，王龚被拜为太尉。他在位恭顺，若不是公事，不与州郡通书记，他所征辟之人，都是海内长者。王龚深恨宦官专权，立志加以匡正，便上书极言宦官罪状，请朝廷放斥他们。诸宦官恐惧，都指使自己的宾客诬奏王龚之罪。顺帝命王龚立即自己说明其事。王龚的旧掾李固当时为大将军梁商的从事中郎，便奏记给梁商说：

今天早上听说让太尉王龚自己说明自己的事，不知其事深浅如何。王公约身修志，砥砺名节，敦乐艺文，不求苟得，不为苟行。只是因为坚贞之操，违俗失众，横遭逸佞之人诬陷，众人闻之，无人不叹栗。三公位尊，承天象极，没有对理诉冤之义，发一点感慨，就令其自杀。所以旧典规定三公若没有大罪，不被重问。王公沉静内明，不可以让他自理其事。否则，万一突然有变，则朝廷获害贤之名，群臣无救护之节。昔日绛侯得罪，袁盎解其过；魏尚获罪，冯唐诉其冤。当时君子皆以为善，将其事列在书传之中。如今将军内倚靠至柄，外掌握国权，说话分量重，信义明，指挥无人敢违。您应该加以表救，以济王公的艰难。俗话说："善人在患，饥不及餐。"王公正处在这种情况下。

梁商当即言之于顺帝，此事才得以解。

王龚在位五年，后以老病乞求退位归家。最后死于家中。其子名叫王畅。

史家论曰：张皓、王龚，有推举贤士之称。像这样的好通贤人并汲取其美德，发现贤人而举荐之，就是仁人之情。士人进则世收其才，贤者被用即人献其能。贤人献能则厚其功，才器被收则理兼天下。举贤进能有这样大的好处，而世人不把它放在首位，这不是和不为长者折枝做杖，把不去做的事说成不能做的事一样吗？古时柳下惠被臧文仲所压抑，淳于长被翟方进所称赞。然而立德者认为幽暗卑陋容易丢弃，登显位者认为贵途容易踏上。所以城门之下必有守关之夫，柱下史那样的低微之位永无朱色花纹之车呀。